珍藏本
纪念版

汉译世界学术名著丛书

历史与阶级意识

——关于马克思主义辩证法的研究

〔匈〕卢卡奇 著

杜章智 任立 燕宏远 译

2017年·北京

Georg Lukács

GESCHICHTE UND KLASSENBEWUSSTSEIN

Studien über marxistische Dialektik

汉译世界学术名著丛书
（120年纪念版·珍藏本）
出版说明

2017年2月11日，商务印书馆迎来120岁的生日。120年前，商务印书馆前贤怀揣文化救国的理想，抱持“昌明教育，开启民智”的使命，立足本土，放眼寰宇，以出版为津梁，沟通中西，为中国、为世界提供最富智慧的思想文化成果。无论世事白云苍狗，潮流左右激荡，甚至战火硝烟弥漫，始终践行学术报国之志，无改初心。

迻译世界各国学术名著，即其一端。早在20世纪初年便出版《原富》《天演论》等影响至今的代表性著作，1950年代后更致力于外国哲学和社会科学经典的译介，及至1980年代，辑为“汉译世界学术名著丛书”，汇涓为流，蔚为大观。丛书自1981年开始出版，历时三十余年，迄今已推出七百种，是我国现代出版史上规模最大、最为重要的学术翻译工程。

丛书所选之书，立场观点不囿于一派，学科领域不限于一门，皆为文明开启以来，各时代、各国家、各民族的思想与文化精粹，代表着人类已经到达过的精神境界。丛书系统译介世界学术经典，引领时代思想，为本土原创学术的发展提供丰富的文化滋养，为推动中国现代学术和现代化进程做出了突出的贡献。

为纪念商务印书馆成立120周年，我们整体推出"汉译世界学术名著丛书"120年纪念版的珍藏本，寄望既利于文化积累，又便于研读查考，同时向长期支持丛书出版的译者、编者和读者致以敬意。

两甲子后的今天，商务印书馆又站在了一个新的历史时间节点上。我们不仅要铭记先辈的身影和足迹，更须让我们的步伐充满新的时代精神。这是商务人代代相传的事业，更是与国家和民族的命运始终紧密相连的事业。我们责无旁贷，必须做好我们这代人的传承与创造，让我们的努力和成果不仅凝聚成民族文化的记忆，还能成为后来人可以接续的事业。唯此，才能不负前贤，无愧来者。

商务印书馆编辑部

2017年10月

译　　序

《历史与阶级意识》是匈牙利大思想家卢卡奇(1885—1971)的所有哲学著作中影响最大、引起争论最多,也许也是最重要的著作之一。

卢卡奇诞生在布达佩斯一个大银行家的家庭里。他的世界观是在本世纪第一个十年里初步形成的,而这是一个思想极其混乱、旧的价值观念沦丧殆尽,新的价值观念尚在痛苦求索中的时期。青年卢卡奇受到当时各种资产阶级哲学流派的影响,其中既有新黑格尔主义、新康德主义,也有西美尔的文化哲学、麦克斯·韦伯的社会学。在第一次世界大战爆发前的几年中,卢卡奇越来越倾向于把整个资本主义社会看成是毁灭文化的异化社会,要完全予以否定,与之彻底决裂,然而他丝毫看不到现实的出路。这是一种对世界抱有纯粹空想观念的浪漫的反资本主义情绪。战争爆发后,卢卡奇从德国回到匈牙利,开始参加反战运动。现实促使他去探寻一种能有助于改变世界的哲学。他的目光转向了黑格尔和马克思。卢卡奇在中学时代就接触过马克思和恩格斯的著作,现在又开始对他们的著作进行细致的钻研。不过,这时在他的思想中黑格尔还占有特殊的地位,他是通过黑格尔的三棱镜来了解马克思的。

像其他许多西欧知识分子一样，卢卡奇热情欢迎十月革命，把它看作是能够把罪恶的资本主义世界扫荡干净的强大净化力量。当匈牙利在 1918 年 11 月建立共产党时，卢卡奇立即加入了它的队伍，很快就成了党的中央委员，而在匈牙利苏维埃共和国宣布成立后成了教育人民委员。当共和国遭到外来侵略时，他曾作为红军的政治委员亲临前线。共和国失败以后，卢卡奇被迫流亡到维也纳。他在那里积极参加匈牙利共产党和国际工人运动的活动，并作为代表前往莫斯科参加了共产国际第三次代表大会。这个时期，用卢卡奇自己的话说，是他在生活和思想上的一个“强化的学徒期”。他开始结合革命实践，深入地研究马克思和列宁的著作，也就是像他说的，“设法掌握真正按共产党人意义理解的马克思主义”。① 虽然他像那个时期几乎所有革命者那样确信国际无产阶级革命必然很快取得胜利，因而采取过激的立场，拒绝一切不能立即取得胜利的策略，但是整个说来，他已基本上转到了马克思主义的立场上。用当时写的文章集结成书的《历史与阶级意识》就记载了卢卡奇在思想上向马克思主义的这种基本转变。因此，虽然这本书还有不少失误和不完全成熟的地方，但它确实是卢卡奇在“走向马克思”的思想历程中一个极其重要的里程碑。

《历史与阶级意识》是卢卡奇流亡维也纳期间于 1922 年圣诞节前夕完成的，第二年春天在柏林马立克出版社(Der Malik Verlag)作为该社的“革命小丛书”第九种出版。这本书按其结构说来是一个论文集，收集了作者在 1919 至 1922 年期间在党的工作岗

① 《卢卡奇自传》，社科文献出版社 1986 年版，第 92 页。

位上为了对革命运动的理论问题和组织问题进行思考而写下的八篇文章，专门为这个集子而写的只有《物化和无产阶级意识》和《关于组织问题的方法论》两篇。[①] 在这四年当中，卢卡奇坚持结合革命实践深入钻研马克思和列宁的著作，特别是列宁在1920年出版的《共产主义运动中的"左派"幼稚病》一书，思想认识前后有了颇大的变化。因此，在编这本集子时，他对在1920年以前写的文章都作了一些改动，而对《什么是正统马克思主义?》、《阶级意识》和《历史唯物主义的功能变化》这三篇则改动更大。例如，《什么是正统马克思主义?》一文实际上是从头到尾彻底改写了的，不仅篇幅比原来发表的本子增加了两倍(从六千来字增到两万字)，而且思想立场也变了不少。这些改动情况对研究卢卡奇的思想发展具有宝贵的意义。

《历史与阶级意识》是一部多层次的哲学著作，或者说政治哲学著作。[②] 整部著作贯穿了必须恢复被第二国际的领袖们所遗忘和歪曲了的马克思主义的真正哲学意义的思想。卢卡奇在其中深

---

① 《什么是正统马克思主义?》原来是用匈牙利文写的，第一次发表在布达佩斯1919年出版的小册子 *Taktika és ethika*(《策略和伦理》)中；《作为马克思主义者的罗莎·卢森堡》第一次发表在共产国际机关刊物《共产主义》(*Kommunismus*)1921年第15期上；《阶级意识》第一次发表在同一杂志1920年第14、15期上；《历史唯物主义的功能变化》第一次发表在《国际》(*Die Internationale*)1919年第8—9期上；《合法性和非法性》第一次发表在《共产主义》1920年第35、第36—37两期上。除了专门为这个集子写的《物化和无产阶级意识》和《关于组织问题的方法论》两篇外，《对罗莎·卢森堡〈论俄国革命〉的批评意见》也是在1922年写成的。

② 《历史与阶级意识》在柏林刚出版，在莫斯科《社会主义科学院通报》(*Vestnik Sozialisticheskoi Akademii*)1923年第4—6期上就刊出了《物化和无产阶级意识》一文的、经过作者本人首肯的俄译文，它的题解中说："这是作者不久前出版的一部叫作《政治论文集》(*Politicheskie Ocherki*)的书中的一章。"

刻地论述了他对有关马克思主义及其辩证法本质的一系列极其重要的哲学问题的理解，提出了他对历史及其主体以及物化问题的解释，阐明了无产阶级及其阶级意识的历史作用。

卢卡奇在第一篇文章的一开头就明确指出，马克思主义只是一种方法。它并不意味着无批判地接受马克思得出的各种结论。它不是对某个论点的“信仰”，也不是对某部“圣书”的注解。他甚至说，即使现代的研究完全驳倒了马克思的所有命题，每个正统马克思主义者也能够接受它并且仍然继续是马克思主义者。这种提法显得颇为极端，不过通观卢卡奇的全书（引用马克思的话不下百处），他可能只是鉴于当时教条之风盛行，想要过分强调一下这样一个思想：马克思主义不是一个能够现成地应用于一切场合的公式，无产阶级的正确路线不能根据一种陈规旧套的理论来预见。卢卡奇的这一思想符合马克思和恩格斯本人对自己学说的一贯看法，对改革中的社会主义至今还有现实的意义。

卢卡奇在这本书中对马克思主义、马克思主义哲学、历史唯物主义和辩证唯物主义这几个概念都不加区分，对他说来，它们指的都是马克思主义的辩证法。卢卡奇认为，马克思主义辩证法的本质是具体的总体（Die konkrete Totalität，Das Ganze）的范畴。这个概念来源于黑格尔。黑格尔的意思是：思维的最完善的形式是高度系统的，不仅是内在连贯的，而且是完全的和具体的，也就是，最高的思维形式导致这样一种体系，在其中个体没有被抹煞，而是被保存着。黑格尔把这个观点凝炼成《精神现象学》序言中的这样一句名言：“真理是整体”。卢卡奇认为，这个概念被马克思从黑格尔那里拿来，进行了唯物的改造。在马克思主义哲学中，它的意思就是要对人类的社会生活进行整体全面的理解,不能以单纯的自然因素来解释历史,而是要将主体与客体的全部社会运动作为历史的基础,突出人类物质存在活动的实践性、社会性。如果我们需要理解某一特别的历史事件或过程,那么我们就必须把它看作一个具体的整体的一个方面。卢卡奇认为马克思就是这样使用这个概念的。为了证明这一点,他从马克思的著作中援引了不少例子。例如,马克思认为,生产、分配、交换和消费的本质和联系归结为"它们构成一个总体的各个环节、一个统一体内部的差别",一切都被这些不同要素相互间的一定关系制约着,"不同要素之间存在着相互作用。每一个有机整体都是这样"。[①] 又例如,马克思说:"黑人就是黑人。只有在一定的关系下,他才成为奴隶。纺纱机是纺棉花的机器。只有在一定的关系下,它才成为资本。脱离了这种关系,它也就不是资本了,就像黄金并不是货币,砂糖并不是砂糖的价格一样。"[②]这些例子是很具有说服力的。

卢卡奇在这个问题上受到的指责是与恩格斯的表述不一致。的确,恩格斯讲辩证法主要是讲它的几大规律,而这些规律并不构成卢卡奇的理论的核心。不过,我们也没有理由认为卢卡奇会拒绝恩格斯所说的任何一条辩证法规律,因为在卢卡奇的书中也多次提到过这些规律。[③] 至于卢卡奇着重说明的具体的总体的范畴,恩格斯在《反杜林论》第一章中说辩证法是把事物作为"广泛的

① 《政治经济学批判导言》,《马克思恩格斯全集》第 12 卷第 749、750 页。

② 《雇佣劳动与资本》,《马克思恩格斯全集》第 6 卷第 486 页。

③ 关于量变质变,见本书边码第 293—294 页,在边码第 299、395、432 页也简略提到。关于对立的统一,见本书边码第 430 页。

总的联系”的一部分去把握时，虽然没有明确提到具体的总体，实际上是包含着这层意思的。似乎可以说，卢卡奇与恩格斯在辩证法的理解上的差别主要是侧重点不同，卢卡奇着重阐述了恩格斯涉及较少的总体范畴方面，应该说是卢卡奇的功绩。

卢卡奇在《历史与阶级意识》中提出的历史概念，是他用来改造旧唯物主义的自然本体论、克服黑格尔作为实体和主体的“绝对观念”的唯心论的中心概念。卢卡奇认为，历史的本质在于它是人类活动的产物。历史是实体，是人类社会实践的客观历史过程；历史又是主体，是人类自己的能动创造。所谓历史，不过是历时态的人类社会实践，其本质是社会的、实践的。这样，借助黑格尔的充满历史感的“绝对观念”，卢卡奇依托历史概念彻底超越了盲目崇拜自然物质的旧唯物论。卢卡奇以其对历史概念的理解表明，马克思以实践唯物主义重建的唯物主义基础不是自然，而是历史。费尔巴哈至多使其哲学从天上回到人间（不是自然界），而马克思在批评费尔巴哈将“人间”重新自然化、抽象化的同时，使其哲学返回了历史，返回了社会，返回了人的社会实践活动。从此，社会历史作为“自然历史过程”只能被理解为人类社会的实践过程，而不是单纯的自然过程。社会历史犹如自然界的一般规律性，说到底毕竟是人类社会发展的规律性，而不是自然界的规律。马克思主义哲学的研究对象并不是自然，而是人与自然之间的历史关系，以及处于实践关系（即社会历史）之中的人或自然。正如马克思所指出的，如维科所说的那样，“人类史和自然史之间的区别在于，人类史是我们自己创造的，而自然史不是我们自己创造

的。"[①]卢卡奇把现实理解为我们的行为，而我们的"行为实际上就是历史"。[②] 这样，卢卡奇便以其天才的历史概念沿袭了马克思主义实践概念的科学线索，坚决纠正了在当时的马克思主义理论界占统治地位的"自然本体论"倾向。卢卡奇以其历史概念向人们表明：马克思主义哲学不是自然辩证法，而是历史实践的辩证法。

"物化"(Verdinglichung)也是贯穿《历史与阶级意识》全书的一个中心概念。它是指人的活动、他自己的劳动成了对他说来是客观的和对立的东西。这种对立既有客观的方面，也有主观的方面。客观的方面是，出现了一个事物及其关系(商品及其在市场上的运动)的世界，它们的规律的确能被人们所认识和利用，但是人们不能加以改变。主观的方面是，人自己的活动、他的劳动成了与他对立的客体，这个客体服从于支配社会的客观自然规律，但是对人说来是异己的。卢卡奇是直接从马克思在《资本论》中对商品拜物教的分析出发得出这个概念的。他当时还不可能看到马克思的1844年手稿，但是他关于"物化"所说的却与马克思在那部手稿中关于"异化"(Entfremdung)所说的某些东西极为相似。卢卡奇用物化概念对资本主义的异化社会关系和本质进行了深刻的批判。尽管此时卢卡奇还没能区别物化(对象化)和异化概念，但是他在客观上是在异化的意义上使用物化概念并对资本主义进行认识的。他与马克思在异化理论上的共识表现了其非凡的理论思考力。

① 《资本论》第1卷，《马克思恩格斯全集》第23卷第409—410脚注。

② 本书边码第262页。

在第一次世界大战后西欧各国革命蓬勃发展的年代，革命斗争的结局首先取决于工人阶级的觉悟和组织性。西方的共产主义运动当时面临的一系列问题，也只有通过弄清一般阶级意识、特别是无产阶级阶级意识的本质和作用，才有可能解决。此外，这些年代革命运动遭到的失败（匈牙利和巴伐利亚苏维埃共和国垮台，德国三月行动流产），也提出了这个问题。因此，这个时期各国无产阶级革命理论家们都普遍重视这个问题。试翻阅本世纪初列宁的一些著作，就可以知道列宁当时对阶级意识问题是赋予何等重要的意义。卢卡奇的书也试图对这个问题作出回答，从书名就可看出阶级意识问题在这本书中所占的地位。

卢卡奇的阶级意识概念叫作"被赋予的阶级意识"（Zugerechnetes Klassenbewusstsein），他给它下的定义是"变成为意识的对阶级历史地位的感觉"，[①]或"人们在特定生活状况中，如果对这种状况以及从中产生的各种利益能够联系到它们对直接行动以及整个社会结构的影响予以完全把握，就可能具有的那些思想、感情等等"。[②] 他还强调指出，这种阶级意识"既不是组成阶级的单个个人所思想、所感觉的东西的总和，也不是它们的平均值。作为总体的阶级在历史上的重要行动归根到底就是由这一意识，而不是由个别人的思想所决定的，而且只有把握这种意识才能加以辨认"。[③] 可见，在卢卡奇看来，阶级意识是一种客观的可能性，是无产阶级的历史利益的合乎理性的表达；它不是超验的东西，而是阶

① 本书边码第 159 页。

② 本书边码第 162 页。

③ 本书边码第 126—127 页。

级的历史发展和现实实践的产物。卢卡奇揭示了阶级意识和阶级行动之间的联系，在他看来，历史和阶级意识两者实际上是同一的。无产阶级是历史进程中主体和客体的统一体，而无产阶级的阶级意识能达到对社会历史的总体认识。历史是实体，无产阶级及其阶级意识就是主体。

除了阶级意识问题以外，在那些年代的共产主义运动中占有最重要地位的是无产阶级的组织问题。为此，卢卡奇在准备《历史与阶级意识》这部书稿时特地写了《关于组织问题的方法论》一文，在这里可以看到卢卡奇的党的理论。这个理论是他的阶级意识理论在政治上的发展，与阶级意识理论是建立在同样的方法论前提之上的。卢卡奇认为，共产党是无产阶级阶级意识的明确的历史形象，是在组织上具体化了的最高的意识和行动阶段。他所说的"共产党"，是指列宁建立的那种类型的党——一个有严格纪律的革命者的团体，其成员服从于集体意志，把自己的一生全部交给党，而且这是一个独立的、即独立于无产阶级群众的组织。在他看来，这样一个党的发展同无产阶级阶级意识的发展，从世界历史的角度看，的确是同一个过程，因此在日常实践中，它们以最密切的方式相互制约着。无产阶级阶级意识水平的差异必然造成先锋队与群众之间的差距。但是真正共产党的组织实践必须建立在党和非组织群众的生动的相互影响的基础上。党的作用正是在于不断使阶级在尽可能更高的水平上达到统一。共产党不应该以宗派的方式代替无产阶级去行动，而必须设法通过阶级的行动去推进群众的阶级意识的真正发展。而在共产党内部，卢卡奇坚持认为，党员的服从不是盲目的服从，在党员的意志和党的领导人的意志之

间必须有相互影响。这一切意味着，当党在解决它领导无产阶级革命的任务时，它不是一个最后完成了的组织（即凝固的、封闭的组织）。正像卢卡奇在随后写的关于列宁的小册子中所表述的："党并不存在，党在生成"（Auch sie ist nicht，sondern sie wird）。[1]

从上面简略介绍的这些基本范畴看，卢卡奇的《历史与阶级意识》一书正如它的副标题（《关于马克思主义辩证法的研究》）所提示的，充满了辩证法的内容，从倾向可以清楚地看出，卢卡奇已经离开了他以前的唯心主义立场，基本上完成了向马克思主义的转变。不过，毋庸讳言，这本书还不是一本完全成熟的马克思主义著作，其中还存在不少黑格尔主义的痕迹，出现某些颇为严重的理论上的偏颇与失误。然而，瑕不掩瑜，这些偏颇与失误与他在该书中对马克思主义哲学基础的努力捍卫和天才发展相比，实在微不足道，根本无法遮掩其思想的马克思主义的光辉。

像任何一部有影响的名著一样（包括马克思的著作在内），《历史与阶级意识》也免不了被人"各取所需"、"借题发挥"，被人误解、曲解，甚至有意歪曲。例如，法兰克福学派、五十年代法国的存在主义和六十年代西方的"新左派"，都曾极力按照自己的观点来解释《历史与阶级意识》，歪曲利用其中的某些思想为他们的需要服务。他们把《历史与阶级意识》奉为自己的"圣书"，把卢卡奇尊为自己的"祖师爷"，其实他们的理论观点与卢卡奇是相去甚远的。法国哲学家梅洛－庞蒂把写《历史与阶级意识》的卢卡奇同法兰克福学派和存在主义哲学家扯在一起，称之为"西方马克思主义"，同

① 《卢卡奇全集》第 2 卷第 545 页。

时又把"列宁主义"凝固在《唯物主义和经验批判主义》这一部著作的水平上,无视列宁的《哲学笔记》和大量政治著作的存在,制造出《历史与阶级意识》与马列主义对立,卢卡奇是反列宁主义者的神话,[①]这更是抱有明显政治目的的有意歪曲了。

正像对一位伟人必然会发生的那样,卢卡奇的支持者和他的反对者在他的周围编织了太多的神话。这要求我们必须进行细心的研究。

*　　　*　　　*

十一届三中全会的改革开放思想日益深入人心,我国的学术思想与国际学术界的联系也日益广泛而频繁。由于卢卡奇的思想遗产无论是对文学、美学,还是对哲学等各个领域都产生了广泛的影响,我国学术界对它的研究兴趣,在最近十来年,特别是在1985年纪念了卢卡奇诞辰一百周年以来,正在不断增长。前几年还出现了一个小小的研究高潮,许多中央和地方的报刊都发表了有关卢卡奇思想研究的讨论文章。讨论的焦点是对卢卡奇早期思想、即《历史与阶级意识》一书基本内容的认识。这一讨论引起了学术界的广泛重视、各大专院校哲学系和政教系师生的莫大关注。我们的认识在讨论中都有所提高,但是也迫切感到,由于《历史与阶级意识》尚没有一个完全的、可信的译本,讨论的深度受到很大的限制。正是在这种情况下,我和任立同志、燕宏远同志一起决心承担起翻译这本书的艰巨任务。我们想以我们的译本对我国目前方兴未艾的卢卡奇思想研究做出小小的贡献。

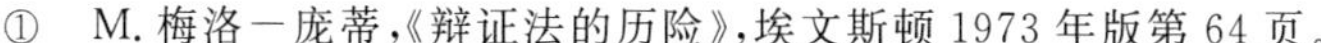

① M.梅洛-庞蒂,《辩证法的历险》,埃文斯顿1973年版第64页。

我们是据德国卢赫特汉特出版社(Luchterhand Verlag)的本子进行翻译的,其中《阶级意识》、《物化和无产阶级意识》一文的第二和第三部分,由任立译出;《作为马克思主义者的罗莎·卢森堡》、《物化和无产阶级意识》一文的第一部分和《历史唯物主义的功能变化》,由燕宏远译出;其余各篇都由我译出。我们在译校过程中,对过去刊物上零星发表的一些译文,凡是有参考价值的都找来参考过,特向这些译文的译者周裕昶、张庆熊、安延明和陈赞周等同志致谢。我的译文请任立核对过,全书译稿由我对照原文进行了校阅。《物化和无产阶级意识》那篇,我在校阅时还参看了莫斯科《社会主义科学院通报》1923 年第 4—6 期上发表的、经过卢卡奇本人首肯的俄译文。这篇译文是苏联科学院院士奥伊泽尔曼特地从他珍藏的刊物上为我复印的,上面留有他研究时所画的许多记号,我要特别感谢他对我的支持,尤其是他对我的信赖。此外,我们在译校过程中还得到许多同行的支持和鼓励,谨在此一并致谢。我们欢迎读者的批评指正。

杜 章 智

1990 年 4 月于北京

目　　录

新版序言(1967) …… 1
序言(1922) …… 40
什么是正统马克思主义? …… 48
作为马克思主义者的罗莎·卢森堡 …… 79
阶级意识 …… 102
物化和无产阶级意识 …… 148
　I. 物化现象 …… 149
　II. 资产阶级思想的二律背反 …… 183
　III. 无产阶级的立场 …… 236
历史唯物主义的功能变化 …… 316
合法性和非法性 …… 355
对罗莎·卢森堡《论俄国革命》的批评意见 …… 372
关于组织问题的方法论 …… 397
人名索引 …… 447

新版序言(1967)

在过去一份提纲性的自传中(1933),[①]我将我的早期发展称 5
为我走向马克思的道路。收集在这一卷[②]中的著作带有我的马克思主义学徒期的特征。在重印这一时期(1918—1930)最重要的文献时,我想要强调它们的试验性质,而决不要使人认为它们对当前关于真正的马克思主义的争论具有现实的意义。由于今天对应该如何理解马克思主义的本质的和持久的内容和永久性的方法还极不确定,理智的诚实要求我明确说明这一点。另一方面,如果批判性地仔细考察这些著作以及当前的情况,我们就会发现,它们在今天的正确理解马克思主义本质的尝试中仍将具有某种史料价值。

---

① 载《卢卡奇七十诞辰纪念文集》,建设出版社,柏林1955年版,第225—231页;后又收入《卢卡奇意识形态和政治著作集》,P. 卢兹编,卢赫特汉特出版社,新维德(西德)1967年版,第323—329页。

② 《卢卡奇全集》第2卷,新维德1968年版。这篇序言就是为这一卷写的,那里除了《历史与阶级意识》之外,还收有以下著作:《策略和伦理》、《在青年工人代表大会上的演说》、《法制和强权》、《道德在共产主义生产中的作用》、《论议会制问题》、《共产党的道义使命》、《机会主义和盲动主义》、《工团主义在意大利的危机》、《论教育工作问题》、《群众的自发性——党的主动性》、《革命倡议的组织问题》、《再论幻想政治》、《列宁——对他的思想的联系的研究》、《伯恩施坦的胜利》、《N. 布哈林:历史唯物主义理论》、《拉萨尔书信的新版本》、《K. A. 魏特福格尔:资产阶级社会的科学》、《莫泽斯·赫斯和唯心主义辩证法问题》、《O. 斯班:范畴学说》、《C. 施密特:政治的浪漫》、《勃鲁姆提纲》。

因此，这些著作并不仅仅说明我个人的思想发展阶段；它们同时也表明一般精神发展的道路，并且，只要以批判的眼光加以对待，它
6 们对于了解今天的情况和以此为基础的继续前进是不会没有意义的。

当然，不简短地提及我的早期思想发展，我就不可能正确描述1918年前后我对马克思主义的态度。正像我刚才提到的那份提纲性的自传中强调的那样，还是在文科中学学习时，我就已经阅读了马克思的一些著作。以后，在1908年前后，为了给我的关于现代戏剧的专著①奠定一个社会学基础，我研究了《资本论》。当时，引起我兴趣的是作为“社会学家”的马克思：我通过在很大程度上由西美尔和麦克斯·韦伯决定的方法论眼镜去观察他。第一次世界大战期间，我再次着手研究马克思，不过这次已经是为我的一般哲学兴趣所驱使：主要不再是受当时的精神科学学者，而是受黑格尔的影响。当然，黑格尔的这种影响也同样是很矛盾的。因为，一方面，克尔凯郭尔对我的早期发展起了相当大的作用，就在战前几年我在海德堡的时候，我甚至打算写一篇文章，论述他对黑格尔的批判。另一方面，我社会政治观中的矛盾使我在思想上与工团主义，尤其是G.索列尔的哲学建立关系。我力图超出资产阶级激进主义，但是社会民主党的理论（特别是考茨基的解释）又使我厌恶。匈牙利社会民主党内左翼反对派的精神领袖萨博·埃尔温使我注意到索列尔。大战期间，我又了解了罗莎·卢森堡的著作。所有
7 这些造成了一种高度矛盾的理论混合物，它在大战期间和战后的

① 《现代戏剧发展史》，共两卷，1911年在布达佩斯用匈牙利文出版。

头几年对我的思想起着决定性的作用。

我认为,如果我要把这一时期的显而易见的矛盾从"精神科学的角度"将其统一起来,并构造一种有机的内在精神发展,那就背离了事实。如果我们允许浮士德的胸中藏有两个灵魂,那为什么一个常人,当他在一个世界性危机中从一个阶级转向另一个阶级时,就不能肯定他的内心不会泛起各种彼此冲突的思想潮流呢?至少,我觉得,就我能够追忆的那些岁月来说,我的思想一直在这样的两端徘徊:一方面是吸收马克思主义和政治行动主义,另一方面则是纯粹唯心主义的伦理成见不断增强。

当我读到我在那个时期写的论文时,我觉得这一点得到了证实。当我回想起当时写的数量不很多并且不很重要的文学性质的文章时,我感到其中那种直言不讳、自相矛盾的唯心主义成分往往比我更早时期的作品还要多。然而同时,吸收马克思主义的过程也在飞快继续着。如果现在我把这种不和谐的两重性视为我那个时期的思想特征的话,那么它决不包括对立分明的极端,决没有黑白分明的画面,仿佛革命的善在同恶的资产阶级思想残余斗争中已经把这种对立的动力耗尽了。从一个阶级向另一个直接与其敌对的阶级的转变是一个复杂得多的过程。现在,当回首往事的时候,我看到了,我从黑格尔那里获得来的伦理唯心主义带有浪漫的反资本主义因素,对我在这场危机后关于世界的看法还是起了革命积极的作用。当然,要成为一个新的、首尾一贯的世界观的一部 8
分,它不得不失去自己至高无上的(甚至平等的)地位,并从根本上得到改造。事实上,或许应该在这里指出,甚至我对资本主义世界的熟悉,在某种程度上也成了新的综合中的积极因素。我从来没

有犯过那种我经常在许多工人和小资产阶级知识分子中看到的错误——这些人无论如何也不能完全摆脱对资本主义世界的敬畏。我从童年时代就开始的对于在资本主义制度下生活的仇恨和蔑视，使我不至于走到这一步。

思想的混乱并非总意味着一片混沌。暂时地，它可能加剧内在的矛盾，但长远地看，它将导致这些矛盾的解决。这样，我的伦理观要求转向实践、行动，从而转向政治。这反过来又使我转向经济学，转向在理论上进行深入研究和最终转向马克思主义哲学。当然，所有这些发展都是缓慢的、不平稳的。然而，我所选定的方向甚至在俄国革命爆发后的战争期间就已开始明朗起来。《小说理论》正如我在它的新版序言中描述的[①]，是我还处于一种普遍绝望的状态时写的。因此，毫不奇怪，现存的一切在其中表现为费希特所说的那种绝对罪孽的状况，任何希望和出路都带有纯粹海市蜃楼的空想性质。只有俄国革命才真正打开了通向未来的窗口；沙皇的倒台，尤其是资本主义的崩溃，使我们见到曙光。当时，我们关于这些事变本身以及它们的基本原理的知识不仅十分贫乏，
9 而且非常不可靠。尽管如此，我们——终于！终于！——看到了人类摆脱战争和资本主义的道路。当然，即使在谈到这种激情的时候，我们也不要将过去美化。我本人——我在这里只能谈我自己就经历了一个短暂的过渡时期：直到做出我的最终的、最终正确的选择之前，我还在犹豫不决，妄图用抽象和庸俗的论证来进行自我辩解。但是，最后的决定是不可避免的。短文《策略和伦理》揭

① 新维德卢赫特汉特出版社 1963 年第 2 版、1965 年第 3 版，第 5 页。

示了作出这种决定的内在人性的动机。

我没有必要浪费许多笔墨去论述写于匈牙利苏维埃共和国及其建立时期的那少数几篇论文。在思想上,我们没有作好准备(我可能比其他人更缺乏准备),去完成我们面临的伟大的任务。热情企图勉强地代替知识和经验。我只需提到一件,而在这里是很重要的事实:我们对于列宁的革命理论以及他在马克思主义的这一领域内所取得的极其重要的进展几乎一无所知。当时,只有少量论文和小册子被翻译过来并能读到,而那些参加过俄国革命的人们,有的(如萨穆埃里)没有什么理论才干,有的(如库恩·贝拉)则在思想上受到俄国左翼反对派的强烈影响。我只有在维也纳流亡期间才有可能详尽研究列宁的理论。因此,在我当时的思想中也包含着矛盾的二重性。这一部分是我对当时政治中的灾难性的机会主义错误,例如关于农业问题的纯粹社会民主党式的解决方案,未能采取原则上正确的立场。一部分是在文化政治领域中,特殊的思潮使我走上了抽象的乌托邦主义的方向。今天,在近半个世纪以后,我发现我们当时在这个领域获得的成果相对说来不算少,感到不胜惊奇。(在理论领域中,我愿意指出,《什么是正统马克思主义?》和《历史唯物主义的功能变化》这两篇论文的第一稿在这一 10
时期就已写出。在收入《历史与阶级意识》时做了修改,但基本方向仍旧是一样的。)

流亡维也纳是一个学习时期的开始。首先,这意味着进一步熟悉列宁的著作。不言而喻,这种学习一刻也没有脱离革命活动。当务之急是要使匈牙利的革命工人运动获得新的生命,并使其继续下去:必须提出新的口号和政策,以使这种运动在白色恐怖期间能够生存和发展。必须驳倒对无产阶级专政的诽谤——无论它来自纯粹的反动派，还是来自社会民主党人。同时，必须开始对无产阶级专政进行马克思主义的自我批评。此外，在维也纳，我们被卷进了国际革命运动的潮流之中。当时，匈牙利流亡者可能是人数最多、分裂最严重的侨民，但他们并不是唯一的侨民。还有许多来自波兰和巴尔干国家的侨民，或者临时、或者长期地住在这里。加之维也纳是一个国际中转站，我们与德国、法国、意大利以及其他国家的共产主义者经常接触。在这种情况下，《共产主义》杂志应运而生，是毫不足奇的。一段时期内，这家杂志成了第三国际中各种极左思潮的主要机关报。波兰、匈牙利的侨民和奥地利共产主义者们构成了刊物的内部核心和经常撰稿人，此外还有来自其他国家的同情者，如意大利的极左分子波尔迪加、特拉契尼，荷兰共产党人潘涅库克、罗兰—霍尔斯特等等。

在这种环境中，上面谈到的我的发展倾向的二重性不仅达到
11 了顶点，而且凝聚成为一种奇特的新的实践和理论形式。作为《共产主义》杂志的核心成员，我积极参与制定了一条“左的”政治和理论路线。它基于一种当时普遍流行的信念，即伟大的革命浪潮将推动整个世界，至少是欧洲一直到达社会主义，它决没有因为芬兰、匈牙利和慕尼黑起义的失败而中断。像卡普暴动、意大利占领工厂、波苏战争、甚至三月行动这样的事件，都加强了我们关于世界革命即将到来、整个文明世界必将被彻底改造的信念。当然，在讨论二十年代前期的这种宗派主义时，我们决不能认为它与在斯大林主义实践中所看到的宗派主义有任何相似之处。后者首先是要保护既定的权力关系，使之不受任何改革的侵犯；它的目的是保

守的，它的方法是官僚主义的。而二十年代的宗派主义则有以救世主自居的、乌托邦主义的抱负，它的方法是与官僚主义尖锐对立的。这两股潮流只是名称相同，骨子里却分别代表着两个彼此敌对的极端（当然，甚至在第三国际中，季诺维也夫和他的门徒们就已经采用了官僚主义的方法，同样，列宁在其重病缠身的晚年就一直渴望解决如何能在无产阶级民主的基础上克服苏维埃共和国日益增长的、自发产生的官僚主义化的问题。但即使在这里，我们也能看到过去和现在的宗派主义的区别。我关于匈牙利党的组织问题的文章就是针对季诺维也夫的门徒库恩·贝拉的理论和实践的）。

我们的杂志竭力通过在一切问题上都提出最激进的方法，在 12
任何领域都宣布同属于资产阶级世界的任何机构和生活方式等实行彻底决裂，来宣传以救世主自居的宗派主义。在我们看来，这将有助于在先锋队，在共产党和共产主义青年组织中培养起一种未被歪曲的阶级意识。我反对参加资产阶级议会的论战文章就是这种倾向的一个典型例子。它的遭遇——受到列宁的批评——使我能够迈出脱离宗派主义的第一步。列宁指出了决定性的差别，甚至是矛盾，即从世界史的角度看，一种机构可能过时了——例如，苏维埃已经判定议会过时了——但这并不妨碍我们出于某种策略的原因而参加它。我马上认识到这一批评是切中要害的，它迫使我对自己的历史观点做出修正，使其更加灵活，更少僵化，以适应日常策略上的迫切需要。在这一意义上，它是我的观点变化的开始。然而，这种变化是发生在一种还基本上是宗派主义的世界观之中。这在一年以后就表现出来了，当时，尽管我也批评了三月行

动的一些策略上的失误，然而对整个三月行动却毫无批判地、以宗派主义的精神表示了赞同。

正是在这里，我的政治和哲学观点中的客观内在矛盾公开化了。在国际舞台上，我可以无所顾忌地将自己的思想热情倾注于革命的救世主义之中。但在匈牙利，随着一个有组织的共产主义运动的逐渐萌生，我发觉，不得不由自己做出决定的问题越来越多。这些问题，有的是全局性的，有的只与个人有关；有的涉及长远的目的，有的则关系着我无法忽视的当下的结果，这种结果同时构成了我的下一个决定的基础。在匈牙利苏维埃共和国中，我就
13 已经处于这种境地。当时，无论是在教育人民委员部中还是在我负责政治领导的那个师中，我都不得不经常撇开救世主义观点，做出合乎实际的决定。这时，面对现实、对探寻列宁所说的“下一个环节”的需要，变得比我一生中以往任何时候都无可比拟地更加迫切和强烈。正是因为这些决定的内容似乎带有纯粹经验性质，它对我的理论立场产生了深远的影响。因为这种理论立场现在必须适应客观的情况和趋势。如果我希望做出一个原则上正确的决定，那就决不能仅仅满足于对直接事态的思考。我将不得不找出那些造成这种事态的、经常隐蔽着的中介物，尤其是，我将不得不对那些可能由这种事态造成并将决定未来实践的中介物做出预见。因此在这里，生活本身迫使我采取了一种往往与我的革命救世主义的唯心主义和乌托邦主义尖锐对立的思想立场。

由于当时在匈牙利党的实际领导中站在对立方面的是一个现代官僚主义式的宗派主义集团，即季诺维也夫的门徒库恩·贝拉的集团，我的左右为难的处境变得更加尖锐。在纯粹理论上，我本

来可以把他的观点当作假左派的东西加以抛弃。但在实践上,他的建议却只能用极其普通的日常生活的内容来加以批判,这些生活联系着世界革命的伟大前景,但又与这种前景有着相当的距离。像我一生中常常遇到的情况那样,这时我又交了好运:反对库恩·贝拉的斗争由兰德列尔·耶诺领导。这个人不仅具有渊博的、首先是实际的知识,而且对理论问题具有很高的理解力,只要这些理论问题与革命实践有联系,不论这种联系是多么间接。他深信不 14
疑的观点是由他与群众生活的密切联系决定的。他在反对库恩·贝拉的官僚主义和冒险主义计划时提出的主张立刻使我信服,因此,在宗派斗争开始以后,我总是站在他一边,这里,我们不可能对党内斗争的那些哪怕是最重要的细节加以论述,尽管其中有些饶有理论趣味的事情。就我而言,这些争论意味着我思想方法上的裂痕现在已经发展成为理论与实践之间的分裂:在重大的国际革命问题上,我继续支持极左思潮,而作为匈牙利党的领导成员,我成了库恩·贝拉宗派主义的最激烈的敌人。1921 年初,这一点变得特别明显。在匈牙利方面,我追随兰德列尔,主张一种坚决的反宗派主义的路线,而同时在国际方面,我却从理论上支持了三月行动。因此,我思想中对立倾向的冲突达到了顶点。随着匈牙利党的分歧日益深化,随着匈牙利激进工人运动开始增长,我的观点也越来越受到由此产生的理论思潮的影响。然而,尽管列宁的批评动摇了我对于三月行动分析的根基,但是在这一阶段,这些思潮仍旧未能在我的思想中占得上风。

《历史与阶级意识》诞生于这个转变时期的危机之中。它写作于 1922 年。它一部分是经过修改的早期文章;除已提到的写于

1919 年的那两篇外，还有 1920 年的论文《阶级意识》。两篇关于
15 罗莎·卢森堡的论文以及《合法性与非法性》在新集子中未做重大改动。只有两篇文章，也是最重要的两篇，是全新的，它们是《物化和无产阶级意识》和《关于组织问题的方法论》。（后者是在《革命运动的组织问题》一文的基础上写成的，此文曾于 1921 年 3 月行动后不久发表在《国际》杂志上。）这样，《历史与阶级意识》就是我从大战最后两年开始的发展时期的最后结算。自然，这种结算至少在某种程度上已包含有向更清晰状况转变的趋向，尽管这些趋向不可能真正成熟起来。

对立的思想派别之间的冲突并未结束，我们也不容易将胜利者或失败者的标签贴在它们头上，因此，直到今天，我们也仍旧难于对这本书作出首尾一贯的恰当评价。但是，至少必须简略地强调一下占主导地位的论点。这本书最突出的特点在于，与作者的主观意图相反，它在客观上代表了马克思主义史内部的一种倾向，这种倾向的所有各种表现形式，不论它们的哲学根源和政治影响是如何极不相同，也不论它们是愿意还是不愿意，都是反对马克思主义的本体论的根基的。我指的是将马克思主义仅仅看作是一种关于社会的理论、社会的哲学，因而忽视或者否认它同时也是一种关于自然的理论的倾向。甚至还在第一次世界大战以前，像麦克斯·阿德勒和卢那察尔斯基那样迥然不同的马克思主义者曾共同维护过这类观点。在今天，我发现，可能在某种程度上由于《历史
16 与阶级意识》的影响，这类观点再次出现，特别是在法国存在主义和它的思想圈子之中。我的书在这一问题上持有很明确的立场。书中许多地方主张自然是一个社会范畴，而全书的要旨就是要表

明，只有关于社会以及生活于其中的人的知识才与哲学有关。这种倾向的众多代表人物的名字说明，它决不是一个真正的流派。我本人当时只得悉卢那察尔斯基其名，并且总是将麦克斯·阿德勒当作康德主义者和社会民主党人加以反对。尽管如此，细加考察就可以看出他们有某些共同的特征。一方面，可以证明，正是关于自然的唯物主义观点造成资产阶级世界观和社会主义世界观之间真正彻底的区别。回避这一点，就会模糊哲学上的争论，例如，就会妨碍对于马克思主义的实践概念做出清晰的阐述。另一方面，这样在方法论上对社会诸范畴做明显的抬高，会歪曲它们真正的认识论功能。它们特有的马克思主义特征被削弱了，它们真正高于资产阶级思想的东西常常被无意识地取消了。

这里，我自然只局限于对《历史与阶级意识》一书提出批评。但是，这并不是说对马克思主义的这种背离，在有着相似观点的其他作者中就少一点。在这部书中，这种背离对我在那里提供的经济学观点产生了直接的影响，并导致一系列根本性的混乱，因为无可置疑，在这里经济必须是核心。的确，曾试图用经济基础来对所有意识形态现象作出解释，但是，尽管如此，对经济还是做了过于
狭隘的理解，因为它的马克思主义基本范畴，作为社会与自然之间 17
物质变换的中介的“劳动”被遗忘了。我的基本态度既然如此，产生这种结果也是很自然的。它意味着，马克思主义世界观的最重要的现实支柱不见了，从而，这种以最激进的方式推断马克思主义根本革命内涵的尝试失去了真正的经济基础。不言而喻，这意味着，作为这种物质变换基础的自然的本体论客观性必须消失。这也意味着，以真正的唯物主义观点来理解的劳动与劳动者的进化

之间的相互作用必须消失。这样，马克思的这一伟大思想，“为生产而生产无非就是发展人类的生产力，也就是发展人类天性的财富这种目的本身”，就在《历史与阶级意识》所能理解的范围之外。资本主义剥削就失去了它的这种客观革命作用，下述这种情况也没有被理解：“‘人’类的才能的这种发展，虽然在开始时要靠牺牲多数的个人，甚至靠牺牲整个阶级，但最终会克服这种对抗，而同每个人的发展相一致，因此，个性的比较高度的发展，只有以牺牲个人的历史过程为代价。”[①]结果，我关于资本主义矛盾和无产阶级革命化的论述都不自觉地带上了浓厚的主观主义色彩。

上述错误也影响了我对书中的核心概念——实践——的理解，它遭到歪曲，并变得狭隘了。在这一问题上，我同样想把马克思作为出发点，企图把他的概念从后来所有的资产阶级歪曲中解
18 放出来，并使它们适应当前伟大革命高潮的需要。当时我首先确信的是：必须彻底克服资产阶级思想的纯粹直观性质。因此，在这本书中，革命的实践概念表现为一种夸张的高调，与其说它符合真正的马克思主义学说，莫若讲它更接近当时流行于共产主义左派之中的以救世主自居的乌托邦主义。我对这一历史时期的发展是有足够理解的：我抨击工人运动中的资产阶级和机会主义思潮，它们极力推崇一种貌似客观实则完全脱离任何实践的认识方法；我正确地反对过度夸张和过高估价直观的作用。马克思对费尔巴哈的批判更加强了我的信心。然而，我没有认识到，如果不以真正的

① 《剩余价值理论》，《马克思恩格斯全集》人民出版社第 26 卷第 2 分册第 124、125 页（以后提到这个《马克思恩格斯全集》版本时简称《全集》）。

实践为基础,不以作为其原始形式和模型的劳动为基础,过度夸张实践概念可以走向其反面:重新陷入唯心主义的直观之中。当时,我想要勾画出正确的、真实的无产阶级的阶级意识,将它与经验主义的“民意测验”(这个术语当时自然尚未流行)区别开来,并赋予它一种无可争辩的实际客观性。然而,我未能越出“被赋予的”(zugerechnet)阶级意识这样一种观念。这里我是指列宁在《怎么办?》中提到的同一内容。他认为,社会主义的阶级意识与自发产生的工团意识不同,它是“从外面”,也就是“从经济斗争范围外面,从工人同厂主的关系范围外面”灌输到工人群众中去的。[1] 这样,我主观上所想达到的东西,以及列宁对社会总体内的实际运动进行真正的马克思主义分析所获得的东西,在我的说明中,却成了纯粹思想的产物,从而成了某种直观的东西。所以,这种“被赋予的” 19
意识在我的表述中竟变为革命的实践,从客观上来说,只能使人感到不可思议。

我那种本身是正确的愿望之所以会走向它的反面,仍是由于刚才提到的那种抽象的、唯心主义的实践概念。这一点从我对恩格斯所作的——又是并非完全错误的——批评中可以看得很清楚。恩格斯认为实践是检验理论的标准,而把实验和工业看作是证明这一点的典型事例。从那时起,我逐渐认识到,恩格斯的论点在理论上是不完全的,因为忽视了这样一个事实:实践的领域(在不改变其基本结构的情况下),在发展过程中已变得比单纯的劳动更加广泛,更加复杂,并以更多的过程为其中介。由于这个缘

① 《怎么办?》,《列宁全集》人民出版社第2版第6卷第75页。

故，单是生产一种对象的活动，的确可以成为对一种理论假设作出直接地正确理解的基础。在这一限度内，它也能够成为检验上述假设正确与否的标准。然而，恩格斯想用直接实践来反驳康德的“不可捉摸的自在之物”的任务却远未解决。因为劳动本身很可能仍旧是一种纯粹操作的过程，自发或自觉地回避了“自在之物”的问题，并且全部或部分地忽略了它。历史为我们提供了这样一些实例：在某些时候，正确的行动却是在错误理论的指导下进行的。在恩格斯的意义上，这些实例意味着未能把握自在之物。的确，连康德的理论也丝毫不否认这类实验是客观的、并且能够提供有价值的知识。他只是将它们归之于纯粹的现象领域，在那里，自在之物本身仍旧是未知的。现代新实证主义打算将所有关于现实（自在之物）的问题统统剔除于科学的范围之外，它将所有关于自在之物的问题当作“非科学的”东西而加以排斥，同时，又承认技
20 术和自然科学的所有结论。恩格斯想用实践来驳倒康德的“自在之物”，这是正确的。但是，要做到这一点，实践必须超越上述那种直接性，并且在继续实践的同时，发展成为一种内容广泛的实践。

因此我当时对恩格斯的解决办法的反对，并不是没有根据的，正因为如此，我的论证也就更错误了。认为“实验是纯粹的直观”，这是完全错误的。我自己的说明就驳斥了这一点。因为创造一种环境，使自然力能够在观察下“纯粹地”，即没有外来干扰和主体观察错误的影响下发挥作用，这一点完全与劳动的情况相同，劳动同样意味着创造一种有目的的系统，当然是一种特殊的系统。所以，在本质上，实验是纯粹的实践。否认工业是一种实践，认为它“在

辩证的和历史的意义上，仅仅是社会的自然规律的客体，而不是其主体”，同样是错误的。包含在这句话中的部分真理——充其量也只是部分真理——仅仅适用于资本主义生产的经济总体。但是它与这样一个事实并不矛盾：在工业生产中，每一单个的活动不仅代表着一种有目的的劳动行为的综合，而且它本身就是这种综合中的一种有目的的，即实践的行为。由于这种哲学错误，《历史与阶级意识》在分析经济现象时，不是以劳动，而只是以发达商品经济的复杂结构作为出发点。这意味着，从哲学上解决诸如理论与实践、主体与客体的关系这种决定性问题的前景，从一开始就落空了。

在这些以及与此类似的成问题的前提中，我们看到了未能对
黑格尔遗产进行彻底唯物主义改造，从而——在双重意义上—— 21
予以扬弃的影响。我想再提出一个重要的原则问题。毫无疑义，《历史与阶级意识》的重大成就之一，在于使那曾被社会民主党机会主义的“科学性”打入冷宫的总体(Totalität)范畴，重新恢复了它在马克思全部著作中一向占有的方法论的核心地位。当时，我不知道列宁正沿着同一方向前进。(《历史与阶级意识》问世九年后，《哲学笔记》方才出版。)然而，列宁在这个问题上真正恢复了马克思的方法，我的努力却导致了一种——黑格尔主义的——歪曲，因为我将总体在方法论上的核心地位与经济的优先性对立起来。“不是经济动机在历史解释中的统治地位，而是总体的观点，使马克思主义同资产阶级科学有决定性的区别。”这种方法论上的谬误由于下述情况而得到进一步的加强：总体被视为科学中的革命原则的思想体现。“总体范畴的统治地位是科学中的革命原则

的支柱。”①

毋庸置疑，在《历史与阶级意识》对以后思想界的影响中，这种方法论上的谬误起了并非不重要的，而且在许多方面甚至是进步的作用。因为黑格尔辩证法的复活狠狠打击了修正主义的传统。伯恩施坦就曾希望以“科学”的名义把黑格尔辩证法的一切遗迹从马克思主义中清除出去。而他的理论上的对手，首先是考茨基，也不过是要维护这种修正主义传统。对任何想要回到马克思主义的
22 人来说，恢复马克思主义的黑格尔传统是一项迫切的义务。《历史与阶级意识》代表了当时想要通过更新和发展黑格尔的辩证法和方法论来恢复马克思理论的革命本质的也许是最激进的尝试。由于当时资产阶级哲学对黑格尔正表现出越来越大的兴趣，这一任务甚至变得更加重要。当然，资产阶级哲学家们从未能一方面使黑格尔与康德在哲学上的决裂成为他们分析的基础。另一方面，他们在狄尔泰的影响下，企图在理论上把黑格尔的辩证法与现代非理性主义联结起来。《历史与阶级意识》问世不久，克隆纳便将黑格尔描绘成一切时代中最大的非理性主义者；而在勒维特稍后的研究中，马克思和克尔凯郭尔又成了从黑格尔主义解体中出现的两种平行的现象。只有与所有这些发展相对照，我们才能看到《历史与阶级意识》所提出的问题是多么迫切。从激进工人运动的意识形态的角度看也是如此，因为普列汉诺夫等人过高估计了费尔巴哈作为黑格尔与马克思之间的中介的作用，而这种观点在这里则被抛到了一边。当然，只有在稍后的时候，在关于莫泽斯·赫

① 本书边码第94页。

斯的论文中(比列宁后期哲学著作的发表早几年),我才明确提出了马克思直接衔接着黑格尔这一问题。然而事实上,这一立场早已是《历史与阶级意识》的许多论述的基础。

在这个必须简短的总结中,不可能对这本书所提出的全部问题做出具体的评判,即指出它对黑格尔的解释哪些成了混乱的根源,哪些具有指导意义。有能力进行批评的当代读者肯定能够找 23
到说明两种类型的例子。在估价这本书在当时的影响以及今天可能具有的意义时,我们必须考虑一个比任何细节问题都更为重要的问题。这就是异化问题。它在这本书中,从马克思以来第一次被当作对资本主义进行革命批判的中心问题,而且它的理论史的和方法论的根基被追溯到黑格尔的辩证法。当然,这个问题当时正在酝酿中。几年以后,随着海德格尔《存在与时间》(1927)的问世,它成了哲学争论的中心。甚至在今天,主要是由于萨特及其追随者和反对者的影响,它仍旧没有失去这种地位。吕西安·戈德曼把海德格尔的著作解释成在某种程度上是直接对我的回答(但没有明确地这样提),首先由他提出的语文学问题在此可以暂且放在一边。说异化问题在当时正在酝酿中,这在今天是完全恰当的,特别是因为不可能在这里深入讨论这种情况的原因,以便阐明第二次世界大战后特别是在法国如此盛行的马克思主义与存在主义观念的混合,这种提法显得更为恰当。在这里,谁起头,谁影响谁的问题并不特别重要。重要的是,人的异化是我们时代的关键问题,并且无论资产阶级还是无产阶级的思想家,无论政治上和社会上的右派还是左派思想家都看到和承认这一点。因此,《历史与阶级意识》对青年知识分子产生了深刻的影响;我知道,有一大批

优秀的共产党人正是被这一事实吸引到共产主义运动中来的。毫无疑问，这一马克思主义和黑格尔主义的问题是由一位共产党人重新提出的事实，是这本书的影响远远超出了党派界限的原因之一。

24 至于对这一问题的实际讨论方式，那么今天不难看出，它是用纯粹黑格尔的精神进行的。尤其是，它的最终哲学基础是在历史过程中自我实现的同一的主体—客体。当然，在黑格尔那里，它是以一种纯粹逻辑的和哲学的方式提出的：通过消除外化，自我意识向自身的返回，并由此实现同一的主体—客体，绝对精神在哲学中达到了它的最高阶段。然而，在《历史与阶级意识》中，这个过程表现为一种社会—历史的过程，当无产阶级在它的阶级意识中达到了这一阶段，并因而成为历史的同一的主体—客体时，上述过程也就达到了顶点。这看起来的确已经“使黑格尔以脚立地了”，似乎《精神现象学》的逻辑—形而上学结构已经在无产阶级的存在和意识中得到了真正的实现。这一点好像又反过来为无产阶级通过革命建立一个无阶级社会，并结束人类“史前史”的历史转折提供了哲学基础。然而，这里的同一的主体—客体是不是比纯粹形而上学的构造更真实呢？真正同一的主体—客体能为自我认识（无论怎样充分，怎样真正基于对社会的全面认识，也就是无论怎样完美）所创造吗？只要我们精确地提出问题，便会看出，对此必须作出否定的回答。因为即使当认识的内容被归结为认识的主体时，这也不意味着认识活动因此便摆脱了它的异在的本性。正是在《精神现象学》中，黑格尔正确地拒绝了在实现同一的主体—客体问题上的神秘主义和非理性主义观念，拒绝了谢林的“理智直观”，

而要求采取一种哲学的、理性主义的解决方式。他的健全的现实 25
感使这一要求仅止于要求而已;他的包罗万象的体系的确在这种
实现的前景中达到了顶点,但是他从未以具体的方式表明这一实
现的要求怎样能够达到。因此,将无产阶级看作真正人类历史的
同一的主体—客体并不是一种克服唯心主义体系的唯物主义实
现,而是一种想比黑格尔更加黑格尔的尝试,是大胆地凌驾于一切
现实之上,在客观上试图超越大师本身。

黑格尔之所以这样小心谨慎,是由于他的基本概念含糊不清。
因为在黑格尔那里,异化问题第一次被看作是生存于世界并面对
着世界的人的地位的根本问题。然而,他在外化这一术语中却包
括了任何一种形式的对象性。这样,在逻辑上,异化便最终与对象
性合为一体。因此,当同一的主体—客体扬弃异化时,它也必须同
时扬弃对象性。但是,按照黑格尔的看法,客体,即物,仅仅作为自
我意识的外化物而存在,使其返回主体将意味着客观现实即一切
现实的终结。《历史与阶级意识》跟在黑格尔后面,也将异化等同
于对象化(Vergegenständlichung,用马克思在《经济学哲学手稿》
中所使用的术语)。这个根本的和严重的错误对《历史与阶级意
识》的成功肯定起了极大的作用。如上所说,在哲学上对异化的揭
示当时正在酝酿之中,很快它就成了那种旨在探讨人在当代资本
主义中的状况的文化批判的中心问题。对资产阶级哲学的文化批
判说来(我们只要看一下海德格尔就可以了),将一种社会批判升
华为纯粹的哲学问题,即将本质上是一种社会的异化转变为一种 26
永恒的“人类状况”(这是一个后来才产生出来的术语),是十分自
然的事情。很明显,《历史与阶级意识》迎合了这种观点,虽然它的

意图与这种观点不同，而且的确是对立的。因为当我将异化等同于对象化时，我是将它看作一种社会范畴——社会主义将最终消除异化——但是，尽管如此，由于它在阶级社会中的不能消除的存在，特别是由于它的哲学基础，它就同“人类状况”的说法相去不远了。

之所以造成这种情况，是由于经常把两个对立的根本范畴错误地等同起来的缘故。因为对象化这种现象事实上是不可能从人类社会生活中消除的。如果我们记住，在实践中（因此也在劳动中）客观物的任何外化都是一种对象化，每一种人类表达方式包括说话都使人类的思想和情感对象化，那么很清楚，我们这里指的是人与人之间的一种普遍的交往方式。既然如此，对象化就是一种中性现象；真和假、自由与奴役都同样是一种对象化。只有当社会中的对象化形式使人的本质与其存在相冲突的时候，只有当人的本性由于社会存在受到压抑、扭曲和残害的时候，我们才能谈到一种异化的客观社会关系，并且作为其必然的结果，谈到内在异化的所有主观表现。但《历史与阶级意识》并未认识到这种两重性。这
27 正是它在其基本哲学史观点上出现很大偏差的原因。（顺便提一下，物化 Verdinglichung 现象与异化现象有着紧密联系，但无论在社会中还是在概念上，两者都不尽相同，而在《历史与阶级意识》中，这两个词却是在同一意义上使用的。）

这种对基本概念的批判不可能是面面俱到的。但即使在这个如此简短的说明中，也必须提到我对认识是反映这种观点的拒绝。这有两个根源。首先是我对机械宿命论的极端厌恶，在机械唯物主义中，宿命论总是同反映论休戚与共。我思想中当时以救世主

自居的乌托邦主义、关于实践优先性的观点都对这种机械唯物主义提出了强烈的抗议——这种抗议又不是完全错误的。其次，我知道劳动怎样成了实践的起源和根基。最原始的劳动，例如原始人挖掘石头，就包含着人对他所处理的现实的正确反映。因为，如果没有对他所处理的客观现实的映象，无论这种映象有多么粗糙，任何有目的的活动都是无法进行的。只有基于对现实的正确反映，实践才能使理论得到实现并成为它的检验标准。至于在这个问题上发生的论战的细节，至于拒绝在流行的反映理论中把认识类同于摄像的看法是如何有道理，不值得在这里详细记述。

这里，我专门谈了《历史与阶级意识》的消极方面，同时，我也强调，不管怎样，这本书在当时还是并非不重要。我相信，这两者并不矛盾。所有列举在此的错误，其根源与其说是作者本人的个人品质，不如说是那时流行的、往往是错误的思潮。单是这一事实 28
就赋予这本书以某种代表性。当时，一场重大的、世界历史性的转变正在努力寻找一种理论表述。即使一种理论未能说明这场巨大危机的客观本质，它仍旧可以提出一种典型的观点，并因而获得某种历史的合法性。我今天认为，《历史与阶级意识》一书的情况正是如此。

然而，我并不打算谎称，书中的所有观点无一例外都是错误的。事实确实不是这样。例如，在第一篇论文的引言中，我为正统马克思主义下了一个定义，现在我认为，这个定义不仅在客观上是正确的，而且在处于马克思主义复兴前夜的今天能够产生相当重要的影响。我指的是这样一段话："我们姑且假定新的研究完全驳倒了马克思的每一个个别的论点。即使这点得到证明，每个严肃的‘正统’马克思主义者仍然可以毫无保留地接受所有这种新结论，放弃马克思的所有全部论点，而无需片刻放弃他的马克思主义正统。所以，正统马克思主义并不意味着无批判地接受马克思研究的结果。它不是对这个或那个论点的‘信仰’，也不是对某本‘圣’书的注解。恰恰相反，马克思主义问题中的正统仅仅是指**方法**。它是这样一种科学的信念，即辩证的马克思主义是正确的研究方法，这种方法只能按其创始人奠定的方向发展、扩大和深化。
29 而且，任何想要克服它或者‘改善’它的企图已经而且必将只能导致肤浅化、平庸化和折中主义。”①

我相信，还有许多同样正确的思想可以在这本书中找到，我这样说并不觉得自己过分不谦虚。我只需指出这样一个事实，我将马克思的早期著作放到他的世界观的完整画面之中，而在我这样做时，大多数马克思主义者只愿意把它们仅仅看作是马克思个人发展的历史文献。至于在几十年后，这种关系发生了颠倒，青年马克思被看作真正的哲学家，而成熟时期著作则受到忽视，那么，这不能责怪《历史与阶级意识》，因为在那里，不管正确与否，我始终把马克思的世界观看作本质上是一个不可分割的整体。

我同样不想否认，在书中许多地方，我试图对辩证范畴的真正本质和运动作出描绘，这会导致一种真正马克思主义的社会存在的本体论。例如，对中介范畴就是这样描述的：“中介的范畴作为克服经验的纯直接性的方法论杠杆不是什么从外部（主观地）被放到客体里去的东西，不是价值判断，或和它们的存在相对立的应

① 本书边码第58—59页。

该,**而是它们自己的客观具体的结构本身的显现**。”[①]与此紧密相关的是对辩证范畴的起源与客观历史的关系的**探讨**:“只有当,一方面人类存在借以形成的全部范畴表现为这种存在本身的规定(而不仅是它的可把握性的规定),另一方面这全部范畴的顺序、关系和联系表现为历史过程本身的因素,表现为现在的结构特征时, 30
起源和历史才可能一致,或更确切地说,才可能纯粹是同一过程的因素。范畴的顺序和内在关系因而既不构成一种纯逻辑的次序,也不是按照纯历史的事实来安排的。”[②]这条思路合乎逻辑地与马克思五十年代进行的著名方法论考察中的一段话完全吻合。像这种预示着对马克思思想作出真正唯物辩证的重新解释的段落,在书中并不少见。

如果我在这里把注意力集中于批判我的错误,这主要是由于实际的原因。《历史与阶级意识》过去对许多读者产生了强有力的影响,甚至今天还继续产生这种影响,这是事实。如果是正确的论点产生了这种影响,那么一切都很好,作者的反应完全无关紧要和毫无意义。令人遗憾的是,据我所知,事实是这样的:由于社会的发展以及这种发展所产生的各种政治理论的作用,这本书中那些我今天认为在理论上错误的部分往往影响最大。由于这个原因,在四十多年后重印这本书时,我认为自己有责任首先指出这本书的这些消极倾向,并告诫读者注意错误,这些错误在当时可能是难以避免的,但是今天早已不是这种情况了。

---

① 本书边码第 286—287 页。

② 本书边码第 282 页。

我已经说过，在相当确切的意义上，《历史与阶级意识》是对我始于 1918—1919 年的发展时期的概括和总结。以后的岁月越来越清楚地表明了这一点。首先，这个时期的以救世主自居的乌托邦主义越来越失去现实的（甚至是看起来现实的）基础。列宁于
31 1924 年逝世。在他逝世之后的党内斗争越来越集中在关于社会主义能否在一国生存的问题上。当然，列宁很久以前就谈到过从理论上抽象地讲有这种可能性。但是，似乎近在咫尺的世界革命的前景，当时曾使得这种断言的理论的和抽象的性质显得特别突出。列宁逝世后对现实的、具体的可能性进行讨论，证明在这些年代里世界革命还不能被认为迫在眉睫。（只是随着 1929 年的萧条，世界革命才有时作业一种可能性出现。）而且，1924 年以后，第三国际已经将资本主义世界的现状正确地规定为“相对稳定”。这些事实意味着，我必须重新考虑我的理论立场。在俄国党的争论中，我站到斯大林一边，赞成关于社会主义必然在一国建成的理论，这很清楚地表明在我思想发展中已开始发生决定性的转变。

然而，决定这一转变的更直接和主要的东西，首先是匈牙利党工作的经验。兰德列尔集团的正确政策开始结出了果实。在严格的非法条件下活动的党，逐步扩大了它对社会民主党左翼的影响，结果是，在 1924—1925 年间，这一翼从社会民主党中分裂出来，并成立了一个激进然而依旧合法的工人党，这个党是由共产主义者非法领导的，它所选择的战略目标是在匈牙利建立民主制。它的最高纲领是要建立一个共和国，而非法的共产党本身则继续坚持建立无产阶级专政的旧战略口号。我当时在策略上同意这种做法，然而，关于如何在理论上论证这种立场的大量问题没有得到解

决,我越来越为此感到痛苦。

这些思考开始动摇我在1917—1924年间所形成的思想基础。加之,世界革命发展速度的明显降低,必然导致各式各样左翼运动 32
合作起来抗击日益增强的反动潮流。在霍尔蒂王朝统治下的匈牙利,这种合作的必要性对于合法的和左翼激进的工人政党说来是不言而喻的。但是甚至在国际运动中,也存在着相同的趋向。1922年发生了进军罗马事件,在以后的几年中,德国的国社党也得到了增强,它成了所有反动势力日渐增大的集合中心。这就将统一战线和人民阵线的问题提上了议事日程,这些问题不仅必须在战略和策略上,而且还必须在理论上加以讨论。而且我们已经不能指望第三国际来提供什么创造性的意见,它正越来越强烈地受到斯大林主义策略的影响。在策略上,它摇摆于左派和右派之间。斯大林本人在理论上灾难性地介入了这种摇摆之中。1928年前后,他将社会民主党人描绘成为法西斯分子的"孪生兄弟"。这就完全关死了建立左派联合阵线的大门。虽然在俄国党争论的中心问题上,我站在斯大林一边,但在这一问题上,我却深深厌恶他的观点。但无论如何,由于当时欧洲各国党内的大多数左翼集团都信奉托洛茨基主义(我对它始终持反对态度),这丝毫没有妨碍我从自己早期革命年代的极左倾向中逐步解脱出来。当然,如果我反对路特·费舍尔和马斯洛夫对德国问题的态度(对这些问题我始终极其关心),这并不意味着,我同意布兰德勒和塔尔海默的观点。为了廓清我自己的思想,也为了获得一种政治和理论上的自我理解,当时我极力寻找一种"真正的"左翼纲领,它应该提供一种不同于德国对立两派观点的第三种选择。然而,这种从政治 33

和理论上解决转变时期矛盾问题的想法,被注定成为空想。我从未得到一种令自己满意的解决方法。因此,在这一时期,我没有在国际范围内发表任何理论的或政治的作品。

在匈牙利的运动中,情况是另一种样子。兰德列尔于 1928 年逝世,1929 年,党准备召开第二次代表大会。我接受了为会议起草政治纲领的任务。这使我面对面地碰上了匈牙利问题中的那个使我困惑的老难题:一个党能否同时提出两个不同的战略目标(合法地是共和国,非法地是苏维埃共和国)?或者从另一个角度看:党对政府形式的态度能否是一种纯粹策略上的权宜之计(即非法共产主义运动的前景是真正目的,而合法党的前景只是策略上的手段)?对匈牙利社会和经济情况的透彻分析,使我越来越确信,兰德列尔当年提出共和国的战略口号,已经本能地接触到了匈牙利正确革命计划的核心:即使霍尔蒂王朝已经遭受了如此深刻的危机,以致为一种彻底的革命创造了客观条件,匈牙利仍旧不能直接转变为一个苏维埃共和国。因此,争取共和国的合法口号必须按列宁的精神具体化为他在 1905 年所说的工农民主专政。今天大多数人难以想象,这一点在当时听起来是多么荒唐。虽然第三国际的第六次代表大会的确提到这是一种可能性,人们仍旧普遍认为,由于匈牙利早在 1919 年就存在过一个苏维埃共和国,所以,从历史上讲,采取这种后退的步骤是没有可能性的。

34 这里不是讨论所有这些不同观点的地方。特别是因为这份提纲的内容,尽管对我个人说来起了改变我以后全部发展方向的作用,但作为一份理论文献,今天已经很难被认为具有什么重大价值了。加之,我的分析无论在原则上还是在具体细节上都是不充分的。这部分地是由于，为了使提纲的主要内容更易于接受，我对问题作了过于一般的处理，没有对具体细节着力加以发挥。但即便如此，它仍旧在匈牙利党内引起了轩然大波。库恩·贝拉集团把提纲看作是最纯粹的机会主义；我自己集团的支持则是很不坚决的。当我从可靠的来源获悉，库恩·贝拉正打算把我作为“取消主义者”驱逐出党时，由于十分清楚库恩在国际中的威信，我放弃了进一步的斗争，并发表了“自我批评”。尽管我当时坚定地相信自己的观点是正确的，然而我也知道——例如从卡尔·科尔施的命运中知道——被驱逐出党意味着不能再积极地参加反对正在逼近的法西斯主义的斗争。我把这一自我批评理解为参加这种活动的“入场券”，因为在这种情况下，我既不可能也不愿意在匈牙利的运动中继续工作下去了。

对这一自我批评是如何不能认真看待，下述事实可以说明：我世界观中的根本转变构成了勃鲁姆(Blum)提纲的基础(然而，提纲并没有以一种令人满意的方式将这一点表述清楚)，从那时起，这种转变就决定了我的全部理论和实践活动。毋庸赘言，这里不是对这些情况作出哪怕十分简短说明的地方。为了证明我的说法不是作者的主观设想，而是客观事实，我可以引证党的主要意识形态专家列瓦伊·尤若夫在 1950 年对勃鲁姆提纲所作的有关评论。 35
他认为，我那时的文学观点直接渊源于勃鲁姆提纲。“每个熟悉匈牙利共产党历史的人都知道，卢卡奇同志在 1945—1949 年间持有的**文学观点**是与他更早得多的时期的**政治观点**紧密相连的，这些政治观点是他在二十年代末期匈牙利的政治发展和共产党的战略

决策的背景上形成的。”①

这一问题还有另外一个方面，而且对我说来是更重要的方面，它为记录在此的转变划出了更加明确的轮廓。正如这些论文的读者所了解的，我之所以决定积极投身于共产主义运动，在很大程度上是出于伦理的考虑。在作出这一决定时，我丝毫也没想到，在以后的十年中，我将成为一个政治家。这是环境造成的。1919 年 2 月间，中央委员会的成员被逮捕了，我再次认为我有责任接受在为取代它而建立的半合法的委员会中的职务。从此，一系列戏剧性的结果便接踵而至：苏维埃共和国的教育人民委员，红军的政治委员，在布达佩斯的非法活动，在维也纳的党内争论等等。只是此时，我才重新真正面临着两种抉择。我就勃鲁姆提纲进行的内在的、私下的自我批评，使我得出这样的结论：如果我像我坚信的那样，很明显是正确的一方，但又仍然无法避免如此轰动的失败，那么.我一定是严重地缺乏实际的政治才干。因此，我感到可以问心无愧地退出现实政治的舞台，再次集中精力于理论活动。我从未对这一决定有所后悔。（1956 年，我再次担任了部长职务，这一事实与我的决定也没有任何不一致的地方。在接受此职之前，我就
36 做过声明，自己只是在这个过渡时期，在这个极度危急的关头接受了任命，一俟形势趋于稳定，我将立即辞职。）

至于对《历史与阶级意识》之后的我的狭义理论活动的分析，我在叙述中已经跳过了整整五个年头，现在才能回过头来稍微详细地谈谈这些著作。这种与正确的年代顺序相背离的叙述方法之

① 列瓦伊·尤若夫，《文学研究》，狄茨出版社，柏林 1956 年版第 235 页。

所以有道理,是因为我毫不怀疑,正是勃鲁姆提纲的理论内容构成了我的发展的隐秘的目标。只是当我直接面对着一个特殊的、交织着最复杂问题的重要课题时,我才真正开始克服那种自大战后期以来一直构成我的思想特征的矛盾的二重性。也只是在此时,我的马克思主义学徒期才可以被认为是结束了。现在,我可以指出那些标志着这一历史时期的理论著作,并以此勾画出自己直到写作勃鲁姆提纲为止的整个发展线索。我想,预先确定这条线索的终端,可以使叙述变得更容易些。特别是如果考虑到以下的情况,这一点就更加清楚了,即在这一时期,我的精力首先是放在匈牙利运动的实际问题上,因此,我的理论贡献主要只是一些即兴之作。

这些作品中的第一篇,也是最长的一篇,是企图为列宁画出一幅思想肖像,这是一篇名副其实的即兴之作。列宁刚一逝世,我的出版人就要我写一部关于他的简短专著,我答应了,并在几星期之内完成了这篇短小的东西。比之《历史与阶级意识》,它有了某种进步,因为在写作过程中,我必须全神贯注于我要描绘的伟大人物,这促使我在实践概念与理论之间建立起一种更清晰、更正确、更自然、更辩证的关系。当然,我关于世界革命的观点是属于二十年代的。然而,部分地由于我在这段短暂的间隔时间中的经历,部 37
分地由于需要全神贯注于列宁的思想品格,《历史与阶级意识》中的最明显的宗派特征开始消退,并为其他更加接近于现实的内容所替代。在我最近为这本小册子再版而写的跋[①]中,我试图对这

① 卢卡奇,《列宁》,卢赫特汗特出版社,新维德 1967 年版,第 87 页以后几页。

本书的基本论点中我仍然认为健康和现实的部分做出比初版本身更为详尽的阐述。首先，我设法看到列宁既不是一个简单地、直接地踩着马克思、恩格斯的理论脚印走的人，也不是一个天才的、实用主义的“现实政治家”。我的目的是要阐明他的思想的真实本质。简单地说，列宁的这幅肖像可以描绘如下：他的理论力量在于，无论一个概念在哲学上是多么抽象，他总是考虑它在人类实践之中的现实含义，同时，他的每一个行动总是基于对有关情况的具体分析之上，他总是要使他的分析能够与马克思主义的原则有机地、辩证地结合在一起。因此，就理论家和实践家这两个词最严格的意义而言，他既不是前者，也不是后者。他是一位深刻的实践思想家，一个热情地将理论变为实践的人，一个总是将注意力集中于理论变为实践、实践变为理论的关节点上的人。当然，我过去的研究仍旧带有二十年代的痕迹，它使我在描绘列宁的思想肖像时，做出了某些错误的侧重。特别是，比之他的传记作家，我在对列宁的
38 评论中更深地探究了他的后期阶段。然而，由于列宁的理论和实践客观上与 1917 年革命的准备工作及其必然后果密不可分，我的著作的主要部分本质上依旧是正确的。在二十年代聚光灯的照耀下，我为说明这位伟大人物的独特品质而进行的努力，使他显得稍微有点陌生，但并不是完全不可辨认。

我以后几年写的一切，不仅外表是即兴之作（大部分是书评），而且内容也是。因为我正在自发地寻找一个新的方向，并且试图使自己的观点与其他人区别开来，以此廓清未来的道路。就其本质而言，关于布哈林的评论可能是这些作品中最有分量的一篇。（我愿意为今天的读者顺便提一下，在 1925 年，当我的这篇作品发

表的时候,布哈林是俄国党领导层中仅次于斯大林的重要人物;他们之间的冲突是在三年以后才发生的。)这篇评论最积极的部分在于,我关于经济的观点变得具体化了。这首先表现在我对当时广泛流行于庸俗唯物主义的共产党人和资产阶级实证主义者中间的观点的激烈抨击。这种观点认为,技术是一种主要的因素,它在客观上决定着生产力的进步。这种观点明显地导向历史宿命论,导向对人和社会实践的取消;它导致这样一种观念:技术起着社会的“自然力”、“自然规律”的作用。比之《历史与阶级意识》的大部分有关内容,我的批判不仅在更加具体的历史水平上取得了进展,而且在同上述机械宿命论的抗衡中,我也很少使用唯意志论的思想砝码。我试图表明,经济力量决定着社会的过程,从而也决定着技术的进步。同样的观点也出现在我对魏特福格尔的著作的评论中。两处分析有着共同的理论缺陷,即都将机械的庸俗唯物主义 39
和实证主义视为一种统一的、没有区别的思潮。尽管前者的确从后者吸收了许多内容,但毕竟不能将它们混为一谈。

我对拉萨尔书信新版本以及莫泽斯·赫斯著作的更为详尽的讨论,有着更加重要的意义。这两篇评论都具有这样一种倾向:与《历史与阶级意识》相比,它们更为具体地将社会批判连同对于社会进化的理解根植于经济状况之中。同时,我试图利用对唯心主义的批判,对黑格尔辩证法的继承,去扩充我们已经获得的理论知识。这就是说,我再次拣起了青年马克思在《神圣家族》中对那些宣称已经驳倒了黑格尔的唯心主义思想家所进行的批判。马克思的批判在于,这些思想家们主观上相信,他们已经超过了黑格尔,但在客观上,他们不过是复活了费希特的主观唯心主义。例如,黑格尔思想的保守方面在于，他的哲学史只是为现存事物的必然性提供了证明。这样，从主观方面看，费希特的历史哲学后面的动力就肯定有某种革命的因素，因为这种哲学将现在规定为插在过去和它声称已在哲学上认识的未来之间的“绝对罪孽的时代”。在关于拉萨尔的评论中，我已经指出，费希特哲学的这种激进性纯粹是想象的，只要一涉及对历史的真实运动的认识，黑格尔哲学就立即显示出比费希特哲学高出一筹。这是因为在黑格尔体系中，各种客观的社会的和历史的中介因素的运动造成现存的一切，比费希特仅仅寄希望于未来的做法要更真实，更少抽象性的思想构造物。拉萨尔对费希特主义的思想倾向充满同情，是与他的纯粹唯心主义的世界观密切相关的。他并不关心那种基于经济之上的历史观
40 以及由此而来的世俗观点。为了着力表明马克思与拉萨尔的差别，我在评论中引用了拉萨尔的一段话。他在与马克思的一次交谈中曾经说道：“如果你不相信范畴的永恒性，那么你必须相信上帝。”我对拉萨尔的这种哲学思想倒退所作的尖锐刻画，同时也是在理论上抨击了社会民主党思潮。因为，与马克思对拉萨尔的批判相反，在社会民主党人中间流传着这样一种看法，它将拉萨尔与马克思相提并论，把他们看作是社会主义世界观的共同奠基人。我没有明确提及这些人，但把这种倾向作为一种资产阶级偏见加以反对。这使我在某些问题上能够比在《历史与阶级意识》中更加接近真正的马克思。

关于莫泽斯·赫斯第一部论文集的讨论没有如此直接的政治现实性。然而，由于我再次接受了青年马克思的思想，我强烈地感到，有必要对他的同时代人提出我的反对意见。这些人就是在黑

格尔哲学解体时期出现的左翼，以及常常与之紧密相连的“真正社会主义者”。这也促使我着力将对经济及其社会发展问题进行哲学具体化的倾向放到突出的地位。当然，我仍旧未能摆脱对黑格尔所持有的非批判观点。像《历史与阶级意识》一样，我对赫斯的批判也没有将对象化与异化这两个概念区别开来。与早期观点相比，我此时的理论进步似乎采取了一种自相矛盾的形式。一方面，我强调黑格尔哲学中那些认为经济范畴是社会现实的倾向，以反对拉萨尔和激进的青年黑格尔分子。另一方面，我因为费尔巴哈对于黑格尔的非辩证的批判态度，而对他作了尖锐的抨击。这后 41
一方面引导出过去已经提及的那个观点：马克思的理论工作直接衔接着黑格尔遗留下来的理论线索。同时，前一方面又使我想要对经济学和辩证法的关系作出更加准确的说明。举一个有关《精神现象学》的例子，在这里，我强调了黑格尔的经济和社会辩证法的世俗基础，这种辩证法与各种类型的主观唯心主义的先验论正相反对。同样地，异化既不是被看作“一种思想的结构，也不是被视为一种‘应受到指责的’现实”，而是被规定为“直接既定的存在形式，在其中，现存事物以在历史过程中克服其自身的方式而存在”。这一思想连接起了从《历史与阶级意识》发展而来的客观线索，它涉及社会进化中的间接性和直接性问题。上述思想最重要的意义在于，它最大限度地表现出了这样一种要求：要从事一种新的批判，从而寻找一个明确的方向，使之与马克思的《政治经济学批判》沟通起来。一旦我对《历史与阶级意识》整个内容的错误之处获得了一种清晰的、根本的认识，这种寻找就变为一个具体的研究计划，即要对经济学与辩证法之间的哲学联系作出考察。早

在三十年代我就第一次试图将这一计划付诸实现。在莫斯科和柏林，我写了关于青年黑格尔的著作的初稿（直到1937年秋，才最后完成）。① 只是在三十年后的今天，我才试图在关于社会存在的本体论中找到解决这一问题的根本方法。目前，我正在从事这一工作。

在写作关于赫斯的论文与勃鲁姆提纲之间的三年中，这种倾
42 向有何种进展，由于没有任何文献，我不能确切地说。我只是认为，在为党所做的实际工作中，我需要经常进行具体的经济分析，这不会不对我的经济理论观点产生任何影响。无论如何，在1929年，我的体现在勃鲁姆提纲中的重大观点发生了变化。正是带着这些新的观点，我于1930年开始了在莫斯科马克思恩格斯研究院的研究工作。在这里，我交了两个意想不到的好运：《经济学哲学手稿》的手稿正好全部被辨认出来，我可以阅读它。同时，我结识了米哈伊尔·里夫希茨，而且这是一种终生友谊的开端。在阅读马克思手稿的过程中，《历史与阶级意识》中的所有唯心主义偏见都被一扫而空。毫无疑义，我本来可以从以前读过的马克思著作中发现那些与今天使我在理论上如此震惊的思想相类似的东西。然而，事实是这种情况并没有发生，这显然是因为我一直是根据我自己的黑格尔主义的解释来阅读马克思的。因此，只有一篇全新的著作才能产生这种振聋发聩的效果。（当然，另一个原因是我已经通过勃鲁姆提纲，动摇了那种唯心主义的社会—政治基础。）无

① 卢卡奇，《青年黑格尔》，《全集》第8卷，卢赫特汉特出版社，新维德1967年版。

论如何，时至今日，我仍旧记得马克思关于对象性是一切事物和关系的基本物质属性的论述对我产生的惊人印象。接着是这里已经提到的思想，即对象化是一种人们借以征服世界的自然手段，因此既可以是一个肯定的、也可以是一个否定的事实。相反，异化则是一种在一定的社会条件下实现的特殊的变种。这就完全动摇了那种构成《历史与阶级意识》特点的东西的理论基础。正如我早年的著作在 1918—1919 年间所遭到的命运一样，这本书现在 43
对于我也变得完全陌生了。我突然清楚地意识到，如果我要使现在浮现在眼前的这些理论观点成为现实，就必须再一次完全从头开始。

当时，我曾打算发表一篇论述我的新观点的文章。我的计划失败了(这份手稿已经丢失)。由于当时我正陶醉于这种新起点的前景，对此并未十分介意。然而，我也意识到，在能够希望从思想深处有能力纠正《历史与阶级意识》的错误，并对那里提出的问题作出科学的马克思主义的说明以前，我必须从事广泛的探索，走许多曲折的道路。我已经提到过这样一条曲折的线索：它从黑格尔研究开始，经过对经济学和辩证法的关系的考察，而达到我今天建立一种关于社会存在的本体论的尝试。

与此同时我还产生了一种愿望，想利用我关于文学、艺术以及文艺理论的知识，去建造一个马克思主义的美学体系。这是我同米哈伊尔·里夫希茨合作的开始。在多次讨论的过程中，我们逐渐看清了，甚至像普列汉诺夫和梅林这样最优秀、最有才干的马克思主义者，也未能足够深刻地把握住马克思主义作为世界观的普遍性质。因此，他们不明白，马克思也给我们提出了在辩证唯物主义的基础上建立起一种系统美学理论的任务。这里不是描述里夫希茨在哲学和语文学领域的重大成就的地方。就我自己而言，我写作了一篇关于马克思、恩格斯同拉萨尔就济金根问题争论的论文。[①] 这篇论文虽然还是局限在一个特殊的问题上，但是这种体系的轮廓已经变得清晰可见了。这种观点起初受到顽强的抵抗，
44 特别是来自庸俗社会学家方面的抵抗，后来为马克思主义学术界所广泛接受。然而，这里无需对这一问题做进一步的讨论。我只想指出，这里描述的我的世界观中的根本哲学转变，在我1931—1933年间在柏林作为批评家的活动中表现得很明显。不仅是模拟问题成了我注意的中心，而且那时我首先批判了自然主义倾向，并且还把辩证法运用于反映论。因为一切自然主义都是建立在对现实的“摄影式”反映的观点之上的。无论是资产阶级还是无产阶级庸俗马克思主义的理论，都未曾强调过现实主义同自然主义之间的区别。然而，对于辩证的反映论，从而对于一种符合马克思主义精神的美学理论来说，强调两者之间的区别正是问题的核心所在。

虽然这些意见严格说来并不属于这里讨论的范围，然而为了说明我由于意识到《历史与阶级意识》是建立在错误的假定之上而实现的那种转变的方向和内涵，是必须提到它们的。正是这些内涵使我有权利说：这是我的马克思主义学徒期、从而我的全部青年时期的发展最终结束的时刻。现在还需要做的，只是对我那篇关于《历史与阶级意识》的遭到许多非议的自我批评作出一些说明。

---

① 载莫斯科《国际文学》杂志1933年第3卷第95—126页。

我必须在一开始就承认,我若一旦抛弃我的某部著作,我就终生对它不感兴趣。例如,在《心灵和形式》发表后一年,我曾给玛加蕾特·苏斯曼写信,感谢她为这本书写了评论文章。我在信中说道:"这本书和它的形式对我说来已变得完全陌生了。"对《小说理论》也是如此,现在对《历史与阶级意识》也同样是如此。当我在1933年重新来到苏联时,当那里展现出从事富于成果的活动的前景时——1934—1939年间《文学评论》在文学理论问题上所充当的 45
反对派角色是众所周知的——从策略上讲,我必须公开同《历史与阶级意识》保持一段距离,因为只有如此,我对官方和半官方的文学理论的真正游击战才不会被摔败。在我看来,无论我的对手们思想如何狭隘,实行反击总是他们的正当权利。当然,为了发表一份自我批评,我必须采用流行的官方行话。然而这是我当时所作声明中唯一的违心成分。它也是对后来从事游击战的"入场券":这次声明同我早些时候关于勃鲁姆提纲的自我批评的区别"只是"在于,这一次我真诚相信《历史与阶级意识》是错误的,并且直到今天我还这样认为。以后,当这本书中的错误被改造成时髦的观点时,我抵制了那些想将时髦观点与我的本来看法等同起来的企图,今天我同样仍然认为这样做是对的。自从《历史与阶级意识》问世以来,四十年过去了,在争取真正马克思主义方法的斗争中,情况已发生了变化,我自己在这一时期也写出了新的作品,这一切也许都许可我现在采取一种不那么明显片面的观点。当然,确定《历史与阶级意识》中的某些构思正确的倾向对我以后的活动、甚至对其他人的活动在多大程度上真的造成了富于成效的结果,这不是我的任务。这里有一系列复杂的问题,对于这些问题的解答,我可以

平静地留给历史去做出判断。

1967 年 3 月于布达佩斯

献给 48

波尔什梯贝·
盖尔特鲁德

49 # 序言(1922)

把这些论文汇集成册出版,并不是想要使它们获得比作为单篇存在时更大的重要性。它们大部分是在忙于党的实际工作中,作为弄清作者本人及其读者头脑中的革命运动的理论问题的尝试而写出的。只有《物化和无产阶级意识》和《关于组织问题的方法论》这两篇是例外,它们是在被迫赋闲时期专门为这个集子写的,不过它们也有先前的即兴之作作为基础。虽然这些论文现在作了部分加工,但是决没有试图抹掉写作它们时的特定环境的痕迹。在有些场合,如果要对一篇文章大加修改,就意味着要破坏它的真理内核。例如,在《历史唯物主义的功能变化》这篇文章中,我们还能感觉得到我们许多人当时关于革命的期限和速度所怀抱的过分乐观的希望。因此,读者不应该指望这些论文有一种系统的科学的完整性。

然而总还是有一定的实际联系。这也表现在这些论文的编排顺序上。因此读者最好按照这个顺序来阅读它们。不过,我想劝告不大熟谙哲学的读者先把论述物化的那一章搁在一边,等读完全书后再去读它。

在这里必须用几句话说明一下——对许多读者说来也许是多
50 余的——为什么在本书中用这么大的篇幅来阐述、解释和讨论罗莎·卢森堡的理论。我要说,不仅是因为罗莎·卢森堡是马克思的学生中唯一对他的终生著作无论在**经济学内容**还是在**经济学方**法方面都真正有所发展,并且还将它**具体**应用于社会发展的现状上去的人。当然,在本书中,按照我们自己提出的任务,最着重强调的将是这些问题的方法论方面。我们将不探讨积累理论的经济学内容以及马克思的经济学理论是否正确,我们的讨论将只限于它们的方法论的前提和结论。反正读者会看得很清楚,本书作者对那些内容是完全同意的。对罗莎·卢森堡的思想之所以必须进行详细的分析,还因为它的富于成果的结论不亚于它的错误对俄国以外,特别是德国的许多革命马克思主义者的理论产生了决定性的影响。在某种程度上,这种影响在今天依然存在。对于任何最初由这些问题引起兴趣的人来说,只有通过对罗莎·卢森堡的基本理论著作的批判性探讨,才能达到真正革命的、共产主义的和马克思主义的立场。

既走上了这条道路,我们就发现列宁的著作和演说在**方法论上**具有决定性的意义。我们不打算在这里涉及列宁在政治上的成就。但是正因为我们的任务带有这种有意识的片面性和局限性,这些著作和演说就有力地提醒我们,列宁**作为理论家**对于马克思主义的发展具有何等重要的意义。他作为政治家的超凡影响,今天对许多人说来掩盖了他这种作为理论家的作用。因为他每次发表的意见对发表当时的现实的实际重要性总是如此之大,以致不是所有的人都能看到,他在实际中产生如此大的影响,归根到底只能是因为他作为理论家的伟大、深刻和富有成果。他有这种影响, 51
是由于他把马克思主义的**实践本质**发展到了以前从未达到过的清

晰和具体的高度，是由于他把马克思主义的这一方面从一个几乎完全被遗忘的状态中拯救了出来，并且通过这一**理论行动**再一次把正确理解马克思主义方法的钥匙交到了我们手中。

因为我们的任务——而这是本书的基本信念——就是正确地理解马克思的方法的本质，并正确地加以运用。我们决不求在任何意义上“改进”它。如果说在一些地方对恩格斯的个别说法进行了论战，那么每个明智的读者都会看到，这是从整个体系的精神出发的。在这些**个别的**地方，作者相信，不管正确与否，他即使反对恩格斯，也是为了维护正统马克思主义的立场。

因此，我们坚持马克思的学说，决不想偏离它、改进或改正它。这些论述的目的是**按马克思所理解的意思来**解释、阐明马克思的学说。但是这个“正统”决不想要保存斯徒卢威先生所谓的马克思体系的“美学的完整性”（“ästhetische Integrität”）。相反，我们在这里的基本前提是相信，在马克思的理论和方法中，认识社会和历史的**正确方法**已经**最终**被发现了。这个方法在其最内在的本质上是历史的。所以不言自明，它必须被经常运用于自身，而这就是这些论文的焦点之一。同时，这要求对现在的迫切问题采取实质性
52 的立场，因为按照这种对马克思主义方法的理解，它的最重要的目的是**认识现在**。由于这些论文主要关心方法论问题，就没有留下多少篇幅来分析现在的具体问题。因此，作者要借此机会明确表示，按他的观点，革命年代的经验已出色地证实了按正统（即按共产主义）理解的马克思主义的一切重要方面。战争、危机和革命，**包括**革命发展的所谓较慢速度和苏俄的新经济政策**在内**，没有提出一个问题是不能用这样理解的辩证方法解决的，而且也**只有用**

这个方法才能解决。对个别实际问题的具体答案不属于这些论文的范围。这些论文的任务是使我们了解马克思主义的方法,说明它是为解决不这样就难以解决的难题寻求出路的无穷源泉。

这也是大量引证马克思和恩格斯著作的目的。有些读者也许可能认为这种引证太多。但是每一次引证同时也是一种解释。在作者看来,马克思主义方法的许多很重要的方面,尤其是那些对无论从逻辑上还是从内容上理解这个方法带有决定性的方面,都遭到了不应有的忽视。结果,要理解这个方法的命脉即辩证法,就变得很困难,而且几乎是不可能了。

要正确对待具体的、历史的辩证法,若不比较详细地考察这一方法的创始人黑格尔及其与马克思的关系是办不到的。马克思关于不要把黑格尔当作“死狗”看待的告诫,甚至许多很好的马克思主义者都未加以理睬。(恩格斯和普列汉诺夫的努力也未见成效。)然而马克思曾多次提到这种危险。例如他关于狄慈根这样
写道:“他恰恰没有研究过黑格尔,这是他的不幸”(1868 年 11 月 53
7 日致恩格斯的信)。在另一封信(1868 年 1 月 11 日)中,他说:“德国的先生们……认为,黑格尔的辩证法是条‘死狗’。就这方面说,费尔巴哈是颇为问心有愧的。”他在 1858 年 1 月 14 日的信中强调指出重读黑格尔的《逻辑学》对他制定写作《政治经济学批判》的方法“帮了很大的忙”。然而这里重要的不是马克思与黑格尔的关系的语文学方面,不是马克思关于黑格尔辩证法对他的方法的意义有何种看法,而是这种方法对马克思主义实际上意味着什么。之所以引证这些可以随意举出很多的论述,只是因为这种对黑格尔的关系的实际意义甚至一直被马克思主义者低估了。这

常常是由于马克思在《资本论》序言中最后一次公开表述他与黑格尔的关系的那段著名的话所造成的。我这里指的决不是他对他们关系的真正内容的说明，对此我是完全同意的，并且曾试图在本书中予以**系统地阐述**。我指的只是那句关于与黑格尔的“表达方式”“调情”的话。这句话常常使得人们以为，对马克思说来，辩证法只不过是一种表面上的修辞装饰，为了“科学的精确性”，应该尽可能坚决地把它从历史唯物主义的方法中彻底清除出去。因此，甚至像伏尔兰德教授这样一些在别的方面很认真仔细的研究者也误认为能够确切断定，马克思“只在两处”、后来又说还在“第三处”与黑格尔的概念“调过情”，而没有注意到，整整一系列**经常使用的有决定意义的范畴**都是**直接**来自黑格尔的《逻辑学》。我们只需回忆一
54 下像直接性和中介之间的差别这样一种对马克思说来如此基本的差别的黑格尔来源及其实际的方法论意义。如果连这点都看不到，那么今天还能正确无误地说，黑格尔仍然被当作“死狗”对待（尽管他在大学中又受到欢迎，甚至成为时髦）。如果一个哲学史家在一个不管怎么批判和独创的康德后继者的著作中**看不到**譬如说“统觉的综合统一”出自《纯粹理性批判》，那伏尔兰德教授会怎样说呢？

本书作者想与这种观点决裂。他相信，今天在这方面回到恩格斯和普列汉诺夫的马克思解释传统去具有**实际的**重要性（恩格斯曾把“德国工人运动”看作是“德国古典哲学的继承人”）。他相信，所有好的马克思主义者应该像列宁说的那样，成立“一种黑格尔辩证法唯物主义之友协会”。

但是黑格尔的地位今天与马克思自己的地位完全相反。马克

思的问题是要像我们所看到的那样理解他的方法和他的体系，并表明它们构成一个相互联系的统一体，这个统一体必须加以保持。在黑格尔那里则正好相反，这里的任务是要把各种各样相互交叉而且有时是相互尖锐矛盾的倾向分离开来，以便把黑格尔思想在方法论上富有成果的东西作为对现在不可缺少的精神力量拯救出来。这种富有成果和力量比许多人想象的更大。在我看来，我们愈能够有力地把这个问题具体化，这种富有成果和力量就能看得愈清楚，当然为此必须更好地了解黑格尔的著作(需要补充这一点是有点过分，但必须作此补充)。不过，这种富有成果和力量已不再表现在他的完整系统中。黑格尔的体系像我们所看到的那样是属于过去的事情。甚至这种说法也太不确切，因为按照我的看法， 55
一个真正深刻的批评家将不得不得出结论，他所要对付的不是一个内部真正统一的体系，而是好几个互相重叠的体系。现象学和体系本身之间在方法上的矛盾只是这种不一致现象的一个例子。黑格尔必须不再被当作“死狗”对待，但是即使这样，我们也必须砸碎那座以其历史形式存在的体系的“死”建筑，以便救出他的思想的最有现实意义的倾向，使它们在现在能够再次成为充满活力和有效的力量。

大家都知道，马克思本人曾有过要撰写一部辩证法著作的想法。他在给狄慈根的信中写道：“辩证法的真正规律在黑格尔那里已经有了，当然是具有神秘的形式。必须把它们从这种形式中解放出来。”我希望无需强调指出，本书从未试图给这种辩证法提供一种哪怕是最概略的轮廓。它的目的是在这方面引起讨论，并从方法的角度把这个问题重新提到日程上来。因此，一有机会就指出这种方法论上的联系以便能够尽可能具体地说明那些黑格尔方法的范畴对历史唯物主义具有决定性意义的地方以及那些黑格尔和马克思分道扬镳的地方。希望这样来为对这个问题的非常必要的讨论提供材料，和如有可能的话，提供方向。这种考虑也部分地决定了在论物化的那一章的第二节中详细论述了古典哲学。（然而只是部分地。因为在我看来，在资产阶级思想得到其最高哲学表述的地方对这种思想的矛盾加以考察也同样是很重要的。）

56 本书的这种论述方式有一个不可避免的缺点，就是它没有满足对科学完整性和系统性的（合理的）要求，又没有提供通俗性作为补偿。我对这一缺点非常了解。我在这里说明这些论文的缘起和意图，与其说是为了辩护，不如说是想要促使（而这是本书的真正意图）把辩证方法问题作为迫切重要问题变成讨论的对象。如果这些论文为对辩证方法的真正富有成果的讨论提供了一个开始，或者甚至只是一个机会，使得辩证法的实质重新为大家所了解，那么它们就完满地完成了自己的任务。

在提到这种缺点时，我也许应该向不谙熟辩证法的读者指出辩证方法的本质中所固有的一个困难，即概念规定性和专门术语的问题。虚假的概念因其抽象片面性而遭到扬弃（zur Aufhebung gelangen），这属于辩证方法的本质。然而，扬弃的过程同时使得必须不断地同这种片面的、抽象的和虚假的概念打交道。这些概念获得它们的正确意义，与其说是由于界定，不如说是由于它们作为在总体中被扬弃的环节起作用的缘故。而且，在被马克思改进了的辩证法中甚至比在黑格尔本人的辩证法中更难为概念确定固定的意义。因为如果概念只是历史现实的思想形式，那么这些片面的、抽象的和虚假的形式就作为真正的统一体的环节属于这个真正的统一体本身。因此，黑格尔在《现象学》的序言中关于这个专门术语问题的论述甚至比黑格尔本人当时意识到的更加正确， 57
黑格尔说："就像主体与客体、有限与无限、存在与思维等的**统一体**这个名词之不尽适当那样(因为客体与主体等等名词意味着**在它们的统一体之外的客体与主体**等等，因而当说它们在统一体之中时它们已不是它们的名词所说的那种东西了)，同样，虚假的东西也不再是作为虚假的东西而成为真理的一个环节。"在辩证法的纯粹历史化中，这段话变得倍加辩证了：既然"虚假"是"真理"的一个环节，那么它就既是"虚假"又是"非虚假"。因此，当职业的"马克思征服者们"批评他"缺乏概念的严谨性"，说他使用的是"形象"而不是"定义"等等时，他们就和叔本华在他的"黑格尔批判"中企图揭露黑格尔的"逻辑错误"一样显得可悲：他们甚至连辩证方法的ABC也完全不能理解。然而，一个一贯的辩证法家将看出这种不能理解与其说是不同科学方法之间的冲突，不如说是一种**社会现象**，由于把它看成是一种社会历史现象，他就能同时辩证地驳斥它和扬弃它。

1922 年圣诞节于维也纳

58

什么是正统马克思主义？

哲学家们只是用不同的方式**解释**世界，而问题在于**改变**世界。

——马克思：《关于费尔巴哈的提纲》

这个本来很简单的问题，无论在无产阶级圈子中还是在资产阶级圈子中都已成为反复讨论的对象。然而在学术界，对任何信仰正统马克思主义的表白报以冷嘲热讽已逐渐开始成为一种时髦。甚至在“社会主义”营垒中，对于哪些论点是马克思主义的本质，哪些论点可以“允许”批评甚至抛弃而不致丧失被看作“正统”马克思主义者的权利，看法也很不一致。于是，不是对“事实”进行“不偏不倚的”研究，而是对旧的、在某种程度上已被现代研究“超越”了的著作像对圣经那样进行学究式的解释，在它们当中而且只是在它们当中寻找真理的源泉，便被认为越来越“不科学”。如果问题是这样提出来，那么对它最恰当的回答自然只是同情的一笑。但是实际上它并不是（而且从来不是）这样简单地提出来的。我们姑且假定新的研究完全驳倒了马克思的每一个个别的论点。即使这点得到证明，每个严肃的“正统”马克思主义者仍然可以毫无保留地接受所有这种新结论，放弃马克思的所有全部论点，而无需片

刻放弃他的马克思主义正统。所以，正统马克思主义并不意味着
无批判地接受马克思研究的结果。它不是对这个或那个论点的 59
“信仰”，也不是对某本“圣”书的注解。恰恰相反，马克思主义问题中的正统仅仅是指**方法**。它是这样一种科学的信念，即辩证的马克思主义是正确的研究方法，这种方法只能按其创始人奠定的方向发展、扩大和深化。而且，任何想要克服它或者“改善”它的企图已经而且必将只能导致肤浅化、平庸化和折中主义。

1

唯物主义辩证法是一种革命的辩证法。这个定义是如此重要，对于理解它的本质如此带有决定意义，以致为了对这个问题有个正确概念，就必须在讨论辩证方法本身之前，先掌握这个定义。这关系到理论和实践的问题。而且不仅仅是在马克思最初批判黑格尔时所赋予它的“理论一经掌握群众，也会变成物质力量”[①]的意义上。更重要的是需要发现理论和掌握群众的方法中那些把理论、把辩证方法变为革命工具的环节和规定性。还必须从方法以及方法与它的对象的关系中抽出理论的实际本质。否则“掌握群众”只能成为一句空话。群众就会受完全不同的力量驱使，去追求完全不同的目的。那样，理论对群众的运动说来就只意味着一种纯粹偶然的内容，一种使群众能够意识到他们的社会必然的或偶
然的行动、而不保证这种意识的产生与行动本身有真正和必然联 60
系的形式。

① 《黑格尔法哲学批判导言》，《全集》第1卷第460页。

在这同一篇文章中，马克思清楚地阐明了理论能够和实践有这种关系的条件。“光是思想竭力体现为现实是不够的，现实本身应当力求趋向思想。”[①]或者像他在更早的一篇文章中所说的，“那时就可以看出，世界早就在幻想一种一旦认识便能真正掌握的东西了”。[②] 只有当意识同现实有了这样一种关系时，才可能做到理论和实践的统一。只有当意识的产生成为历史过程为达到自己的目的（这个目的来自人的意志，但不取决于人的任意妄为，也不是人的精神发明的）所必须采取的**决定性步骤**时；只有当理论的历史作用在于使这一步骤成为实际可能时；只有当出现一个阶级要维护自己的权利就必须正确认识社会这样的历史局面时；只有当这个阶级认识自身就意味着认识整个社会时；只有因此这个阶级既是认识的主体，又是认识的客体，而且按这种方式，理论**直接而充分地**影响到社会的变革过程时，理论的革命作用的前提条件——理论和实践的统一——才能成为可能。

这种局面实际上随着无产阶级进入历史而出现了。马克思
61 说：“无产阶级宣告现存世界制度的解体，只不过是揭示自己本身存在的秘密，因为它就是这个世界制度的实际解体。”[③]说明这种情况的理论同革命之间的联系决不是偶然的，它也不特别复杂和容易误解。相反，这个理论按其本质说无非是革命过程本身的思想表现。这个过程的每个阶段在它当中被记录下来，因此它可以被概括和传播，被使用和发展。由于理论无非是记录下每一个必

---

① 《黑格尔法哲学批判导言》，《全集》第1卷第462页。

② 摘自《德法年鉴》的书信，同上书，第418页。

③ 《黑格尔法哲学批判导言》，同上书，第466页。再参看《阶级意识》一文。

要的步骤并使之被意识到，它同时成为下一个步骤的必要前提。

弄明白理论的这种作用也就是认识理论的本质，即辩证的方法。这一点极其重要，由于忽略了它，在辩证方法的讨论中已造成了许多混乱。恩格斯在《反杜林论》中的论述对于后来理论的作用具有决定性的影响。不管我们怎样看待这些论述，认为它是经典也好，批评它也好，认为它不完整甚至有破绽也好，我们都必须承认在那里没有谈到这个方面。就是说，他把概念在辩证法中的形成方式与在“形而上学”中的形成方式对立起来；他更尖锐地强调指出在辩证法中概念（及其与之相应的对象）的僵化轮廓将消失；他认为，辩证法是由一个规定转变为另一个规定的连续不断的过程，是矛盾的不断扬弃，不断相互转换，因此片面的和僵化的因果关系必定为相互作用所取代。但是他对最根本的相互作用，即**历史过程中的主体和客体之间的辩证关系**连提都没有提到，更不要说把它置于与它相称的方法论的中心地位了。然而没有这一因
素，辩证方法就不再是革命的方法，不管如何想（终归是妄想）保持 62
“流动的”概念。因为这意味着未能认识到，在一切形而上学中，客体，即思考的对象，必须保持未被触动和改变，因而思考本身始终只是**直观的**，不能成为实践的；而对辩证方法说来，中心问题乃是**改变现实**。如果理论的这一中心作用被忽视，那么构造“流动的”概念的优点就会全成问题，成为纯“科学的”事情。那时方法就可能按照科学的现状而被采用或舍弃，根本不管人们对现实的基本态度如何，不管现实被认为能改变还是不能改变。的确，正如马克思拥护者中的所谓马赫主义者所表明的那样，这甚至会更加加强这样的观点，即现实及其在资产阶级直观唯物主义和与之有内在

联系的古典经济学意义上的“规律性”是不可理解的、命定的和不可改变的。至于马赫主义也能产生出一种同样资产阶级的唯意志论来，与此丝毫不矛盾。宿命论和唯意志论只是从非辩证的和非历史的观点来看才是彼此矛盾的。从辩证的历史观来看，它们则是必须互相补充的对立面，是清楚地表明资本主义社会制度的对抗性、它的问题从其本身考虑无法解决的情况在思想上的反映。因此，“批判地”深化辩证方法的企图都必然导致肤浅平庸。因为
63 任何一种“批判”立场总是以这种方法与现实、思想与存在之间的分离作为方法论的出发点。而且它正是把这种分离当作一种进步，认为它给马克思方法的粗糙的非批判的唯物主义带来了真正的科学性，值得百般赞扬。当然，谁也不否认“批判”有这样做的权利。但是我们必须着重指出，它这样做，将背离辩证方法的最核心的本质。马克思和恩格斯关于这一点说得再明白不过了。恩格斯说：“这样，辩证法就归结为关于外部世界和人类思维的运动的一般规律的科学，这两个系列的规律**在本质上是同一的**。”[1]马克思表述得甚至更明确。“在研究经济范畴的发展时，正如在研究任何历史科学、社会科学时一样，应当时刻把握住：……**范畴表现**……**存定在形式**；**及生存条件**……”[2]

① 《费尔巴哈论》，《全集》第 21 卷第 337 页（着重号是本文作者加的）。

② 《政治经济学批判导言》，《全集》第 12 卷第 757 页（着重号是本文作者加的）。这里把这种方法限制在历史和社会领域，极为重要。恩格斯对辩证法的表述之所以造成误解，主要是因为他错误地跟着黑格尔把这种方法也扩大到对自然界的认识上。然而辩证法的决定性因素，即主体和客体的相互作用、理论和实践的统一、在作为范畴基础的现实中的历史变化是思想中的变化的根本原因等等，并不存在于我们对自然界的认识中。可惜在这里不可能对这些问题进行详细的分析。

如果辩证方法的这一含义弄模糊了，它就必然显得是多余的
累赘，是马克思主义的“社会学”或“经济学”的装饰品。甚至显得
简直是阻碍对“事实”进行“实事求是”、“不偏不倚”研究的障碍，
是马克思主义借以强奸事实的空洞结构。伯恩施坦部分地由于他 64
的没有受到任何哲学认识妨害的“不偏不倚”，反对辩证方法的声
音叫得最响最尖锐。然而他从这种想使方法摆脱黑格尔主义的
“辩证法圈套”的愿望中得出的现实的政治结论和经济结论，却清
楚地表明了这条路是通向何处的。它们表明了，如果要建立一种
彻底的机会主义理论，一种没有革命的“进化”理论，没有斗争的
“长入”社会主义的理论，正是必须从历史唯物主义的方法中去掉
辩证法。

2

这里立即就要出现这样一个问题，这些在所有修正主义著作中被奉为神明的所谓事实在方法论上有什么含义呢？我们能在多大程度上指靠它们为革命无产阶级的行动提供指南呢？不用说，对现实的一切认识均从事实出发。唯一的问题是：生活中的什么样的情况，而且是在采用**什么样的方法**的情况下，才是与认识有关的事实呢？目光短浅的经验论者当然会否认，事实只有在这样的、因认识目的不同而变化的方法论的加工下才能成为事实。他认为，在经济生活中的每一个情况、每一个统计数字、每一件素材中都能找到对他说来很重要的事实。他在这样做时忘记了，不管对“事实”进行多么简单的列举，丝毫不加说明，这本身就已是一种
“解释”。即使是在这里，事实就已为一种理论、一种方法所把握， 65

就已被从它们原来所处的生活联系中抽出来，放到一种理论中去了。比较老练的机会主义者，尽管本能地非常厌恶一切理论，还是很乐意承认这一点。但是他们求助于自然科学的方法，即自然科学通过观察、抽象、实验等取得“纯”事实并找出它们的联系的办法。他们于是用这种理想的认识方式来对抗辩证方法的强制结构。

如果说这种方法乍看起来可取的话，那是因为资本主义的发展本身倾向于产生出一种非常迎合这种看法的社会结构。但是，正因为这个缘故，我们需要辩证方法来戳穿这样产生出来的社会假象，使我们看到假象下面的本质。自然科学的“纯”事实，是在现实世界的现象被放到（在实际上或思想中）能够不受外界干扰而探究其规律的环境中得出的。这一过程由于现象被归结为纯粹数量、用数和数的关系表现的本质而更加加强。机会主义者始终未认识到按这种方式来处理现象是由资本主义的本质决定的。马克思在谈到劳动时对生活的这样一种“抽象过程”作了深刻的说明，但是他没有忘记同样深刻地指出他在这里谈的是资本主义社会的一个**历史**特点。“所以，最一般的抽象总只是产生在最丰富的具体
66 的发展的地方，在那里，一种东西为许多所共有，为一切所共有。这样一来，它就不再只是在特殊形式上才能加以思考了。”①但是资本主义发展的这一趋势还走得更远。经济形式的拜物教性质，人的一切关系的物化，不顾直接生产者的人的能力和可能性而对生产过程作抽象合理分解的分工的不断扩大，这一切改变了社会

① 《政治经济学批判导言》,《全集》第 12 卷第 754—755 页。

的现象，同时也改变了理解这些现象的方式。于是出现了“孤立的”事实，“孤立的”事实群，单独的专门学科（经济学、法律等），它们的出现本身看来就为这样一种科学研究大大地开辟了道路。因此发现事实本身中所包含的倾向，并把这一活动提高到科学的地位，就显得特别“科学”。相反，辩证法不顾所有这些孤立的和导致孤立的事实以及局部的体系，坚持整体的具体统一性。它揭露这些现象不过是假象，虽然是由资本主义必然产生出的假象。但是在这种“科学的”氛围中，它仍然给人留下只不过是一种任意结构的印象。

所以，这种看来非常科学的方法的不科学性，就在于它忽略了作为其依据的事实的**历史性质**。然而这不只是一种错误来源之所
在（总是被采用这种方法的人所忽略），对此恩格斯已明确地提醒 67
人们注意。这种错误来源的实质在于，统计和建立在统计基础上的“精确的”经济理论总是落后于实际的发展。“因此，在研究当前的事件时，往往不得不把这个带有决定意义的因素看作是固定的，把有关时期开始时存在的经济状况看作是在整个时期内一成不变的，或者只考虑这个状况中那些从现有的明显事件中产生出来因而是十分明显的变化。”[①]因此我们看到，说资本主义社会的结构本来就和自然科学的方法协调，是它的精确性的社会前提，这是很成问题的。如果说“事实”及其相互联系的内部结构本质上是

① 《法兰西阶级斗争》导言，《全集》第22卷第591—592页。但是应当记住“科学的精确性”要以各种因素始终“不变”为前提。这一方法论要求早已为伽利略所指出。

历史的，也就是说，是处在一种连续不断的变化过程中，那么就的确可以问在什么时候产生出更大的科学不精确性。是当我认为“事实”是一种存在的形式且受到这样一些规律的制约，对这些规律我在方法论上可以肯定，或者至少有十之八九把握知道它们对这些事实不再适用的时候呢？还是当我有意识地估计到这种情况，批判地看待以这种方法所能达到的“精确性”并集中注意于这种历史的本质、这种决定性的变化所真正表现出来的那些环节的时候呢？

那些似乎被科学以这种“纯粹性”掌握了的“事实”的历史性质甚至以更具破坏性的方式表现出来。它们作为历史发展的产物，不仅处于不断的变化中，而且**它们——正是按它们的客观结构——还是一定历史时期即资本主义的产物**。所以，当“科学”认为这些“事实”直接表现的方式是科学的重要真实性的基础，它们
68 的存在形式是形成科学概念的出发点的时候，它就是简单地、教条地站在资本主义社会的基础上，无批判地把它的本质、它的客观结构、它的规律性当作“科学”的不变基础。为了能够从这些“事实”前进到真正意义上的事实，必须了解它们本来的历史制约性，并且抛弃那种认为它们是直接产生出来的观点：它们本身必定要受历史的和辩证的考察。因为正如马克思所说：“经济关系的完成形态，那种在表面上、在这种关系的现实存在中，从而在这种关系的承担者和代理人试图说明这种关系时所持有的观念中出现的完成形态，是和这种关系的内在的、本质的、但是隐蔽着的基本内容以及与之相适应的概念大不相同的，并且事实上是颠倒的和相反

的。”[①]所以要正确了解事实、就必须清楚地和准确地掌握它们的实际存在同它们的内部核心之间、它们的表象和它们的概念之间的区别。这种区别是真正的科学研究的首要前提，正如马克思所说，“如果事物的表现形式和事物的本质会直接合而为一，一切科学就都成为多余的了”。[②] 所以我们必须一方面把现象与它们的 69
直接表现形式分开，找出把现象同它们的核心、它们的本质连结起来的中间环节；另一方面，我们必须理解它们的外表形式的性质，即看出这些外表形式是内部核心的**必然**表现形式。之所以必然，是因为它们的历史性质，因为它们是生长在资本主义社会的土壤中。这种双重性，这种对直接存在的同时既承认又扬弃，正是辩证的关系。在这方面，囿于资本主义创立的思维方式的肤浅读者，在理解《资本论》中的思想结构时遇到了极大的困难。因为一方面马克思的论述使一切经济形式的资本主义性质达于极点，由于把社会描述为“与理论相符”，即只包括资本家和无产者的彻底资本主义化了的社会，就创造了一种使这些经济形式能以最纯粹形式存在的思想环境。但是另一方面，这种思维方式刚要产生结果，这个现象世界似乎刚要凝结成为理论，它就立即化作了一种幻影，成了哈哈镜里的被歪曲了的形象，“只是一种虚构的运动的有意识的表现”。

① 《资本论》第 3 卷，《全集》第 25 卷第 232—233 页。存在（分为假象、现象和本质）与现实的区别来源于黑格尔的《逻辑学》。不过可惜在这里不可能讨论《资本论》的概念在多大程度上是按这种区别构成的。同样，表象和概念的区别也来源于黑格尔。

② 《资本论》第 3 卷，《全集》第 25 卷第 923 页。

只有在这种把社会生活中的孤立事实作为历史发展的环节并把它们归结为一个**总体**的情况下，对事实的认识才能成为对**现实**的认识。这种认识从上述简单的、纯粹的(在资本主义世界中)、直接的、自发的规定出发，从它们前进到对具体的总体的认识，也就
70 是前进到在观念中再现现实。这种具体的总体决不是思维的直接素材。马克思说："具体之所以具体，因为它是许多规定的综合，因而是多样性的统一。"唯心主义在这里陷入了把现实在思维中的再现同现实本身的实际结构混为一谈的幻想。因为现实"在思维中表现为综合的过程，表现为结果，而不是表现为起点，虽然它是真正的起点，因而也是直观和表象的起点。"①相反，庸俗唯物主义者，甚至披着伯恩施坦等人的现代伪装，也没有超出再现社会生活的各种直接的、简单的规定的范围。他们以为把这些规定简单地拿过来，既不对它们做进一步的分析，也不把它们融为一个具体的总体，他们就特别"精确"了。他们只用抽象的、与具体的总体无关的规律来解释事实，事实还是抽象的孤立的。正如马克思所说："粗率和无知之处正在于把有机地联系着的东西看成是彼此偶然发生关系的、纯粹反思联系(Reflexionszusammenhang)中的东西。"②

这种反思联系的粗率和无知，首先在于它模糊资本主义社会的历史的、暂时的性质。它的各种规定带有适合一切社会形态的无时间性的永恒的范畴的假象。这在资产阶级庸俗经济学中表现

① 《政治经济学批判导言》,《全集》第12卷第751页。

② 同上书，第738页。"反思联系"这一概念也来自黑格尔的《逻辑学》。

得最明显,但是庸俗的马克思主义很快就步其后尘。辩证的方法被取消了,随之总体对各个环节在方法论上的优越性也被取消了;各部分不从整体来理解,相反,整体被当作不科学的东西被抛弃,或者退化成了不过是各部分的"观念"或"总合"。随着总体的被取 71
消,各个孤立的部分的反思联系似乎就是适合一切人类社会的没有时间性的规律。马克思的名言:"每一个社会中的生产关系都形成一个统一的整体",[1]是历史地了解社会关系的方法论的出发点和钥匙。所有孤立的部分的范畴都能作为任何社会始终都有的东西来孤立地考虑和对待(如果它在某个社会里找不到,则把这说成是"偶然",是规则的例外)。但是这些单独的孤立的部分所经历的变化,并不能清楚地明确地说明社会发展的各个阶段的真正区别。这些区别只有在各阶段与整个社会的关系的历史总过程中才能真正辨明。

3

这种辩证的总体观似乎如此远离直接的现实,它的现实似乎构造得如此"不科学",但是在实际上,它是能够在思维中再现和把握现实的唯一方法。因此,具体的总体是真正的现实范畴。[2] 但 72
是,这一看法的正确性,只有在我们集中注意力于我们的方法的真

① 《哲学的贫困》,《全集》第 4 卷第 144 页。

② 我们想提醒对方法论问题有更大兴趣的读者,在黑格尔的《逻辑学》中,整体同部分的关系问题也构成由存在到现实的辩证过渡。还必须指出,那里也谈到的内在同外在的关系问题同样与总体问题有关。见《黑格尔全集》第 4 卷第 156 页及以下各页(《逻辑学》的引文均引自第 2 版)。

正物质基础，即资本主义社会及其生产力和生产关系的内在对抗性时，才完全清楚地表现出来。自然科学的方法、一切反思科学(Reflexionswissenschaft)和一切修正主义的方法论理想，都拒不承认它的对象中有任何矛盾和对抗。如果尽管如此在各理论之间还是出现矛盾，那么这只是表明至今达到的认识还不够完全。似乎相互矛盾的各理论必须在这些矛盾中找到它们的限度，必须相应地加以改造，并被纳入到更一般的理论中，那时这些矛盾就会最终消失。但是我们认为，就社会的现实而言，这些矛盾并不是对现实的科学理解还不完全的标志，而是**相反**，它们密不可分地属于**现实本身的本质**，属于**资本主义社会的本质**。它们在对总体的认识中不会被扬弃，以致**停止**成为矛盾。完全相反，它们将被视为必然产生的矛盾，将被视为这种生产制度的对立的基础。如果说理论作为对总体的认识，为克服这些矛盾、为扬弃它们指明道路，那是通过揭示社会发展过程的**真正趋势**。因为这些趋势注定要在历史发展进程中来**真正**扬弃社会现实中的这些矛盾。

从这个角度看，辩证方法同“批判”方法(或庸俗唯物主义、马赫主义等的方法)之间的冲突本身是一个社会问题。自然科学的
73 认识理想被运用于自然时，它只是促进科学的进步。但是当它被运用于社会时，它就会成为资产阶级的思想武器。对资产阶级来说，按永远有效的范畴来理解它自己的生产制度是生死存亡问题：它必须一方面把资本主义看成是由自然界和理性的永恒规律注定永远存在的东西，另一方面必须把无法忽视的矛盾看作与这种生产方式的本质无关而只是纯粹表面的现象。古典经济学的方法是这种意识形态需要的产物。但是它作为科学的局限性也是由资本

主义现实的结构和资本主义生产的对抗性造成的。例如,当一个像李嘉图那样的思想家能够否定“随着生产的扩大和资本的增长**市场**也必定**会扩大**”时,他这样做(当然在心理上是无意识的),就是为了避免承认必然发生最明显地表现出资本主义生产的对抗性的危机,避免承认“资产阶级生产方式包含着生产力自由发展的界限”①的事实。在李嘉图那里是出于信念的东西,在庸俗经济学家的著作中成了有意骗人的为资产阶级社会的辩护。庸俗的马克思主义者由于或是力图从无产阶级科学中彻底取消辩证法,或是力图对它至少进行“批判的”改良,不管是否愿意,达到了同样的结果。举个荒唐可笑的例子,马克斯·阿德勒想把作为方法、作为思维运动的辩证法同作为形而上学的存在的辩证法批判地区分开来。他的“批判”的顶点是把辩证法同这两者截然区分开来,他把辩证法描述成为“一门实证科学”,“所谓马克思主义中的真正辩证 74
法主要就是指这种科学”。这种辩证法或许叫做“对抗”更恰当,因为它简单地“主张个人的私利同限制它的社会形式之间存在对立”②。这样一来,首先,表现在**阶级斗争**中的客观的经济对抗消失了,剩下的只是**个人同社会**的冲突。这就是说,无论是资本主义社会的产生还是它的问题和崩溃,都不能看作是必然的。不管他是否愿意,最后结果是一种康德的历史哲学。其次,资产阶级社会的结构在这里也被确定为一般社会的普遍形式。因为马克斯·阿德勒所强调的真正“辩证法,或者更正确地说,对抗”的中心问题,

① 《剩余价值理论》,《全集》第 26 卷第 2 分册第 599、603 页。

② 《马克思主义问题》,第 77 页。

不过是在意识形态上表现出资本主义社会制度的对抗性质的典型形式之一。但是，资本主义之被描绘成永存的是根据经济的理由还是根据意识形态的理由，是对它天真地漠然置之还是对它进行批判的改良，那是无关紧要的。

因此，如果摈弃或者抹杀辩证法，历史就变得无法了解。这并不是说，没有辩证法的帮助，就无法对特定的人或时代做出比较确切的说明。但是，这的确使得不可能把历史了解为一个**统一的过程**。（这种不可能，在资产阶级科学中，一方面表现为孔德和斯宾
75 塞类型的抽象社会学的历史概念；现代资产阶级历史学家，其中最明显的是李凯尔特，令人信服地揭露了这些概念之间的矛盾。另一方面，这种不可能也表现为建立“历史哲学”的要求，而历史哲学与历史现实的关系又成为在方法论上无法解决的问题。）对历史的一个方面的描述同对历史作为一个统一过程的描述之间的对立，不是像断代史同通史之间的区别那样只是范围大小的问题，而是方法的对立，观点的对立。无论是研究一个时代或是研究一个专门学科，都无法避免对历史过程的统一理解问题。辩证的总体观之所以极其重要，就表现在这里。因为一个人完全可能描述出一个历史事件的基本情况而不懂得该事件的真正性质以及它在历史总体中的作用，就是说，不懂得它是统一的历史过程的一部分。西斯蒙第对危机问题的态度是这方面的一个典型例子。[①] 他了解生产和分配过程中的固有倾向。但是他最后失败了，因为他虽然尖锐地批判资本主义，但是仍然囿于资本主义的客观形式，也就必然

① 《剩余价值理论》，《全集》第 26 卷第 3 分册第 55—56、第 85—86 页。

把生产和分配看作两个相互独立的过程，“看不到分配关系只不过是生产关系的另一种表现”。这样他就遭到了蒲鲁东的假辩证法所遭到的同样命运；“他把社会的各个环节变成了同等数量的独立社会”。①

我们重说一遍：总体的范畴决不是把它的各个环节归结为无 76
差别的统一性、同一性。只有在这些环节彼此间处于一种动态的辩证的关系，并且能被认为是一个同样动态的和辩证的整体的动态的辩证的环节这层意义上，它们在资本主义生产制度中所具有的表面的独立和自主才是一种假象。马克思说：“我们得到的结论并不是说，生产、分配、交换、消费是同一的东西，而是说，它们构成一个总体的各个环节、一个统一体内部的差别……因此，一定的生产决定一定的消费、分配、交换和**这些不同要素相互间的一定关系**。……不同要素之间存在着相互作用。每一个有机整体都是这样。”②

但是，我们不能停留在相互作用这个范畴上。如果说相互作用仅仅是指两个一般不变化的客体彼此发生因果关系的影响，那么我们就不会向了解社会有丝毫靠近。庸俗唯物主义者的片面因果联系（或马赫主义者的职能关系等）就是这种情况。毕竟，还有例如一颗静止的弹子被一颗运动着的弹子击中那样的相互作用：前者开始运动，后者由于撞击而改变了原来的方向。我们所说的相互作用必须超出**本来不变化的客体**之间的相互作用。它必须在

① 《哲学的贫困》，《全集》第 4 卷第 145 页。

② 《政治经济学批判导言》，《全集》第 12 卷第 749—750 页。

它同整体的关系中走得更远：因为这种关系决定着一切认识客体
77 的**对象性形式**（Gegenständlichkeitsform）。与认识有关的一切实质变化都表现为与整体的关系的变化，**从而**表现为对象性形式本身的变化。[①] 马克思在他的著作中的许多地方都清楚地表述过这一思想。我只引大家都很熟悉的一个地方："黑人就是黑人。只有在一定的关系下，他才成为奴隶。纺纱机是纺棉花的机器。只有在一定的关系下，它才成为资本。脱离了这种关系，它也就不是资本了，就像黄金并不是货币，砂糖并不是砂糖的价格一样。"[②]所以一切社会现象的对象性形式在它们不断的辩证的相互作用的过程中始终在变。客体的可知性随着我们对客体在其所属总体中的作用的掌握而逐渐增加。这就是为什么只有辩证的总体观能够使我们把**现实**理解为**社会过程**的原因。因为只有这种总体观能揭破资本主义生产方式所必然产生的拜物教形式，使我们能看到它们不过是一些假象，这些假象虽然看来是必然的，但终究是假的。它们的直接的概念、它们的"规律性"虽然同样必然地从资本主义的土壤中产生出来，然而却掩盖了客体之间的真正关系。它们都能被看作是资本主义生产制度的代理人所必然具有的思想。因此，它们是认识的客体，但是在它们当中并通过它们被认识的客体不是
78 资本主义生产制度本身，而是它的统治阶级的意识形态。

只有揭去这层面纱，历史的认识才有可能。因为从拜物教的

① 库诺夫的特别巧妙的机会主义表现在：尽管他谙熟马克思的著作，但是他用"总合"（Summe）来代替整体的概念（Gesamtheit，Totalität），从而取消了一切辩证的关系。参看《马克思的历史、社会和国家的理论》1929 年柏林版第 2 卷第 155—157 页。

② 《雇佣劳动和资本》，《全集》第 6 卷第 486 页。

对象性形式得来的这些直接概念，其作用在于使资本主义社会的现象表现为超历史的本质。所以，认识现象的真正的对象性，认识它的历史性质和它在社会总体中的实际作用，就构成认识的统一不可分的行动。这种统一性为假的科学方法所破坏。例如，只有用辩证的方法才能了解对经济学极为重要的不变资本同可变资本的区别。古典经济学无法越过固定资本和流动资本的区别，决非偶然。因为“可变资本不过是劳动者为维持和再生产自己所必需的生活资料基金或劳动基金的一种特殊的历史的表现形式；这种基金在一切社会生产制度下都始终必须由劳动者本身来生产和再生产。劳动基金所以不断以工人劳动的支付手段的形式流回到工人手里，只是因为工人自己的产品不断以资本的形式离开工人。产品的商品形式和商品的货币形式掩饰了这种交易”。[①]

笼罩在资本主义社会一切现象上的拜物教假象成功地掩盖了现实，而且被掩盖的不仅是现象的历史的，即过渡的、暂时的性质。79
这种掩盖之所以可能，是因为在资本主义社会中人的环境，尤其是经济范畴，以对象性形式直接地和必然地呈现在他的面前，对象性形式掩盖了它们是**人和人之间的关系**的范畴这一事实。它们表现为物以及物和物之间的关系。所以当辩证方法摧毁这些范畴的虚构的永存性后，它也摧毁了它们的物化性质，从而为认识现实廓清了道路。恩格斯在谈到马克思的《政治经济学批判》时说：“经济学所研究的不是物，而是人和人之间的关系，归根到底是阶级和阶级之间的关系；可是这些关系总是**同物结合着，并且作为物出**

① 《资本论》第1卷，《全集》第23卷第623页。

现。”[①]用这种认识才能看到辩证方法的总体观能使人真正认识社会中所发生的事情。部分同整体的辩证关系可能看起来只不过是一种思维的构造，就像资产阶级经济学的直接规定那样远离社会现实的真实范畴。这样一来，辩证法的优越性就会是纯粹方法论上的事情。可是，实际的差别却更深刻和更本质。在社会发展的每个阶段上，任何经济范畴都揭示人和人之间的一定关系。这种关系变成为有意识的并且形成为概念。因此人类社会运动的内在逻辑便能同时被理解为人本身的产物，以及从人和人的关系中产
80 生出来并且摆脱了人的控制的力量的产物。这样，经济范畴便在双重的意义上变成为动态的和辩证的。它们作为“纯”经济范畴处于经常的相互作用中，因而使我们能够通过社会的发展来了解任何一个历史的横断面。但是由于它们是从人的关系中产生的，并在改造人的关系的过程中起作用，所以能从它们同隐藏在它们的活动背后的现实的相互关系中看到社会发展的真实过程。这就是说，科学想了解的一定的**经济**总体的生产和再生产，必定变成一定的**社会**总体的生产和再生产过程。在这个变化过程中，“纯”经济自然被超越，尽管这不是说我们必须求助于任何超验的力量。马克思常常强调辩证法的这个方面。例如，他说：“可见，把资本主义生产过程联系起来考察，或作为再生产过程来考察，它不仅生产商品，不仅生产剩余价值，而且还生产和再生产资本关系本身：一方面是资本家，另一方面是雇佣工人。”[②]

① 《卡尔·马克思〈政治经济学批判〉，二》，《全集》第13卷第533页。参看《物化和无产阶级意识》一文。

② 《资本论》第1卷，《全集》第23卷第634页。

4

然而，这种自我设定，自我生产和再生产，就是**现实**。黑格尔就已清楚地认识这一点，并且以很近似马克思的方式表述了它，尽管给它披上了过于抽象的、自我误解的、从而使人更加误解的外衣。他在《法哲学原理》中说：“凡是现实的东西，在其自身中是必然的。必然性就在于整体被分为各种不同的概念，在于这个被划 81
分的整体具有持久的和巩固的规定性，然而这种规定性又不是僵死的，它在自己的分解过程中不断地产生自己。”[①]历史唯物主义同黑格尔哲学的密切关系就明显地表现在这里，因为它们都把理论视为**现实的自我认识**。但是，我们必须简明地指出它们之间的重要区别。这种区别同样是现实的问题，历史过程统一的问题。马克思责备黑格尔（还以甚至更强烈的口吻责备回到了康德和费希特的黑格尔后继者）未能真正克服思维和存在、理论和实践、主体和客体的两重性。他认为，据称是历史过程内部的真正辩证法的黑格尔辩证法仅仅是一种假象：在关键的地方，黑格尔未能超过康德。黑格尔的认识只不过是**对**一种与自己根本不同的材料的认识，而不是这种材料即人类社会的自我认识。正如他在批判中所明确地说的，“早在黑格尔那里，历史的绝对精神就在群众中拥有它所需要的材料，并且首先在哲学中得到它相应的表现。但是，哲学家只不过是创造历史的绝对精神在运动完成之后用来回顾既往

① 第 270 节。《哲学全书》德文版第 354 页。（参看黑格尔，《法哲学原理》1961 年商务印书馆版第 280 页。）

以求意识到自身的一种工具。哲学家参与历史只限于他这种回顾既往的意识，因为真正的运动已被绝对精神无意地完成了。所以
82 哲学家是事后才上场的。”黑格尔“仅仅在表面上把作为绝对精神的绝对精神变成历史的创造者。既然绝对精神只是事后才通过哲学家意识到自身这个具有创造力的世界精神，所以它的捏造历史的行动也只是发生在哲学家的意识中、见解中、观念中，只是发生在思辨的想象中”。[①] 黑格尔主义的这种概念神话被青年马克思的批判活动最后消灭了。

然而，马克思通过反对它而达到了“自我理解”的那种哲学，早已是黑格尔主义的倒退回康德去的运动。这个运动利用黑格尔的晦涩和内在的不确定性来剔除他的方法中的革命因素。它力图把反动的内容、反动的概念神话、思维和存在的冥想的二重性残迹同在当时德国流行的一贯反动的哲学调和起来。由于马克思采纳了黑格尔方法的进步方面，即作为认识现实的方法的辩证法，他不仅使自己与黑格尔的继承人分道扬镳，而且把黑格尔的哲学本身也分裂为两部分。他把黑格尔哲学中的历史倾向推到了它的逻辑的顶点：他把无论是社会的还是社会化了的人的一切现象都彻底地变成了历史问题，因为他具体地揭示了历史发展的真正基础，并使之全面地开花结果。他以他自己发现的、并且系统地阐述过的这一尺度来衡量黑格尔的哲学，发现它太不够分量。马克思从辩证法中清除掉的“永恒价值”的传奇性残余基本上同反思哲学（Reflexionsphilosophie）同属一类，黑格尔殚精竭虑同这种哲学斗争

① 《神圣家族》，《全集》第2卷第108—109页。

了一生，他曾用他的整个哲学方法、过程和具体总体、辩证法和历史与之相对抗。在这种意义上，马克思对黑格尔的批判是黑格
尔自己对康德和费希特的批判的直接继续和发展。[①] 因而出现这 83
样一种情况：一方面，产生了马克思的辩证方法，它坚持不懈地继续了黑格尔竭力要做而未能具体做到的事情。另一方面，也留下了著作体系的尸骸，供追腐逐臭的语文学家和体系炮制者去分享。

黑格尔和马克思是在现实本身上分道扬镳的。黑格尔不能深入理解历史的真正动力。一部分原因是，在黑格尔创造他的体系时，这种力量还不能完全看明白。结果他不得不把民族及其意识当作历史发展的真正承担者。（但是由于构成这种意识的成分多种多样，他看不清它的真正性质，所以就把它变成了“民族精神”的神话。）一部分原因是，他自己虽然极力想要突破，但仍然禁锢在柏拉图和康德的观点中，仍然禁锢在思维和存在、形式和内容的
两重性中。虽然他最先真正发现具体的总体的意义，虽然他的思 84
想始终注意克服一切抽象，但是内容在他看来仍然带有“特殊性的**污点**”（他在这里很有点柏拉图主义的味道）。这些互相矛盾和

① 库诺夫企图正好在马克思彻底克服黑格尔的地方，用从康德眼光看的黑格尔来纠正马克思，是不足为奇的。他以黑格尔的作为“永恒价值”的国家来对抗马克思的纯历史的国家观。马克思的“错误”，即国家应该是阶级压迫的工具的观点，只是“历史的事物”，“它们并不决定国家的本质、规定和目标”。在库诺夫看来，马克思在这方面不如黑格尔，因为马克思“考虑问题是从政治出发，而不是从社会学家的立场出发。”见库诺夫前引著作第 308 页。显然，机会主义者从不把马克思克服黑格尔哲学的一切努力放在眼里。如果他们不回到庸俗唯物主义或康德去，他们就用黑格尔国家哲学中的反动成分来消除马克思主义中的革命辩证法，以使资产阶级社会在思想意识中永世长存。

冲突的倾向不可能在他的体系中弄清楚。它们往往是并列的、没有中介的、矛盾的和不协调的。因此，最后的（表面的）综合必然转向过去而不是转向未来。[①] 无怪乎资产阶级的科学从一开始就把黑格尔的这些方面作为本质的东西加以强调和发展。结果，他的思想的革命内核甚至对马克思主义者说来也几乎完全模糊不清。

概念的神话总是说明人们对他们存在的基本条件，那种他们无力摆脱其后果的条件不理解。这种对对象本身的不理解，在思想上就表现为超验的力量以神话的形式构造现实，构造对象之间的关系、人同对象之间的关系以及它们在历史进程中的变化。由于马克思和恩格斯认识到“历史过程中的决定性因素归根到底是
85 现实生活的生产和再生产”，[②]他们才获得了清算一切神话的可能性和立足点。黑格尔的绝对精神是这些辉煌的神话形式中的最后一个。它已经包含了总体及其运动，尽管它不知道它的真正性质。因此，在历史唯物主义中，那种“向来就存在，只不过不是以理性的形式出现”[③]的理性，通过发现它的真正根据，即人类生活能据以真正认识自己的基础，而获得了理性的形式。这就最后实现了黑

---

① 黑格尔对政治经济学的态度在这方面很能说明问题。（《法哲学原理》第 189 节。）他清楚地看到偶然性和必然性的问题是它的基本方法问题（很像恩格斯的看法，参看《家庭、私有制和国家的起源》，《全集》第 21 卷第 149 页；《费尔巴哈和德国古典哲学的终结》，同上书，第 341—342 页）。但是他没有看到藏在经济下面的物质现实即人和人之间的关系的极端重要性；在他看来，它仍然是“任性的混沌”，认为它的规律“与太阳系的规律相似”（《法哲学原理》第 336 页）。

② 恩格斯 1890 年 9 月 21 日致布洛赫的信，《全集》第 37 卷第 460 页。

③ 《摘自〈德法年鉴〉的书信》，《全集》第 1 卷第 417 页。

格尔历史哲学的纲领,尽管以牺牲他的体系为代价。黑格尔强调说,自然界的“变化是循环往复地进行的,总是重复同样的东西”,与此相反,历史上的变化“不只是发生在表面上,而且发生在概念中。被改正的是概念本身”。[①]

5

我们知道,辩证唯物主义的出发点是:“不是人们的意识决定他们的存在,而是相反,他们的存在决定他们的意识。”只有在上面描述的联系中,这一出发点才能表明超出单纯的理论,成为实践的问题。只有当存在的核心表露出是社会的过程时,存在才能被看作是人类活动的产物,虽然是至今未意识到的产物,而这种活动本身又会被看作是对改变存在具有决定意义的因素。纯粹的自然关系或被神秘化为自然关系的社会形式在人面前表现为固定的、完整的、不可改变的实体,人最多只能利用它们的规律,最多只能了 86
解它们的结构,但决不能推翻它们。但是这种对存在的看法也在个人的意识中创造了实践的可能。实践成了适合于孤立的个人的行动方式,成了他的道德规范。费尔巴哈想战胜黑格尔,在这点上遭到了失败:他同德国的唯心主义者一样,甚至远远超过黑格尔,在“市民社会”的孤立的个人面前就止步了。

马克思要求我们把“感性”、“客体”、“现实”理解为人的感性活动。[②] 这就是说,人应当意识到自己是社会的存在物,同时是社会

① 黑格尔,《历史哲学》,《哲学全书》第1卷第133—134页。

② 《关于费尔巴哈的提纲》,《全集》第3卷第3页。

历史过程的主体和客体。在封建社会中,人还不可能看到自己是社会的存在物,因为他的社会关系还主要是自然关系。社会还很无组织,它对于人与人的关系的总体还很少控制,以致不可能对意识表现为名副其实的人的现实。(在这里不可能详细地考察封建社会的结构和统一性问题。)资产阶级社会实现了这种使社会社会化的过程。资本主义既摧毁了不同地域之间的时空壁垒,也摧毁了不同等级(Stände)之间的法律屏障。在资本主义世界里,表面
87 上人人平等;直接决定人和自然之间物质变换的经济关系日益消失。人成了本来意义上的社会存在物。社会对人说来变成了名副其实的现实。

因此,只有在资本主义下,在资产阶级社会中,才能认识到社会是现实。但是,完成这一变革的阶级即资产阶级,还是无意识地实现它的这种职能;它所释放出来的社会力量,即把它推上统治地位的那些力量,看来就像第二天性那样与它对立着,而这种天性比封建主义还冷酷,还不可捉摸。① 只是随着无产阶级的出现才完成了对社会现实的认识。这是由于无产阶级的阶级观点为看到社会的整体提供了有用的出发点。只是因为对无产阶级说来彻底认识它的阶级地位是生死攸关的问题;因为只有认识整个社会,才能认识它的阶级地位;因为这种认识是它的行动的必要前提,在历史唯物主义中才同时产生了关于"无产阶级解放的条件"的学说和把现实理解为社会进化的总过程的学说。因此,理论和实践的统一只不过是无产阶级的社会历史地位的另一面。在它看来,自我认

① 对于这一情况的解释,请看《阶级意识》一文。

识和对总体的认识是一致的,因此无产阶级同时既是自己认识的主体,也是自己认识的客体。

把人类发展提高到更高阶段的使命,正如黑格尔所正确地指出的(虽然他谈的还是民族),是基于这些“发展阶段作为直接的自然原则而存在”,而且“这种环节作为自然原则所归属的”那个民族(即阶级)“……负有执行这种环节的使命”。[①] 马克思极其明确地 88
使这一思想具体化,把它运用于社会的发展:“如果社会主义的著作家们把这种具有世界历史意义的作用归之于无产阶级,那么这决不……是由于他们把无产者看作神的原故。倒是相反。由于在已经形成的无产阶级身上实际上已完全丧失了一切合乎人性的东西,甚至完全丧失了合乎人性的外观,由于在无产阶级的生活条件中现代社会的一切生活条件达到了违反人性的顶点,由于在无产阶级身上人失去了自己,同时他不仅在理论上意识到了这种损失,而且还直接由于不可避免的、无法掩饰的、绝对不可抗拒的贫困——必然性的这种实际表现——的逼迫,不得不愤怒地反对这种违反人性的现象,由于这一切,所以无产阶级能够而且必须自己解放自己。但是,如果它不消灭它本身的生活条件,它就不能解放自己。如果它不消灭集中表现在它本身处境中的现代社会的一切违反人性的生活条件,它就不能消灭它本身的生活条件。”[②]所以,历史唯物主义的方法的本质是与无产阶级的“实践的和批判的”活动分不开的:两者都是社会的同一发展过程的环节。因此,由辩证

① 黑格尔,《法哲学原理》第346—347节(参看1961年商务印书馆版,第353—354页)。

② 《神圣家族》,《全集》第2卷第44—45页。

方法提供的对现实的认识同样也是与无产阶级的阶级立场分不开的。奥地利马克思主义者提出从方法论上把马克思主义的“纯”科学与社会主义分开的问题，像所有类似的问题一样，是一个假问
89 题。[①] 因为马克思主义的方法，即对现实的辩证唯物主义理解，只有从阶级的观点中，从无产阶级的斗争观点中才能产生出来。放弃这一观点就是离开历史唯物主义，同样，接受这一观点就是直接深入到无产阶级的斗争中去。

历史唯物主义来自无产阶级的“直接的、自然的”生活原则，对现实的总体认识来自无产阶级的阶级立场，但这决不是说这种认识或方法论观点是无产阶级作为阶级（不用说单个的无产者）所天然固有的。相反，无产阶级虽是认识社会总体现实的自觉的主体，但是它决不是像康德所说的那种认识的主体，在康德那里“主体”永远不可能成为客体。它决不是这一过程的无所谓的旁观者。无产阶级不单纯是这一总体的行动的和受苦的部分，而且它的认识的产生和发展同它本身在历史进程中的产生和发展只是同一实际过程的两个不同的方面。不仅这一阶级是在由直接的失望所引起的自发的、不自觉的行动（捣毁机器可作为这方面的最初例子）中产生，然后通过不断的社会斗争逐渐达到“形成阶级”的地步，而且它关于社会现实、关于自己的阶级地位和自己的历史使命的意识以及唯物史观也都是同一发展过程的产物，历史唯物主义在历史上第一次充分地和如实地了解了这一过程。

所以，马克思主义的方法就像其他政治的或经济的产物那样，

① 希法亭：《金融资本》第 VIII—IX 页。

也是阶级斗争的产物。无产阶级的发展也反映了它最先认识的社 90
会历史的内部结构。“因此，它的结果会不断表现为它的前提，像它的前提会不断表现为它的结果一样。”[①]我们已认识到是认识现实的中心问题和必要前提的总体的方法论观点，在双重意义上是历史的产物。第一，历史唯物主义之所以成为形式的、客观的可能，只是因为经济的发展创造了无产阶级，因为无产阶级的确（在历史发展的一定阶段上）出现了，并且因为认识社会现实的主体和客体发生了变化。第二，这种形式的可能只是在无产阶级的发展进程中才变成了实际的可能。如果说历史的意义只有在历史过程本身中才能找到，而不可能像以前那样，可以在强加于拒不服从的材料身上的先验的、神话的或道德的意义中找到，这就必须先有一个比较了解自己地位的无产阶级，即比较先进的无产阶级，因而也必须先有一个长期的发展前期。这条发展道路是从空想到对现实的认识，从工人运动最初的伟大思想家规定的先验目标到1871年公社清楚了解的“工人阶级不是要实现什么理想”，而只是“要解放新社会的因素”。这是从“与资本主义对立的阶级”到“自为的”阶级的道路。

从这种观点看，修正主义者把运动和最终目标分开，是向工人 91
运动的最初阶段的倒退。因为最终目标不是在某处等待着离开运动和通向运动的道路的无产阶级的“未来国家”。它不是在日常斗争的紧张中能愉快地被忘怀，只有在与日常操劳呈鲜明对照的星期日布道时才能被记起的情况。它也不是用来规范“现实”过

① 《资本论》第3卷，《全集》第25卷第985页。

程的一种“义务”、“观念”。应当说最终目标是**与总体**(即被视为过程的社会整体)**的关系**,由于这种关系斗争的各个环节才获得它的革命意义。每一个朴实的平凡的环节都有这种关系,不过只有意识才能把它变成为现实的东西,因而只有用说明它和总体的关系的办法才能使日常斗争具有现实性。这样它就能把单纯的事实,单纯的存在提高为现实。我们也不应忘记,一切想把无产阶级的“最终目标”或“本质”从与(资本主义的)存在的一切不纯接触中挽救出来的企图,最后总导致跟修正主义一样远离现实,远离“具体的、批判的活动”,重陷主体和客体、理论和实践的空想的二重性中。[①]

任何这种二重性理解的实际危险表现为对**行动**失去指导。一
92 旦放弃只有辩证唯物主义才能一再达到的现实的基础,一旦决定坚持赤裸裸经验的、“自然的”存在基础,就会在行动的主体与展开行动的“事实”背景之间造成一条鸿沟,使他们像不可调和的严格的原则那样彼此对立。那时将不可能把主观的愿望或决定强加于客观的事实或在事实本身中找出行动的指针。要“事实”完全正确无误地赞成或反对一定的行动方针,这种情况过去未存在过,现在或将来也不可能存在。愈认真地对事实进行考察(单独地、直接地考察),它们就愈不那么明确地指向任何一个方向。不言而喻,纯主观的决定将被“按照规律”自动行动的未被理解的事实的压力所粉碎。所以正是在行动问题上,看来辩证法是能给行动指明**方向**

① 关于这点,参看季诺维也夫与盖得的论战以及他对施图加特之战的态度。《反潮流》,第470—471页。还有列宁的《共产主义运动中的“左派”幼稚病》一书。

的认识现实的唯一方法。无产阶级及其发展的某一点上的自我认识,无论是主观的或是客观的,同时就是对整个社会所达到的发展阶段的认识。只要事实是从它们连贯一致的现实性来理解,从各部分环节与它们在整体中固有的、尚未判明的根源的关系来理解,事实看来就毫不足奇了:我们就能看到那些趋向现实的中心、趋向我们惯常称为最终目标的倾向。这种最终目标不是与过程相对立的抽象的理想,而是真实性和现实性的一个环节。它的所达到的 93
每一阶段的具体含义和这个具体环节的一个组成部分。因此,理解它就是认识趋向总体的倾向(不自觉地)所持的方向,就是了解为了全过程即无产阶级解放的利益而具体决定某个时候的正确行动方针的方向。

但是,社会的发展不断加剧局部环节与整体之间的紧张关系。正因为现实的固有含义日益放射出强烈的光芒,所以过程的含义愈来愈深地埋藏在日常事件中,总体浸透在现象的时空特点中。通向意识的道路在整个历史过程中并不是愈来愈平坦,相反却是愈来愈艰巨和吃力。因此,正统马克思主义的任务,即战胜修正主义和空想主义,决不可能是一劳永逸地打败各种错误倾向。这是一场反复进行的反对资产阶级意识形态对无产阶级思想的无形影响的斗争。马克思主义正统决不是守护传统的卫士,它是指明当前任务与历史过程的总体的关系的永远警觉的预言家。因此,《共产党宣言》中关于正统派及其代表即共产党人的任务的论述并未丧失其意义和价值:“共产党人同其他无产阶级政党不同的地方**只是**:一方面,在各国无产者的斗争中,共产党人强调和坚持**整个**无产阶级的不分民族的共同利益;另一方面,在无产阶级和资产阶级的斗争所经历的各个发展阶段上，共产党人始终代表整个运动的利益。”

1919年3月

作为马克思主义者的罗莎·卢森堡 94

经济学家们向我们解释了生产怎样在上述关系下进行，但是没有说明这些关系本身是怎样产生的，也就是说，没有说明产生这些关系的历史运动。

——马克思：《哲学的贫困》

1

不是经济动机在历史解释中的首要地位（Vorherrschaft），而是总体的观点，使马克思主义同资产阶级科学有决定性的区别。总体范畴，整体对各个部分的全面的、决定性的统治地位（Herrschaft），是马克思取自黑格尔并独创性地改造成为一门全新科学的基础的方法的本质。生产者同生产总过程的资本主义分离，劳动过程被肢解为不考虑工人的人的特性的一些部分，社会被分裂为无计划和无联系盲目生产的个人等等，这一切也必定深刻地影响资本主义的思想、科学和哲学。而无产阶级科学的彻底革命性不仅仅在于它以革命的内容同资产阶级社会相对立，而且首先在于方法本身的革命本质。**总体范畴的统治地位，是科学中的革命原则的支柱**（Träger）。

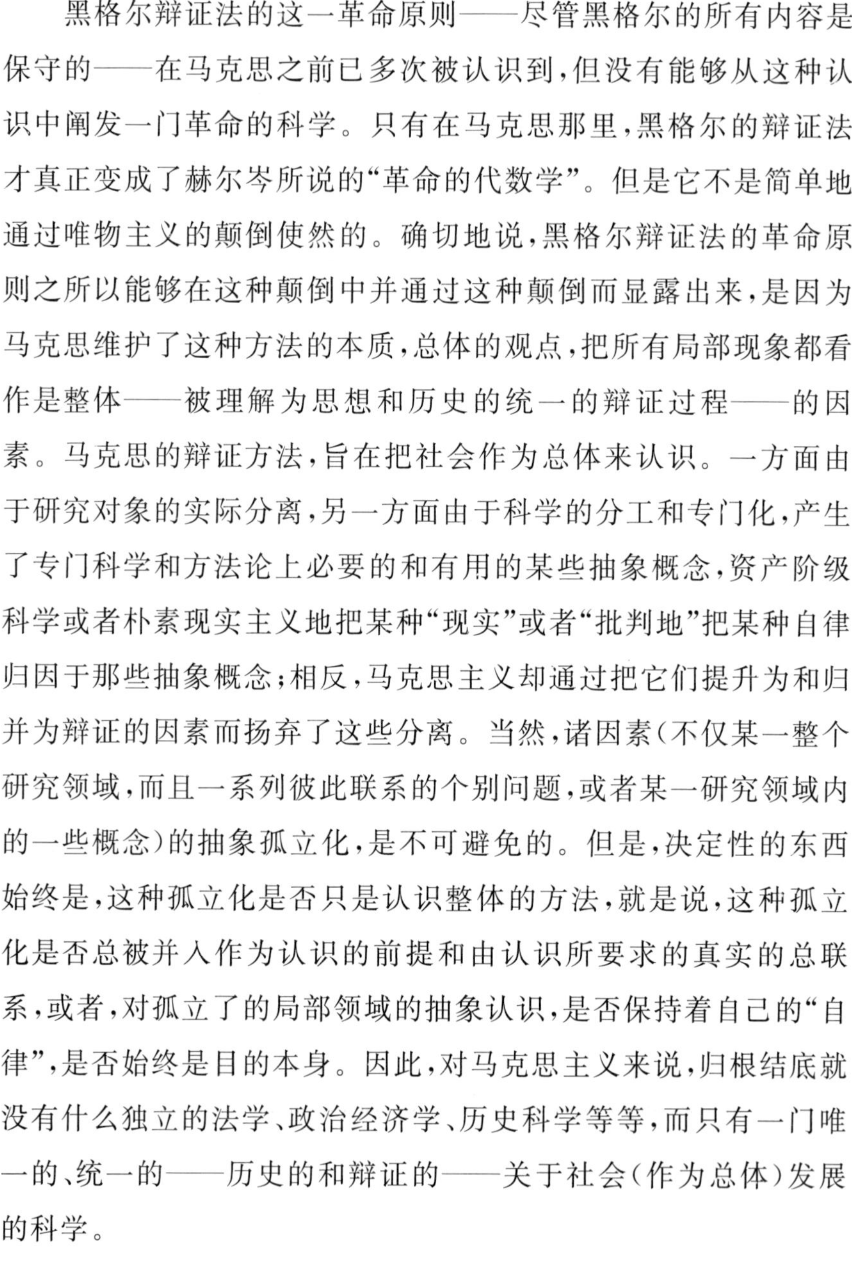

95 黑格尔辩证法的这一革命原则——尽管黑格尔的所有内容是保守的——在马克思之前已多次被认识到，但没有能够从这种认识中阐发一门革命的科学。只有在马克思那里，黑格尔的辩证法才真正变成了赫尔岑所说的“革命的代数学”。但是它不是简单地通过唯物主义的颠倒使然的。确切地说，黑格尔辩证法的革命原则之所以能够在这种颠倒中并通过这种颠倒而显露出来，是因为马克思维护了这种方法的本质，总体的观点，把所有局部现象都看作是整体——被理解为思想和历史的统一的辩证过程——的因素。马克思的辩证方法，旨在把社会作为总体来认识。一方面由于研究对象的实际分离，另一方面由于科学的分工和专门化，产生了专门科学和方法论上必要的和有用的某些抽象概念，资产阶级科学或者朴素现实主义地把某种“现实”或者“批判地”把某种自律归因于那些抽象概念；相反，马克思主义却通过把它们提升为和归并为辩证的因素而扬弃了这些分离。当然，诸因素（不仅某一整个研究领域，而且一系列彼此联系的个别问题，或者某一研究领域内的一些概念）的抽象孤立化，是不可避免的。但是，决定性的东西始终是，这种孤立化是否只是认识整体的方法，就是说，这种孤立化是否总被并入作为认识的前提和由认识所要求的真实的总联系，或者，对孤立了的局部领域的抽象认识，是否保持着自己的“自律”，是否始终是目的本身。因此，对马克思主义来说，归根结底就没有什么独立的法学、政治经济学、历史科学等等，而只有一门唯一的、统一的——历史的和辩证的——关于社会（作为总体）发展的科学。

但是，总体的观点不仅规定对象，而且也规定认识的主体。资

产阶级科学——自觉或不自觉地、天真地或理想化地——总是从
个人的观点来考察社会现象。[①] 而从个人的观点里不会产生出总 96
体，最多能产生某一局部领域的一些方面，而且大多只能产生一些
零碎不全的东西：一些无联系的“事实”或抽象的局部规律。只有
当进行设定的主体本身是一个总体时，对象的总体才能加以设定；
所以，为了进行自我思考，只有不得不把对象作为总体来思考时，
才能设定对象的总体。在现代社会中，唯有**诸阶级**才提出作为主
体的总体的这种观点。因此，由于马克思特别在《资本论》中从这
种观点出发考察了每一个问题，他在这一点上比在“唯心主义”或
是“唯物主义”这个问题上更坚决和更卓有成效地（尽管他的后继
者理解得很差）把观点还动摇于“伟大的个人”和抽象的人民精神
之间的黑格尔纠正了。古典经济学，尤其是它的庸俗化者始终都
从**个别资本家**的观点考察资本主义的发展，并因此而陷入一系列
无法解决的矛盾和虚假问题之中。马克思在《资本论》中同这种方
法实行了彻底的决裂。这并不是说，他这时似乎要——鼓动性
地——立即而且仅仅从无产阶级的观点出发去考察每一个方面。
从这样一种片面性中只能产生出一种所谓把符号颠倒过来的新的
庸俗经济学。确切地说，马克思把整个资本主义社会的问题看成
是构成它的诸阶级，即**作为整体**的资本家阶级和无产者阶级的问
题。本文只想指出方法问题，因此在这里不可能说明马克思的方 97
法如何使一系列问题获得完全新的阐明，如何产生出古典经济学

① 马克思在谈到经济学上的鲁滨逊时令人信服地证明，这一点不是偶然产生的，而是从资产阶级社会的本质中产生的。马克思：《政治经济学批判导言》，《全集》第12卷第733页以下。

不曾看到，更不要说解决的新问题，以及古典经济学的许多虚假问题是如何消失的。这里只是要明确地指出对辩证方法真正地、而不是像黑格尔的模仿者那样轻率地加以运用的两个前提，即要把总体既作为被设定的对象又作为进行设定的主体。

2

在马克思主义被庸俗化数十年以后，罗莎·卢森堡的主要著作《资本积累》开始研究关于这一点的问题。伯恩施坦的《社会主义的前提》第一次明确而公开地使马克思主义肤浅化，把马克思主义歪曲成资产阶级“科学”。这本书的同一章用以精密“科学”的名义攻击辩证方法开始并用布朗基主义对马克思的诽谤作为结束，这决不是偶然的。这所以不是偶然的，是因为只要抛弃总体的观点，抛弃辩证方法的出发点和目的、前提和要求；只要把革命不是理解为变化过程的因素，而是理解为同整个发展分离出来的孤立行动，那么马克思的革命方面就必定表现为向工人运动的原始时期倒退，向布朗基主义倒退。而马克思主义的整个体系也就同作
98 为总体范畴居统治地位的产物的革命原则一起瓦解。为了要在这方面让一切要求都显露出来，伯恩施坦的批评即使作为机会主义也太机会主义了。①

但是，机会主义者首先竭力要从马克思主义中清除掉的历史的辩证过程，仍然迫使他们也在这一点上接受必然的结论。帝国

① 顺便提一下，伯恩施坦自己也承认这一点。他说：“由于考虑到党的宣传需要，现在我确实并不总是从我的批判言论里得出最后的结论。”伯恩施坦：《社会主义的前提》德文版第9章《任务》第260页。

主义时代的经济发展使得虚假地抨击资本主义制度越来越不可能，使得以“客观的和精密的科学”的名义“科学地”分析它的被孤立地加以观察的现象越来越不可能。人们不仅在政治上必须决定对资本主义是采取赞成的态度还是采取反对的态度，在理论上也必须作出决定。这种决定是：或者从马克思主义方面把社会的整个发展作为总体加以考察，然后再从理论和实践上把握帝国主义这种现象，或者采用只限于从个别科学方面研究个别因素的方法，来回避与这一现象的相遇。专题的观点绝对看不到变成机会主义的整个社会民主党害怕看到的问题。由于这种社会民主党在个别领域里找到“精确的”描述，找到对个别情况“永远适用的规律”，帝国主义同先前时代的区别就变得模糊了。机会主义者置身于“一般的”资本主义中，他们似乎觉得这种资本主义的现状越来越正好符合人的理性的本质，正像李嘉图和他的后继者资产阶级庸俗经济学家觉得它是“合乎自然规律”一样。

如果我们旨在研究究竟是实际存在的机会主义造成了这种朝 99
着庸俗经济学家的方法论方向的理论倒退，还是相反，那么这将是对问题的一种非马克思主义的和非辩证的提法。对于历史唯物主义的考察方式来说，这两种倾向是密切联系着的：它们构成社会民主党的战前状况的社会环境；这是从中唯一能够理解围绕着罗莎·卢森堡《资本积累》的理论斗争的环境。

由鲍威尔、埃克施坦等人发起的争论并没有围绕罗莎·卢森堡提出的资本积累问题的答案客观上是正确的还是错误的问题进行。相反，有人却去争论这里究竟是否存在问题，并极其激烈地反驳真实问题的存在。从庸俗经济学的方法论立场来看，这一点是完全可以理解的，甚至是必然的。因为，如果积累问题一方面被作为政治经济学的个别问题来对待，另一方面又从个别资本家的立场来考察，那么这里实际上就根本不存在什么问题了。[①]

对整个问题的这种否定，与下面一点密切相连：罗莎·卢森堡的批评者漫不经心地忽略了这本书中有决定意义的一章（《积累的诸历史条件》），并坚持这样提出问题：马克思对仅仅由资产者和无产者构成的社会提出了方法论上孤立的假设，但建立在这种假设基础上的说法是否正确呢？人们又如何才能对它作出最好的解释呢？批评者对以下事实全都视而不见：马克思本人的这种假设仅仅是为了比较清楚地理解问题的一种方法论假设，然而，从这种假
100 设出发必须前进到全面地提出问题，使问题适用于社会的总体。他们忽视了马克思在《资本论》第1卷中涉及所谓原始积累时已经迈出了这一步；他们——自觉或不自觉地——隐瞒了以下情况：整个《资本论》恰恰就这个问题而言是一部未竟之作，这部著作正好在这个问题必须展开的地方中止了；与此相适应，罗莎·卢森堡只不过根据马克思的思想把他的未竟之作思考到底，并按照他的精神对它作了补充而已。

尽管如此，机会主义者的行动还是完全合乎逻辑的。因为从个别资产者的立场出发，从庸俗经济学的立场出发，这个问题确实不必提出来。从个别资产者的观点来看，经济现实好像是一个受永恒自然规律支配的世界，他必须使自己的所作所为同这个世界

① 罗莎·卢森堡在自己的《反批判》中，特别向她的最严厉的批判者奥托·鲍威尔无可辩驳地证明了这一点。载罗莎·卢森堡：《反批判》德文版第66页以下。

的规律相适应。在他看来，剩余价值的实现，积累（当然只是很经常，绝非总是）采取同其他的个别资产者交换的形式进行，而积累的整个问题也仅仅是 G—W—G 和 W—G—W 这些公式在生产、流通等等过程中发生的各种变化的一种形式问题。这样，对于庸俗经济学来说，积累问题就变为个别科学的一个细节问题。它几乎同整个资本主义的命运毫无联系，它的解决由马克思的“公式”的正确性充分保证了，而马克思的“公式”至多——像在奥托·鲍威尔那里一样——必须“合乎时代地”加以改进。借助这些公式，原则上决不能理解经济现实，因为这些公式的前提是这整个现实的一种抽象（把社会看成好像它只是由资产者和无产者构成似的），所以，这些公式只能用于说明问题，作为提出正确问题的跳 101
板，对于这一切，鲍威尔和他的伙伴们都不理解，正像当初李嘉图的学生们不理解马克思主义对问题的提法一样。

《资本积累》重新采用了青年马克思在《哲学的贫困》中使用的方法和对问题的提法。正像《哲学的贫困》分析使李嘉图的经济学能够产生和发生作用的历史条件一样，《资本积累》把同一方法运用于《资本论》第 2 卷至第 3 卷未完成的研究。资产阶级经济学家，作为上升时期资本主义的思想代表人物，必然要使斯密和李嘉图所发现的“自然规律”同社会现实一致起来，为的是把资本主义社会看成是唯一可能适合人的“本质”和理性的社会。同样，社会民主党作为那种变成小资产阶级的工人贵族的思想表现（这种工人贵族对资本主义最后阶段里全世界帝国主义的剥削也感兴趣，然而却企图逃避它的必然命运，即世界战争），必然会这样来理解发展，好像资本主义的积累能够在数学公式的那种真空（因而没有问题，也没有世界战争）中进行。因此，在涉及政治的认识和预见时，他们就大大落后于那些对帝国主义剥削及其战争结果感兴趣的向往大资产阶级—资本家的阶层。然而，正因为这样，他们当时在理论上就能够采取他们的现今的立场：维护资本主义经济制度的永恒存在，提防命中注定的灾难性后果，而帝国主义资本主义的
102 那些真正代表人物则公然—盲目地趋向这种后果。正如李嘉图使“自然规律”和社会现实等同起来，曾经是上升时期资本主义的一种思想自卫一样，奥地利学派对马克思的解释，它使马克思的抽象概念和社会的总体等同起来，则是没落时期资本主义“合理性”的一种自卫。而且，如同青年马克思的总体考察透彻地阐明了当时还繁荣着的资本主义的垂死表现一样，在罗莎·卢森堡的考察中，资本主义的最后繁荣由于其基本问题放进了整个历史过程中，而具有了一种可怕的死亡之舞、一条走向不可避免的命运的奥狄浦斯之路的性质。

3

罗莎·卢森堡在自己去世后发表的小册子里专门驳斥了“马克思主义的”庸俗经济学。这种驳斥放在《资本积累》的第 2 章末尾，作为关于这个资本主义发展命运问题的探讨的第四个回合，无论在表述上还是在方法上都最为合适。因为这本书的表述特点是，它的主要部分是从事问题史的研究。这不仅是说，马克思对简单再生产和扩大再生产的分析构成了整个研究的出发点和实事求是论述问题本身的开端，而且，该书的核心部分也对积累问题上的下述重要争论作了可以说是文献史的剖析：西斯蒙第同李嘉图及

其学派的争论，洛贝尔图斯同基尔希曼的争论，民粹派同俄国马克思主义者的争论。

然而，即使就这种表述方式而言，罗莎·卢森堡也没有离开马 103
克思的传统。更确切地说，她的表述方式同样意味着向原来的、未被歪曲的马克思主义的复归：向马克思本人的表述方式的复归。因为马克思完成的第一部成熟著作《哲学的贫困》以下述方式驳斥了蒲鲁东：它追溯了蒲鲁东的观点的真正来源，一方面追溯到李嘉图，另一方面追溯到黑格尔。马克思分析了蒲鲁东在什么地方、怎么样、首先是为什么**必然**误解李嘉图和黑格尔。这是说明问题的起点。马克思不仅无情地仔细研究了蒲鲁东的自相矛盾，而且深入探讨了产生这些错误的不明确的、蒲鲁东自己也不知道的原因，即阶级关系——他的观点就是这种关系的理论表现。因为马克思说过：“经济范畴只不过是生产方面社会关系的理论表现，即其抽象。”[①]如果说他的主要理论著作由于它的范围太广和其中论述的个别问题太多，只能部分地允许从问题的历史方面**进行表述**，那么这一点并不能掩盖**探讨问题的方法的实际类似之处**。《资本论》和《剩余价值理论》按其本质来说是一部著作，它们的内部结构意味着是对在《哲学的贫困》中极其出色地概括提出的问题在内容上的完成。

拟定问题的这种内在形式又使我们回到辩证方法的中心问题上来，回到正确理解的总体范畴的统治地位上来，因此也回到黑格尔哲学上来。黑格尔的哲学方法——最引人入胜之处是在《精神

① 《哲学的贫困》，《全集》第 4 卷第 143 页。

104 现象学》里——始终既是哲学史，又是历史哲学，就这一基本点而言，它决没有被马克思丢掉。黑格尔使思维和存在——辩证地——统一起来，把它们的统一理解为过程的统一和总体。这也构成历史唯物主义的历史哲学的本质。即使反对从“意识形态上”理解历史的唯物主义论战，更多地是针对黑格尔的模仿者的，而不是针对这位大师本人的，这位大师在这方面比马克思在反对使辩证方法“唯心主义”僵化的斗争中有时所能想到的更接近马克思得多。因为黑格尔模仿者的“绝对”唯心主义意味着使这个体系原有的总体瓦解，①意味着使活生生的历史辩证法瓦解，因此最终也意味着取消思维和存在的辩证统一。而马克思模仿者的教条唯物主义则重蹈使历史现实的具体总体瓦解的覆辙。虽然马克思模仿者的方法没有像黑格尔模仿者的方法那样蜕变为空洞的思想公式，但它也僵化为一种机械的—专门学科的庸俗经济学。如果说黑格尔模仿者因此而丧失了以自己的纯意识形态结构猜中历史事件的能力，那么马克思模仿者同样表明既没有能力理解社会的所谓“意识形态”的形式同其经济基础的联系，也没有能力把经济本身理解为总体，理解为社会现实。

辩证方法不管讨论什么主题，始终是围绕着同一个问题转，即
105 认识历史过程的总体。所以，对辩证方法来说，“意识形态的”和
“经济的”问题都失去了自己互有的、固定不变的异性，并相互汇合

① 关于黑格尔同其后继者的关系，请参见黑格尔主义者拉萨尔的优秀论文《黑格尔逻辑学和罗森克兰茨逻辑学》，载《卡西尔著作集》第6卷。黑格尔本人在多大程度上将他自己的体系引向错误的道路，在这一点上又是怎样被马克思彻底加以纠正和作出决定性的发展的，请参见我的论文《什么是正统马克思主义?》。

起来。**某一问题的历史实际上变成诸问题的历史**。某一问题的文献表达方式(即科学表达方式),表现为某一历史整体的表达方式,表现为这一历史整体的各种可能性、界线和问题的表达方式。因此,从文献上探讨某一问题,能够最完全地表达历史过程的难点。哲学变成为历史哲学。

所以,马克思主义的再生在理论上由以开始的两部基本著作,即罗莎·卢森堡的《资本积累》和列宁的《国家与革命》,在表述上也与青年马克思的这种形式有关,这决不是偶然的。为了让他们著作的实质性问题辩证地出现在我们眼前,他们对这些问题的形成做了一定程度的文献史的表述。由于他们剖析了他们提出问题之前的那些观点的变化和突变,由于他们在这些转变的整个历史条件和结果中考察了思想上明确或迷惘的每一个阶段,他们就使**历史过程本身**(他们自己提出的问题和做出的解答实际上是它的结果)以无与伦比的生动性展现出来。这种方法与资产阶级科学(社会民主党的理论家也全部属于此)中“考虑先驱者”的做法没有任何共同之处。因为,由于这种资产阶级科学在方法上把理论和历史区分开来,由于它把诸个别问题从原理和方法上彼此分离开来,从而把总体的问题从精密科学性的根据中排除出去,某一问题的历史对问题本身来说就成为一种实际上的和表述上的累赘。这种东西只能引起各种专家的兴趣,它的无限扩展会越来越掩盖各 106
种现实问题的真实意义,并培养出没有头脑的专家阶层。

由于与马克思和黑格尔的表述—方法论传统有这种联系,列宁的问题史就成为19世纪欧洲革命的一部内部史;而罗莎·卢森堡的文献史表述则发展成资本主义制度为其生存和扩展而斗争的

历史。还不发展的、上升时期的资本主义的第一次大动荡，即1815年和1818—1819年的严重危机，以西斯蒙第的著作《政治经济学新原理》这种形式引起了争论。它涉及对资本主义困境的第一次认识——就目的来说是反动的。在意识形态方面，资本主义的这种不发达形式以反对者同样片面和不确切的观点表达出来。西斯蒙第的反动怀疑态度把危机看成是积累不可能继续进行的一种标志，而新生产制度代言人的还未减弱的乐观主义则否认危机的必然性，甚至否认困境的存在。现在提问者的社会阶层划分和他们的答案的社会意义已经完全地改变了：革命的命运，资本主义的没落已经成为讨论的主题，尽管还远远没有被充分意识到。马克思的分析在理论上对这种意义变化产生了决定性的影响。这是社会的意识形态领导本身也开始越来越脱离资产阶级的一种标志。但是，在民粹派的理论立场公开暴露出其小资产阶级反动本
107 性的同时，考察一下俄国“马克思主义者”怎样越来越多地变成为资本主义发展的意识形态先驱，是很有趣的。就资本主义的发展能力而论，他们变成了萨伊、麦克·库洛赫等人的社会乐观主义的意识形态继承者。罗莎·卢森堡说：“俄国‘合法’马克思主义者无疑战胜了他们的对手，即民粹派，他们取得了过多的胜利……问题在于，一般来说，而且特别是在俄国，资本主义是否有发展的能力，而上述的马克思主义者如此认真细致地说明了这种能力，以至于他们甚至从理论上证明资本主义有永恒持续下去的可能性。显然，如果人们能够无限制地积累资本，那么资本的无限生命力就得到了证明。……如果资本主义生产方式能够无限制地保证生产力

的提高,即经济上的进步,那么它就是不可征服的。”[①]

在这一点上,开始了关于积累问题论战的第四个也是最后一个回合,即奥托·鲍威尔对罗莎·卢森堡的论战。社会乐观主义问题经历了一次新的功能变化。在罗莎·卢森堡那里,对积累能力的怀疑摆脱了绝对主义形式。问题变成积累**条件**的**历史**问题,并因此确信,无限制的积累是不可能的。积累由于被放在其整个社会环境中来看待而成为辩证的。它发展成为整个资本主义制度的辩证法。罗莎·卢森堡说:“在马克思的扩大再生产的模式同现实相适应的因素里,显示出积累运动的终结,它的历史界限,也就是资本主义生产的终结。对资本主义来说,不可能积累就意味着生产力不可能进一步发展,因此也就意味着资本主义没落的客观 108
历史必然性。由此产生出最后帝国主义阶段(资本历史过程中的结束时期)的矛盾运动。”[②]由于这种怀疑发展成为辩证的确信,它就使一切小资产阶级反动的东西不留痕迹地成为往事:**怀疑变成乐观主义**,**变成对未来社会革命的理论确信**。

同一功能的变化,使相反的态度,即对无限积累的确信,具有小资产阶级动摇的、胆怯的和怀疑的性质。奥托·鲍威尔的这种确信,缺少萨伊或杜冈—巴拉诺夫斯基那一类人的开朗和纯真的乐观主义。鲍威尔和他的志同道合者尽管使用了马克思主义的术语,但是按照他们的理论的本质来说,他们仍然是蒲鲁东主义者。他们解决积累问题的企图,确切地说,他们不承认它是一个问题,

① 罗莎·卢森堡:《资本积累》,德文第 1 版第 296 页。

② 罗莎·卢森堡:《资本积累》,德文第 1 版第 393 页。

最终导致的结果仍然是蒲鲁东所力求的东西，即保存资本主义发展“好的方面”，同时消除其“坏的方面”。① 然而，承认积累发生了问题就意味着承认这些“坏的方面”是同资本主义最内在的本质不可分割地联系着的；因此，这种承认意味着必须把帝国主义、世界大战和世界革命理解为发展的必然性。但是，如已经强调指出的那样，这一点与那些有中派马克思主义者作为其思想代言人的阶层的直接利益有矛盾：他们期望有一种高度发展的资本主义而没有帝国主义的“弊病”，期望有一种“正常化的”生产而没有战
109 争等等的“干扰”。罗莎·卢森堡说：“这种观点是为了使资产阶级相信，即使从它的资本主义自身利益的立场来看，帝国主义和军国主义也是有害于它的；这种观点也是为了用此方式孤立帝国主义所谓一小撮受益者，并因此而组成无产阶级同广大资产阶级阶层的联盟，以便‘削弱’帝国主义，……使它‘不去伤害人’。像自由主义在其衰落的时代里从孤陋寡闻的君主政体方面向必须见多识广的君主政体呼吁一样，‘马克思主义的中派’则想从听信谗言的资产阶级方面向必须受教育的资产阶级……呼吁。”②鲍威尔及其伙伴在经济和意识形态方面都屈服于资本主义。他们的这种屈服，在理论上表现为经济宿命论，即他们相信资本主义会“合乎自然规律地”永存。但是，由于他们——作为真正的小资产者——只不过是资本主义的意识形态附庸和经济附庸，由于他们希望有一种没有“坏的方面”、没有“弊病”的资本主义，他们就同时成为——又是

① 《哲学的贫困》，《全集》第 4 卷第 145—147 页。

② 罗莎·卢森堡：《反批判》，德文版第 118 页。

真正小资产阶级的——资本主义的“反对派”，即成为伦理的反对派。

4

经济宿命论和对社会主义的伦理改造是密切联系在一起的。我们在伯恩施坦、杜冈－巴拉诺夫斯基和奥托·鲍威尔那里同样也能找到这些东西，决不是偶然的。更确切地说，这不单单是因为有必要为自我堵塞了的客观革命道路寻求和找到一种主观代用品，而且也是庸俗经济学考察方式在方法上产生的结果，即在方法论上采用个人主义的结果。对社会主义的“伦理”改造是缺少的、110
唯一有能力进行概括的总体范畴的主观方面。在个人——不管是个别资本家还是个别无产者——看来，周围世界，他的社会环境（和作为它的理论反映和理论设想的自然）必然显得是无情的和无意义的命运注定的，在本质上永远与他相异的。只有当这个世界在理论上采取“永恒自然规律”的形式，也就是说，只有当它获得一种异于人的、完全不受个人行为能力影响的和捉摸不透的合理性时，只有当人对它采取纯粹直观的、宿命论的态度时，它才能为个人所理解。在这样一种世界里的行动可能性只显示出两条途径，而且这两条途径仅仅在表面上是行动的途径，即改变世界的途径。第一条途径是，可以把按上述方式认识到的、被宿命论地接受的、不可改变的“规律”用于人的一定目的（例如技术）。第二条途径是，完全向内的行动，即试图在世界的唯一剩下不受约束的地方，即在人本身上改变世界（伦理学）。但是，由于世界的机械化必然使其主体、即人本身一同机械化，这种伦理学也就始终是抽象的，

即使同与世界隔离开来的人的总体相比，它也只是规范性的，而不是真正能动的、能创造对象的。它始终只具有规定和要求的性质。康德的《纯粹理性批判》和他的《实践理性批判》在方法上的联系，是一种绝对必要的和不可避免的联系。而为了以某一方式接近寻
111 找“规律”的专门科学的——非历史的“批判性”考察方法，有些“马克思主义者”在考察社会—经济现实时放弃了对历史过程作总体的考察，即黑格尔和马克思的方法。任何一个这样的“马克思主义者”一提出行动问题，他就必然回到康德学派抽象的要求伦理学上去。

因为破坏对总体的考察，就要破坏**理论和实践的统一**。行动，实践——马克思把实践的要求放在他关于费尔巴哈的提纲之首——按其本质，是对现实的冲破，是对现实的改变。但是，现实只能作为总体来把握和冲破，而且只有本身是一总体的主体，才能做到这种冲破。青年黑格尔提出下述原理作为他的哲学的第一个要求，并非没有道理。他说：“不仅把真实的东西或真理理解和表述为实体，而且同样理解和表述为主体。”[①]他以此揭示了德国古典哲学的严重错误，它的最终的局限性，只是即使他自己的哲学也没有真正实现他的要求；它像他的先驱者的哲学一样，常常囿于同一种局限性。只有马克思才有能力把实现被认识到的总体集中于和局限于历史过程的现实，并借此规定可认识的和必须认识的总体，从而具体地发现这种“作为主体的真实的东西”，并借此确立理论和实践的统一。阶级的观点（同个人的观点相反）在科学—方法

① 黑格尔：《精神现象学·序言》。

上的优越性已在前面说清楚了。现在，有这种优越性的理由也明确了：只有阶级才能在行动中冲破社会现实，并在这种现实的总体中把它加以改变。因此，从这种观点作出的“批判”是对总体的考察，从而是理论和实践的辩证统一。在这种不可分的辩证统一中，阶级既是历史—辩证过程的原因，也是它的结果；既是历史—辩证 112
过程的反映，也是它的动力。无产阶级作为社会思想的主体，一下子打破了无所作为的困境，即由纯规律的宿命论和纯意向的伦理学造成的困境。

因此，对马克思主义来说，如果对资本主义历史局限性（积累问题）的认识成为生命攸关的问题，那么它之所以如此，是因为只有在这种联系中，在理论和实践的统一中，社会革命，即对社会总体的总体改造的必然性才显得是有根据的。只有在这种联系的可知性和对它的认识能被理解为变化过程的产物时，辩证方法的圆圈——它的这种规定也来自黑格尔——才能封口。罗莎·卢森堡在她早先同伯恩施坦论战时就已经强调指出总体的历史考察和局部的历史考察、辩证的历史考察和机械的历史考察（这种考察不是机会主义的就是暴动主义的）之间的本质区别。她明确指出：“这就是布朗基主义的政变同由广大的而且是有阶级觉悟的人民群众夺取政权之间的根本区别。前者是由‘坚决少数’发动政变，任何时候都可以发动，像从手枪里发射子弹一样，因此总是不合时宜；而后者本身只能是已经开始的资产阶级社会崩溃的产物，因此它本身就带着合乎时宜出现的经济和政治的合法证书。”[①]她在自己

① 罗莎·卢森堡：《社会改良，还是革命？》，德文版第 47 页。

最后一篇文章中也说过类似的话:“资本主义向着那一目标发展的客观趋势足以更为容易地在社会中引起如此尖锐的各种社会的和政治的对立,使得这种状况不能持续下去,以致这些对立必然使这
113 种占统治地位的制度结束。但是,正像那种不能持续下去的情况正在变得可以理解一样,这些社会的和政治的对立本身首先只是资本主义制度在经济上不能持续下去的产物,而这些对立恰恰由于这种根源而变得越来越尖锐。”①

所以,无产阶级同时是资本主义持续危机的产物和促使资本主义走向危机的那种趋势的执行者。马克思说:“无产阶级……执行着私有制因产生无产阶级而给自己做出的判决。”②无产阶级由于认识到自己的状况而行动起来,它由于同资本主义进行斗争而认识到自己在社会中的地位。

但是,无产阶级的阶级意识,作为“主体”的过程的真理本身,远不是稳定不变的,也不是按机械“规律”向前运动的。它是辩证过程本身的意识;它也同样是一个辩证的概念。因为只有当历史
114 的过程迫切需要无产阶级的阶级意识发生作用,严重的经济危机使这种阶级意识上升为行动时,这种阶级意识的实践的、积极的方面,它的真正本质才能显示出它的真实形态。在其他情况下,与资本主义潜在持续的危机相适应,无产阶级的阶级意识始终是理论的和潜在的③:它作为“纯粹的”意识,用罗莎·卢森堡的话说就是作为“观念的总和”,要求面对个别的日常问题和日常斗争。

---

① 罗莎·卢森堡:《反批判》,德文版第 37 页。

② 《神圣家族》,《全集》第 2 卷第 44 页。

③ 罗莎·卢森堡:《群众罢工》,德文第 2 版第 48 页。

但是，在马克思从无产阶级解放斗争里认识到和意识到的理论和实践的辩证统一中，不可能有纯粹意识，既不可能有作为“纯粹”理论的纯粹意识，也不可能有作为纯粹要求、纯粹义务、纯粹行为规范的纯粹意识。在这里即使要求也有其现实性。这就是说，使无产阶级阶级意识具有某种要求性质、某种“潜在和理论”性质的那种历史过程状况，必然作为相应的现实形成，并作为这样一种现实能动地影响这种过程的总体。无产阶级阶级意识的这种形态就是党。正是同一个卢森堡比许多人都早而且清楚地认识到群众革命行动的自发本性（此外，在这一点上她只强调以前论述过的那种意见的另一方面，即这些行动必然从经济过程的必然性产生出来），同样，她也比其他许多人较早地弄清了党在革命中的作用，[①]这些都不是偶然的。在机械庸俗化者看来，党仅仅是一种组织形式，而群众运动，革命，也只不过是一个组织问题。罗莎·卢森堡早已认识到，组织在很大程度上与其说是革命过程的前提，不如说是它的结果，正如无产阶级本身也只有在这种过程中并通过这种过程才能组成阶级一样。因此，在党既不能造成也不能避免的这种过程中，党担当着崇高的角色：它是无产阶级阶级意识的支柱，是无产阶级历史使命的良知。那种虚假的、而且对肤浅考察说来是更积极也“更现实的”考察方式，给党指派主要或完全是组织的任务，面对革命事实就被迫采取毫无根据的宿命论立场，而罗莎·卢森堡的观点则成为真正革命积极性的源泉。如果党关心“无产

① 关于她的观点的局限性，请参见我的论文《对罗莎·卢森堡〈论俄国革命〉的批评意见》和《关于组织问题的方法论》。在这里，我们仅限于表述她的方法。

阶级现有的和已经获得并行使着的全部权力在斗争的每一个阶段
115 和每一个方面的实现，并表现在党的斗争立场上，关心社会民主党的策略按其坚决性和明确性决不在实际力量状况的水平之下，而相反却超出这种状况”，[①]那么，由于党把自己所拥有的真理深播到自发的群众运动中，由于它把这种真理从其产生的经济必然性提高为自由的自觉行动，这样，它就把激烈革命情况下自己要求的性质变为发生作用的现实。而从要求到现实的这种变化正在成为无产阶级真正阶级性的、真正革命的组织的杠杆。认识正在变为行动，理论正在变为口号，按照口号行动的群众越来越强烈地、自觉地和坚定地加入有组织的先锋队行列。从正确的口号里，还有机地产生出战斗无产阶级专门组织的前提和可能性。

这种阶级意识是无产阶级的“伦理学”，是无产阶级的理论和实践的统一，是无产阶级解放斗争的经济必然性辩证地变为自由的地方。由于党被看作是这种阶级意识的历史形态和行动支柱，它同时也就成为战斗无产阶级伦理学的支柱。党的这种功能决定着它的政策。如果党的政策不能经常同目前的经验的现实相一致，它的口号在这样一些情况下就可能始终不被遵循。历史的必
116 然进程将不仅使它满意，而且正确的阶级意识的道义力量，正确的阶级行动的道义力量，也将——在实际的现实政治方面——取得丰硕成果。[②]

党的力量确实是一种道义力量：它是由受经济发展的逼迫而

---

① 罗莎·卢森堡：《群众罢工》，德文第2版第38页。

② 参见尤尼乌斯的小册子中的精彩论述，未来出版社，德文版第92页。

进行反抗的、自发革命的群众的信任提供的。它是由这样一些群众的感情提供的，他们觉得，党是他们最特有的、但是他们自己还不完全清楚的意志的客体化，是他们的阶级意识的可以看得见的和有组织的形态。只有当党通过斗争取得这种信任而且值得这样信任时，它才能成为革命的领导者。因为只有在这种情况下，群众的自发欲望才会竭尽全力和越来越出于本能地涌向党的方向，涌向自己意识到的方向。

机会主义者由于自己把不可分的东西分离开来而不理睬这种认识，即无产阶级能动的自我认识。所以，他们的首领以真正小资产阶级自由思想的方式讥讽地谈论据说作为布尔什维主义、革命马克思主义基础的“宗教信仰”。这种指责包含着对自己软弱无能的承认。这种病入膏肓的疑心病披上冷静的和客观的“科学性”的雅致外衣是徒劳的。他们的每一句话和每一个姿势在较好的情况下显露出绝望，在坏的情况下则显露出绝望背后的内心空虚：他们已完全离开无产阶级、它的道路和使命。他们称为信仰和力图用“宗教”名称加以贬低的东西，正好是对资本主义注定要没落、无产阶级革命——最终——要获胜的确信。对于这种确信，不可能有“物质的”担保。对我们来说，它仅仅在方法上——通过辩证的方法——是有保证的。即使这种保证，也只有通过行动，通过革命本 117
身，通过献身于革命，才能验定和得到。正像很少能“按自然规律”担保世界革命肯定胜利一样，也很少会有抱有学究客观性的马克思主义者。

理论和实践的统一不仅在理论之中，而且也是**为了**实践。正如作为阶级的无产阶级只有在斗争和行动中才能获得和保持它的

阶级意识，才能使自己提高到它的——客观产生的——历史任务的水平上一样，党和各个战士也只有当他们能够把这种统一运用到他们的实践中去时，才能真正掌握他们的理论。所谓宗教信仰，在这里无非是在方法上确信，不顾任何一时的失败和挫折，历史过程正**在我们的行动中**，**通过我们的行动**走完自己的路程。在机会主义者看来，即使在这里也有无能为力的旧困境；他们说：如果共产党人预见到“失败”，那么他们或者必须放弃任何行动，或者成为没有良心的冒险者、制造灾难的政治家和暴动者。由于他们在精神和道德上的卑劣，他们恰恰没有能力把**自己本身和他们行动的时机看作总体**（**变化过程**）**的因素**，即把“失败”看作是通向胜利的必要途径。

在罗莎·卢森堡的毕生事业中，理论和实践相统一的特征是，胜利和失败、个人命运和整个过程的统一，构成了她的理论和生活的主线。她在最初和伯恩施坦论战时，就已经把无产阶级有必要“提早”取得国家权力说成是不可避免的，也揭露了机会主义对此
118 吓得发抖、由此而产生的对革命的不信任“在政治上是荒谬的，它以社会的机械发展为出发点，并假定有阶级斗争胜利的一定时机，它在阶级斗争之外，也不依赖于阶级斗争”。[①] 这种毫无幻想的确信指引着罗莎·卢森堡去为争取无产阶级解放而斗争：使无产阶级从资本主义的物质奴役中获得经济解放和政治解放，使无产阶级从机会主义的精神奴役中获得思想解放。她针对这后一种——比较危险，因为比较难于制服的——敌人所进行的主要斗争，被看

① 罗莎·卢森堡：《社会改良，还是革命？》，德文版第47—48页。

作是无产阶级伟大的精神指南。所以，她死于她最真正的、最凶狠的仇敌——谢德曼和诺斯克之手，合乎逻辑地使她的思想和生命获得最高的荣誉。她在数年前从理论上、行动时从策略上明确预见到一月起义的失败，但在失败时，她仍然站在群众一边，并同他们共命运，这一点和她在她的谋杀者(社会民主党的机会主义者)那里受到不共戴天的敌视一样，都是理论和实践的统一在她的行动中产生的真正结果。

1921年1月

119 # 阶 级 意 识

“问题不在于目前某个无产者或者甚至整个无产阶级把什么看作自己的目的。问题在于究竟什么是无产阶级，无产阶级由于其本身的存在必然在历史上有什么作为。”

——卡尔·马克思：《神圣家族》

就在马克思要规定什么是阶级的时候，他的主要工作被中断了，这对无产阶级的理论和实践来讲都是一种灾难。因此，后来的运动在这个极其重要的问题上，只能依靠各种各样的解释，依靠把马克思和恩格斯偶尔发表的意见加以归纳，依靠独立地研究和运用他们的方法。马克思主义认为，社会划分为阶级是由人们在生产过程中的地位决定的。但是，阶级意识是什么意思呢？这个问题马上就派生出一系列密切相关的小问题。首先，（从理论上）应该怎样理解阶级意识？其次，（在实践中，）在阶级斗争中，这样理解的阶级意识本身的功能又是什么？紧接着就是这样的问题：阶级意识的问题是不是一个“普遍的”社会学问题，或者，这一问题对无产阶级来说，是不是存在着不同于历史上至今出现了的任何一个别的阶级的意义？最后还有这样的问题：阶级意识的本质和功能是某种统一的东西，还是也是划分为等级和层次的呢？如果是的话，这种划分在无产阶级的阶级斗争中又有什么实践的意义呢？

1 120

恩格斯在他对历史唯物主义的著名论述中，是从下面这一点出发的：尽管历史的本质就在于“凡是发生的东西总是有一个意识目的和一个预期的目标”，但是要理解历史这还是不够的。这是因为，一方面，“在历史上活动的许多个别愿望在大多数场合下所得到的完全不是预期的结果，往往是恰恰相反的结果，因而**它们的动机对全部结果来说同样地只有从属的意义**。另一方面，又产生了一个新的问题，**在这些动机的背后隐藏着的又是什么样的动力**？在行动者的头脑中以这些动机的形式出现的历史原因又是什么？”恩格斯进一步的论述还把这一问题规定到这样的程度，即这些动力本身就应该是被规定的；而且就是那些“使广大群众，使整个的民族，以及在每一民族中间又使整个阶级行动起来的动机；而且……是持久的、引起伟大历史变迁的行动”[①]的动力本身就应该是被规定的。因此，科学马克思主义的本质就在于认识到历史的真正动力是独立于人对它的（心理学上的）意识的。这种独立性在认识的初始阶段首先表现为，人把这种动力理解为一种属于自然的力量，以及在这些力量的身上，在它们的有规律的相互关系中看到了“永恒的”自然的规律。马克思在谈到资产阶级思想时说：“对人类生活形式的思索，从而对它的科学分析，总是采

① 《费尔巴哈论》，《全集》第 21 卷第 342—343 页。

取同实际发展相反的道路。这种思索是从事后开始的，就是说，是从发展过程的完成的结果开始的。……那些形式，在人们试图了解它们的内容而不是它们的历史性质（人们已经把这些形式看成是不变的了）以前，就已经取得了社会生活的自然形式的固定
121 性。”[①]这种独断主义（Dogmatismus）的最重要代表，一方面可以在德国古典哲学的国家学说中找到，另一方面还可以在亚当·斯密和大卫·李嘉图的经济学中找到。马克思针对这种独断主义提出了一种批判主义（Kritizismus），一种关于理论的理论，一种关于意识的意识。这一批判主义——在许多方面——就意味着是一种历史的批判。它首先摒弃社会结构的僵化性、自然性和非生成性，它揭示了社会结构是历史地形成了的，因此在任何一方面都是要服从历史的变化的，因而也必定是要历史地走向灭亡的。因此，历史就不只是在这些形式规定的范围内展开（根据这些形式规定的范围，在社会的原则永远保持有效的情况下，历史也许将意味着只是内容、人类、社会状况的变动），这些形式也不是历史追求的**目标**，一旦目标达到，历史就会由于完成了自己的使命而被扬弃。相反，历史恰恰是**这些形式**的历史，是它们**作为**把人们组成社会的形式所经受的变化的历史，这些形式发端于实际的经济关系，控制着人与人之间的全部关系（并因而也控制着人同自身，同自然等等的关系）。

资产阶级思想由于它的出发点和目标始终是（虽然并不总是有意识地）为事物的现存秩序作辩护或至少是为这一秩序的不变

① 《资本论》第1卷，《全集》第23卷第92页。

性作证明[①],就必然要遇到一个不可逾越的界限。“于是,以前是有历史的,现在再也没有历史了。”[②]马克思在谈到资产阶级经济学时就是这样说的;但是这句话也适用于资产阶级思想的所有想从思想上把握历史过程的企图。(黑格尔历史哲学的一个经常被人指出的局限性也就在于此。)因此,历史是作为任务,但是作为不可完成的任务交给资产阶级思想来解决的。这是因为资产阶级思想或者必须完全摒弃历史过程,并把现存的组织形式看作永恒的自然规律,这种自然规律在过去——由于“神秘的”原因,和由于正好和理性的、寻求规律的科学的原则不一致——只得到了不完全的贯彻,或根本就没有得到贯彻(资产阶级社会学就是如此)。或者,资产阶级思想必须把一切有意义、有目标的东西从历史过程中排除出去;人们就不得不停留在历史时期的及其社会的和人的载体的纯粹“个别性”上;历史科学就像兰克那样必然要坚持每个历史时期都“同样接近上帝”的说法,也就是说都达到了同样完善的程度,因此,历史的发展——出于相反的原因——就都不复存在了。在第一种情况下,任何一种理解社会结构**起源**的可能性就都丧失殆尽[③]。历史的对象表现为不变的、永恒的自然规律的对象。历史被按照**形式主义**僵化了,这种形式主义不可能按照社会历史结构的真正本质把它们理解为**人与人之间的关系**;人们被推离了历史理解的真正起源,并用一条不可逾越的鸿沟被隔绝了起来。 122

① “悲观主义”和“乐观主义”完全一样地把现状永恒化,把现状说成是人类发展不可逾越的界限。在这一点上(当然也只是在这一点上),黑格尔和叔本华是一致的。

② 《哲学的贫困》,《全集》第 4 卷第 154 页。

③ 同上书,第 157 页。

123 就像马克思所说的那样，人们并没有认识到“这些一定的社会关系就像麻布、亚麻一样，也是人们生产出来的。”[①]在第二种情况下，历史成了盲目力量的一种——从根本上讲——非理性的统治，这种统治至多是由“民族精神”或“伟人”来体现的，因此只能被实用主义地加以描述，但并不能被理性地理解。它只能作为一种艺术品被从美学上来加以构造，或者就像在康德派的历史哲学中那样，必须被看作是借以实现永恒的、超历史的伦理原则的自身无感觉的材料。马克思用证明这儿并不存在什么真正的两难困境，来解决这个两难困境。这一两难困境无非是说明：对同一对象所持的这些互相排斥、对立的观点反映了资本主义生产体系的矛盾。这是因为在对历史所作的“社会学”规律的考察中，在对历史所作的形式主义的理性考察中，我们看到的正是资本主义社会的人们受生产力奴役的情况。马克思说：“**他们本身的社会**运动具有物的运动形式，不是他们控制这一运动，而是他们受这一运动控制。”[②]这一观点在古典经济学的纯粹自然的和理性的规律中，得到了最清晰、最一贯的表现。马克思用对经济学的历史批判，和把社会经济生活的全部物化了的对象溶化为**人的关系**来批判这种观点。马克思认为，资本（以及国民经济的每一种对象化形式）“不是一种物，
124 而是一种以物为媒介的人和人之间的社会关系。”[③]马克思把社会

---

① 《哲学的贫困》，《全集》第 4 卷第 143—144 页。

② 《资本论》第 1 卷，《全集》第 23 卷第 91 页，（着重号是卢卡奇加的）。还参见恩格斯《家庭、私有制和国家的起源》，《全集》第 21 卷第 198 页。

③ 《资本论》第 1 卷，《全集》第 23 卷第 834 页。还参见《雇佣劳动和资本》，《全集》第 6 卷第 487 页；关于机器的论述，则可参见《哲学的贫困》，《全集》第 4 卷第 163 页；关于金钱的论述，参见前书第 118 页等。

结构敌视人的本质归结为人与人的关系，同时就消除了被赋予非理性的和个人的原则的错误含义，即这一两难困境的另一个方面。这是因为对社会结构及其历史运动敌视人的本质的这一消除只是把这一本质归结为作为它的基础的人与人之间的关系，因此，这一扬弃决不是取消它的独立于人的意志，特别是个别人的意志和思想的规律性和客观性，这种客观性只是人类社会在其发展的特定阶段的自我客体化；这种规律性只有在造成这一规律性并重又受这一规律性制约的那个历史环境内才有效。

对两难困境的这一消除看起来似乎使意识失去了在历史过程中所有的决定性作用。尽管经济发展的各个阶段在意识中的反映仍旧是有着重要意义的历史事实；尽管这样产生的辩证唯物主义决不否认是人们自己采取他们的历史行动，并且是有意识地完成他们的历史行动的，但是就像恩格斯在他致梅林的信中强调的那样，这是一种虚假的意识①。辩证法不允许我们停留在简单地断定这种意识的“虚假性”，停留在把真和假绝对地对立起来，而是要求我们把这种“虚假的”意识当作它所隶属的那个历史总体的一个因素，当作它在其中起作用的那个历史过程的一个阶段，加以具体的研究。

当然，连资产阶级的历史学也力求进行具体的研究，它指责历 125
史唯物主义歪曲历史事件的具体的单一性。它的错误就在于认为能在经验的历史的个体身上（个体可以是一个人，一个阶级或一个民族），在个体的经验地既定的（因此是心理学的或群众心理学

① 《全集》第39卷第94页。

的)意识中,发现那个具体。当它确实相信自己找到了万物中最具体的东西时,也就恰恰是它最偏离了作为一个**具体总体的社会**;社会发展特定时期的生产制度,以及由这一制度造成的社会分化为阶级。由于它偏离了这一切,所以它就把某些完全抽象的东西当作具体的东西。马克思说:“这不是个人和个人的关系,而是工人和资本家,农民和地主的关系。抹杀这些社会关系,那就是消灭整个社会,而你的普罗米修斯也就变成了一个没有手脚的怪影……”①

因此,具体的研究就意味着是研究与作为**整体**的社会的关系。因为只有在这种关系中,人们当时所具有的关于他们的存在的意识的全部本质的规定才表现出来。意识一方面表现为某种来自社会的和历史的状况的**主观上**被证明的东西,表现为可以理解的和必须理解的东西,因此表现为“正确的”意识,同时它又表现为某种**客观上**无视社会发展的东西,表现为不符合社会发展的,没有相应地表现这一发展的东西,因此表现为“虚假的”意识。另一方面,这同一个意识在相同的关系中表现为**主观上**不能达到自己确立的目标,而同时又促进和实现对它来讲是不了解的,不想要的社会发展的**客观**目标。“虚假意识”这一双重辩证规定使它的分析完全脱离
126 了对人们在一定的历史条件下,在一定的阶级地位中,**实际上**所思想,所感觉,所希望的东西所作的单纯的描述。这些东西仅仅是——当然是十分重要的——真正历史研究的**材料**。与具体的总体及由此而产生的辩证规定的关系超越了这种单纯的描述,并产

① 《哲学的贫困》,《全集》第4卷第135页。

生了客观可能性的范畴。将意识与社会整体联系起来，就能认识人们在特定生活状况中，可能具有的那些思想、感情等等；如果对这种状况以及从中产生的各种利益能够联系到它们对直接行动以及整个社会结构的影响予以完全把握，就能认识与客观状况相符的思想和感情等等。而在任何一个社会，这类生活状况的数目都是有限的。尽管深入细致的研究可以使关于生活状况的类型学变得多么精细，然而还是可以产生几种互相明显有别的基本类型，它们的特征是由人们在生产过程中地位的类型决定的。阶级意识就是理性的适当的反应，而这种反应则要归因于生产过程中特殊的典型的地位。[①] 阶级意识因此既不是组成阶级的单个个人所思想、所感觉的东西的总和，也不是它们的平均值。作为总体的阶级在历史上的重要行动归根结底就是由这一意识，而不是由个别人的思想所决定的，而且只有把握这种意识才能加以辨认。这一规定从一开始就建立了把阶级意识同经验实际的、从心理学的角度可以描述、解释的人们关于自己的生活状况的思想区别开来的差异。当然我们不能只是停留在确定这种差异或甚至只是一般地形式主义地把由此产生的关系固定下来。我们更应该研究：第一，这种差异在不同的阶级是否按照它们对经济的和社会的总体（它们是这一总体的组成环节）的不同关系而有所不同，以及这一不同是否大到形成了质的差别。第二，客观经济总体，被赋予的阶级意识（zugerechnetes Klassenbewußtsein）和人们关于自己的生活状况

① 遗憾的是，我在这儿不可能更进一步地讨论马克思主义中关于这些思想的各种论述，如十分重要的“经济人”范畴；我更不可能在这儿指出历史唯物主义和资产阶级经济学类似的企图（如马克斯·韦伯的理想典型）之间的关系。

的实际心理思想之间的不同关系对社会发展在实践上具有什么样的意义。因此，也就是阶级意识的实践的历史的功能是什么？

只有确定了这几点后才使我们有可能从方法论上利用客观可能性这一范畴。这是因为首先要弄清楚，在一个特定的社会之中，从在生产过程中的某种特定的地位出发，这一社会的经济总体一般地讲可以被认识到什么程度？因为特殊的个人实际上囿于他们的生活状况的狭小天地和偏见之中那种情况尽管必须被超越，但他们那个时代的社会经济结构为他们规定的界限和他们在这一社会经济结构中的地位却是不允许被跨越的。[①] 因此，阶级意识——抽象地、形式地来看——同时也就是一种受阶级制约的对
128 人们自己的社会的、历史的经济地位的无意识(Unbewußtheit)[②]。这一经济状况被既定为一种明确的结构关系，被既定为一种似乎控制着生活的全部对象的明确的形式关系。在这种情况下，“虚假”、“假象”的含义就决不是武断的，而恰恰是客观经济结构的思想反映。因此，例如：“劳动力的价值或价格却具有劳动本身的价格或价值的外观”，“仿佛全部劳动都是有偿的劳动，……这种虚假的外观……反之，奴隶的那部分有偿的劳动，却好像是无偿的劳动。”[③]因此，阐明一般地讲事物在什么样的情况下，才能真正揭露

① 据此，我们就能历史地、正确地理解像柏拉图和托马斯·摩尔那样的伟大的空想主义者。也可参见马克思关于亚里士多德的论述，见《资本论》第 1 卷，《全集》第 23 卷第 74—75 页。

② “他虽然没有意识到这一点，却把它说了出来。”马克思就是这样谈到富兰克林的，见《资本论》第 1 卷，《全集》第 23 卷第 65 页。马克思在别的地方也说过类似的话，如“他们没有意识到这一点，但是他们这样做了。”同上书，第 90—91 页。

③ 《工资、价格和利润》，《全集》第 16 卷第 149 页。

假象，才能达到和总体的真正联系，就是依靠客观可能性的范畴进行细致历史分析的任务。因为如果从特定的阶级地位这样一个立场出发，竟全然不能觉察现实社会总体的话，因为如果连对自身的利益所作的归因于这些利益的深刻思考也没有涉及这个社会的总体的话，那么一个这样的阶级就只能起被统治的作用，就决不能影响历史的进程，无论是维持这一进程，还是推动这一进程。这样的阶级一般地讲注定是被动的阶级，注定是在统治阶级和肩负革命的阶级之间无所作为地左右摇摆，它们也可能奋起，但它们的奋起必然具有空洞初步的和无目标的特点，即使偶然取得了胜利，最后也注定要失败的。

因为一个阶级能胜任统治意味着，它的阶级利益，它的阶级意 129
识使它有可能根据这些利益来组织整个社会。最终决定每一场阶级斗争的问题，是什么阶级在既定的时刻拥有这种能力，拥有这种阶级意识。这并不排除暴力在历史上的作用，这并不保证被决定要进行统治的阶级的利益（在这种情况下，这种阶级利益包含有社会发展的利益）会自动地得到实现。情况正相反。首先，一个阶级的利益能得到实现的条件常常只有依靠最残忍的暴力（例如资本原始积累）。第二，正是在暴力问题上，正是在阶级与阶级之间赤裸裸的生死斗争的情况下，阶级意识的问题才表现为最终起决定性作用的因素。例如，匈牙利著名马克思主义者埃尔文·萨博为了反对恩格斯关于伟大农民战争（1525 年）在本质上是一场反动运动的观点，提出了这样的论点，即农民起义**只是**被暴力打垮的，它的失败**不是**由于它的经济性质和社会性质，不是由于农民的阶级意识。当他这样认为的时候，他就忽视了诸侯的优势和农民的

弱点的最终原因，也就是说，诸侯这一方面之所以能拥有控制权恰恰应该到阶级意识问题中去寻找。即使连关于农民战争军事理论的最肤浅研究也能轻而易举地使每一个人相信这一点。

但是，并不是所有有能力统治的阶级的阶级意识的内在结构
130 都是一样的。关键在于它们对于自己为了实现和组织统治而必须采取的和实际采取的行动能意识到什么程度。因此也就是这样的问题：有关的阶级在实行历史赋予它们的行动时“有意识地”和“无意识地”到什么程度，运用“正确的”和“虚假的”意识又到什么程度。而这些区别不单单是学术上的区别。因为除了文化问题（这方面产生的差异也是极其重要的），对于一个阶级的实际决定具有生死攸关重要意义的则是它们对于历史发展赋予的问题是否清楚明了和有能力加以解决。这方面非常清楚的是，阶级意识既不是指十分进步的个人的思想，也不是指科学知识。例如，今天已经十分清楚的是，古代社会由于奴隶制经济的局限在经济上必然走向灭亡。但是，同样也是十分清楚的是，在古代，不但是统治阶级，连反对统治阶级的革命的或改良的阶级都不能达到这一认识。因此，随着这些问题的实际出现，这一社会的灭亡也就是必然的，无可挽回的。这种情况，在今天的资产阶级那儿就更清楚了。资产阶级最初是认识到经济关系而起来反对封建专制社会的，但是它也必然地完全不可能实现它的固有的科学，它的最根本的关于阶级的科学。由于不能解决关于危机的理论问题，它在理论上也失败了。在这种情况下，即使有着科学的理论解决办法，对它也是无济于事的。因为接受这种科学的解决办法，即使是理论上的，也意味着是**不再用资产阶级的阶级立场来观察社会现象**。没有一个阶

级有能力做到这一点，因为这样一来，它就必须自愿放弃它的统 131
治。因此，使资产阶级的阶级意识成为“虚假”意识的界限是客观存在的，它就是阶级地位本身。它是社会经济结构的客观结果，决不是随意的、主观的或心理上的。因为资产阶级的阶级意识，尽管也可能十分清楚地反映了这种统治的所有组织问题，反映了整个生产的所有资本主义改造和实施问题，但一旦出现问题，而在资产阶级统治范围内来解决这些问题已经超出了资本主义本身的范围时，它就必然会变得模糊不清了。资产阶级发现的经济的“自然规律”和封建中世纪，或者甚至和过渡时期的重商主义相比，乃是一个清楚的意识。但是后来却内在地和辩证地成了“一个以当事人的盲目活动为基础的自然规律”①。

本文不可能从这儿所指出的立场出发，提出关于阶级意识可能等级的历史的和系统的类型学。而要做到这一点，首先就必须研究清楚，是整个生产过程的哪一个因素最直接地和最至关重要地涉及个别阶级的利益。其次，是就有关阶级的利益本质而言，超越这种直接性和把对于这一阶级来说是直接重要的因素看作仅仅是整体的因素和因而加以扬弃的可能性有多大？最后，这样达到的总体的性质又是什么？它真正地把握了实际的生产总体的程度有多大？因为十分清楚的是，举例来说，如果阶级意识停留在脱离
生产的消费利益的阶段（如罗马的流氓无产者那样），或者如果阶 132
级意识表现了流通利益的范畴形成（如商业资本那样），那么阶级意识的性质和结构就会有所不同。因此，要在这儿研究关于这些

① 《政治经济学批判大纲》，《全集》第1卷第614页。

可能的立场的系统的类型学是不可能的。但是，根据我们迄今的论述可以肯定的是，“虚假”意识的各种样式在性质上、在结构上、和在对阶级的社会活动的决定性影响的方式上，都是各不相同的。

2

综上所述，对于前资本主义时代，以及对于其生活的经济基础还是属于前资本主义时代的资本主义许多阶层的行为来说，它们的阶级意识就其本质而言既不可能具有一种十分清晰的形式，也不可能有意识地对历史事件发生影响。这首先是因为在任何一个前资本主义社会中，阶级利益决不可能以十分清晰的（经济的）形式表现出来，这是任何一个这一类社会的本质使然，社会结构分为等级、阶层等，随之而来的是在社会的客观经济结构中，经济的因素和政治的、宗教的等等因素**不可分地**结合在一起。资本阶级的胜利意味着等级制的取消，只有资产阶级的统治才使社会划分为纯粹的独一无二的阶级这样一种社会制度成为可能。（有些国家在资本主义时代仍残存着封建等级制，但这一点也不影响这一论断的基本正确性。）

133 这种情况的根子在于前资本主义社会的和资本主义有着极其深刻区别的经济组织。现在，对于我们来讲，第一位重要的，十分明显的区别是这样一种区别：任何一个前资本主义社会——在经济上——都没有像资本主义社会那样构成一种**有关联**的统一；在前资本主义社会中，比在资本主义社会中，各部分的独立性大得多，它们在经济上的相互依靠要小得多，要简单得多。商品流通对于全社会生活的作用越小，社会各部分在经济上越是尽可能完全地自给自足（如村社），或者另一方面，它们在社会的真正经济生活中，在生产过程中一点也不起作用（如希腊城市和罗马的大部分市民），统一的形式，即组织起来的社会联合体，也就是国家，在社会现实生活中的基础实际上也就越不牢固。社会的一部分几乎完全独立于国家的命运而自然地存在着。“这些自给自足的公社不断地按照同一形式把自己再生产出来，当它们偶然遭到破坏时，会在同一地点以同一名称再建立起来。这种公社的简单的生产机体，为揭示下面这个秘密提供了一把钥匙：亚洲各国不断瓦解，不断重建和经常改朝换代，与此截然相反，亚洲的社会却没有变化。这种社会的基本经济要素的结构，不为政治领域中的风暴所触动。”[①]社会的另一部分——在经济上——是完全寄生的。国家，即国家的政权机构对这部分来讲并不像对于资本主义社会的统治阶级那样，是一种在必要的情况下用暴力实行其经济统治原则，或者用暴力为它的经济统治创造条件（如近代殖民主义）的工具，因此国家 134
不是社会经济控制的**中介**，而**直接地就是这统治本身**，而且不仅是在直接掠夺土地、奴隶等等的情况下是如此，就是在所谓和平的“经济”关系中也是如此。因此马克思在谈到地租劳动时说：“在这些条件下，要能够为名义上的地主从小农身上榨取剩余劳动，就只有通过**超经济的强制**”，在亚洲“地租和赋税就会合为一体，或者不如说，不会再有什么同这个地租形式不同的赋税。”[②]甚至连商品流通在前资本主义社会采用的形式也不能对社会的基本结构发生

① 《资本论》第 1 卷，《全集》第 23 卷第 396—397 页。

② 《资本论》第 3 卷，《全集》第 25 卷第 891 页（着重号是卢卡奇加的）。

什么决定性的影响；商品流通只是很表面的，不可能支配生产过程本身，特别是它对劳动的关系。马克思说：“商人可以购买任何商品，但是不能购买作为商品的劳动，他只许充当手工业产品的定购人。”①

尽管如此，任何一个这样的社会也还是组成了一个经济统一
体（Einheit）。问题只是，这个统一体是否具有这样的性质，即组
成社会的各集团和整个社会的关系在它们的——**被赋予的**——意
识中能采取一种经济形式。马克思一方面强调，古代希腊和罗马
的阶级斗争“主要是以债权人和债务人之间的斗争的形式”进行
的。但是，他又十分正确地补充说：“但是在这里，货币形式——债
权人和债务人的关系具有货币关系的形式——所反映的不过是更
135 深刻的经济生活条件的对抗。”②对历史唯物主义来说，这种反映
仅仅是反映而已，但是问题却是：这一社会的阶级是否——在客观
上——有可能把这些斗争的经济基础，即它们所遭受的社会经济
问题纳入到它们的意识中去呢？这些斗争和问题在它们看来——
由于它们在其中生活的生活条件——难道不是或者采取自然的和
宗教的形式③，或者采取国家的和法律的形式吗？社会划分为阶

① 《资本论》第1卷，《全集》第23卷第397页。这就是在资本主义初期，商业资本和工业资本相反，起了一种政治上反动作用的原因。参见《资本论》第3卷，《全集》第25卷第374页。

② 《资本论》第1卷，《全集》第23卷第156页。

③ 马克思和恩格斯一再强调这种社会形式的自然性，见《资本论》第1卷，《全集》第23卷第377，395页等。恩格斯《家庭的起源》的整个思路也是建立在这一思想基础上的。我不可能在这里介绍对于这一问题的各种不同看法（马克思主义者之间也有不同的看法）。我只想强调，我认为就是在这一点上马克思和恩格斯的观点也要比他们的“修正者们”更深刻，从历史的角度来看，也要更正确。

层或等级等等恰恰意味着从概念上和组织上对这种“自然的”地位的确定在经济上仍是无意识的，意味着单纯增长的纯粹因袭惯例(Traditionalität)必然被直接纳入到法律形式中[①]。因为，由于这种社会松散的经济联合，在这种社会中构成为等级、特权等等的国家的法律的形式，无论在客观上，还是在主观上都有着和在资本主义中完全不同的功能。在资本主义社会中，这些形式仅仅意味着是把只具有经济功能的那些关系确定下来，以至于法律的形式——就像卡尔纳已经确切地指出过的那样[②]——常常能适应变动了的经济结构，而自己无论在形式上或内容上又都不加改变。而在前资本主义社会中则相反，法律形式**从根本上来讲**必然要干预经济关系。在这种社会中，不存在以法律形式出现的，或被纳入 136
法律形式的纯经济范畴。按照马克思的说法，经济范畴是“存在形式、存在规定”[③]。经济范畴和法律范畴实质上，和**就内容而言是相互不可分地交织在一起的**。(这使人想到前面提到的地租、赋税、奴隶制等等例子。)用黑格尔的话来说，经济学即使在客观上也没有达到自为的阶段，因此，在这样的社会内，不可能有这样一种立场，从这种立场出发，能意识到所有社会关系的经济基础。

这当然决不能取消所有社会形式的客观的经济基础。相反，等级制的历史清楚表明，这种当初把“自然的”经济存在纳入固定形式的等级制，在隐蔽的、无意识地进行着的经济发展的过程中，怎样慢慢地瓦解了，也就是说，不再是一个现实的统一体。它的经

① 参见《资本论》第1卷，《全集》第23卷第377页。

② 《法律学院的社会功能》，《马克思研究》第1卷。

③ 《政治经济学批判》，《全集》第46卷上册第44页。

济内容打碎了它的法律的形式上的统一。(恩格斯关于宗教改革时期的阶级关系,以及库诺夫关于法国大革命的阶级关系的分析已经对此作了充分的论证。)然而尽管法律形式和经济内容之间存在着这样一个矛盾,法律的(制造特权的)形式,对于这些正在瓦解的等级的意识仍有着十分重要的,经常是最终起决定性作用的意义。因为等级制的形式掩盖了等级的——真正的,但仍是无意识的——经济存在和社会经济总体之间的关系。它把意识直接固定在它的特权上(如宗教改革时期的骑士),或者同样直接地固定在
137 与特权有关的社会的那一部分(如行会)的特殊性上。等级在经济上可能已经完全瓦解了,它的成员**在经济上已经属于不同的阶级**,但是它仍保持着这种(客观上非现实的)意识形态上的凝聚力。因为"等级意识"和整体形成的关系针对着的不是现实的、活生生的经济统一体,而是针对着构成那个时代等级特权的社会的过去状态。等级意识——作为真正的历史因素——掩盖了阶级意识;从根本上防止了阶级意识的出现。在资本主义社会,在所有其阶级地位不是直接地以经济为基础的"特权"集团那儿也可以看到类似的情况。这样的一个阶层能在多大程度上使自身"资本主义化",也就是说它的"特权"能在多大程度上变成经济的和资本主义的控制关系,它对现实经济发展的适应能力也就随之有多大程度的增长(如大土地所有者的情况)。

因此,阶级意识与历史的关系在前资本主义时期是完全不同于资本主义时期的。这是因为在前资本主义时期,阶级只能**根据历史唯物主义对历史的解释**从直接既定的、历史的现实中推论出

来，而在资本主义时期，阶级就是这一直接的历史**现实本身**。因此
就如恩格斯所强调的那样，只有在资本主义时代，对历史的这种认
识才有可能就决不是偶然的了。而这也不仅是由于——如同恩格
斯所认为的那样——较之过去时代的“错综复杂的和隐蔽的关
系”，资本主义的社会结构要简单得多了，而且首先则是由于作为
历史动力的阶级的经济利益只是在资本主义时期才赤裸裸地表现
出来。因此，在前资本主义时期，“历史中人们行动的动机背后存 138
在的真正的推动力”决不可能纯粹地被意识到（甚至于都不能作为
纯粹的被赋予的意识）。实际上，它们只是隐藏在动机背后的历史
发展的盲目力量。意识形态因素不仅“掩盖”了经济利益，不仅是
旗帜和斗争口号，而且是现实斗争本身的组成部分和因素。当然，
如果依靠历史唯物主义来探求这些斗争的**社会学意义**的话，那么
无疑就可以发现经济利益就是最至关重要的**解释因素**。但是，和
资本主义本身来比较，不可逾越的差异就在于，在资本主义下，经
济因素不再隐藏在意识的“背后”，而是就存在在意识本身**之中**（只
是没有被意识到或者是受到压抑的）。随着资本主义的出现，随着
等级制的废除，随着纯粹的经济划分的社会的建立，阶级意识也就
进入了一个**可能被意识到**的时期。从此，社会的斗争就反映在围
绕着意识，围绕着掩盖或揭露社会的阶级特性而进行的意识形态
斗争之中。但是这一意识形态斗争的可能性已经指出了辩证的矛
盾，即纯粹阶级社会内在的自我解体。就像黑格尔所说的：“当哲
学把它的灰色绘成灰色的时候，这一生活形态就变老了。对灰色
绘成灰色，不能使生活形态变得年轻，而只能作为认识的对象。密

纳发的猫头鹰要等到黄昏到来，才会起飞。”*

139 **3**

在资产阶级社会，只有资产阶级和无产阶级才是纯粹的阶级；这就是说，只有它们的存在及其继续发展才完全是以近代生产过程的发展为基础的，以及只有从它们的存在条件出发，才*可能设想*一项组织整个社会的计划。其他阶级（如小资产阶级、农民）行动的动摇或者不可能取得什么有利于发展的成果的根子就在于，它们的存在不完全是以它们在资本主义生产过程中的地位为基础的，而是和等级社会的残余不可分割地联系在一起的。因此，它们不是促进资本主义的发展，或者使资本主义的发展超越自身，而是使其倒退，或者至少也要使它得不到充分的发展。因此，它们的阶级利益只是关注*发展的征兆*，而不是关注发展自身，只是关注社会的部分现象，而不是关注整个社会的结构。

这一意识问题可以用确立目标和行动的方式表现出来。例如在小资产阶级那儿就是这样。小资产阶级至少部分地是生活在资本主义的大城市中，它对生活的所有看法都直接地受到资本主义的影响。对于资产阶级和无产阶级阶级斗争的*事实*，它不可能完全不加注意，置之不理。但是作为“一个代表两个阶级的利益同时削弱的那个过渡阶级”，它觉得它自己完全是“站在阶级对抗之

---

* 黑格尔：《法哲学原理》中文版第 14 页，黑格尔在这里所说的灰色是借用歌德《浮士德》中的话：“一切理论都是灰色的，只有生活的金树是常青的。”（见人民文学出版社 1955 年版第一部第 95—96 页。）——中译者注

上。”[①]因此它就要寻求道路，“不是为了消灭两极——资本和雇佣劳动，而是为了缓和资本和雇佣劳动间的对抗并使之变得协调起来。”[②]因此，它的行动总是不能决定社会的命运，它总是轮换着为 140
阶级斗争的双方而斗争，但却总是没有意识到这一点。这时，只存在在它自己的意识之中的它自己的目标必然会变得越来越空洞，越来越脱离社会的行动，变成了纯粹的“意识形态”的形式。只有当这些目标和资本主义现实的经济的阶级利益巧合的时候，例如法国大革命取消等级制时，小资产阶级才能在历史上发挥一种积极的作用。而一旦它的使命得到了实现，它的——形式上绝大部分仍保持不变的——言词就变得越来越脱离现实的发展，变得越来越具有讽刺意味（如1848—1851年山岳派雅各宾主义）。但是，这种和作为总体的社会的无关系也能反过来影响阶级的内部结构，影响阶级的组织起来的可能性。农民的发展过程最清楚不过地说明了这一点。马克思说：“小农人数众多，他们的生活条件相同，但是彼此间并没有发生多种多样的关系。他们的生活方式不是使他们互相交往，而是使他们互相隔离。……每一个农户……取得生活资料多半是靠与自然交换，而不是靠与社会交往。……既然数百万家庭的经济条件使他们的生活方式、利益和教育程度与其他阶级的生活方式、利益和教育程度各不相同并互相敌对，所以他们就形成一个阶级。由于各个小农彼此间只存在有地域的联系，由于他们的利益的同一性并不使他们彼此间形成任何的共同

① 《路易·波拿巴的雾月十八日》，《全集》第8卷第155页。

② 同上书，第152页。

关系，形成任何的全国性的联系，形成任何一种政治组织，所以他
141 们就没有形成一个阶级。”[①]因此，**外部的**变化，如战争、城市中的革命等等就是必要的，以便把这些群众纳入到统一的运动中去，但就是这样以后，他们也不能用他们自己的口号把这一运动组织起来，并赋予这一运动一个符合他们自己利益的积极的方向。这一运动是取得一种进步的意义（如 1789 年的法国大革命、1917 年的俄国革命），还是取得一种反动的意义（如拿破仑复辟），就取决于其他进行斗争的阶级的状况，取决于领导他们的政党的意识的水平。因此，连农民的“阶级意识”所具有的**意识形态**的形式在内容上也要比别的阶级的更多变；也就是说它总是一种借来的东西。因此，那些部分地或全部地以这种“阶级意识”为基础的政党，正就是在危急的形势下，却不能得到坚定不移的支持（1917 至 1918 年的社会革命党人的情况就是这样）。因此，农民运动在互相对立的思想旗帜下进行斗争就是可能的。例如，俄国中农和富农的一些反革命叛乱和农民斗争就发现它们同作为它们目标的无政府主义社会观在思想上是有联系的，这既是作为理论的无政府主义，又是农民的“阶级意识”的十分显著的特点。因此，对于这些阶级而言（如果从严格的马克思主义的意义上，它们可以被称作是阶级的话），根本就谈不上什么阶级意识：对它们的状况的充分意识应该向它们揭示，面对发展的必然性，它们的特殊追求是毫无希望的。因此，对它们来讲，意识和利益是处于一种**彼此不相容**的关系之中。由于阶级意识被规定为是一个要归因于阶级利益的问题，因此，它们的意识要在直接既定的历史现实中得到发展是不可能的，

① 《路易·波拿巴的雾月十八日》，《全集》第 8 卷第 217 页。

这在哲学上是可以理解的。

资产阶级的阶级意识和阶级利益也处于一种相互对立、矛盾 142
的关系之中。只是这种矛盾不是**互不相容**的矛盾，而是**辩证的**矛盾。

两种矛盾的区别可以简述如下：在别的阶级那儿，它们在生产过程中的地位，以及由此而产生的利益总是阻止着阶级意识的形成，而在资产阶级那儿，这些因素却促使阶级意识的发展，只是资产阶级的阶级意识——从一开始起和由于它的本质的原因——会遭受悲剧性的灾难，即在它发展的顶峰会陷入和自身的不可解决的矛盾之中，并因而必然要摒弃自身。资产阶级的这一悲剧在历史上表现为当它还没有打败它的前人，即封建主义的时候，它的新的敌人——无产阶级已经出现了；这一悲剧在政治上的表现形式则是，用“自由”的名义进行的反对社会等级制组织的斗争在取得胜利的时刻，就必然变为一种新的压迫；从社会学的角度来看，矛盾则在于，尽管只有资产阶级的社会形式才使阶级斗争以纯粹的形式而出现，尽管是资产阶级的社会形式首先使阶级斗争在历史上被确定为是事实，然而资产阶级在理论上和实践上总是千方百计地想把阶级斗争的事实从社会意识中抹去；而从意识形态的角度来看，我们同样可以看到这种两重性，即当资产阶级一方面赋予个性以一种前所未有的意义的同时，另一方面，它又通过这种个人主义的经济条件，通过商品生产建立起来的物化取消了任何一种个性。上述这些例子并没有穷尽这些矛盾，相反还可以举出无数个例子来加以说明，就像所有这些矛盾都反映在与其在生产总过
程中的地位相应的资产阶级意识中一样，这些矛盾也只是资本主 143

义本身极其深刻的矛盾的反映。因此，这些矛盾是作为辩证矛盾出现在资产阶级的阶级意识之中的，而不是简单地表明资产阶级不可能把握自身社会制度的矛盾。因为资本主义一方面是第一个按其倾向而言[①]能够在经济上完全渗透整个社会的生产制度，资产阶级因此有可能从这一中心点出发，获得对于生产总过程的（被赋予的）意识，然而另一方面，资本家阶级在生产中的地位和决定资产阶级行动的利益又使它不可能控制——甚至只是在理论上——它自己的生产制度。其原因则是多方面的。首先是因为对资本主义来说，生产只在表面上看起来是阶级意识的中心，因此也只是表面上看起来是进行分析的理论出发点。马克思在谈到李嘉图时指出："最受责备的就是他们眼中只有生产，他们却专门把分配规定为经济学的对象。"[②]对资本具体实现过程的仔细分析表明，在每一个问题上，生产商品，而不是生产物品的资本家必然局
144 限在一些（从生产的角度来看是）次要的方面；他在受制于——对他来讲是决定性的——扩张过程的情况下，就必然具有这样一个观察经济现象的出发点：从这个出发点出发，最重要的现象总是变得不可能被感知[③]。这种不相称还会由于下述原因而加剧，即在

① 当然只是有这种倾向而已。罗莎·卢森堡的伟大功绩就在于证明了，在这一点上不存在着一种哪怕是暂时的事实，而是资本主义——从经济上来看——只能维持到它只是沿着资本主义方向渗透社会，但还没有完全渗透的时候。一个纯资本主义社会的这种经济上的自我矛盾正就是资产阶级阶级意识中存在着矛盾的原因之一。

② 《政治经济学批判导言》，《全集》第 12 卷第 740 页。

③ 《资本论》第 3 卷，《全集》第 25 卷第 156、第 350、第 375 等页。不同的资本家集团，如工业资本家、商业资本家等在这一点上是有所不同的，这是不言自明的。但是这种区别对我们论述的问题并没有什么决定性的意义。

资本的关系中，个人的原则和社会的原则，即资本作为私人财产的功能和它的客观的经济功能处于一种相互之间不可解决的辩证矛盾之中。《共产党宣言》说："资本是一种社会力量，而不是个人的力量。"但是作为一种社会力量其运动则是由——并不全面了解它的活动的社会功能的和对它的活动的社会功能必然不关心的——资本拥有者的个人利益所左右所支配的，社会的原则，即资本的社会功能因此只能是不管他们是怎样想的，是违背了他们的意志的，是在他们本身不知觉的情况下实现的。马克思基于社会原则和个人原则之间的这一矛盾正确地把股份公司称作是"资本主义生产方式在资本主义生产方式本身范围内的扬弃"。[①] 尽管从纯粹经济的角度来看，股份公司的经济方式在这一方面和单个资本家的经济方式只有十分非根本性的区别，以及甚至通过卡特尔、托拉斯等对生产无政府状态的所谓消除也只是把这一矛盾转移到了别的地方，而并没有真正消除。这种情况是决定资产阶级的阶级意识的重要因素之一。资产阶级虽然在社会的客观经济发展中是作为阶级在行动，但是它把这一它自己推动的过程的发展只是理解为一种外在于它的、客观上有规律的、发生在它自己身上 145
的过程。资产阶级思想始终地和必然地从个别资本家的立场出发来观察经济生活，正因此也就造成了个人和不可抗拒的、超个人的推动一切社会的东西的"自然规律"之间的这种尖锐的对立。[②] 这不仅造成了在冲突事件中个人利益和阶级利益的对抗（的确，这

① 《资本论》第 3 卷，《全集》第 25 卷第 495—496 页。

② 参见《作为马克思主义者的罗莎·卢森堡》一文。

种对抗在所有的统治阶级中很少有像在资产阶级中那样激烈），而且也造成了原则上不可能从理论和实践两方面来解决由于资本主义生产发展而必然带来的问题。马克思指出："这种由信用主义突然转变到货币主义，使得实际恐慌又加上理论恐惧，流通的当事人在他们自己的关系的深不可测的秘密面前瑟瑟发抖。"[①]这种恐慌不是没有根据的，这就是说，它不仅仅是个别资本家对自己个人命运的束手无策。造成这种恐慌的事实和状况迫使资产阶级意识到某种东西，尽管它不能全部否认或压制这种东西的实际存在，但它也确实是无法理解这种东西。这是因为在这些事实和状况的后面隐藏着可以理解的理由，那就是"资本主义生产的**真正限制**是**资本自身**"。[②] 认识到这一点当然也就将意味着资本家阶级的自我否定。

这样一来，资本主义生产的客观限制也就变成了资产阶级阶
146 级意识的限制。旧的、自然的、"保守的"统治形式使受它们控制的广大阶层的生产形式不受触动[③]，因此，它们起的主要是传统的作用，而不是革命的作用，和这种统治形式相比，资本主义是一种典型的革命的生产形式，因此，**它必然无视资本主义制度客观的经济限制，并表现为阶级意识的内在的辩证的矛盾**。这就是说，资产阶级的阶级意识**在形式上**是适应于经济意识的。是的，最高程度的

---

① 《政治经济学批判》，《全集》第 13 卷第 137 页。

② 《资本论》第 3 卷，《全集》第 25 卷第 278，第 288—289 页。

③ 这指的是财富形成的原始形式，参见《资本论》第 1 卷，《全集》第 23 卷第 150 页，而且甚至指的是（相对来说的）"前资本主义的"商业资本的某种表现形式，参见《资本论》第 3 卷，《全集》第 25 卷第 376 页。

无意识，即极度的“虚假意识”，总是在对经济现象的有意识控制表现得最充分的时候显示出来的。从意识和全部社会现象的关系来看，这一矛盾表现为**意识形态和经济基础的不可消除的对立**。这种阶级意识辩证法的基础是（资本主义的）个体，即按照单个资本家的模式的个体，和“从自然规律来讲”是必然的，也就是说原则上是意识无法控制的发展之间不可消除的对立；这种阶级意识的辩证法因此造成了理论和实践相互之间不可克服的对立，这种对立采取的形式则是，不允许有稳定的二重性，而是不断追求相互分离的原则的统一，是不断地在“虚假的”联系和可怕地撕破这种联系之间来回摆动。

由于资本主义生产制度的客观限制并不总是单纯否定的，它不仅“按照自然规律”造成了意识不可能理解的危机，而且还要得 147
到一种自我意识的和行动着的历史形态，即无产阶级，因此，资产阶级阶级意识自身内在的辩证矛盾也就加剧了。在对社会经济结构的考察中，绝大部分“标准的”观点变化都是按资本家的立场提出来的，都是按照一种方向进行的，那就是“模糊和神化剩余价值的真正起源”[①]。但是，在这种“标准的”、纯理论的态度中，这种模糊和神化只涉及资本的有机构成，雇主在生产过程中的地位，利息的经济功能等，因此也只是表明它没有能力揭示表面现象后面的真正的动力，而当把它放到实践中去的时候，它就和资本主义社会的主要的基本事实，即阶级斗争有了关系。但是，在阶级斗争中，所有这些本来隐藏在经济生活表面现象背后的力量却是以一种不

① 《资本论》第3卷，《全集》第25卷第185，第169，第418—422，第431页。

可忽视的形式表现出来的，而资本家及其理论代言人的目光总是只迷恋于经济生活的表面现象。

甚至当资本主义还处在上升时期，当无产阶级的阶级斗争还只是自发地激烈爆发出来的时候，阶级斗争的事实就已被上升时期的资产阶级的思想代表们（如马拉及后来的历史学家米涅等人）看作是历史生活的基本事实。但是当这种资本主义发展的没有被意识到的革命原则由于无产阶级的理论和实践而被社会意识到了的时候，资产阶级就在思想上被逼进了自觉反抗的境地。资产阶
148 级“虚假”意识中的辩证矛盾加剧了：“虚假”意识变成了虚伪的意识。开始时只是客观存在的矛盾也变成主观的了：理论问题变成了一种道德立场，它决定性地影响着阶级在各种生活环境和生活问题上所取的实际立场。

资产阶级的这种状况决定了阶级意识在资产阶级为取得对社会的统治而进行的斗争中的功能。由于资产阶级的统治实际上扩展到整个社会，由于资产阶级实际上力求按照自己的利益把整个社会组织起来，并且部分地做到了这一点，它就必须创立一种能自圆其说的关于经济、国家和社会等等的学说（这一学说自在自为地是以一种世界观为前提的，并就意味着是一种世界观），并且要使自己相信和意识到自己的**职责**就是进行这种统治和组织。资产阶级阶级地位的辩证悲剧就表现为在每一个具体问题上，尽可能清楚地意识到它的阶级利益不光是关系到它的切身利益，而且对它来讲甚至是绝对必要的，但是一旦这同一个清楚的意识扩及**整体问题**时，它就必然变成为一种灾难。这一点的主要原因是在于资产阶级的统治只能是一种少数人的统治，由于资产阶级的统治

不仅是由**少数人**来执行的，而且是为了**少数人的利益**的，因此欺骗别的阶级，让它们没有清楚的阶级意识，对于资产阶级统治的存在来说就是一种不可或缺的先决条件。（这使人想到“超越”阶级对立的国家学说，“公正的”司法等等。）但是，掩盖资产阶级社会的性质对于资产阶级本身来说也是绝对必要的。因为这一社会制度的 149 内在的不可解决的矛盾越来越清楚地显示出来，致使它的拥护者们面临这样的抉择：或者是有意识地无视越来越强烈的见解，或者是为了也能从道德上支持根据自身的利益应该加以支持的经济制度，而压制自己心中的一切道德本能。

一个阶级越是能心安理得地相信自己的使命，越是能百折不挠地、本能地根据自己的利益驾驭一切现象，它的战斗力也就越大，这一点是必须肯定的，而且也并没有过高估计这些意识形态因素的实际作用。资产阶级意识形态的历史从发展的早期阶段起——在这一阶段有西斯蒙第对古典经济学的批判，有德国对自然法则的批判，有卡莱尔的早期思想——就无非是**绝望地反对对由它自己创建的社会的真正本质的洞见，反对对它的阶级地位的真正意识**。《共产党宣言》指出，资产阶级制造了它自己的掘墓人，这一点不但在经济上是正确的，而且在意识形态上也是正确的。19世纪资产阶级的全部科学竭尽全力要掩盖资产阶级社会的基础，为此目的，从拼命歪曲事实到关于历史、国家等等本质的“高超”理论无所不用其极，但这一切都是徒劳的。19世纪末，随着科学的进步，以及对资产阶级精英阶层意识的相应影响，已经对此作出了裁决。

这一点十分清楚地表现在资产阶级越来越把有意识组织起来

的思想纳入到自己的意识之中。起初是用股份公司，用卡特尔，用托拉斯等等实现了越
150 来越清楚地揭示了资本的社会性，然而却也并没有触动生产无政府状态这一事实，而是为了赋予变得强大的单个资本家以相应的垄断资本家的地位。因此，这一集中虽然在客观上极力实现了资本的社会性，但是却使资本家阶级完全没有意识到这一社会性，而且甚至通过这种克服了生产无政府状态的假象使资本家阶级的意识更加不能真正认识实际状况。战争的危机和战后时期的危机更加剧了这种发展趋势："计划经济"至少进入了资产阶级最进步分子的意识之中。当然最初只是在极小部分人中，而且即使在他们那儿也主要是被看作是理论上的实验，而不是从危机的死胡同中走出来的实际的拯救措施。这种意识企求将"计划经济"和资产阶级的阶级利益在经济上协调起来，而正在上升的资本主义的意识则是把任何一种社会组织看作是"侵犯资本家个人的不可侵犯的财产权、自由和自决的'独创性'"①。如果我们把这两种意识加以比较，那么我们就可以清楚地看到，是**资产阶级的阶级意识在向无产阶级的阶级意识投降**。当然就连接受"计划经济"的那部分资产阶级对"计划经济"的看法也是不同于无产阶级的：资产阶级认为，这正是用资本主义内在矛盾的极度尖锐化来拯救资本主义的最后尝试。然而尽管如此，资产阶级的最后的理论防线就这样被放弃了。（与此形成绝妙的对照的则是，无产阶级的某些部分**恰恰在这一时刻**投降了资产阶级，它们把资产阶级的——最成问题的——

① 《资本论》第1卷，《全集》第23卷第395页。

组织形式变成了自己的组织形式。）但是，这样一来，资产阶级的整 151
个存在及作为它的表现的资产阶级文化却陷入了最严重的危机。一方面是脱离生活的意识形态，即一种或多或少有意识作假的企图，是不会有什么结果的，另一方面是犬儒主义（Zynismus）的同样可怕的空虚无聊，甚至已经相信自身的存在对世界历史毫无意义，而只维护自己赤裸裸的存在，赤裸裸的自我利益。这一意识形态危机是崩溃的确凿信号。资产阶级已被逼进了防御地位，它已在为它的单纯的自我生存而斗争（尽管它的**斗争手段**是多么富有进攻性）；**它进行领导的力量已一去不复返了**。

4

在这场争取意识的斗争中，历史唯物主义起了决定性的作用。无论是在经济方面，还是在意识形态方面，无产阶级和资产阶级都必然是相互依赖的阶级。同一个过程，从资产阶级的观点来看是一个解体的过程，是一场持续的危机，对无产阶级来讲，就意味着同样是以危机的形式出现的力量的积聚，是走向胜利的起点。在意识形态方面，其意义就更大：对反映了资产阶级长期垂死挣扎的社会本质的越来越深刻的洞见，对无产阶级来讲就意味着是力量的不断增长。对无产阶级来讲，真理是取得胜利的武器；越是义无反顾，就越能取得胜利。资产阶级的科学以绝望的愤怒反对历史唯物主义，它那样的怒不可遏，是可以理解的，因为一旦它被迫在
意识形态上以此为基础的话，它也就失败了。但同时，由此也可以 152
看出：为什么对无产阶级来说，而且**只是**对无产阶级来说，正确地洞见到**社会本质**是首要的力量因素，甚至也许是决定性的武器。

庸俗马克思主义者总是无视意识在无产阶级阶级斗争中具有的这种独一无二的功能，并且用目光短浅的“现实政治”来代替归结为客观经济过程的决定性问题的重大的原则斗争。无产阶级当然必须从当前形势的既定事实出发。但是无产阶级和其他阶级的区别就在于，它不拘泥于历史的个别事件，并不单纯是受它们所驱使的，而是自己就构成了推动力量的本质，对社会发展过程的核心起决定性的影响。庸俗马克思主义者脱离了这一主要观点，脱离了无产阶级阶级意识的——方法论的——起点，因此它们就使自己处在**资产阶级的意识水平**。在这样一种水平上，在它自己的斗争领域里，资产阶级无论是在经济上，还是在意识形态上都必然比无产阶级占优势，这一点只能使一个庸俗马克思主义者感到吃惊。但是也只有他才会从这样一种事实，从这样一种完全是由于他的立场而造成的事实中得出资产阶级**总的来说**占优势的结论。因为，资产阶级——姑且完全不提它真正的权力工具——在这一方面拥有较多的知识、技巧等等，这是不言而喻的；是的，如果资产阶级的对手接受了它的基本观点，而不是由于资产阶级自己的功劳，它就占了上风，那也就没有什么值得大惊小怪的了。面对在思想、组织等等方面都占优势的资产阶级，无产阶级的优势仅仅在于，它
153 有能力从核心出发来观察社会，并把它看作是互相联系着的整体，并因而能从核心上，从改变现实上来采取行动；就在于对它的阶级意识来说，理论与实践是互相吻合的；就在于它因此能自觉地把它自己的行动作为决定性的因素投放到历史发展的天平上去。如果庸俗马克思主义者破坏了这种统一，那么他们也就剪断了把无产阶级理论和无产阶级行动加以联系统一的神经。他们把理论归结

为是对社会发展征兆的“科学”论述，并把实践变成由他们要加以控制的过程的个别事件的摇摆不定的、没有目的的行动，也就是在方法论上放弃了对这一过程的控制。

由这样一种立场产生的阶级意识必然表明它有着和资产阶级阶级意识一样的内部结构。但是，如果相同的辩证矛盾被发展强行推到意识的表面的话，那么其结果对无产阶级来讲就要比对资产阶级还要致命。因为出现在资产阶级身上的“虚假”意识的自我欺骗，就其各种辩证矛盾而言，就其各种客观的虚假性而言，至少是与它的阶级地位相一致的。“虚假”意识虽然不能挽救它的灭亡，阻止这些矛盾的不断增加，但是它确实给了资产阶级继续战斗的内在可能性，即取得成功，虽然是暂时的成功的内部条件。但是，在无产阶级那儿，这样一种意识不仅带有这种内在的（资产阶级的）矛盾，而且也是和无产阶级的经济地位促使它——无论它是怎样想的——必然要采取的行动相对抗的。无产阶级必须以无产阶级的方式行动，但是它自己的庸俗马克思主义的理论使它找不到正确的道路。而从客观的经济学的角度来看，无产阶级必然的行动和庸俗马克思主义的（资产阶级的）理论之间的这一辩证矛盾 154 正在变得越来越尖锐，也就是说，正确的或错误的理论的促进的或阻止的作用，随着阶级战争中的决定性战斗的逼近而在增长。“自由王国”，“人类史前史”的结束恰恰意味着，人与人的具体关系，即物化开始把它的力量交还给人。这一过程越是接近它的目标，无产阶级关于自己的历史使命的意识，即它的阶级意识的作用也就越重要；阶级意识也就必然越强烈地、越直接地决定着它的每一次行动。因为驱动力的盲目力量只要它的目标，即自我扬弃还没有

近到可以达到的地步时就会“自动地”趋向这一目标。当向“自由王国”过渡的时刻客观上到来的时候，这一点就更明显地表现为，真正意义上的盲目力量将盲目地、用不断增长的、看来是不可抗拒的力量冲向死亡，而只有无产阶级的自觉意志才能使人类免遭灾祸。换言之，当最后的经济危机击中资本主义时，**革命的命运（以及与此相关联的是人类的命运）要取决于无产阶级在意识形态上的成熟程度，即取决于它的阶级意识**。

这样一来，也就决定了无产阶级的阶级意识具有不同于别的阶级的阶级意识的特殊功能。同样，如果不废除阶级社会，无产阶级作为阶级就不可能解放自己。因此它的阶级意识，作为人类历史上最后的阶级意识，一方面必须要和揭示社会本质联系起来，另一方面，必须实现理论和实践的越来越内在的统一。对无产阶级
155 来说，它的“意识形态”不是一面扛着去进行战斗的旗帜，不是真正目标的外衣，而就是目标和武器本身。无产阶级的任何一种非原则的或无原则的策略只能把历史唯物主义贬低为一种“意识形态”，只能把资产阶级的（或小资产阶级的）斗争方法强加给无产阶级；这种策略使无产阶级的阶级意识纯粹成为资产阶级阶级意识的附庸，或者成为阻碍无产阶级阶级意识的东西（因此对无产阶级来说只能起阻碍的作用），而不是起一种推动的作用，这样它也就使无产阶级失去了它的最优秀的力量。

5

因此，对无产阶级来说，阶级意识和阶级地位的关系就事情的本质而言越是简单，要在现实中实现这种意识遇到的困难也就越

大。这首先是由于这一意识本身内部就缺乏统一。因为尽管社会自在地表现为某种严格统一的东西，以及它的发展过程同样是一个统一的过程，但这两者对于人的意识来说，特别是对于生活在作为一种自然环境的资本主义物化关系中的人来说，不是给定为统一的，而是给定为多样的，互相独立的事物和力量。无产阶级阶级意识的十分醒目的、影响很大的分裂表现为经济斗争和政治斗争的分离。马克思[①]曾反复谈到过不应该有这种分离，并指出每一 156
种经济斗争的本质都会使之向政治斗争过渡（反之亦然），然而要把这种经济斗争和政治斗争分离的观点从无产阶级理论中清除出去也确实是不可能的。对阶级意识本身的这种错误见解的原因恰恰在于个别目标和最终目标的辩证的分离，因此最终也在于无产阶级革命的辩证分化。

在以前的社会中负有统治使命因而有能力胜利地实现革命的阶级，正是由于它们的阶级意识和客观的经济结构不相称，也就是由于它们没有意识到自己在社会发展过程中的功能，他们面临的任务**在主观上**就变得比较容易。它们只需依靠它们拥有的力量推行它们的**直接的**利益。它们的行动的社会意义对它们自己来说却是一种秘密，并且是由发展过程的“理性的诡计”支配的。但是无产阶级则被历史赋予了**自觉地改造社会**的任务，因此在它的阶级意识中，就必然会出现直接利益和最终目标，个别因素和整体的辩证矛盾。因为对于过程的个别因素来讲，虽然有着具体的情况及

① 《哲学的贫困》，《全集》第 4 卷第 198 页。《Joh. Phil. 贝克尔、Jos. 狄慈根、F. 恩格斯、K. 马克思等人致 F. A. 佐尔格等人的书信选》，斯图加特，1906 年。

具体的要求，但就其本质而言，是现存资本主义社会内在地固有的，是在它的规律支配之下的，是服从它的经济结构的。只有把个别因素纳入到对过程的总的考察之中，只有和最终目标联系起来，它才能具体地和有意识地超越资本主义社会，它才是革命的，但这在主观上，对无产阶级的阶级意识来说就意味着，直接利益和对整个社会的客观影响的辩证关系就在**无产阶级意识**本身之中，而不
157 会——像在以前的阶级那样——作为纯客观过程在（被赋予的）意识的彼岸产生出来。因此，无产阶级革命的胜利就不像以前的阶级那样是**阶级的社会给定存在的直接实现**，而是像青年马克思早已认识到的并已强调指出的那样是**它的自我扬弃**。《共产党宣言》是这样阐明这种区别的：“过去一切阶级在争得统治权之后，总是力图把已经获得的生活地位巩固起来，使全社会都服从那保障它们的占有方式的条件。无产阶级只有**消灭自己现存的占有方式**，从而消灭全部至今存在的占有方式，才能获得社会生产力。”（着重号是我加的。）阶级地位的这种内在的辩证法一方面使无产阶级很难发展它的和资产阶级对立的阶级意识，资产阶级在展开它的阶级意识时，可以依靠表面现象，可以停留在最原始、最抽象的经验上，而对无产阶级来说，早在它的发展的十分原始的阶段，超越直接给定的东西就是它的阶级斗争的基本要求。（马克思早在对西里西亚纺织工人起义的评论中就已强调了这一点①。）因为无产阶级的阶级地位把矛盾直接带进了它自身的意识之中，而对资产阶级来说，由于它的阶级地位而产生的矛盾必然表现为它的意识的外部界限。但是，另一方面，这一矛盾又意味着，“虚假”意

① 《全集》第1卷第483页。

识在无产阶级的发展中具有一种完全不同于在任何一个以前的阶级那儿所具有的功能。这也就是说，在资产阶级的阶级意识中，甚至对发展的个别事实或因素的正确陈述也由于它们与社会总体的关系而揭示和暴露了自身就是“虚假的”意识，而在无产阶级的“虚 158
假”意识中，在它的客观错误中却隐藏着一种对正确的东西的追求。在这一方面，只需指出空想主义者的社会批判或者只需指出对李嘉图理论的无产阶级的和革命的扩展就足以说明问题了。关于后者，恩格斯强调它“在经济学形式上是错误的东西”，然而他又马上补充说：“在经济学的形式上是错误的东西，在世界历史上却可以是正确的。……在经济学的形式的谬误的后面，可能隐藏着非常真实的经济内容。”[①]只有这样做，无产阶级阶级意识中的矛盾才可以得到解决，并同时成为历史的意识因素。因为客观上对正确的东西的追求，这种追求也是无产阶级“虚假”意识内在固有的，根本就不意味着是，无需无产阶级的积极参与，这种追求就能自动地得到实现。而是相反，只有提高意识性，只有通过自觉的行动和自觉的自我批判，对正确的东西的单纯的追求才能脱去它的虚假的外衣，成为真正正确的、历史地重要的和改造社会的认识。如果这一认识不是以这一客观的追求为基础的话，当然就将是不可能的，这又证实了马克思的话：“人类始终只提出自己能够解决的任务。”[②]这种追求也只是产生可能性而已。要实现这种可能性本身只能是无产阶级自觉行动的结果。无产阶级的历史使命是要

① 《哲学的贫困》德文版序言，《全集》第21卷第209页。

② 《政治经济学批判》，《全集》第13卷第9页。

超越现存的社会，作为这一历史使命基础的意识结构造成了这一
159 意识中的辩证分裂。在别的阶级那儿，表现为阶级利益和社会利益的对立，表现为个人行为及其社会结果的对立，因此表现为意识的外部界限的东西，在无产阶级这儿，则作为眼前利益和最终目标的对立被移入到无产阶级阶级意识的内部。因此，对这种辩证分裂的内在克服才能使无产阶级在阶级斗争中的外部胜利成为可能。

正是这种分裂提供了理解阶级意识的途径，就像本文前面的格言所强调的那样，阶级意识不是个别无产者的心理意识，或他们全体的群体心理意识，而是**变成为意识的对阶级历史地位的感觉**。这种感觉总是要在眼前的局部利益中变具体的。如果无产阶级的阶级斗争不应该回复到空想主义的初级阶段的话，那么就决不能跳过眼前的局部利益，这就是说，眼前的局部利益可能具有双重的功能：或者是通向目标的一步，或者是把目标掩盖起来。究竟是发挥哪一种功能则**完全取决于无产阶级的阶级意识**，而不**取决于局部斗争的胜利或失败**。对于这种特别是在工会的“经济”斗争中表现得很尖锐的危险，马克思很早就已明确地指出来了：“同时，……工人阶级也不应夸大这一日常斗争的最终结果。它不应忘记：……只是在反对结果，而不是在反对产生这种结果的原因；……必然经常出现的游击式的搏斗……而不同时力求改变这个制度，不运用自己有组织的力量作为杠杆来最终解放工人阶级，也就是最
160 终消灭雇佣劳动制度。”①

---

① 《工资、价格和利润》，《全集》第 16 卷第 169 页。

任何一种机会主义的根子就在于：它是从结果，而不是从原因；是从部分，而不是从整体；是从症状，而不是从事情本身出发；它不是把局部利益和它为之而进行的斗争，看作是为最后的斗争进行的教育的手段（最后的斗争结果取决于心理的意识接近于被赋予的意识的程度），而看作是某些自身有价值的东西，或至少是某些自身就是通向目标的东西；一句话，**它混淆了无产者实际的心理意识状态和无产阶级的阶级意识**。

这种混淆在实践上的致命之处就在于，它造成了无产阶级的行动常常很少统一性和凝聚力，不能适应客观的经济倾向的统一性。真正实践的阶级意识的力量和优势恰恰在于它能把隐藏在经济过程的相分离的征兆后面的自身的统一性看作是社会的总的发展趋势。但是，这样一种总的运动——在资本主义时代——还不能在它的外在的表现形式中显示出一种直接的统一来。例如，世界危机的经济基础当然是统一的，并且作为这样的经济基础是可以从经济学上加以统一的把握的。但是，它在时间和空间上，不但在不同的国家，而且也在各国不同的生产部门是以相互分离的，先后为继的形式表现出来的。当资产阶级思想“把社会体系的各个环节割裂开来”①的时候，它就犯了一个严重的理论错误，但是这 161
种错误理论的直接实践结果却完全符合资本主义的阶级利益。资产阶级虽然一方面在一般的理论方面，只能把握经济过程的细节和征兆（正由于它不能超越这种能力，所以它最终在实践上也是注定要失败的）。但是另一方面，——在日常生活的直接的实践行动

① 《哲学的贫困》，《全集》第4卷第145页。

方面——对它来讲也是极其重要的则是把这种行动方式也强加给无产阶级。因此，在这样的情况下，而且也只有在这样的情况下，它在组织上的优势才能清楚地表现出来，而与此同时，无产阶级的完全不同的组织，即**它组织为阶级的可能性**在实践上却不能实现。资本主义经济危机越是发展，经济过程的这种统一性也就表现得更清楚，**在实践上也就越能理解**。这种统一性虽然在所谓的正常时期也是存在的，因此从无产阶级的阶级立场出发也是可以感觉到的，但是它的表现形式和最终的原因之间的距离是那样的大，以至于在无产阶级的行动中不能产生什么实际的结果。这种情况在严重的危机时期发生了变化。整个过程的统一性变得显而易见，近在咫尺。它是那样的显而易见，连资产阶级的理论也不能回避它，尽管它从未相应地把握过它。在这种情况下，无产阶级的命运，以及与此相关联的整个人类发展的命运都取决于能否采取这唯一的、**现在客观上也变得可能的步骤**。因为危机的个别征兆表现为是相互分离的（根据不同的国家、不同的生产部门，以“经济的”或“政治的”危机等等形式），因此，相应地在工人的直接的心理
162 意识中的反映也具有一种孤立性，所以要超越这种意识在今天确实已经成为可能和必要，而且其必要性已经被不断增多的无产阶级各阶层**本能地**感觉到了。机会主义的理论直至激烈的危机发生前——看来——曾经起过的是一种单纯阻止这一客观发展的功能，现在它走上了**和它直接对抗的方向**。它的目的就是阻止无产阶级阶级意识继续从它的纯粹心理的状态向适应总的客观发展的方向发展，**把无产阶级的阶级意识降低到它的心理既定水平上**，并因而使迄今为止纯粹本能的阶级意识的不断运动走上相反的方

向。只要使无产阶级的阶级意识统一起来的实际可能性在客观上和经济上都还不具备，这样一种理论就还能被当作一种错误来欣赏。但就是在这种情况下，它也具有有意欺骗的特点（不管它的代言人在心理上是意识到了这一点，还是没有意识到这一点）。和无产阶级的正确本能相比，它起了资本主义理论一直在起的那种作用：它指责对于总的经济形势的正确看法，无产阶级的正确的阶级意识及其组织形式——共产党是不现实的，是敌视工人的“真正的”（直接的、民族的或职业的）利益的，是和它们的“真正的”（心理上既定的）阶级意识异在的原则。

阶级意识尽管不具有心理的现实性，但确实不是纯粹虚构的东西，而且正是它的现实性解释了为什么无产阶级革命的进程会历尽艰辛、屡遭挫折，会不断地回归到它的出发点，以及马克思在《路易·波拿巴的雾月十八日》的有名篇章中提到的要不断地进行自我批评。

只有无产阶级的意识才能指出摆脱资本主义危机的出路。只要这一意识还不存在，危机就是固有的，就会回归到它的起点，就 163
会重复原来的状况，直至最后在经历了无数的痛苦，走了可怕的弯路后，历史的直观教育使无产阶级完成它的意识过程并因而把历史的领导权交到它的手里。但是无产阶级在这一方面别无选择。它必须像马克思所说的那样，不仅“反对资本”，而且成为“自为的”阶级[①]，这就是说，它必须把它的阶级斗争的经济必然性提高为自觉的愿望，提高为有积极作用的阶级意识。关于阶级斗争的和平

① 《哲学的贫困》，《全集》第4卷第196页。

主义者和人道主义者，无论他们是有意的，还是无意的，都是在延长这个漫长、痛苦，充满危机的过程。如果他们能够看到，由于延长了这个直观教育过程，他们使无产阶级遭受了怎样的苦难，他们自己都会感到吃惊的。然而无产阶级不能回避自己的使命。问题只是在它意识上达到成熟，能正确地认识自己的阶级地位，以及能达到自己的阶级意识之前，它还必须经受多少痛苦。

当然，这种动摇，这种不明白本身就是资产阶级社会危机的一个征兆。无产阶级作为资本主义的产物，必然要服从它的制造者的存在形式。这种存在形式是非人的，是物化的。当然，仅仅无产阶级的存在就是对这种生活方式的批判、否定。但是，在资本主义客观危机成熟之前，在无产阶级自己能完全看清这种危机，能达到真正的阶级意识之前，这种批判、否定纯粹是对物化的批判，而且作为这样一种批判它只是否定地超过被否定的东西。是的，如果

164 这一批判不能超出只是对局部的否定，如果它不能做到至少以对总体的批判为目标，它就不能超过被否定的东西，例如，就像大多数工联主义者的小资产阶级性所表现出来的那样。这种纯粹的批判，这种从资本主义立场出发的批判，最明显的表现就是不同斗争领域的相互隔离。仅仅是隔离的事实就已表明，无产阶级的意识暂时还屈从于物化。如果无产阶级在经济上理所当然地比在政治上，在政治上又理所当然地比在文化上更容易看清它的非人的阶级地位，那么所有这些隔离正表明了在无产阶级自己的身上还存在着资本主义生活方式尚未被克服的力量。

物化意识必然绝望地陷入拙劣的经验主义和抽象的空想主义这两个极端之中。意识因此或者成为事物有规律运动的完全被动

的旁观者（意识决不能干涉这种事物的运动），或者就是把自己看作是一种根据自己的——主观——愿望能驾驭自在地无意义的事物运动的力量。机会主义者的拙劣的经验主义，我们已经在它和无产阶级意识的关系中看到了。现在主要的是要把空想主义的功能看作是阶级意识内部层次的特殊标志。（这儿对经验主义和空想主义在纯方法论方面的划分决不意味着，它们在个别倾向上，甚至在某些个人身上，不可能结合在一起，而是相反，它们常常一起表现出来，而且内在地是相辅相成的。）

青年马克思大部分哲学努力的目的是驳斥各种错误的意识学
说（既有黑格尔派的“唯心主义的”，也有费尔巴哈的“唯物主义的” 165
意识学说），以及提出关于意识在历史上的作用的正确观点。早在《1843年通信》里，意识就被理解为是发展所固有的。意识并不在现实历史发展的彼岸。它不是先由哲学家带到世界上来的，因此哲学家高傲地蔑视世界上的小的斗争是不对的。“我们只向世界指明它究竟为什么而斗争；而意识则是世界应该具备的东西，不管世界愿意与否。”

因此，要紧的是要“向它说明它的行动的意义”[①]。《神圣家族》中针对黑格尔的重大论战主要也是围绕着这一问题的[②]。黑格尔的不彻底性在于他只是表面上让绝对精神创造历史，而由此产生的意识的相对于现实历史进程的彼岸性在他的学生们那儿就变成了傲慢地——和反动地——把“精神”和“群众”对立起来。他

① 《摘自〈德法年鉴〉的书信》，《全集》第1卷第418页。

② 参见拙文《什么是正统马克思主义？》。

们的不彻底性、荒谬性，以及倒退回黑格尔早已达到的阶段，都受到了马克思的无情批判。他对费尔巴哈的——警句式的——批判则是对这点的补充。在马克思那儿，唯物主义已经达到的意识的此岸性再一次被看作为只是发展的一个阶段，看作为是“资产阶级社会”的阶段，与此相对应，他把“实践批判活动”、“改造世界”看作是意识的任务。这样就产生了清算空想主义者的哲学基础。因为他们的思想中也包含着这种社会运动和关于社会运动的意识的二重性。意识摆脱了彼岸性来到了社会，并把社会从迄今为止所走
166 过的错误的道路引上了正确的道路。无产阶级运动不够发达的特点还不允许空想主义者们，在历史本身之中，在无产阶级自我组织为阶级的方式之中，因此也就是在无产阶级的阶级意识之中，看到发展的载体。他们还不能“注意眼前发生的事情，并且有意识地把这些事情表达出来”。[①]

但是，如果认为，由于这种对空想主义的批判，由于这种关于对历史发展不再持空想主义态度在**客观上已经成为可能**的历史认识，空想主义对无产阶级解放斗争说来实际上就已经被克服，那可就是一种幻想了。只有当阶级意识达到那样的阶段，即马克思描写的理论和实践的真正统一，阶级意识真正和实际的介入历史进程，以及因而实际洞察到物化，这一切实际上都已实现了的时候，空想主义才能算是被克服了。但这一切决不会一致地一下子发生的。这不仅因为存在着民族的或“社会的”层次，而且在同一工人

① 《哲学的贫困》，《全集》第 4 卷第 157 页。又参见《共产党宣言》第三章第 3 节，《全集》第 4 卷第 499 页以后几页。

阶层的阶级意识内也有着不同的层次。经济和政治的分离是这方面最突出，同时也是最重要的例子。事实表明，存在着这样的无产阶级的阶层，它们对于它们的经济斗争有着完全正确的阶级本能，它们甚至能把这种本能提高为阶级意识，但它们同时又在国家问题上，坚持一种完全空想主义的立场。这不是什么机械的双重性问题乃是不言自明的。关于政治的功能的空想主义观点必然会辩证地反过来影响到关于经济发展的观点，特别是影响到关于整个经济的观点（例如工联主义的革命理论）。因为反对整个经济体系 167
的斗争和整个经济的改组，如果没有对政治和经济相互作用的正确认识，就是不可能的。像白劳德或行会社会主义（Guild-Sozialismus）那样完全空想主义的理论，就是在今天也还拥有它们的影响，这就说明了，即使在无产阶级直接生活利益受到关注，眼前的危机已经使人能够从历史的进程中看到什么是正确的行动这样的阶段，空想主义思想仍没有被完全克服。在所有那些社会的发展还不够充分，以至于要从自身产生出认识总体的客观可能性是不可能的领域，这种情况就更为突出。这一点最清楚不过地表现在无产阶级对纯意识形态问题，对文化问题的理论态度和实践态度之中。今天，这些问题在无产阶级的意识中具有的是一种极其孤立的地位。它们和阶级的直接生活利益，和社会总体的组织上的关系还完全没有被意识到。因此，在这一领域取得的成就还很少超过——由无产阶级进行的——资本主义的自我批判。因此，这一领域在理论上和实践上积极的东西就具有一种几乎完全是纯粹空想主义的特征。

因此，这些层次一方面是客观历史的必然性，是意识的客观可

能性的差异（如和文化问题相比，政治和经济所具有的相对的紧密联系），但另一方面，它们又标志着在存在着意识的客观可能性的地方，心理的阶级意识和对全局的相应认识之间存在着各种层次。但是，**这些**层次不能完全归结为经济的和社会的原因。**关于阶级**
168 **意识的客观理论是关于它的客观可能性的理论**。问题的层次和经济利益的层次**在无产阶级内部**达到什么样的程度，很遗憾还没有被人尽可能全面地研究过，然而这方面的研究一定会产生十分重要的成果。但是不管关于无产阶级各阶层的类型学，关于阶级斗争问题的类型学是多么的深刻彻底，也总会产生阶级意识的客观可能性在实际上实现的问题。如果说，这一问题在从前还只是对于那些特殊的个人来说才是的问题（人们可以想到马克思关于专政问题的完全非空想的预见），那么今天它就是一个对于整个阶级来说的真正现实的问题，即无产阶级内在转变的问题，它向自己客观的历史使命阶段发展的问题。这是一个意识形态的危机，只有它的解决才能使世界经济危机的实际解决成为可能。

无产阶级在意识形态方面还要走很远的路程，在这方面存有幻想将是十分危险的。但是，同样危险的是看不到活跃在无产阶级身上的趋向于在意识形态上克服资本主义的力量。任何一次——以不断提高的和自觉的方式进行的——无产阶级革命都产生了正在成长为国家机构的整个无产阶级的斗争机构，即工人委员会，这一事实举例来说就是无产阶级的阶级意识正在开始胜利地克服它的领导层的资产阶级性的标志。

革命工人委员会决不能同它的机会主义的丑化的模仿相混同，革命工人委员会是无产阶级的意识从它产生那一天起就不倦地为之斗争的一种形式。它的存在，它的不断发展表明，无产阶级已经站在它自己的意识的门槛上，并因而已经站在胜利的门槛上，这是因为工人委员会是在政治上和经济上对资本主义物化的克 169 服。就像在建立了专政的状态下，工人委员会必须克服资产阶级的立法、行政和司法的分离一样，它在争取统治权的斗争中，也必须一方面克服无产阶级在空间和时间上的分裂，另一方面，必须在经济上和政治上达到无产阶级行动的真正统一，并以此方式克服直接利益和最终目标的辩证分裂。

连革命工人的意识状态和真正无产阶级阶级意识之间也是存在有距离的，因此，我们决不能忽视这一距离。但是连这种状况也是可以用马克思主义关于阶级斗争和阶级意识的学说来说明的。**无产阶级只有扬弃自身，只有把它的阶级斗争进行到底，实现无阶级社会，才能完善自身**。为了这样一个社会而进行的斗争（连无产阶级专政也只是其中的一个阶段）不仅是和外部敌人，和资产阶级的斗争，而且同时也是无产阶级和自身的斗争，和资本主义制度对它的阶级意识的破坏和腐蚀的影响的斗争。只有当无产阶级克服了这些影响，它才取得了真正的胜利。必须联合起来的各个领域的分裂，无产阶级迄今在不同领域达到的不同的意识阶段是一把尺子，可以精确地度量已经达到了什么和还应该争取什么。无产阶级决不能害怕自我批评，因为只有真理才能给它带来胜利，因此，自我批评必然是它的生命因素。

1920 年 3 月

物化和无产阶级意识

170 所谓彻底，就是抓住事物的根本。但人的根本就是人本身。

——马克思：《黑格尔法哲学批判导言》

马克思描述整个资本主义社会并揭示其基本性质的两部伟大成熟著作，都从分析商品开始，这绝非偶然。因为在人类的这一发展阶段上，没有一个问题不最终追溯到商品这个问题，没有一个问题的解答不能在**商品结构**之谜的解答中找到。当然，只有当这个问题的提法达到马克思的分析所具有的那种广度和深度时，只有当商品问题不是仅仅表现为个别的问题，也不是仅仅表现为按专门科学理解的经济学的核心问题，而是表现为资本主义社会生活各个方面的核心的、结构的问题时，它才可能达到这种普遍性。因为只有在这种情况下，才能在商品关系的结构中发现资本主义社会一切对象性形式和与此相适应的一切主体性形式的原形。

I. 物化现象

1

商品结构的本质已被多次强调指出过。它的基础是，人与人
之间的关系获得物的性质，并从而获得一种“幽灵般的对象性”，这 171
种对象性以其严格的、仿佛十全十美和合理的自律性（Eigengesetzlichkeit）掩盖着它的基本本质、即人与人之间关系的所有痕迹。这个问题的提法对经济学本身多么重要，抛弃这个方法上的出发点对庸俗马克思主义的经济学观点来说导致了何种后果，不属本文讨论的范围。这里只打算以马克思经济学的分析为**前提**，探讨一下从一方面作为对象性形式、另一方面又作为与之相适应的主观态度的商品拜物教性质中产生出来的那些基本问题。只有理解了这些，我们才能看清资本主义及其灭亡的意识形态问题。

但是，在论述这个问题本身之前，我们必须明白，商品拜物教问题是我们这个时代、即**现代**资本主义的一个**特有的**问题。众所周知，商品交换和与此相适应的主观的和客观的商品关系在社会很原始的发展阶段上就已经有了。然而，**这里**重要的是这样一个问题：商品交换及其结构性后果在多大程度上能影响**整个**外部的和内部的社会生活？因此，商品交换在多大程度上是一个社会进行物质代谢的支配形式的问题，不能——按照在占支配地位的商品形式影响下已经被物化的现代思维习惯——简单地作为量的问题来对待。更确切地说，一个商品形式占支配地位、对所有生活形

式都有决定性影响的社会和一个商品形式只是短暂出现的社会之间的区别是一种质的区别。因为有关社会的所有主观现象和客观
172 现象都按照这种区别获得质上不同的对象性形式。马克思很明确地强调了原始社会商品形式的这种短暂性质:“直接的物物交换这个交换过程的原始形式,与其说表示商品开始转化为货币,不如说表示使用价值开始转化为商品。交换价值还没有取得独立的形式,它还直接和使用价值结合在一起。这表现在两方面。生产本身,就它的整个结构来说,是为了使用价值,而不是为了交换价值,因此,在这里,只有当使用价值超过消费需要量时,它才不再是使用价值而变成交换手段,变成商品。另一方面,使用价值尽管两极分化了,但只是在直接使用价值的界限之内变成商品,因此,商品所有者交换的商品必须对双方是使用价值,而每一商品必须对它的非所有者是使用价值。实际上,商品交换过程最初不是在原始公社内部出现的,而是在它的尽头,在它的边界上,在它和其他公社接触的少数地点出现的。这里开始了物物交换,由此浸入公社内部,对它起着瓦解作用。”[①]关于浸入内部的商品交换具有瓦解作用的上述论断,十分清楚地指出了由于商品的支配地位而产生的质变。但是,即使商品交换对社会内部结构有这种影响,也不足以使商品形式成为社会的基本形式。为要做到这一点,正如上面所强调的,商品形式必须渗透到社会生活的所有方面,并按照自己的形象来改造这些方面,而且不只是同不依赖于它、旨在生产使用价值的过程建立表面上的联系。然而,作为人们的社会物质代谢

① 《政治经济学批判》,《全集》第 13 卷第 39 页。

的许多形式之一的商品和作为社会构造的普遍形式的商品之间的
质的区别不仅表现在，作为个别现象的商品关系至多对社会的结 173
构和划分产生否定性的影响，而且这种区别反过来也影响范畴本
身的性质和有效性。即使就本身来看，商品形式作为普遍形式所
显示出来的形象也不同于它作为局部的、个别的、不占支配地位的
现象所显示出来的形象。这里转变的界限即使不易分清，但也不
允许掩盖决定性区别的质的性质。作为不占支配地位的商品交换
的特征，马克思这样强调过："产品进行交换的数量比例，起初完全
是偶然的。它们之所以取得商品的形式，是因为它们是可以交换
的东西，也就是说，是同一个第三者的表现。继续不断的交换和比
较经常的为交换而进行的再生产，日益消除这种偶然性。但是，这
首先不是为了生产者和消费者，而是为了二者之间的中介人，即把
货币价格加以比较并把差额装入腰包的商人。商人是通过他的运
动本身来确立等价的。商业资本起初只是不受它支配的两极之
间、并非由它创造的两个前提之间的中介运动。"①而商品形式向
整个社会的真正统治形式的这种发展只有在现代资本主义中才出
现了。因此，毫不奇怪，在资本主义发展开始之时，经济关系的人
的性质有时看得还相当清楚，但是，这一发展越继续进行，产生的
形式越错综复杂和越间接，人们就越少而且越难于看清这层物化 174
的面纱。按照马克思的看法，事情是这样的："在以前的各种社会
形态下，这种经济上的神秘化主要只同货币和生息资本有关。按
照事物的性质来说，这种神秘化在下述场合是被排除的：第一，生

① 《资本论》第3卷，《全集》第25卷第368—369页。

产主要是为了使用价值，为了本人的直接需要；第二，例如在古代和中世纪，奴隶制或农奴制形成社会生产的广阔基础，在那里，生产条件对生产者的统治，已经为统治和从属的关系所掩盖，这种关系表现为并且显然是生产过程的直接动力。”①

商品只有在成为整个社会存在的普遍范畴时，才能按其没有被歪曲的本质被理解。只有在这一联系中，由于商品关系而产生的物化才对社会的客观发展和人对社会的态度有决定性的意义，对人的意识屈从于这种物化所表现的形式，对试图理解这一过程或反抗这一过程的灾难性后果，对试图从这样产生的“第二自然”的这种奴役里解放出来，也有决定性的意义。马克思对物化的基本现象作了如下描述：“可见，商品形式的奥秘不过在于：商品形式在人们面前把人们本身劳动的社会性质反映成劳动产品本身的物的性质，反映成这些物的天然的社会属性，从而把生产者同总劳动的社会关系反映成存在于生产者之外的物与物之间的社会关系。
175 由于这种转换，劳动产品成了商品，成了可感觉而又超感觉的物或社会的物。……这只是人们自己的一定的社会关系，但它在人们面前采取了物与物的关系的虚幻形式。”②

从这一结构性的基本事实里可以首先把握住，由于这一事实，人自己的活动，人自己的劳动，作为某种客观的东西，某种不依赖于人的东西，某种通过异于人的自律性来控制人的东西，同人相对

① 《资本论》第3卷，《全集》第25卷第939—940页。

② 《资本论》第1卷，《全集》第23卷第88—89页。关于这种对立，可参见马克思对商品同其价值的交换之间和商品同其生产价格的交换之间的区别所作的纯经济学论述。《资本论》第3卷，《全集》第25卷第198页。

立。更确切地说，这种情况既发生在客观方面，也发生在主观方面。在客观方面是产生出一个由现成的物以及物与物之间关系构成的世界（即商品及其在市场上的运动的世界），它的规律虽然逐渐被人们所认识，但是即使在这种情况下还是作为无法制服的、由自身发生作用的力量同人们相对立。因此，虽然个人能为自己的利益而利用对这种规律的认识，但他也不可能通过自己的活动改变现实过程本身。在主观方面——在商品经济充分发展的地方——，人的活动同人本身相对立地被客体化，变成一种商品，这种商品服从社会的自然规律的异于人的客观性，它正如变为商品的任何消费品一样，必然不依赖于人而进行自己的运动。马克思说："因此，资本主义时代的特点是，对工人本身来说，劳动力是归他所有的一种商品的形式……另一方面，正是从这时起，劳动产品的商品形式才普遍起来"。[①]

因此，商品形式的普遍性在主观方面和客观方面都制约着在
商品中对象化的人类劳动的抽象。（另一方面，它的历史可能性又 176
受这一抽象过程的实际进行所制约。）在客观方面，只是由于质上不同的对象——就它们自然首先获得自己作为商品的对象性这一方面而言——被理解为形式相同的，商品形式作为相同性的形式、即质上不同的对象的可交换性形式才是可能的。在这方面，质上不同的对象的形式相同性原则只能依据它们作为抽象的（即形式相同的）人类劳动的产物的本质来创立。在主观方面，抽象人类劳动的这种形式相同性不仅是商品关系中各种不同对象所归结为的

① 《资本论》第1卷，《全集》第23卷第193页注41。

共同因素，而且成为支配商品实际生产过程的现实原则。当然，在这里粗略地描述这一过程，即现代劳动过程、个别“自由”工人、分工等等的形成，不可能是我们的意图。在这里只要确定，抽象的、相同的、可比较的劳动，即按社会必要劳动时间可以越来越精确测量的劳动，同时作为资本主义生产的产物和前提的资本主义分工的劳动，只是在自己的发展过程中才产生的；因此，它只是在这种发展的过程中才成为一个这样的社会范畴，这个社会范畴对这样形成的社会的客体和主体的对象性形式，对主体同自然界关系的对象性形式，对人相互之间在这种社会中可能有的关系的对象性形式，有决定性的影响。① 如果我们纵观劳动过程从手工业经过协作、手工工场到机器工业的发展所走过的道路，那么就可以看出
177 合理化不断增加，工人的质的特性、即人的一个体的特性越来越被消除。一方面，劳动过程越来越被分解为一些抽象合理的局部操作，以至于工人同作为整体的产品的联系被切断，他的工作也被简化为一种机械性重复的专门职能。另一方面，在这种合理化中，而且也由于这种合理化，社会必要劳动时间，即合理计算的基础，最初是作为仅仅从经验上可把握的、平均的劳动时间，后来是由于劳动过程的机械化和合理化越来越加强而作为可以按客观计算的劳动定额（它以现成的和独立的客观性同工人相对立），都被提出来了。随着对劳动过程的现代“心理”分析（泰罗制），这种合理的机械化一直推行到工人的“灵魂”里：甚至他的心理特性也同他的整个人格相分离，同这种人格相对立地被客体化，以便能够被结合到

① 参见《资本论》第1卷，《全集》第23卷第300—301，第326页。

合理的专门系统里去，并在这里归入计算的概念。[①]

对我们来说，最重要的是在这里起作用的**原则**：根据计算、即**可计算性**来加以调节的合理化的原则。在经济过程的主体和客体方面发生的决定性的变化如下：第一，劳动过程的可计算性要求破坏产品本身的有机的、不合理的、始终由质所决定的统一。在对所有应达到的结果作越来越精确的预先计算这种意义上，只有通过把任何一个整体最准确地分解成它的各个组成部分，通过研究它 178
们生产的特殊局部规律，合理化才是可以达到的。因此，它必须同根据**传统劳动经验**对整个产品进行有机生产的方式决裂：没有专门化，合理化是不可思议的。[②] 统一的产品不再是劳动过程的对象。这一过程变成合理化的局部系统的客观组合，这些局部系统的统一性纯粹是由计算决定的，因而，它们相互之间的联系必定显得是**偶然的**。对劳动过程的合理—计算的分析，消除了相互联系起来的和在产品中结合成统一体的各种局部操作的有机必然性。作为商品的产品的统一体不再同作为使用价值的产品统一体相一致：在社会彻底资本主义化的情况下，前一种统一体产生的各种局部操作在技术上的独立化，也在经济上表现为各种局部操作的独立化，表现为某一产品在其生产的各个不同阶段上的商品性质越来越具有相对性。[③] 在这方面，由于有可能在空间和时间等方面

① 这整个过程在《资本论》第 1 卷中被历史地和系统地加以表述。这些事实本身——当然大多没有涉及物化问题——在毕歇尔、桑巴特、A. 韦伯、高特尔等人的资产阶级国民经济学中也有。

② 《资本论》第 1 卷，《全集》第 23 卷第 519—520 页。

③ 同上，第 394 页注。

把使用价值的生产分割开来，同时也就经常发生重新与完全不同质的使用价值相联系的局部操作在空间和时间等方面衔接起来的情况。

第二，生产的客体被分成许多部分这种情况，必然意味着它的主体也被分成许多部分。由于劳动过程的合理化，工人的人的性质和特点与这些抽象的局部规律按照预先合理的估计起作用相对立，越来越表现为只是错误的源泉。人无论在客观上还是在他对劳动过程的态度上都不表现为是这个过程的真正的主人，而是作为机械化的一部分被结合到某一机械系统里去。他发现这一机械
179 系统是现成的、完全不依赖于他而运行的，他不管愿意与否必须服从于它的规律。[①]

随着劳动过程越来越合理化和机械化，工人的活动越来越多地失去自己的主动性，变成一种直观的态度，从而越来越失去意志。[②] 面对不依赖于意识的、不可能受人的活动影响而产生的、即作为现代的系统而表现出来的一个机械—有规律的过程，直观态度也改变人对世界的直接态度的各种基本范畴：这种态度把空间和时间看成是共同的东西，把时间降到空间的水平上。马克思说："由于人隶属于机器"，形成这样一种状况，即"劳动把人置于次要地位；钟摆成了两个工人相对活动的精确的尺度，就像它是两个机

① 从个人意识的角度来看，这种假象是完全有根据的。就阶级而论，我们应该指出，这种服从是一种漫长斗争的产物，这种斗争随着无产阶级组织成为一个阶级而进入一个新的阶段——只是在更高水平上和用不同的武器。

② 《资本论》第 1 卷，《全集》第 411—412，第 459—460，第 504 页等。显而易见，这种"直观"可能比手工劳动的"主动性"更费力和更费神。但是，我们在此不研究这一点。

车的速度的尺度一样。所以不应该说，某人的一个工时和另一个人的工时是等值的，更确切地说法是，某人在这一小时中和那个人在同一小时中是等值的。时间就是一切，人不算什么；人至多不过是时间的体现。现在已经不用再谈质量了。只有数量决定一切：时对时，天对天……”[①]这样，时间就失去了它的质的、可变的、流动的性质：它凝固成一个精确划定界限的、在量上可测定的、由在 180
量上可测定的一些“物”（工人的物化的、机械地客体化的、同人的整个人格完全分离开的“成果”）充满的连续统一体，即凝固成一个空间。[②] 在这种抽象的、可以准确测定的、变成物理空间的时间里（它作为环境，同时既是科学—机械地被分割开的和专门化的劳动客体生产的前提，又是它的结果），劳动主体也必然相应地被合理地分割开来。一方面，他们的机械化的局部劳动，即他们的劳动力同其整个人格相对立的客体化（它已通过这种作为商品的劳动力的出卖而得以实现）变成持续的和难以克服的日常现实，以至于人格在这里也只能作为旁观者，无所作为地看着他自己的现存在成为孤立的分子，被加到异己的系统中去。另一方面，生产过程被机械地分成各个部分，也切断了那些在生产是“有机”时把劳动的各种个别主体结合成一个共同体的联系。在这一方面，生产的机械化也把他们变成一些孤立的原子，他们不再直接—有机地通过他们的劳动成果属于一个整体，相反，他们的联系越来越仅仅由他们所结合进去的机械过程的抽象规律来中介。

① 《哲学的贫困》，《全集》第4卷第96—97页。

② 《资本论》第1卷，《全集》第23卷第383页。

但是,如果工厂的内部组织形式没有集中地表现出整个资本主义社会的结构,那么这种组织形式要起到上述作用——即使在工厂内部——是不可能的。即使在前资本主义社会里,也有极端严重的压迫,蔑视任何人类尊严的剥削;即使使用机械的、形式相同的劳动进行大生产,如埃及和小亚细亚的运河挖掘,罗马的矿山
181 开发等等,也有这种情况。[①] 但是,那时的大工程一方面决不可能变成**合理机械化**的劳动,另一方面在一个从事不同的(自然的)生产和与此相适应地进行生活的社会内,这种大工程仍然是一些孤立的现象。所以,按此方式受剥削的奴隶处在当时所认为的“人类”社会之外。他们的同时代人,甚至最伟大和最崇高的思想家们似乎也不能把他们的命运看成是人类的命运,即人的命运。随着商品范畴的普遍化,这种情况彻底地发生了质变。工人的命运成为整个社会的普遍命运;这种命运的普遍性的确是工厂劳动过程在这个方向上发展的前提。因为只有当“自由的”工人产生了,他能够把他的劳动力作为“属于”他的商品,作为他“拥有”的物自由地放到市场上出卖时,劳动过程的合理机械化才是可能的。只要这一过程才处在形成中,虽然对剩余劳动榨取的手段比后来更发达的阶段更明显、残酷一些,但是,劳动本身的物化过程,从而工人意识的物化过程的进展程度则差得多。在这一方面绝对必要的是,社会整个需要的满足要以商品交换的形式来进行。生产者同其生产资料的分离,所有自然生产单位的解体和破坏等等,现代资
182 本主义产生的所有经济—社会前提,都在促使以合理物化的关系

① 参见高特尔《经济和技术》,《社会经济学概要》II 德文版第 234 页以下。

取代更明显展示出人的关系的自然关系。关于前资本主义社会，马克思说过：“人们在劳动中的社会关系始终表现为他们本身之间的个人的关系，而没有披上物之间即劳动产品之间的社会关系的外衣。”①然而这一点就意味着，合理机械化的和可计算性的原则必须遍及生活的全部表现形式。满足需要的各种物品不再表现为某一共同体（例如在一个乡村公社里）的有机生活过程的产品，而是一方面表现为抽象的类样品（它原则上不同于它的类的其他样品），另一方面表现为孤立的客体（拥有或不拥有它取决于合理的计算）。只有在整个社会生活按此方式细分为孤立的商品交换行动时，“自由的”工人才能产生出来；同时，他的命运也必须成为整个社会的典型的命运。

当然，这样产生的孤立化和原子化只是一种表面现象。在市场上的商品运动，它的价值的形成，一句话，每一个合理计算的现实回旋余地不仅服从于严格的规律，而且要假定所有发生的事情都有一种严格的规律性作为计算的基础。因此，个人的原子化只是以下事实在意识上的反映：资本主义生产的“自然规律”遍及社会生活的所有表现；在人类历史上第一次使整个社会（至少按照趋势）隶属于一个统一的经济过程；社会所有成员的命运都由一些统一的规律来决定。（然而，前资本主义社会的有机统一体却相互完 183
全独立地进行它们的物质代谢。）但是，这种表面现象是一种必然的表面现象；也就是说，个人在实践中和思想上同社会的直接接触，生活的直接的生产和再生产——在这方面，对于个人来说，所有“物”的商品结构和它们的“自然规律性”，却是某种现成碰到的

① 《资本论》第1卷，《全集》第23卷第94页。

东西，某种不可取消的已有之物——只能以孤立的商品所有者之间合理的和孤立的交换行动这种形式来进行。如已强调过的那样，工人必须作为他的劳动力的“所有者”把自己想象为商品。他的特殊地位在于，这种劳动力是他唯一的所有物。就他的命运而言，对于整个社会结构有典型意义的是，这种自我客体化，即人的功能变为商品这一事实，最确切地揭示了商品关系已经非人化和正在非人化的性质。

2

这种合理的客体化首先掩盖了一切物的——质的和物质的——直接物性。当各种使用价值都毫无例外地表现为商品时，它们就获得一种新的客观性，即一种新的物性——它仅仅在它们偶然进行交换的时代才不具有，它消灭了它们原来的、真正的物

184 性。马克思说：“私有财产不仅使人的个性异化，而且也使物的个性**异化**。土地与地租没有任何共同之处，机器与利润没有共同之处。对于土地占有者来说，土地只有地租的意义，他把他的土地出租，并收取租金；土地可以失去这一特性，但并不失去它的任何内部固有的特性，不失去例如任何一点肥力；这一特性的程度以至它的存在，都取决于社会关系，而这些社会关系都是不依赖于个别土地占有者的作用而产生和消灭的，机器也是如此。”①因此，如果连人作为生产者和消费者直接面对的个别对象也由于其商品性质而

① 这首先是指资本主义的私有财产。参见《德意志意识形态》中的《圣麦克斯》，《全集》第3卷第254页。接着这种考察，就是马克思对物化结构深入到语言里去这种现象作的非常出色的评论。从历史唯物主义的观点出发进行语言学研究可能得到很有趣的成果。

在自己的对象性中变了形，那么人在自己的社会活动中同各种对象（作为生活过程的客体）促成的各种关系越得到调解，上述过程必定越明显得多地得到加强。显然，在这里不可能分析资本主义的整个经济结构。确认下面一点必定就够了：现代资本主义的发展不仅根据自己的需要改变生产关系，而且也改变那些在前资本主义社会中孤立地、同生产相分离地存在着的原始资本主义形式，使它们适应现代资本主义的整个系统，把它们变成使整个社会从现在起彻底资本主义化的统一过程的一些环节。（商业资本，货币作为财富或货币资本起作用等等。）资本的这些形式虽然都客观地从属于资木真正的生命过程，从属于生产中对剩余价值的榨取，因此只能根据工业资本主义的本质来理解，但是，它们在资本主义社会的人的意识中则表现为资本纯粹的、真正的、非伪造的形式。正因为在这些形式中，在直接商品关系中隐藏的人们相互之间以及 185
人们同满足自己现实需要的真正客体之间的关系逐渐消失得无法觉察和无法辨认了，所以这些关系必然成为物化意识的社会存在的真正代表。这时，商品的商品性质，即抽象的、量的可计算性形式表现在这种性质最纯粹的形态中：因此，在物化的意识来看，这种可计算性形式必然成为这种商品性质真正直接性的表现形式，这种商品性质——作为物化的意识——也根本不力求超出这种形式之外；相反，它力求通过“科学地加强”这里可理解的规律性来坚持这种表现形式，并使之永久化。正像资本主义制度不断地在更高的阶段上从经济方面生产和再生产自身一样，在资本主义发展过程中，物化结构越来越深入地、注定地、决定性地沉浸入人的意识里。马克思经常十分透彻地描述物化的这种加剧过程。在这里

只举一个例子："因此，在生息资本上，这个自动的拜物教，即自行增殖的价值，会生出货币的货币，就纯粹地表现出来了，并且在这个形式上再也看不到它的起源的任何痕迹了。社会关系最终成为一种物即货币同它自身的关系。这里显示的，不是货币实际转化为资本，而只是这种转化的没有内容的形式。……创造价值，提供利息，成了货币的属性，就像梨树的属性是结梨一样。贷款人也是把他的货币作为这种可以生息的东西来出售的。但这远不是事情的全部。我们说过，甚至实际执行职能的资本也会这样表现，好像它并不是作为执行职能的资本，而是作为资本自身，作为货币资本
186 而提供利息。下面这一点也是颠倒的：尽管利息只是利润即执行职能的资本家从工人身上榨取的剩余价值的一部分，现在它却反过来表现为资本的真正果实，表现为某种本原的东西，而现在转化为企业主收入形式的利润，却表现为只是在再生产过程中附加进来、增添进来的东西。在这里，资本的拜物教形态和资本拜物教的观念已经完成。在G—G′上，我们看到了资本的没有概念的形式，看到了生产关系的最高度的颠倒和物化：生息的形态，资本的简单形态，在这种形态中资本是它本身再生产过程的前提；货币或商品独立于再生产之外而具有增殖本身价值的能力，——资本的神秘化取得了最明显的形式。对于要把资本说成是价值和价值创造的独立源泉的庸俗经济学来说，这个形式自然是它求之不得的。在这个形式上，利润的源泉再也看不出来了，资本主义生产过程的结果也离开过程本身而取得了独立的存在。"①

① 《资本论》第3卷，《全集》第25卷第441—442页。

正像资本主义的经济学始终停留在这种它自己创造的直接性之中一样，资产阶级想要意识到物化意识形态的现象，结果也是如此。有些思想家决不想否认或搞乱这种现象，他们或多或少明白这种现象的毁坏人性的作用，但是连他们也始终停留在分析物化的直接性上面，从不试图从各种客观上最后派生出来、最远离资本主义真正生命过程的形式，即从最表面化的和最空洞的形式深入到物化的根本现象。他们甚至使这些空洞的表现形式脱离它们的资本主义的自然基础，使它们作为一般人类关系诸种可能性中一种不受时间限制的类型独立出来，并使之永久化。（这种倾向最明 187
显地表现在西美尔所写的细节十分有趣和感觉敏锐的著作《货币哲学》里。）他们提供的仅仅是描写这个“着了魔的、颠倒的、倒立着的世界。在这个世界里，资本先生和土地太太，作为社会的人物，同时又直接作为单纯的物，在兴妖作怪。”①但是，他们并没有因此而超出单纯的描写，他们对这个问题的“深化”，就是围绕着物化的外部表现形式兜圈子。

物化现象同它们存在的经济基础、同它们的真正可理解性的基础的这种分离，由于下面这种情况而变得较为容易：要使资本主义生产完全产生效果的前提成为现实，这种变化过程就必须遍及社会生活的所有表现形式。这样，资本主义的发展就创造了一种同它的需要相适应的、在结构上适合于它的结构的法律、一种相应的国家等等。这种结构上的相似性确实如此之大，以至于现代资本主义的所有真正心明眼亮的历史学家都一定会察觉它。例如，

① 《资本论》第 3 卷，《全集》第 25 卷第 938 页。

马克斯·韦伯就对这种发展的基本原则作了如下描述:“宁可说,二者在基本本质上是完全一样的。从社会科学上看,一个‘企业’就是现代的国家,像一个工厂一样:这正是它在历史上特有的东西。而企业内部的统治关系,也处处是一样限定的。手工业者或
188 家庭手工业者、有良田沃土的农民、封地所有者、骑士和诸侯的相对独立性建立在以下事实的基础上:他们自己拥有工具、储备、资金和武器。借助这些东西,他们行使自己的经济、政治和军事的职能。当这种职能完成时,他们就靠上述那些东西为生。像他们一样,工人、职员、技术员、科教人员**以及**国家官员和士兵的不同程度的依赖性也有一个完全稳定的基础:那些为企业和经济生活所必需的工具、储备和资金,在一种情况下掌握在企业家手里,在另一种情况下则掌握在政治家手里。”①对于这种描述,他还十分正确地补充了关于这种现象的原因和社会意义的分析:“现代资本主义企业在内部首先建立在**计算**的基础上。为了它的生存,它需要一种法律机构和管理系统,它们的职能至少在原则上能够根据固定的一般规则**被合理地计算出来**,像人们计算**某一架**机器大概可能的功率一样。它不能……根据**个别案件**中法官的公正感觉或根据其他一些不合理的法律手段和原则来容忍判决,也不能根据自由的任性和仁慈以及其他神圣不可侵犯的、然而是不合理的传统,来容忍执行家长制的管理。……同资本主义营利的那些古老形式相反,**现代**资本主义特有的东西是:在**合理技术**基础上的严格合理的

① 马克斯·韦伯:《政治著作全集》,慕尼黑 1921 年版第 140—142 页。韦伯提到英国的法律发展,这与我们的问题无关。关于经济—计算原则的缓慢贯彻,也可参见韦伯的《工业的地位》,德文版特别是第 216 页。

劳动组织，没有一个地方是在这种结构不合理的国家制度内产生的，而且也决不可能在那里产生。因为这些现代企业形式由于有固定资本和精确的计算而对法律和管理的不合理性是极为敏感的。它们只有在这样的地方才能产生出来，在这里，法官像在具有 189
合理法律的官僚国家中那样或多或少是一架法律条款自动机，人们在这架机器上面投进去案卷，再放入必要的费用，它从下面就吐出或多或少具有令人信服理由的判决：因此，法官行使职责至少大体上是可以计算出来的。”

在这里进行的过程，在它的动机和效果方面都同上面提到的经济发展密切相关。即使在这里也正在破除经验的、不合理的、依据传统的判决、管理等方法——它们主观上是为行动的人、客观上是为具体的材料制定的。对生活的各种法律调节逐渐合理系统化。这种系统化至少按照趋势提出一种同任何一种可能的和可想象的情况可相联系的封闭系统。这种系统是否按照纯逻辑的方法、即按照法律条款（法律解释）的方法在内部结合在一起，法官的实践是否一定堵塞住法律的“漏洞”，这对于我们力求认识现代法律对象性的这种结构来说，没有任何不同。因为在这两种情况下，法律系统的本质就形式的普遍性而言可能涉及生活的任何一种可能的事件，而就可能涉及的东西来说，它是可预见的、可计算的。即使与这种发展大致相同的、然而在现代意义上却是前资本主义的法律发展，即罗马法，在这方面也始终受到经验、具体事物、传统的限制。纯系统的范畴只有在现代的发展中才能产生出来，而只有通过纯系统的范畴，法律调节的普遍性才能立即扩大到一

190 切领域。[1] 显而易见，要求系统化，要求抛弃经验、传统、材料限制，就是要求精确的计算。[2] 另一方面，正是同一要求引起法律系统作为永远完成的东西、准确确定的东西，也就是作为固定的系统同社会生活的个别事情相对立。但是，这仅仅引起重新制定法典：然而新系统必须在它的结构上保持旧系统的技巧和固定性。因此，就产生了表面上自相矛盾的实际情况：几百年之久，有时甚至几千年之久没有变化的原始社会形式的"法律"，具有一种灵活的和不合理的、随着每一次新的法律判决而更新自己的性质，而客观上不断和急剧改变的现代法律则显示出一种固定的、静止的和完善的本质。但是，如果考虑到这种自相矛盾的情况仅仅是从以下事实中产生的，即同一实际情况有时是从历史学家的立场(他的立场在方法上是在发展本身之"外")来考察的，有时是从一同经历的主体的立场，即从有关社会制度对它的意识产生影响的立场来考察的，那么这种自相矛盾的情况就证明是假的。由于有了这种认识，同时也就会明白，传统—经验手工业同科学—合理工厂的对立也在其它方面一再表现出来：不断变革的现代生产技术——在它起作用的任何一个个别阶段上——作为固定的和完善的系统同个别生产者相对立，而客观上相对稳定的传统手工业生产则在个别
191 生产者的意识中保持着一种灵活的、不断更新的、由生产者来生产的性质。因此，在这里也清楚地表现出资本主义主体行为的**直观**性质。因为合理计算的本质最终是——不依赖于个人的"任

① 马克斯·韦伯：《经济和社会》，德文版第491页。

② 同上书，第129页。

性”——以认识到和计算出一定事情的必然的—有规律的过程为基础的。因此,人的行为仅限于对这种过程成功的可能性作出正确的计算(他发现这种过程的“规律”是现成的),仅限于通过使用保护装置、采取预防措施等等(它们也以对相似“规律”的认识和运用为依据)来灵活地避免发生干扰性的“偶然事件”;人们经常甚至停留在这样一些“规律”可能发生作用的概率计算上面,而不企图通过运用其他“规律”来干预过程本身(如保险事业等等)。越深入和越独立地从资产阶级关于资本主义时代代表人物“创造性”的传说出发来考察这种情况,工人对待机器的行为(他操作和观察机器,他注视地监视机器的正常运转)在结构上的类似,越清楚地在任何一个这样的行为中显露出来。这种“创造性”只是从“规律”的运用在何种程度上是相对独立的还是纯粹听喝的这一点上才能看得出来。这就是说,取决于纯直观态度在何种程度上被否定。但是,工人必须这样面对个别的机器,企业家必须这样面对一定类型的机器发展,技术员必须这样面对科学的状况和它在技术上运用的有利可图,使他们之间的区别只意味着量的差别,而**不**直接就是**意识结构上的质的区别**。

只有在这种联系中,现代官僚统治的问题才是完全可以理解 192
的。官僚统治意味着使生活方式和劳动方式以及与此有关的还有意识,类似地适应于资本主义经济的一般社会—经济前提,像我们在谈到个别企业中的工人时所确认的那样。法律、国家、管理等等形式上的合理化,在客观上和实际上意味着把所有的社会职能类似地分成它的各个组成部分,意味着类似地寻找这些准确相互分离开的局部系统合理的和正式的规律,与此相适应,在主观上也意

味着劳动同劳动者的个人能力和需要相分离产生意识上的类似结果，意味着产生合理的和非人性的类似分工，如我们在企业的技术—机器方面所看到的那样。[①] 这不仅是指下层官僚统治完全机械化的、“无聊的”劳动方式——它非常接近单纯的机器操作，甚至常常在无聊和单调划一方面超过这种机器操作。而且这一方面是指，在客观方面越来越强烈地按照**正式**和合理化的方式处理所有问题，从而越来越厉害地同官僚处理方式具有的“物”的质和物质本质相分离。另一方面这也是指，分工中片面的专门化越来越畸形发展，从而破坏了人的人类本性。马克思关于工厂劳动的论断是：“个人被分割开，成了某一部分劳动的自动机器”，因而“被糟踏得畸形怪状”。这种分工要求的效率越高、越先进和越“理智”，这种情况就越明显。工人的劳动力同他的个性相分离，它变成一种
193 物，一种他在市场上出卖的对象，这种情况也在这里反复发生。区别仅仅在于，不是所有的精神能力都受到机械化的压抑，而是只有一种能力（或一系列能力）被与整个人格分离开来，被与它相对立地客体化，变成一种物，一种商品。尽管社会培养这样一些能力的手段不同于社会培养劳动力的手段，尽管这些手段在物质上和“道德上的”交换价值也不同于劳动力的交换价值（当然不要忘记有许多联接环节和自动转化），但基本现象仍然是一样的。特殊类型的官僚主义的“真心诚意”和务实态度，个别官僚之必然完全服从于他所属的物的关系系统，以为正是他的荣誉，他的责任感需要这样

① **这里**对国家等等的阶级性质没有加以强调，这是因为我们的目的在于把物化理解为**整个**资产阶级社会**普遍**的、结构上的基本现象。否则，阶级立场就必须在考察机器时谈起。关于这一点，请参见本文第 III 部分。

一种完全的服从，[①]——所有这一切都表明，分工像在实行泰罗制时侵入“心灵领域”一样，这里侵入了“伦理领域”。但是，对于整个社会来说，这并没有削弱作为基本范畴的物化意识结构，而是加强了它。因为只要工人的命运还表现为孤立的命运(像古代奴隶那样)，统治阶级的生活就能表现为完全不同的形式。只有资本主义才随同实现整个社会的统一经济结构，产生出一种——正式的——包括整个社会的统一的意识结构。而这种意识结构正好表现在，雇佣劳动中产生的各种意识问题以精致的、超凡脱俗的、然而正因此而更强烈的方式反复出现在统治阶级那里。但是，专门化的“大师”，即他的客体化了的和对象化了的才能的出卖者，不仅 194
成为社会事件的旁观者(现代的管理和审判等等具有上面提到的工厂的本质特性，而不是手工业的本质特性，对此在这里不能作更多的概述)，而且对他自己的、客体化了的和对象化了的能力所起的作用也采取直观态度。这种结构在新闻界表现得最为怪诞，在那里，正是主体性本身，即知识、气质、表达能力，变成了一架按自身规律运转的抽象的机器，它既不依赖于“所有者”的人格，也不依赖于被处理的各种对象的客观—具体的本质。新闻工作者们“没有气节”，出卖他们的信念和经验，这些只有当作资本主义物化的极端表现才能被理解。[②]

因此，商品关系变为一种具有“幽灵般的对象性”的物，这不会停止在满足需要的各种对象向商品的转化上。它在人的整个意识

① 关于这一点，请参见马克斯·韦伯《政治著作全集》，德文版第154页。

② 关于这一点，请参见A. 福加拉西的论文，载《共产主义》杂志，第2年度第25—26号。

上留下它的印记:他的特性和能力不再同人的有机统一相联系,而是表现为人“占有”和“出卖”的一些“物”,像外部世界的各种不同对象一样。根据自然规律,人们相互关系的任何形式,人使他的肉体和心灵的特性发挥作用的任何能力,越来越屈从于这种物化形式。就此而言,我们仅仅想一下婚姻吧!在这方面没有必要指明19世纪的发展,因为康德以伟大思想家的朴实的愤世嫉俗的坦率
195 态度清楚地说出了这种事实情况。他说:“性的共同体就是一个人和另一个人相互利用对方的性器官和能力……婚姻……就是异性的两个人的结合,为了相互占有对方的性特性,达到传种接代之目的”。①

但是,世界的这种表面上彻底的合理化,渗进了人的肉体和心灵的最深处,在它自己的合理性具有形式特性时达到了自己的极限。这就是说,生活的各个孤立方面的合理化,由此而产生的各种——形式上的——规律,虽然直接地和表面看来归入一个有普遍“规律”的统一系统,但是,看不到这些规律的内容所依据的具体方面,就会使这种规律系统实际上显得缺乏联系,使局部系统的相互联系显得是偶然的,使这些局部系统相互之间表现出——比较——大的独立性。这种缺乏联系的情况十分明显地表现在危机时期。从这种考察的立场来看,危机时期的本质恰恰在于,从一局部系统向另一局部系统转变时,直接的连续性破裂了,而它们相互之间的独立性,它们相互之间的偶然相关性,突然进入所有人的意识里。所以,恩格斯能够把资本主义经济的“自然规律”规定为偶

① 康德:《道德形而上学》,德文版第一部分第24页。

然性的规律。[①]

但是,在仔细观察时,危机的结构就仅仅表现为资产阶级社会日常生活在量上的增加和越来越紧张。就在心不在焉的平日里,这种生活的自然规律性似乎牢固统一的一致会突然四分五裂。这种情况所以可能发生,仅仅是因为这种生活的各个组成部分(各个局部系统)的相互联系即使在最正常起作用时也是偶然的,因此 196
那种假象,即似乎整个社会生活都服从于一种“永恒的、铁的”规律,而这种规律又区分为各个别领域的不同的特殊规律,必然显出其假象的原形。更确切地说,社会的真正结构表现为各种独立的、合理化的、形式上的局部规律,它们之间的联系仅仅在形式上是必然的(也就是说,它们在形式上的联系能在形式上被系统化),但是,从实际情况出发和具体地说,它们相互之间只有偶然的联系。当我们作一些更确切的分析时,纯经济现象就显示出这种联系。因此,马克思强调指出——但是,这里提到的情况只应有助于在方法上说明实际情况,而决不需要对问题的实质性研究提供一种肤浅的打算——:“直接剥削的条件和实现这种剥削的条件,不是一回事。二者不仅在时间和空间上是分开的,而且在概念上也是分开的。”[②]因此,“一方面,耗费在一种社会物品上的社会劳动的总量”和“另一方面,社会要求用这种物品来满足的需要的规模之间,没有任何必然的联系,而只有偶然的联系”。[③] 当然,这只是举出的几个例子。显然,资本主义生产的整个结构是以以下两个方面

① 《家庭、私有制和国家的起源》,《全集》第 21 卷第 199 页。

② 《资本论》第 3 卷,《全集》第 25 卷第 272 页。

③ 同上书,第 209 页。

的相互作用为基础的：一方面，一切个别现象中存在着严格合乎规律的必然性；另一方面，总过程却具有相对的不合理性。“工场手工业分工以资本家对人的绝对权威为前提，人只是资本家所占有
197 的总机构的部分；社会分工则使独立的商品生产者互相对立，他们不承认任何别的权威，只承认竞争的权威，只承认他们相互利益的压力加在他们身上的强制”。[①] 建立在私有经济计算基础上的资本主义合理化，在生活的每一个方面都要求合乎规律的局部细节和偶然的整体有相互联系；它以这样一种社会结构为前提；它在对社会实行支配的情况下生产和再生产这种结构。在商品交换成了一种普遍现象的阶段上，这一点已经在推测性计算的本质中、即在商品所有者的经济活动方式中打下了基础。当整个社会的确切的、合理的、合乎规律起作用的形态也同个别现象的合理性相符合时，不同商品所有者的竞争就不可能了。如果合理的计算有了可能，商品生产所有个别部分的规律就必然受商品所有者的完全控制。虽然利用的机会，“市场”的规律，在可计算即概率计算的意义上也必然是合理的，但是它们不会像各个个别现象那样在同一种意义上由某种“规律”来支配，它们在任何情况下都不会被合理地完全组织起来。当然，光这一点绝对排除不了有支配整体的某种“规律”。只是这种“规律”一方面必然是相互独立的个别商品所有者独立活动的“无意识的”产物，因此是相互作用的各种“偶然性”的规律，而不是真正合理组织的规律。然而另一方面，这种规律不
198 仅能超脱个人的意志而起作用，而且它也**决不是完全地和相应地**

① 《资本论》第1卷，《全集》第23卷第394页。

可被认识的。因为对整体的完全认识，将使这种认识的主体获得这样一种垄断地位，而这种垄断地位就意味着扬弃资本主义的经济。

但是，正是在这一难点上，这种不合理性，整体的这种——极难以解决的——“规律性”，即原则上和质上不同于局部规律的一种规律，不仅是资本主义经济起作用的一种要求，一种前提，而且也是资本主义分工的产物。我们已经强调指出，这种分工破坏了任何一个有机统一的劳动过程和生活过程，把它分解成它的各种组成部分，以便让在精神上和肉体上特别适合于这些组成部分的“专家”，以最合理的方式来完成这些合理的和人为分离开的局部职能。但是，各种局部职能的这种合理化和孤立化产生的必然结果是，它们中的任何一种职能都是独立的，并倾向于自行负责、根据自己特长的逻辑、不依赖于社会其他局部职能（或它所归属的社会那一部分的职能）地使自己进一步改进。可以理解的是，这种倾向正在随着不断增加的和越来越合理化的分工而增长着。因为这种分工越发展，成为这种倾向体现者的“专家们”，对职业、地位等等的兴趣也就越强烈。这种分离运动并不局限于一定领域的一些部分。如果我们考察一下社会分工所产生的那些大的领域，这种分离运动甚至能更加清楚地觉察出来。恩格斯对法和经济的相互关系的变化过程作了如下描述：“法也是如此：产生了职业法律家 199
的新分工一旦成为必要，立刻就又开辟了一个新的独立部门，这个部门虽然一般地是完全依赖于生产和贸易的，但是它仍然具有反过来影响这两个部门的特殊能力。在现代国家中，法不仅必须适应于总的经济状况，不仅必须是它的表现，而且还必须是不因内在

矛盾而自己推翻自己的**内部和谐一致的**表现。而为了达到这一点，经济关系的忠实反映便日益受到破坏。”[①]关于行政管理部门（我们只要想一想军事机构从民政管理部门中独立出来就行了）、学术研究机构等等各个“职权范围”之间的就近联系和斗争的其他例子，大概几乎没有必要在这里再列举了。

3

由于工作的专门化，任何整体景象都消失了。但是，由于对——至少在认识上——把握整体的需要还不会消失，所以就产生了这样的印象和责备，好像是同样按此方式工作的科学，也就是说，是同样陷入这种直接性之中的科学，把现实的总体分割成了一些部分，由于工作的专门化而看不到整体了。对于这种说“没有把各个因素放在其统一体中”来理解的责备，马克思正确地强调指出，提出这种责备，“好像这种割裂不是从现实进到教科书中去的，而相反地是从教科书进到现实中去的”。[②] 尽管这种责备由于其幼稚而应当加以拒绝，但是，如果我们从外部，也就是不从物化意识的观点出发来考察一下无论从社会学上看还是从内在方法论
200 上看都是必要的、因而也是“可以理解的”现代科学活动的话，那么这种责备就是可以理解的了。这样一种观察（不是“责备”）将揭示出：现代科学越发展，它在方法论上对自己本身的认识越清楚，它就越坚决地抛开自己领域的各种存在问题，它就越坚决地不

① 恩格斯 1890 年 10 月 27 日致康·施米特的信，《全集》第 37 卷第 488 页。

② 《政治经济学批判导言》，《全集》第 12 卷第 740 页。

得不把这些问题从由它可以理解的领域里排除出去。它越发展,越科学,就越多地变成一种具有局部特殊规律的形式上的封闭系统,对于这种系统来说,处于这个领域本身以外的世界以及甚至首先同这个世界连在一起的、由这个领域加以认识的物质,即**这个领域自身的、具体的现实基础**,在方法论上和原则上被看作是**无法把握的**。当马克思说明,“作为使用价值的使用价值,不属于政治经济学的研究范围”①的时候,他对这个经济学问题作了清晰的表述。而有人认为也许像“边际效用论”那样对问题的提法能够清除这种障碍,那是错误的:企图从市场上的“主观”行为出发,而不从决定市场本身和市场上“主观”行为方式的客观的商品生产规律和运动规律出发,这只是把问题的提法降到越来越推导出来的、越来越物化了的水平上,而这并没有扬弃这种方法的表面性质,即没有扬弃它在原则上排除具体物质的做法。在其形式上有普遍性的交换行动,正好是“边际效用论”的基本事实,同样也扬弃作为使用价 201
值的使用价值,同样也创立具体不同的、甚至无法比较的一些物质之间的那种抽象相同性关系,并由此产生出这种限制。这样,交换的主体也像它的客体一样是抽象的、形式的和物化了的。而这种抽象—形式上的方法限制恰恰也在作为认识目的的抽象“规律”上表现出来,这种认识目的成了边际效用论注意的中心,古典经济学也是如此。但是,通过这种规律的形式抽象,经济学总变成一个封闭的局部系统。这种系统一方面既不能看穿它自己的物质基础,也不能从它出发找到认识社会总体的途径,所以,另一方面,它也

① 《政治经济学批判》,《全集》第13卷第16页。

不能把这种物质理解为一种可变的、永恒的“给定之物”。这就使得科学无法理解特有物质的产生和消失，无法理解它的社会性质以及对它可能采取的态度的社会性质和特有形式系统的社会性质。

在这里又一次十分清楚地表现出科学方法（它产生于某一阶级的社会存在，产生于它从概念上把握这种存在的必然性和需要）和这个阶级本身存在之间密切的相互作用。即使在这几页中，我们也已经多次指出，这种危机是这样一种问题，它给资产阶级的经济学思想设定一种无法超越的局限性。如果我们现在——充分意识到我们的片面性——从纯方法论的观点考察一下这个问题，那么这就会表明，正是经济学非常成功的完全合理化，即把它运用于一种抽象的、尽可能数学化形式的规律系统，才形成理解这种危机的方法论上的局限性。各种“物品”的数量存在（它作为不可理解的和被排除的物品本身，作为使用价值，超出了经济生活的

202 范围，在经济规律正常发生作用期间，人们都认为它会被漫不经心地忽略掉）在危机时突然（对于物化了的、合理的思想而言是突然的）变成起决定作用的因素。或者更确切地说，在危机时，它的各种效果以这些规律不再起作用的形式表现出来，物化了的理智也不能看到这种“混乱”的含义。而这种失灵不仅仅与把各种危机只能看是“暂时的”、“偶然的”扰乱的古典经济学有关，而且也与整个资产阶级经济学有关。虽然危机的不可理解性，即它的非理性，在内容上也是由资产阶级的阶级状况和阶级利益产生的，但它在形式上同时也是资产阶级经济学方法的必然结果。（在我们看来，这两个因素正好只是一个辩证统一体的因素。对此不必详细

加以讨论。）这种方法的必然性是如此之强大，以至于如杜冈—巴拉诺夫斯基的理论（作为对一个世纪中危机经验的总结）就企图从经济学中把消费完全排除掉，并企图创立一种单纯生产的"纯粹"经济学。他企图想在各种生产因素的比例失调中，即在纯数量的因素中找到各种危机（它们作为事实是无法否认的）的原因。对于这种企图，希法亭完全正确地强调指出："有人只使用如资本、利润、积累一类的经济学概念，并相信，如果指明各种量的关系（根据这些关系，就有可能进行简单的和扩大的再生产，否则就会出现紊乱），就具有了解决这个问题的办法。与此同时，有人还忽略了，同这些量的关系相适应的还有质的关系，不仅有能够立即相互进行比较的一些价值总数并存着，而且也有一些一定种类的使用价值并存着，它们在生产和消费中必须履行一定的功能；此外也忽视了，在分析再生产时，不仅资本的一些部分一般都相互并存着，以至于如工业资本的剩余或亏空能够使用货币资本的一个相当的部分来达到平衡，这也不仅仅涉及固定资本或流动资本，而且同时涉及一些完全确定的（由技术来确定的）种类的机器、原料、劳动力，为了避免扰乱，必须有这些东西作为这特殊种类的使用价值。"[①]马克思多次令人信服地描述过，由资产阶级经济学的各种"规律"概念所表述的各种经济现象的那些运动，很少能说明整个经济生活的真实运动，这种局限性恰恰完全在于——从资产阶级经济学出发，方法论上必然地——不理解使用价值，不理解真实的消费。"在一定的界限内，尽管再生产过程排出的商品还没有

① 希法亭：《金融资本》，德文第二版第 378—379 页。

实际进入个人消费或生产消费，再生产过程还可以按相同的或扩大的规模进行。商品的消费不进入这个商品从中出来的资本循环。例如，纱一旦卖出，不论卖出的纱起初变成什么，纱所代表的资本价值的循环便可以重新开始。产品只要卖出，在资本主义生产者看来，一切就都正常。他所代表的资本价值的循环就不会中断。如果这种过程扩大了，——这包括生产资料的生产消费的扩大，——那么随着资本的这种再生产，工人的个人消费（需求）也可
204 能扩大，因为这个过程是以生产消费为先导和媒介的。这样，剩余价值的生产，从而资本家的个人消费，可以增长起来，整个再生产过程可以处在非常繁荣的状态中，但商品的一大部分只是表面上进入消费，实际上是堆积在转卖者的手中没有卖掉，事实上仍然留在市场上。”[①]在这里必须特别指出，不能洞悉科学的真实物质基础这一情况不是个别人的过错，而恰恰在于，科学越发展，它的作用——从它的概念形成的前提来看——越前后一贯，这种情况表现得就越明显。因此，正如罗莎·卢森堡令人信服地描述的那样，关于经济生活总体的伟大的、尽管往往是原始的、有缺点的和不精确的总观念尚存在于魁奈的“经济表”中，而在经过斯密到李嘉图的发展中，随着——形式上的——概念形成越来越精确，这种总观念就越来越消失了。这决不是偶然的。[②] 在李嘉图看来，资本的整个再生产过程（在那里，这个问题是回避不了的）不再是中心问题。

① 《资本论》第 2 卷，《全集》第 24 卷第 89 页。

② 罗莎·卢森堡：《资本积累》，德文第 1 版第 78—79 页。拟定这一发展和伟大理性主义体系发展之间在方法上的联系，是一项很吸引人的任务。

在法学中，这种情况显得更加简单明了，因为它的看法的物化更为有意识一些。其所以如此，是因为在这里，从合理化—可计算的形式出发，质的内容不可认识这一问题并不采取同一领域内两 205
个组织原则竞争的形式（像国民经济学中使用价值和交换价值那样），而是从一开始就以形式和内容的关系问题表现出来。为自然法而斗争，即资产阶级的革命阶段，在方法上的出发点恰恰在于，权利在形式上的平等和普遍性，也就是它的合理性，同时能够决定它的内容。借此，一方面反对起源于中世纪的各种各样的、形形色色的特权，另一方面反对君主的神圣权力。革命的资产阶级拒绝把某种权力关系的**现实性**，即它的事实，看成是它的**有效性**的基础。伏尔泰曾建议："烧掉你们的法律，制定新的法律吧！""新的法律从何而来？从理性而来！"[①]反对革命资产阶级的斗争（例如在法国革命时期）绝大部分还受到这种思想的强烈影响，以至于可以同这种自然法相对立的只是另外一种自然法（如布尔克，还有施塔尔）。只是在资产阶级至少是部分地取得胜利以后，"批判的"观点，即"历史的"观点，才渗透到两个阵营中去。这种观点的本质可以概括如下：法的内容是某种纯事实的东西，因而是不能为形式上的法律范畴所理解的东西。在自然法的要求中，只有形式上的法律体系完整联系的思想才保留下来；伯格鲍姆独特地采用物理学的术语，把一切不受法律调节的地方称之为"一种没有法律的空间"。[②] 但是，这些法律的联系是纯形式上的：这些法律所表达的

① 转引自伯格鲍姆《法学和法哲学》，德文版第 170 页。

② 伯格鲍姆：《法学和法哲学》，德文版第 375 页。

206 东西，即“法律制度的内容，决不是法律性的，而始终是政治性的、经济性的”。[①] 因此，由“康德信徒”胡果在18世纪末发起的反对自然法的原始的、嘲弄—怀疑性的斗争，获得了一种“科学的”形式。此外，胡果论证了奴隶制的法律性质，他说，奴隶制“几千年来在有教养的千百万人那里都是真正合法的”。[②] 但是，在这种幼稚—嘲弄的坦率中，在资产阶级社会中越来越维护法律的那种结构，十分清楚地发挥着作用。当耶利内克把法律内容称为元法学时，当“批判的”法学家把对法律内容的研究分配给历史、社会学、政治等等时，他们正在做的事情归根到底只是胡果已经要求做的事情：在方法上放弃合乎理性的论证，放弃法律在内容上的合理性；他们只不过把法律看成是一种形式上的计算体系，借助于此，一定行为的必然法律结果（rebus sic stantibus）就可以尽可能精确地计算出来。

但是，法的这种观点使法律的产生和消失变成某种——法学上——同样无法理解的东西，正如危机对于资产阶级政治经济学来说变得不可理解一样。关于法律的产生，感觉敏锐的“批判的”法学家克尔森也说过：“法和国家是在立法行动中产生的，因而可能是有根据的，它们的巨大奥秘在于，只有用一些有欠缺的概念才能说明它们的本质。”[③]或者用另一位法学家的话来说：“标明法律

① 普罗伊斯：《论法律概念形成的方法》，载《施莫勒尔的年鉴》1900年德文版第370页。

② 《自然法教科书》，柏林1799年德文版第141节。马克思和胡果的论战（《马克思恩格斯全集》第1卷第97—106页）当时还站在黑格尔派的立场上。

③ 《国家法理论的主要问题》，德文版第411页（着重号是本文作者加的）。

本质的事实是，即使不合法形成的规范也会是一种法律规范，换句话说，法律的合理产生的条件不会始于法律概念。”[①]如果一方面， 207
放到别的学科里去的法律形成问题在那里真的会找到一种解决办法，而另一方面，如果同时真正能看透这样产生的法律本质特性纯粹有助于计算行为结果和按阶级合理地贯彻行为方式，那么，这种从认识上作出的批判性澄清可能就是一种真实的澄清，因而也可能意味着认识上的一种进步。因为在这种情况下，法律真正的物质基础就将一下子变得显而易见和可以理解了。但是，上述两种情况中没有一种可能存在。法律继续同“永恒价值”保持着密切关系，这样就以法哲学的形式产生出一种拘泥于形式的、变得贫乏的自然法新翻版（施塔姆勒）。而法律产生的真实基础，各阶级间权力关系的变化，变得模糊起来，并消失在研究它的各个科学中。在这些科学中——按照资产阶级社会的思想方式——像在法学和政治经济学中一样，产生了超越物质基础的同一类问题。

对这种超越作出理解的方式表明，希望等待能由一种综合性的科学，即由哲学来实现整体的联系是多么的徒劳，而各专门科学由于远离其概念形成的物质基础都有意识地放弃了对整体的认识。要做到这一点，只有当哲学通过对问题的完全另外一种提法，通过专注于可认识事物、被认识事物的具体的、物质的总体来突破这种陷入支离破碎的形式主义限制时，才是可能的。但是，为此就需要认清这种形式主义的原因、起源和必然性；而且，为此就不必机械地把专门化的各专门科学联系成一个统一体，而要通过内部 208

① F.佐穆洛：《法学基本理论》，德文版第177页。

统一的、哲学的方法从内部把它们加以改造。显然，资产阶级社会的哲学必然没有能力做到这一点。这不是说，好像它没有对综合的渴望；也不是说，好像那个社会中最优秀的人物乐于接受敌视生活的存在机械论和与生活格格不入的科学形式主义。**但是，在资产阶级社会的基础上，要使立场来一个根本性的变化，是不可能**的。对所有的知识作——百科全书式的——综合的企图，有可能作为哲学的任务产生出来（冯特就是一位典型人物）。面对“生气勃勃的生活”，可以对形式上认识的价值从根本上提出怀疑（从哈曼到柏格森的非理性哲学）。但是，除了这些小思潮外，还始终有哲学发展的基本趋向：承认各专门科学的成果和方法是必要的，是给定的，并认定哲学的任务就是揭示和论证这些概念形态有效的原因。因此，哲学同各专门科学的关系正如各专门科学同经验现实的关系一样。由于对哲学来说，各专门科学的形式主义概念形态正按这种方式成为不可改变的给定基础，所以就最终失望地放弃了对以这种形式主义作为基础的物化的透彻了解。现在，在哲学上，在第二种能力上，在“批判的”阐明中，物化了的世界最终表现为唯一可能的、唯一从概念上可以把握住的、可以理解的世界，即为我们人类提供的世界。现在这一点是否使人喜悦、顺从和绝望，是否可能通过非理性—神秘的经历寻找一条通向“生活”的道路，这一点儿也不会改变这种实际情况的本质。由于现代资产阶
209 级思想仅仅研究那些形式有效的“可能条件”（在这些形式中，存在作为这种可能性的基础表现出来），它就自己堵塞了达到对这些形式明确提问题、弄清它们的产生和消失、它们的真实本质和基础的道路。现代资产阶级思想的敏锐越来越陷入印度传说中的那种

“批判”状况，那种“批判”面对关于世界是站在一只象身上的古老想象，提出了“批判性”的问题：象站在什么上面？而当得到关于象是站在乌龟上面的回答后，批判也就停止了。不过显而易见的是，即使进一步提出类似的“批判性的”问题，至多能引出第三种神奇动物，但并不能解决现实问题。

II. 资产阶级思想的二律背反

近代批判哲学是从意识的物化结构中产生出来的。它和以前的哲学问题相对立的特殊问题即源自这种结构。只有希腊哲学是某种例外。但这也不是偶然的。因为物化现象也在发达的希腊社会中发生过作用。但是，由于两种社会存在的形式完全不同，古代哲学提出的问题和答案同近代哲学确实是完全不同的。因此，如果我们说，那托尔普认为柏拉图是康德的先驱，和托马斯·阿奎那想在亚里士多德哲学的基础上建立他自己的哲学一样，都是一种武断的行为，那么这种说法还是恰如其分的。尽管他们的做法是武断的、不合适的，但他们之所以能够这样做，一方面乃是由于后来的时代一向习惯于根据自己的目的使用它们所继承的历史遗 210
产；另一方面，则正是由于希腊哲学虽然完全认识到了物化现象，但确实还没有把这种现象作为整个存在的普遍形式而经历过；希腊哲学虽然一只脚站在这种社会中，另一只脚则还站在自然地建立起来的社会中；因此就一直可以从发展的两个方向上来利用希腊哲学的问题，虽然要借助于强有力的新的解释。

1

但是新旧哲学之间的这种根本区别又何在呢？康德在《纯粹理性批判》第二版序言中，用应该在认识问题领域进行的“哥白尼（Kopernikus）式的革命”这一名言对此作了清楚的表述：“迄今为止认为我们的一切认识必须与对象一致……让我们试试看，如果假定对象必须与我们的认识一致，是否能更好地解决形而上学的任务……”[①]换言之，近代哲学向自己提出了这样的问题：不再把世界视为独立于认识主体而产生的（例如由上帝创造的）什么东西，而主要地把它把握为**自己的产物**。而这一把理性的认识把握为精神产品的革命，并不是源自康德。他只是用比他的前人更激进的方式作出了这一革命的结论而已。马克思在完全不同的场合
211 引用过维科的话：“人类史同自然史的区别在于，人类史是我们自己所创造的，而自然史不是我们自己创造的。”[②]维科是直到后来才被理解，才变得有影响的一位思想家，而整个近代哲学则是通过不同于维科的途径提出这个问题的。从全面系统的怀疑论，从笛卡儿的我思故我在，经霍布斯、斯宾诺莎、莱布尼兹，走过了一条笔直的发展道路。它的一个重要的、变化多端的题目则是这样一种观点：因为认识的对象是由我们自己创造出来的，因此，它是能够被我们认识的；以及只要认识的对象是由我们自己创造出来的，那么它就是能够被我们认识的[③]。数学和几何学的方法，即从一般

① 《纯粹理性批判》，德文雷克拉姆版第 17 页。

② 《资本论》第 1 卷，《全集》第 23 卷第 409—410 页。

③ 参见托尼斯的《霍布斯的生平和学说》，特别是恩斯特·卡西尔的《近代哲学

对象性(Gegenständlichkeit)前提中设计、构造出对象的方法，及以后的数理方法，就这样成了哲学、把世界作为总体的认识的指导方针和标准。

人的理智为什么恰恰把这样一些形式体系把握为它自己的本质(并和这些形式的内容的“既定的”、异在的、不可认识的特点相对立)，以及这样的把握有多大的正确性，这个问题还没有人提出来，人们把它作为天经地义的东西接受了。这种接受是否表现为对“我们的”认识能力的怀疑，怀疑它能否作出普遍有效的结论(如在贝克莱或休谟那儿)，或者是否表现为对这些形式把握所有事物的“真正”本质的能力的无限信任(如在斯宾诺莎或莱布尼兹那儿)，在这儿则是次要的。对我们来说，重要的并不是勾画近代哲学的历史，即使是最简略的勾画。重要的倒是要揭示这种哲学的 212

基本问题和**存在基础之间的关系**，哲学的问题就源自这一基础，并力求通过理解的途径回到这一基础上来。这种存在的特点至少同样清楚地表现在什么对于在它基础上成长起来的思想来说不成为问题和什么对它成为问题以及怎样成为问题这两个方面；因此应该从这两方面的相互关系来考察它们。而如果我们是这样提出问题的话，那么我们就可以看到，把形式的和数学的、理性的认识，一方面和认识一般，另一方面和“我们的”认识简单武断地等同起来就是整个这一时期的最突出的特点(甚至连最具有批判精神的哲学家也是如此)。对人类思想史，特别是对近代思想兴起本身

和科学中的认识问题》。本文在后面还将提到后一本书的论断，由于这些论断是从完全不同的角度获得的，并描述了同一条发展途径，即数学的精确科学理性主义对近代思想形成所起的作用，因而对我们是极有价值的。

最粗浅的考察就告诉我们,这两种等同都不是在任何情况下都站得住脚的。近代思想兴起时,曾不得不和截然不同的中世纪思想进行了最艰苦的思想斗争,直到新的方法和关于思维本质的新观点真正得到了胜利。当然本文不可能对这场斗争作出描述。这场斗争的起因是:要把各种现象统一起来(例如,对立于中世纪的区分月亮“之下”的世界和月亮“之上”的世界),与在各种现象内在关系之外去探求它们的原因和联系的观点相反,要求探求各种现象内在的因果关系(例如反对占星术的天文学等),要求使用数学的、理性的范畴来解释各种现象(对立于定性的自然哲学,这种自然哲学早在文艺复兴时期——例如伯麦、弗罗特等人——就经历了一场新的繁荣,并构成为培根方法的基础)。这一切我们当然可以认
213 为是大家熟悉的。我们同样可以认为是大家熟悉的还有,这整个哲学的发展是和精密科学的发展不断地相互作用的,而精密科学的发展又是和技术、生产劳动经验的不断合理化相互作用的,并取得了累累硕果。[①]

这些关系对于我们的问题的提出具有决定性的意义。因为“理性主义”在截然不同的时代都是有的,而且有着截然不同的形式。“理性主义”就是一种形式体系,它和现象的这样一个方面有关,这个方面是知性可以把握的,是知性可以创造的,并因而是知性可以控制,可以预见和可以计算的。但是,根据这一理性主义与

① 《资本论》第1卷,《全集》第23卷第533—534页。也可参见古特尔的和古代相对立的观点:《经济和技术——社会经济学大纲》,德文版第2卷第238—245页。因此,“理性主义”的概念不能抽象地和非历史地滥用。我们必须始终明确地规定与它有关的对象(即生活领域),特别是必须始终明确地规定那些与它无关的对象。

什么样的质料有关，根据要求它在整个人的认识和目标体系中起什么样的作用，根本性的差异也就产生出来了。近代理性主义的新颖之处就在于，随着它的发展而愈来愈坚持认为，它发现了人在自然和社会中的生活所面对的全部现象相互联系的原则。每一种以前的理性主义则相反，它们始终只是一种部分性的体系。人的存在的“最终”问题被禁锢在人的知性不可把握的非理性之中。这样一种理性的部分性体系越是接近存在的这些“最终”问题，它的只是部分性的、只是辅助性的、不能把握“本质”的特点也就暴露得更明显。例如，印度禁欲主义的彻底理性化了的、精确地预计到了所有作用的那种方法就是如此。[1] 这种禁欲主义的全部“理性”就 214
在于同对世界本质的最终的、全然是知性彼岸的体验处于像手段和目标那样的直接的、不可中介的关系之中。

因此这就说明了，不能抽象地和形式地看待理性主义，把它变成为一种人的思想本质中固有的超历史原则。这也就更说明了，是将一种形式塑造为普遍适用的范畴，还是只用它来构造十分孤立的部分性体系，这种差异乃是一种质的差异。然而，单是从对这种思想类型的纯粹形式的规定中就可看出理性和非理性的必然相对性，即任何一个理性形式体系都要碰到非理性的界限或限制的绝对必然性。但是，如果——如同上面所举的印度禁欲主义的例

① 马克斯·韦伯：《宗教社会学论集》，德文版第 2 卷第 165—170 页。印度所有“专门科学”的发展也显示了类似的结构：在个别的部分有非常发达的技术，这些个别的部分和理性的总体无关，不试图使整体理性化，不试图把理性的范畴提高为普遍的范畴。（同上书，第 146—147 页，第 166—167 页。）儒家的“理性主义”也有类似的情况，同上书，第 527 页。

子——一开始就根据它的本质把理性的体系设想为部分性的体系，如果包围着理性体系、并限定它的范围的非理性世界（因此，在这种情况下，一方面是不配理性化的世俗的、经验的人的存在，另一方面是人的理性的概念不能把握的彼岸，即解脱的世界）被设想为独立于它的，设想为绝对屈从于它或绝对凌驾于它之上的，那么对于理性体系本身来说，决不会产生方法论的问题。这只是达到——非理性——目标的手段。如果理性主义要求成为认识整个
215 存在的普遍方法，那么问题就完全不同了。在这种情况下，非理性原则的必然相对性的问题就取得了一种决定性的、溶化、瓦解整个体系的意义。这就是近代（资产阶级）理性主义的情况。

这种情况在康德自在之物概念具有的奇特、含糊、矛盾的意义中，表现得最为明显，而自在之物的概念对康德的整个体系来说是不可或缺的。人们已经作了多方面的尝试，以指出自在之物在康德体系中所起的相互完全不同的作用。这些不同作用的共同点则表现为，每一种作用都说明了抽象的、形式的理性化的“人”的认识能力的一种界限或一种局限。然而，各种界限和局限相互之间看起来是如此的不同，以至于它们在自在之物的——即使是抽象消极的——概念之下的统一，只有在弄清楚了“人”的认识虽然有多种不同表现，但这些界限和局限的最终的决定性根据本身是统一的时候，才能变得真正可以理解。简言之，所有这些问题可以归结为两个大的乍看起来是相互完全独立的，甚至是相互对立的问题组：首先归结为物质的问题（逻辑和方法论意义上的），归结为“我们”借以认识世界和能够认识世界（因为它是我们自己创造的）的那些形式的内容问题；其次可以归结为整体的问题和认识的最终

实质问题，归结为认识的那些“最终”对象问题，对这些对象的把握才使各种部分性体系成为一种总体，成为被完整把握了的世界的体系。我们知道，《纯粹理性批判》坚决否定第二组问题的可回答性，在“先验辩证法”里甚至企图把它们作为错误提出来的问题从科学中剔除了出去[①]。但是先验辩证法始终是围绕着总体问题 216
的，这确是无需赘述的。上帝、灵魂等等只是想象出来的神话，以用来表述被认为是完整的（和完全被认识了的）所有认识对象总体的统一的主体或客体。先验辩证法严格区分现象和本体，从而拒绝了“我们的”理性认识第二组客体的任何要求，它们被看作为是和可认识的现象相对立的自在之物。

现在看来，似乎第一个问题组，即形式的内容问题与这些问题是完全无关的。特别是康德有时关于第一个问题组的说法就说明了这一点。根据这种说法，“感性的直观能力（它为知性形式提供了内容），从根本上来说只是一种接受表象以某种形式给以的刺激的能力而已……这些表象的非感性原因是我们完全不知道的，而我们也不能将它们作为客体而加以直观……然而我们可将现象的理念的原因一般称作超验的客体”，目的只是为了使“我们具有和作为接受能力的感性相一致的东西”。就这个客体而言，现在“它是先于一切经验自在地既定的”[②]。但是概念内容的问题比感性

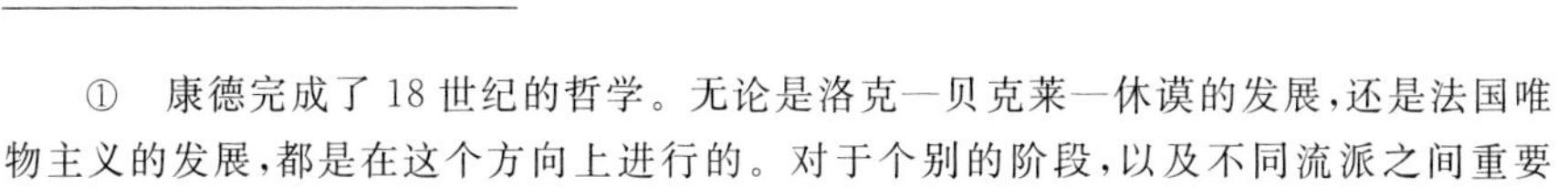

① 康德完成了18世纪的哲学。无论是洛克—贝克莱—休谟的发展，还是法国唯物主义的发展，都是在这个方向上进行的。对于个别的阶段，以及不同流派之间重要分歧的概略叙述，则超出了本文的范围。

② 康德：《纯粹理性批判》，德文版第403—404页，也可参见第330页及其后的论述。

的问题确实要深刻得多，尽管我们并不能否认这两者之间是存在着很接近的关系的。（某些康德主义者，特别是“批判的”，更尤其是那些狂妄自大的康德主义者却都惯于否认这种关系。）这是因为
217 在感性内容对于理性的、预测的知性形式的关系这样一个问题上，非理性，即理性主义不能把概念内容溶化为理性的这一点表现得最为明显，这种不可溶化性，我们马上就将看到乃是近代逻辑学的十分普遍的问题。当其他内容的非理性是一种局部的、相对的非理性时，感性内容的存在和存在方式（das Dasein und das Sosein），则仍旧是一种完全不可溶化的既定事实[①]。但是如果非理性的问题变成了任何既定内容藉助知性概念不能进入的问题，变成了这种内容从知性概念不能得出的问题，那么自在之物问题的这一方面，即乍一看似乎接近于“精神”和“物质”关系的形而上学问题的这一个方面，就获得了一种完全不同的，从逻辑和方法论的角度，从体系和理论的角度来看是决定性的意义[②]。这一来问题就变成了：经验的事实（不论它们是否是纯“感性的”，或它们的感性是否只构成它们作为“事实”的本质的最终物质基础）就其真实

---

① 费尔巴哈也把感性的绝对的（知性的）先验性问题和上帝存在的矛盾联系起来。“上帝存在的证明超越了理性的界限，这是对的，但是要在看、听、嗅也超越了理性的界限这样一个意义上才是对的。”《基督教的本质》，德文雷克拉姆版第 330 页。休谟和康德也有类似的思想，可参见卡西尔在《近代哲学和科学中的认识问题》一书，第 2 卷第 608 页的论述。

② 我们看到拉斯克对这一问题作了最清楚的论述：“对于主观性来说”（也就是对于逻辑判断的主观性来说），“这并不是不言自明的，而恰恰构成了研究它的全部目标，即当要以相应的范畴来把握某个特定的单个质料时，逻辑形式一般地划分为什么样的范畴，或者换句话说，就是什么样的单个质料构成各个范畴的质料范围。”《判断学说》第 162 页。

性而言，是否可看作是“既定的”，或它们这一既定性是否会溶化为理性的形式，也就是是否可设想为是由“我们”的知性所创造的。但这样一来，这一问题也就成了决定体系是否可能的问题了。

问题的这一转变已由康德以极其明确的形式完成了。他一再 218
强调，纯粹理性并不能提出任何一个综合的、构造对象的命题，即其原理决不能“直接从概念中获得，而始终只能间接地通过这些概念对某些完全偶然的东西，即**可能的**经验的关系中才能获得”。[①]在《判断力批判》中，这种关于不只是可能的经验因素，而且也是一切与它们有关的，并支配它们的规律的“理念的偶然性”的思想，被提高为体系化的中心问题。这时，我们一方面看到，自在之物的两个看来完全不同的、划界的作用（总体从理性的部分性体系的概念结构出发不能被把握和各种概念内容的非理性），只是提出了同一个问题的两个方面，另一方面，我们也看到，这个问题确实是那种想把普遍的作用赋予理性范畴的思想的中心问题。这样，作为普遍的方法的理性主义就必然要求建立体系，但同时对一个普遍的体系的可能性的条件的反思，也就是体系问题的有意识的提出，又说明了这样提出的要求的不可能性，即是不可能实现的[②]。因为这种理性主义意义上的体系——任何其他的体系都会是自相矛盾的——只能意味着各种各样形式的部分性体系（以及这种体系内

① 《纯粹理性批判》，第564页。

② 这里不可能说明，不但是希腊哲学（像普罗克洛这样很晚才出现的思想家也许可以除外），而且连中世纪哲学也不知道有我们意义上的体系；只是近代的解释才把“体系”用到了它们的身上。体系的问题是在近代出现的，大约是随着笛卡儿、斯宾诺莎才出现的，并从莱布尼兹、康德开始日益成为一个自觉的方法论要求。

部的个别形式)的一种并列、凌驾或屈从的结合。它们之间的关系
219 始终可以被设想为“必然的”,也就是说根据形式本身,或至少是根
据形式结构的原则是可以说明的,是由它们“所创造的”;因此这时
原则的正确建立——根据倾向——就意味着由这一原则所规定的
整个体系的建立,这时结论就包含在这个原则之中,就可以由这个
原则推引出来,就可以由这个原则来假设和估计。全部要求的实
际展开可能表现为“无限的过程”,但是这一限制也只意味着,我们
不可能一下子就通观整个体系;而这一限制又一点也无损于体系
化的**原则**[①]。只有这种关于体系的思想才使如下一点变得可以理
解:理论数学和应用数学,对于整个近代哲学来说,始终起着一种
方法论模式的作用,引导的作用。因为它的公理及由这些公理推
导出来的部分性体系以及结论之间的方法论关系完全符合理性主
义本身向它的体系提出来的要求:体系的任何一个个别的环节都
是可以由它的基本原则创造出来的,都是可以由它精确地预测和
估计的。

很清楚,这一体系化的原则和对任何一种“内容”的“事实性”
(Tatsächlichkeit)的承认(这一内容——原则上——是不能从形
式的原则中推导出来,因此只能被当作事实而加以接受)必定是不
能统一的。德国古典哲学的伟大、矛盾和悲剧正在于,它不再——
像斯宾诺莎那样——把每一个既定的事实当作不存在的东西,并
220 让它们消失在由知性创造的理性形式的宏伟建筑后面,而是相反,

① “无限知性”的观念,理智直觉的观念等等,**部分地**有助于从认识论上来解决问题。但是康德早已清楚地认识到了,这个问题已经暗示了我们要在这儿论述的问题。

它把握住了概念的既定内容的非理性特征，牢牢地抓住这种特征，超越和克服这种证明，力求建立体系。但是本文至此的论述已经清楚地表明：既定性的问题对理性的体系意味着什么；既定性是不能任其留在它自己的存在和存在方式之中的，因为那样的话，它就必然还是“偶然的”，它必须一无遗漏地被放到知性概念的理性体系中去，乍一看，似乎这儿出现了一种完全不可能解决的两难困境。因为要就是“非理性的”内容一无遗漏地化为概念体系，就是说，这个体系是封闭的，必须被构造成能适用于一切东西，似乎不存在任何内容即既定性的非理性（至多只能作为上述意义上的问题而存在），这样一来，思维就重又跌落到幼稚独断的理性主义水平上：思维无论如何把非理性的概念内容的简单事实性视为不存在了。（这种形而上学也可能用这样的套语来表达自己，即说这种内容对认识来说是“无关紧要的”。）要就是被迫承认：既定性、内容、物质进入形式，进入形式结构，进入形式的相互关系，即**肯定地进入体系本身的结构**[①]，这样，作为体系的体系就必须被抛弃，体系只能是对事实的尽可能一目了然的记载，一种尽可能条分缕析的描述，然而这些事实之间的关系确实不再是理性的，因而不再是可以加以体系化的了，尽管它们的因素的形式从知性的角度来看是理性的。[②]

在这种抽象的进退两难前止步不前，确实可能是一种肤浅的 221

① 又是拉斯克的论述最为尖锐、清楚。参见《哲学的逻辑》，德文版第60—62页。只是他也没有从自己的论证中得出所有的结论，特别是理性的体系原则上的不可能性。

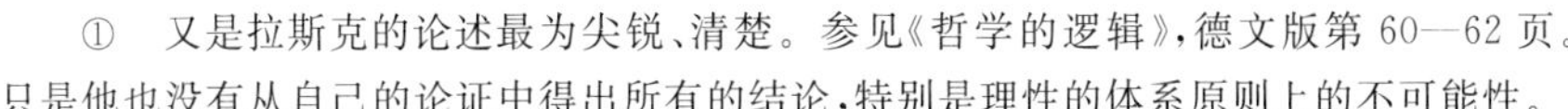

② 人们也许会想到胡塞尔的现象学方法，在这种方法中，逻辑学的整个领域最终被变成了更高级的“事实的体系”，胡塞尔本人也把这种方法称为一种纯粹描写的方法。参见《论纯粹现象学的思想》，载《胡塞尔年鉴》，德文版第1卷第113页。

表现，而德国古典哲学一刻也没有这样做。德国古典哲学把形式和内容的逻辑对立推到了极点，而作为哲学的基础的所有对立都汇合在这一对立之中。德国古典哲学抓住这一对立不放，而且力求系统地加以把握。它就这样超过了它的前辈，奠定了辩证法的方法论基础。它不管清楚地认识到的和抓住不放的概念内容（即既定性）的非理性，而力求建立一个体系，这就必须在方法论上沿着使这些对立不断地相对化的方向前进。这时，当然又是近代数学成了方法论的样板。受它影响的那些体系（特别是莱布尼兹的体系）把既定性的非理性当作一种**挑战**。实际上，对数学方法来说，任何一种既定内容的非理性都只是一个推动，推动它要改造和重新解释那个形式体系（迄今为止的那些关系是借助于这个形式体系而创造出来的）。这样一来，乍看起来呈现为是“既定的”内容就呈现为是“被创造出来的”；这样一来，事实性就化为必然性。这种现实的观点与独断时期（即神圣的数学）相比，意味着跨进了一大步。但这里同样不可忽视的是，数学的方法是与一种在方法论上已经完全适应它的方法论要求、并变得和这些要求相一致的非理性概念打交道（通过它又和一种类似的事实性，即存在的概念打交道）。当然，概念内容的局部非理性在这里也存在着，但是，由于
222 方法及其规定的缘故，它从一开始起就要保持尽可能纯粹局部的，因而是可以被相对化的状态。①

① 莱布尼兹哲学的这种基本倾向在迈蒙的哲学中获得了一种成熟的形态，即自在之物和“理念的偶然性”的问题解体的形态；莱布尼兹对费希特，和通过他对后来的发展所起的重大影响都是由此而来的。我们发现，李凯尔特的文章《一个、统一和一》（载《逻辑》II，第1页）对数学的非理性问题作了极深刻的分析。

但这里找到的只是方法的样板，而不是方法本身。因为清楚的是，存在的非理性（无论是作为总体，还是作为形式的“最终的”物质基础），物质的非理性与这种我们可以借用迈蒙的说法称作理念的（intelligible）物质的非理性在质上是不同的。当然这一点并不能阻挡哲学试图仿照数学方法（构造、创造的）的样板，用它的形式来把握这种物质。但是决不可忘记的是，内容的不断的“创造”对存在的物质来说，有着截然不同于完全建立在构造基础上的数学世界的意义。在哲学中，“创造”只意味着用知性**可以把握**事实而已；而在数学中，创造和可把握性完全是同一的。在古典哲学的所有代表中，中期的费希特对这个问题看得最为清楚，阐述得最为明白。他说，这关系到“客体的绝对的投影问题。这个客体是怎样形成的则是无从说明的。结果**在投影和被投影的物体之间的是黑暗和空虚**，我说这是 projectio per hiatum irrationalem（穿越非理 223
性裂缝的投影），虽然有些经院哲学的味道，但我想，是很恰当的。”①

只是这一问题的提出才使近代哲学中的不同途径及随之而来的那些最重要的发展时期变得可以理解。这种非理性学说留下的是哲学“独断主义”（Dogmatismus）时期，或者是——从社会发展史角度来看——资产阶级思想把它的思维形式和现实、和存在简

① 《1804 年的知识学》，第 XV 篇讲演，《费希特全集》（新版），德文版第 4 卷第 288 页。着重号是我加的。后来的“批判”哲学也提出了这个问题，只是清楚的程度不同而已。提得最清楚的则是文德尔班（Windelband），他把存在规定为“内容对形式的不依赖性”。我认为，他的批评者们只是模糊了他的矛盾，但决没有解决他所存在的问题。

单地等同起来的时期。资产阶级由于其社会存在必须用这些思维形式来思维世界。对这一问题的无条件承认，对其克服的放弃，直接导致各种形式的虚构学说(Fiktionslehre)；导致对任何一种(在关于存在的科学的意义上的)形而上学的拒绝，导致制定这样一种目标，即把握各个极其专门化的部分性领域的现象，其手段是依靠非常适应于这些领域的抽象的预测性的部分性体系，而并不试图以此为出发点，把可知的整体统一地加以把握，甚至把这种尝试当作“非科学”而加以拒绝。某些流派明确表示了加以拒绝(如马赫、阿芬那留斯、彭加勒、瓦兴格等)，许多流派则较为含糊。但是人们不应忘记——如同本文第一部分结尾所指出的那样——相互严格分开的，无论从对象，还是从方法来说，相互都是完全独立的各专门学科的形成都意味着是承认这一问题的不可解决：每一学科的“精确性”正是由此获得的。这些学科让最终是其根据的物质基础停留在非理性(“非创造性”、“既定性”)之中，而不加触动，以便在这样形成的、封闭的、从方法论上加以净化的世界中，能不受阻挡地运用可以不成问题地加以运用的知性范畴。这些范畴将被运用于“理念的”物质，而不再运用于(甚至各学科的)真正物质基础。
224 而哲学——自觉地——对各学科的这一做法不加干涉。是的，它把它的这种放弃看作是一种至关重要的进步。但是它的作用因而局限于对各学科形式上的前提条件的考察。对于各学科，哲学既不加干涉，又不加修正。而这些学科所忽视的问题，在哲学中也找不到答案，甚至也不可能被提出。当哲学求助于形式和内容关系的结构前提时，它或者把个别学科的“数学”方法改成为哲学的方法（如马堡学派〔Marburger Schule〕）[①]，或者把物质的非理性，从逻辑意义上，说成是“最终的”事实（如文德尔班、李凯尔特、拉斯克等）。但是在这两种情况下，只要进行体系化的尝试，没有解决的非理性问题就以总体问题的形式表现出来。把这里已被创造出来的和能被创造出来的整体融在一起的地平线，在最好的情况下是文化（即资产阶级社会的文化），因为它是不能从别的东西中派生出来的，是绝对地要加以接受的，是古典哲学意义上的“事实性”。[②]

对这种放弃把现实把握为整体，把握为存在的不同形式的深入考察，远远地超出了本文的范围。在这儿重要的是要指出什么时候资产阶级社会发展的双重倾向在这一社会的思想中以哲学方式表现出来的：它日益控制着资产阶级社会存在的细节，使它们服从于它所需要的形式，但同时，也日益失去了从思想上控制作为总体的社会的可能性，并因而丧失了领导这个社会的资格。德国古典哲学是这一发展中的一个特殊过渡点：它形成于这个阶级的某个发展阶段，在这个发展阶段上，这一过程已前进到这样的程度，以至于所有这些问题都能被自觉地当作问题。但它同时又是在这样一种环境里形成的，在这种环境里，这些问题只是作为纯思想、纯哲学的问题被意识到。这一方面使它看不到历史环境的具体问

225

197

① 对各哲学流派的批评不是本文的任务。因此我在这儿只想把它们向（方法论上是属于前批判时期的）自然法的倒退引为例子来说明这一简述的正确性。这一自然法——根据其性质，而不是根据其术语——可以在科恩和接近马堡学派的施塔姆勒那儿看到。

② 这个学派的最坚决代表之一李凯尔特赋予了从方法论上奠定了历史科学基础的文化价值的纯形式的特征特别能说明这种情况（参见本文第 3 部分）。

题，及摆脱它们的具体途径；另一方面又使它能够彻底地思考资产阶级社会发展的最深刻最重要的问题——当然是作为哲学问题，并把阶级的发展在思想上进行到底，把它的地位的全部矛盾在思想上推到极点，并因而至少以问题的形式看出：从方法论的角度来看，超越人类的这一历史发展阶段是必然的。

2

古典哲学的博大、精深和勇气，以及是未来思想的沃土，这一切都归功于这种把问题局限在纯思想范围内的做法。当然，这种局限同时也意味着是纯思想范围的一道不可逾越的界限。这就是说，无情地撕碎了以往时代一切形而上学幻想的古典哲学，不得不和其前辈一样，对自身固有的条件，采取不批判的、独断主义的形
226 而上学的态度。本文曾经指出过，理性的形式主义的认识方式是把握现实的唯一可能的方式（或用最彻底的说法："对于我们"是唯一可能的方式），以对立于事实的"对我们来说"是异在的既定性，乃是一种——独断主义的——假设。思维只能把握它自己创造的东西，如同本文业已指出过的那样，这种宏大的观念在力求把世界的总体把握为自己创造的东西时撞上了既定性，即自在之物这一不可逾越的界限。如果思维不想放弃对整体的把握，那就必须走向内发展的道路，就必须力图找到那个思维的主体。存在可以被设想为是这一主体的产物，这时，就没有非理性的裂缝，没有彼岸的自在之物。这时，上面指出的独断主义就既是路标，又是鬼火。当思维被逐出对既定现实的纯粹接受，被逐出纯粹反思，被逐出现实可思维性的条件这样的领域，并被引入超越**纯直观**、纯直觉的方

向时，这种独断主义就是路标。当正是同一种独断主义不允许找到真正对立的，真正克服直观的**实践**的原则时，它就是鬼火。（正因为如此，在提出这个问题时，既定性一再反复地作为不可克服的东西，以非理性的形式出现。这一点将在下文中得到论证。）

费希特在其最后一部主要的逻辑学著作中，对哲学必须由之出发的这种情况作了如下的论述："我们把全部实际的知识，直至表现为它的形式的'是'（Ist），看作是必然的，前提是有某种现象， 227
它也许对思维说来应该是绝对的前提，对这种前提的怀疑只有通过实际的直观本身才能释去，别无它法。只是有着这样的差异：对于这个事实的一部分，即自我（Ichheit），我们在其内容中认出了某种明确的质的规律。而至于这个自身直观的**实际**内容，我们只是一般地认出了，某种内容必定存在，但是对于正是这种内容应该存在，我们却没有规律。但同时，我们也清楚地看到，也许根本就不可能有这样的规律，因此这一规定性所需要的质的规律也许正就是无规律本身。如果把必然的东西称为先验的，那么我们在这一意义上就把全部事实性看作是先验的，甚至把经验也看作是先验的。这是由于我们已经把经验推论为不可推论的。"[①]这时，对我们的问题来说重要的是：认识的主体，即自我，被把握为连内容也是已知的，并因此被把握为出发点和方法论的指南。于是，从极其一般的角度来讲，就形成了这样的哲学倾向，即达到这样一种主体的观念：这个主体能被设想为全部内容的创造者。同样从完全一

① 《先验逻辑学》，第 23 篇讲演，《费希特全集》第 4 卷第 335 页。我在这里要向不熟悉古典哲学的读者强调指出：费希特的自我（Ichheit）概念和经验的自我（Ich）无关。

般的、纯粹提纲挈领的角度来讲，就又形成这样的要求：发现和指出对象性（Gegenständlichkeit）的水平，即客体建立的水平，在这一水平上，主体和客体的两重性（思维和存在的两重性只是这一结构的特例）被消除了，主体和客体融合了，同一了。不言而喻，古典哲学的伟大代表们的目光无比犀利和严厉，不会看不到经验中主
228 体和客体的这种两重性；而且，他们正是在这一分裂的结构中看到了经验的对象性的基本结构的。他们的要求，即纲领，就是要发现那样一个统一点，以便从那儿出发使经验中的主体和客体的这种两重性，即经验的对象性形式可以被理解，可以被推论，可以“被创造”。和独断主义地接受——与主体异在的——纯粹既定的现实的做法相反，就形成了这样的要求：从同一的主体—客体（identische Subjekt-Object）出发，把每一种既定性把握为同一的主体—客体的产物，把每一个两重性把握为从这种原初统一中派生出来的特殊情况。

但这种统一是活动（Tätigkeit）。康德的《实践理性批判》（*Kritik der praktisehen Vernunft*）曾受到许多误解并常常被和纯粹理性批判错误地对立了起来。康德早在这部著作中就已试图把理论上（直观上）不可克服的局限性看作是从实践上可以克服的。这以后费希特就把实践、行为、活动作为全部同一哲学的方法论中心。他说：“因此，哲学究竟是从事实（Tatsache）出发，还是从行为（Tathandlung）出发（就是说从纯粹的活动出发。这种纯粹的活动是不以客体为前提的，而是创造了客体本身的，这时**行为**就直接变为**活动**）根本不像某些人觉得的那样是那样的不重要。如果哲学从事实出发，它就把自己置于存在和有限的世界，它就难于找

出一条从这个世界通向无限和超感性的道路；如果它是从行为出发，它就正好站在把这两个世界联结起来的，由此出发可以一眼通观这两个世界的那一点上。”[①]

因此就必须指出“行为”的主体，并从它和它的客体相同一出
发，把所有的主体和客体的两重性形式都把握为是从这种同一中
推论出来的，把握为是它的产物。但是这时，德国古典哲学提出的
问题的不可解决性就在较高的哲学水平上重又出现了。一旦关于 229
这个同一的主体—客体的具体本质问题出现时，思维就面临着这
样的困境：一方面，只有在道德行为中，只有在道德行为的（个体）
主体对自身的关系中，才能真正和具体地发现这种意识结构，这种
它与自己客体的关系；另一方面，在自己创造的，但纯粹是转向内
心的形式（康德的道德律令）和与知性、感性异在的现实、既定性以
及经验之间的不可逾越的两重性，对行为个体的道德意识来说，要
比对认识的直观主体来说，表现得更为清楚。

众所周知，康德——批判地——停留在对个体意识中的道德事实进行哲学解释的阶段。但这样一来，这一事实首先变成了纯粹的——已经被发现了的和不再能设想为是“被创造的”——东西[②]。其次，更增加了服从自然规律的“外部世界”的“理念的偶然性”。自由和必然，唯意志论和宿命论的两难困境不能具体地真正地得到解决，而是被简单地推到了一边，也就是说，对“外部世

① 《知识学的第2篇导言》，《费希特全集》，德文版第3卷第52页。费希特每一部著作中使用的术语是不同的，但这并不能掩盖这样的情况：实际上它们始终在论述同一个问题。

② 参见《实践理性批判》，哲学丛书，第72页。

界”，对自然来说，规律的无情的必然性仍在起作用[①]，应该由道德领域的发现而建立起来的自由，即自主，却简单化了：自由变成对内在事实加以**评价的观点**，这些事实，它们所有的原因和结果，甚至包括所有与构成这些事实的心理因素有关的东西，都完全地服
230 从客观必然性的宿命论机械主义。[②] 但因此，第三，现象和本质的分裂（这种分裂在康德那儿是和必然与自由的分裂相同一的）没有得到解决，也没有以它们的统一促进建立世界的统一，而是被带进主体自身之中：连主体也被分裂为现象和本体，而自由和必然的未被解决的、不可解决的、因此永恒化了的分裂进入到了主体最内在的结构之中。但因此，第四，这样建立起来的伦理学成了**纯形式的、无内容的**。因为所有给与我们的内容都是属于自然世界的，并因而都无条件地服从现象世界的客观规律，因此实践标准的作用一般地只同内在行为的形式有关。当这种伦理学试图使自己具体化，即在具体问题上试验它的作用时，它就被迫向现象世界，向对这个世界进行加工，并带有它的“偶然性”印记的概念系统**借用**那些具体行为的内容规定，当第一个具体内容要根据创造原则创造出来时，创造的原则就失灵了，而康德的伦理学也不能回避进行这种尝试。它试图——至少是消极地——在无矛盾性原则那儿找到那个形式上的，同时是规定内容和创造内容的原则。任何一个违背道德标准的行为似乎都包含着自我矛盾，例如存款的本质就在于不应被侵吞等等就是这样。但是黑格尔早已极其正确地问道：

① “自然在最一般的意义上是在规律控制下的事物的存在。”同上书，第 57 页。

② 参见《实践理性批判》，哲学丛书，第 125—126 页。

“如果根本就没有存款，存款问题上的矛盾又何在呢？如果不存 231
款，那就将和其他必然的规定性相矛盾，如同如果存款是可能的，那就将和其他必然的规定性相联系，存款本身也因而就成了必然的一样。但是不应该引用其他的目的和物质的理由，而是概念的直接形式就应该决定是第一种假设是正确的，还是第二种假设是正确的。但是对形式而言，两种对立的规定性都一样是无关紧要的。每一个都可以被把握为质，而这种把握可以被宣布为是规律。”①

这样一来，康德提出的伦理问题就又把我们引回到了自在之物的没有被克服的**方法论**问题上去了。我们早已把这一问题的哲学上重要的方法论方面规定为形式和内容的关系问题，规定为事实的不可溶化的问题，规定为物质的非理性问题。康德的形式主义的、适应个体意识的伦理学虽然可能展示了解决自在之物问题的形而上学的前景，其途径是一个被把握为总体的世界的，全部被先验辩证法瓦解了的概念，以实践理性的假设的形式出现在地平线上，然而从方法论的角度来看，这种主观的和实践的试图解决问题的办法仍被限制在那些限制过程性批判对问题的客观和直观提法的同样界限里。

然而这样一来，这全部问题的新的重要的结构关系对我们来

① 《论对自然法的科学研究方法》，《黑格尔全集》，德文版第1卷第352—353页。参见同书第351页。“因为它（义务）是绝对地从意志的所有质料中提取而来的；内容决定了随意性的无自由。”在《精神现象学》里讲得更清楚：“因为纯粹的义务……对任何内容都是漠不关心的，对任何内容都能容忍。”《黑格尔全集》，德文版第2卷第485页。

说就变得清楚了：为了解决自在之物问题的非理性，试图超越直观的态度是不够的；而且在作为更具体的问题提出来时，实践的本质就在于消除自在之物问题在方法论上所反映的**形式对内容的**
232 **无关紧要性**。因此作为哲学原则的实践，只有在这样一种形式概念同时被揭示之后，才能真正被发现，这种形式概念作为它的作用的基础和方法论前提，不再具有这种无任何内容规定的纯洁性的特征，这种纯理性的特征。因此，实践的原则作为改造现实的原则必须适应行为的具体物质基础，以便能由于自身发生作用而对这个物质基础发生影响，而且是以适应这一基础的方式来发生影响的。

只是这一问题的提出才一方面使理论的和直观的态度和实践有可能明确地加以区分；另一方面，又才使如下一点变得可以理解：为什么这两种态度相互是有关的，怎样才能借助实践原则解决直观的二律背反。事实上，理论和实践是和同一些对象有关的，因为每一个对象都是被给定为是一种直接地不可分的形式和内容的复合体。主观态度的不同决定了实践会注意相关对象的独特性质，注意内容和物质基础。理论的直观——如同我们迄今力图指出的那样——恰恰使人忽视这一点。因为从理论上澄清和把握对象的做法，恰恰是在愈益有力地揭示出摆脱了一切内容（即一切“偶然的事实性”）的形式因素的时候达到顶点的。只要思维本身采取“幼稚的”态度，就是说，只要思维不对它的这种作用加以反思，只要思维或者相信能从形式本身获得内容，从而赋予它们以形而上学的积极的作用，或者把与形式对立的物质，同样形而上学地
233 把握为不存在的，那么这个问题就不会出现。实践完全表现为是

屈从于直观的理论的。[①] 当人们意识到这种情况，即主体的直观态度和认识对象的纯形式特征不可分地联结在一起时，人们或者就不得不放弃解决非理性问题（内容问题、既定性问题等等）的尝试，或者必须从实践方向上来探求这一问题的解决。

我们发现，又是康德对这种倾向作了最清楚的阐述。如果说，康德认为“存在很明显的不是真正的宾词，就是说不是关于可以补入物的概念的某物的概念”[②]，那么他以此就以极其明确的形式表达了这种倾向及其所有的结论。他是这样的明确，以至于他不得不把变化中的概念的辩证法作为他的概念结构理论的唯一选择而提出来。“因为否则的话，就不是存在着那同一个东西，而是存在着要比我在概念中所设想的更多的东西，而我不能说，存在着的恰恰是我的概念的对象。”康德因此（当然是以一种否定的、扭曲的形式，这是他的纯直观立场的结果）恰恰在这儿描述了作为克服存在概念中的二律背反的途径的真正实践的结构。这一点，无论是他自己，还是对他这种对本体论证明所作的批判持批评态度的那些人都是没有看出的。康德的伦理学，尽管他作了许多的努力，又重新回到抽象直观的界限里，这一点我们刚才已经指出过了。黑格尔在他对这一处的批评中，揭示了这种理论的方法论基础。“实际上，对于这个被孤立地看的内容来说，存在或不存在是无关紧要的；对它来说并没有存在或不存在的区别；这种区别根本与它无关……更一般地说，在存在和不存在获得特定的内容时，它们两者的

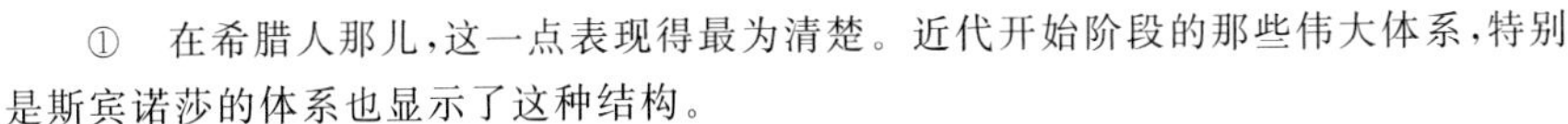

① 在希腊人那儿，这一点表现得最为清楚。近代开始阶段的那些伟大体系，特别是斯宾诺莎的体系也显示了这种结构。

② 《纯粹理性批判》，德文版第472—473页。

234 抽象性就不再是抽象性;这时存在就是现实……”[①],这就是说,康德在这儿为认识规定的使命体现为对那个认识结构的描述,这种结构把“纯规律性”完全孤立了起来,并把它们放到一种完全孤立的或人为的同质的环境之中(例如在物理学关于以太震荡的假设中,以太的“存在”实际上对其概念并没有提供什么新东西。)当对象被把握为一个具体的总体的一部分时,当除了这种纯直观所特有的形式上的和限界概念(Grenzbegriff)式的存在概念外,还可以设想,甚至是不得不设想还有别的现实的层次(如黑格尔的此在〔Dasein〕、存在〔Existenz〕、实在〔Realität〕等等)这一点变得清楚了的时候,康德的证明就不攻自破了:它只是作为纯形式思维的界限而存在了下来。马克思在他的《博士论文》里,比黑格尔更具体、更坚决地实现了从存在问题及其意义的层次问题向历史的现实的领域,向具体实践的领域的过渡。“古代的摩洛赫不是曾经主宰一切吗?德尔斐的阿波罗(delphische Appollo)不是曾经是希腊人生活中的一种真正力量吗?在这里康德的批判也无济于事。”[②]遗憾的是,马克思并没有从这个思想中得出它的逻辑结论,尽管马克思成熟时期著作中的**方法**一直在使用这些根据实践的不同水平而划分层次的存在概念。

康德的这一倾向越是自觉,困境也就越是无法回避。因为被提炼得十分纯净的认识对象的形式概念,数学的关系、自然规律的必然性,这一切作为认识的理想越来越使认识变为对那些纯粹形

① 《黑格尔全集》,德文版第 3 卷第 78 页及以下几页。
② 《博士论文》,《全集》第 40 卷第 284 页。

式上的联系、那些在客观现实中、**没有主体介入**而发生作用的“规 235
律”的完全有意识的直观。但是，这样一来，把一切非理性的和内容的东西排除出去的企图就不仅是针对着客体的，而且也日益明确地是针对着主体的。对直观的批判性解释越来越热衷于要把一切主观的和非理性的因素，一切拟人化的东西，干净彻底地从它自己的态度中清除出去；要把认识的主体和“人”分离开来，并把认识者变为纯粹的即纯粹形式的主体。

看来似乎这种对直观的规定与我们以前关于认识问题是认识由“我们”创造的东西的问题的阐述是相矛盾的。事实上也的确是如此。但正是这种矛盾才更能说明问题中的困难和可能的解决途径。因为这儿的矛盾并不在哲学家没有能力清楚地阐明他们所面对的事实，而是对要他们加以把握的客观状况本身的思想表述的问题。这就是说，这儿表现出来的近代理性主义形式体系的主观和客观之间的矛盾，隐藏在它们的主体和客体概念中的问题的错综复杂和模棱两可，它们的作为由“我们”创造的体系的本质和它们的与人异在的、与人疏远的宿命论必然性之间的矛盾，这一切无非是对近代社会状况所做的逻辑的、系统的阐述而已。这是这样一种社会状况：人们在其中一方面日益打碎了、摆脱了、扔掉了纯“自然的”、非理性的和实际存在的桎梏；但另一方面，又同时在这种自己建立的、“自己创造的”现实中，建立了一个包围自己的第二
自然，并且以同样无情的规律性和他们相对立，就像从前非理性的 236
自然力量（正确些说：用这种形式表现出来的社会关系）所做的那样。马克思说：“他们本身的社会运动具有物的运动形式。不是他们控制这一运动，而是他们受这一运动控制。”

首先，由此就得出这样的结论：未被控制的力量的这种无情性获得了一种完全不同的特点。从前它是一种——从根本上来说——非理性命运的盲目的力量；在它那儿，人的认识能力的可能性不复存在了，绝对的先验性、信仰的王国等等则开始了①。而现在则相反，它表现为认识了的、能认识的、理性的规律体系的必然结果，表现为一种必然性，就像和其独断主义先人相对立的批判哲学所清楚地认识到的那样，这种必然性的最终根据及其无所不包的总体虽然是不能被把握的，然而总体的各部分——人在其中生活的生活环境——则越来越能够被洞察、估计和预测。完全不是偶然的是，正是在近代哲学开始发展的时候，普遍的数学作为认识的理想出现了。这是试图创立这样一种理性的关系体系，它能把合理化了的存在的全部形式上的可能性、所有的比例和关系都包括在内，藉助它能把所有现象——不论它们客观的、物质的差别如何——都变成为精确计算的对象。②

237 在这种对近代认识理想的最鲜明、因而最富特色的理解中，上述矛盾暴露得十分清楚。这是因为，一方面这种普遍计算的基础

① “自然”状态下思维的出发点，例如坎特伯雷的安瑟伦的“信仰而后理智”(credo ut intelligam)和印度思维的出发点(“只要他选择了谁，他就为谁所理解”，关于“大我”〔Atman〕就是这样说的)，这种出发点使近代思想感到十分奇怪，但它们的存在基础说明这些出发点是可以理解的。笛卡儿的系统的怀疑论是“精确”思维的出发点，它只是在近代开始阶段被非常自觉地感觉到的这种对立的最清楚的表达。这种对立再现在从伽利略开始到培根的所有重要思想家的身上。

② 关于这种普遍数学的历史，请参见卡西尔的著作，出处同上，第1卷第446和563页；第2卷第138和第156页等。关于这种将现实数学化和资产阶级推算规律预期结果的“实践”之间的关系，可参见朗格：《唯物主义史》，雷克拉姆版第1卷第321—332页，论述霍布斯、笛卡儿和培根等人的部分。

只能是确信,只有这些概念所包裹的现实才能真正被我们掌握。另一方面,看来,即使假设这种普遍的数学可以完全彻底地应用,对现实的这种“掌握”也只能是对由这些关系和比例的抽象结合——必然地,不受我们干预地——产生出来的东西的客观正确的直观。当然,看来这种直观接近于普遍的哲学的认识理想(如希腊哲学和印度哲学)。只有当我们批判地考察实现这种普遍结合所需的条件时,我们才能十分清楚地看到近代哲学的特点。因为只有通过发现这些规律的“理念的偶然性”,才能在这些错综复杂或并没有被充分认识的规律的活动范围内形成“自由”运动的可能性。我们必须认识到,如果像上面指出的行为的意思是改变现实,关心根本的性质,关心行为的物质基础,那么从这样的意义上来看,这种态度就比希腊哲学的认识理想还要直观得多[①]。因为这

种行为就是要尽可能预见到和估计到那些规律可能的影响。这 238
时,“行为”的主体就要采取一种立场,以使这些影响能为他的目标 209
提供最佳机遇。因此,一方面清楚的是,现实越是彻底地合理化,它的每一个现象越是能更多地被织进这些规律体系和被把握,这样一种预测的可能性也就越大。但是另一方面,同样清楚的是,现实和“行为”主体的态度越是接近这种类型,主体也就越发变为只是对被认识的规律提供的机遇加以接受的机体。他的“行为”也就更局限在采取这样一种立场,以使这些规律根据他的意思,按照他

① 柏拉图的理念说——正确性如何,暂且不论——,同总体及既定物的质的存在处于一种无法分开的联系之中。直观至少意味着打碎把灵魂禁锢在经验界限内的桎梏。斯多噶派的无动于衷(Ataraxie)的理想早已表明这种完全纯粹的直观,当然不会自相矛盾地和狂热的、不间断的“活动”有什么联系。

的利益（自动地、不受他的干预地）产生作用。主体的态度——从哲学的意义上来看——将变成纯直观的。

其次，这表明人的一切关系因而都被放到了这样设想的自然规律的水平上。我在这几页里已多次强调指出，自然是一个社会范畴。近代人是直接从现成的意识形态形式，从他所面临的深刻影响着他整个精神发展的这些意识形态形式的作用出发的。当然，在他看来，上面说的这种观点似乎是简单地把从自然科学中获得的概念结构运用于社会。黑格尔早在他和费希特的早期论战中，就已指出费希特的国家是“一部机器”，其基础是“一大批……
239 原子，其因素是……许多点……这种点的这一绝对实体性建立了实践哲学中的原子论体系。在这种体系中，如同在自然的原子论中一样，和原子异在的知性变成规律。”[①]对近代社会的这种描述和从思想上把握它的这种尝试在后来的发展过程中曾反复出现。这一点大家是非常熟悉的，因此无需我们在这儿论证。而更重要的是，相反的观点也不是没有被提到。黑格尔早已清楚地认识到“自然规律”所具有的资产阶级的好斗特点[②]。后来，马克思也指出：“按照笛卡儿下的定义，动物是单纯的机器，他是用与中世纪不同的工场手工业时期的眼光来看问题的。在中世纪，动物被看

① 《费希特和谢林哲学体系的异同》，《黑格尔全集》，德文版第1卷第242页。马克思针对布鲁诺·鲍威尔的观点，清楚地证明了，任何一种这样的社会“原子”论无非是纯粹资产阶级立场在意识形态上的反映。见《神圣家族》，《全集》第2卷第153—154页。这一论断并没有取消这种观点的“客观性”：这些观点同样是物化的人关于他对社会态度的必然的意识形式。

② 《黑格尔全集》，德文版第4卷第528页。

作人的助手”[①];他还就此补充发表了一些意见,以说明这些关系的思想史。托尼斯对这种关系的论述则更清楚明白:“抽象理性的特殊情况是**科学的**理性,其主体是客观的人,认识关系的人,即用概念思维的人。科学的概念就其一般起源及实际性质而言是判断,通过判断给感觉复合体起了**名字**。因此,科学的概念在科学中的情况就像商品在社会中的情况一样,科学概念集中在体系中就像商品集中在市场上一样。最高级的科学概念,如原子的概念或能的概念,不再包含有现实东西的名称,它就相当于货币。”[②]进一 240
步研究抽象的谁在先的问题,或进一步考察自然规律和资本主义两者的历史因果次序,这不可能是我们的任务。(尽管本文作者并不想隐瞒,根据他的观点,资本主义经济发展在先。)要紧的只是要说明,一方面,人的所有关系(作为社会行为的客体)越来越多地获得了自然科学概念结构的抽象因素的客观形式,即自然规律抽象基础的客观形式,另一方面,这个“行为”的主体同样越来越对这些——人为地抽象了的——过程采取纯观察员,纯试验员的态度。

现在我要用几句话——有点离题地——来谈一谈弗里德里希·恩格斯对自在之物问题所作的评论。恩格斯的这些评论尽管和我们的问题没有直接的关系,但它们对广大的马克思主义者对这个概念的看法是有影响的,因此不加以澄清,很容易引起误解。

① 《资本论》第1卷,《全集》第23卷第428页注111。

② 《普遍性和社会》,德文第3版第38页。

恩格斯说："对这些以及其他一切哲学上的怪论的最令人信服的驳斥是实践，即实验和工业。既然我们自己能够制造出某一自然过程，使它按照它的条件产生出来，并使它为我们的目的服务，从而证明我们对这一过程的理解是正确的，那么康德的不可捉摸的'自在之物'就完结了。植物和动物身体中所产生的化学物质，在
241 有机化学把它们一一制造出来以前，一直是这种'自在之物'；当有机化学开始把它们制造出来时，'自在之物'就变成为我之物了，例如茜草的色素——茜素，我们已经不再从田地里的茜草根中取得，而是用便宜得多，简单得多的方法从煤焦油里提炼出来了。"[①]我们首先必须纠正一个发生在像恩格斯这样的黑格尔专家那里几乎是不可理解的使用专门术语不够精确的地方。对黑格尔来说，"自在"和"自为"这两个术语根本就不是对立的，而是相反：是必然**相关**的。某物只是"自在"地存在，对黑格尔来说，就意味着它只是"为我"而存在。"为我或自在"[②]的反题是"自为"，即这样一种存在方式，在那里客体的被思维同时就意味着是客体关于自身的意识。[③] 但这样一来，认为自在之物问题似乎意味着限制了具体扩大我们的认识的可能性，就是完全错误地理解了康德的认识论。相反，康德在方法论上确实是从当时最发达的自然科学，从

---

① 《路德维希·费尔巴哈和德国古典哲学的终结》，《全集》第 21 卷第 317 页。

② 例如《精神现象学》的前言，《黑格尔全集》，德文版第 2 卷第 20 页，及第 67—68 页，第 451 页等。

③ 马克思在常常被引用的、本文也引用了的关于无产阶级的一些重要论述中也应用了这一术语。见《哲学的贫困》，《全集》第 4 卷第 196 页。黑格尔关于整个问题的论述可参见《逻辑学》的有关部分，特别是《黑格尔全集》德文版第 3 卷第 127 页，第 166 页和第 4 卷，第 120 页，以及在不同的地方对康德的批判。

牛顿天文学出发的，并使自己的认识论完全适应这种天文学及其发展的可能性。他并因而必然地认为，这种方法是可以**无限地扩大的**。他的《批判》只是涉及，即使是对全部现象的完美的认识也只是对(对立于自在之物的)现象的认识；即使是对现象的完美的认识也决不能克服这种认识的**结构上的局限**，按照我们的说法，也就是决不能克服总体和内容的二律背反。不可知论的问题，与 242
休谟(以及与他虽然没有指名但特别想到了的贝克莱)的关系问题，康德本人在“驳观念论”[①]那一节里已经作了足够清楚的论述。恩格斯的最深的误解在于他把工业和实验的行为看作是——辩证的和哲学的意义上的——实践。其实，实验恰恰是最纯粹的直观。实验者创造了一种人为抽象的环境，以便排除主体方面和客体方面的一切起妨碍作用的不合理因素，从而有可能顺利地**观察**到被观察规律不受干扰地发挥的作用。他力求把他的观察的物质基础尽可能地归结为纯理性的“产品”，归结为数学的“理念的”材料。如果恩格斯在谈到工业时说这样的“产品”可为“我们的目标”服务，那么他大概暂时把他本人早在青年时代的天才论文中就已极其清楚地分析过的资本主义社会的基本结构忘记了，那就是资本主义社会是和这样一条“自然规律”有关的，这条自然规律“是以当事人的无意识为根据的”。[②] 工业——只要它是制定了目标的——在根本的意义上，在辩证的和历史的意义上，仅仅是社会的自然规律的客体，而不是其主体。马克思曾反复强调要把资本家

① 《纯粹理性批判》，德文版第 208 页等。

② 《政治经济学批判大纲》，《全集》第 1 卷第 614 页。

(如果我们是谈论过去或现在的“工业”,我们就只能是指资本家)看作只是一个特殊的戴假面具的人。例如当他把资本家发财致富的本能和货币贮藏者们加以比较时,他就尖锐地指出:“但是,在货
243 币贮藏者那里,这表现为个人的狂热,在资本家那里,这却表现为社会机构的作用,而资本家不过是这个社会机构中的一个主动轮罢了。此外,资本主义生产的发展,使投入工业企业的资本有不断增长的必要,而竞争使资本主义生产方式的内在规律作为外在的强制规律支配着每一个资本家。”[①]因此,“工业”,即资本家作为经济、技术进步的化身不是主动的,而是被动的,他的“主动性”仅仅在于正确地观察和估计社会的自然规律的客观作用,这一点对马克思主义说来是不言而喻的(恩格斯在别的地方也是这样解释的)。

总之,第三——回到我们原来的问题上——,批判哲学用转向实践以图解决问题,但它并没能解决理论上已被论证了的二律背反,而是相反,使其永恒化了。[②] 因为,客观必然性不管表现得多么合理和有规律,但由于其物质基础仍是先验的,始终保持在不可消除的偶然性中,本该以这种方式得到拯救的主体的自由,由于是

① 《资本论》第1卷,《全集》第23卷第649—650页。关于资产阶级的“虚假意识”可参见拙文《阶级意识》。

② 黑格尔反复的尖锐的批评都同这一点有关。但是连歌德(Goethe)对康德伦理学的拒绝也归结于这个问题。当然他是出于别的原因,并相应地采用了别的术语。康德的伦理学被赋予全面解决自在之物问题的任务,这一点在康德著作的许多地方都可以看到,如《道德形而上学基础》,德文版《哲学丛书》第87页;《实践理性批判》,德文版第123页。

空洞的自由，也不能不跌入宿命论的深渊。康德在《先验逻辑学》开始时就纲领性地指出：“没有内容的思想是空洞的，没有概念的直观是盲目的。”[①]但《纯粹理性批判》只能把这样要求的形式和内 244
容的相互渗透作为方法论的纲领提出来；就是说，它只能为这两个相互分离的领域中的每一个指出这种形式和内容的相互渗透**应该**在什么地方开始，而如果这种相互渗透的形式上的合理性**能够**允许它不仅仅是根据形式上的预测而预言形式上的可能性的话，它**会**在什么地方开始。自由既不能打破认识体系的感性必然性、宿命论自然规律的无感情，也不能赋予它们以意义，而认识的理性提供的内容，它所认识的世界，也同样不可能用活生生的生活来填充自由的纯形式规定。由于不能把形式和内容的联系理解为、“创造为”具体的联系，而且不仅仅是纯形式估计的基础，这就陷入了自由和必然，唯意志论和宿命论的不可克服的两难困境之中。自然过程的“永恒的、铁的”规律性和个体道德实践的纯内在的自由，在《实践理性批判》的结尾处表现为人的存在的两个永远相互分离的、但在这种分离中又是同样不能消除的基础。[②] 康德在哲学上的伟大就在于，在这两种情况下，他不是随心所欲地、独断主义地决定沿着哪个方向前进，从而掩盖问题的不可解决，而是坦率地、不折不扣地突出了问题的不可解决。

① 《纯粹理性批判》，德文版第 77 页。

② 关于这两个原则在方法论上的相互关系，可参见拙文《作为马克思主义者的罗莎·卢森堡》。

245

3

如果我们把这个问题的演变史往回翻过一页，考察一下处于思想上研究得不甚深入，然而实际上确实接近社会生活基础，因而处于更具体阶段的同一个问题的话，那么我们就可以十分清楚地发现，如同古典哲学中随处可见的情况一样，这个问题决不是一个纯思想问题，纯学术斗争问题。普列汉诺夫用如下二律背反的形式十分尖锐地强调了18世纪资产阶级唯物主义所受到的把握世界的思想限制：一方面**人表现为社会环境的产物**，另一方面，“**社会环境是由‘公众舆论’创造的**，就是说**是由人创造的**”。[①] 我们在看来是纯认识论的创造问题上，在关于“活动”主体，关于被统一地把握的现实的“创造者”的一系列问题上，所遇到的二律背反这时就显示了它自己的社会基础。普列汉诺夫的论述同样清楚地指出了直观的原则和（个体的）实践原则的两重性是通向这种二律背反的。我们在前面已经论证了这种二律背反是古典哲学的第一个高峰，是通向后来发展的出发点。霍尔巴赫和爱尔维修对问题的提法比较质朴，然而却使我们能较为清楚地窥探到构成这种二律背反的真正根据的生活基础。首先我们可以看到，随着资产阶级社会的发展，社会存在的所有问题都失去了它们的人的彼岸性。和
246 中世纪的、和近代初期（例如和路德）的社会观相反，这些问题表现为人的活动的产物。其次，我们可以看到，这个人必须是被资本主

① 《唯物主义史论集》德文版第54页及以下几页，第122页及以下几页。霍尔巴赫和爱尔维修是多么——当然是以质朴的形式——接近自在之物问题的，可参见同书第9，第51等页。

义人为地孤立了的、个体的、自私自利的资产者，因此意识是个体的、孤立的、鲁宾逊（Robinson Crusoe）式的意识。活动和认识表现为这一意识的结果。[1] 但是，第三，社会活动的行为特性却正因此被取消了。乍一看是作为法国唯物主义者（如洛克等）的感觉认识论的后果而出现的东西，即一方面认为“人的脑子只是一块能接受人们想在其中造成的一切印象的蜡块”（霍尔巴赫语，见普列汉诺夫前引书），另一方面又认为，只有人的有意识的行为才配称活动，当我们深入考察的时候，发现它们原是资本主义生产过程中资产阶级的人的地位的简单结果。这种情况的根源，我们早已多次强调指出过了：资本主义社会的人面对着的是由他自己（作为阶级）“创造”的现实，即和他根本对立的“自然”，他听凭它的“规律”的摆布，他的活动只能是为了自己的（自私自利的）利益而利用个别规律的必然进程。但即使在这种“活动”中，他也仍旧是——根据事物的本质——事件的客体，而不是主体。他的主动性的活动范围因而将完全是向内的：它一方面是关于人利用的规律的意识，另一方面是关于他内心对事件进程所作的反应的意识。

这种情况从根本上和不可避免地造成了问题的错综复杂和重 247
要概念的混乱，而资产阶级的人正是用这些概念来理解他和世界的关系的。自然的概念就这样变得模糊不清了。我们已经提到过的那种自然的定义，即事件规律的总和，只有康德作了最清楚的解

① 我们不可能在这儿提出关于《鲁宾逊漂流记》这类小说的历史。我只想请读者自己去参阅马克思的评论（《政治经济学批判》，《全集》第 46 卷上册第 18 页）和卡西勒对这一问题在霍布斯认识论中的作用所作的细致入微的论述，见前引书，II，第 61 及以下几页。

释。这个定义从刻卜勒、伽利略开始，一直沿用至今。从结构上来看，这个概念源自资本主义的经济结构，这是一再被证明了的。除了这个概念外，还有一个概念和它是完全不同的，并且包含了许多完全不同的意义，那就是**价值概念**。这两个概念相互之间是如此难解难分，我们考察一下自然法的历史就可以明白了。因为在自然法的历史中，自然从根本上来讲打上了资产阶级革命斗争的印记：即将到来的，发展着的资产阶级社会的“合规律的”、能预计的、形式上抽象的特点作为自然的东西出现在封建主义和极权主义的虚伪、专擅、混乱的旁边。但同时又响起了——人们可能会想到卢梭——一种意义上完全不同的、完全对立的自然概念的声音。这种自然概念越来越和这样一种感觉有关：社会形式（物化）使人失去了他作为人的本质，他越是占有文化和文明（即资本主义和物化），他就越不可能是人。而自然——在人们没有意识到它的完全相反意义的情况下——变成为一个容器。所有一切反对不断增长的机械化、丧失灵魂、物化的内在倾向都汇聚在这个容器中。这时它就获得了和人的文明的、人为的结构相对立而有机地成长起来的东西的意义，就获得了不是人创造的东西的意义。[①] 它同时被
248 看作是人的内心的一个方面，这一方面依旧是自然的，或至少具有

① 关于此点特别请参看《判断力批判》第 42 节。真正的和模仿的夜莺的例子，经过席勒（Schiller）对后来的整个问题的提出有着重大的影响。“有机的成长物”的概念怎样作为反对物化的战斗口号，经过德国浪漫派，历史法学派，卡莱尔、罗斯金等人，获得了一种越来越清楚的反动作用，这是一个非常有趣的历史问题，但不属于本文论述的范围。对我们来说，重要的也只是**对象的结构**：自然内在化的这个表面的顶点恰恰意味着完全放弃了对它的理解。作为内容的形式和自然规律一样，也是以未被理解和不能理解的客体（自在之物）为前提的。

重新成为自然的倾向和渴望。席勒这样谈到自然的形式:“它们是我们过去是的东西。它们是我们应该重新成为的那种东西”。于是,不可忽略的,和其他概念也是不可分地联系在一起的,就出现了第三种自然概念。在这种概念中,克服物化的存在造成的问题的价值性质和倾向表现得十分清楚。这时自然就意味着真正的人的存在,意味着人的真正的、摆脱了社会的错误的令人机械化的形式的本质:人作为自身完美的总体,他内在地克服了或正在克服着理论和实践、理性和感性、形式和内容的分裂;对他来说,他要赋予自己以形式,这种倾向并不意味着是一种抽象的、把具体内容扔在一边的理性;对他来说,自由和必然是同一的。

而当这种态度(我们认为这个解释性概念必定会有多种含义,但我们想先不管这一点)不必神话般地到一种先验结构中去寻找,
当它不仅表现为“心灵的事实”,表现为意识中的渴求,而且拥有一 249
个具体而现实的领域——艺术时,我们就更觉得是意外地发现了那个东西。我们在寻找它的时候,曾经停留在纯粹理性和实践理性的不可消除的二元论上,曾经停留在“行为”的主体,即“创造了”作为总体的现实的主体的问题上。本文不打算深入探讨艺术理论和美学提出的问题对 18 世纪以来全部世界观所起的越来越大的历史性作用。在这儿——在我们全部研究中也都是这样——对我们来说,唯一重要的是,指出造成这些问题的社会历史根源。这个社会历史根源赋予美学,即关于艺术的意识,以一种世界观性质的意义,这种意义是以前的艺术发展阶段从未能拥有过的。当然这决不意味着,艺术本身同时也经历了一种无与伦比的、客观的艺术的繁荣时期。相反,从客观上来看,这一发展过程中生产出来的艺

术作品除极个别的例外不算外，和早先繁荣时期是无法相比的。但重要的是，这一时代的**艺术原则**获得了体系理论的、世界观性质的意义。

这个原则就是创造一种具体的总体。它是这样一种形式观念的结果。这个观念恰恰是以关于其物质基础的具体内容为目标的。它因此能消除因素对整体的“偶然的”关系，能解决偶然和必然的纯粹表面的对立。大家知道，康德早在《判断力批判》中，就把在否则是不可调和的对立之间起中介的作用，即完善体系的作用赋予了这个原则。当然，即使是这种解决问题的尝试也不可能停留在对艺术现象作出解释和说明。这是不可能的，哪怕是因为这样发现了的原则，从一开始起——如同业已指出过的那样——就
250 和各种自然概念不可分离地联结在一起了，以至于它的直接使命就是起到一种解决全部(理论的、直观的或道德的、实践的)无法解决问题的原则的作用。费希特也曾提纲挈领地谈到过应该赋予这个原则的方法论功能：艺术“使先验的立场变成为普通的立场”①，这就是说，在先验哲学中只是一种可用来解释世界的很成问题的假设的东西，在艺术中以完善的状态存在着。艺术证明了，先验哲学的这种要求必然来自人的意识结构，这种要求必然植根于这种

① 《伦理学体系》第3部分第31节.载《费希特全集》,德文版第2卷第747页。也许是非常有趣和值得一为的任务是指出，方法论上如此罕为人理解的古典时期的自然哲学是怎样必然地产生于这种情况的。歌德的自然哲学是在反对牛顿对自然的“亵渎”的斗争中产生的，这不是偶然的；它也没有对后来的全部发展所提出的问题具有什么决定性作用。但这两点只能从人、自然和艺术的这种关系来理解；从方法论上回到作为反对数学的自然概念的首次斗争的文艺复兴时期的定性自然哲学上去，这一点也只有这样才能解释清楚。

结构之中。

但是对古典哲学来说，这个证明是一个至关重大的方法论问题。古典哲学——如同我们已经看到的——不得不向自己提出这样的任务：发现和指出那个“行为”主体，现实的具体总体可以被把握为是这个主体的产物。因为只有当在现实中能够证明意识中可能有这样一种主观性和可能有这样一种形式原则，内容的无关紧要性以及由此而引起的自在之物的，以及“理念的偶然性”等等的所有问题对这种原则不再有任何作用的时候，才有可能在方法论上具体超越形式理性主义，和通过对非理性问题（即形式对内容的
关系）的合理解决，把被思维的世界建立为一个完美的、具体的、充 251
满意义的、由我们“创造的”，在我们自身中达到自我意识阶段的体系。因此，随着艺术原则的发现，同时也出现了“直觉的知性”的问题。对这个直觉的知性来说，内容不是既定的，而是“创造出来”的，用康德的话来说[①]，它不仅在认识中，而且在直观中也是自动的（即主动的），而不是感受的（即直观的）。如果说这一切在康德本人那儿只是指出了体系**可能**在什么地方封闭和完成的话，那么这一原则和由艺术产生的对直觉的知性及其理念的直观的要求，在他的后继者那儿，就成为哲学体系的基石。

席勒的美学理论著作表现出了要求提出这个问题和指望具有解决问题的功能的倾向，而且表现得比那些哲学体系更为清楚。在那些体系中，纯粹的思想大厦粗一看暂时掩盖了那个作为那些问题根源的生活基础。如果说席勒把美学原则规定为游戏冲动

① 《判断力批判》，德文版第77节。

(以对立于形式冲动和内容冲动,对它们的分析以及席勒的全部美学著作都包含着关于物化问题的非常有价值的论述),那么他是在强调:“因为——让我们终于一吐为快——人,只有当他具有人这个词的完全意义的时候,他才游戏,而**只有在他游戏的时候,他才是完全的人**”[①]。席勒使美学原则远远地超出了美学的范围,并在这一原则中寻求解决人的社会存在的意义的问题的钥匙。这时,古典哲学的基本问题也就暴露无遗了。一方面,社会存在消灭了作为人的人这一点被认识到了。同时,另一方面,又揭示了这样的
252 原则:**应该怎样在思想上重建在社会上被消灭了的、打碎了的、被分散在部分性体系中的人**。如果说现在我们清楚地看到了古典哲学的基本问题的话,那么随同古典哲学事业的伟大、随同它的方法展示的未来的前景,它的失败的必然性也就呈现出来了。因为,如果说早期的思想家们幼稚地停留在物化的思想形式中,或者至多(例如在普列汉诺夫指出的那些情况下)被驱赶着走向客观的矛盾,那么资本主义人的社会存在的问题现在正被人们强烈地意识到了。

黑格尔说:“当统一的力量从人的生活中消失,当对立已经失去了它们的活的关系和相互作用,并正在赢得独立时,对哲学的需要就形成了。”[②]但限制这种尝试的情况也出现了。这是客观的,因为问题和答案从一开始起就被圈禁在纯思想范围内。只要这种限制是来源于批判哲学的独断主义的,那么这种限制就是客观的:尽管批判哲学在方法论上超出了形式理性的、推论的知性的界限,

① 《美育书简》,德文版第15封。

② 《费希特和谢林哲学体系的异同》,《黑格尔全集》德文版第1卷第174页。

变得比斯宾诺莎、莱布尼兹式的思想家们更带批判性，但它的方法论基本立场仍是理性主义的。理性的专断仍没有被触动和克服[①]。由于这样被发现了的原则一旦被意识到就显示出它只在狭小的范围内才有效，因此这种限制就是主观的。如果人只有“在他游戏的时候”，才是完整的人，那么从这一点出发，生活的全部内容 253
就可以被把握，并在这种形式中——在尽可能广泛意义上的美学形式中——就不会被物化机器所扼杀。生活的全部内容**只有**在成为美学的时候，才能不被扼杀。这就是说，世界或者必须美学化，这就意味着回避真正的问题，并用另一种方法把主体重又变为纯直观的，并把“行为”一笔勾销。或者是美学原则应该被提高为塑造客观现实的原则：但这样一来，直觉知性的发现就必然变为一种神话。[②]

① 谢林后期哲学的实际核心就隐藏在对**对此**的反对之中。只是思想上神话化的方法已转变为纯粹的反动。如同应该指出的那样，黑格尔意味着理性主义方法的绝对顶峰。因此对他的克服只能是思维和存在**不再处于直观的**关系之中，只能是**具体地指出**同一的主体—客体。谢林进行了荒谬的尝试：从相反方向，纯思想地走完这条路，并因此和一切古典哲学的模仿者们一样，他的终点就是对空洞的非理性的颂扬，就是一种反动的神话学。

② 我在这儿也不能进一步探讨问题的历史。我只想指出：这儿是从方法论上理解浪漫派提出的问题的地方。例如有名的、但罕为人理解的“嘲讽”这类概念就源自这种情况。除了F.施莱格尔外，非常不合理地被遗忘了的苏尔格以他的尖锐的问题也成了谢林和黑格尔之间的辩证方法的先驱。他采取了一种类似处于康德和费希特之间的迈蒙的立场。神话在谢林美学中的作用也可从问题的这种情况中得到解释。这些问题和作为情绪的自然概念是有联系的。这种联系是显而易见的。前后一致的，近代的艺术观的进一步发展表明，真正批判的，非形而上学地体现的艺术家世界观导致进一步撕碎主体的统一性，也就是导致现实的物化征兆的增加。（如福楼拜、康拉德·费德勒等人。）参见从方法论上论述这个问题的我的论文：《美学中的主—客关系》，见《逻各斯》第4辑。

当批判立场随着在对我们来讲是既定的现实中和我们对这现
实的关系中发现二律背反，被迫在思想上相应地也把主体撕成碎
254 片（也就是说，在思想上——尽管是部分地以加快的速度——复制
出它在客观现实中的分裂）时，创造过程的这种神话化——从费希
特开始——就更成为古典哲学必须使用的方法和成为古典哲学至
关重要的问题了。黑格尔好几次讽刺康德的“灵魂口袋”。这个口
袋里装着各种能力（理论的、实践的等等），必须从这个口袋里把它
们“拣出”来。但对黑格尔来说，为了克服这种把主体分解为独立
部分的做法（黑格尔不能怀疑它们的经验的现实，甚至它们的必然
性），除了创造出这种分裂，这种把具体的总的主体分解以外，没有
别的办法。

如同我们已经看到的那样，艺术具有雅努斯的两副面孔。随着艺术的发现，或者可以使主体的分裂增加一个新的领域，或者可以把能够具体揭示总体的这个牢固的基础抛在后边，并着手（至多把艺术用作例子）从主体方面来解决“创造”的问题。因此也就是不必再像斯宾诺莎那样，按照几何学的模式来创造现实的客观关系。**这个**“创造”应该既是哲学的前提，又是哲学的任务。这个“创造”无疑是既定了的（康德的问题：“存在着先验综合判断——它们怎样才是可能的呢？”），重要的是，要把这种分裂为各个部分的创造形式的——不是既定的——统一推论为创造的主体的产物，因此，说到底就是要创造“创造者”的主体。

255 **4**

这样一来，问题的提法就超出了纯认识论的范围。这种纯认

识论只是探求在“我们的”现实中既定的那些思维和行为的形式之“可能性的条件”。它的文化哲学倾向就是力求克服主体的物化的分裂及其客体的——同样是物化的——僵硬和不可理解。这种倾向这时就明确地表现出来了。歌德在描述了哈曼对他的发展所产生的影响以后，紧接着就把这种要求明白地表示出来：“人所做的一切，不论它们是由行动，由言语，或别的什么表现出来的，都必须源自全部统一的力量；一切孤立的东西都应受到指责。”[①]应该把注意力转向分裂的，但必须统一的人。这一点在艺术问题的重要性中已经表现出来了。但由于把这一点公开了，主体的“我们”在不同阶段具有的不同意义也就同样再也不能继续隐瞒下去了。这时，问题是被更强烈地意识到了，而且对问题的错综复杂已不像在自然概念时那样含含糊糊了。这样就只能使局面变得更加困难。主体统一的重建，人在思想上的得救，有意识地走的是超越分裂的道路。分裂的不同形式被看作是通向重建的人的必要阶段。当这些形式进入了对被把握的总体的正确关系之中，当它们成为辩证的时候，它们就分解为空洞的无。黑格尔说：“对立通常是在精神和物质，灵魂和肉体，信仰和知性，自由和必然等形式之下的，以及在有限的范围内，还是很突出的，对立并把人的所有利益都集中在自己的身上。但在教养的进步中，对立过渡为理性和感性，知性和自然对立的形式，对普遍的概念而言，过渡为绝对主观性和绝对客观性的对立的形式。扬弃这些固定化了的对立是理性的唯一志趣。它的这一志趣并不具有这样的意义：似乎它一般地是反对对

① 《诗和真》，第十二篇。哈曼的隐蔽的影响比人们通常认为的要大得多。

抗和限制的；因为必然的发展是生活的因素，而生活永远是在对立中形成的：而最有生气的总体只有通过重建，只有从最绝对的分离
256 中才能产生出来。”①因此，起源（Genesis）、认识创造者的创造，自在之物的非理性的分解，被埋葬的人的复活等等，现在都具体地集中在**辩证法**的问题上。直觉知性（对理性主义认识原则的方法论上的克服）的要求在这种方法中获得了一种清晰的、客观的和科学的形态。

辩证法的历史完全可以一直追溯到理性主义思想开始的阶段。但是现在问题发生了转变，使它和以往所有的问题都有了性质上的区别（例如，甚至连黑格尔本人在他对柏拉图的评论中也低估了这种区别）。因为一成不变的概念的溶化，和内容的逻辑问题，即和非理性问题的关系，在以往所有企图借助辩证法超越理性主义界限的尝试中，都不像现在这样清楚明白，以至于现在第一
257 次——在黑格尔《精神现象学》和《逻辑学》中——着手自觉地重新把握所有的逻辑问题，着手把它们建立在内容的物质特性之上，也就是逻辑、哲学意义的物质之上②。**具体概念**的崭新的逻辑学，即总体的逻辑学出现了。——当然在黑格尔本人看来，还是非常成问题的，而且在他之后，再也没有人认真地继续从事这项研究。而更主要的新的一点则是，主体在这儿既不是存在和概念的客观辩

① 《费希特和谢林哲学体系的异同》，《黑格尔全集》德文版第 1 卷第 173—174 页。现象学是对这样一种方法的最好的尝试（连黑格尔也没有超过这一点）。

② 拉斯克是近代最机敏、最有逻辑的新康德主义者。他十分清楚地认识到了黑格尔《逻辑学》中的这一转变：“连批评者也要承认黑格尔在如下一点上是对的：如果辩证地变化的概念是可以接受的，**这样，而且只有这样**，才能克服非理性。”《费希特的唯心主义和历史》德文版第 67 页。

证法的不变的旁观者（就像在埃利亚学派或者甚至在柏拉图那里那样），也不是它的纯思想可能性的实际主宰者（就像在希腊的诡辩家们那里那样），而是辩证的过程发生了，主要是在**主体和客体**之间的一成不变形式的僵硬对立溶化了。在辩证法过程中形成的不同水平的主观性，对某些早期的辩证法家们来说，似乎并不是完全不知道的（我们可以想到库萨的尼古拉关于“理性”〔ratio〕和“理智”〔intellectus〕的论述），但这种相对化指的只是各种主体和客体关系是同时存在的，或一个是凌驾于另一个之上的，或至多只是辩证地互相推演出来的。这种相对化还并不意味着是主体和客体关系本身的相对化，即流动变化（das Fließendmachen）。但是，只有在这后一种情况下，只有当“真理不仅被把握为实体，而且被把握为主体”；只有当主体（意识、思维）同时既是辩证过程的创造者又是产物；只有当主体因此在一个由它自己创造的、它本身就是其意
识形式的世界中运动，而且这个世界同时以完全客观的形式把自 258
己强加给它的时候，辩证法的问题及随之而来的主体和客体、思维和存在、自由和必然等等对立的扬弃的问题才可以被看作是解决了。

看来这会使哲学退回到近代早期的伟大的体系构造者们那儿去。斯宾诺莎宣布的观念的秩序和联系同事物的秩序和联系的同一看来相当接近这种立场。由于甚至连斯宾诺莎也认为在客体，在实体中找到了这种同一的根据，因此这种接近就更能令人信服（对谢林早期体系的形成也有重大的影响）。几何学的构造之所以能作为创造的原则而创造出现实来，只是由于它代表了这种客观现实的自我意识因素。但在这儿，从哪个方面来看，这种客观性都具有

一种与斯宾诺莎所主张的相反的方向，在斯宾诺莎那儿，每一个主观性，每一个特别的内容，每一个运动都在这种实体的僵硬的纯洁和统一面前消失殆尽。因此如果在这儿重新寻找事物的联系和观念的联系的同一，并且同样把存在根据作为首要的原则，如果这种同一恰恰应该有助于说明具体性和运动，那么恰恰是实体，恰恰是事物的秩序和联系的意义必须发生彻底变化这一点就清楚了。

古典哲学也紧紧接近到了这种意义变化的阶段，并突出了新的、第一次出现的实体，即此后应是哲学基础的事物的秩序和联系，那就是**历史**。为什么在历史中，而且只是在历史中，才存在着起源的具体基础，原因是多方面的。历数这些原因，几乎要把我们
259 以前的论述扼要地重复一遍，因为几乎在每一个不能解决的问题的后面，都隐藏着通向历史的道路，而这条道路也就是通向解决问题的道路。此外，有几个因素确实必须深入讨论一下，或至少应该提一下，因为起源和历史之间的联系的**逻辑必然性**，古典哲学本身并没有完全意识到，也不可能完全意识到（本文后面将提到这方面的社会、历史原因）。对理性主义体系来说，历史的变化是认识的障碍。这一点 18 世纪的唯物主义者就已认识到了[①]。他们根据

① 参见普列汉诺夫的论述，同前书第 9，第 51 页等。但从方法论上来看，只是对形式主义的理论主义才存在着一个不能解决的问题。尽管有人可能认为中世纪对这些问题的答案具有客观的、科学的价值，但可以肯定的是，对中世纪来说，并不存在这样的问题，也就更不存在不可解决的问题了。人们可以把普列汉诺夫引证的霍尔巴赫的论述（人们不能知道："是先有蛋，还是先有动物？"）和迈斯特·爱克哈特的"大自然把小孩变成人，把鸡蛋变成鸡；上帝使人先于小孩，使鸡先于鸡蛋。"（《高贵者的说教》）加以比较。很清楚，在这儿重要的只是**方法论**立场的鲜明对比。普列汉诺夫在这种方法论限制（这种限制使历史表现为自在之物）的基础上，正确地把这些探讨历史的唯物主义者称为天真的唯心主义者。《纪念黑格尔逝世 60 周年》见《新时代》，X，I，第 273 页。

自己的理性的独断主义，把这一般地看作是人的理性的永远不能消除的障碍。但是要洞察这一谬误的逻辑和方法论方面是很容易的，如果我们考虑到由于理性主义思维的目的是要使抽象化了的形式的内容能被进行形式上的估计，因此它就必须把这种内容——在当时有效的关系体系内部——定义为不可改变的。实际内容的生成（Werden），即历史的问题，对于这种思维来说，只能通过一种力求公平对待一切可预见的可能性的规律体系来加以把握。本文不打算讨论这实际上能做到多少。但方法论上颇有意义 260 的则是，这样一来，认识内容的性质和具体内涵这一方面的道路，和认识内容的生成，即历史这一方面的道路就给方法本身阻塞了：每一种这样的规律的本质就是，在它的适用范围内，没有任何新的东西能借助定义而发生。这样一个被想象为完美的规律体系尽管用不着再对个别规律加以修改了，但并不能预测新的东西。（事实是，生成，即新的东西对理性认识来说具有自在之物的特点，“错误源”〔Fehler-quelle〕的概念只是个别学科用来掩盖这一事实的一个概念而已。）如果古典哲学意义上的起源是可以达到的，那么古典哲学就必须创造一种内容变化的逻辑学以作为它的逻辑基础。为了这种逻辑学，它就要在历史中，在历史的生成中，在性质上新的东西的不断形成中，而且只有在这一切中，发现那个事物的典型的秩序和联系①。

① 这儿也只能简单地提一下这个问题的历史。这个问题上的对立不久就得到了清楚明白的阐述。我想举弗里德里希·施莱格尔对孔多塞尝试的批评（1795 年）为例，后者试图提出一种理性主义的历史解释（带有孔德、斯宾塞的特点）。“人的持久性是纯科学的对象，而人的改变，则相反，不论是个别人的，还是一群人的，都是人类史的对象。”《青年时期散文集》，维也纳 1906 年，第 2 卷第 52 页。

因为只要这种生成、这种新东西只是作为方法的界限，而不是既作为方法的结果、目标，又作为方法的基础而出现的话，那么概念——同被经历的现实的事物一样——必须保持那个僵硬的自我封闭性，这个封闭性只在表面上会被其他概念的并列所消除。只有历史的生成才真正消除事物和事物概念的——真实的——独立性及因此而造成的僵硬性。黑格尔在论述肉体和灵魂的关系时
261 说："因为如果这两者被规定为互相绝对独立的，那么它们实际上就是互不渗入的，如同人们假定每一种物质对另一种物质来说是不可渗入的，而且只存在于它们相互的不存在之中，存在于它们的细孔中一样；就像伊壁鸠鲁让神住在细孔中，但坚决认为它们和世界并没有什么共同性。"①但历史的生成消除了这种因素的独立性。恰恰是由于历史的生成迫使想与这些因素相符合的认识把概念结构建立在内容之上，建立在现象的独一无二的和新的性质上，因此它同时就迫使这种认识不让这种因素坚持其纯粹具体的独特性，而是把它们放到历史世界的具体的总体，放到具体的总的历史过程本身之中去，只有这样，认识才成为可能。

在这种立场中，自在之物非理性的两个主要因素，即个别内容的具体性和总体性表现为积极地转向统一，现在，随着这种立场，理论和实践的关系，以及随着这种关系，自由和必然的关系同时都

① 《哲学全书》，德文版第389节。在这儿，对于我们重要的当然只是问题的方法论方面。然而必须强调的是，所有直观的、形式理性主义的概念都显示了这种物化的不可理解性。近代从事物概念向功能概念的过渡丝毫没有改变这种情况，原因是就形式和内容的关系（在这里只有形式和内容关系才是决定性的）而言，功能概念和事物概念没有任何区别，而且正是它们把它们的形式理性主义结构推到了极点。

发生了变化。把现实看作是由我们本身创造的这种概念这时失去了它的以前多少有点虚构的性质:我们——根据已经引证过的维科的预言——自己创造了我们的历史。如果我们可以把全部现实看作为历史(即看作为**我们**的历史,因为别的历史是没有的),那么 262
我们实际上使自己提高到这样一种立场,在这种立场上,现实可以被把握为我们的“行为”。唯物主义者的困境就失去了任何意义,因为这种困境被发现原来是理性主义的局限性,是形式知性的独断主义,它只把我们有意识的行为认作为我们的活动,而把我们自己创造的历史环境,即历史过程的产物看作是依靠与我们异在的规律而影响着我们的现实。

现在,当新获得的认识,如同黑格尔在《精神现象学》里描述的“真理”变为“所有的参加者都为之酩酊大醉的一席豪饮”,当理性看来揭开了赛斯的神圣面纱,以便——按照诺瓦里斯的比喻——把自己看作是谜底时,这种思维的决定性问题,**行为主体的问题**,**起源的主体的问题**就重新,但现在是完全具体地出现了。要由“行动”来证明和指出的主体和客体的统一,思维和存在的统一,事实上,在思想规定的起源和现实生成的历史的统一中得到了实现,并找到了自己的基础。但是要理解这种统一,就必须指出历史是从方法论上解决所有这一切问题的场所,而且**具体地**指出这个是历史主体的“我们”,即那个其行为实际上就是历史的“我们”。

但在这一点上,古典哲学却倒退了,并且误入了概念神话的找不到出路的迷宫。本文下一部分将会指出为什么不**能够**找到这个起源的具体的主体,方法论上所需要的主体—客体。在这儿重要

263 的是，指出古典哲学由于这种错误而产生的局限性。黑格尔在哪一个方面都代表了古典哲学发展的顶峰。他也曾经极其认真地寻求过这个主体。众所周知，他想发现的这个“我们”就是世界精神，或者说得更好一点，就是它的具体形态，就是个别的国民精神。即使我们现在——暂时地——先不论这个主体的神话般的、因而是抽象的特性，那么我们也不能忘记，就算我们能不加批判地承认黑格尔的一切前提条件，这个主体也不能实现赋予它的方法论的和体系的功能(即使根据黑格尔的立场也是如此)。因为即使对于黑格尔来说，国民精神也只能是世界精神的“自然的”规定，就是说，是一种“只有在高级环节中，即在关于这种规定的本质的意识中抽去了局限性的规定，是一种只有在这种认识中，而不是直接地在其存在中，才具有其绝对真理的规定。”[1]由此首先可以得出这样的结论，国民精神只是在表面上是历史的主体，是它的行为的行动者：世界精神才是历史的主体，它利用符合实际要求，符合世界精神的观念的国民的“自然规定”，用通过它，超越它的办法来完成自己的行动。[2] 但这样一来，行为对行为者本人来说就变成先验的，表面上获得的自由突然变为对控制他们的规律进行反思的那种虚构的自由。这种自由是斯宾诺莎的扔掉的石头可能具有的，如果石头有意识的话。黑格尔确实用“理性的狡黠”来解释这样发现的历史结构。这样的历史结构是他的现实主义的天才既不能，也不愿否定的。但不可忽视的是，“理性的狡黠”只有在真正的理性被

① 《黑格尔全集》，德文版第 2 卷第 267 页。

② 《法哲学原理》，德文版第 345—347 节，《哲学全书》，德文版第 548—552 节。

发现而且实际上具体地被指出来以后才能不仅仅只是一种神话。那样一来，它才能是一种对于还未意识到的历史阶段的天才解释。264
但只有从自我发现的理性已经达到的立场出发，才能把这些阶段理解和评价为阶段。

这就是黑格尔哲学被无情地驱赶到神话的怀抱中去的地方。由于黑格尔哲学已经不可能在历史本身之中发现和指出同一的主体—客体，所以它被迫超越历史，并在历史的彼岸建立自我发现的理性的王国。然后从这个理性的王国出发，把历史把握为阶段，把出路把握为“理性的狡黠”。历史不可能构成整个体系的活的躯体：它成为整个体系的一部分，一个环节。这整个体系则在“绝对精神”中，在艺术、宗教和哲学中达到顶峰。但是历史是辩证方法的自然的、唯一可能的生存因素这一点太明显了，以至于这样一种尝试不可能成功。一方面历史——不合逻辑地——但不可避免地进入了那个方法论上早已必然处于历史彼岸的领域的结构之
中。[1] 另一方面，由于这种对待历史的不适当的和不彻底的态度 265
使历史本身失去了它的恰恰对于黑格尔体系来说是不可缺少的本质。因为第一，从现在起，它对理性的关系表现为是偶然的。黑格

① 在对体系的那些最后的论述中，历史是从法哲学向绝对精神的过渡。（在《精神现象学》里，关系更复杂，但从方法论上来看，同样是不明确和不清楚的。）因此，根据黑格尔《逻辑学》，绝对精神必须在自身中扬弃历史，这是因为绝对精神是先行的因素，即历史的真理。黑格尔哲学史的结论告诉我们，历史不会让自己在辩证方法中遭到扬弃。在黑格尔的哲学史里，即在体系的顶峰，在“绝对精神”自我实现的环节，历史重又出现并在它那一方面超越了哲学：“思想规定性具有这种重要性，这一点是不属于哲学史的一种进一步的认识。这些概念是世界精神的最简单显现，其较为具体的形态就是历史。”《黑格尔全集》，德文版第 15 卷第 618 页。

尔在本文前引的关于“哲学的需要”的论述之后接着就说：“理性的这种自我再生产在什么时候，和在什么地方，以及以什么方式以哲学的面目而出现，乃是偶然的。”[①]但是历史随着这种偶然性，跌落回它的刚被克服的事实性和非理性之中。如果它对于把握它的理性的关系，只是非理性内容对一般的形式的关系，对这种普遍的形式来说，具体的 hic et nunc，地点和时间，以及具体的内容都是偶然的话，那么理性本身就会屈从于辩证法以前的方法所特有的全部自在之物的二律背反。其次，绝对精神和历史之间的没有说明的关系迫使黑格尔采取一种方法论上很难理解的**历史终点**的观点，这个终点而且表现为，在他的时代，在他的哲学体系中可以看到所有前人的成就的完善和真理。必然的结论就是，历史必须在更深沉的、真正历史的领域里，在复辟了的普鲁士王国中，找到它的终点。第三，从历史中分解出来的起源经历了从逻辑经自然到精神的独特的发展。但由于所有范畴形式及其运动的历史性必然进入辩证方法之中，由于辩证法的起源和历史在客观上、本质上必然是互相联系的，而且在这儿只是由于古典哲学不能完成它的纲领才互相分道扬镳的，因此不可避免地，这个被设想为超历史的过
266 程在每一个环节上都表现出历史的结构。由于变得抽象的、直观的方法歪曲和糟蹋了历史，就这种方法自己这一方面而言，它就受到没有被把握的历史的践踏并被撕为碎片。（人们可以想一想从逻辑学到自然哲学的过渡。）但这样一来——如同马克思在他的黑

① 《黑格尔全集》，德文版第 1 卷第 174 页。不言而喻的是，费希特对这种偶然性的强调要厉害得多。

格尔批判中特别强调指出的那样[①]——“精神”的，即“观念的”造物主作用就变为纯粹的概念神话。我们又必须说（从黑格尔哲学本身的立场出发）：造物主在这儿只是表面上创造了历史。古典哲学本来要在思想上打碎形式理性主义的（资产阶级的、物化的）思想的局限性，并因而在思想上重建被物化消灭了的人，但在这种表面现象中，它的全部尝试都化为乌有。思维重又落入主体和客体的直观二元论的窠臼之中[②]。

的确，古典哲学把它的生存基础的所有二律背反都推到了它在思想中能够达到的最后的极点，它尽可能地在思想上表达了这些二律背反，但对这种哲学来说，它们仍是没有解决的和不能解决的二律背反。因此古典哲学在发展史上处于这样一种自相矛盾的境地：它的目的是从思想上克服资产阶级社会，思辨地复活在这个社会中并被这个社会毁灭了的人，然而其结果只是达到了对资产阶级社会的完全思想上的再现和先验的推演。只有这种推演的**方式**，即辩证的方法超越了资产阶级社会。但这一点在古典哲学本 267
身中只是以这些没有解决的和不能解决的二律背反的形式表达出来的，它们当然意味着是对那些二律背反的最深刻、最伟大的思想表述。那些二律背反是资产阶级社会存在的基础，是由这个社会——当然是以混乱和从属的形式—连续不断地生产和再生产出

① 参见拙文《什么是正统马克思主义?》。

② 但这样一来，连逻辑学本身也成了有问题的了。黑格尔要求概念是“重新建立的存在”（《黑格尔全集》德文版第 5 卷第 30 页），这种要求只能在实际创造出了同一的主体—客体的条件下才有可能。这一点的不能实现，使概念获得了一种康德唯心主义的意义，这种意义和它的辩证法的功能是矛盾的。对这一点的论述，则远远超出了本文的范围。

来的。因此古典哲学给以后的(资产阶级的)发展所能留下的遗产只是这些没有解决的二律背反。古典哲学道路的那种转变至少在方法论上开始超越这些局限性。把这种转变继续下去,并把辩证的方法当作历史的方法则要靠那样一个阶级来完成,这个阶级有能力从自己的生活基础出发,在自己身上找到同一的主体—客体,行为的主体,创世的“我们”。这个阶级就是无产阶级。

III. 无产阶级的立场

马克思在他早期对黑格尔法哲学的批判中,就已清楚地说明了无产阶级对社会和历史采取的特殊态度,即立场。从这一立场出发,无产阶级的作为社会和历史发展过程的同一的主体—客体的本质才能发挥出来:“如果无产阶级宣布迄今的世界秩序的解体,那么它只是讲出了它自己的存在的秘密,因为它的存在就是这一世界秩序的实际上的解体。”因此,无产阶级的自我认识同时也就是对社会本质的客观认识。追求无产阶级的阶级目标同时也就
268 是意味着自觉地实现社会的、客观的发展目标,这些目标如果没有它的自觉参与只能仍旧是抽象的可能性、客观的限制。①

但是随着无产阶级采取这种立场,甚至只是在思想上可能对社会采取某种立场,社会又发生了什么变化呢?“起初”毫无变化,这是因为无产阶级是作为资本主义社会制度的产物而出现的。它

① 参见我的论文《什么是正统马克思主义?》、《阶级意识》和《历史唯物主义的功能的转变》。由于这些论文的主题思想是如此密切相关。因此很遗憾,并不总是能避免重复的论述。

的存在形式竟是这样的——如本文第一部分所指出的——以至于物化在这些形式中必然表现得最明确，最强烈，造成着最深刻的非人化。因此无产阶级就和资产阶级一样，在生活的各个方面都物化了。马克思说："有产阶级和无产阶级同是人的自我异化。但有产阶级在这种自我异化中感到自己是被满足的和被巩固的，它把这种异化看作自身强大的证明，并在这种异化中获得人的生存的外观，而无产阶级在这种异化中则感到自己是被毁灭的，并在其中看到自己的无力和非人的生存的现实。"[①]

1

因此，看起来——即使对于马克思主义的世界观来说——客观现实似乎一点也没有变；只是对客观现实进行"评价的观点"发生了变化，只是重新强调它的"价值"。这种现象确实隐含着极其重要的真理因素。如果希望正确的观点不要不知不觉地变成正相反的东西的话，对这一因素就必须无条件地加以坚持。具体地说：
社会存在的客观现实，就其**直接性**而言，对无产阶级和资产阶级都 269
是"同样的"。但这一点并没有阻止这样一种情况：那些使两个阶级能意识到这种直接性，使赤裸的直接现实性对两个阶级说来能成为真正的客观现实性的**特殊中介范畴**，由于这两个阶级在"同样的"经济过程中的地位不同，必然是根本不同的。很清楚，随着这一问题的提出，我们——从另外一个方面——重又接触到资产阶级思想的根本问题，即自在之物的问题。这是因为，如果认为直

① 《神圣家族》，《全集》第2卷第44页。

接既定的东西之变成为真正**认识到的**（而不仅仅是直接**感知的**），并**因而**是真正的客观现实性，即中介范畴对世界图像的影响，只是某种主观的东西，只是对“始终未变的”现实的一种“评价”，那就等于重新使客观现实具有自在之物的特征。当然，把这一“评价”看作为仅仅是“主观的东西”，看作为没有触及事实的本质的那种认识声称，自己恰恰是在向真正的事实逼近。它的自我欺骗在于，它对自己立场的制约（特别是对自己的立场受其基础——社会存在的制约）持不批判的态度。例如李凯尔特，他的这种历史观具有最发展的、思想上最精致的形式，他这样谈到过研究“自己的文化环境（Kulturkreis）”的历史学家：“如果历史学家基于对他所隶属的集体（Gemeinschaft）的价值的考虑，来构造他的概念，那么他
270 的描述的客观性将完全依赖于实际材料的正确性，同时究竟是过去的这个事件，还是那个事件才是主要的这样一个问题就根本不会出现。如果他，举例来说，把艺术的发展和美的文化价值，把国家的发展和政治的文化价值联系起来的话，他就会摆脱任何随意性，只要他放弃非历史的**价值判断**，那么他提出的描述对于任何一个把美的文化价值或政治的文化价值认作为普遍适用于他的集体成员的人来说，就都是适用的。”[①]用实质上未被认识的，只是形式上适用的“文化价值”作为有价值关系的历史客观性的基础，看来似乎消除了进行评价的历史学家的主观性，但是这只不过是把“对他的集体（即对他的阶级）有效的文化价值”这一事实性当作客观性的标准、导向客观性的向导。随意性和主观性被从个别事

① 《自然科学概念构成的界限》，德文第2版第562页。

实的素材中，从对这些事实的判断中挪进了标准本身，挪进了“有效的文化价值”中，对于“有效的文化价值”的评价，甚至对它们的有效性的研究，**在这种基础上**将是不可能的：“文化价值”对历史学家来说成了自在之物。这是一种结构的发展，我们可以从本文第一部分对经济学和法学的考察中，发现存在着类似的情况。但是问题的另一方面要重要得多，这就是形式—内容关系的自在之物特征必然提出**总体的问题**，李凯尔特对此也作了值得称道的清晰的阐发。他在强调了实质性的价值理论对历史哲学在方法论上的必要性以后，接着说道：“一般的历史或世界史只能借助文化价值体系才能**统一地**加以编写，并且就这方面而言，也是以实质性的历史哲学为前提的。此外，对于纯经验历史描述的科学客观性的问 271
题来说，价值体系的知识是没有什么用的。”[①]然而问题是：个别的历史描述和一般的历史的对立仅仅只是**范围**问题？或者，这也同**方法论**问题有关？当然就是按照李凯尔特的认识论模式，历史科学在第一种情况下，也是十分成问题的。这是因为历史的“事实”必须——不论它们有什么“价值特征”——坚持未被加工的、未被把握的事实性，因为真正把握它们的、认识它们的真正意义的、认识它们在历史过程中的真正作用的每一个可能性，都由于在方法论上放弃了对总体的认识，而**完全**成为不可能的了。一般的历史的问题——如同已经指出的那样[②]——是一个方法论的问题。这个问题在对极短的一段历史的描述，或对历史片断的描述时，都是

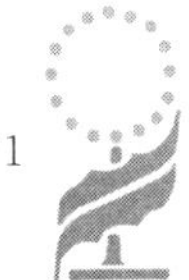

① 《自然科学概念构成的界限》，德文第 2 版第 606—607 页。

② 参见我的论文《什么是正统马克思主义？》。

必然要出现的。这是因为作为总体的历史(一般的历史)既不只是个别历史事件的机械总和,也不是一个对立于别的历史事件的先验的观察原则,这样一个原则因此只能借助于特殊的学科,即历史哲学,才能发挥作用。历史的总体本身主要是一种——尽管到目前为止还是不自觉的,因而还是没有被认识的——真正的历史的力量,这种力量不能脱离个别事实的现实性(因而不能脱离认识),而不同时消除它们的现实性,即它们的事实性本身。这种力量就是它们的现实性、即它们的事实性,因而是它们的真正的可知性(作为个别事实)的真正主要的依据。我们在上面提到过的文章中,曾把西斯蒙第的危机理论当作例子以便指出,即使正确地考察
272 了所有的细节,但由于没有充分运用总体范畴,因而也阻碍了对个别现象的真正认识。我们也指出了,放到总体之中去(其前提是假定,正是历史过程的**整体**才是真正的历史现实)不仅极大地改变了我们对单个现象的评价,而且对象的结构,即**单个现象**的实际内容——**作为**单个现象——也因此根本地改变了。如果我们把资产阶级经济学对机器作用的论述和马克思的相比较,那么这种孤立地考察各个历史现象的做法和总体观点的对立就更一目了然了。马克思是这样论述的:“同机器的资本主义应用不可分离的矛盾和对抗是不存在的,因为这些矛盾和对抗不是从机器本身产生的,而是从机器的资本主义应用中产生的!因为机器就其本身来说缩短劳动时间,而它的资本主义应用延长劳动日;因为机器本身减轻劳动,而它的资本主义应用提高劳动强度;因为机器本身是人对自然力的胜利,而它的资本主义应用使人受自然力奴役;因为机器本身增加生产者的财富,而资本主义应用使生产者变成了需要救济的

贫民，如此等等，所以资产阶级经济学家就简单地宣称，对机器本身的考察明确地证明，所有这些显而易见的矛盾都不过是平凡现实的假现象，而就这些矛盾本身来说，因而从理论上来说，都是根本不存在的。”①

让我们——暂且——不论资产阶级经济学考察方法所具有的阶级辩护士的性质，并从纯方法论的角度来考察一下这种对立，那 273
么我们就可以看到，资产阶级的考察方法把机器看作是孤立的、独一无二的，是纯粹真实的“个体”（因为作为经济发展过程的现象，**机器**——不是指单个样机——用李凯尔特的话来说是历史的个体），这种方法把机器在资本主义生产过程中的作用看作为机器的“永恒的”根本核心，看作为它的“个性”的不可分离的组成部分，从而歪曲了机器的真正的客观属性。从方法论上来讲，这种考察方法就这样把每一个被考察的历史对象变成了一个不变的单子。这个单子和——被同样看待的——其他单子是不发生相互作用的。它在自己的直接存在中拥有的那些特性似乎是附着在它身上的不可消除的本质。它虽然因而保持了一种个体的独特性，但这种独特性却仅仅是事实性的独特性，即正就是如此（Gerade-so-sein）的独特性。“价值关系”丝毫也不改变这种结构，因为它只是使在无数个这样的事实性中加以**挑选**成为可能。就像这种个体的历史的单子的相互关系是一种表面的、只是对它的简单的事实性加以描述的关系一样，它们和指导挑选的价值关系原则的关系也是纯事实的，即偶然的。

然而，历史的本质恰恰在于那些**结构形式**的变化（19 世纪真

① 《资本论》第 1 卷，《全集》第 23 卷第 483—484 页。

正重要的历史学家，如里格尔、狄尔泰、德沃夏克等都不能不注意到这一点），人借助这些结构形式和他当时的环境世界发生关系，这些结构形式决定了人的内部生活和外部生活的客观属性。但这一点只有当个性，即某个时代、某个人物的独特性就在于这些结构的特点，即在它们之中和通过它们被发现和被揭示的时候，才是客观上真正可能的（和才能相应地被把握）。然而，直接的现实，无论
274 是对于经历这一现实的人，还是对于历史学家来说，都不是直接地存在在这些真正的结构形式之中的。这些结构形式还必须寻找和发现，而发现它们的途径就是认识作为总体的历史发展过程的途径。乍一看，这种发现和寻找似乎是一种纯思想的运动，是一个抽象化的过程，而任何一个囿于直接性之中的人，一辈子也都不能超越这“第一印象”。但这种假象本身就源自他们习惯于对纯直接性的思维和感觉，在这种直接性中，对象的直接既定的物的形式，它们的直接的存在和存在方式（Dasein und Sosein）似乎是首要的、真实的、客观的，而它们的关系则相反，似乎是次要的、纯主观的。对于这种直接性来说，任何真正的变化都必然相应地表现为某种不可把握的东西；对于直接性的意识形式来说，不可否认的变化的事实都表现为灾难，表现为外来的，排除了中介的突然而意外的变化。[①] 为了能从根本上把握住变化，思维必须不再把对象视为是

① 参见普列汉诺夫对18世纪唯物主义的论述，同前书，第51页。资产阶级的危机理论、法律起源理论等等都采取了这种方法论立场。这一点我们在第一部分已经指出过了。每一个人都可以很容易地在历史本身中看到，一个非世界史的、不是始终与发展过程的总体相联系的考察必然把历史上最重要的那些转折点视为无意义的灾难。这是因为它们的原因是存在于灾难本身之外的，它们的结果在这些灾难中表现得最为可怕。人们可以想一想民族大迁移，想一想从文艺复兴以来德国历史走的下坡路，等等。

相互绝对排斥的，必须把它们相互的关系，这些“关系”和“事物”的相互作用都一样看作是现实的。和纯直接性的距离越远，这些“关 275
系”织成的网越大，“事物”越是彻底地进入这些关系体系，变化似乎就越能抛弃它的不可把握性，就越能抛弃它的可怕的本质，并因而变成是可以被把握的。

然而，这只有当这种对直接性的超越沿着使对象更加具体化的方向前进，当这样达到的中介概念体系（按拉萨尔关于黑格尔哲学的巧妙说法）成了“经验的总体”时，才能实现。形式的、唯理的、抽象的概念体系在方法论上的局限性我们已经看到了。在这儿，重要的是坚持，**这样**通过这种概念体系消除历史事实的纯事实性在方法论上是不可能的（这也是李凯尔特和近代历史理论的批判努力之所在，他们也成功地作出了**这样的**论证）。用这种概念体系所能够达到的，至多只是关于历史现象和社会现象的形式的、程式化的类型学，历史事实可以被当作**例子**，在把握的体系和被把握的客观现实之间，也因此只剩下了一种同样是纯粹偶然的关系。在一种寻求“规律”的幼稚的“社会学”（如孔德、斯宾塞类型的社会学）中，可以发生这种情况，这时，结果的荒谬说明了要在方法论上解决这一任务是不可能的。这种方法论上的不可能性也可能从一开始就被——批判地——意识到了（如马克斯·韦伯），于是一种历史的辅助学科就这样出现了，但结果仍是一样的：历史的事实性问题重又被提了出来，对于纯历史观来说，直接性没有被消除，而 276
是被保留下来了，而不论这是他们愿意看到的结果，还是不愿意看到的结果。

我们把李凯尔特意义上的历史学家的态度（从批判的角度来

看，是资产阶级发展中最清醒的一种）称作是陷入了纯直接性的态度。看来这种做法和下述这样一种明显的事实是相矛盾的：历史现实性本身只能在复杂的中介过程中才能被达到，被认识和被描述。然而不能忘记，直接性和中介本身都是辩证过程的因素，存在的每一个阶段和理解它的每一个阶段都具有《现象学》意义上的直接性，那里说，对于直接既定的客体，“我们应该采取同样**直接的**或**接受的**态度，也就是说，不应该去改变它，不应该去改变它呈现的样子。”[①]超越这种直接性只能是客体的起源（Genesis），即“创造”（Erzengung）。但这是以下述条件为前提的，即那些使得有可能超越既定客体存在的直接性的中介形式能被描述为客体本身的**结构构造原则和真正的运动倾向**，也就是思想的起源和历史的起源在原则上应该是相吻合的。我们曾密切注视思想史的进程，在资产阶级思想发展的过程中，这两个原则的分离越来越严重。我们可以肯定，由于这种方法论上的两重性，现实分解为一堆不能理性化的事实，一张内容空洞的纯形式的“规律”的网罩在了它们的上
277 面。“在认识论上”对直接既定世界（及其可思维性）的这一抽象形式的超越使这种结构永久化，并——首尾一致地——证明了这种结构是可以这样把握世界的必要“条件”。但是，由于它能不沿着真正创造客体——在这种情况下，是思维的主体——的方向完成它的“批判”运动，而是走相反的方向，这种对现实的贯彻到底的“批判”到末了又回到了**资产阶级社会的普通人在日常生活中所面对的那同样的直接性上来。它表现为概念的形式，但是完全保存**

① 《黑格尔全集》，德文版第2卷第73页。

了自己的直接性。

因此，直接性和中介就不仅是对待现实的客体所采取的相互隶属、相互补充的方式，而且还同时是——依照这一现实性的辩证性质和我们为把握它所作努力的辩证性质——辩证地相关的规定。这就是说，每一种中介都必然地要产生一种立场，在这种立场上，由这种中介创造出来的对象性采取直接性的形式。这就是资产阶级思想和(由各种各样的中介说明和揭示了的)资产阶级社会的社会的和历史的存在的关系。由于不可能看到更多的中介，由于不可能把资产阶级社会的存在和产生把握为那个曾“创造”了已被把握了的认识总体的同一个主体的产物，**资产阶级思想的最终的、决定整个思想的立场就变成为纯直接性的立场**。这是因为按照黑格尔的话来说，“中介的东西必须是两个方面在其中合一的东西，这就是说，意识从一个因素认出另一个因素，从命运认出它的目的和动作，从它的目的和动作认出它的命运，**从这种必然性认出** 278
它自己的本质。”[①]

但愿我们迄今的论述已足够清楚地指出了，资产阶级思想恰恰缺少了而且不能不缺少这个中介。马克思在无数地方从经济学的角度证明了这一点[②]。资产阶级经济学关于资本主义经济过程的错误观点，十分显然要归因于缺少中介，归因于在方法论上没有使用中介范畴，归因于直接接受了推导出来的对象性形式，归因于陷入了——纯直接的——表象阶段。我们在第二部分曾经十分明

① 《黑格尔全集》，德文版第 275 页。

② 例如可参见《资本论》第 3 卷，《全集》第 25 卷第 384—385，第 399—400，第 424，第 429—431，第 442—443 页等。

确地指出了资产阶级社会的性质及其思想方法局限性所造成的思想结果，我们指出了这种思想必然达到的二律背反（主体和客体，自由和必然，个体和社会，形式和内容等等的矛盾）。现在要紧的则是要看到，资产阶级思想尽管是在经过最大的思想努力之后才达到这些二律背反的，然而却把这些二律背反所以产生的基础当作是理所当然的，当作必须接受的事实而加以承认，即对它采取一种直接的态度。例如西美尔就关于物化的意识形态结构这样说："所以，既然这些相反的倾向已经产生了，就让它们去努力追求一种绝对明确地相分离的理想；随着生活的全部内容变得越来越带物质性的和非人格化，生活的没有被物化的其余部分则可能变得
279 更加人格化，更加无可争辩地变成我自己的。"[①]但这样一来，恰恰是应该通过中介而产生和才能理解的东西变成了解释一切现象的原则，这个原则不但被接受，而且甚至被抬高为价值。资产阶级社会的存在和存在方式没有解释清楚和不可能解释清楚的这样一个事实，获得了永恒的自然规律或永远有效的文化价值的性质。

但这同时也就是历史的自我扬弃。马克思曾这样论述资产阶级经济学："于是，以前是有历史的，现在再也没有历史了。"[②]尽管这种二律背反后来采用了越来越精巧的形式，甚至采用了历史循环论（Historismus），采用了历史相对主义的形式，但对基本问题本身，对历史的扬弃并无一丝改变。当我们把**现在的问题看作是历史问题时**，我们就会十分清楚地看到资产阶级思想的这种非历

① 《货币的哲学》，德文版第531页。

② 《哲学的贫困》，《全集》第4卷第154页。

史的、反历史的本质。我们没有必要在这儿举例说明。所有资产阶级思想家和历史学家都没有能力把现在的世界历史性事件把握为世界的历史。自从世界大战和世界革命以来，这种无能对任何一个能冷静地进行评价的人来说，都还可怕地记忆犹新。这种严重缺陷使极其可敬的历史学家和敏锐的思想家降到了最糟糕的地方小报的可怜而可鄙的思想水平。这种缺陷不能简单地和在任何情况下都用外界的原因（如书报检查，和为了适应“民族的”阶级利益等等）来说明。这种缺陷自有其方法论的原因，即认识的主体和客体之间的直观的和直接的关系创造了费希特所说的那个“黑暗空虚”的非理性空隙，它的黑暗和空虚也出现在我们对过去的认识 280
中，然而在那里被空间和时间的距离、被历史的间隔遮盖住了，而现在却必须让它暴露无遗。

恩斯特·布洛赫举了一个巧妙的比喻，这也许比我们无论如何也不可能做到的详细分析更能说明这种方法论上的局限性。如果大自然成了风景——而农民虽生活在大自然中，却并没有意识到这一点——，那么艺术家对风景的直接经历是以观察者和风景之间的距离为前提的，当然这种经历是要经过许多中介才能达到这一直接性的。观察者站在风景的外边，否则的话，大自然对他来说，是不可能成为风景的。如果他在不超越这种审美的、直观的直接性的情况下，试图把自己和空间上直接包围着他的大自然一起放到“作为风景的大自然”中去，那么他马上就会明白，风景只有在和观察者保持一定的，当然是随时不同的距离的条件下，才**开始**成为风景的，他也只有作为空间上被隔开的观察者才能具有和大自然的风景关系的。这在这儿当然只能作为从方法论上来说明实际情况的例子，因为人和大自然的风景关系在艺术中得到了恰如其分和明白无误的表达，虽然不应该忘记，我们在当代生活中到处都可以遇到的主客体之间不可消除的距离也出现在艺术之中，而且艺术只意味着是刻画这一问题，而不是真正解决这一问题。但就历史而言，一旦它被迫进入到现在——而这是不可避免的，因为我们对历史感兴趣，归根到底是为了真正懂得现在——布洛赫所说
281 的这种“有害的空间”就会变得十分显眼。这是因为我们看到了，资产阶级的直观态度没有能力把握历史，这种没有能力分化为两个极端：一个是作为专横的历史创造者的“伟大的个人”，一个是历史环境的“自然规律”。当要求它们对全新的事物的本质，即现在的本质作出解释的时候——不论它们是单独地，还是联合在一起——都同样显得无能为力。[①] 艺术作品的内在完善能够掩盖横在这里的深渊：它的完善的直接性不许可进一步寻找从直观立场来看是不再可能的中介。但是现在作为历史问题，作为实际上不可回避的问题，迫切需要这种中介。必须试一试。但在这种尝试中，出现了这样的情况，那就是黑格尔在上面提到的对中介作了规定以后，曾这样谈到自我意识的一个阶段：“因此，在它经历了必须弄明白自己的真理的过程以后，意识对它自己来说也成了一个谜。

① 我又要提到普列汉诺夫指出的旧唯物主义的两难困境。任何一种资产阶级历史观的逻辑立场都力图把“群众”机器化和把英雄非理性化。这一点马克思已向布鲁诺·鲍威尔指出过了(《神圣家族》,《全集》第2卷第99页及以下几页)。举例来说，我们可以在卡莱尔或尼采那儿发现这样一种两重性历史观。即使像李凯尔特那样谨慎的思想家(尽管是有保留的，见前引书，德文版第380页)也倾向把“环境”和“群众运动”看作是由自然规律所决定的，和只把个人看作为历史的个体(见前引书，德文版第444,第460—461等页)。

在它看来，它的行为的结果不是它的行为本身；对它来讲，它的经历不是对自在地存在着的事物的经历。这种变化不仅是同样的内容和本质的形式上的变化。同样的内容和本质一方面被设想为意识的内容和本质，另一方面又被设想为它自身的对象或被直观到的本质。因此，抽象的必然性只适用于消极的、未被把握的普遍性的力，这种力把个性打了个粉碎。”

2 282

无产阶级的历史认识开始于对现在的认识，开始于对自己的社会地位的自我认识，开始于对具必然性（即其起源）的阐明。只有当一方面人类存在藉以形成的全部范畴表现为这种存在本身的规定（而不仅是它的可把握性的规定），另一方面这全部范畴的顺序、关系和联系表现为历史过程本身的因素，表现为现在的结构特征时，起源和历史才可能一致，或更确切地说，才可能纯粹是同一过程的因素。范畴的顺序和内在关系因而既不构成一种纯逻辑的次序，也不是按照纯历史的事实来排列的。“它们的次序倒是由它们在现代资产阶级社会中的相互关系决定的，这种关系同看起来是它们的合乎自然的次序或者符合历史发展次序的东西恰好相反。”①而这又是以如下情况为前提的：人在理论上和实践上所面临的世界呈现出一种对象性，这种对象性——如果加以正确而透彻的思考和把握的话——决不会保持在一种和以前揭示的形式相似的纯直接性上，因此可以被看作是介于过去和未来之间的贯穿

① 《政治经济学批判》，《全集》第12卷第758页。

因素，这样一来可以用它的一切范畴关系来说明它是人的产物，是社会发展的产物。但随着问题这样被提出，社会的"经济结构"问
283 题也被提出来了。因为，就像马克思在反对假黑格尔主义者和庸俗康德主义者蒲鲁东错误地把原则（即范畴）与历史割裂开来的论战中所指出的那样，"如果我们进一步自问一下：为什么该原理出现在11世纪或者18世纪，而不是出现在其他某一个世纪，我们就必然要仔细研究一下：11世纪的人们是怎样的，18世纪的人们又是怎样的，在每个世纪中，人们的需求、生产力、生产方式以及生产中使用的原料是怎样的；最后由这一切生存条件所产生的人与人之间的关系是怎样的。难道探讨这一问题不就是研究每个世纪中人们的现实的、世俗的历史，不就是把这些人既当作剧作者又当成剧中人物吗？但是，只要你们把人们当成他们本身历史的剧中人物和剧作者，你们就是迂回曲折地回到真正的出发点，因为你们抛弃了最初作为出发点的永恒的原理。"①

但如果认为，这一立场意味着简单地接受直接既定的（即经验的）社会结构的话，那就将是一个谬误，而这种谬误正是每一个庸俗马克思主义者的方法论出发点。而且现在所指的对经验的拒绝，这种对它的纯粹直接性的超越决不是对这种经验的简单的不满，决不是一种简单的——抽象的——改变它的愿望。这样一种愿望，这样一种对经验的评价，事实上仍可能是纯主观的，是一种"价值判断"，一种意愿，一种乌托邦。但尽管乌托邦的意愿采取的是哲学上较为客观、较为精致的"应该"（Sollen）的形式，但这种愿

① 《哲学的贫困》，《全集》第4卷第148—149页。

望决没有超越对经验的接受，并因而同时决没有超越哲学上更精 284
致的，旨在变化的纯主观主义。这是因为，“应该”在康德哲学中获得了它的经典的纯粹的形式，而这种形式的“应该”是以应该的范畴在原则上对之**不适用**的某种存在为前提的。因此，正是因为主体拒绝简单地接受它那经验地既定的存在是采用应该的形式，经验的直接既定的形式得到了哲学上的证明和崇奉；它在哲学上被永恒化了。康德说：“现象界中没有什么东西是可以用自由的概念来加以说明的，在那个范围内，必须始终由自然力学来构成主线。”[①]因此，对于每一种应该的理论来说，剩下的只是一种两难困境：或者让——无意义的——经验的存在不加改变地存在下去（由于应该问题在一种有意义的存在中是根本不可能出现的，因此经验的无意义乃是应该的方法论前提），这样就赋予应该以纯粹主观的性质；或者这种理论必须假定一种既超越存在又超越应该的原则，以便能说明应该对存在的真正影响。然而这个受欢迎的、早先已由康德倡导的借口无限进展的解决办法只是掩盖了这个问题的不可解决性。从哲学上来看，重要的确实不是规定应该为了改造存在而需要多长时间，而是必须指出应该借以**总能**影响存在的那些原则。但由于把自然力学规定为是存在的不可改变的形式，由于严格地、二元论地把应该和存在划分了开来，由于应该和存在在这种对峙中所具有的、在这种立场上是不可消除的僵化性，恰恰这
一点在方法论上变得不可能了。而方法论上不可能的东西从来也 285

① 《实践理性批判》德文版第 38—39 页，也可参见第 24，第 123 页等；《道德形而上学基础》，德文版第 4，第 38 页。也可参见黑格尔的批判，见《黑格尔全集》，德文版第 3 卷第 133 页及以下几页。

不能先是被无限地缩小，然后被分散在一个无限进展中，而最后会突然作为一种现实而重新出现的。

不过，资产阶级思想正是在无限进展的思想中找到摆脱历史事实使它面临的矛盾的出路，确实完全不是偶然的。因为照黑格尔的说法，“假如说，相对的规定一直被推进到对立，以至它们都在不可分的统一之中，而每一规定又都被赋予一个独立于其他规定的存在，那么，哪里有这种情况，哪里便会出现上面所说的进展，因此，这个进展就是未解决的矛盾，而且总是显示出当前有矛盾。”[①]黑格尔同样也指出了，方法论的运用构成无限进展的逻辑前提，它是这样运用的，那就是使这一进展的在质上现在和以后都不可比较的因素进入一种纯粹的量的相互关系，但同时使“每一个因素都被认为是对这种变化漠不相关的”[②]。这样一来，旧的自在之物的二律背反就以新的形态重新出现了：一方面存在和应该继续保持它们的僵硬的、不可逾越的对立，另一方面通过这种纯粹表面的、外在的、不触及它们的非理性和事实性的联系，在它们之间创造了一个表面的生成环境，这时，历史的真正主题，即产生（Entstehen）和消失（Vergehen）才真正陷入了不可理解的黑夜之中。这是因
286 为不但过程的基本因素之间的关系，而且过程的各个阶段之间的关系都必须被简化为量的关系，这时确实出现的逐渐过渡的表面

① 《黑格尔全集》，德文版第 3 卷第 147 页。参见杨一之先生译《逻辑学》商务版上卷第 141 页。黑格尔原文中的 Dasein，杨一之先生译为“实有”，本书译者在引用时，为与全书译名统一，改为“存在”。——译者注

② 《黑格尔全集》，德文版第 3 卷第 262 页。参见杨一之先生译《逻辑学》上卷第 250 页。

现象就被忽视了。“但逐渐性只涉及变化的外部，而不涉及变化的质；无限地接近后面关系的前面的量的关系仍旧是另一种质的存在……人们喜欢通过过渡的逐渐性力图**把握**变化；但逐渐性反倒恰恰是纯粹无关紧要的变化，是质的变化的反面。两种实在性——它们被看作状况或看作独立的事物——的关系倒是在逐渐性中被扬弃了；被建立起来的是，一种实在性完全外在于另一种实在性；这时恰恰是为了**把握**而必需的东西被取消了，虽然为了把握而需要的东西还是那样的少。……这样一来，产生和消失一般地就被扬弃了，或者说，自在的东西，即内在的东西（某物在存在以前就在其中）被变成微小的外部存在，而本质的和概念的区别被变成外在的、纯粹的量的区别。”①

因此，对经验的直接性及其同样只是直接的、理性主义的反映的超越就不能上升为一种超越（社会）存在内在性的尝试，如果说这种错误的超越本不应该再次用哲学升华的方式使经验的直接性及其一切不可解决的问题固定下来和永恒起来。相反，对经验的超越至多只能意味着，经验的客体本身被把握为和理解为总体的因素，即把握为和理解为历史地变革着的整个社会的因素。因此，中介的范畴作为克服经验的纯直接性的方法论杠杆不是什么从外 287
部（主观地）被放到客体里去的东西，不是价值判断，或和它们的存在相对立的应该，**而是它们自己的客观具体的结构本身的显现**。

① 《黑格尔全集》，德文版第3卷第432—435页。参见杨一之先生译《逻辑学》上卷第402—405页。普列汉诺夫的功绩是早在1891年就已指出了黑格尔逻辑学的这一方面对区分进化和革命的重要性（《新时代》德文版X/I第280页及以下几页，Neue Zeit X/I，S. 280ff.）。遗憾的是，竟没有人在这方面继承他的理论。

但这一结构只有在资产阶级思想放弃了对客体的错误观点时，才能显现出来，并被意识到。因为如果客体的经验存在本身不是早已是一个被中介的存在的话，中介也许就是不可能的，这个存在一方面只有在缺乏中介意识时，另一方面只有在客体（正因此）被从它们的真正规定性的联系中拉出来，被置于一种人为的孤立中时，才能获得直接性的外表[①]。

但这时不能忘记的是，这一孤立客体的过程同样不是偶然的或随心所欲的。如果正确的认识消除了把客体错误地分离开来的做法（以及依靠抽象的反思规定而把它们更加错误地联系起来的做法），那么这种改正所意味的就远远超过了对一种错误的或不够科学的方法的改正，远远地超过了用一种更有效的假设对一种假设的替换。现在的对象形式应受到这种思想的加工，就像应找到这种加工的具体出发点本身一样，都属于现在的社会本质。因此，

288 如果无产阶级的立场和资产阶级的立场是对立的，那么无产阶级思想就决不会为了把握现实而要求一块白板（tabula rasa），一个“无前提的”新的起点，就像资产阶级思想——至少就总的倾向而言——对中世纪的封建形式所要求的那样。正因为它的实际目标是**彻底**改造整个社会，所以它把资产阶级社会连同它的思想、艺术等等的产品看作为自己方法的**出发点**。中介范畴的方法论作用在

① 这个问题的方法论方面，请首先参考黑格尔《宗教哲学》德文版第一部分，特别是《黑格尔全集》第 11 卷第 158—159 页：“没有直接的知识。直接的知识就是当我们没有中介意识的时候，然而它还是被中介了。”《精神现象学》序言中也有类似的话：“所以唯有这种正在重建着的自身同一性或在它物中的自身反映，才是绝对的真理，而原始的或直接的统一性，就其自身而言，则不是绝对的真理。”《黑格尔全集》，德文版第 2 卷第 15 页。（参见贺麟、王玖兴先生译《精神现象学》商务版第 11 页。）

于借助它们，使资产阶级社会的客体必然具有的，但在资产阶级社会中必然没有得到直接表现的，以及相应地在资产阶级思想中必然没有得到反映的那种内在意义，在客观上发生作用，并因而能提高为无产阶级的意识。这就是说，资产阶级在理论上必然囿于直接性之中，而无产阶级相反能够超越这种直接性，就恰恰不是偶然的，也不是一个纯理论的科学问题。这两种理论立场的区别主要反映了这两个阶级的社会存在的区别。当然，由无产阶级立场产生的认识，是客观上更高级的科学认识；它从方法论上使得有可能解决资产阶级时代的最伟大思想家们徒劳地企图解决的问题，它实际上就是对资本主义的恰如其分的历史的认识，这种认识是资产阶级思想永远不可能达到的。当然，这种对方法的认识价值的客观区分，一方面其本身就是社会、历史问题，是两个阶级代表的社会类型及其历史顺序的必然结果，因此，资产阶级历史观的“虚假性”、“片面性”就是认识社会的方法论结构的必不可少的环节[①]。另一方面，看来每一种方法也必然和有关阶级的存在相联 289
系。对资产阶级来说，它的方法直接源自它的社会存在，它的思想不能突破作为外部的、但正因此是不可克服的障碍的纯粹直接性。相反，对无产阶级来说，直接性这一障碍**从一开始**，在它采取自己立场的那一时刻，就内在地被克服了。由于辩证的方法不断重新

① 恩格斯实际上也同意黑格尔关于虚假的东西的学说（最精彩的论述在《精神现象学》的序言中，《黑格尔全集》，德文版第 2 卷第 30 页及以下几页。参见贺麟、王玖兴先生译《精神现象学》上卷第 23—26 页等。daa Falsch 一词，贺、王译为“虚假”、“虚妄”、“虚假的东西”等。）例如可参见他对“恶”在历史上的作用的批评（《费尔巴哈论》，《全集》第 21 卷第 330 页等）。这当然只是指资产阶级思想真正有独创性见解的代表人物，模仿者、折中主义者和没落阶级利益赤裸裸的维护者就完全另当别论了。

生产出，再生产出它自己的本质的因素，由于它的本质就是拒绝笔直平坦的思想发展路线，因此，无产阶级无论是在思想上采取把握现实的每一步骤时，还是在它迈出实际的历史的每一步时，都**反复地**面临着这个起点问题。直接性的障碍，对无产阶级来说成了内在的障碍。它因此明确地向自己提出了这个问题；但是随着问题的提出，解答问题的途径和可能性也就出现了[①]。

但只是可能性而已。我们据以出发的命题，即在资本主义社会中，社会存在——按其直接性——对资产阶级和无产阶级来说是同样的，这一命题仍旧未变。但现在可以作这样的补充：由于阶
290 级利益的推动，这同一个存在使资产阶级被禁锢在这种直接性中，却迫使无产阶级超越这种直接性。这是因为历史过程的辩证特性，以及因此每一个因素的中介性质都更加不可阻挡地在无产阶级的社会存在中表现了出来，而每一个因素只有在中介的总体中才能得到自己的真理和真正的对象性。对无产阶级来说，自我意识到自己存在的辩证本质乃是一个生命攸关的问题，而资产阶级却用抽象的反思范畴，如数量化、无限进展等来掩盖日常生活中历史过程的辩证结构，结果在发生突变时就面临着直接的灾难。如同业已指出的那样，这是以如下情况为基础的：对资产阶级来说，历史过程和社会存在的主体和客体始终是以双重形态出现的：从意识上来讲，单个的个体作为认识的主体面对着社会事件的极其巨大的客观必然性，他所能理解的也只是它的一些细枝末节，而在现实中，恰恰是个体的自觉行动居于过程的客体方面，而过程的主

① 关于无产阶级和资产阶级的这一区别可参见拙文《阶级意识》。

体(阶级)却不能达到自觉的意识,个体的自觉行动必然永远超出——表面上的——主体,即个体的意识。因此,社会过程的主体和客体这时已经处在辩证的相互作用关系之中。但由于它们始终一成不变地是两重性的,和互相外在的,因此这种辩证法仍旧是不自觉的,而客体就保持它们的双重的、从而是僵化的特性。这种僵化只能用突变来打破,以便能马上让位给另一个同样僵化的结构。“他们刚想拙劣地断定是物的东西,突然表现为社会关系,他们刚 291
刚确定为社会关系的东西,却又表现为物来嘲笑他们”,这时,这种不自觉的、因而原则上是不能控制的辩证法“就在他们的天真的惊异中暴露了出来。”[1]

对无产阶级来说,它的社会存在并没有这种双重形态,它暂时是作为社会事件的纯粹**客体**而出现的。在日常生活的一切方面,当单个工人以为自己是自己生活的主体时,他的存在的直接性立刻就把这一幻想撕得粉碎。这种直接性迫使他认识到,满足他的最基本需要,即“工人的个人消费,不论在工场、工厂等以内或以外,在劳动过程以内或以外进行,都是资本生产和再生产的一个要素,正像擦洗机器,不论在劳动过程中或在劳动的一定间歇进行”[2]。客体的数量化,抽象的反思范畴对它们的规定,在工人生活中直接表现为一种抽象的过程,这一抽象过程是在工人自己身上完成的,它把工人的劳动力从他那儿分离出来,并迫使他把这种劳动力作为他拥有的商品而出卖。由于他出卖他的这个唯一的商

---

① 《政治经济学批判》,《全集》第 13 卷第 23 页。

② 《资本论》第 1 卷,《全集》第 23 卷第 628 页。

品，他就把它（和他自身，这是因为他的商品和他的肉体存在是不可分的）放到了一种已被合理化和机械化的过程之中，他发现这个过程是早已存在着的，是封闭的，而且是没有他也照样运行的，在这个过程中，他是一个被简化为量的数码，是一个机械化了的、合理化了的零件。

这样一来，对工人来说，资本主义社会直接表现形式的物化特征就被推到了极点。如下的说法是正确的：即使对资本家来说，也存在着这种人格双重化，人被分裂为商品运动中的因素和这种运
292 动的（客观的、无能为力的）旁观者[①]。但对资本家的意识来说，这种双重化必然采取一种他这个主体的活动（在客观上当然是一种假象），即作用的形式。对他来说，这种假象掩盖了真正的事实，而对工人来说，内心里是没有这种虚假活动的余地的，他的主体的分裂维持着他——趋向于——受无限制奴役的残酷形式。他因而被迫成了过程的客体，忍受着他的商品化和被简化为纯粹的量。

但正因此，他就被迫力求超越上述状况的直接性。因为马克思说："时间是人类发展的空间。"[②]剥削的数量上的差异对资本家来说，具有他从数量上规定他的计算对象的直接形式；对工人来说，则是他的全部肉体的、精神的和道德的等等存在的决定性的质的范畴。量到质的骤变并不像黑格尔在《自然哲学》和仿效他的

① 一切所谓的禁欲理论归根到底都是以此为基础的。这方面首推马克斯·韦伯的观点，他强调"内心的禁欲主义"对资本主义"精神"的形成所起的作用。连马克思也证实了这种事实，他指出，对资本家来说，"他的私人消费，对他来说也就成了对他的资本积累的掠夺，就像在意大利式簿记中把资本家的私人开支记在资本的借方一样"（《资本论》第1卷，《全集》第23卷第650页）。

② 《工资、价格和利润》，《全集》第16卷第161页。

恩格斯在《反杜林论》里所描述的那样，只是辩证发展过程的一个特定因素。而且远不止此，就像我们根据黑格尔《逻辑学》已经指出的那样，它是存在的真正对象形式（Gegenstandsform）的呈现，是那种混乱的反思规定的崩毁，这种反思规定在纯粹直接的、消极的、直观的态度的阶段，歪曲了真正的对象性（Gegenständlichkeit）。正是在劳动时间的问题上，如下情况表现得极其明显：数量化是一种蒙在客体的真正本质之上的物化着的和已物化 293
了的外衣。它只有在主体与对象处于直观的或（看来是）实践的关系，并对对象的本质不感兴趣时，才能被认为是对象性的客观形式。当恩格斯把水从液态转变为固态和气态作为从量到质的骤变的例子时[①]，就这些转折点而言，这个例子是正确的。但是这种论证忽视了这样的情况：如果改变观察角度的话，连那些这时表现为单纯的量变的转变也立即就具有了一种质变的特征。（这可以用一个十分普通的例子来说明，即水的可饮性，当"量"的变化达到一定程度，即喝完时，就会具有一种质的特性。）如果我们从方法论上考察恩格斯引自《资本论》的例子的话，那么这种情况就更加清楚了。这个例子讲的是，在生产的某一阶段，预付的金额要达到多大才能变为资本。马克思说，就在这一界限上，量转变为质[②]。如果把这两个系列，可能的量变及其向质的骤变（这种金额的增减和劳动时间的增减）加以比较的话，那么在第一种情况下，确实只涉及黑格尔所谓的"度量关节线"，而在第二种情况下，就

① 《反杜林论》,《全集》第 20 卷第 139 页。

② 《资本论》第 1 卷,《全集》第 23 卷第 342 页。

其内在本质而言，**每一个**变化都是一种质变，尽管工人的社会环境
294 迫使他只看到这种变化的数量表现形式，然而这种变化的本质，恰恰就寓于质的特性之中。之所以产生这种双重表现形式，显然是由于对工人来说，劳动时间不仅是他出卖的商品，即劳动力的客体形式（作为这种形式，问题对他来说也就是一种等价物的交换，即量的关系），而且同时是他作为主体，作为人而存在的决定性的生存形式。

但因此，直接性及其方法论结果，即主体和客体僵硬的对立，也还没有完全得到克服。虽然劳动时间的问题已显示出——正因为它说明了物化达到了顶点——无产阶级思想必然要被驱使超越这种直接性的倾向。因为一方面工人在其社会存在中，直接地、**完全地**被置于客体这一边；他觉得他自己直接地就是社会劳动过程的客体，而不是社会劳动过程的主动者。但另一方面，这种客体地位就其本身而言已经不再是纯粹直接的了。这就是说，工人变为生产过程的纯粹客体，虽然客观上是通过资本主义生产方式（和奴隶制、农奴制不同）而实现的，即通过工人被迫违背他的整个人格而把他的劳动力客体化，并把它作为属于自己的商品而出卖。然而因为主体性和客体性之间的分裂恰恰是发生在把自己客体化为商品的人的身上，正因此，他的这种地位就变得可以被意识到了。在以前的更自然的社会形式中，劳动被规定为是“直接表现为社会
295 机体的一个肢体的机能”[①]；在奴隶制和农奴制中，统治形式表现为“生产过程的直接的主要动力”，处于这种关系中的劳动者，因为

① 《政治经济学批判》,《全集》第13卷第22页。

他们的全部人格没有分裂，因此就不可能意识到他们的社会地位。与此相反，“表现为交换价值的劳动，其前提是它作为单个孤立的个体的劳动。当它呈现为一种与其直接对立的形式，那种绝对普遍的形式的时候，它就变成了社会劳动了。”

这时，那些使工人的社会存在和他的意识形式之间的关系辩证化的，并因而超越单纯直接性的因素已经显得更加清楚而具体。只有当工人意识到他自己是商品时，他才能意识到他的社会存在。如同已经指出的那样，他的直接的存在使他作为纯粹的、赤裸裸的客体进入生产过程。由于这种直接性表明自己是形形色色的中介的结果，由于一切都是以这种直接性为前提的这一点开始变得清楚明白，商品结构的拜物教形式也就开始崩溃了：工人认识了自身，认识了在商品中，他自己和资本的关系。只要他实际上还不能够使自己超过这种客体地位，他的意识就是**商品的自我意识**；或者换言之，就是建立在商品生产、商品交换基础上的资本主义社会的自我认识、自我揭露。

但是，自我意识加入到商品结构中所意味的东西，在原则上和性质上都不同于人们习惯上称作“关于”客体的意识的东西。不仅因为这是一种自我意识。更因为这种自我意识完全可能是——例如在科学的心理学里——“关于”客体的意识，它纯粹是“偶然 296
地”把自己选作为客体的，而并没有改变意识和客体的关系方式，及相应地并没有改变这样达到的认识方式。然而由此必然产生这样的结果：适用于这样产生的认识的真理标准必须恰恰就是适用于“其他”客体的认识的真理标准。一个古希腊的奴隶，一个会说话的工具（ein instrumentum vocale），即使认识到了他自己就是奴

隶,也决不意味着就是上述意义的自我认识:因为他也可能只是认识一个客体,而这个客体“恰巧”就是他自己。客观地、社会地来看,一个“思想着的”奴隶和一个“无意识的”奴隶之间并无根本的区别,就像一个奴隶能否意识到他自己的社会地位和一个“自由人”能否认识到奴役这两者之间也是没有什么根本的区别一样。这时,主体和客体僵硬认识论的双重性,以及因此认识的主体对相应的被认识的客体在结构上未加触动的情况,仍没有发生什么变化。

但工人认识到自己是商品,已经是一种实践的认识。就是说,**这种认识使它所认识的客体发生了一种对象的、结构的变化**。劳动作为商品的客观特性,即它的“使用价值”(也就是提供剩余产品的能力)会像每一种使用价值一样,不露痕迹地消失在资本主义等量交换的范畴中。现在,这种特性在这种意识中,并通过这种意识觉醒了,并成了**社会的现实**。当没有这种意识时,劳动的这种特性就是经济发展中的未被认识的主动轮,现在,通过这种意识,它就客体化了。这种商品的特性就是,它在物的外衣下是一种人与人的关系,在数量化的外衣下是质的活的内核,现在它呈现出来了,因此建立在作为商品的劳动力基础之上的**每一种商品**的拜物教特
297 征就有可能得到揭示:每一种商品的内核,即人与人的关系,都作为一种因素进入到社会发展之中。

当然这一切都只是隐含在我们在劳动时间问题上所遇到的量和质的辩证对立之中的,这就是说,对立及一切由此产生的规定都只是**那个复杂的中介过程的开端**,这一中介过程的目标是把社会认识为历史的总体。辩证的方法之不同于资产阶级思想,不仅在

于只有它能认识总体，而且在于这种认识是由于整体对部分的关系已变得根本不同于在以反思规定为基础的思想中的关系才成为可能。简言之，辩证方法的本质在于——从这种立场来看——，全部的总体都包含在每一个被辩证地、正确地把握的环节之中，在于整个的方法可以从每一个环节发展而来①。人们常常强调——这是有一定正确性的——黑格尔《逻辑学》关于存在、非存在和生成的有名篇章包含了他的全部哲学。人们可以说——也许有着同样多的正确性——《资本论》关于商品拜物教性质的篇章隐含着全部 298
历史唯物主义，隐含着无产阶级的全部自我认识，也就是对资本主义社会的认识（和对以前的社会的认识，以前的社会都是通向这一社会的阶梯）。

很明显，我们并不能就此得出这样的结论：整体在内容方面的丰富多彩的发展因此就将是多余的。而是相反。黑格尔的纲领就是把绝对，即他的哲学的认识目标看作是**结果**，对于马克思主义的不同的认识对象来说，绝对的范围被扩大了，这是因为马克思主义把辩证的过程把握为和历史的发展本身相同一的。作出这样一种方法论的论断仅仅是基于纯结构方面的事实，即个别的环节不是

① 马克思在1867年6月22日致恩格斯的信中这样写道："经济学家先生们一向都忽略了这样一件极其简单的历史事实：20码麻布＝1件上衣这一形式，只是20码麻布＝2英镑这一形式的未经发展的基础，所以，最简单的**商品形式**——在这种形式中，商品的价值还没有表现为与其他一切商品的关系，而只是表现为和自己的天然形式不相同的东西——这包含着货币形式的全部秘密，因此，也就包含着萌芽状态中的**劳动产品的一切资产阶级形式的全部秘密**。"（《全集》第31卷第311页）还可参见马克思在《政治经济学批判》中对交换价值和价格的差别所作的杰出分析："在实际流通过程中威胁着商品的一切风暴正是集中在这个差别上。"（《政治经济学批判》，《全集》第13卷第59页）

机械的总体的部件(这一总体也许可以由这些部件拼装而成,从这种观点又会产生出把认识把握为无限进展的观点),而是在个别的环节中隐藏着从其本身发展出总体的全部丰富内容的可能性。然而这只有在下述条件下才有可能:如果环节被把握为环节,即把握为通向总体的过渡点;如果那种超越直接性的运动把环节(自在地不再是两种反思规定的明显矛盾)变成为辩证过程的环节,如果那种超越直接性的运动不是僵化为停滞,僵化为一种新的直接性。

这一反思使我们回到了我们的具体出发点上。在我们上面概述的马克思主义对资本主义劳动所作的规定中,我们碰到了个别的个人与抽象的普遍性的对立,在这种普遍性中,他的劳动和社会的关系被中介给了他。而在这里又必须再次肯定:就像在每一种存在的直接而抽象的既定形式中一样,资产阶级和无产阶级在这儿重又被置于直接地互相相似的情况中。但这时也出现了这样的
299 情况:当资产阶级由于其阶级地位而被固定在直接性中的时候,无产阶级则由于自身阶级地位——特有的——辩证法而被迫抛弃这种直接性。所有的客体都变为商品,它们都被数量化为拜物教性质的交换价值,这不仅是一个这样影响着所有的具体生活形式的深刻过程(如同我们在劳动时间问题上可以肯定的那样),而同时,与此密切相联的则是,它将这些形式极大地分布于整个社会存在。对资本家来说,过程的这一方面现在意味着增加客体的数量以供他计算和投机。至于这一过程在他眼中带有质的性质的外表,那么这种对质的强调只不过是为了不断提高他所面对的世界的合理化、机械化和数量化(例如,商业资本的统治就不同于工业资本的

统治，不同于农业的资本主义化）。这样，对于通向整个社会存在的彻底资本主义合理化的无限进展来说，道路就打开了，虽然它随时随地会突然被“非理性”的灾难打断。

对无产阶级来说，这“同一个”过程所意味的则相反，是**它自己作为阶级而出现**。这在两种情况下都涉及量到质的骤变。为了能清楚地看到，质的区别是高耸在发展道路上的里程碑——即使对资产阶级来说也是如此——人们只需探究一下从中世纪的手工业经简单协作，经手工工场到近代工厂的发展。但这种变化的**阶级意义**，对资产阶级来说，恰恰在于把新达到的质的阶段不断地重新变回到另一种合理计算的数量的水平上。这“同一种”变化的阶级 300
意义对无产阶级来说则相反，是在于能达到**消除孤立化**，在于能意识到劳动的社会特性，在于使社会原则的抽象普遍的表现形式能越来越具体化和不断地得到克服。

这时，和人的全部人格分离开来的成果成了商品这一点为什么只在无产阶级那儿才成长为革命的阶级意识，也就可以理解了。我们早在第一部分就已指出了，物化的基本结构可以在近代资本主义的一切社会形式（如官僚政治）中找到。然而这一结构只有在无产者的劳动关系中才表现得极其清楚和可以被意识到。这首先是因为，他的劳动早在他的直接具体的存在中，就已具有一种赤裸裸的抽象的商品形式，而在其他劳动形式中，这种结构是隐藏在“脑力劳动”、“责任”等等假面具后面的（有时是在家长制形式的后面）；物化越是深入到把自己的成果作为商品出卖的人的“灵魂”之中，这种假象就越有欺骗性（如新闻业）。从主观方面来看，下述情况是和商品形式的这种客观隐蔽性相适应的：工人以物化过程和变成为商品，虽然毁灭他，使他的“灵魂”枯萎和畸变（只要他不是有意识地表示反抗），然而恰恰又使他的人的灵魂的本质没有变为商品。因此他可以在内心里使自己完全客观地反对他的这种存在，而相反，譬如在官僚政治中被物化了的人，就连他的那些本来能促使他起来反抗物化的机能也被物化、被机械化、被变为商品
301 了。甚至他的思想、感情等等也被物化了。黑格尔说：“但是要使固定的思想熔化开却比要使感性存在熔化开困难得多。”[①]这种腐败最后也采取了客观的形式。对工人来说，一方面他意识到他在生产过程中的地位是举足轻重的，另一方面这一地位又具有直接的商品性的形式（像每天的市场波动那样的不稳定）。而同时，在其他的领域中则有着稳定的假象（服务条例，养老金等等）和**个人**上升为统治阶级的抽象的可能性。这样，“地位意识”就被培养起来了，这种意识能有效地阻止阶级意识的产生。因此，工人存在中的纯粹抽象的消极性，从客观上来讲，不仅是物化最典型的表现形式，不仅是资本主义社会化的结构模式，而且——正因此——**从主观上来看**，它又是一个转折点，通过它可以意识到这一结构，并因而实际上打碎这一结构。马克思说：“劳动不再是在一种特殊性中同个人结合在一起的规定了”[②]；只是必须消除这种直接的存在的虚假的表现形式，只有这样，无产阶级才开始真正地作为阶级而存在。

① 《黑格尔全集》，德文版第 2 卷第 27 页。

② 《政治经济学批判》，《全集》第 12 卷第 755 页。

3

这整个过程似乎只是把许多工人集中在大工厂、使劳动过程机械化和标准化、使生活条件平均化所带来的“合乎规律的”结果——这一假象是非常容易产生的。这时十分重要的就是认清，在对事物这一方面片面强调的背后隐藏着骗人的假象。可以肯定 302
地说，上面所提到的这些条件是无产阶级发展为阶级的**必不可少的前提条件**；没有这些前提条件，无产阶级不言自明地决不会成为阶级；没有这些前提条件的不断加强——资本主义发展机制的目标就在于此——无产阶级决不可能获得这样的重要性，这一重要性使它在今天成为人类发展的决定性因素。但是，如果我们说，这里所指的并不是什么直接的关系的话，确实是一点也不矛盾的。照《共产党宣言》的话来说，“这些不能不把自己零星出卖的工人，如同任何货物一样，也是一种商品”。这种商品能够意识到自己就是商品这一点，还远不足以解决这个问题。因为商品直接意识到的，与它的简单的表现形式相一致，就是抽象的孤立化，就是与那些使商品社会化的因素的纯抽象的外在于意识的关系。我在这儿根本不想探讨（直接的）个人利益和通过经验和认识而达到的（间接的）阶级利益的矛盾，眼前的直接利益和长远的普遍利益的矛盾的问题。在这一点上，必须离开直接性是不言自明的。如果有人试图在这儿把一种直接的存在形式赋予阶级意识的话，那就不可避免地会陷入神秘之中：一种神秘的类意识（和黑格尔的“国民精神”一样的神秘）。这种类意识对个体意识的关系，它对个体意识的影响是完全不可把握的，而且由于一种机械的自然主义的

303 心理学而变得更加不可把握，而最后它竟成了运动的主宰。[①] 另一方面，这时由于对共同的地位和利益的认识而觉醒和成长的阶级意识，抽象地说，决不是无产阶级专有的。无产阶级地位的特殊性的基础是，对直接性的超越这时具有一种——不管从心理学上来说是自觉的，还是暂时是不自觉的——**朝着**社会**总体前进的意向**；因此它——根据它的**气质**(Sinn)——必然不会停留在复归的直接性的相对更高级的阶段上，而是处于一种朝着这种总体前进的不断的运动之中，即处于一种直接性不断自我扬弃的辩证过程之中。马克思很早就清楚地认识到了无产阶级阶级意识的这一方面。在对西里西亚纺织工人起义的评论中，他把这场运动的“理论性和自觉性”强调为这场运动的特征。他在《纺织工人之歌》中听到了“勇敢战斗的**呼声**。在这支歌中根本没有提到家庭、工厂、地区，相反地，无产阶级在这支歌中一下子就毫不含糊地、直截了
304 当地、威风凛凛地厉声宣布，它反对私有制社会。”[②]这一行动本身表明它的“优点”在于，“其他一切工人运动首先只是打击**工业企业的老板**，即明显的敌人，而这次运动同时还打击银行家，即隐蔽的

① 马克思是这样评价费尔巴哈的“类”的，他只能把它“理解为内在的、无声的、把许多人纯粹自然地联系起来的共同性”。(《关于费尔巴哈的提纲》，《全集》第 3 卷第 5 页。)任何和费尔巴哈类似的观点一点也不比费尔巴哈的高明，甚至常常是极其不如他的。

② 《评“普鲁士人”的〈普鲁士国王和社会改革〉一文》，《全集》第 1 卷第 483 页。在这儿，对我们来说重要的只是方法论方面的含义。梅林提出的问题(同前书，第 30 页)，即马克思是否过高评价了纺织工人起义的觉悟，不属于我们在这儿讨论的范围。马克思在这儿也是从方法论上完整地描述了无产阶级的革命阶级意识发展的本质，而他后来(在《共产党宣言》、《雾月十八日政变》等中指出的)关于资产阶级革命和无产阶级革命差异的观点，完全是循着在这儿开始的方向前进的。

敌人”。

如果人们在马克思(无论是正确还是不正确)认为是西里西亚纺织工人的态度中看到只不过是他们有能力考虑到时空上或概念上较远的东西作为他们行动的基础,而不是只考虑眼前的东西,那么人们就可能会低估马克思上述观点的方法论意义。单是就这种能力而言,人们几乎可以在历史上出现的所有阶级的行动中观察到(当然清楚的程度有所不同)。重要的是,这种对直接既定东西的远离,一方面对于客体的结构具有什么样的意义,这个客体是作为行动的动机和对象被牵涉进来的,另一方面对于指导行动的意识及其与存在的关系有什么样的意义。在这个问题上,资产阶级的立场和无产阶级的立场有着十分明显的区别。对资产阶级思想来说——如果这里只谈行动问题——这种远离从本质上讲就意味着将时空上远离的对象纳入到合理的计算之中。但从本质上来看,思想运动在于把这些对象把握为和眼前的对象是同一类的对象,即把握为合理化的、数量化的、可以计算的。关于现象具有社会的自然规律的形式的观点,按照马克思的说法,既标志着资产阶级思想的顶点,又标志着它的“不可逾越的障碍”。这种规律概念在历史过程中经历了功能的变化,其原因在于它原来曾是变革(封建)现实的原则,后来,它虽然保存了它的规律结构,却变成为保护(资产阶级的)现实的原则。当然最初的运动——社会地来考察的话——也是不自觉的。对无产阶级来说,这种“远离”,即这种对直接性的超越,所意味的就是相反的,就意味着**行动对象的客观属性** 305
的变化。乍一看,时空上近在眼前的对象和远离的对象一样,都服从这种变化。但我们立即就可看到,远离的对象发生的变化要明

显得多。因为变化的本质一方面在于觉醒的意识和对象的实际的相互作用，意识来自对象，意识就是**对象**的意识。另一方面在于那些被把握为社会发展的环节，即把握为辩证整体的环节的对象开始变成流动的，变为过程的一部分。由于这一运动最内在的核心是实践的，它的出发点必然是行动，而且是最强有力地、最坚决地抓住行动的直接对象，以便通过它们的总的结构性的变化而使硕大的整体也开始发生变化。

总体范畴的作用早在全部形形色色的客体可能被这一范畴阐明之前，就已表现出来了。它的作用恰恰就表现在——无论从内容上，还是从意识上——都是以单个客体为目标的行动中确实存在着改变整体的意向，表现在行动——根据它的客观意义——是以改变整体为目标的。我们在前面从纯方法论的角度确定的辩证方法的那个特点——个别环节和因素包含有整体的结构——现在表现得更具体、更明确，而且是以实践为目标的形式表现出来的。由于历史发展的本质客观上是辩证的，所以这种关于现实变化的观点在历史每一次决定性过渡时都能得到证实。早在人们能够清
306 楚意识到某种经济形式及与之相关的社会的、法的形式正在衰亡之前，已经变得明显的矛盾就已在人们日常行动的对象身上清楚地表现出来了。如果说从亚里士多德直到高乃依时代的理论家们的悲剧理论及其实践在整个发展过程中都把家庭冲突看作为悲剧最恰当的题材，那么在这种观点后面——除了这样可以达到把事件集中起来的技术上的好处外——就隐藏着这样一种感觉：这些题材以一种感性的、实际的、清楚的形式反映了社会的巨大变化，使人可以清楚地看到变化的轮廓，反之，要把握变革的本质，要理

解变化在整个过程中的起因和意义，无论从主观上，还是从客观上，都将是不可能的。埃斯库罗斯[①]或莎士比亚就这样以他们对家庭的描述，向我们深刻、正确地展现了他们时代社会变革的情况，而现在我们只有靠历史唯物主义的帮助，才能在理论上遵循这样一种创作观点。

但是，无产阶级的社会地位和与之相应的立场却具有一种重要的质的特点，这是上面所举的例子所没有的。资本主义的特点就是，它消除了所有的“自然障碍”，并把人与人的全部关系变为纯粹的社会关系。[②] 但资产阶级思想仍拘泥于商品拜物教的范畴，因此把人与人的关系的作用僵化成一成不变的物的关系，这样就 307
必然落在客观发展的后面。抽象的、理性主义的反思范畴客观地、直接地反映了整个人类社会第一次真正的社会化，对资产阶级思想来说，这是一种至关重要的、不可消除的东西。（正因此，资产阶级思想与这些范畴始终处于一种直接的关系。）但无产阶级被置于这一社会化过程的焦点。劳动变为商品，这种转变一方面把一切“人的”因素从无产阶级的直接存在中清除了出去，另一方面，这一发展越来越把一切“自然的”因素，任何一种与自然的直接关系，以及诸如此类的东西，从社会形式中剔除出去，以至于社会化的人恰恰就在它的远离人的、甚至非人的客观性中表现为这种客观性的

① 人们可以想一想巴霍芬对《奥列斯特》(Orestie)的分析及其对社会发展史的意义。由于思想上的局限，巴霍芬只能对戏剧作出正确解释，而不能做深入的研究，这一点恰恰证明了这儿提出的观点的正确性。

② 参见马克思对工业后备军和剩余人口的分析(《资本论》第1卷，《全集》第23卷第689页及以下几页)。

核心。恰恰是在一切社会关系的这种客观化，这种理论化和物化中，社会是从人与人的关系中建立起来的这一点才第一次清楚地表现了出来。

然而这样就要坚持下面这几点：即人与人的这种关系按照恩格斯的话来说，是“依赖于物的”，是作为“物而出现的”；即一刻也不能忘记，这种人的关系不是人对人的直接关系，而是典型的被生产过程的客观规律中介了的关系，而这些“规律”必然变为人的关系的直接的表现形式。因此首先可以得出这样的结论，作为物化关系的核心和基础的人，只有在消除了这种关系的直接性之后才能被发现。因此我们必须始终从这种直接性，从物化的规律性出

308 发。第二，这种表现形式决不是纯粹思想的形式，而是当代资产阶级社会的对象性形式，因此，对它们的消除如果是真正的消除的话，就不能是一场简单的思想运动，而必须提高为是对它们作为社会生活形式的实际消除。任何一种想坚持纯粹认识的认识必然导致对这些形式的重新肯定。第三，但这种实践不能脱离认识，只有当实践就是对这些形式的内在倾向造成的运动进行深刻思考，并意识到这一运动和使其被意识到时候，实践才开始成为真正改变这些形式这样意义上的实践。黑格尔说：“辩证法就是这种内在的超越，在这种超越后，知性规定的片面性和局限性就显示出它们是什么东西，即显示出它们就是自我否定。”①马克思主义作为无产阶级的科学立场在这一点上超过黑格尔的巨大进步就是，它不是把反思规定看作是把握现实的一个“永恒的”阶段，而看作是资产

① 《哲学全书》，德文版第 81 节。

阶级社会的必然的生存形式和思维形式，是存在和思想的物化的形式，马克思主义就这样在历史本身中发现了辩证法。因此，辩证法不是被带到历史中去的，或是要依靠历史来解释的（而黑格尔就常常这样做）。辩证法来自历史本身，是在历史的这个特定发展阶段的必然的表现形式，并被人们所认识。

第四，但这一意识过程是由无产阶级来体现的。由于它的意识表现为历史辩证法的固有结果，所以它本身也表现为是辩证的，这就是说，一方面这种意识体现了历史的必然性，无产阶级“没有 309
任何要实现的理想。”无产阶级意识在变为实践时，只能给历史的辩证法迫使人们要作出抉择的事情注入生命，但决不能在实践中不顾历史的进程，把只不过是自己的愿望和认识强加给历史。因为无产阶级本身无非只是已被意识到的社会发展的矛盾。另一方面，辩证法的必然性和机械的因果必然性决不是同一回事。马克思接着上面引用过的话说：工人阶级“只需**解放**（着重号是我加的）那些在行将崩溃的资产阶级社会中成长起来的新社会的成分。”因此就必须有某些**新东西**，即无产阶级的变为行动的意识加入到纯粹的矛盾——资本主义发展的自动地合规律的物——中去。但由于这个纯粹的矛盾就这样上升为自觉的辩证的矛盾，由于意识成为**向实践的过渡点**，迄今常常提到的无产阶级辩证法的特性就再一次更具体地表现出来了：因为这时意识不是关于它所面对的客体的意识，而是客体的自我意识，**意识这一行为就彻底改变了它的客体的对象性形式**。

这是因为只有在这种意识中，隐藏在资产阶级社会的部分合理制度后面的深刻的非理性才清楚地表现了出来。这种非理性在

通常情况下，只是爆发式地、灾难式地表现出来，但正因此也就不能改变客体的表面形式和联系。这种情况我们也能十分容易地在日常普通事件中看到。劳动时间的问题，我们曾暂时只从工人的
310 立场出发，只把它看作为一个环节。在这个环节上，工人的意识作为商品的意识(即作为资产阶级社会的结构核心的意识)而出现。在这一意识已经出现并超越了既定地位的纯粹直接性时，劳动时间的问题就集中体现了阶级斗争的基本问题，即**力量**的问题。就在这个问题上，资本主义经济学的“永恒规律”失去了作用，即变成了辩证的，被迫把决定发展命运的权力交给了人的自觉行动。马克思是这样阐述这一思想的：“我们看到，撇开伸缩性很大的界限不说，商品交换的性质本身没有给工作日规定任何界限，因而没有给剩余劳动规定任何界限。资本家要坚持他作为买者的权利，他尽量延长工作日，如果可能，就把一个工作日变成两个工作日。可是另一方面，这个已经出卖的商品的特殊性质给它的买者规定了一个消费者的界限，并且工人也要坚持他们为卖者的权利，他要求把工作日限制在一定的正常量内。于是，这里出现了二律背反，权利同权利相对抗，而这两种权利都同样是商品交换规律所承认的。在平等的权利之间，力量就起决定作用。所以，在资本主义生产历史上，工作日正常化过程表现为规定工作日界限的斗争，这是全体资本家即资本家阶级和全体工人即工人阶级之间的斗争。”[①]但在这儿我们也必须强调：力量问题在这儿具体地体现了资本主义理

① 《资本论》第 1 卷，《全集》第 23 卷第 262 页，参见《工资、价格和利润》，《全集》第 16 卷第 159—163 页。

性主义受到了非理性的限制，体现了它的规律失去了作用。力量问题对资产阶级来说，有着和对无产阶级来说完全不同的意义。对资产阶级来说，力量是它日常生活的直接继续，它虽然一方面并 311
不意味着是一个新问题，但另一方面，也正因此它就没有能力解决任何一个资产阶级自己造成的社会矛盾。对无产阶级来说，则相反，它的力量，它的影响，它的可能性和它的作用范围是系于既定存在的直接性被克服的程度的。当然超越这种直接性的可能性，即意识本身的深度和广度是历史的产物。但这种历史上可能达到的高度并不靠直接既定的东西（及其规律）的笔直发展所能达到的，而是要靠通过形形色色的中介，意识到社会的总体才能达到的，是要靠明确地渴望要实现发展的辩证倾向才能达到的。一系列的中介不应该以直接的直观为终结，而必须以发源于辩证矛盾的新质为目标，它们必须是从现在通向未来的中介的运动。[①]

但这又是以下述情况为先决条件的，即社会事件的客体的僵硬、物化的存在表现为纯粹的假象；那种只要还要谈到一“物”向另一“物”的过渡（或者一个——结构上——物化的概念向另一个的过渡），就是自相矛盾，逻辑荒谬的辩证法，应该在一切客体身上检验自己。也就是说，是要以事物能被证明为是**融入过程的环节**为先决条件的。这样我们就又达到了古代辩证法的界限，达到了把这种辩证法和唯物主义的历史的辩证法区分开来的那个环节上。（黑格尔在这方面也标志着方法论的过渡，这就是说，在他那 312

① 这儿所讲的资产阶级的“事后”（Post-festum）意识可参看《历史唯物主义职能的变化》和《什么是正统马克思主义？》。

儿可以发现这两种观点的因素不十分明显的混合。)爱里亚学派的运动辩证法虽然揭示了矛盾是运动的基础,但它并没有论及运动着的事物。不管飞箭是运动还是静止,它作为箭、作为物的客观属性在辩证法的混乱中并没有被触及。按照赫拉克里特的观点,要两次跨进同一条河流是不可能的;但因为永恒的流动本身是不变的,是存在着的,就是说,并没有带来质上新的东西,所以它就只是相对于**个别事物**的固定存在的一种生成(Werden)而已。作为一种关于整体的学说,永恒的生成呈现为一种关于永恒存在的学说,而在流动着的河流背后隐藏着的是一种不变的本质,尽管它的这种本质表现为个别事物的不断变动。[①] 马克思则相反,在他那儿,辩证的过程把客体本身的对象性形式变为一个流动的过程。
313 在资本简单再生产过程中,过程的这种改造对象性形式的特性表现得十分清楚。简单的"重复式连续性赋予这个过程以某些新的特征,或者不如说,消除它仅仅作为孤立过程所具有的虚假特征。"因为"撇开一切积累不说,生产过程的单纯连续或者说简单再生产,经过一个或长或短的时期以后,必然会使任何资本都转化为积

---

① 这儿不可能详细地论述这个问题,虽然正是这种区别才有可能明确地把古代和现代区分开来。这是因为赫拉克里特的自我扬弃的事物概念实际上和现代思想的物化结构极其接近。然而正因此,古代思想的局限性就明显地体现了古代社会的局限性。古代思想的局限性就在于,它不能辩证地把握那时的社会存在,并进而辩证地把握历史。马克思在谈到其他问题时,曾顺便指出了亚里士多德"经济学"中的这一局限性。虽然是顺便提到的,但从方法论的角度来看,却和其他问题是一致的。黑格尔和拉萨尔的特点就是过高估计赫拉克里特的"现代性",但由此我们却可以看出,他们的思想也没能超越这一"古代"思想的局限性(主要就是对思想由以产生的历史条件采取不批判的态度),并在他们哲学的基本特征,即直观、思辨和非唯物、非实践中表现了出来。

累的资本或资本化的剩余价值。即使资本在进入生产过程的时候是资本使用者本人挣得的财产，它迟早也要成为不付等价物而被占有的价值，成为别人无酬劳动的货币形式或其他形式的化身”。[①] 因此，关于社会的客体不是物，而是人与人的关系的认识就越来越增强到它们完全融化于过程之中。但在这儿，如果它们的存在呈现为生成，那么这种生成就不是一种纯粹普遍变化的抽象的飞掠而过，不是内容空洞的实际渡过的时间（durée reelle），而是那种关系的不停的产生和再产生，那种关系若是被从上述联系中分离出来，并受到反思范畴的歪曲，在资产阶级思想看来就表现为物。只有到了这个时候，无产阶级的意识才上升为处在其历史发展中的社会的自我认识。当无产阶级只意识到商品关系时，它只能意识到自己是经济过程的客体。因为商品是**被**生产的，工人作为商品，作为直接的产品，至多只能是这一机器中的机械的动轮而已。但是，如果资本的物化被溶化为它的生产和再生产的不停的过程，那么在这种立场上，无产阶级就能意识到自己是这一过程的真正的——尽管是被束缚的和暂且是不自觉的——**主体**。因此 314 如果离开了既定的、直接的现实，那么就会产生这样的问题：“一个棉纺织厂的工人是不是只生产棉纺品呢？不是，他生产资本。他生产重新供人利用去支配他的劳动并借助他的劳动创造新价值的

① 《资本论》第1卷，《全集》第23卷第622，第625页。以前我们曾强调从量到质的骤变是每一个单个环节的特征，这一点在我们引用的马克思的话中也得到了反映。量变的环节，当然只是孤立地来看，仍是数量的变化。但它们作为变化的环节，却呈现出了资本经济结构的质的变化。

价值。”[①]

4

但这样一来，现实的问题就以全新的面目出现了。现在——照黑格尔的话来说——生成表现为存在的真理，过程表现为事物的真理。这就意味着，**历史发展的倾向构成比经验事实更高的现实**。的确，在资本主义社会中——如同我在别的文章中指出过的那样[②]——是过去支配着现在。但这只意味着，不受意识指导的、只是受自己固有盲目动力驱使的对抗性过程的所有表现形式都说明是过去支配现在，是资本支配劳动；因此也就是意味着，坚持以这种直接性为基础的思想陷入了不同阶段的僵化形式之中；此外，这还意味着，这一思想面对确实产生影响的倾向，即在它看来是神秘的力量时，表现得束手无策，和合乎这种思想的行动又决不能驾驭这种力量。这是一幅僵化的现实的图画，这种僵化的现实却又在幽灵似地不停地运动着。一旦这种现实融化为其推动力是人的
315 过程时，这幅图画就立即变得充满了意义。然而只有从无产阶级立场出发，才能看到这一点。这不仅是因为，在这些倾向中表现出来的过程的意义就是资本主义的消灭，因此对资产阶级来说，意识到这一问题就等于是精神上的自杀。此外，也主要是由于，资产阶级不得不生活在资本主义的物化的现实中，这一现实的“规律”是凌驾于资本的似乎是行动着的化身和代表之上并得到实现的。平

① 《雇佣劳动与资本》，《全集》第 6 卷第 490 页。

② 参见《历史唯物主义职能的变化》，关于事实和现实，请参见《什么是正统马克思主义？》。

均利润率就是这种情况的典型的例子。平均利润率作为没有被人认识和不能认识的力量决定了单个资本家的行动，它与他们的关系充分说明了黑格尔深刻认识了的“理性的狡黠”的结构。事实是这种倾向会不顾这种个人的“狂热”，并且通过这种个人的“狂热”而实现。个人的狂热虽然采用了最谨慎、最精确、最有远见的计算的形式，但根本没有改变这种事实，相反却更突出了它的特点。这是因为——由社会存在的阶级规定性所支配的、并因而在主观上是以此为基础的——一切方面都十分完善的理性主义的假象使人越来越清楚地看到，这种理性主义不能把握整个过程体现出来的意义。此外，这种辩证对抗的基本结构也不因下列情况而有所改变，那就是问题涉及的不是一个异常的事件，一场灾难，而是同一关系的不间断的生产和再生产；那就是正在实现着的倾向的那些环节已经变成了经验的“事实”和马上就作为物化的、孤立的事实而被编进了合理计算的网络。相反的，这些情况反倒只是说明 316
了，这种辩证对抗是怎样全面地支配着资本主义社会的全部现象的。

社会民主党思想的资产阶级化最清楚不过地表现在它对辩证方法的背弃上。从伯恩施坦辩论中就已可清楚地看出。机会主义必须始终以“事实为基础”，以便据此或者否定发展的倾向，[①]或者把它们贬低为一种主观上、伦理上的应该如此。积累问题辩论中的各种各样的误解，从方法论上来看，也是如出一辙。罗莎·卢森

① 参见关于中等企业的消失和增长的争论。罗莎·卢森堡：《是社会改良，还是革命?》，德文版第 11 页及以下几页。

堡是一位真正的辩证论者，她把不可能存在纯粹的资本主义社会看作为一种发展的倾向，即这样一种倾向，在它本身变为“事实”之前很久，就必然会在人们并没有意识到的情况下决定性地影响他们的行动。因此，纯粹资本主义社会中的积累在经济上的不可能性并不表现为，随着对最后一个非资本主义生产者的剥夺，资本主义就“停止”了，而是表现为一些迫使资本家阶级认识到这种形势正在来临（虽然从经验上看还比较遥远）的行动，这些行动就是：狂热地开拓殖民地、争夺原料和市场、帝国主义和世界战争等等。这是因为辩证发展倾向的作用决不是一种在逐步的量的增长中接近其目标的无限进展。社会的发展倾向主要表现在社会结构（阶级的成分，力量的对比等）的不停的**质的变革**中。由于当前的统治阶
317 级力图按照对它来说是唯一可能的方法来控制这种变化，而且在个别情况下看来真的控制住了“事实”，于是它就通过盲目的、不自觉的，由它的地位决定了是必然的行动，来加速那些倾向的实现，而这些倾向正意味着它自身的灭亡。

马克思在无数地方从方法论上把“事实”和倾向之间的这一现实差异置于他研究的中心。他的主要著作的方法论的基本思想，即经济对象从事物变回到过程，变回到变化着的具体的人与人的关系，就已是以这一差异为基础的。但由此进一步得出的结论是，社会经济结构的个别形式在方法论上的优先性、它们在体系（不管是原初的还是派生的）中的地位，决定于它们与可能“变回”这一因素相距多远。因此工业资本就优先于商业资本、金融资本。这种优先权一方面历史地表现为，这些派生的，并不决定生产过程本身的资本形式在发展中只能起一种纯粹否定的、瓦解原初的生产方

式的作用，然而这一“解体过程会导向何处，换句话说，什么样的新生产方式代替旧生产方式，这并不取决于商业，而是取决于旧生产方式本身的性质”[①]。另一方面，从纯方法论的角度还表现为，这些形式的“规律性”只是由经验的“偶然的”供求运动决定的，这些形式并不表达任何普遍的、社会的倾向。马克思在谈到利息时是这样说的：“在这里，竞争并不决定对规律的偏离，而是相反，除了由竞争决定的分割规律外，没有别的分割规律。”[②]这一关于现实 318
性的学说把整个发展的正在实现的倾向看作为比经验的事实“更现实”。我们在分析马克思主义的某些问题（如最终目标和运动、进化和革命等等）时，曾强调的那种对立，在这一学说中得到了真正的、具体的和科学的表达。因为现实性问题的提出，首先使人们有可能真正具体地研究“事实”这一概念，即研究它的产生和存在的社会基础。这样一种研究必须遵循什么样的方向，我早已在别的论文中指出过了[③]，当然在那篇论文中只谈到了“事实”对具体的总体的关系，事实隶属于总体，并在总体中才能变为“现实的”。但是，现在变得十分清楚的是，那种社会发展及其思想反映把（最初处于原始状态的）没有分割的既定现实变成了“事实”，从而使自然服从于人成为可能，然而同时它们又必须掩盖这些事实的历史的、社会的特点，即以人与人的关系为基础的本质，以便就这样制

① 《资本论》第3卷，《全集》第25卷第371页。

② 同上书，第399页。这样，市场利息率“和商品的市场价格一样，是作为固定的量出现的。”普遍的利润率在倾向上和它是完全相反的。同上书，第410页。这一点正是和资产阶级思想原则差异之所在。

③ 参见《什么是正统马克思主义？》。

造“鬼怪般的,对他们来说是异己的力量”[①]。这是因为在“事实”
319 中,物化思想的僵化的和排斥过程的倾向比在支配事实的“规律”中表现得更为清楚。如果说,在规律中仍可发现人的行为本身的痕迹,尽管它常常是在物化的、虚假的主观性中表现出来的,那么在“事实”中,已经变成了和人异在的、僵化的、不可能渗透的东西的资本主义发展的本质就以这样一种方式具体化了:这种方式就是把这种异化、这种僵化变为现实性和世界观的最理所当然的、最不容置疑的基础。面对这种“事实”的僵化性,每一次运动似乎都只是一次**冲击到**它们的运动,每一种要改变它们的倾向似乎都只是一种主观的原则(愿望、价值判断、应该等等)。因此只有当“事实”的这种方法论上的优先权被打破了,当**任何一种现象都具有过程的性质**这一点被认识了,人们才能懂得,即使是人们习惯称之为“事实”的东西也是由过程组成的。然后人们才能懂得,“事实”也只是整个过程的一部分,是分离出来的、人为地孤立的和僵化了的**环节**。这样人们也就同时懂得了,为什么当整个过程的过程式本质还是**极其纯净**,还没有被物化所僵化、所污染的时候,和事实相比,这样的整个的过程就代表着真正的更高级的现实性。当然,这样人们也就同时懂得了,为什么物化了的资产阶级思想必须用这些“事实”构成它在理论上和实践上的最高偶像。在这种僵化的事实中,任何东西都被僵化为“固定的量”[②],偶然存在的现实性的一种毫无意义的不可变的状态存在在其中。这种僵化的事实使人们

① 《家庭、私有制和国家的起源》,《全集》第 21 卷第 198 页。

② 参见马克思对边沁的评论,见《资本论》第 1 卷,《全集》第 23 卷第 669—670 页。

在方法论上完全不可能理解这种直接的现实性。

这样一来，物化就在这些形式中被推到了极点：它完全不能辩 320
证地超越自己；它的辩证法只能通过直接生产形式的物化来中介。但这样一来，直接的存在，用反思范畴建立起来的与这一直接存在相应的思想和活生生的社会现实之间的矛盾就达到了顶点。这是因为，一方面这些形式（如利息）对资本主义思想来说似乎是真正原初的，决定其他生产形式的，对它具有典范作用的形式，另一方面，生产过程中任何一次决定性变化都在实践上揭示了，资本主义经济结构的真正的范畴体系完全是头足倒置的。这样，资产阶级思想就坚持这些作为直接原初形式的形式，并以此为出发点，为自己开辟理解经济的道路，而并不知道，这样一来，它不可能理解自己的社会基础这一点倒是用思想的形式反映了出来。相反的，对无产阶级来说，由于它是从辩证地讲是明确的形式（劳动和资本的直接关系）出发的，并把远离生产过程的那些形式和这些形式联系了起来，把它们放到了辩证的总体之中来认识，因此，它就打开了完全窥透物化形式的道路[①]。

5

这样，人就变成了一切（社会）事物的尺度，而其范畴和历史的基础则是由经济学的方法论问题建立起来的。这方法论问题就是把拜物教的事物形式转变为发生在人之间的、而且是在人之间的

① 人们可以在《资本论》第3卷，《全集》第25卷第919页及以下几页看到对这一顺序的绝妙阐述。

321 具体关系中具体化的过程，把不可转变的拜物教形式导源于人的关系的原初形式。从范畴上来看，人的世界的结构就表现为动态变化着的关系形式的体系，人和自然、人和人之间的斗争（阶级斗争等等）就以这些关系形式进行着。因此，范畴的结构和等级就意味着人对他在他所处的这些关系中的存在的基础认识到了什么程度，也就是他对自己的认识到了什么程度。这一结构和等级也就是历史的主要对象。历史不再是在人和事物身上发生的难以捉摸的过程，只有用超验力量的介入才能加以说明，或者只有同对历史来讲是超验的价值联系起来才能变得有意义。历史一方面主要是人自身活动的产物（当然迄今为止还是不自觉的），另一方面又是一连串的过程，人的活动形式，人对自我（对自然和对其他人）的关系就在这一串过程中发生着彻底的变化。因此，如同前面强调的那样，如果关于社会状态的范畴结构不直接地就是历史的，也就是说，如果经验的历史事件顺序根本就不足以说明和使人理解某种存在的和思维的形式的真正由来，那么尽管如此，或者更确切地说，正因为如此，每一个这样的范畴体系总的来讲是整个社会某一发展阶段的标志。而历史正是在于，任何固定化都会沦为幻想：历
322 史恰恰就是人的具体生存形式不断彻底变化的历史。因此，根据这些形式的经验的历史顺序不可能把握它们的本质，这并不是由于这些形式就像喜欢用孤立的反思规定或孤立的“事实”思考的资产阶级观点所认为或不得不认为的那样，对历史来讲是超验的，而是由于这些形式相互之间既不是由它们在历史上的同时出现，也不是由它们在历史上的相继出现而直接联系在一起的。它们之间的联系更多地是通过它们在总体中的相互地位和作用而形成的，

因此，拒绝个别现象“从纯历史角度”就可以解释清楚的说法，也只是为了更自觉地把历史看作一般的科学：如果个别现象的联系变成了范畴问题，那么由于同一个辩证过程，每一个范畴问题就会重新变为历史问题。但是，它正是变为一般历史的问题，这个问题因此现在比在我们开头的论战性论点中还要更清楚地表现为同时是方法论的问题和对现在的认识问题。

只有从这样一种立场出发，历史才真正地变为人的历史。这是因为在历史中再也不会有任何最终不能回溯到人，回溯到人与人的关系的东西。这一转变是费尔巴哈赋予哲学的。他因此对历史唯物主义的形成起了一种十分重要的作用。他使哲学变成了“人类学”（“Anthropologie”），然而这一转变却把人推向了固定不变的客观性这一边。任何一种“人道主义”（“Humanismus”）或人类学立场的巨大危险也就在于此[①]。因为，如果人被当作一切事物的尺度，如果根据这种立场，任何一种超越都应该被消除，而同 323
时却可以不用同一种立场来衡量人，不把这“尺度”用于自身，或者确切地说，不是使人也变成辩证的，那么这样绝对化了的人就会代替本该由人来加以阐明、取消和从方法论上加以取代的那些超验的力量。这样一来，至多是独断的形而上学被一种同样独断的相对主义所取代。

这种独断主义是这样产生的，即必然要有一种同样没有被辩证理解的客观现实来适应没有被辩证理解的人。相对主义因此是在一个本质上静止的世界中打转。由于这种相对主义不可能意识

① 现代实用主义就是一个范例。

到世界的这种不运动性和自身立场的僵化，它就不可避免地要退回到那样一些思想家的独断主义立场上去，那些思想家同样想从自己并不了解的、并没有意识到的，和不加批判地加以接受的条件出发来解释世界。这是因为，在一个最终是静止的世界里（尽管它的不运动由像“相同物的无穷复归”，或者像生物学的和形态学的生长发育阶段的“有规律的”更迭这类虚假运动所掩盖）使关于个体或类等等的真理相对化，是一回事，而在一个具体的、独特的历史过程中揭示出各种“真理”的**具体的历史的作用和意义**则完全是另一回事。只有第一种情况才可以说是真正意义上的相对主义。但这样一来，它就不可避免地要变成独断主义。这就是说，只有当一般地假定存在着一个“绝对”的时候，谈论相对主义才有逻辑上
324 的意义。像尼采和施本格勒这类“勇敢的思想家”的弱点和不彻底性就在于，他们的相对主义只是表面上把绝对从世界上清除了出去。从逻辑学和方法论的角度来看，虚假的运动在这些体系中停下来的地方刚好就是绝对“在这些体系中开始的地方”。绝对无非就是思想的僵化，就是把思想神秘地、绝对地变得没有能力把现实具体地把握为历史过程。相对主义者只是表面上把世界看成是运动的，这样一来，他们也只是表面上把绝对从他们的体系中清除了出去。任何一种“生物学的”或别的什么相对主义都把它们制定的“界限”变成为一种“永恒的”界限，正就是由于它们是这样来理解相对主义的，所以它们就把“绝对”、把思想的“无时间性”原则不自觉地重新引进了它们的体系。而只要（尽管是不自觉的）还同时想到体系中的绝对，那么绝对在逻辑上较之那些相对化的企图就始终是更强大的原则。这是因为它代表的是在非辩证的土地上，在

僵化的事物的存在世界上，在僵化的概念的逻辑世界上，可以达到的最高思想原则。因此**在这一点上**，苏格拉底反对诡辩学家，逻辑主义和价值学说反对实用主义和相对主义等等，**从逻辑学和方法论的角度来看**就必然是对的。

这是因为这些相对主义者所做的无非是把当代人的社会地、历史地既定的世界观的界限僵化为生物学的、实用主义的以及诸如此类的“永恒的”界限。他们对理性主义和宗教表示怀疑，但这样一来，他们自己无非也就是这种理性主义和宗教的一种用怀疑和绝望的形式表现出来的**衰败现象**。因此，从历史的角度来看，他们有时倒是下面这种情况的并非不重要的象征，即那种产生出他们所“反对”的理性主义等等的社会存在已经变得内在地有问题的了。但是这些相对主义者也只是作为这种象征才有意义。而真正的精神价值则始终是由他们所反对的文化，勇气犹存的阶级的文 325
化所代表的。

只有历史的辩证法才造成了一种全新的情况。这不仅是由于在历史的辩证法中，界限本身就是相对的，或者说得更确切些，是在变动之中的；这不仅是由于所有那些存在的形式（它们的抽象的对应物是各种形式的绝对）都变成了过程，和被把握为具体的历史的现象，以至于绝对不是被抽象地否定，而是被把握为具有**具体的历史的形态**，被把握为**过程本身的环节**；而且更是由于历史的过程是独一无二的，是辩证地前进的，是辩证地后退的，因此它就是不断地争取达到真理的更高阶段，就是不断地争取达到**人的**（社会的）**自我认识**的更高阶段。黑格尔关于真理的“相对化”甚至认为较高级的环节始终是体系中较低级环节的真理。而这些较低级阶段的真理的“客观性”也并没有因此而被摧毁，由于它被纳入了一种更具体、更全面的总体之中，它就获得了一种不同的意义。由于马克思把辩证法变成了历史过程本身的本质，因此这种思想运动同样也只是表现为整个历史运动的一部分。历史成了构成人的环境世界和内心世界，人力图从思想上、实践上和艺术上等等方面加以控制的各种对象性形式的历史。（而相对主义却始终是在研究僵化不变的对象性形式。）在人类社会史前史的阶段，即阶级斗争的阶段，真理的作用只是根据控制环境世界和斗争的要求，确定对
326 本质上还没有被把握的世界可能采取的各种立场，因此，真理只能具有一种与各个阶级的立场及其相应的对象性形式有关的“客观性”。只有当人类清楚地洞见了自身的生存基础，并据此对这种基础**加以改造**的时候，真理才会具有一种全新的面貌。一旦理论和实践达到了统一，一旦现实有了改变的可能，绝对和它的“相对的”对立面就完成了它们的历史使命。这是因为随着对这种生存基础的实际洞见和真正的彻底改造，绝对和相对曾经以相同的方式表现过的那种现实也就一起消失了。

随着无产阶级开始意识到自己的阶级立场，这一过程也就**开始**了。因此把辩证唯物主义称作“相对主义”是极其令人误解的。这是因为表面上相同的出发点，即人是一切事物的尺度，对于辩证唯物主义和相对主义来说恰恰在质上是有所不同的，甚至是完全对立的。而费尔巴哈所开始的“唯物主义人类学”也只是一个开端，而且是本身容许向各种不同方向发展的开端。现在马克思把费尔巴哈的转变彻底进行到底。在这一点上，他强烈地反对黑格尔：“黑格尔把人变为自我意识的人，而不是把自我意识变成人的

自我意识，变成现实的人即生活在现实的实物世界中并受这个世界制约的人的自我意识。”①但同时，而且是在他受到费尔巴哈十分强烈影响的时期，他就是历史地和辩证地看待人的。这两者都可以从双重意义上来理解：第一，他从未一般地谈到过人，谈到过 327
抽象地绝对化的人，而是始终把人看作是具体的总体、即社会的一个环节。必须从人出发来解释社会，然而只有当人本身被纳入到这一具体的总体，被提高为是真正的具体的时候，才能这样做。第二，人本身作为历史辩证法的客观基础，作为历史辩证法的基础的同一的主体—客体，是以决定性的方式参与辩证过程的。把辩证法开始的那组抽象的范畴运用在他身上，就是说：**他既存在又不存在**。马克思在《黑格尔法哲学批判》中认为，宗教“把人的本质变成了幻想的现实性，**因为人的本质没有真实的现实性**。”②由于这个不存在的人被宣布为一切事物的尺度和历史的真正的创造者，他的不存在就必须马上变成对现在的批判认识的具体的和历史辩证的形式，在这种认识形式中人必然会被宣告是不存在的。因此，对人的存在的否定就具体化为对资产阶级社会的认识，而同时就像我们已经看到的那样，资产阶级社会的辩证法，它的抽象的反思范围的矛盾在用人来衡量时就表现得很清楚了，马克思在我们上面引述的批判黑格尔意识学说的话后，接着就提纲挈领地指出：“应该表明，国家、私有财产等怎样把人化为抽象，或者它们怎样成为抽象的人的产物，而不成为单个的、具体的人的现实。”关于不存在

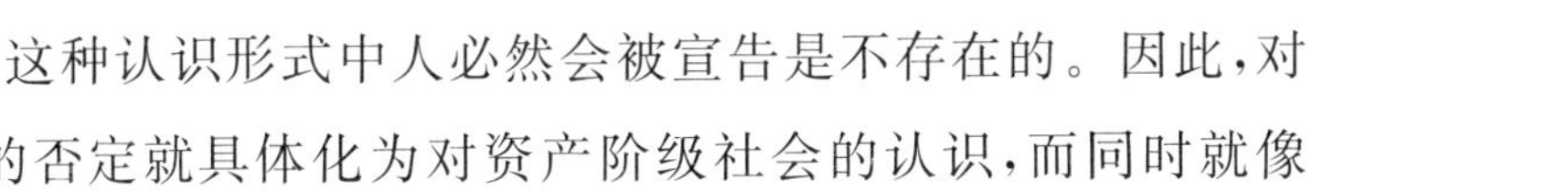

① 《神圣家族》，《全集》第2卷第245页。

② 《黑格尔法哲学批判导言》，《全集》第1卷第452—453页，引文中的着重号是卢卡奇加的。

抽象的人这种观点，也始终是成熟马克思的基本观点，《政治经济学批判》序言中大家熟悉的和经常引用的那些话表明了这一点，在
328 那里，资产阶级社会被描述成是“人类社会史前史”的最后一种表现形式。

马克思的“人道主义”正是在这一点上和一切乍看起来是相似的学说有着最严格的区别。这是因为其他人常常也认识到和谈到了资本主义的反人性的东西，它压制和摧残一切人性的本质。这里，我只想指出卡莱尔的《过去和现在》。青年恩格斯谈到它的那些描述性部分时不但表示赞同，有时甚至还很激动。但是，如果一方面把资产阶级社会中人的存在的不可能性当作纯粹的（或无时间性的）事实，另一方面又用存在的人（不管是在过去、在将来，或者是作为一种应该）直接地，或者（结果是一样的）通过形而上学和神话的中介间接地与人的这一不存在相对抗，那么这只能导致含混不清地提出问题，而决不能指出一条解决问题的途径。而只有把这两个因素就像它们在资本主义的实际发展过程中表现出来的那样，不可分地辩证地联系在一起，也就是说，只有在把辩证的范畴正确地应用于作为事物的尺度的人身上这种做法，同时就是对资产阶级社会经济结构的全面描述，就是对现在的正确认识时，我们才能找到解决的途径。否则的话，个别部分可能是非常切中要害的描述将必然要陷入经验主义和乌托邦，唯意志论和宿命论的矛盾之中。这种描述一方面至多只是停留在原始材料上，另一方面只是用相反的，因此纯粹是主观臆断的要求来对抗历史的发展及其内在的进程。

329 这毫无例外地是所有那些自觉地从人出发，力求在理论上解

决人的存在问题，在实践上把人从这些问题中解脱出来的体系的命运。在福音书基督教类型的尝试中，可以看到这种双重性。经验的现实在其（社会的）存在和存在方式（Dasein und Sosein）中没有被触动。无论这是采取“把恺撒的东西还给恺撒”的形式，采取路德美化现存事物的形式，还是采取托尔斯泰（L. N. Tolstoi）的“对恶不抵抗”的形式，其结果都是一样的。这是因为从这种立场出发，只要能使人的经验的（社会的）存在和存在方式看起来是不可消除的，无论是通过强调感情力量，还是通过强调形而上学的和宗教的观点做到它，都是无关紧要的。重要的是，这种存在的直接的表现形式作为人不能触动的东西被确定下来，而且这种不能触动被表述为道德律令。和这种存在学说相对立的乌托邦观点不仅在于相信这种经验的现实将由上帝来消除，这种乌托邦观点就存在在启示录中，但有时，例如在托尔斯泰那儿，又可能没有这种启示录，但这种观点并没有使事情的本质发生根本的变化。还有一种乌托邦观点认为人是“圣人”，他应该在内心控制用上述方式不能消除的外部现实。只要这类观点保持其原初的僵化不变，那么它们作为人类问题的“人道主义”解决本身就自我取消了：因为它们不得不否认大多数人的人的存在，并把他们排除出“解脱”的范围，而正是在这种“解脱”中，人的生命才获得了在经验中不可能获得的意义的，正是在这种“解脱”中，人才真正成为人的。这类观点就是这样（用改变旗号、改变价值标准、颠倒阶级结构等手
法），用形而上学和宗教的观点，在彼岸，在永恒的世界中，重新制 330
造了阶级社会的非人性。对某个修士会从“圣徒”团发展成为一支站在统治阶级一边的经济政治力量所作的最基本的历史考察说

明，这些乌托邦要求的每一次放宽都意味着是对当时社会现实的适应。

但是，即使连这种观点的“革命的”乌托邦也不能克服非辩证“人道主义”的这种内在的局限性。即使连再洗礼派和类似的教派也还保存着这种两重性。它们一方面对已发现的人的经验存在的客观结构不加触动（如消费共产主义），另一方面，它们又期待着依靠人的内心觉醒而达到他们要求的现实的变化。在它们看来，人的内心是独立于他的具体的、历史的存在的，是自古以来就已存在着的，神的超验的介入有可能使其觉醒。因此，它们也是从其结构是不变的经验世界，是从一个存在着的人出发的。很清楚，这是由它们的历史环境决定的，但这并不属于本文要论述的范围。之所以要特别提到它们，则是由于正是这些教派的这种革命虔诚决非偶然地为最纯粹形式的资本主义（如英国、美国）提供了意识形态。而这又是因为把纯而又纯的，以至于变得极其抽象的、摆脱了一切“血肉之躯”的内在性和一种超验的历史哲学联系在一起，实际上是符合资本主义意识形态的基本结构的。是的，我们可以说，同样是革命的加尔文教派把证实自己是虔诚的伦理学（内心世界的禁欲主义）和认为推动世界运动的、规定人的命运的内容的客观力量完全是超验的这一点（Deus absconditus 和先定学说）结合在一
331 起，这种结合意味着是把资产阶级物化意识的自在之物结构[1]神话化了，并使之更加精炼了。在主动革命的教派那儿，像托马斯·

① 参阅马克斯·韦伯《宗教社会学》，德文版第1卷中的论文。人们是否同意他的因果说对如何评价他的事实材料完全是无关紧要的。关于资本主义和加尔文主义的关系也可参阅恩格斯在《论历史唯物主义》中发表的看法，见《新时代》（Neue Zeit）

闵采尔那种自发主动性初看起来还能掩盖经验和空想之间确已存在的不可克服的二重性和没有融合为一体的那种混杂。但是，如果我们更仔细地观察一下和根据实际结果更深入地研究一下学说的宗教的和空想主义的基础对闵采尔的行动所产生的**具体作用**，那么我们就可以看到在他们的理论和实践之间存在同样的“黑黑的、空荡荡的空间”，同样的“非理性的裂缝”（“hiatus irrationalis”），而只要主观的，因此是不辩证的空想向历史的现实直接提出要求，而目的则是要影响和改变历史的现实，那么就会有这样的“空间”和“裂缝”。然而客观上革命的实际行动看来又是完全摆脱了宗教乌托邦的影响：宗教乌托邦既不能真正指导实际行动，也不能为它们提供具体的目标或实现目标的具体手段。因此，当恩斯特·布洛赫[①]认为在宗教和社会经济革命的这种结合中可以找到一条深化“纯经济的”历史唯物主义的道路时，他就是忽视了这种深化恰恰没有顾及历史唯物主义的真正的深刻之处。当布洛赫把经济看作是客观的事物，而灵魂的、内在的等等东西必然与之相 332
对立时，他就是忽视了恰恰是真正的社会革命才能变革人的具体而现实的生活，他就是忽视了人们习惯上称之为经济学的东西无非就是关于这种现实生活的对象性形式的体系。革命的教派必然会忽视这个问题，这是因为它们的历史环境决定了，对它们来讲，生活的这种变革，甚至连提出变革这样的问题本身，客观上都是不

XI，I，43（《全集》第 22 卷第 349 页。——译者注）。存在和伦理的这种结构也存在在康德的体系中，例如可参阅《实践理性批判》中的章节（德文版第 120 页）。这一节完全是用富兰克林的加尔文主义的修身伦理学的精神写成的。再作更深入的类似的分析就离题太远了。

① 《托马斯·闵采尔》，德文版第 73 页及以下几页。

可能的。但决不能抓住它们的这种弱点，它们的这种不能找到变革现实的阿基米德支点的无能，它们的这种把支点时而定得太高、时而定得太低的困境，并在这些东西中发现某种深刻性。

个体决不能成为事物的尺度，这是因为个体面对的是必定作为僵化事物的集合体的客观现实。个体发现这些事物是已经存在的、一成不变的。面对这样的事物，个体只能作出承认或者拒绝的主观判断。只有阶级（而不是“类”，类只是按照直观的精神塑造出来的神秘化的个体）才能和现实的总体发生关系并起到实际上的改造作用。而阶级也只有当它能在既定世界的物化的对象性中看到一个过程，而这个过程同时就是它自己的命运时，才能做到这一点。对个体来讲，物化和决定论（决定论就是认为事物必然是互相联系的思想）都是不可消除的。任何一种想从这些前提出发而达到“自由”的尝试必然都是要失败的，这是因为纯粹的“内在的自由”是以外部世界的不变为前提的。因此，自我分裂为应该和存在，分裂为概念的自我和经验的自我本身并不能使单个的主体发生辩证的变化。外部世界的问题，和同它联系在一起的外部世界（即事物）的结构是用经验的自我这样一个范畴来指代的。（从心
333 理学和生理学的角度来看）事物决定论的法则既适用于经验的自我，又适用于狭义的外部世界。概念的自我成为超验的观念（不论这一观念是被解释为形而上学的存在，还是被解释为应该），其本质就是从一开始就排除了和自我的经验部分的辩证的相互关系，因此也就排除了概念的自我在经验的自我身上认识自己。这样一种观念对对应于它的经验现实的作用，和本文以前在谈到应该和存在的关系时指出的一样，只是一个谜而已。

但是上述论断同时也使我们完全明白了，为什么任何一种这样的观点都会变成神秘主义，变为概念神话学。这是因为神话学总是在这样的情况下出现的，即运动（不论这是在经验现实本身之中的运动，还是一种为了把握整体的间接中介的思想运动）的两个终端或至少是两个阶段应该被看作是运动的终端，而又似乎不能找到这两个终端和运动本身之间的具体的中介。而这种不可能几乎总是同时表现为运动与被推动者之间，运动与推动者之间，以及推动者与被推动者之间似乎存在着不可逾越的界限。但是神话学必然采取那种正因为无法解答才得以产生出来的问题的结构。这一看法再次证实了费尔巴哈的“人类学”批判的价值。于是就出现了那种乍看起来是荒唐的情况：这一神话化的、设想出来的世界似乎比直接的现实更接近于意识。然而如果考虑到为了真正把握直接的现实就必须解答问题，就必须抛弃直接性立场，那么荒唐也就消失了。而神话学无非是**在问题本身无法解答的情况下，再现了人对此的幻想而已**；因此也就是在更高级的水平上重新建立了直 334
接性。这样一来，迈斯特·爱克哈特所说的灵魂为了找到神灵而必须到上帝那一边去寻找的那片沙漠，对于孤立的个体的灵魂来说，就比它在人类社会的具体总体中的具体存在本身还要更接近，在这种生活背景下，它对人类社会甚至连大致的轮廓也必然是无法看清的。这样一来，对于物化的人来说，强大有力的因果决定论就要比那些能使他超越社会存在的物化的直接立场的中介更容易理解。但是，把单个的人作为一切事物的尺度就必然会陷入这种神话学的迷宫之中。

但是，从个体的立场来看，“非决定论”当然并不意味着是对这

种困难的克服。现代实用主义者的非决定论最初无非是要获得物化规律的交叉矛盾和非理性化能够提供给资本主义社会的个人的那个“自由”的活动余地。它最后会变为一种直觉神秘主义，使对外部物化世界采取的宿命论观点一成不变地存在下去。雅可比(Jacobi)用“人性”反对康德和费希特的“规律”的统治，他要求“规律为人而存在，而不是人为规律而存在”，也无非只是以非理性的精神美化那同一个经验的、仅仅是真实的现实，并以此来代替康德以理性的名义对现状的不加触动。①

335 但是，当这样一种基本观点是有意识地以改造社会为目标的时候，就会产生更糟糕的情况，那就是这种基本观点为了能够用它的某种表现形式来指出肯定的方面，即存在着的人，由于不能发现这个带有其直接否定性的人乃是一种辩证的因素，将不得不歪曲社会现实。这一方面最典型的例子是拉萨尔在《巴斯蒂特—舒尔策》中说的那段名言：“不存在**通过社会途径**找到摆脱这种社会地位的出路。英国罢工就是想作为**人**那样行动的**事物**的徒劳努力，它们的可悲结局是大家都知道得够多的了。因此，工人的**唯一**出路只有在**那个**他们还被看作为**人的领域**里，即在**国家**里才能找到，当然，这个国家要愿意把这从长远来看是不可避免的事情当作它的任务。因此，自由资产阶级本能地，而且无限地憎恨任何一种形

① 《黑格尔全集》，德文版第3卷第37—38页。不过只是对社会的自然形式的一种——不怎么重要的——怀念情绪的回响。参见黑格尔在《信仰和知识》(《黑格尔全集》，德文版第1卷第105页及以下)中所作的方法论上正确的否定批评。当然，黑格尔批评的肯定结论也等于是否定。

式的国家概念。”[①]在这里，重要的不是指出拉萨尔观点的内容的和历史的错误，而是必须从方法论上指出，首先，把经济和国家抽象地、绝对地分离开来，顽固地、错误地把人当作物放在一边，当作人放在另一边，就会使一种坚持直接经验事实的宿命论建立起来
(大家可以想一想拉萨尔“铁的工资规律”)。其次，就会使脱离了 336
资本主义经济发展的国家“观念”获得一种完全空想的、和国家的具体本质完全对立的作用。而这样一来，也就从方法论上把任何一种以改变这种现实为目标的行动道路都堵死了。机械地使政治和经济相分离已经使任何一种真正有效的，以整个社会为目标的行动成为不可能，而这整个社会是以这两种因素的不断的、相互制约的作用为基础的。为此，经济宿命论就将禁止在经济领域采取任何深刻的行动，而国家空想主义却使人期待出现奇迹和实行一种离奇而虚幻的政策。

辩证实践的统一体分裂为经验主义和空想主义，分裂为坚持(其直接性没有被消除的)“事实”和空洞的、与现实、与历史相对立的幻想，它们混杂在一起，成为一种并列的无机混合物。这种分裂日益反映出社会民主党的发展特征。这里，我们只想依据对物化

① 《拉萨尔著作集》，卡西尔出版社，第 275—276 页。拉萨尔用吹捧建立在自然法则基础上的国家观念，使自己站在了资产阶级这一边，这一点我们不仅可以从某些自然法学说的发展中看出来。这些自然法学说正是根据“自由”和“人的尊严”的观念推论出无产阶级任何有组织运动都是非法的(例如可参见马克斯·韦伯《经济和社会》，德文版第 497 页关于美国自然法的论述)。历史法学派的卑鄙奠基人 C. 胡果，虽然是为了证明和拉萨尔相反的观点，但也建立了一个类似的思想结构，认为有些权力可以使人成为商品，然而在别的领域内他又不放弃他的“人的尊严”。见《自然法》德文版第 114 页。

的系统分析，来谈一谈这一发展的特征，以便简要地指出，在社会民主党的这种做法中，隐藏着对资产阶级的全面投降，尽管它们口头上还装作是十分“社会主义的”。因为把社会存在的各个领域相分离地平列起来，和把人相应地严格地分割开来，这是符合资产阶级的阶级利益的。特别是在关于国家具有的“人的”职能方面出现了经济宿命论和“合道德的”空想主义的二元论（这种二元论使用的术语虽然有所不同，但就其本质而言，却是社会民主党立场的基础。）这种二元论的出现意味着，无产阶级使自己站到了资产阶级观点这一边，而这样一来，资产阶级也就自然而然地保持了自己的
337 优势。[①] 无产阶级从它登上历史舞台起就不断面临着的危险就是，它和资产阶级一起陷入了存在的直接性之中。随着社会民主党的出现，这种危险又获得了一种政治组织形式，这种政治组织形式人为地消除已十分艰难地获得了的中介，以便把无产阶级引回到它的直接存在中去，在这种存在中，它**只**是资本主义社会的一个因素，而不**同时**又是资本主义社会的自我解体和灭亡的动力。无产阶级现在或者是听天由命地屈从这些“规律”（生产的自然规律），或者是“从道德上”把这些“规律”接收到自己的意志中去（国家是观念，是文化价值）。毫无疑问，这些规律反正会以其对物化意识说来不可理解的客观辩证法促使资本主义走向灭亡，[②]但是，

---

① 参见我的论文《阶级意识》。

② 我们可以在考茨基最近发表的纲领性著作中找到这种观点的集中体现。他把政治和经济严格地、机械地分离开来，表明了他是拉萨尔错误的追随者。他关于民主的观点大家是太熟悉了，我们因此无需在此赘述。至于讲到他的经济宿命论，那么他的独特之处就是，当他承认不可能具体地预见到经济危机现象时，他就是认为，从方法论上来进，过程必须按照资本主义经济规律而发展乃是不言而喻的。第 57 页。

只要资本主义还存在，这样一种社会观点就是符合资产阶级基本的阶级利益的。在统一的和辩证的总体关系还没有被揭示出来的时候，这种直接存在固有的部分关系的揭示（不管在这种抽象的反思形式后面可能存在着什么样无法解决的问题）使资产阶级获得了实际的优势。因此，在这种基础之上的社会民主党从一开始起就必然一直处于弱势。这不仅是因为社会民主党自动放弃了无产阶级的历史使命，即指出一条摆脱资产阶级无法解决的资本主义 338
问题的出路来；这不仅是因为社会民主党宿命论地看着资本主义的"规律"是怎样促使资本主义走向深渊的；而且也是因为它在任何一个问题上都必然注定要遭到失败。资产阶级无疑占有政权、知识、教育和经验等等的优势，而且只要它还是统治的阶级，它就将继续占有这些优势。面对资产阶级的这些优势，无产阶级唯一的武器，它的唯一有效的优势就是：它有能力把整个社会看作是具体的、历史的总体；有能力把物化形式把握为人与人之间的过程；有能力积极地意识到发展的内在意义，并将其付诸实践，而在抽象的存在形式的矛盾之中，这种意义只是以消极的面目出现的。社会民主党的意识形态使无产阶级完全陷入了我们已深入地分析过的物化的矛盾之中。如果这种意识形态开始越来越有力地强调"人"作为价值、作为观念、作为应该等等的原则，当然同时还越来越深刻地"认识"到实际的经济过程的必要性和合乎规律性，那么这无非是标志着它已陷入资产阶级物化的直接性中而已。因为正是这种把自然规律和应该直接地平列，是资产阶级社会的直接社会存在的最彻底的思想表述。

6

因此，如果对于每一个生活在资本主义社会中的人来说，物化是必然的直接的现实的话，那么它的克服也只能采用这样的形式：不断地、一再地努力通过与具体表现出的全部发展的矛盾具体联
339 系起来，通过认识到这些矛盾对于全部发展所具有的固有意义，从实践上打破存在的物化结构。但是必须坚持如下几点。第一，这种打破只有作为对过程固有矛盾本身的认识才有可能。只有当无产阶级的意识能够指出发展的辩证法客观上要求采取，然而它自己又无力采取的步骤时，无产阶级的意识才能成长为过程本身的意识，无产阶级才能成为历史的同一的主体—客体，它的实践才能改造现实。如果无产阶级不能采取这一步骤，那么矛盾不但得不到解决，而且会在更高的层次上，用不同的形态，更加强烈地由发展的辩证动力再生产出来。这就是发展过程的客观必然性。因此无产阶级的行动始终只能是具体地、实践地实行发展的下一个步骤。[①] 这下一个步骤是决定性的，还是“插曲性”的，则取决于具体的情况，但是我们在这儿讨论的是对结构的认识问题，这一点并没有什么特别的意义，因为我们谈的是这种打破的不断过程。

第二，与此不可分的一点是，与总体的关系不必表现为总体的
340 全部丰富内容全都被有意识地包括在行动的动机和目的之内。重

① 马克思主义的这个方面指出了认识它的实践核心的道路，列宁的功绩就是重新发现了它。列宁一再提醒要竭尽全力抓住发展锁链中那个在特定时刻决定总体命运的“下一个环节”，他摒弃一切空想的要求，换句话说，他的“相对主义”，他的“现实政治”，这一切无非是他实际实现了青年马克思的《关于费尔巴哈的提纲》。

要的是要以总体为目标，也就是行动要实现自己在作为总体的过程中的、我们在上面已经描述过的作用。当然，随着社会不断的资本主义社会化，越来越有可能，从而有必要把个别事件也从内容上纳入到内容的总体中去。[①]（今天，世界经济和世界政治已经是比马克思时代更直接得多的存在形式。）然而这和下面这一点丝毫不矛盾：行动的决定性因素可以是表面上无关紧要的东西。在这儿，正是这一点实际上起了作用，那就是在辩证的总体中，个别因素自在地具有整体的结构。如果这一点在理论上表现为，例如，从商品结构出发可以认识整个资本主义社会的话，那么同样的结构原则在实际上就表现为：整个发展的命运可以取决于在一件似乎无关紧要的事情中的决定。

因此，第三，在判定一个步骤正确与否时，主要看它在整个发展中的作用正确与否。无产阶级思想作为实践的思想是极其讲究实际的（Pragmatistisch）《The proof of the pudding is in the eating》（“亲口吃一吃，才知布丁味。”）恩格斯这样说。他就这样通俗 341
易懂地指出了马克思《关于费尔巴哈的提纲》第二条的实质，这第二条是这样说的“人的思维是否具有客观的真理性，这并不是一个理论的问题，而是一个**实践的**问题。人应该在实践中证明自己思维的真理性，即自己思维的现实性和力量，亦即自己思维的此岸

① 总体是一个范畴问题，而且是一个革命行动的问题，现在是不言而喻的了。因此，同样不言而喻的是，对一种始终以直观的方式在内容上研究“全部问题”（当然这在实际上是不可能做到的）的方法，我们从方法论上已经不能把它看作是总体的研究方法。这主要指的是社会民主党的历史观，它的“材料丰富”始终是以放弃社会行动为目标的。

性。关于离开实践的思维是否现实的争论，是一个纯粹经院哲学的问题。”然而，这个布丁就是无产阶级组成为阶级：它的阶级意识在实践上变为现实。这样一来，关于无产阶级是历史过程的同一的主体—客体，即历史过程中第一个能够（客观地）充分认识社会的主体的观点，就获得了更具体的形式。原来表现出发展力量的对抗性质的矛盾要得到客观的、社会的解决，只有当这种解决是无产阶级意识实际上达到的新的阶段时，在实践上才是可能的。[①]因此，行动功能的正确与否最终要由无产阶级阶级意识的发展来决定。

因此，第四，这种意识突出的实践的本质就表现为，相应的正确的意识就意味着它的对象的改变，而且首先是，它自身的改变。我们在本文第二部分讨论过康德对上帝存在的本体论证明，对存在和思维问题的态度，并提到了他的前后颇为一贯的看法，即如果存在是一个真正的宾词，那么“我就不能说：正是我的概念的对象是存在的。”对康德来讲，否定这一点是十分自然的。但是，如果我们看到，从无产阶级观点来看，事物的经验既定的现实溶化为过程
342 和倾向，认识过程并不是揭去掩盖这一过程的面纱的一次性行动，而是僵化、矛盾和运动的不断更替，因而无产阶级代表真正的现实，即正在被意识到的发展倾向，那么，我们就必须同时承认，康德这一听起来荒谬的命题就准确地描述了由于无产阶级每一次作用上正确的行动而实际上要出现的东西。

只有这种认识才能使我们看清意识的物化结构及其思想形

① 参见我的论文《组织问题的方法论问题》。

式，即自在之物问题的最后残余。连弗里德里希·恩格斯有一次也以容易引起误解的方式谈到过这一点。他在描述把马克思和他同黑格尔学派区分开来的对立时，曾这样说过：“我们重新唯物地把我们头脑中的概念看作现实事物的反映，而不是把现实事物看作绝对概念的某一阶段的反映。”[①]但是，这里出现了一个问题，恩格斯不但提出了这个问题，而且就在下一页上完全按我们的意思回答了，他说道：“我们认为世界不是一成不变的**事物**的集合体，而是**过程**的集合体。”但是，既然没有事物，思维“反映”什么呢？在这里，哪怕是很概略地谈一下反映论的历史也是不可能的，虽然看来只有这种理论的历史才能揭示这个问题的全部含义。因为“反映”论使对于物化的意识来说是不可克服的思维和存在、意识和现实的二重性在理论上具体化了。而从**这一观点**来看，承认事物是概念的反映，还是承认概念是事物的反映，其结果都是一样的，因为在这两种情况下，这种二重性都被从逻辑上不可克服地固定下来了。康德为**从逻辑上**克服这种二重性所作的巨大而又一贯的努 343
力、他关于意识在创建理论范畴时的综合作用的理论，并未能**从哲学上**解决问题，这是因为二重性只是被从逻辑学中赶出去了，但却以现象和自在之物的二重性形式被永恒化为一个不能解决的哲学问题。从哲学意义上来讲，康德的这种解决办法很难被看作是一种解决办法，这从康德学说的命运就可以看出来了。当然，把康德的认识论说成是怀疑论和不可知论，乃是一种误解。然而这种误解的根子却正在于康德学说本身，一般地讲并不直接地在于逻辑

① 《费尔巴哈和德国古典哲学的终结》，《全集》第 21 卷第 337 页。

学，但确实在于逻辑学对形而上学，思维对存在的关系。在这里，我们必须懂得，每一种直观的态度，因此也就是每一种“纯思维”，由于必须把认识对立于它的客体作为自己的任务，同时也就提出了主观和客观的问题。思维的对象（作为对立物）被变成为某种与主体异在的东西，并因此提出了这样的问题：思维是否与对象相一致？越是“单纯地”强调思维的认识特征，思维变得越是“批判的”，那么思维的“主观”形式和（存在着的）对象的客观性之间的鸿沟也就越大，也就越是不可克服。这时也就会像康德那样，把思维的对象看作是由思维形式“产生”出来的。但这样一来，存在的问题并没有得到解决，康德把这个问题从认识论中排除出去，于是对他来说就形成了这样一种哲学情况：他所思维的对象也必须和某种“现实”相一致。但是这种现实作为自在之物是被置于“批判”精神可认识的范围之外的。对于**这一种**现实（对康德来讲，就像他的伦理
344 学证明了的，也是真正的、形而上学的现实），他的态度仍旧是怀疑论和不可知论，尽管他为认识论的客观性、为思维固有的真理学说找到的答案是多么远离怀疑论。

因此，康德之后就出现了各种不同流派的不可知论，就不是偶然的了（我们只要想一想迈蒙和叔本华）。但正又是康德开始把和他的综合“产生”（Erzeugung）原则严重对立的那个原则，即柏拉图的理念学说（Ideenlehre）重又引进到了哲学之中。这是因为这一学说竭力要拯救思维的客观性，拯救思维与对象的一致，而又不必在对象的经验的、物质的存在的身上，找到衡量这种一致的尺度。因此，很清楚，理念学说的任何符合逻辑的发展都必然要指出这样一条原则：它一方面把思维和理念世界的对象联系起来，另一

方面又把理念世界的对象和经验存在的对象联系起来(如回忆、知性的直觉等)。但是这样一来,思维理论就超出了思维本身的界限;它成了灵魂说,成了形而上学,成了历史哲学。于是出现的不是答案,而是问题的双重化和三重化。而问题本身仍没有得到解决。这是因为正是认识到根本不同种类的对象形式之间的一致(即"反映"关系)原则上是不可能的,是促使提出任何类似于柏拉图理念学说的观点的原因,任何这种观点都是要企图证明同一个最后的本质既构成思维对象的核心,又构成思维本身的核心。黑格尔从这一观点出发,正确地指出了回忆说的哲学主题,他说人的基本关系在回忆说中被神话化了:"真理就在人身上,只是要意识到这一点"[①]。但是思维和存在的这种最终实质上的同一性怎样 345

才能得到证明呢?尤其是在它们像对纯直观观点所必然表现出的那样已被认为是有着根本区别的时候呢?这时又要求助于形而上学,以便无论如何也要通过公开的或隐蔽的神话学的中介而把思维和存在统一起来,思维和存在的分离不仅构成了"纯"思维的出发点,而且无论是自愿地,还是不自愿地始终被它坚持着。在神话被翻了个个,和思维必须根据经验的物质的存在来加以解释时,这种情况也没有任何改变。李凯尔特有一次把唯物主义称作是颠倒过来的柏拉图主义,他的说法是对的。因为只要思维和存在还保持着它们古老的固定不变的对立的话,只要它们在它们自己的结构中及在相互关系的结构中仍保持不变,那么认为思维是头脑的产物和因此是和经验的对象相一致的观点就同回忆说和理念世界

① 《黑格尔全集》,德文版第11卷第160页。

一样，都是一种神话。之所以是一种神话，是因为它同样不可能**根据这一原则**来解释这时出现的**特殊**问题。它被迫让这些问题得不到解决，或者用“老”办法来解决它们，把神话只是当作解答未经分析的全部复杂情况的原则。[①] 但是，要想通过一种无限进展来排除这一区别同样是不可能的，这一点从本文迄今的分析中已经可
346 以看得很清楚了。因为那样所能得到的不是一种虚假的解决，就是反映论的改头换面的重新出现而已。[②]

正是由于历史的思维觉察到了思维和存在的同一，即二者直接地（但仅仅是直接地）具有一种固定的物化结构，非辩证的思维就不得不面临着这个不可解决的问题。思维和（经验的）存在的固定不变的对立一方面造成了它们相互之间不能处在一种反映的关系之中，但另一方面又造成了正确思维的标准只能到反映中去寻找。只要人采取直观的态度，那么他对他自己的思维以及对他周围的经验对象的关系就只能是直接的关系。他把它们当作是由历史的现实已经造就了的东西。由于他只想认识世界，而并不想改造世界，因此他不得不认为经验的物质的存在的一成不变和逻辑

① 对资产阶级唯物主义的形而上学意义的否定丝毫也不影响对它的历史意义的评价；资产阶级唯物主义是资产阶级革命的意识形态形式，只要资产阶级革命（它也是无产阶级革命的环节）还是有现实意义的，作为这样一种意识形态形式的资产阶级唯物主义就**实际上还是有现实意义**的。参见我在柏林《红旗》杂志上发表的《论摩莱萧特》、《论费尔巴哈》和《论无神论》等论文，特别是关于列宁的长文《在马克思主义旗帜下》，载《共产国际》1922 年第 21 期（指列宁的《论战斗唯物主义的意义》一文，《列宁全集》中文第 2 版第 43 卷第 23—32 页——译者注）。

② 拉斯克十分合逻辑地把榜样和模仿（Vorbilcllich und Nachbildlich）的范畴（关于判断的学说）引入了逻辑学。虽然他批判地摒弃了纯柏拉图主义、理念和现实的反映二元论，但是他又在逻辑学中把它们复活了。

的概念的一成不变是必然的，而他的神话式的分析也并不是想要说明这两种基本情况的固定不变是在怎样的具体的土壤上产生出来的，它们本身又隐含着什么样真正的、能促使克服这种固定不变的因素。他的神话式的分析只是要说明这两种基本情况的**不变本质**怎样才能作为不变的东西被拼凑在一起和怎样才能被解释为就是**这种不变的东西**。

马克思在他的《关于费尔巴哈的提纲》里所提出的答案在于使 347
哲学变为实践。但是，正如我们已经看到的，这实践具有它的客观的结构上的前提，具有它的另一面，那就是认为现实是“过程的集合体”，认为较之经验的僵化的物化的事实，历史发展的倾向代表的虽然是产生于经验本身的，因此决不是彼岸的，但确实是一个更高级的、真正的现实。对于反映论来讲，这就意味着，思维、意识虽然必须是指向现实的，真理的标准虽然就在于切中现实，然而这现实决不与经验的事实的存在相同一。这现实并不是现成的，而是生成的。这一生成可以从两个方面来理解。一方面，对象的真正的本质就在这一生成之中，在这一倾向之中，在这一过程之中展现出来。这是这样的意思(我们可以想一想我们已经提到过的，而且是可以随意增加的例子)：这种事物在过程中的变化使由于存在着的事物的矛盾而给思维提出的**所有具体的**问题都得到**具体的**解答。不能两次进入同一条河流的这种认识，只是比较尖锐地体现了概念和现实之间不可逾越的对立，但是对于认识这条河流并没有增添什么具体的东西。相反，认识到资本作为过程只能是积累起来的，或说得更好一点，是自我积累起来的资本，却意味着为资本的一大堆具体的和确实的、内容的和方法的问题提供具体而确

实的解答。因此，只有克服了哲学和专门学科的、方法论和事实知识的在方法论上的二重性，才能找到从思想上消除思维和存在的
348 二重性的途径。任何一种想在脱离了和存在的任何一种具体关系的思维中、想在逻辑学中辩证地克服这种二重性的尝试，都是注定要失败的（黑格尔就是进行了这种尝试，尽管他的哲学中有着各种各样互相对立的倾向）。这是因为任何一种纯逻辑学都是柏拉图主义的，它是脱离了存在的，并在这种脱离中凝固了的思维。只有当思维是作为现实的形式，是作为整个过程的环节时，它才能辩证地克服自己的僵化不变，才能取得一种生成的特性。[①] 另一方面，生成同时就是处于过去和将来之间的中介，但是是处于具体的，也就是历史的过去和同样是具体的，也就是同样是历史的将来之间的中介。当具体的“这里”和“现在”溶化为过程时，它就不再是连续不断的、不可捉摸的环节，不再是无声地逝去的直接性，[②]而是最深刻、最广泛的中介的环节，是决定的环节，是新事物诞生的环节。只要人以直观的方式关注过去**或**将来，那么这过去和将来就会僵化成一个异在的存在，而在主体和客体之间就会出现现在这个不可逾越的、“有害的空间”。只有当人能把现在把握为生成，在现在中看出了那些他能用其辩证的对立**创造出**将来的倾向时，现在，作为生成的现在，才能成为**他的**现在。只有感到有责任并且愿

① 因此，纯逻辑学的、纯方法论的研究只是说明了我们所处的历史阶段：我们暂时还不可能把全部范畴问题作为正在发生彻底变化的历史的现实问题来加以认识和阐述。

② 参见黑格尔的《精神现象学》，特别是《黑格尔全集》第2卷第73页及以下几页的论述，黑格尔对这一问题作了极其深刻的考察。此外还可参见恩斯特·布洛赫的“经历的瞬间的黑暗”的学说和他的“还没有意识到的知识”的理论。

意创造将来的人，才能看到现在的具体真理。正像黑格尔说的，“因为真理不能把客体看作是异在的东西。”[①]但是，当生成的真理就是那个被创造但还没有出世的将来，即那正在（依靠我们自觉的帮助）变为现实的倾向中的新东西时，思维是否为反映的问题就显 349
得毫无意义了。思维正确性的标准虽然就是现实性，但这现实并不是现成的，而是生成的——并不是没有思维的参与。因此在这里，古典哲学的纲领也就得到了实现：起源的原则事实上意味着克服了独断主义（特别是它的最伟大的历史形态，柏拉图反映论）。但是，只有具体的（历史的）生成才能起到这样一种起源的作用。而在这种生成中，意识（无产阶级的已经变成实践的阶级意识）就是一种必不可少的、基本的组成部分。因此，思维和存在是同一的，就不是说它们是互相“符合”，互相“反映”，它们是互相“平行”或互相“叠合”的（所有这些说法都以隐蔽的形式包含着僵硬的二重性的思想）。它们的同一在于它们都是同一个现实的和历史的辩证过程的环节。因此，无产阶级意识中反映的东西就是从资本主义发展的辩证矛盾中迸发出来的积极的和新的东西，它决不是无产阶级杜撰的或是无中生有“创造”出来的东西，而是总的发展过程的必然结果；但是这东西首先要被提高为无产阶级意识的一部分，要由无产阶级使之成为实践的，它才能从抽象的可能性变为具体的现实。但是这一变化决不是纯形式的变化，因为一种可能性之变为现实，一种倾向之变为现实，也就意味着是社会发生了具体的变化，是它的环节的功能发生了变化，并因而是全部单一的对

① 《黑格尔全集》，德文版第12卷第207页。

象发生了结构上和内容上的变化。

350 但是，我们决不可忘记：**只有变成了实践的无产阶级的阶级意识**才具有这种变化事物的功能。任何一种直观的、单纯认识的态度归根结底和它的对象总是处于一种分裂的关系之中，而简单地把在这儿认识了的结构放到任何一种有别于无产阶级行动的态度中的做法只能造成一种新的概念神话学，只能退回到被马克思克服了的古典哲学的立场上去，这是因为只有这个阶级才能在它和整个发展过程的关系中是实践的。这是因为任何一种单纯认识的态度总是带有直接性的缺点，这就是说，它最终总是和一系列一成不变的，不能溶化为过程的对象相对立。它的辩证的本质只能在于以实践、以无产阶级的行动为目标的倾向中，只能在于它批判地意识到这种自己的任何一种非实践态度固有的直接性倾向，并力求始终批判地说明同作为过程的总体、同作为阶级的无产阶级行动的中介，即关系。

但是，无产阶级思维的实践性质的形成和变为现实同样也是辩证的过程。在这种思维中，自我批判不仅是它的客体的自我批判，即资产阶级社会的自我批判，而且同时也是对这样一些情况的批判思考：它自己的实践本质实际上已显现多少，客观上能达到的真正实践的阶段是什么，客观的可能性实际上有多少已经变为现实。因为很清楚，不管我们如何正确地认识了社会现象的过程性，不管我们如何正确地揭露了这些现象的僵硬物化的假象，我们并不能因此就**在实践上**消除了这种假象在资本主义社会中的“现实性”。这种认识能真正变为实践的时机同样是由社会发展过程决

351 定的。因此，无产阶级的思维起初只是一种**关于实践的理论**

(Theorie der Praxis)，它只是逐步地(当然常常是跳跃式地)转变为改造现实的**实践的理论**(praktische Theorie)。要想在这儿概述一下这一过程的各个阶段是不可能的，但是只有这种概述才能非常清楚地表明无产阶级阶级意识(即无产者组成为阶级)的辩证发展的道路。只有这种概述才可能说明无产阶级的客观的、社会的和历史的状况同无产阶级阶级意识之间的深刻的辩证的相互作用；只有这种概述才可能使我们关于无产阶级是社会发展过程的同一的主体—客体的论断真正地具体化[①]。

因为连无产阶级本身也只有当它采取真正实践的态度时，它才能克服物化。而这一过程的本质还在于不可能一下子就消除所有形式的物化，甚至会有一系列的对象看来或多或少没有被这一过程所触动。这首先指的是自然。但是对于许多社会现象来说，下面这一点也是很清楚的，即这些社会现象的辩证变化所取的途径不同于我们曾试图借以观察和描述历史的辩证本质，和打破物化界限的过程的那些社会现象。我们已经看到，例如，个别艺术现象表现出对辩证变化的质的本质是多么的敏感，但却没有或并不能因此就意识到它们所揭露和表现的那个对立的本质和意义。同 352
时，我们也能看到，社会存在的其他现象只是以抽象的形式具有它们的内在对立，这就是说，它们的内在对立只是别的更主要现象的内在矛盾的副产品，但后者的内在矛盾客观上也只能通过前者的内在对立的中介，才能显现出来，而且只有通过它们的辩证法，才

① “关于实践的理论”和“实践的理论”的关系可以参见列瓦伊·尤若夫的有趣论文《策略问题》，载《共产主义》，第1卷第46—49页。然而我并不同意他的全部论述。

能变成辩证的(如利息和利润的对立)。只有各种现象集合体的辩证特性中的这种质的差异体系才有可能为我们提供那个为正确认识现在所必不可少的具体的范畴总体。这些范畴的等级有可能同时从思想上规定体系和历史的统一点,也就是有可能实现我们已经说过的马克思关于范畴的要求:"它们的次序是由它们在现代资产阶级社会中的相互关系决定的。"

但是,在任何一种自觉地辩证的思想体系中,不但在黑格尔的体系中,而且早已在普罗克洛的体系中,任何次序本身也是辩证的。范畴的辩证演绎决不能是简单地把相同的形式平列起来或按顺序排列;是的,如果方法不应该退化为僵化的模式的话,甚至连形式之间始终不变的关系(如著名的正—反—合三段论)也不可能是作重复的机械的运动。使辩证的方法固定为模式的情况,我们可以在黑格尔那儿,在他的许多地方,特别是可以在他的模仿者们那儿看到,而马克思的具体的历史的方法则是对这种固定化的唯一的检验方法和唯一的防止手段。但是,我们还是必须从方法论上从这种情况中作出一切可能的结论。黑格尔本人已经区分了纯
353 粹否定的和纯粹肯定的辩证法。[①] 肯定的辩证法就是特定的内容的发展,就是对具体的总体的阐述。不过,他在论述的时候,几乎总是循着从反思规定直至肯定的辩证法这样一条相同的道路前进的,虽然举例来说,他的作为"他在"、观念的"自我外化"的自然概念[②]把肯定的辩证法直接地排除了。(这大概是他的自然哲学充

① 黑格尔:《哲学全书》,德文版第 81 节。

② 同上书,第 247 节。

满极其牵强附会的结构在方法论上的原因之一。)虽然黑格尔本人有时历史地、清楚地看到,自然的辩证法,由于主体至少在迄今已达到的阶段上不可能被纳入辩证的过程中,是决不能超出独立的旁观者眼中的运动的辩证法的高度的。因此,他强调指出,芝诺(Zenon)的二律背反已经达到了康德的二律背反这样的认识高度,因此在这里再要继续往前走已经不可能了[①]。这样一来,就必须把自然界的纯客观的运动辩证法在方法论上与社会的辩证法分离开来,而在社会的辩证法中,主体也被纳入到了辩证的相互关系之中,理论和实践之间的相互关系也变得辩证了等等。(对自然的**认识**的发展,作为社会形式属于第二种类型的辩证法,这是不言而喻的。)而且,为了具体地发展辩证的方法,具体地描述辩证法的不同类型就可能是绝对地必需的。黑格尔区分肯定的和否定的辩证法,区分直观、表象和概念这几个阶段(不必拘泥于他的术语),只是指出区分的几种类型而已。我们可以在马克思经济学著作中, 354
找到清晰地进行结构分析的丰富材料来说明还有别的类型。当然即使是十分简略地谈一谈这种辩证形式的类型学也已远远地超出了本文的范围了。

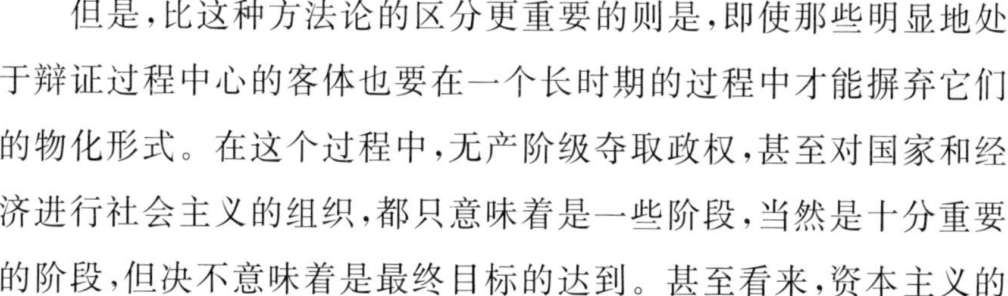

但是,比这种方法论的区分更重要的则是,即使那些明显地处于辩证过程中心的客体也要在一个长时期的过程中才能摒弃它们的物化形式。在这个过程中,无产阶级夺取政权,甚至对国家和经济进行社会主义的组织,都只意味着是一些阶段,当然是十分重要的阶段,但决不意味着是最终目标的达到。甚至看来,资本主义的

① 《黑格尔全集》,德文版第13卷第299及以下几页。

严重危机阶段似乎可能有使物化进一步加剧，将其推到极点的倾向。大致像拉萨尔在致马克思信中所说的那样："老黑格尔习惯于说：就在一个新质马上要出现之前，旧质通过把在它还有生存能力时已经建立起来的一切显著的差异和特点加以扬弃和收回到自身之中的方法，而把自己凝聚成它的纯粹普遍的原初本质，凝聚成它的简单的总体。"[①]另一方面，布哈林的下述看法也是正确的：在资本主义解体时期，拜物教的范畴将不起作用，必须求助于作为它们的基础的"自然形式"。[②] 但是，这两种观点之间只是看似矛盾。更确切地说，正是这样一种矛盾：即一方面是物化形式的越来越空
355 虚（可以说它们的外壳由于内部的空虚而破裂了），它们越来越没有能力把现象把握为个别的现象和加以反思、考虑；而另一方面是它们的量同时又在增加，它们空泛地扩张到了现象的整个表面——正是这两个方面在矛盾中构成了行将灭亡的资产阶级社会的标志。随着这种矛盾的不断尖锐，无产阶级不但越来越有可能用它的积极的内容来取代这些空洞破裂的外壳，而且——至少是暂时地——也面临着在意识形态上屈服于资产阶级文化的这种极其空洞和腐朽的形式的危险。就无产阶级的意识来说，发展是不会自行发挥作用的，旧的直观的机械的唯物主义所不能理解的真理，即变革和解放只能出自自己的行动，"教育者本身必须受教育"，正在变得越来越适用于无产阶级。客观的经济发展只能确立无产阶级在生产过程中的地位，这种地位决定了它的立场；客观的

① 《1851年12月12日的信》，G.迈耶编，德文版第41页。

② 布哈林：《转变时期的经济学》，德文版第50—51页。

经济发展只能赋予无产阶级以改造社会的可能性和必要性。但是,这一改造本身却只能是无产阶级自身的自由的行动。

356 # 历史唯物主义的功能变化

在布达佩斯历史唯物主义研究所成立会上的报告

无产阶级取得的胜利给无产阶级提出了一个不言而喻的任务,就是把它至今用以坚持阶级斗争的武器弄得尽可能地完善。在这些武器中,历史唯物主义自然名列前茅。

历史唯物主义是无产阶级在其受压迫的时代里最强大的武器之一,现在,无产阶级正在准备重建社会并在其中重建文化,它把历史唯物主义运用于这个时代是自然的。单是为了这个原因,就有必要建立这个其任务在于把历史唯物主义的方法运用于整个历史科学的研究所。至今,历史唯物主义虽然是一种极好的武器,但是从科学的观点来看,它只不过是一个纲领,一种对应该怎样写历史的指示。但是现在,我们有了进一步的任务:整个历史的确必须重新写,必须从历史唯物主义的观点来整理、分类和评价过去的事件。我们必须尝试使历史唯物主义成为具体科学研究的方法,成为历史科学的方法。

然而,这里的问题是,为什么这一点直到现在才成为可能。对
357 事情进行表面的考察,也许会作出如下的回答:把历史唯物主义变为科学方法的时机之所以只有到现在才成熟,是因为无产阶级才

刚刚取得了政权，并随之取得了对物质的和精神的力量的支配，没有这些力量，上述目的都不能达到，旧社会也决不可能使这些力量为无产阶级服务。单单这一要求也是基于比赤裸裸的权力事实更深的动机，而这种权力事实就使无产阶级今天在物质上有可能根据自己的判断来组织科学。这些比较深的动机同由于无产阶级专政的事实，也就是由于阶级斗争现在从上到下而不再是从下到上地进行的事实而引起的深刻的功能变化有极为密切的联系。这种功能变化维护了无产阶级的所有机构，维护了它的整个思想和感情世界，维护了它的阶级地位和阶级意识。今天，在我们成立这个研究所之时，无论如何必须讨论这些动机。

什么是历史唯物主义呢？无疑，它是按其真正的本质理解过去事件的一种科学方法。但是，同资产阶级的历史方法相反，它同时也使我们有能力从历史的角度（科学地）考察当代，不仅看到当代的表面现象，而且也看到实际推动事件的那些比较深层的历史动力。

因此，对无产阶级来说，历史唯物主义比科学研究的某一方法，具有高得多的价值。它是无产阶级所有武器中最重要的武器之一。然而，无产阶级的阶级斗争也意味着它的阶级意识的觉醒。不过，对无产阶级来说，这种意识的觉醒处处都表现为对真实状况 358
（实际存在的历史联系）认识的结果，这正好是使无产阶级的阶级斗争在所有的阶级斗争中具有特殊地位的那种东西：无产阶级实际上从真正的科学中，从对现实的明确认识中获得自己最锐利的武器。在过去的阶级斗争中，各种不同的意识形态，宗教的、伦理的和其他的“虚假意识”形式都是决定性的，而无产阶级的阶级斗

争，最后一个受压迫的阶级争取自由的战争却在对无掩饰的真理的阐明中找到了自己的斗争口号，同时也找到了最强大的武器。所以，由于无产阶级的阶级地位，历史唯物主义通过揭示了历史事件的真正动力而成为一种武器。历史唯物主义最重要的任务是，对资本主义社会制度作出准确的判断，揭露资本主义社会制度的本质。因此，在无产阶级的阶级斗争中，历史唯物主义总是为以下目的而被加以运用：在资产阶级用各种意识形态成分来修饰和掩盖了真实情况即阶级斗争状况的一切场合，用科学的冷静之光来透视这些面纱，指出这些面纱多么虚伪、骗人，多么同真相不一致。这样，历史唯物主义的首要功能就肯定不会是纯粹的科学认识，而是行动。历史唯物主义不是目的本身，它的存在是为了使无产阶级自己看清形势，为了使它在这种明确认识到的形势中能够根据自己的阶级地位去正确地行动。

因此，在资本主义时代里，历史唯物主义是一种武器。所以，资产阶级科学抵制历史唯物主义，这远不是什么纯粹的局限性，倒
359 不如说，它是在资产阶级历史科学中显示出来的资产阶级真实阶级本能的表现。因为承认历史唯物主义，对资产阶级来说简直就意味着是自杀。因此，承认历史唯物主义科学真理的任何一个资产阶级成员也就会失去它的阶级意识，同时也会因此而失去能够正确维护自己阶级利益的力量。另一方面，对无产阶级来说，如果在认识到历史唯物主义的科学特性时止步不前，把历史唯物主义仅仅看作是一种认识工具，这也同样是自杀。无产阶级阶级斗争的本质正好能被规定到这种程度：对这种斗争来说，理论和实践是一致的，在这里，认识不要过渡就能导致行动。

资产阶级存在的前提是，它对它自己生存的社会前提从未达到明确的认识。了解一下十九世纪的历史，就能在资产阶级衰落和逐步达到这种自我认识之间看出一种深刻的和持续不断的平行一致。在十八世纪末，资产阶级在意识形态上是强大的和不动摇的。十九世纪初，当它的意识形态，资产阶级自由和民主的思想还没有从内部被经济合乎自然规律的自动发展破坏时，当市民阶层还希望而且还会真诚地希望这种民主的、资产阶级的自由，经济的这种任意性有一天将导致拯救人类时，资产阶级也还是这种情况。

资产阶级最初革命的历史——首先是法国大革命——不仅充 360
满了这种信任的光辉和激情，而且这种信仟也使资产阶级的伟大科学见解（例如斯密和李嘉图的经济学）没有偏见，并赋予这种见解以力量，去追求真理，不加掩饰地表达认识到的东西。

资产阶级意识形态的历史就是这种信念、这种相信把社会变为资产阶级社会的救世使命的信念发生动摇的历史。从西斯蒙第的危机理论和卡莱尔的社会批判开始，资产阶级意识形态的这种自我削弱在不断增快地进行着。从封建反动派对形成着的资本主义的批判开始，对抗的统治阶级之间的相互批判越来越发展成为资产阶级的自我批判，后来对此就问心有愧地越来越沉默下来，并加以隐瞒。马克思说："资产阶级正确地了解到，它为反对封建制度而锻造出来的各种武器都倒过来朝向它自己了，它所创造的一切教育手段都转过来反对它自己的文明了，它创造的所有的神都离弃了它。"①

① 《路易·波拿巴的雾月十八日》，《全集》第 8 卷第 165 页。

因此，公开表达出来的阶级斗争思想两次出现在资产阶级意识形态的历史上。它是资产阶级思想“英雄”时期为在社会上的统治地位而坚决斗争（尤其是在法国，政治和意识形态斗争最为尖锐）的一个决定性的因素，并再现于危机和瓦解的最后阶段。例如大雇主联合的社会理论常常是一种坦率甚至嘲弄表达出来的阶级
361 斗争观点。资本主义的最后的帝国主义阶段一般在意识形态方面的一些方法上表现出来，这些方法撕破意识形态的面纱，在资产阶级统治阶层里越来越清楚地公开表达出它“是什么东西”。（人们也许会想到帝国主义德国的强权国家意识形态，也会想到战时经济和战后经济曾迫使资产阶级理论家把各种经济形式看作不仅是纯拜物教的关系，而且也看到经济和满足人的需要之间的联系等等。）这并不是说，似乎借此就能真正突破由资产阶级在生产过程中的地位强加给自己的那些局限性，似乎资产阶级从现在起就能像无产阶级一样从真正认识发展的真正推动力出发。完全不是这样。这种弄清楚个别问题或个别阶段只是更多地显示出对总体的盲目无知。一方面，因为这种“弄清楚”只是为了“内部使用”而弄清楚；资产阶级的进步集团同样比许多“社会主义者”更明白地看清了帝国主义的经济关系，它完全确切地知道，它的这种认识本身对自己阶级的一些部分是非常有害的，而对整个社会就更是如此了。（对此，人们会想到经常伴随帝国主义强权理论的历史形而上学。）然而另一方面，如果说这其中有一部分还隐藏着某种有意的欺骗，那这确实不是一种简单的欺骗。这就是说，即使资产阶级比较清醒的阶层把对个别经济情况关联的“清晰洞察”同关于国家、社会和历史发展的幻想式的和零乱的、形而上学的整体观察联系

起来，这也是它的阶级状况的一种必然结果。但是，在这个阶级处于上升的时代里，社会可认识的界限还是模糊不清和未意识到的，而今天，从意识形态方面结合在一起的各种观点在总体上缺乏联 362 系和不相容，却反映出资本主义社会客观上在崩溃。

这里已经表现出他们——大多是不自觉的和肯定不承认的——在意识形态上向历史唯物主义投降。因为正在发展着的经济学不再像在古典经济学时代里那样，是纯粹在资产阶级的基础上产生的。正是在像俄国这样一些国家里，资本主义发展开始得比较晚，因此已存在创立理论的直接需要。这一点表明，如此产生着的理论显示出一种强烈"马克思主义的"性质（司徒卢威、杜冈一巴拉诺夫斯基等等）。然而，同一现象也在德国（例如桑巴特）和其它国家里显示出来。而战时经济、计划经济的理论则表明这种趋势在不断加强。

与这一点丝毫也不矛盾的是，大约从伯恩施坦开始，社会主义理论的一部分也越来越厉害地处在资产阶级的影响之下。看得清楚的马克思主义者当时就已经认识到，这一点涉及不到工人运动内部的方向争论。不管人们怎样从无产阶级的立场来评价这个问题，即一些领导"同志"越来越频繁地公开转入资产阶级阵营（从白里安和米勒兰事件到帕尔乌斯和连施事件只是最明显的例子），从资产阶级的立场来看，这个问题同样意味着资产阶级已没有能力靠自己的力量从意识形态上维护自己的地位，意味着资产阶级不仅需要这些来自无产阶级阵营中的叛徒，而且——在这方面这是首要的事情——也不可能再缺少无产阶级的科学方法，自然是以歪曲的形式。虽然从伯恩施坦到帕尔乌斯的理论背叛行为是无产 363

阶级内部思想危机的征兆，但它也意味着资产阶级向历史唯物主义的投降。

因为无产阶级是用迫使资产阶级社会去自我认识的方法来同资本主义进行斗争的，这种自我认识必然会使这个社会以不可避免的结果从内部显得成了问题。**为社会意识而斗争，是与经济斗争同时进行的。而社会有了意识，等于领导社会有了可能。**无产阶级不仅在政权领域，而且同时在这一为社会意识的斗争中，都在取得阶级斗争中的胜利，因为无产阶级在最近五、六十年以来越来越有效地瓦解资产阶级意识形态，并把它自己的意识发展成为现在唯一起决定性作用的社会意识。

在这场为了意识，为了社会领导权的斗争中，最重要的武器就是历史唯物主义。因此，历史唯物主义像所有其他意识形态一样具有使资本主义社会发展和瓦解的功能。从资产阶级方面来看，这对历史唯物主义也常常是适用的。在资产阶级科学看来，反对历史唯物主义真理的一个众所周知和决定性的论据是，历史唯物主义必须运用于自身。历史唯物主义学说正确性的前提是，所有所谓意识形态的产物都表现经济关系的一些功能：历史唯物主义本身（作为战斗无产阶级的意识形态）也只是这样一种意识形态，也只是资本主义社会的这样一种功能。我认为，可以承认这种反
364 对意见有一部分是有根据的，承认它无损于历史唯物主义的科学意义。历史唯物主义诚然能够而且必须运用于自身，但是这种运用于自身却没有导致一种十足的相对主义，绝没有导致历史唯物主义不是正确的历史方法这一结论。根据马克思的考察，历史唯物主义的实质性真理和古典国民经济学的真理属于同一类型：它

们在一定的社会制度和生产制度之内是真理。作为这样一种真理，而且只有作为这样一种真理，它们才是无条件起作用的。但这一点并不排除出现这样一些社会，在这些社会中，由于其社会结构的本质，其他一些范畴，其他一些真理体系也将起作用。那么我们应该得出什么结论呢？像马克思研究过古典国民经济学适用的社会前提和经济前提一样，我们也必须首先探讨历史唯物主义内容适用的社会前提。

我们在马克思那里同样能找到对这个问题的回答。经典形式
的历史唯物主义(可惜它已赤裸裸地被庸俗化为一般意识)意味着
资本主义社会的自我认识，而且不仅仅是在刚才概括叙述过的意
识形态含义上。更确切地说，这一意识形态问题本身只不过是客
观经济事实情况的思想表达。在这种意义上，历史唯物主义的决
定性结论是，资本主义的总体和推动力不能被资产阶级科学粗糙
的、抽象的、非历史的和肤浅的范畴所把握，即为资产阶级自己所
理解。因此，历史唯物主义首先是资产阶级社会及其经济结构的
一种理论。马克思说：“但是我们在理论上假定，资本主义生产方 365
式的规律是以纯粹的形式展开的。实际上始终只存在着近似的情
况；但是，资本主义生产方式越是发展，它同以前的经济状态的残
余混杂不清的情况越是被消除，这种近似的程度也就越大。”①这
种同理论相适应的状况表现在，经济规律一方面统治着整个社会，
而另一方面又能够作为“纯自然规律”根据整个社会的纯经济潜
力，即在不借助超经济因素的情况下得以贯彻。马克思多次而又

① 《资本论》第3卷，《全集》第25卷第195—196页。

非常明确地强调指出，前资本主义社会和资本主义社会的区别主要是正在产生的、为在社会中起作用而斗争的资本主义和已经统治着社会的资本主义的区别。他说："劳动的供求规律，……经济关系的无声的强制保证资本家对工人的统治。超经济的直接的暴力固然还在使用，但只是例外地使用。在通常的情况下，可以让工人由'生产的自然规律'去支配……在资本主义生产在历史上刚刚产生的时期，情况则不同。"①

从"纯"资本主义社会的这种经济结构（它自然是作为趋势，然而却是作为一种决定一切理论的决定性趋势而产生的）里产生出以下情况：社会结构的不同方面能够而且必然相互独立，并能够而且必然意识到这样一些方面。18 世纪末和 19 世纪初理论科学的
366 巨大发展，英国的古典经济学和德国的古典哲学，标志着这些局部体系有独立的意识，标志着资产阶级社会的结构和发展的这些方面有独立的意识。经济、法律和国家在这里都表现为是一些自我封闭的体系，这些体系由于有自己完善的权力，以自己固有的规律而统治着整个社会。因此，当个别学者，例如安德勒企图证明历史唯物主义的所有个别真理都已经被马克思和恩格斯以前的科学所发现时，他们忽略了本质的东西，而在这种情况下，假如他们在所有个别问题上的证明都是有根据的（当然，他们的证明并不是这样），那他们也错了。历史唯物主义在方法上划时代的功绩恰恰在于，这些表面上完全独立的、自我封闭的自律体系仅仅被看作是一个综合整体的一些方面，而它们表面上的独立性也会被扬弃。

① 《资本论》第 1 卷，《全集》第 23 卷第 806 页（着重号是本文作者加的）。

但是，这种独立性的外表并不单纯是由历史唯物主义简单加以“纠正”的“错误”。更确切地说，这种独立性是资本主义社会的社会结构在思想上、即范畴上的表达。因此扬弃这种独立性，超越它，意味着——在思想上——超越资本主义社会，意味着用思想的促进力量预先扬弃资本主义社会。然而，正因为这一点，各局部体系的这种被扬弃的独立性才仍然保存在被正确认识到的整体中。这就是说，作为不可缺少的本质标志，认识到各局部体系的独立性、封闭性和自律性的这种“外表”是这些体系在资本主义社会中的必然表现形式，属于正确认识到这些体系的相互依赖性、它们对全社会经济结构的依赖性之列。

在前资本主义社会里，经济过程的各个别方面（例如借贷资本 367
和物品生产本身）一方面保持着完全抽象的相互分离——它既不允许有直接的相互作用，也不允许有可以提高为社会意识的相互作用。另一方面，这一方面中的个别方面不仅相互间而且同经济过程中的超经济方面一起构成一个——在这样一些社会结构之内——从各方面看都不可分的统一体（例如封建庄园的手工业和农业，或印度农奴制度中的赋税和租金等等）。相反在资本主义社会里，社会结构的所有因素都处在辩证的相互作用之中。这些因素相互之间在表面上的独立性，它们聚集成一些自主的体系，它们的自律性的拜物教外表，所有这一切——从资产阶级立场来看是资本主义的必要方面——都是正确和完整认识这些因素的必经点。只有真正彻底思考这些独立的趋势（当然，资产阶级科学甚至在其黄金时代也没有能力做到这一点），才有可能根据这些方面相互间的依赖性，根据其对社会经济结构总体的归属关系来理解这

些方面。例如，不再从个别资本家的立场而是从各阶级的立场来考察资本主义所有经济问题的马克思主义观点，一方面在主观上、在学说史上只有作为纯资本主义观点的继续和辩证的突变才可以获得，另一方面，在这里加以认识的各种现象的“自然规律性”，也就是它们对人的意志、认识和目的设定的完全不依赖；也构成它们由唯物主义辩证法来更新的客观前提。诸如积累或平均利润率的问题，然而还有国家和法律同整个经济的关系问题，它们都十分清
368 楚地表明，这种不断自我暴露的外表是构造和可运用历史唯物主义的一个历史的和方法论的前提。

因此，像关于社会的一些真正的真理也不可能是别的样子一样，历史唯物主义作为科学的方法在19世纪中叶前后被阐明，这不是偶然的。各种社会真理总是当在其中显示出某个时代（在这个时代里就有同方法相适应的现实）的精神时才被找到，这同样不是偶然的。如我们已经阐明的，历史唯物主义正是资本主义社会的自我认识。

作为独立科学的国民经济学首先在资本主义社会里产生出来，这也不是偶然的。这所以不是偶然的，是因为资本主义社会通过其商品经济的和交往经济的组织赋予经济生活一种极其独立的、自我封闭的和由内在规律产生的特性，这是它以前的各个社会所不知道的。所以，有其规律的古典国民经济学最接近自然科学的所有知识。古典国民经济学研究经济体系的本质和规律，这种经济体系就其特性、就其对象的结构来说实际上非常接近物理学、自然科学所研究的那种自然界。它涉及完全不依赖于人类特性、

所有拟人说——尽管它们具有宗教的、伦理的、美学的或别的性质——的一些关系；它涉及这样一些关系，人在其中仅仅作为抽象的数量、作为某种可归结为数量、可归结为数量关系的东西而表现出来，按恩格斯的话说，规律在其中只能被认识到，但不能加以支 369
配。因为它涉及这样一些关系，还是按恩格斯的话说，生产者在其中失去了对自己生活的社会条件的支配，这些关系在其中由于社会生产条件的对象化、物化而获得了完全的自律，单独地存在下去，变成一种独立的、自我封闭的、自身有意义的体系。

所以，正是资本主义社会制度成了运用历史唯物主义的典型基础，就不是偶然的了。

如果我们现在把历史唯物主义看作是科学的方法，那么它当然也可以运用于过去的、资本主义以前的时代。人们也这样做过，而且有部分成功；它至少产生了很令人感兴趣的结果。但是，如果我们把历史唯物主义运用于前资本主义时代，那么就会觉察到在它批判资本主义时没有表现出来的一种十分根本而又重要的方法论上的困难。

马克思在其主要著作的无数地方已提到过这种困难。后来，恩格斯在《家庭、私有制和国家的起源》里十分清楚地说出了这种困难：它存在于文明时代和在它以前的各时代之间的**结构**区别中。恩格斯就后者十分明确地强调指出："只要生产在这个基础上进行，它就不可能越出生产者的支配范围，也不会产生鬼怪般的、对他们来说是异己的力量，像在文明时代经常地和不可避免地发生的那样。"而在文明时代，"生产者丧失了对自己生活领域内全部生产的支配权……产品和生产都任凭偶然性来摆布了。但是，偶然 370

性只是相互依存性的一极，它的另一极叫做必然性。”[①]然后，恩格斯就证明，他们的意识是如何以“自然规律”的形式从这样形成着的社会结构中产生出来的。而且，偶然性和必然性的这种辩证的相互作用在增加，因此，经济学占优势的古典意识形态形式也随着社会过程摆脱人的控制的程度而变成独立的。

社会的自然规律支配社会的最纯粹的、甚至可以说是唯一纯粹的形式就是资本主义的生产。因为在资本主义社会里达到顶点的文明过程的世界历史使命不就是达到对自然的统治吗？社会的这些“自然规律”（尽管当它们的“合理性”被认识到的时候，而且那时的确还最厉害）像“盲目的”力量一样统治着人们的生活，它们具有使自然界服从于社会化范畴的功能，而且在历史过程中也做到了这一点。但是，这是一个漫长的而且有很多倒退的过程。在这一过程持续期间，即在这些社会的自然力量还没有成为统治的力量的时候，自然联系——无论在人和自然之间的“物质代谢”中，还是在人相互之间的社会联系中——当然必定占据着优势，必定支配着人的社会存在，因此也必定支配着这种存在在思想上、感情上等等借以表现出来的各种形式（宗教、艺术、哲学等等）。马克思说：“在土地所有制居于支配地位的一切社会形式中，自然联系还占优势。在资本居于支配地位的社会形式中，社会、历史所创造的因素占优势。”[②]恩格斯在给马克思的一封信里更加清楚地表达了
371 这一思想：“这正好说明，在这个阶段，生产方式不像部落的旧的血

① 《家庭、私有制和国家的起源》，《全集》第21卷第198—199页。

② 《政治经济学批判导言》，《全集》第12卷第758页。

缘关系和旧的两性相互共有关系之解体程度那样具有决定性的作用。”[①]因此，按照他的意见，例如一夫一妻制是“不以自然条件为基础，而以经济条件为基础”的第一个家庭形式。[②]

在这种情况下，这当然涉及一个漫长的过程，在这个过程中，各个别阶级的界限决不是可以机械地相互划分清楚的，而是不易分清地互相交叉着。但是，这个过程的方向是清楚的：所有领域里的“自然界限在退缩”。[③] 由此可知——相反，而且对于我们现在的问题来说——，这种自然界限曾存在于前资本主义的所有社会形式之中，并对人的所有社会表现形式产生了决定性的影响。马克思和恩格斯在涉及真正的经济范畴时曾多次令人信服地说明了这一点，因此，在这里简单指出他们的著作想必就够了。（例如，想想分工的发展、剩余劳动的各种形式、地租的各种形式等等。）恩格斯还在好些地方补充说，把今天意义上的法律整个地用在原始社会阶段上是错误的。[④]

然而，同构成纯粹人之间的社会关系的各种客观精神形式（经济、法律、国家）相反，黑格尔称为绝对精神的那些领域的结构区别 372
更是决定性的。[⑤] 因为这些形式（艺术、宗教、哲学）在十分重要

---

① 恩格斯 1882 年 12 月 8 日致马克思的信，《全集》第 35 卷第 120 页。

② 《家庭、私有制和国家的起源》，《全集》第 21 卷第 77 页。

③ 《资本论》第 1 卷，《全集》第 23 卷第 562 页。

④ 《家庭、私有制和国家的起源》，《全集》第 21 卷第 47，171 页等。

⑤ 为了不致引起任何误解，我们要赶快指出来，首先，黑格尔的区分仅仅是作为明确的领域划分才提及的，而且决不是指关于精神学说的运用（否则是很成问题的）。第二，在谈到黑格尔本身时，使一种心理学的或形而上学的含义隶属于精神的概念，也是错误的。因此，黑格尔把精神规定为意识和它的对象的统一。这相当接近于马克思对范畴的理解，例如接近于《哲学的贫困》（《全集》第 4 卷第 143—145 页）和《政治经济

的、尽管相互之间不同的各点上都是人对自然的阐明，而且既是对他周围的自然的阐明，也是对他在自己本身上所发现的自然的阐明。不过，对这种区别也不能作机械的理解。自然是一个社会的范畴。这就是说，在社会发展的一定阶段上什么被看作是自然，这种自然同人的关系是怎样的，而且人对自然的阐明又是以何种形式进行的，因此自然按照形式和内容、范围和对象性应意味着什么，这一切始终都是受社会制约的。由此产生的结果，一方面是，在一定的社会形式中对自然的直接阐明是否完全可能的问题只能从历史唯物主义方面来回答，因为这样一种联系的客观可能性依赖于“社会的经济结构”。但是另一方面，如果说这些联系已以这种受社会制约的形式存在着，那么它们也是根据内在的规律性发生作用的，而且比“客观精神”的各种形态要大得多地独立于它们从中（必然）产生出来的社会生活基础。当然，即使这些联系也常
373 常在作为其存在原因的那种社会基础消失以后会保存很长时间。但是在这种情况下，它们总是作为必须强行加以清除的发展障碍保存下来，或者以功能变化的形式依附在新的经济关系上（对于这两种情况，法律的发展提供了许多例子）。然而，这些形态的保存——而且这种保存在一定程度上表明黑格尔的术语是正确的——却能够保持对有价值的东西、还一直有现实意义的东西、甚至是典范性的东西的强调。这就是说，起源和效果的关系在这里比在客观精神的形态那里错综复杂得多。马克思明确认识了这个

学批判导言》（《全集》第12卷第751—752页）。这里不是讨论他们之间的区别的场合，我不否认这种区别，但是它不是在人们通常寻找这种区别的地方能够找到的。

问题，他这样说道："但是，困难不在于理解希腊艺术和史诗同一定社会发展形式结合在一起。困难的是，它们何以仍然能够给我们以艺术享受，而且就某方面说还是一种规范和高不可及的范本。"①

但是，艺术在效果方面的这种稳定性，它这种具有完全超历史和超社会的本质的假象，是基于在它里面主要有人对自然的一种阐明。艺术形成的这种倾向达到这种程度，以至于即使由它塑造的人们相互之间的社会关系也往回变成为一种"自然"。像已强调指出的，虽然这些自然联系是受社会制约的，虽然与此相适应它们随着社会的变化而变化，但是，它们却以这样一些联系为根据，这些联系面对纯社会形式的不断变化而具有——主观上——有根据的"永恒"假象，②因为它们能够经受住各种社会的形形色色的、甚至是很深刻的变化，因为要彻底改变它们，(有时)甚至需要更深刻 374
的、把整个时代相互区分开来的社会变化。

因此，这似乎关系到同自然的直接联系和间接联系之间以及"经济结构"对不同社会形态的直接影响和间接影响之间一种纯粹量的区别。但是，只有从资本主义的观点来看，这些量的区别才纯粹是向它的社会组织化的制度的量的接近。从认识前资本主义社会确实是怎样构成的这种观点来看，这种量上的分等级意味着质的区别——它在认识上表现为完全不同的范畴体系占统治地位，表现为整个社会范围内一些个别局部领域的完全不同的功能。即

---

① 《政治经济学批判导言》,《全集》第 12 卷第 762 页。

② 参见马克思关于劳动作为使用价值的创造者。《全集》第 23 卷第 560 页。

使在纯经济方面，也产生一些质上**新的**规律。而且不纯粹是在各种规律各按其被运用于的各种不同对象发生变化这种意义上，而且也是在以下意义上，即在不同的社会环境中，不同的规律占支配地位；一定类型规律的有效性同完全确定的社会前提相联系。为了即使在纯经济的意义上清楚地看到各种规律的这种变化，仅仅把商品按其价值交换的前提和把商品按其生产价格交换的前提作一比较就行了。[①] 不言而喻，简单商品交换的社会一方面已经是属于资本主义类型的一种形式，但是另一方面却显示出一种在质
375 上同它不同的结构。这些质的区别随着自然联系按有关的社会(或在一定社会内按一定的形式，如艺术)施加压倒的影响而增大。比方说，同分工形式最密切相关，只要手工业(日常生活使用物品，如家具、衣服、然而也有住房等等的生产)和艺术的联系在比较狭隘的意义上是一种极深的联系，只要这两者在审美和概念上的界限本身根本没有划清(例如在所谓的民间艺术中)，几个世纪在技术上和组织上没有变动的手工业向着按自己的规律阐明这种界限的艺术的发展趋势，就是质上不同于资本主义的发展趋势，而在资本主义社会中，物品的生产从纯经济上看“自动”处于一种不断的、革命的发展中。无疑，在资本主义以前的社会中，艺术对手工业生产的实际影响必然是一种很明显的影响。(像在从浪漫主义建筑艺术到哥特式建筑艺术的转变中那样。)在资本主义社会中，一方面艺术发展的活动余地狭小得多，另一方面它也不能对消费品的生产施加决定性的影响，甚至它能不能存在都决定于纯经济的动

① 参见《资本论》第3卷，《全集》第25卷第158页。

机和由此而引起的生产技术动机（现代建筑艺术）。

这里从艺术方面提到的东西，也适用于宗教——当然要有重大的修正。即使在这一点上，恩格斯也很明确地强调了这两个时代的区别[①]。只是宗教从未像艺术那样纯粹地表达人同自然的联系，而在艺术中，实际的社会功能起着一种直接得多的作用。但是 376
在东方国家神权政治的社会形态中和资本主义西欧的“国教”中，宗教的社会功能不同，它的历史作用的规律在质上的差别，无疑是显而易见的。因此，黑格尔哲学在国家和宗教（或者社会和宗教）之间的关系问题方面面临着各种最困难的和它最难以解决的问题。黑格尔哲学在两个时代的分界线上做了系统化的工作，它当时已经面临资本主义化的世界的各种问题，然而还是在一个（用马克思的话说）“既谈不上等级、也谈不上阶级、而顶多只能谈已属过去的等级和尚未形成的阶级”[②]的环境中发展。

“自然界限的退缩”当时已经开始使一切都达到纯社会的水平，达到资本主义物化关系的水平，但对这些关系还不可能有一种清楚的认识。对于当时的认识阶段来说，在资本主义经济发展产生的两个自然概念、即作为“自然规律总和”的自然（现代数学科学的自然）和作为心境、作为被社会“败坏的”人的榜样的自然（卢梭和康德伦理学的自然）的背后，看到它们的社会统一，看到资本主义社会以及它对所有纯粹自然联系的瓦解作用，的确是不可能的。正是随着资本主义实行所有关系的真正社会化，这里的一种自我

① 《反杜林论》，《全集》第 20 卷第 342 页。

② 《德意志意识形态》，《全集》第 3 卷第 213 页。

认识，即人作为社会存在物的真正而具体的自我认识，才成为可
377 能。而这不仅仅是在这种意义上，即过去不发达的科学不能认识
这种即使在过去也已存在的事实，例如一清二楚的是，哥白尼天文
学即使在哥白尼之前也是正确的，只是当时还没有被认识到。而
且社会缺乏这种自我认识的事实本身也只是以下事实的思想反
映：真正意义上的客观的、经济的社会化还没有实现，人和自然之
间的脐带还没有被文明过程切断。因为每一种历史的认识都是一
种自我认识。只有当现在的自我批判能以适应的方式进行时，“只
有它的自我批判在一定程度上，所谓在可能范围内准备好时”，[①]
过去才能变得显而易见。直到那时，过去或者必定单纯地同现在
的各种结构形式一致起来，或者作为完全异己的、野蛮的和无意义
的、完全不可能理解的东西而被抛弃掉。因此，不言而喻的是，只
有当历史唯物主义把人的所有社会关系的物化不仅理解为资本主
义的产物，而且同时也理解为暂时的、历史的现象时，认识没有物
化结构的前资本主义社会的途径才找到了。（把对原始社会的科
学研究同马克思主义联系起来，决不是偶然的。）因为只有现在，在
重新获得没有物化的人与人之间、人与自然之间的联系的前景展
现出来时，才有了可能在原始的、前资本主义的形态中发现那些其
中已有这些形式——尽管在完全不同的功能联系中——的因素，
378 并从现在起才能按其自身的本质和存在来理解它们，而使它们没
有由于资本主义社会的各种范畴的机械运用而被歪曲。

因此，把经典形式的历史唯物主义一成不变地和无条件地运

① 《政治经济学批判导言》，《全集》第12卷第756页。

用于十九世纪的历史，并没有什么错误。因为在这个世纪的历史中，对社会产生过影响的一切力量确实都纯粹作为“客观精神”的表现形式起过作用。在各种前资本主义社会中，像在资本主义社会中已经达到的那种独立性、那种自己把自身作为目的的设定、那种自我封闭性、那种任意性和那种经济生活的内在性还不存在。由此可以得出以下结论：历史唯物主义不能像运用于资本主义发展的各种社会形态那样完全以同一种方式运用于前资本主义的各种社会形态。一方面为了指明纯经济力量（只要当时确实有过严格“纯粹”意义上的这样一些力量）在推动社会向前运动的各种力量中起了什么样的作用，另一方面为了证明这些经济力量在这方面曾经怎样影响其他社会形态，这里需要作错综复杂得多、细致得多的分析。这就是为什么把历史唯物主义运用于各种古代社会必然比运用于十九世纪的社会变化要谨慎得多的原因。与此相关的还有，虽然十九世纪唯有通过历史唯物主义才能获得它的自我认识，但对古代社会的历史唯物主义研究，例如像考茨基进行的关于原始基督教史或古代东方史的研究，与今天的科学能力相比，就证明是不够细致的，它们的分析并没有或者并没有详尽地揭示事实的真相。历史唯物主义还在对各种社会形态、法律形态和属于同一水平的各种形态的分析上，例如在对战略等等的分析上，取得了 379
最大的成就。因此，例如像梅林的各种分析——仅仅想一想《莱辛传奇》——在针对弗里德里希大帝或拿破仑的国家组织和军事组织时，是深刻而细致的。但是，他一转向研究同一时代的文学、科学和宗教的形态，这些分析就远不那么彻底和详尽了。

庸俗马克思主义完全忽视了这种区别。它对历史唯物主义的

运用，陷入了马克思所指责的庸俗经济学犯的同一错误：它把一些纯粹历史的范畴，更确切地说也就是资本主义社会的一些范畴，看作是永恒的范畴。

就研究过去的时代而言，这只是科学上的一个错误。由于历史唯物主义是阶级斗争中的武器和不仅仅是科学认识的工具，这个错误没有产生深远的后果。毕竟，梅林或考茨基的著作（虽然我们断定梅林在科学上有个别缺点，或者认为考茨基的一些历史著作并非无可指责）为唤醒无产阶级的阶级意识作出了不朽的贡献；它们作为阶级斗争的工具和这一斗争的动力，给其作者带来了不朽的荣誉，这种荣誉即使在后代的评价中也将足以抵消他们在科学上所带有的缺陷。

单是庸俗马克思主义的历史观点也对各个工人党的行动方式、它们的政治理论和策略产生了决定性的影响。同庸俗马克思
380 主义最明显区别开来的问题就是**暴力**问题，也就是暴力在争取和保卫无产阶级革命胜利的斗争中的作用问题。当然，历史唯物主义的有机的继续发展和机械运用之间出现矛盾，这并不是第一次；人们也许想到关于帝国主义是资本主义一定新阶段还是其中一段暂时插曲的争论。而关于暴力问题的争论——当然常常是不自觉的——却使对立的方法论十分鲜明地突出出来。

更确切地说，庸俗马克思主义的经济主义否认暴力在从一种经济生产制度到另一种经济生产制度的过渡中的重要性。它依据的是经济发展的“自然规律性”，这种经济发展借助它自身的绝对权力而不诉诸粗野的、“超经济的”暴力来实现这种过渡。庸俗马克思主义几乎总是引用马克思的这句名言：“无论哪一个社会形态，在它们所能容纳的全部生产力发挥出来以前，是决不会灭亡的；而新的更高的生产关系，在它存在的物质条件在旧社会的胎胞里成熟以前，是决不会出现的。”①但它——自然是有意的——忘记了马克思在确定这种“成熟”的历史时机时对这段话所作的补充说明：“在一切生产工具中，最强大的一种生产力是革命阶级本身。革命因素之组成为阶级，**是以旧社会的怀抱中所能产生的全部生产力的存在为前提的**。”②

这些话已经十分清楚地表明，对于马克思和庸俗马克思主义来说，从一种生产形式过渡到另一种生产形式时生产关系的“成 381
熟”所指的一些东西是完全不同的。革命因素之组成为阶级，更确切地说，不仅是为了“抵制资本”，而且也是“为了自己本身”，③单纯的生产力变为社会变革的杠杆，不仅是阶级意识问题，自觉行动的实际作用问题，而且也是经济主义的纯粹“自然规律性”结束的开端。这意味着，“最强大的生产力”起来反抗它是其成员的生产制度。现在已形成一种只有通过暴力才能消除的状况。

这里不是哪怕概略地论述暴力及其在历史上的作用的理论的地方，也不能在这里证明，暴力和经济在概念上的明显分离是一种不允许的抽象，不同潜在的或公开起作用的暴力相联系的任何一种经济关系是不可想象的。例如，不可忘记，按照马克思的看法，即使在“正常”时期里，也只有对利润和工资关系加以规定的活动余地是纯粹地和客观地受经济制约的。“利润率的实际水平只是

① 《政治经济学批判序言》，《全集》第13卷第9页。

② 《哲学的贫困》，《全集》第4卷第197页（着重号是本文作者加的）。

③ 参见同上书，第196页。

通过资本与劳动之间的不断斗争来确定。”[①]显然，这种斗争的时机又是大大受经济制约的，但是这种制约性却服从于同“暴力”问题相联系的“主观”因素（例如工人的组织等等）的巨大变化。暴力
382 和经济在概念上出现了明显和机械的分离，一般都只是由于，一方面，经济关系的纯客观性的拜物教外表掩盖住它作为人之间关系的性质，并使它变为一种以其宿命论的规律环绕着人的第二自然，另一方面是由于，有组织的暴力的——也是拜物教的——法律形式使人们忘记它隐蔽地、潜在地存在于任何一种经济关系之中及其背后，像法律和暴力、秩序和起义、合法和非法一类的区别把阶级社会所有机构的共同的暴力基础排挤到次要地位。（因为原始社会的人同自然进行的“物质代谢”在严格的意义上并不是经济性的，就像这个时代里人的相互关系并不具有法律性质一样。）

当然，在“法律”和暴力之间以及在潜在的暴力和激烈的暴力之间存在着某种区别，只是既不能从法哲学上也不能从伦理学上或形而上学上来理解它，而只能把它理解为不同类型的社会之间的社会和历史方面的区别。在某些社会中，生产制度已经如此完备，以至于它（一般）能无冲突和无问题地借助于它的内在规律运行。而在另一些社会中，由于不同生产方式的竞争和在生产制度内不同阶级的分配份额还没有达到（始终是相对的）稳定状态，使用赤裸裸的“超经济的”暴力必然是惯例。这种稳定状态在非资本主义社会里采取一种保守的形式，并在意识形态上表现为传统的、也就是“上帝想要的”种种制度的统治。在资本主义制度下，这种

① 《工资、价格和利润》，《全集》第16卷第166页。

稳定状态意味着资产阶级在持续不断的、革命的和动态的经济过
程内的稳定统治，只有在那里它才获得国民经济学“永恒的铁的规 383
律”“合乎自然规律地”起支配作用的形态。因为每一个社会都倾
向于把它自身生产制度的结构“神秘化地”投射到过去的时代，这
一过去时代——而且还有未来——也就同样显得是由这样一些规
律决定和支配的。人们往往忘记了，这种生产制度的产生和获得
成功是最露骨、最粗野和最残忍地使用“超经济的”暴力的结果。
马克思在他描述资本主义发展史的结尾处宣告：“要使资本主义生
产方式的‘永恒的自然规律’充分表现出来，……需要经受这种苦
难。”①

然而，下面一点也是清楚的，即各种竞争的生产制度的竞争——从世界历史上看——一般都由某一制度在社会和经济方面的优越性来决定；但是，这种优越性决不是必然地和它们在生产技术方面的优越性一致的。我们已经知道，经济上的优越性一般在一系列暴力措施方面发生作用；而且不言而喻，这些暴力措施的效力取决于按此方式占优势的阶级是否有把它所占有的社会继续推向前进的(世界历史的)现实性和使命。但是，问题在于，怎样从社会方面来理解不同生产制度竞争的这种状态？也就是说，在何种程度上，可以在马克思主义的意义上把这样一种社会理解为统一的社会(它会确实还缺少这种统一的客观基础，即“经济结构”的统一)？显而易见的是，这里涉及一些边缘性的情况。具有完全纯粹统一、即同质结构的社会，肯定是很少有过的。(按照罗莎·卢

① 《资本论》第1卷，《全集》第23卷第828页。

森堡的看法，资本主义决不曾是这样的社会，而且也决不可能成为
384 这样的社会。）因此，在任何社会里，占统治地位的生产制度将对各种从属性的生产制度产生明显的影响，并决定性地改变它们本来的经济结构。我们可以想到，在主要是自然经济的时代里，“工业”劳动进入地租和前者受后者经济形式的控制[①]，也可以想到在高度发达的资本主义制度下农业所采取的形式。但是在真正的过渡时期里，社会不受任何一种生产制度的控制；各个生产制度的斗争正好还未分胜负，任何一种生产制度也不能把自己的经济结构强加于社会，并使社会——至少在倾向上——按自己的方向运行。在这样一些情况下，当然不可能谈论会控制整个社会的任何一种经济规律。旧的生产制度已经失去它对作为整体的社会的统治地位，而新的生产制度还没有获得这种统治地位。这是一种激烈的权力斗争或潜在的力量平衡状态，在这种状态中，经济规律可以说是“间歇性的”：旧的规律不再起作用，而新的规律还没有普遍发生作用。据我所知，历史唯物主义理论还没有从经济方面提出这个问题。恩格斯的国家理论十分清楚地表明，历史唯物主义的创始人决不是没有注意到这个问题。恩格斯着重指出，国家“照例是最强大的、在经济上占统治地位的阶级的国家”。“但也例外地有这样的时期，那时互相斗争的各阶级达到这样势均力敌的地步，以致国家权力作为表面上的调停人而暂时得到了对于两个阶级的某种独立性。17 世纪和 18 世纪的专制君主制就是这样，它使贵族和

① 《资本论》第 3 卷，《全集》第 25 卷第 886 页。

市民等级彼此保持平衡”。[①] 385

但是，不可忘记，从资本主义向社会主义过渡显示出一种原则上不同于从封建主义向资本主义过渡的经济结构。这时，竞争的生产制度不是**同时**以已经独立的制度出现（像资本主义开始时在封建生产制度中所表明的那样），而是它们的竞争表现为在资本主义制度本身**内部**无法解决的矛盾，即危机。这种结构使资本主义生产从一开始就是对抗性的。在各种危机中，即使“以纯粹经济学的方式，就是说，从资产阶级立场出发”[②]，资本也以生产的限制表现出来。这种对抗不会由于过去的各种危机在资本主义内部找到某种解决办法这一事实而有任何变化。一次普遍危机总是资本主义发展内在规律的一个——相对的——间歇点；只是在过去，**资本家阶级**总有能力使生产在资本主义的方向上**重新**运转起来。我们在这里不可能研究它的手段不是和在何种程度上不是“正常”生产规律的直接继续，不可能研究自觉的一有组织的力量、“超经济的”因素、非资本主义的基础，也就是资本主义生产的可扩展性等等在这方面起了多少作用[③]。应该着重指出的只是，对危机可作 386
的解释——像西斯蒙第同李嘉图及其学派的争论所表明的那样——必然超出资本主义固有的规律之外；就是说，一种证明各种

① 《家庭、私有制和国家的起源》，《全集》第 21 卷第 196 页（着重号是本文作者加的）。

② 《资本论》第 3 卷，《全集》第 25 卷第 289 页。

③ 例如参见英国资本家对待危机、失业和移居外国问题的态度。（《资本论》第 1 卷，《全集》第 23 卷第 630 页以下。）这里提到的思想，部分涉及布哈林对“平衡”作为方法要求的机智评论。《转变时期的经济》第 159—160 页。可惜，在这里没有机会同他进行争论。

危机是必然的经济理论也一定超出资本主义之外。即使危机的“解决办法”也决不可能是前危机状态直接的、固有的、“合乎规律的”继续，而是重新进入一次新的危机的一条新的发展路线，等等。马克思十分明确地阐述了这种联系：“如果没有相反的趋势不断与向心力一起又起离心作用，这个过程很快就会使资本主义生产崩溃。”①

由此可见，每一次危机都意味着资本主义有规律的发展陷入死胡同，但是，只有从无产阶级的立场出发才能把这个死胡同看作是资本主义生产的**必然**环节。而且，从资产阶级（固有的）经济学立场出发，也不能认识到各种危机的区别、程度和加剧的情况。这些间歇点的动态意义，为了使经济重新运转起来所必要的大量力量，这一切只有从历史唯物主义出发才能认识到。因为显而易见，必须大大重视，资本主义生产制度“最强大的”生产力，即无产阶级，是单纯作为客体还是作为决定的主体经历危机。危机总是由“对抗性的分配关系”，由“比例于资本已**有**的量”而滚滚向前的资本巨流“和消费关系的狭隘基础”的冲突，②也就是由**无产阶级**的客观的经济**生活条件**决定的。但是，由于无产阶级“不成熟”，由于它没有能力不作为被消极地吸收到经济中去并服从其“规律”的
387 “生产力”参加生产过程，对抗的这一方面在向前发展的资本主义发生的各种危机中就没有公开显露出来。因此就可能会产生这样一种假象，似乎“经济规律”像导致危机一样能从危机中找到出路。

① 《资本论》第 3 卷，《全集》第 25 卷第 275 页。

② 《资本论》第 3 卷，《全集》第 25 卷第 273—274 页。

在此期间，实际上仅仅资本家阶级——由于无产阶级的消极性——就已可能消除死胡同，使机器重新运转起来。因此，资本主义决定性的、即“最后的”危机（不言而喻，它会是一个有一连串个别危机的整个时代）同过去各种危机在本质上的区别，不单单是危机的广度和深度的突变，即它从量突变为质。或者更确切地说，这种突变表现在，无产阶级不再是危机的单纯客体；资本主义生产的内部对抗——它按其概念就已经意味着资产阶级生产制度和无产阶级生产制度的斗争，意味着社会化的生产力同其个体——无政府主义形式的冲突——公开展开。无产阶级组织起来的目的始终是“消除资本主义生产的那种自然规律对他们这个阶级所造成的毁灭性的后果”，①这种组织从消极或单纯起妨碍、削弱、阻止作用的阶段转入了积极阶段。只是因为这一点，危机的结构才发生了决定性的、质的变化。今天像过去危机时一样，供资产阶级力求消除危机死胡同所抽象地（即不考虑无产阶级的干预）采取的那些措施，正在变成公开进行阶级战争的场所。暴力正在成为这种局面决定性的经济因素。388

因此，这再一次证明，这些“永恒的自然规律”仅仅适用于发展的某个一定的时代。它们不仅是一定社会学类型的社会发展规律性的表现形式（某一阶级在经济上的优势地位已无争议），而且在这种类型之内也只是资本主义的特殊统治形式。但是，如已经指出的那样，由于历史唯物主义同资本主义社会相联系决不是偶然的，所以不难理解，即使对于历史唯物主义对历史的整个理解来

---

① 《资本论》第1卷，《全集》第23卷第702页。

说，这种结构也显得是典范的和正常的、即传统的和规范的结构。我们固然举出了清楚表明马克思和恩格斯在评价过去的非资本主义社会的特殊结构及其特殊发展规律时是多么谨慎和采取批判态度的例子。但是，这两个因素的密切联系甚至也给恩格斯留下了如此深的印象，以至于他譬如说在描述氏族社会的瓦解时强调指出雅典的例子是“非常典型的例子”，因为它“非常纯粹，没有受到任何外来的或内部的暴力干涉”①；这可能客观上并不完全切合雅典的情况，对于这个发展阶段上的过渡来说，这确实也不是典型的。

但是，庸俗马克思主义在理论上却专注于这一点：它否认暴力作为“经济力量”的重要性。在理论上低估暴力在历史上的重要性，从过去的历史中消除暴力的作用，是庸俗马克思主义的机会主
389 义策略的理论准备。把资本主义社会的特殊发展规律提升为一般规律，是庸俗马克思主义力求使资本主义社会的存在在实际上永久化的理论基础。

庸俗马克思主义意义上的合乎逻辑的、一直向前的继续发展，要求社会主义在没有“超经济的”暴力的情况下通过经济发展的内在规律来实现，这同资本主义永久存在下去的论点客观上是同义的。即使封建社会也决不是从自身中有机地产生出资本主义。它只是“造成了消灭它自身的物质手段”。它“使社会内部感到受它束缚的力量和激情”释放出来。而这些力量在“包含一系列暴力方

① 《家庭、私有制和国家的起源》，《全集》第21卷第136页。

法”[1]的发展中打下了资本主义的社会基础。只有**在**这种过渡完成**以后**，资本主义的经济规律才发生作用。

期望资本主义为取代它的无产阶级比封建主义为资本主义本身做出更多的事情，这是非历史的和非常幼稚的。过渡的成熟时机问题已经提到过了。就这种“成熟”理论而言，方法上重要的是，它作为后来产生的、蒲鲁东（他真的也——根据共产党宣言——想要“没有无产阶级”的现行制度）的对立物，想不要无产阶级的积极参加就达到社会主义。再向前走一步，这种理论就是以“有机发展”的名义摒弃暴力的重要性，同时又忘记了整个“有机发展”只是已经发展的资本主义的理论表述，是这种资本主义自身的历史神 390
话。它也忘记了资本主义的真正形成史走的是完全相反的方向。马克思认为：“这些方法一部分是**以最残酷的暴力**为基础，例如殖民制度就是这样。但所有这些方法都利用国家权力，也就是利用集中的有组织的社会暴力，来**大力促进**从封建生产方式向资本主义生产方式的转变过程，**缩短过渡时间**。”[2]

因此，即使暴力的作用在从资本主义社会向无产阶级社会过渡时正好同它在从封建主义向资本主义过渡时一样，真实的发展也向我们表明，过渡的“无机的”、“暖房式的”、“暴力的”性质证明丝毫不违反历史的现实性，不违反如此形成着的新社会的必然性和“健康”。不过：当我们较仔细地注意观察暴力在这种过渡（同以前的过渡相比意味着某种在原则上和质上崭新的东西）中

---

① 《资本论》第 1 卷，《全集》第 23 卷第 830 页。

② 《资本论》第 1 卷，《全集》第 23 卷第 819 页（着重号是本文作者加的）。

的性质和作用时，问题就是完全另外一种样子了。我们再重复说一遍：在从一种生产制度向另一种生产制度的各种过渡中，或者用社会学的术语说，在各不相同的、相互竞争的生产制度同时并存的时代里，作为“经济力量”的暴力的决定性意义始终是现实的。然而，相互斗争的各种生产制度的性质将作为过渡时期的“经济力量”对暴力的方式和功能产生决定性的影响。在资本主义产生的时候，事情关系到在静态的制度同动态的制度之间、“天然的”制度
391 同力求完全社会化的制度之间、有区域限制的、有秩序的制度同按趋势来看是没有限制的、无政府主义的制度之间的斗争。相反，在无产阶级的生产中，众所周知，问题首先在于有秩序的经济制度同无政府主义的经济制度的斗争[①]。如同各生产制度决定着各阶级的本质一样，由此产生的各种对立也决定着为实现变革所必要的暴力的性质。正如黑格尔所说，“因为武器无非是战士自身的本质。”

现在，这里的对立已经超出了真正的马克思主义和庸俗化的马克思主义之间在批判资本主义范围内的争论。这里的问题实际上关系到在辩证方法的意义上超过历史唯物主义至今为止所达到的成果：把历史唯物主义运用于它按照自己作为历史方法的本质还未能被运用到的一个领域；为此要作一切对于任何一种非图解式的方法，因此对于辩证方法来说必然首先意味着某种在原则上和质上崭新的题材的更改。当然，马克思和恩格斯的远见卓识在这方面已经先做了许多事情。确切地说，不仅是在预见这个过程

① 在这种对比中，即使帝国主义的资本主义也必然显得是无政府主义的。

的大概可能的发展阶段上(在《哥达纲领批判》里),而且在方法论上也是如此。“从必然王国向自由王国的飞跃”,“人类史前史”的结束,对马克思和恩格斯来说,决不是用以圆满完成对现在的批判,产生戏剧效果、但在方法论上并无约束力的漂亮然而抽象空洞的远景,而是对正确认识到的发展过程作出明确的和有意识的思想预言,这种预言在方法上对理解现实问题有深远的意义。恩格 392
斯写道:“人们自己创造着自己的历史,但是到**现在为止**,他们并不是按照共同的意志,根据一个共同计划来创造这个历史。”①而马克思在《资本论》中的好些地方也使用了这种思想预言的结构,一方面是为了由此出发更透彻地认清现在,另一方面也是为了使正在临近的未来的这种质量上崭新的性质从这种对照中更清楚和更充分地显露出来。这种对照在这里对我们有决定意义的性质是,对于只要有一般预见力就能撕下资本主义的物化的面纱、揭示出作为其基础的真正事物联系的现象,“在资本主义社会,社会的理智总是事后才起作用。”②因为正如《共产党宣言》指出的那样:“在资产阶级社会里是过去支配现在,在共产主义社会里是现在支配过去。”而这种明显的无法消除的对立是不能通过“发现”资本主义中有某些似乎使得“生长过去”(《Hinüberwachsen》)有可能的“趋势”来冲淡的。它是同资本主义生产的本质不可分地联系在一起的。支配现在的过去,即表现出这种支配的事后意识,只是资本主义社会的,然而仅仅是资本主义社会的基本经济状况的思想表达:

① 恩格斯1894年1月25日致符·博尔吉乌斯的信,《全集》第39卷第199页(着重号是本文作者加的)。

② 《资本论》第2卷,《全集》第24卷第350页。

它是存在于资本主义关系中、在同活劳动的固定联系中自我更新和扩大的可能性的物化表达。但是显而易见的是，“过去的劳动产品对于活的剩余劳动的支配权，恰好只是在存在着资本关系——
393 一定的社会关系，在这种社会关系中，过去劳动独立地同活劳动相对立，并支配着活劳动——的时期内才存在。”①

无产阶级专政的社会意义，即社会化，首先只不过意味着剥夺资本家的这种支配权。然而对无产阶级——作为阶级看——来说，这样**就在客观上消除了它自己的劳动以独立的、被对象化的方式与它的对立**。由于无产阶级自己同时既接管了对已经被对象化了的劳动的支配权，又接管了对正在产生现实效果的劳动的支配权，这种对立在实际上和客观上就被消除了。随之资本主义社会中相应的过去和现在的对立也就消失了，它们的关系必然要因此在结构上发生变化。不管社会化的客观过程可能多长，不管无产阶级要多久才能意识到劳动同其各种对象性形式的变化了的内部关系（现在同过去的关系），随着无产阶级专政就发生了根本的**转变**。这种转变是在资产阶级社会里无论通过作为“实验”的“社会化”，还是通过“计划经济”等等都无法达到的。因为这些东西在资本主义制度内至多是在组织方面的一些集中，并不使经济结构的基本联系、无产阶级意识同整个生产过程的基本关系发生任何变化。相反，作为剥夺财产、夺取权力的最谨慎的或“最混乱的”社会化，**正好使这种结构**发生变革，并从而使发展进程客观地和认真地为飞跃作好准备。当经济主义的庸俗马克思主义者们企图通过逐

① 《资本论》第3卷，《全集》第25卷第449页。

步过渡来排除这种飞跃时，他们总是忘记资本关系决不只是生产技术的关系，决不是“纯”经济的关系（在资产阶级经济学的意义 394
上），而是真正意义上的**社会**—经济关系。他们忽视“把资本主义生产过程联系起来考察，或作为再生产过程来考察，它不仅生产商品，不仅生产剩余价值，而且还**生产和再生产资本关系本身**：一方面是资本家，另一方面是雇佣工人。”①因此，社会发展进程的变化只有是在阻止这种资本关系的自我再生产、给社会的自我再生产以另外一种新方向时才是可能的。这种结构的基本新颖之处一点儿也不致由于在经济上不能使小生产社会化，“经常地、每日每时地、自发地和大批地”重新再生产着资本主义和资产阶级②而被改变。因此，这一过程自然就错综复杂得多，两种社会结构的并存关系就紧张起来。但是，社会化的**社会意义**，它在无产阶级意识发展过程中的功能却没有什么改变。正是辩证方法的基本原理，即“不是人们的意识决定人们的存在，相反，是人们的社会存在决定人们的意识”，使得人们——如果被正确理解的话——必须：在革命的转折点上，**在实践中**认真地对待全新事物的范畴、彻底变革经济结构的范畴、改变过程方向的范畴，也就是飞跃的范畴。

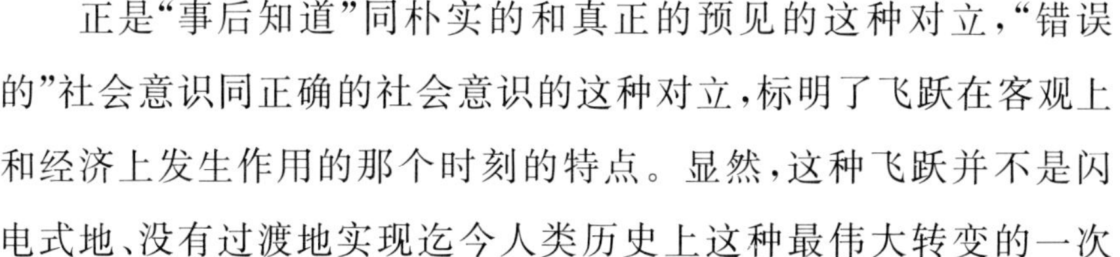

正是“事后知道”同朴实的和真正的预见的这种对立，“错误的”社会意识同正确的社会意识的这种对立，标明了飞跃在客观上和经济上发生作用的那个时刻的特点。显然，这种飞跃并不是闪 395
电式地、没有过渡地实现迄今人类历史上这种最伟大转变的一次

① 《资本论》第1卷，《全集》第23卷第643页（着重号是本文作者加的）。

② 《共产主义运动中的“左派”幼稚病》，《列宁全集》中文第2版第39卷第4页。

性行动。然而，飞跃更不是——按照过去发展的模式——缓慢的和逐渐的量变单纯突变为质变，让经济发展的“永恒规律”背着人们通过一种“理性的狡黠”做出真正的成绩；在那种情况下，飞跃只不过意味着人类（事后）也许是一下子意识到已经达到的新的状态。更确切地说，飞跃是一个漫长的和艰难的过程。而它的飞跃性质表现在，它每一次都是**朝着质量上崭新的事物的方向转变**；在它那里，意在指向被认识到的社会整体的自觉行动得到了表现；因此，——按意图和根据——它的归宿是自由王国。此外，它在形式和内容上都是适应社会的缓慢转变过程的。的确，只有当它完全进入这一过程，当它仅仅是每一个因素的自觉本意，每一个因素同整体有自觉的联系，在变化过程的必然方向上自觉地加快步伐时，它才能真正保持它的飞跃性质。这是一种在变化过程前面多走**一步**的加快；这种加快不想把任何异己的目的和自造的乌托邦强加于这一过程，而只是当革命对自己的目的难以确定的庞大望而生畏、面临动摇和半途而废的危险时，才揭示性地干预包含在这一过程之内的目的。

因此，飞跃似乎完全溶化在这一过程中。但是，自由王国却不是在必然性的魔力中受苦的人类作为顽强忍受痛苦的报酬、作为
396 命运的赠品来接受的礼物。它不仅是斗争的目的，而且也是斗争的手段和武器。而且在这里表现出基本上和质量上崭新的状况：人类在历史上第一次——通过负有统治使命的无产阶级的阶级意识——把它的历史自觉地掌握在自己手中。客观经济过程的“必然性”现在并没有因此而被扬弃，但它具有了另外一种新的功能。如果说迄今为止必须从历史的客观过程中推断出无论如何正在到

来的东西，以便使它有利于无产阶级，因此直到那时为止，“必然性”就是变化过程中确实起主导作用的因素，那么，它现在就成了一种障碍，一种必须加于反对的东西。它在转变的过程中一步步地被抑制住，以便——在长期的和艰难的斗争以后——终于能够完全被消除。对真实存在的东西，即——不可避免地——必定发生的东西的明确而无情的认识，要不顾一切地坚持下去。这种认识的确是这种斗争的决定性的前提和最有效的武器。因为对还具有必然性的力量的任何错误认识，将使这种改变世界的认识降低为一种空洞的乌托邦，并加强敌人的力量。但是，对经济必然性趋势的认识不再具有加快**它的**这种过程或从中得到好处的功能，相反，要有效地反对它，迫使它后退，在可能的时候要把它引到另外一个方向上去，或者——只要已经真有必要——就避开它。

在这种情况下实行的转变，是一种经济转变（而且是一种受此制约的阶级的重新组合）。但是，这种“经济”不再有任何一种以前的经济有过的那种功能：它应该服务于被自觉管理的社会；它应该 397
失去自己的内在性，它的自律性（原来是这种自律性使它成为一种经济）；它应该作为经济被消除。这种趋势首先作为在这种过渡中变化了的经济和暴力的关系表现出来。因为在向资本主义的过渡中，不管暴力有多大的经济意义，但经济却始终是首要的原则，而暴力仅仅是为经济服务的、促进经济的、为经济清除前进道路上的障碍的原则。与此相反，现在暴力则受某些原则的支配，而这些原则在任何以前的社会里只能作为“上层建筑”，只能作为伴随着必然过程并由这种过程决定的因素表现出来。现在，暴力则服务于人和他作为人的发展。

人们经常正确地说：社会化是个政权问题；在这一点上，暴力问题优先于经济问题（当然，在这件事情上任何忽视各种物质阻力的权力运用都是荒谬的；但是，权力运用考虑到各种阻力——正是为了克服它们，而不是为了容忍它们）。因此，从表面上看，暴力，赤裸裸的、未加粉饰的、公开表现出来的暴力，正进入社会事件的重要地位。但是，这只是一种假象。因为暴力不是专横的原则，也决不可能是这种原则。这种暴力只不过是无产阶级要自我扬弃——同时也扬弃物化了的关系对人的奴役统治，扬弃经济对社会的统治——的变得自觉的意志。

这种扬弃，这种飞跃，是一个过程。而决不忽视它作为过程的本质，同决不忽视它的飞跃性质是同样重要的。飞跃在于直接转到一种被自觉调节的社会的完全新的事物上，而这种社会的“经
398 济”是服从于人及其需要的。飞跃本质的特性表现在，这种对作为经济的经济的克服，这种扬弃其自律性的趋势，表现为经济**内容**对实行这种扬弃的人们的意识的绝对统治，这一点在以前的发展中无论如何是见不到的。之所以如此，不仅是因为过渡时期的生产下降，更难于使机构继续运转和满足人们的（还是如此低的）需要，难忍的贫困在增加，这一切都迫使每一个人意识到经济的内容，为经济担心，而且也恰恰是因为这种功能变化了。当经济是社会的统治形式，是背着人们推动社会前进的真正动力时，它曾不得不以非经济的“意识形态的”形式在人们的头脑中表现出来。如果说人存在的原则正在于自己解放自己，第一次在历史上把对人类的支配掌握在自己手里，那么斗争的对象和手段，经济和暴力，各个阶段的现实目标问题，在这条道路上最近的、实际经过的或必须经过

的步骤的内容，就处在兴趣的中心地位。恰恰是因为那些——当然是在各方面都已变化了的——以前被称为“意识形态”的内容现在开始成为人类的实际目标。所以，一方面，用那些内容本身来粉饰为它们而进行的经济上的暴力斗争是多余的，另一方面，这些目标的现实性和迫切性恰恰表现在，所有的兴趣都集中在实现它们的各种实际斗争上，即集中在经济和暴力上。

因此，说这种过渡是一个几乎专注于经济利益的时代和公开承认、赤裸裸使用暴力的时代，现在不可能显得是一种谬论了。经济和暴力已开始了它们在历史上起作用的最后行动，而它们正在 399
统治着历史舞台的假象，不应该使我们弄错：这是它们在历史上的最后登场。恩格斯说：“国家（有组织的暴力）真正作为整个社会的代表所采取的第一个行动，即以社会的名义占有生产资料，同时也是它作为国家所采取的最后一个独立行动。……它是自行消亡的。……人们自己的社会结合一直是作为自然界和历史强加于他们的东西而同他们相对立的，现在则变成他们自己的自由行动了。一直统治着历史的客观的异己的力量，现在处于人们自己的控制之下了。”[①]到那时为止作为纯粹“意识形态”伴随了人类必然发展进程的东西，人作为人在自己同自己本身、同自己的同类、同自然界的关系中的生活，现在能够成为人类真正的生活内容。人正作为人——社会地——产生出来。

因此，在通向这一目标并已经开始的过渡时期里，尽管在我们前面还有一段很长而又充满痛苦的路，历史唯物主义将仍然在长

① 《反杜林论》，《全集》第 20 卷第 305—308 页。

时期里不变地保持着它作为战斗无产阶级最宝贵武器的重要性。社会的绝大部分毕竟仍由纯资本主义生产方式统治着，而且，即使在无产阶级建立了自己统治的少数孤立地区，任务也只能是，艰难地一步一步地迫使资本主义后退，有意识地建立起新的社会制度——它不再能用这些范畴来表达了。然而，仅仅这一阶段中有斗争这一事实，就同时表明了历史唯物主义功能方面的两点很重要的变化。

400 第一，必须用唯物主义辩证法来指明，怎么一定会走上自觉监督和控制生产、摆脱对象化社会力量强制的道路。过去的任何分析，无论多么仔细和准确，都不能对此作出令人满意的回答。只有把辩证方法——无偏见地——运用于这种完全新的题材才行。第二，因为每一次危机都是资本主义自我批判的客体化，所以极度严重的资本主义危机就使我们有可能从它正在做完的自我批判这一立场出发，比迄今为止可能有过的都更明确和更完善地进一步发展作为“人类史前史”研究方法的历史唯物主义。所以，不仅因为我们在斗争中还将很长期地需要越来越好地加以运用的历史唯物主义，而且从它在科学上进一步发展的观点来看，我们利用无产阶级的胜利来为历史唯物主义建立这个基地、即这个研究所也是必要的。

1919 年 6 月

合法性和非法性 401

有一种唯物主义学说，认为人是环境和教育的产物，因而认为改变了的人是另一种环境和改变了的教育的产物，——这种学说忘记了：环境正是由人来改变的，而教育者本人一定是受教育的。

——马克思：《关于费尔巴哈的提纲》

正像在任何涉及行动方式的问题中一样，对研究无产阶级阶级斗争的合法性和非法性说来，动机及其所产生的倾向往往比单纯的事实更加重要和更能说明问题。因为工人运动一部分处于合法或非法状态的单纯事实如此取决于历史的“偶然事件”，以致分析它并不总能保证得到原则性的认识。一个党可能机会主义到完全背叛的程度，然而有时不得不转入非法状态。另一方面，完全可以设想有这种情况，即最革命和最不妥协的共产党有时能够在几乎完全合法的状态中工作。由于这个标准不能为分析提供充分的根据，我们必须撇开它，去考察选择合法策略或非法策略的动机。这里也不能仅限于——抽象地——确定动机和信念。因为虽然机会主义者的特点是坚持**不惜任何代价**的合法性，说革命党的特点是恰恰相反，即坚持非法性，则是错误的。的确，在每一次革命运

402 动中都有一些非法性的浪漫主义占统治地位或至少很强大的时期。但是这种浪漫主义由于我们在下面将要讨论的原因，完全是一种共产主义运动中的幼稚病。它是一种对不惜任何代价的合法性的反动，它应该被每一个成熟的运动所克服，而且毫无疑问它现在正在被克服。

1

那么，合法性和非法性的概念对马克思主义思想说来是什么意思呢？这个问题必然导致有组织的权利的一般问题，法律和国家的问题，最后是意识形态问题。恩格斯在与杜林的论战中，出色地批驳了抽象的暴力论。然而，暴力（法律和国家）“起先总是以某种经济的、社会的职能为基础的”[①]这一证据，应该——严格按照马克思恩格斯的学说——被解释为，这种联系在被吸引到暴力统治范围内的人们的思想感情中有相应的意识形态反映。就是说，暴力组织与支配人们生活的（经济）规律协调到如此程度，或者看起来占如此压倒的优势，以致人们感到它们是自然的力量，是他们存在的必然环境。结果，他们就自愿地顺从它们（这决不是说，他们同意它们）。尽管一个暴力组织只有在能够用暴力克服个人或
403 集团的抵抗时才能存在，但是如果它每次遇到挑战都不得不使用暴力，它也决不可能存在。在使用暴力成为必要时，已经是革命的形势；暴力组织已经和社会的经济基础发生矛盾，这种矛盾将反映在人们的头脑中。那时人们将不再把现存秩序看作是自然的必然

① 《反杜林论》，《全集》第20卷第198—199页。

性，他们将用暴力来反对暴力。在不否认这种形势的经济基础的情况下，我们仍然必须补充说，只有当统治阶级和被统治阶级双方对现存秩序是唯一可能秩序的信念均已动摇的时候，才有可能在一个暴力组织中发生变化。生产制度中的革命是这点的**必要前提条件**。但是革命本身只能由人们来完成，由在精神上和感情上已从现存制度下解放出来的人们来完成。

这种解放并不和经济发展机械地平行和同时发生，它既可以赶在经济发展之前，也可以落在它之后。作为纯粹意识形态的解放，它能够存在于社会制度的经济基础还只是一种成为问题的**倾向**时，而且大多数存在于那种时候。在这种情况下，理论将彻底思考那只是一种倾向的东西，直至把它变成为现实应该是的东西，然后把这个“真正的”现实与现存事物的“虚假的”现实对立起来。(恰当的实例是天赋人权作为资产阶级革命前奏所起的作用。)另一方面，甚至那些按其阶级地位直接关心革命成功的集团和群众也肯定只是在革命**期间**(而且往往只是在**以后**)才在内心里从旧的 404
制度下解放出来。他们需要亲眼看到哪个社会真的符合他们的利益，才能在内心里从旧的制度下解放出来。

如果这些看法适合于每一次从一种社会制度到另一种社会制度的革命过渡的话，那么它们对于社会革命比对于主要是政治的革命更加适合得多。政治革命只不过批准一种在经济现实中至少已部分实现了的社会经济状况。这种革命用暴力来取消旧的、现在感到是“不公平的”法律制度，而代之以新的“正确的”、“公平的”法律。对生活的社会环境没有任何彻底的改造。(法国大革命的保守派历史学家强调指出这个时期的“社会”条件相对说来没有什么变化。）然而，社会革命正是要改变这一环境。任何这种变化都深深触痛一般人的本能，使他认为这是对**生活本身**的灾难性威胁，是像洪水或地震那样的盲目自然力。由于不能理解过程的本质，感到盲目的失望，他就要通过拼命攻击威胁他的习惯存在的**直接表现形式**来进行自卫。所以，在资本主义的早期阶段，受过小资产阶级教育的无产阶级就起来反对机器和工厂。蒲鲁东的学说也可以看作是这种拼命捍卫旧的、习惯的社会环境的回声。

马克思主义的革命本性在这里可以最容易理解。马克思主义
405 是革命的学说，正是因为它理解过程的本质（与它的征候、表现形式相对立）；因为它能够表明决定性的未来发展倾向（与当前的事态相对立）。它正因为如此是正在争取解放的无产阶级的意识形态表现。这种解放起初采取对资本主义经济制度及其国家的最带压迫性的表现进行实际反抗的形式。这些孤立的战斗即使获得成果，也永远不能获得最终胜利，它们只有在无产阶级**意识到**它们彼此之间以及它们和必然导致资本主义灭亡的过程之间的联系时，才能成为真正革命的战斗。当青年马克思提出“意识的改革”作为纲领时，他预先就道出了他后来活动的本质。他的学说不是空想的，因为它从实际发生的过程出发。它不打算实现任何“理想”，而只是想要发现这一过程中所固有的意义。同时它必须超出只是给定的东西，必须把无产阶级的意识集中于对本质的认识，而不是集中于对眼前事态的经历。马克思说道：“意识的改革只在于使世界认清本身的意识，使它从迷梦中惊醒过来，**向它说明它的行动的意义**……那时就可以看出，世界早就在幻想一种**一旦认识便能真正**

掌握的东西了。”①

这种意识的改革就是革命过程本身。因为无产阶级只有逐渐地、经过漫长的、艰难的危机之后才可能获得这种意识。的确，在马克思的学说中得出了无产阶级阶级地位的一切理论的和实践的结论（在它们成为历史“事实”之前很久）。然而，即使这些理论不 406
是非历史的乌托邦，而是对历史过程本身的认识，也决不能得出结论说，无产阶级已把马克思学说中所达到的解放纳入它自己的意识——即使是在它按照这一学说**采取的个别行动**中。我们已在另一个场合②注意到这个过程，并且强调指出，当无产阶级在政治上还完全站在资本主义国家的旗帜下的时候，它就已经能够意识到在经济上反对资本主义的必要性。事实上，这是多么正确，可以由下面这一点表明，即马克思和恩格斯关于国家的全部批判可以完全被遗忘，第二国际最重要的理论家们能够直截了当地把资本主义的国家看作真正的国家，并把他们自己的活动和他们与这个国家的冲突看作“反对派行动”。（这一点可以在1912年潘涅库克和考茨基的论战中看得最清楚。）因为采取“反对派”的立场意味着，现存秩序是**在一切基本点上作为不变的基础接受的**，而“反对派”的全部努力只限于在现存制度的**范围内**为工人阶级尽可能多地谋取福利。

自然，只有不知世事的傻子才会看不到资产阶级国家的真实权力。革命的马克思主义者和假马克思主义的机会主义者之间的

① 《摘自〈德法年鉴〉的书信》，《全集》第1卷第418页。（着重号是本文作者加的。）

② 参看《阶级意识》一文。

巨大差别在于，对前者说来，资本主义的国家只是应该动员有组织的无产阶级的力量来加以反对的一个力量因素。而后者把国家看作是一种凌驾于各阶级之上的制度，无产阶级和资产阶级进行战
407 争是为了取得对它的控制。但是，由于把国家看作斗争的目标而不是战斗中的敌人，他们在精神上已经站到资产阶级方面，从而甚至在拿起武器以前就已经打了半个败仗。因为每一种国家和法律制度，尤其是资本主义制度，都是建立在它的存在和它的章程的正确性只是被当作没有问题的东西接受这一点上。这些章程在个别场合被破坏，只要在一般的意识中只是作孤立的事例出现，就决不会对国家构成任何特别的危险。陀思妥耶夫斯基在他的西伯利亚回忆录中确切地记述了每个犯人都感到自己有罪（并不一定感到悔恨），非常清楚自己触犯了对他也同样有效的法律。即使个人的动机或环境的压力驱使他违犯了这些法律，这些法律对他还是继续有效的。这种孤立的触犯，国家总是能够很容易控制住，正是因为它的基础并不因此而有片刻受到威胁。采取"反对派"立场意味着一种类似的对国家的态度，即承认国家的本质是站在阶级斗争之外，它的法律的有效性并不直接受到阶级斗争的挑战。因此，"反对派"有两种选择：它或者力图用合法手段修订法律，这样，自然旧法律在被新法律取代以前继续有效，或者它设法推行以个别方式对法律的触犯。因此，当机会主义者把马克思主义对国家的批评与无政府主义联系在一起时，他们只是沉湎于一种习以为常的蛊惑人心的宣传。因为马克思主义无论同无政府主义的幻想还是同乌托邦都毫不相干。重要的是要认识到，资本主义社会的国家甚至在它存在时就应该作为一种历史现象来考察和评价。因

此，它应该被看作是一种单纯的权力结构，一方面，它必须只在它 408
的实际力量达到的范围内被考虑到，另一方面它的力量来源应该受到最精确、最无畏的考察，以便发现这一力量能够被削弱和破坏的地方。国家中的这一有力量的地方，或者更确切地说薄弱的地方，正是它被反映在人们意识中的方式。意识形态在这一场合不仅仅是社会的经济结构的结果，而且是它平稳运转的前提条件。

2

资本主义危机越是明显地不再是马克思主义分析的认识，而是在成为可以触摸到的现实，意识形态在决定无产阶级革命的命运中所起的作用就会越是带决定性。在资本主义内部仍然完全稳定的时期，工人阶级广大群众在意识形态上完全站在资本主义的立场上，是可以理解的。而马克思主义的彻底运用则要求一种他们不可能胜任的立场。马克思说道："为了认识一个特定的历史时代，我们必须超出它的界限。"当这一论断被用于认识现在时，需要在思想上作出完全不同寻常的努力。它意味着，对整个经济的、社会的和文化的环境必须进行批判的考察。这一考察的决定性方面、即只有通过它才能使这一切现象被理解的阿基米德支点，对现在的现实说来还只可能带有要求性质；就是说，它毕竟仍然是一种 409
"非现实的"东西，一种"单纯的理论"。然而，当我们企图历史地认识过去时，现在本身就是出发点。当然，这决不是小资产阶级的空想主义的要求，渴望"更好"或"更美"的世界，而是一种无产阶级的要求，它只是要清楚地认识和表述社会过程的方向、倾向和意义，并且以这一过程的名义对现在采取行动。然而这使这个任务变得

更加困难。因为正如最优秀的天文学家不顾他关于哥白尼的知识，继续接受太阳“升起”等感官印象一样，对资本主义国家的最无可辩驳的马克思主义分析也永远不能消除它的经验上的现实性。它也不打算这样做。马克思主义理论应该使无产阶级进入一种很独特的精神境界。资本主义的国家在它看来应该是历史发展链条中的一个环节。因此，它决不构成“人”的自然环境，而只是一种现实的事物，它的实际权力必须加以考虑，然而它没有任何决定我们行动的固有权利。因此，国家和法律的有效性只应该被看作是一种经验的存在。正像驾驶帆船的人必须精确地注意风向，不让风决定他的航向，相反，他还与风向对抗并且利用它，以便牢牢驶向原定的目标。人在漫长的历史发展过程中逐渐从敌对的自然力量那里争取到的**独立性**，无产阶级在面对社会生活的现象时还非常缺乏。而这是很容易理解的。因为社会在个别场合采取的强制措施常常是粗暴的和严重唯物的，但是**每个社会的力量按其本质是**
410 **一种精神力量**。只有认识能够使我们从中解放出来。这种认识不能是留在头脑中的那种抽象的东西（许多“社会主义者”有这种认识），而必须是一种已融化在血液中的认识，用马克思的话说，一种“实践批判活动”。

资本主义危机的现实性使得这种认识变得既有可能又有必要。它有可能，是因为由于危机的结果，生活本身就使人看到和感到一般的社会环境有问题。它变得对革命有决定意义，从而有必要，是因为资本主义社会的实际力量已被如此削弱，如果无产阶级有意识地和坚决地用自己的力量来对抗它的力量，它不再能用暴力维持自己的地位。只有意识形态是这种反对行动的障碍。甚至在资本主义陷入致命危机的时候，广大无产阶级群众依然感到资产阶级的国家、法律和经济是他们生存的唯一可能的环境。在他们看来，应该在许多方面进行改进（“生产组织”），但是它仍然是社会的“自然”基础。

这是合法性的意识形态基础。它并不总是有意识的背叛或甚至有意识的妥协。它其实是对国家的自然的和本能的态度，在行动的人看来，国家仿佛是混沌世界中唯一固定不变的东西。如果共产党想要为它的合法的和非法的策略创造一种健康的基础，这种世界观就必须克服。因为所有革命运动所由以开始的非法性的浪漫主义，在明确性方面很少有超出机会主义合法性阶段的水平的。至于这种浪漫主义像任何暴动主义一样，大大低估资本主义 411
社会甚至在危机时拥有的实际力量，当然常常是非常危险的。但是这也只不过是这整个倾向所患的疾病的一个征候。这个疾病本身就是不能把国家看作只不过是一种权力因素。归根到底，这表示不能看到我们刚才分析的那些联系。因为通过给非法的斗争手段和方法蒙上一重特别庄严的气氛，通过赋予它们一种特别的、革命的“真实性”，就使现存国家的合法性获得一种有效性，而决不只是一种经验的存在。因为**以法律身份**反抗法律、对某些行动**由于**是非法的而更加喜爱，对任何这样做的人说起来意味着，法律保持了它的有约束力的有效性。如果存在有对国家和法律的充分的、共产主义的无所畏惧，那么法律及其可计算的后果比起在决定某种行动的可行性时必须考虑的任何其他外部生活事实来就没有任何更大的（但也不是更小的）重要性。违犯法律的危险不应该被看作与在开始一次重要旅行时没有赶上火车的危险有任何不同。如

果情况不是如此，违犯法律是怀着豪情进行的，那么这就表明，法律——即使是以颠倒的形式——保存了它的权威，它仍然能够*内在地*影响人的行动，真正的、内在的解放还没有发生。这种区分乍看起来可能像是吹毛求疵。但是，只要想一想像俄国社会革命党那样典型的非法党是多么容易退回到资产阶级阵营，只要想一想最初的真正革命的非法行动（它们不再是对个别法律的浪漫主义
412 的英雄式违犯，而是已成为对整个资产阶级法律体系的拒绝和破坏）如何暴露出这些“非法性的英雄们”在意识形态上依然囿于资产阶级的法律概念，我们就会认识到这决不是空洞和抽象的杜撰，而是对真实情况的描述。（今天波里斯·萨文柯夫在白色波兰人的阵营里反对无产阶级的俄国。过去他不仅是沙皇制度下几乎所有一切大的暗杀活动的著名策划者，而且还是浪漫主义和伦理的非法性的最早理论家之一。）

合法性或非法性问题于是对共产党说来归结为*单纯的策略问题*，甚至是必须即席解决的问题，由于要根据*直接需要*采取决定，几乎不可能为这种问题订出一般规章。只有通过这种完全无原则的解决办法，才有可能做到对资产阶级法律制度的实际的和有原则的拒绝。这种策略对共产党人极为重要，而且不仅是由于适用的缘故。这种策略之所以需要，不仅仅是因为只有这样，共产党人的策略才能获得真正的灵活性和对特定时刻需要的适应性，也不是因为若要有效地反对资产阶级，必须交替使用或者甚至同时使用合法的和非法的方法。这种策略之所以需要，也是为了完成无产阶级的革命的自我教育。因为无产阶级要从资本主义创造的生活方式的意识形态束缚下解放出来，只有在它学会了不让这些生

活方式内在地影响它的行动的时候，才有可能做到。这些生活方式作为动力，对无产阶级说来必须下降到完全无所谓的地位。不用说，这丝毫不会减少无产阶级对这些生活方式的仇恨以及消灭
它们的热切愿望。相反，只有靠这种内在的信念，无产阶级才能把 413
资本主义社会制度看作是一种可憎的东西，虽已没有生命、但仍然是对人类健康发展的致命障碍；无产阶级如果要能够采取一种有意识的和持久的革命立场，这是绝对必须有的认识。无产阶级的自我教育是无产阶级使自己在革命方面成熟起来的漫长而艰苦的过程，一个国家的资本主义和资产阶级文化越发达，这个过程就越艰难，因为无产阶级受到资本主义生活方式的意识形态污染就越严重。

对革命行动适当性的绝对必要的考虑幸好（自然决不是偶然）是和这种教育工作的要求一致的。只举一个例子，第三国际的第二次代表大会在它关于议会制问题的补充论纲中规定，议会党团必须完全从属于共产党中央委员会，即使后者处于非法地位。这个决定不仅对保证统一行动是绝对必要的。它还有明显降低议会在广大无产阶级群众心目中的威望的作用（议会党团这个机会主义堡垒的独立性就是建立在这种威望之上的）。这一点是多么必要，由英国无产阶级不断地由于**内心承认**这种权威而被引上机会主义道路就可证明。仅仅强调反议会制的“直接行动”毫无成果，也和关于一种方法优越于另一种方法的论争毫无成果一样，证明它们都仍然受到资产阶级偏见的束缚，尽管方式完全相反。

必须同时和交替使用合法和非法的方法，还有另一个原因。 414
只有这样才能揭露法律制度是资本主义压迫的野蛮权力工具，这

是对法律和国家采取无拘无束的革命态度的前提条件。如果仅仅或者主要使用两种方法中的某一种,即使是在某些有限的领域内,也会使资产阶级有可能在群众心目中继续保持它的法律制度是唯一的制度的假象。每个共产党的行动的根本目的之一,必须是迫使本国政府违反自己的法律制度,迫使社会叛徒们的合法党公开支持这种“违法行为”。在某些情况下,特别是在民族主义偏见模糊了无产阶级视线的地方,资本主义政府也有可能从这当中得到好处。但是在无产阶级正在集聚力量进行决战的时候,这种违法行为冒的风险却会更大。正是从这里,从压迫者出自这种考虑的谨慎中,产生出了那种关于民主和关于向社会主义和平过渡的致命幻想。这种幻想尤其受到机会主义者的行动的助长,他们不惜任何代价坚持合法行动,从而使得统治阶级有可能执行谨慎的政策。只有采取清醒的、务实的策略,完全根据是否有用来交替使用每一种合法的和非法的方法,才有可能使这种对无产阶级的教育工作走上健康的轨道。

415

3

然而,争取政权的斗争只是开始这种对无产阶级的教育,肯定不能完成它。罗莎·卢森堡在许多年以前就已经注意到,夺取政权必然是“早熟的”,这首先表现在意识形态方面。在所有无产阶级专政的早期阶段表现出的许多现象都可以归咎于,*无产阶级是在它内心仍然承认资产阶级社会制度是唯一真正合法制度的时候和精神状态下被迫夺取政权的*。苏维埃政府的基础同任何法律制度的基础一样:它必须被广大人民群众承认是合法的,只有在极个别的情况下才必须诉诸暴力行动。

从一开始就不言而喻，无论在任何情况下，在开始都不可能立即从资产阶级方面得到这种承认。一个世世代代习惯于统治和享受特权的阶级决不会只是因为**一次**失败就善罢甘休。它不会立即忍受新制度的产生。它只有先**在意识形态上被制服**以后，才会自愿地去为新社会服务，才会开始把那个社会的法规看作是合法的，看作是一种法律制度，而不是看作是力量对比暂时发生变化的残酷事实，而这种变化明天又可能被翻转过来。不管资产阶级的反抗是采取公开反革命还是隐蔽怠工行动的方式，以为对它做某种让步就能把它解除武装，是一种幼稚的幻想。相反，匈牙利苏维埃专政的例子表明，所有这种让步（在这种情况下毫无例外地同时也是对社会民主党人的让步）都只是加强了以前的统治阶级的权力意识，使他们内心接受无产阶级统治的愿望推迟，甚至变得不可 416
能。苏维埃政权在资产阶级面前的这种退却，对广大小资产阶级群众的意识形态说来后果甚至更为严重。他们的意识形态的特点是，把国家看作某种一般的和普遍的东西，一种绝对尊严的形象。除了往往能使小资产阶级个别集团中立化的合适经济政策以外，显然在很大程度上取决于无产阶级本身：看它能不能赋予它的国家这样一种威望，以迎合这些阶层迷信权威的心理，促使他们自愿地服从于“这个”国家？如果无产阶级踌躇不前，对自己的统治使命缺乏信心，它就会驱使这些阶层重新投入资产阶级的怀抱、甚至公开反革命的行列。

在无产阶级专政下，合法性和非法性之间的关系发生了职能上的变化，因为这时，以前是合法的变成了非法，非法的变成了合

法。然而，这种变化最多只能稍稍加快在资本主义制度下开始了的意识形态解放过程，决不可能一下子完成这个过程。资产阶级不能在**一次**失败之后失去它自己的合法感，同样无产阶级也不能通过**一次**胜利的事实就获得它自己合法的意识。这种意识在资本主义制度下只能缓慢地成熟起来，即使在无产阶级专政下也只会逐步达到成熟。在第一个阶段，它甚至会受到很多挫折。因为只有这时，无产阶级在获得了政权之后，才有可能了解那些创造和维持了资本主义的精神成果。不仅它会获得比以前更多得多的关于
417 资产阶级文化的知识，而且对管理经济和国家极为重要的精神成果只有在它掌权以后才会为广大无产阶级群众所意识。此外，不应该忘记，无产阶级在很大程度上缺乏独立地和负责任地采取行动的实践和传统。因此，它可能常常感到需要这样行动与其说是一种解放，不如说是一种负担。最后，将占据大部分领导岗位的那些无产阶级阶层的生活习惯已浸透了小资产阶级性和甚至资产阶级性，这正好使得新社会的新东西在他们看来显得生疏，甚至敌对。

要不是有下面这种情况，所有这些障碍会带有几乎无害的性质，而且很容易被克服。这就是，在合法性和非法性问题上同样经受了职能变化的资产阶级甚至在这里也会比无产阶级更成熟得多，更先进得多。（只要它是在反对一个还没有真正建立起来的无产阶级国家，情况就会是如此。）资产阶级现在以它以前把它自己的法律制度看作合法的那种同样的幼稚和自信来把无产阶级的法律制度看作是非法的。我们为正在争取政权的无产阶级提出了应该把资产阶级国家看作一种事实，一种权力因素的要求；这个要求

现在被资产阶级本能地执行了。因此，尽管无产阶级获得了国家权力，它与资产阶级的斗争仍然不是势均力敌的，而且这种状况会维持下去，除非无产阶级有一天获得了对只有它自己的法律制度才具有合法性的同样幼稚的信心。然而，这种发展受到机会主义者在无产阶级解放过程中强加给它的精神状态的严重阻碍。由于已习惯于给资本主义制度罩上合法性的光环，无产阶级很难超然 418
地看待可能要保留很长时间的这些制度的残余。无产阶级在获得政权以后，在精神上仍然陷在资本主义发展进程所编织的罗网中。这一方面表现在它未能触动许多应该彻底破坏的东西。另一方面，它去进行破坏和建设工作时，不是抱着那种合法统治者的自信心，而是抱着篡夺者所特有的那种犹豫和仓猝交错的心情。而且还是这样一个篡夺者，他在内心中，即在思想、感情和决心中预感到资本主义必然要复辟。

我在这里指的不仅是工会官僚在整个匈牙利苏维埃专政期间抱着尽可能顺利地复辟资本主义的目的对社会化过程的多少公开的反革命怠工。我在这里还想到常常被强调指出的苏维埃腐化现象，它的主要根源之一就在这里。一部分在于许多苏维埃干部的心理状态，他们在内心里作好了“合法的”资本主义重返的思想准备，因此总是考虑如何能在这种情况下为他们自己的行动辩解。一部分也是因为许多参加过必要“非法”工作（货物走私、国外宣传）的人在精神上而且首先是在道义上不能理解，从唯一合法的立场即无产阶级国家的立场来看，他们的活动同任何其他的活动一样都是“合法的”。在革命意志不坚定的人们那里，这种混淆就表现为公开的腐化。在许多诚实的革命者那里则表现为浪漫主义地过分夸大“非法性”，不必要地寻找“非法的”机会，这些倾向表明**缺乏一种革命合法性**、革命有权建立自己的法律制度的**意识**。

在无产阶级专政时期，这种合法性的感觉和意识应该取代革
419 命的以前阶段即摆脱资产阶级法律约束的阶段的要求。但是尽管有这种变化，**无产阶级阶级意识的发展仍然是一种统一的和直线的发展**。这一点最清楚地表现在无产阶级国家的对外政策上，当这些国家面对着资本主义国家的权力结构时，它们就像在自己国内夺取政权时所做的那样，必须同资产阶级的国家进行斗争（尽管可以部分地使用别的手段，但也只是部分地使用别的手段）。布列斯特—里托夫斯克的和谈已经光辉地证明了俄国无产阶级所达到的阶级意识的高度和成熟性。虽然俄国无产阶级的代表是和德国帝国主义者打交道，他们承认他们在全世界的受压迫的兄弟们是他们在谈判桌上的真正的伙伴。即使列宁极其明智和清醒地估计了实际的力量对比，他还是指示他的谈判代表向全世界的无产者、首先是中欧列强的无产者说话。他的对外政策与其说是进行德国和俄国之间的谈判，还不如说是力图促进中欧各国的无产阶级革命和革命意识。自那以后，苏维埃政府的对内对外政策经历了许多变化，它们必须适应现实的力量对比的要求。但是尽管如此，这个基本原则，即自己的政权合法的原则，同时也是促进世界无产阶级革命阶级意识的原则，在这整个发展时期始终没有变化。资产阶级国家承认苏维埃俄国的整个问题不应该孤立地仅仅看作是俄国因此得到好处的问题。它也应该被看作是资产阶级是否承认已
420 经发生了的无产阶级革命的合法性的问题。这种承认的意义按照它发生时的具体情况而变化。它对俄国小资产阶级动摇分子和对

世界无产阶级动摇分子的影响在本质上是相同的：它承认了革命的合法性，这是他们为了能够感到它的正式代表者苏维埃共和国是合法的所极为需要的东西。俄国政治的所有各种方法，如在俄国内部无情打击反革命、大胆反对在战争中获胜的列强、对它们俄国从来不低声下气（不像德国的资产阶级），以及公开支持革命运动等——这一切都是为这个目的服务的。这些政策使得俄国国内反革命阵线的一些部分分崩离析，屈服于革命的合法性。它们有助于加强无产阶级的革命自我意识以及对自己的力量和尊严的认识。

当我们考虑被西方机会主义者及其中欧崇拜者们看作是俄国无产阶级落后的证据的那些因素，如明确肯定地镇压国内反革命和无所顾忌地为世界革命进行非法的和“外交的”斗争时，俄国无产阶级在意识形态上的成熟就可看得非常清楚。俄国无产阶级在革命中获得胜利，并不是因为幸运，政权落到了他们的手中。（德国无产阶级在1918年11月，匈牙利无产阶级在这同时和在1919年3月，同样有这种机会。）他们所以获得胜利，是因为曾在长期的非法斗争中受到了锤炼，因而对资本主义国家的本质得到了清楚的认识。结果，他们的行动是建立在真正现实的基础上，而不是建立在幻想的基础上。中欧和西欧的无产阶级面前还有一条艰苦的
道路。如果他们想要意识到他们的历史使命和他们统治的合法 421
性，他们就必须首先理解合法性和非法性的问题纯粹带有策略性质。他们必须既摆脱合法性的胆小病又摆脱非法性的浪漫主义。

1920年7月

422 # 对罗莎·卢森堡《论俄国革命》[1]的批评意见

保尔·列维感到有责任发表罗莎·卢森堡同志的一个在布勒斯劳监狱里匆匆写下的、以残稿形式保留下来的小册子。这一发表是在反对德国共产党和第三国际的最激烈的斗争当中进行的，因此它和《前进报》的揭露和弗里兹兰的小册子一样代表这一斗争中的一个阶段——只是它有着别的更为深刻的目的。这一次不是要损害德国共产党的威望或动摇对第三国际政策的信任，而是要打击布尔什维克的组织和策略的理论基础。这就是罗莎·卢森堡的崇高威信来从事的事情。她的遗著应该为消灭第三国际及其各个支部提供出理论。因此，指出罗莎·卢森堡后来改变了观点是不够的。必须弄清楚她在何种程度上是正确的或错误的。因为——抽象地说——完全可能，她在革命的头几个月里继续向错误方向发展了她的观点；瓦尔斯基和蔡特金同志所指出的她的观点变化可能意味着一种错误的倾向。因此——不管罗莎·卢森堡后来对这里写下的意见采取什么态度——必须讨论这些意见。由于罗莎·卢森堡和布尔什维克之间的某些意见分歧在尤尼乌斯小

---

① 罗莎·卢森堡：《论俄国革命》，社会和教育出版社1922年版。

册子和列宁对它的批评中，而且甚至在罗莎·卢森堡 1904 年在 423
《新时代》杂志上发表的对列宁《进一步、退两步》一书的批评中就已经公之于世，就更应该这样了。而且这些分歧在斯巴达克纲领的起草中还很有影响。

1

因此完全要看这个小册子的实质内容。但是甚至在这里，原则、方法、理论基础、决定对个别问题采取的立场的对革命性质的总看法要比对俄国革命的个别问题采取的立场更为重要。因为在很大程度上这些个别问题已随着时间的流逝而成为过去。甚至列维在土地问题上也承认这种情况。因此在那个问题上就无需争论。只是必须指出那使我们向这一研究的中心问题、即对**无产阶级革命的性质的错误看法**更靠近一步的方法论问题。罗莎·卢森堡强调说："一个掌握了政权的社会主义政府无论如何必须做一件事：采取措施来促使后来对土地关系进行社会主义改革的那些基本前提得到实现，至少必须避免做妨碍它采取这些措施的一切事情"（第 84 页）。于是她指责列宁和布尔什维克没有做这种事，而是做了相反的事。如果这条意见是孤立的，那么我们可以仅限于指出，卢森堡同志——在 1918 年和几乎所有人一样——对俄国的真实情况了解不够。但是当我们把这条意见和她的其他观点联系
在一起看时，我们立即就能看到，她大大地过高估计了布尔什维克 424
掌握的为解决土地问题选择形式的实际权力。土地革命是一个既定的事实，是一个完全不以布尔什维克的意志、甚至不以无产阶级的意志为转移的事实。农民在任何情况下会按照他们阶级利益的

自发表现把土地分掉。假如布尔什维克加以阻拦，他们会被这一自发运动扫到一边，正像孟什维克和社会革命党人曾被它扫到一边一样。因此关于土地问题的正确提问法就不是，布尔什维克的土地改革是不是一种社会主义措施或者至少是导致社会主义方向的措施。而是，在当时的形势下，当上升的革命运动向决定性关头奋力前进的时候，正在瓦解的资产阶级社会的一切自发力量能不能都被引导来反对正在准备反革命的资产阶级（不管他们是“纯粹的”无产阶级还是小资产阶级，不管他们是不是走向社会主义，都是一样）。面临着要求分配土地的自发农民运动，必须采取决定。而这个决定只可能是一个明确的、毫不含糊的“是”字或“不”字。我们要么站在运动的前头，要么借助武力来把它镇压下去。在后一种情况下，我们不可避免地会成为必然联合起来的资产阶级的俘虏，就像在孟什维克和社会革命党人那里实际上发生的情况那样。**这时**不可能考虑把农民运动“引到社会主义方向”。这一点能够而且必须在以后试图去做。这些试图在多大程度上真正失败了（在我看来，关于这点的档案材料远非完全；有些“失败”在后来是结了果实的），这一失败的原因是什么，不能在这里考察。因为这
425 里讨论的是布尔什维克在**夺取政权时**的决定。必须肯定地说，布尔什维克简直没有得到在导致社会主义的土地改革和偏离社会主义的土地改革之间的选择。他们所有的唯一选择是，**或者动员自发农民运动的被释放出的能量为无产阶级革命服务，或者站在农民的对立面，使无产阶级陷入绝望的孤立，从而帮助反革命获得胜利**。

罗莎·卢森堡本人坦率地承认这一点：“作为巩固无产阶级社

会主义政府的政治措施，这是一个良好的策略。可惜它有两面，它的反面在于，由农民直接夺取土地几乎是同社会主义经济毫无共同之处的”（第 82 页）。然而当她不管这种情况而把她对布尔什维克政治策略的正确评价与她对他们的社会经济行动方式联系起来时，我们已能看出她对俄国无产阶级革命的评价的本质了。这就是过高估计它的纯粹无产阶级性质，因此过高估计无产阶级在革命第一阶段能够拥有和事实上的确拥有的外在力量以及内在的清彻性和成熟性。同时我们可以看到，在反面是过低估计非无产阶级因素在这革命中的重要性。这既包括在阶级之外的非无产阶级因素，也包括这种意识形态在无产阶级本身之内的力量。这种对真正动力的错误估计导致她的错误概念中的最关键性的一点：过低估计党在革命中的作用，过低估计与自发力量的经济发展必然性对立的有意识的政治行动。

2 426

有些读者可能认为把这当成原则问题有点言过其实。为了使我们这一评价的正确性显得更清楚，我们必须回到小册子中的个别问题上来。罗莎·卢森堡对俄国革命中的民族问题的态度可以回溯到战争时期的批判性讨论，回溯到尤尼乌斯小册子和列宁对它的批评。列宁一向坚决反对（不仅是在批评尤尼乌斯小册子时，虽然在那里表述得最清楚、最精辟）的论点是：“在这猖狂的帝国主义时代，不再可能有任何民族战争。”[①]可能看起来这里的观点分

① 《国际社会民主党任务的指导原则》第 5 条，未来出版社版第 105 页。

歧只是理论上的。因为尤尼乌斯和列宁关于世界大战的帝国主义性质是完全一致的。甚至一致认为，即使大战中那些孤立地看来是民族战争的部分，由于它们与帝国主义复杂整体的联系，也必须作为帝国主义现象看待（例如塞尔维亚和塞尔维亚同志们的正确行为）。但是在实际上，具有头等重要性的实质问题立即就出现了。首先，民族战争再次成为可能的形势虽然不大有可能，但是它也没有完全被排除。它的实现取决于从帝国主义战争阶段向国内战争阶段过渡的速度。所以，把现在的帝国主义性质强调到绝对否定民族战争的可能性的程度，是错误的。因为如果那样的话，社会主义的政治家就可能陷入这样一种处境：他由于坚持原则将按
427 反动方式行事。其次，殖民地和半殖民地人民的起义必然是民族战争，革命政党必须全力支持；对它们漠不关心将是直接的反革命（见塞拉蒂对凯末尔的态度）。第三，不应该忘记，民族主义的意识形态仍然有生命力，而且不仅仅在小资产阶级阶层中（它的行为在某种情况下可能很有利于革命），而是在无产阶级本身中，特别是在被压迫民族的无产阶级中。他们对真正国际主义的兴趣，不可能由那种说未来的社会主义世界已经到来、民族问题已不复存在的思想上的乌托邦所引起，而只可能由这样一种**实际的证明**所引起，**即压迫民族的胜利了的无产阶级已与帝国主义的压迫倾向及其一切后果彻底决裂，直至承认“包括民族独立在内的”自决权。**当然，这个口号必须用“待在一起”即联邦的口号来加以补充。单是胜利的事实不能使无产阶级摆脱资本主义和民族主义意识形态的污染，只有这两个口号**在一起**才能帮助它度过过渡阶段的意识形态危机。布尔什维克在这个问题上的政策，尽管有 1918 年的挫

折，已证明是正确的。因为在布列斯特—里托夫斯克之后，即使没有完全自决权的概念，苏维埃俄国也会失去边界省份和乌克兰的。但是如果没有这一政策，它就永远不可能收复这些领土以及高加索各共和国等。

罗莎·卢森堡的批评在这一点上已被历史本身所驳倒。如果我们没有在其中看到了我们已在土地问题上分析了的那同样的对无产阶级革命性质的观点，我们不会这样详细地来谈它（列宁已在他的对尤尼乌斯小册子的批评，即《反潮流》中驳斥了关于它的理
论）。在这里，罗莎·卢森堡也忽略了在命运从一开始就强加在无 428
产阶级革命头上的各种“不纯的”社会主义必要性之间的选择。她忽略了无产阶级革命政党动员一切在当时革命的力量、尽可能明确和有力地加强革命阵线来对付反革命的必要性。她用革命未来阶段的原则来与当前的要求相对立。这种做法是这本小册子的最重要的论述，即关于暴力和民主，关于苏维埃制度和党的论述的基础。因此必须理解这些观点的真正本质。

3

在这本小册子中，罗莎·卢森堡加入了那些最坚决地反对解散制宪议会、建立苏维埃制度、剥夺资产阶级的公民权、取消“自由”和使用恐怖的人们的行列。因此我们面临着这样一个任务，即指出是什么基本理论信念促使罗莎·卢森堡——这位卓绝的先知、永世难忘的革命马克思主义的导师和领袖——陷入与布尔什维克的革命政策如此尖锐的冲突中。我已经指出在她对形势的估计中的最重要因素。现在应该更进一步考察罗莎·卢森堡的文

429 章，以便能够抓住能从中逻辑地得出这些信念的要点。

这个要点就是过高估计历史发展的**有机性质**。罗莎·卢森堡在与伯恩施坦论争时，曾尖锐地指出和平地“长入”社会主义的思想站不住脚。她令人信服地证明了，历史是以辩证的方式前进的，资本主义制度的内在矛盾是不断加剧的；不仅仅是在纯经济领域，而且在经济和政治的关系中也是如此。例如在一个地方说得很明确：“资本主义社会的生产关系越来越接近社会主义，但是它的政治和法律关系却在资本主义和社会主义社会之间筑起一道越来越高的墙。”[①]这表示必须对社会的发展趋势进行暴力的、革命的变革。虽然我们在这里就已经能够看到这样一种观点的萌芽，即所以需要革命，似乎只是为了从经济发展的道路上排除“政治”障碍，但是由于极其明白地说明了资本主义生产中的辩证矛盾，几乎不可能在这一上下文中得出这样的结论。而且，罗莎·卢森堡就俄国革命而言并不否认暴力的必要性。她说道：“社会主义必须采取一系列暴力行动——反对财产等”(第 110 页)。后来，在斯巴达克纲领中承认，“资产阶级反革命的暴力必须用无产阶级的革命暴力来反对”。[②]

然而，这种对暴力作用的承认只涉及**消极**方面，即扫除障碍；
430 它与社会建设本身没有任何关系。社会建设不能够“强加或用命令推行”。罗莎·卢森堡说：“社会主义的社会制度只应该是而且只能够是一种历史的产物，由它自己经验的学校诞生出来，正像它

① 《社会改良还是革命?》，乌尔康出版社版第 21 页。

② 《关于德共成立代表大会的报道》，第 53 页。

归根到底是其一部分的有机自然界一样，它有一种良好的习惯，总是同任何真正的社会需要一起产生出满足这种需要的手段，同任务一起同时产生出解决办法。”

我不想停下来详细谈这位本来很伟大的辩证法家的这一思想的特别不辩证的性质。只顺便指出把“积极”和“消极”、“破”和“立”生硬地对比、机械地分开与革命实际直接矛盾就够了。因为在无产阶级国家采取的革命措施、特别是那些在夺取政权后立即采取的革命措施中，甚至在概念上也不可能把“积极的”和“消极的”划分开来，更不要说在实践中了。反对资产阶级的斗争、从资产阶级手中夺取经济阶级斗争的权力工具，特别是在革命初期，是与组织经济的最初步骤一致的。不言而喻，这些最初的尝试后来必定要受到大大的修正。然而，只要阶级斗争还存在——即在很长的时期内——甚至以后的组织形式也将保存斗争的“消极”性质，即破和压制的倾向。即使欧洲未来的胜利无产阶级革命的经济形式可能很不同于俄国的形式，“战时共产主义”阶段（罗莎·卢森堡的批评涉及它）是否能完全避免，还是很成问题的。

刚才引的那段话所表现出的方法甚至比它的历史方面更加重 431
要。我们可以在其中看到一种倾向，也许可以最明确地概括为**在意识形态上长入社会主义**。我知道，罗莎·卢森堡是最早提出相反观点并指出从资本主义向社会主义的过渡充满危机和反复的人之一。[①] 在这篇著作中，也不缺少这样的论断。如果我还是说到这种倾向，显然我不是要指责她犯了机会主义，似乎她是这样设想

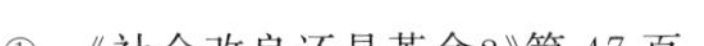

① 《社会改良还是革命?》第 47 页。

的，即经济发展会给无产阶级带来充分的意识形态成熟性，无产阶级只需采摘这种发展的果实，暴力实际上只需要用来排除它发展道路上的“政治”障碍。罗莎·卢森堡对革命时期的不可避免的反复、矫正措施和错误是十分清楚的。她过高估计历史中的有机因素的倾向只是表现在这种——教条主义的——信念中，即历史“同任何真正的社会需要一起产生出满足这种需要的手段，同任务一起同时产生出解决办法”。

这种**对革命的自发力量**，尤其是在被历史赋予领导使命的阶级中的自发力量的**过高估计**，决定了她对制宪议会的态度。她指责列宁和托洛茨基持有“公式化的僵硬的观点”（第 100—101 页），因为他们从制宪议会的组成中得出结论，认为它不适合做无产阶级革命的机关。她惊呼道：“这同全部历史经验有多大的矛盾啊！

432 历史经验告诉我们的却与此相反。人民情绪的活的流体始终包围着代议机构，渗透它们，指引它们”（第 101 页）。事实上，在前面一个地方（第 78—79 页），她诉诸英法革命的经验，并且指出代议机构所发生的变化。着重指出这一事实是完全正确的。但是罗莎·卢森堡没有充分强调，这些“变化”极其近似解散制宪议会。当时构成最强大动力的那些革命分子的革命组织（英国军队的“士兵委员会”、巴黎支部等）**总是使用武力把不顺从的分子从代议机构中驱逐出去**，它们就是以这种方式使这种机构与革命的状况保持一致。**在资产阶级革命中**，这种变化在大多数情况下只可能是**在**资产阶级战斗机关即议会**内部**的变化。然而，很值得注意的是，议会外的（半无产阶级的）分子的影响在法国大革命中比在英国革命中要大得多。1917 年的俄国革命，通过 1871 年和 1905 年这两个阶段，**使这种量的变化变成了质的变化**。革命中最先进分子的组织苏维埃这一次不满足于把除布尔什维克和左翼社会革命党人以外的一切党派从制宪议会中“清洗”出去（罗莎·卢森堡根据她自己的分析，对此大概不会有反对意见），而是取而代之。它们从无产阶级的（和半无产阶级的）监督和促进资产阶级革命的机关，变成了胜利了的无产阶级的进行统治的战斗组织。

4 433

罗莎·卢森堡现在绝对拒绝进行这种“飞跃”。不仅仅因为她
大大地过低估计那些过去的代议机构变化的突然的、暴力的、“非
有机的”性质。而且因为**她拒绝把苏维埃看作是过渡时期的主要
武器、用以争取和赢得社会主义前提的武器**。她认为苏维埃是那
个社会主义变革已大体完成的时期的“上层建筑”。“把选举权描
述为一种空想的、脱离社会现实的幻想产物，这是荒谬的。正因为 381
如此，它不是无产阶级专政的一个认真的工具。这是一种时代错
误，提早实行一种只适于已经完成的社会主义经济基础的，不属于
无产阶级专政这一过渡时期的法律地位”（第106页）。

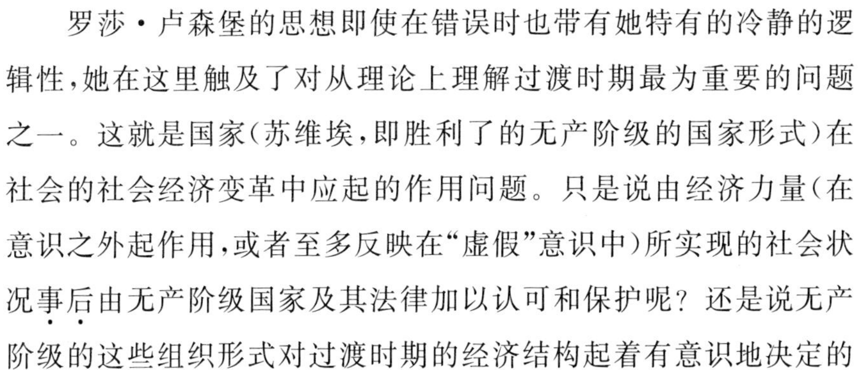

罗莎·卢森堡的思想即使在错误时也带有她特有的冷静的逻辑性，她在这里触及了对从理论上理解过渡时期最为重要的问题之一。这就是国家（苏维埃，即胜利了的无产阶级的国家形式）在社会的社会经济变革中应起的作用问题。只是说由经济力量（在意识之外起作用，或者至多反映在“虚假”意识中）所实现的社会状况**事后**由无产阶级国家及其法律加以认可和保护呢？还是说无产阶级的这些组织形式对过渡时期的经济结构起着有意识地决定的

影响？毫无疑问，马克思在《哥达纲领批判》中说的“法律永远不能
434 超出社会的经济结构”①等仍然是完全正确的。但是这并不是说，**无产阶级国家的社会职能**、从而它在整个无产阶级社会范围内的地位，**应该与资产阶级国家在资产阶级社会中的地位一样**。恩格斯在一封写给康拉德·施米特的信中，说国家在资产阶级社会中起基本上消极的作用。国家可以帮助现存的经济发展向前走，可以使它向后退，也可以“阻碍经济发展沿着某些方向走，而推动它沿着另一种方向走”。他接着说：“但是很明显，在第二和第三种情况下，政治权力能给经济发展造成巨大的损害，并能引起大量的人力和物力的浪费。”②所以，我们可以问：无产阶级国家的经济和社会职能与资产阶级国家的是否一样？它是否只能——在最有利的情况下——加速或延缓不依赖于它的经济发展（即经济形势是否有**对国家的全面优先性**？）。很明显，对罗莎·卢森堡批评布尔什维克的意见的回答取决于对这个问题的回答。如果对这个问题的回答是肯定的，那么罗莎·卢森堡就是正确的：无产阶级国家（苏维埃制度）只能**在已经发生**的社会经济革命**之后并且由于它的缘故**作为意识形态“上层建筑”产生出来。

然而，如果我们看到无产阶级国家的职能是为社会主义的、即有意识的经济组织奠定基础的话，形势就显得完全不同。这不是说有任何人（最不可能的是俄国共产党）相信社会主义可以简单地“用命令”来实现。资本主义生产方式的基础及其“必然的自然规

---

① 《哥达纲领批判》，《全集》第19卷第22页。“法律”一词的原文是“das Recht”，亦可译为“权利”，全集中就是这样译的，但这里似乎以译“法律”为宜。——译注

② 《全集》第37卷第487页。

律”并不在无产阶级夺取政权时,或者甚至在对生产资料实行了很 435
彻底的社会化之后就简单地消失了。但是它们的消灭和被有意识组织的社会主义经济所取代,不应该被设想为只是一个漫长的过程,而应该被设想为一场有意识进行的顽强的战斗。应该一步一步地把阵地从这种“必然性”那里**夺取**过来。对条件的成熟程度、无产阶级的力量的任何过高估计,对敌对势力的力量的任何过低估计都要付出惨重的代价,引起危机、反复,使经济发展无情地回复到出发前的状况。然而,无产阶级的力量和有意识计划经济的可能性往往极其有限这一点,不应该使我们错误地得出这样的结论,即社会主义的“经济”将和在资本主义制度下一样,几乎是自动地,通过它背后的各种力量的“盲目规律”实现的。列宁在解释恩格斯 1882 年 9 月 12 日致考茨基的信时说道:“恩格斯根本没有设想‘经济’因素自己会直接排除一切困难……政治适应经济是必然要发生的,但是不会一下子发生,不会顺利地、简单地、直接地发生。”[①]对经济的有意识、有组织的计划只能有意识地实现,实现它的机关就是无产阶级国家、苏维埃制度。因此,苏维埃事实上是“提早实行”后来一个阶级分层阶段的“法律地位”;然而它们不是悬在半空中的乌托邦,而是**真正适合于使这种提早实行付诸实现
的唯一工具**。因为社会主义决不会“自动地”、由经济发展的自然 436
规律性产生出来。资本主义的自然规律的确不可避免地要导致它的最终危机,但是在**它的**道路的尽头将是一切文明的毁灭和新的

① 《关于自决问题的争论总结》一文的第 9 节,见《列宁全集》中文第 2 版第 28 卷第 49 页。

野蛮状态。

这就是资产阶级革命和无产阶级革命之间的最深刻的差别。资产阶级革命能够如此勇猛直前有其社会原因，就是说，*它们是在一个其封建专制结构在政治、政权、法律等方面已被资本主义的有力发展所深刻破坏的社会里对一个几乎完成了的经济社会过程做出总结*。真正的革命因素是封建生产制度在经济上向资本主义生产制度的转变，所以在理论上，*这一*过程没有*资产阶级革命*、没有革命资产阶级的政治变革也能发生。在那种情况下，封建专制的上层建筑中没有被“自上而下的革命”所消灭的东西，当资本主义已完全发展时将自行垮台（德国的情况在某些方面符合这种类型）。

毫无疑问，如果无产阶级革命的经济前提和条件在资本主义社会中还没有由资本主义生产的发展所培育出来，无产阶级革命也是不可思议的。但是两种类型的过程之间的巨大差别在于，*资本主义作为一种经济方式在封建主义内部就已经发展起来，从而造成封建主义的瓦解*。与此相反，如果以为在资本主义内部，除开
437 使社会主义成为*可能的客观经济前提*（而这种可能性只有在资本主义垮台以后、由于这种垮台的结果才能转变为社会主义生产制度的真正成分）和无产阶级作为阶级的发展以外，还有什么趋向社会主义的东西能够产生出来，那将是乌托邦的空想。考虑一下工场手工业和资本主义所有制甚至在封建社会制度还存在时的发展情况。对它们说来，事实上只需要扫除掉对它们自由发展的法律障碍。相反，资本在卡特尔、托拉斯等的集中的确构成资本主义生产方式向社会主义生产方式转变的不可避免的前提。但是甚至最

高度发展的资本主义集中将仍然与社会主义制度甚至在经济上有质的差别,在资本主义社会的框框内既不能"自动地"变为社会主义,也不能"通过法律措施"实行这种转变。在德国和奥地利的一切"社会化尝试"的悲喜剧式的失败,为此提供了充分而明确的证明。

在资本主义被推翻后开始**一个漫长和痛苦的过程**这一点,与做这种尝试并不矛盾。相反,如果从社会主义只有作为**对整个社会的有意识变革**才能实现这个论断出发,就要求这必须一下子搞成功,而不是作为一个过程的最终产物出现的话,那就是一种完全非辩证的、非历史的思想方式。然而这个过程与封建主义向资产阶级社会的转变有**质的**差别。正是这种质的差别表现在国家在革命中的不同职能上(正像恩格斯说的,它"不再是本来意义上的国家");它最清楚地表现在政治与经济的关系的质的差别上。无产阶级知道国家在无产阶级革命中的作用,而在资产阶级革命中则给这种作用蒙上意识形态的伪装,无产阶级是能**预见**和变革的意识,而资产阶级则是事后不得已的承认,这就已经把差别足够尖锐 438
地指出了。罗莎·卢森堡在她对苏维埃取代制宪议会的批评中,未能注意到这一点:**她以为无产阶级革命有资产阶级革命的结构形式**。

5

在对形势的"有机的"估计和辩证革命的估计之间的这种尖锐对立,可以使我们甚至更加深入考察罗莎·卢森堡的思路:党在革命中的作用问题。从这里又可看到对布尔什维克的党的概念及其策略和组织后果的态度。

列宁和卢森堡之间的对立有相当深远的根子。正如大家知道的，在孟什维克和布尔什维克之间在组织问题上发生第一次冲突时，罗莎·卢森堡采取了反对布尔什维克的立场。她的反对不是基于政治策略，而纯粹由于组织考虑。在几乎所有的策略问题上（大罢工、对1905年革命的评价、帝国主义、反对即将来临的世界大战等），罗莎·卢森堡都曾和布尔什维克走在一起。在斯图加特，在决定性的战争决议的问题上，她实际上是布尔什维克的代表。然而，这种对立决非像长时期在策略上政治上的一致给人的印象那样只是一个插曲，即使还不足以由此得出分道扬镳的结论。列宁和卢森堡对反对机会主义**在政治上和理论上**是一致的。他们

439 的对立在于：这是无产阶级的革命政党**内部的思想**斗争呢，还是应该在**组织**领域解决这一斗争？罗莎·卢森堡反对后一种观点。第一，因为她认为布尔什维克把组织问题看作工人运动中革命精神的保证，赋予组织问题以中心作用，是夸大其词。她持相反的观点，认为真正的革命精神只有在群众的自然的自发性中才能找到。党的中央组织和它们不一样，总是有一种保守的、制动的职能。她相信，如果它们真正彻底的集中，“奋起进攻的群众和踌躇不前的社会民主党人之间的矛盾”[①]只可能加深。第二，她认为组织形式本身是成长着的东西，而不是“已定型的”东西。“在社会民主党的运动中，组织问题也是……阶级斗争的历史的产物，而社会民主党

① 《新时代》杂志第22卷第2册第491页。

只不过是把政治觉悟灌输到其中而已。”[①]而这种信念又是建立在她关于革命运动的可能进程的总观点上。我们已经在她对布尔什维克土地改革和自决权口号的批评中看到这种观点的实际后果。她说：“社会民主党一向认为，它不仅代表无产阶级的阶级利益，而且代表社会的所有进步利益。它代表资本主义社会制度下一切被压迫的人们的利益。这个原理不能简单地解释为，所有这些利益在社会民主党的纲领中都理想地结合在一起。这一原理将以历史 440
发展过程的形态变为现实，由于这一发展过程，社会民主党也作为政党逐步成为我们社会一切不满分子的庇护所，真正成为反对一小撮资产阶级统治者的人民党。”[②]由此可以清楚地看到，按罗莎·卢森堡的观点，革命阵线和反革命阵线的发展是“有机地”进行的（甚至在革命本身变为现实之前）。党成为被历史过程卷进反对资产阶级的行动的一切阶层的组织焦点。只是必须保证使阶级斗争观念不被冲淡，不被小资产阶级思想所玷污。在这一点上，集中化的机关能够而且应该有所帮助。但只是在这种意义上，即它“仅仅是党内实际上存在的革命无产阶级大多数用来施加决定性影响的形式上的手段。”[③]

因此，一方面，罗莎·卢森堡从这样的前提出发，即工人阶级将作为统一的革命整体进入革命，既没有被资产阶级社会的民主幻想所污染，也没有因之误入歧途。[④] 另一方面，她似乎又设想，

① 《新时代》杂志第22卷第2册第486页（着重号是我加的）。

② 《新时代》杂志第22卷第2册第533—534页。

③ 同上书，第534页。

④ 《大罢工、党和工会》，第2版第51页。

其社会存在受到经济形势革命性恶化的致命威胁的资产阶级社会的小资产阶级阶层甚至会和战斗的无产阶级建立组织上的、党的联系。如果这种设想是正确的，那么它的最明显的结论就将是拒绝布尔什维克的党的概念。因为这个概念的政治基础，是承认无产阶级在实行革命时虽然必须和其他反对资产阶级的阶级搞联
441 合，但不能和它们组成同一个组织。在革命的过程中，它必然要同某些站在资产阶级方面反对革命无产阶级的无产阶级阶层发生冲突。因此不应该忘记，与孟什维克第一次破裂的原因不仅是组织章程问题，还包括与"先进"资产阶级联合的问题(这实际上也意味着背叛革命农民运动)，和它联合起来实现和保卫资产阶级革命的问题。

在所有的政治策略问题上，罗莎·卢森堡都和布尔什维克一起反对他们的机会主义敌人；她总是不仅最强烈、最热忱地，而且最深刻、最彻底地揭露任何种类的机会主义。但是我们在这里看得很清楚，为什么在要估计机会主义的危险和需要用以反对机会主义的方法时，她必须选择另一条道路。因为如果反对机会主义的斗争只是被理解为党内的思想斗争，那么在进行这种斗争时很明显就必须把全部重点放在说服机会主义的支持者、在党内赢得多数上。很自然，这样一来，反对资本主义的斗争就会分解为一系列个别的小战斗，在其中昨天的同盟者可以成为今天的敌人，反过来也一样。这样就不可能形成把机会主义作为一种倾向反对的斗争："思想斗争"的领域从一个问题变到另一个问题，随之对立集团的组成成分也发生变化。(例如考茨基在反对伯恩施坦的斗争中和关于罢工的论战中；潘涅库克在这一论战和关于积累的争论中；

连施对这个问题的态度和在战争中的表现，等等。）这种非组织的
事变进程自然不能完全阻止甚至在非俄国的党内产生出右翼、中
派和左翼。但是这种结合的纯粹偶然性质使得这种对立不可能在 442
思想上和组织上（也就是在党的关系上）明确化，因此必然导致完
全虚假的派别结合。当这些虚假的派别结合在组织上固定下来之
后，它们就成为在工人阶级内部弄清情况的主要障碍。（例如，施
特勒贝尔在“国际派”中；“绥靖主义”作为和右翼分裂的因素；伯恩
施坦在独立社会党中；塞拉蒂在齐美尔瓦尔德；克拉拉·蔡特金在
国际妇女代表会议上。）由于在西欧和中欧，党的机构主要掌握在
中派或右翼手中，对机会主义的没有组织的、纯粹思想的斗争很容
易而且常常成为对一般党组织的攻击，这就使这些危险更加增大
了。（潘涅库克、吕勒等。）

在列宁和卢森堡的第一次论战期间和之后不久，这些危险还
不能清楚地看出，至少那些不能批判地估计第一次俄国革命的经
验的人们不能看出。虽然罗莎·卢森堡是俄国事务的最懂行的专
家之一，但是她在这里基本上采取了主要由工人运动激进阶层组
成的、没有任何实际革命经验的俄国以外的左翼的立场。她之所
以这样做，只能由她的“有机的”总观点来说明。考虑到上述情况，
就很容易理解为什么她在她对第一次俄国革命的群众罢工运动的
否则是很出色的分析中丝毫没有提到孟什维克在那些年的政治运
动中所起的作用。同时她非常清楚任何机会主义态度中所包含的
策略上和政治上的危险并且坚决予以反对。但是她坚持认为，向 443
右的摇摆应该——在一定程度上自发地——由工人运动的“有机”
发展来解决，而且实际上也是这样解决的。因此她用这样的话结

束她和列宁的论战："最后，我们还要在我们中间坦率地说：真正革命的工人运动所犯的错误，同一个最好的'中央委员会'不犯错误相比，在历史上要有成果得多和有价值得多。"①

6

随着世界大战的爆发，随着国内战争的发生，这个过去的"理论"问题变成了非常迫切的实际问题。**组织问题变成了政治策略之一**。孟什维克的问题就成了对无产阶级革命生命攸关的问题。帝国主义资产阶级在1914年动员时期对整个第二国际轻易取得胜利，并且能够在大战期间扩大和巩固这一胜利，不可能被理解为"不幸"或者只是"背叛"的后果等。如果革命的工人运动想要从这一失败中恢复过来，并且甚至把这一失败变成为未来胜利战斗的基础，那么它就**绝对必须联系工人运动的历史来考察这一失败、这一"背叛"：那时就必须承认社会沙文主义和绥靖主义等乃是机会主义的逻辑延伸**。

444 这一认识是列宁战争时期活动的永恒的成就之一。他对尤尼乌斯小册子的批评就是从这一点、即从没有把机会主义作为一种倾向对待开始的。自然，尤尼乌斯小册子和在此之前的《国际》都充满了对德国工人运动右翼的背叛和中派的动摇的**理论上正确的**论战。但是这种论战仍然停留在理论和宣传的水平上，而不是在组织的水平上，因为它还抱有这样一种信念，即争论只涉及无产阶级革命党**内部的**"意见分歧"。附在尤尼乌斯小册子中的指导原则

---

① 《新时代》杂志第22卷第2册第535页。

虽然包括有建立新国际的组织建议(第 10—12 条),然而这个建议是悬在半空中的,因为它缺乏为实现它所需要的思想基础和组织基础。

在这一点上,组织问题变成了涉及整个革命无产阶级的政治问题。所有工人政党在遇到世界大战时所遭到的失败,应该被看作是世界性的历史事实,即工人运动过去历史的必然结果。事实是,几乎毫无例外,工人政党的领导很有影响的一部分公开走到资产阶级方面去了,而另一部分则默默地、秘密地和它结成联盟。这**两部分人都能在思想上和组织上把无产阶级的决定性阶层保持在他们的领导下,应该成为分析革命工人党的形势和任务的出发点**。必须清楚地认识到,当在国内战争中逐渐形成两条战线时,无产阶级起初将以深刻分裂的状态进入战斗。这种分裂不可能通过讨论来消除。认为到时候甚至这些领导集团也会被革命观点的正确性 445
所“说服”,因此工人运动将能够“有机地”从“内部”建立其革命的团结,那只是一种妄想。产生的问题是:怎么能够把那些**本能**是革命的但是**没有达到明确觉悟阶段的**广大无产阶级群众从这种领导手中解救出来?很明显,正是这种冲突的“有机”理论性质使得孟什维克如此容易向无产阶级长期隐瞒他们在关键时刻站在资产阶级方面的事实。自发起来反对自己领导人的这种行为并且渴望有革命领导的那部分无产阶级**必须集合在一个组织中**。这样产生出来的真正革命的党和集团必须设法用它们的行动(为此它们绝对必须有它们**自己革命的党组织**)赢得广大群众的信任,使他们摆脱机会主义者的领导。除非这一点完成了,不然即使总的形势持续地和客观上越来越革命化,也根本谈不上发生国内战争的问题。

世界形势在客观上是持续地越来越革命化。正是罗莎·卢森堡在她的经典著作《资本的积累》中为理解形势的客观革命性质提供了理论基础(革命运动对这本书长时期来没有充分地认识和从中吸取教益,使自己遭受了巨大损失)。她在那里表明,资本主义的发展促使那些既不是资本家又不是无产者的阶层归于消灭,这**为布尔什维克对工人的非无产阶级阶层的革命策略提供了社会经济理论**。随着资本主义达到发展的顶点,这种破坏过程必定采取
446 越来越激烈的形式。越来越广大的阶层从资产阶级社会表面上坚固的大厦中分离出来;它们给资产阶级行列中造成混乱,它们发动运动,这些运动本身不是走向社会主义,但是通过它们所造成的强烈影响,的确加速社会主义前提即资产阶级崩溃的实现。

在这种给资产阶级社会造成越来越大的裂口、驱使无产阶级不管愿意与否走向革命的形势中,**孟什维克或公开或秘密地投到了资产阶级的阵营里**。他们站在敌人的战线上,反对革命的无产阶级及其他本能地起来反抗的阶层(也许民族)。但是承认这一点,罗莎·卢森堡关于革命进程的观点就要破产,她正是根据这种观点对布尔什维克的组织形式表示反对的。在《资本的积累》中,罗莎·卢森堡为这种认识提供了最深刻的经济基础。正像列宁指出的,在尤尼乌斯小册子的许多地方她离对这种认识的明确表述只有一步之遥。但是在她对俄国革命的批评中,她还未能从中得出必要的结论。甚至在1918年,甚至在俄国革命第一阶段的经验之后,她似乎还以不变的目光看待孟什维克的问题。

7 447

这说明她为什么毅然出来捍卫“自由权”，反对布尔什维克。她说道：“自由始终只是持不同思想者的自由”（第109页）。这意味着工人运动中其他“思潮”的自由：孟什维克的自由、社会革命党人的自由。很明显，罗莎·卢森堡从来没有费力去对“一般”民主进行一种平庸的捍卫。她在这里的态度只不过是她对革命现阶段的力量对比的错误估计的逻辑结果。因为一个革命者在无产阶级专政时期对所谓自由问题的态度，归根到底完会取决于他认为孟什维克是革命的敌人呢，还是革命的一个“思潮”，只是在策略和组织等个别问题上有不同意见而已。

罗莎·卢森堡关于批评必要性、关于舆论监督等所说的一切，每一个布尔什维克，尤其是列宁，都会同意——正如罗莎·卢森堡本人强调指出的。唯一的问题是这一切如何实现，如何使“**自由**”（以及与它有联系的一切）**具有革命的**、**而不是反革命的职能**？奥托·鲍威尔是布尔什维克的最聪明的敌手之一，他相当明确地认识到了这个问题。他不仅像考茨基那样借助自然法的抽象理由来反对布尔什维克国家的“非民主”本质，而且说苏维埃制度阻碍俄国各阶级的“真正”政治结合，说它阻碍农民发挥作用，使农民跟在无产阶级屁股后面跑。他这样说，与他的意愿相反，倒是证明了布尔什维克“压制自由”的革命性质。

罗莎·卢森堡夸大革命进程的有机性质，迫使她陷入最惊人 448
的自我矛盾中。斯巴达克纲领曾为关于“恐怖”和“暴力”差别的中派遁词、为肯定后者而否定前者提供了理论根据。在罗莎·卢森堡的这本小册子中我们也看到了荷兰共产主义工人党在党的专政和阶级的专政之间所作的对比(第 115 页)。当然,当两个人做同一件事情时,结果是不相同的(当两个人说同一件事情时,更是如此)。然而,甚至罗莎·卢森堡——正是因为她越来越不理解各对立力量的真实结构——也危险地接近于夸大乌托邦的期望,把以后的发展阶段提前。刚才所说的这种差别事实上的确导致乌托邦主义,罗莎·卢森堡只是由于在革命中的实际活动(可惜太短促)才幸运地避免了这种命运。

按照罗莎·卢森堡在她的反对列宁的文章中的说法,社会民主党运动中的辩证的矛盾在于,“在历史上破天荒第一次,人民群众违背一切统治阶级的意志而实现自己的意志。但是要实现这种意志,就必须到达现存社会的彼岸,必须**超出它的范围**。另一方面,群众只能在同现存制度进行日常的斗争中,也就是说,只能**在现存制度的框框内**培养这种意志。广大人民群众同摆脱整个现存制度的目的相结合,日常的斗争同革命变革相结合,这就是社会民
449 主党运动的**辩证的矛盾**……”①这个辩证的矛盾在无产阶级专政时期决不变得较为缓和:只是它的条件、现存的行动范围和存在于它之外的目的改变了内容。自由和民主的问题当在资产阶级社会内部进行斗争时曾显得那么简单,因为每一寸土地都是**从资产阶级那里赢得的**,现在这个问题在**辩证地**走向它的危机顶点。甚至从资产阶级那里夺取“自由”的实际过程也决不是直线的,虽然无产阶级为自己定的策略目标无疑是直线上升的。但是现在甚至这

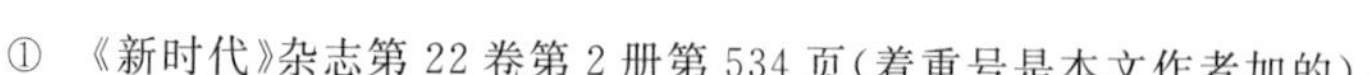

① 《新时代》杂志第 22 卷第 2 册第 534 页(着重号是本文作者加的)。

种态度也必须改变。列宁关于资本主义的民主说道："决不……是简单地、直接地、平稳地走向'日益彻底的民主'。"[①]也不可能这样，因为革命时期的社会本质正是在于，由于在垂死的资本主义和正在设法建立的无产阶级社会中的经济危机，各个阶层不断发生突然和剧烈的变化。因此，**革命力量的不断重新组合是革命的生死存亡问题**。为了革命的进一步发展，我们必须明确，总的经济形势迟早会驱使无产阶级进行全球规模的革命。这一革命才能采取真正社会主义的经济措施；这一革命才能使**无产阶级使用它所有的一切手段在任何情况下都把国家权力掌握在自己的手中**。胜利了的无产阶级无论在经济上还是在意识形态上都不应该教条主义地预先确定自己的政策。它必须能够根据各个阶级的变化，根据为专政争取某些工人阶层或至少使他们保持中立的可能性和必要性而灵活运用自己的经济政策（社会化、租让等）。同样，它不应该 450
让自己被整个复杂的自由问题缚住手脚。在专政时期，自由的性质和范围将由阶级斗争的状况、敌人的力量、威胁对专政的重要性、需要争取的各阶级的要求以及和无产阶级结盟并受无产阶级影响的各阶级的成熟性所决定。自由（和社会化一样）并不代表价值本身。**自由必须为无产阶级统治服务，而不是无产阶级统治为它服务**。只有像布尔什维克党这样的革命党才能实现这种往往是很突然的战线变化。只有这样的党在判断实际起作用的各种力量时有足够的适应性、灵活性和独立性，能够从布列斯特—里托夫斯克和最残酷国内战争的战时共产主义前进到新的经济政策。只有

① 《国家与革命》，《列宁全集》中文第2版第31卷第84页。

布尔什维克能够从那种政策(一旦力量平衡发生新的变化)又前进到另一种力量结合,同时完好无损地保持着本质的东西,即无产阶级的统治。

然而,在这种不断变动中有一个固定不变的极,即工人运动内部其他思潮的反革命态度。这里有一条直线,从科尔尼洛夫到喀琅施塔得。他们对专政的“批评”不是无产阶级进行的自我批评——这种批评的可能性甚至在专政下也必须在制度上得到保证,——而是一种服务于资产阶级的腐蚀倾向。因此恩格斯对倍倍尔说的话完全可以适用于这种倾向。“当无产阶级还**需要**国家的时候,它之所以需要国家,并不是为了自由,而是为了镇压自己
451 的敌人。”[①]至于罗莎·卢森堡在德国革命进程中修正了这里所分析的观点,这肯定是由于她有几个月时间深入体验实际的革命。这一体验无疑使她认识到了她先前关于革命的概念中的错误,特别是她关于机会主义所起的作用、关于反对机会主义的方法、从而关于革命党本身的结构和职能的错误观点。

1922年1月

① 《国家与革命》,《列宁全集》中文第2版第31卷第61页;恩格斯1875年3月18—28日致倍倍尔的信,《全集》第19卷第7页。

关于组织问题的方法论 452

把政治问题和组织问题机械地分开是不行的。

——列宁:《关于俄共(布)中央政治报告的总结发言》

1

组织问题虽然有时处于论争的中心地位(例如在讨论合并的条件时),然而是理论家们最不关心的问题。共产党的概念遭到所有机会主义者的反对和诽谤,被优秀革命工人本能地捡起来当作自己的东西,然而它却常常被看作纯粹的**技术**问题,而不是革命的最重要的**精神**问题之一。不是缺乏对组织问题进行这种理论上深入探讨的材料。第二次和第三次代表大会的提纲、俄国党内的路线斗争和最近几年的实际教训,提供了过于丰富的材料。但是各国共产党(俄国党总是除外)的理论兴趣,似乎过多地被世界经济和政治形势问题以及它们的策略含义和理论基础所吸引。结果是似乎没有剩下任何真正生动的理论精力来研究共产主义理论中的组织问题。如果说在这个领域做了许多正确的事情,那更多地是由于正确的革命本能,而不是由于任何明确的理论见解。另一方 453
面,有许多错误的策略观点(例如在关于统一战线的论争中),是从对组织问题的错误观点中产生出来的。

在组织问题上的这种“无意识”完全肯定是运动不成熟的象征。因为成熟还是不成熟的问题只能这样来判断,即看一种关于应做什么的见解在行动的阶级和领导它的党的意识中是以抽象和直接的形式存在呢,还是以具体和有中介的形式存在。就是说,当一个客观目标还在达不到的远处时,具有特别敏锐洞察力的观察者将能够在某种程度上清楚地看到目标本身、它的性质和它的社会必然性。然而,他们将不能够清楚地分辨会导致那个目标的具体步骤或是从他们无疑正确的洞察力中推断出的具体手段。的确,空想主义者们能够清楚地看到应该作为出发点的形势。他们之所以是空想主义者,是因为他们把这种形势只看作一种事实,或至多是要求解决的问题,但未能认识到这个问题本身既包含着解决办法,又包含着导致解决办法的途径。例如,“他们认为贫困不过是贫困,他们看不出它能够推翻旧社会的革命的破坏的一面”。[1] 这里强调的教条主义者和革命科学之间的对立比马克思所分析的情况更为广泛,是革命阶级的意识发展中的典型对立。当无产阶级沿着革命的道路前进时,贫困不再只是某种特定的东
454 西,而是开始被包融到行动的活生生的辩证法中去。但是——根据阶级所达到的发展阶段不同——它会被别的现象所取代,无产阶级理论会按照非常近似马克思在这里所分析的*结构*来对待这些现象。要是以为,既然马克思在思想上已克服了乌托邦主义的最初的粗疏表现,革命的工人运动就把乌托邦主义完全克服了,那纯粹是幻想。归根到底,这个问题就是“最终目标”和“运动”之间的

① 《哲学的贫困》,《全集》第 4 卷第 157 页。

辩证关系问题，也就是理论和实践之间的关系问题。在革命发展的每一个决定性阶段它都要重新出现，只是形式更发展了，内容变化了。因为一个任务总是起初以抽象的可能性出现，以后才以具体的形式得到实现。只有在这第二个阶段达到时，在有可能看到那个注定成为环境及其实现途径的具体总体时，问题的提法是否正确才有讨论的意义。例如，在第二国际最初的论争中，总罢工是一种纯粹的乌托邦，只有通过第一次俄国革命和比利时总罢工才得到具体形式的轮廓。同样，只有经过多年的尖锐革命斗争之后，工人委员会（苏维埃）才有可能摆脱它的乌托邦神话性质，不再被看作解决一切革命问题的灵丹妙药；俄国以外的无产阶级才有可能看清它本来的真实情况（我的意思不是说这个澄清过程已经完成。事实上我对它非常怀疑。但是这里只是举工人委员会作例子，我不打算细谈）。

正是组织问题在这种乌托邦主义的昏暗中呆得最久。这决不 455
是偶然的。大的工人党大多数是在这样的时期中成长起来的，那时革命问题只是直接规定日常生活一切行动的问题。因此似乎不必要以具体理论方式阐明革命的性质和可能的进程，以便推论出对无产阶级觉悟部分应该如何有意识地行动的要求。然而，如何组织革命党的问题只能从革命理论本身中有机地发展出来。只有当革命成为日常的问题时，革命组织的问题才会迫切要求进入群众及其理论家的意识。

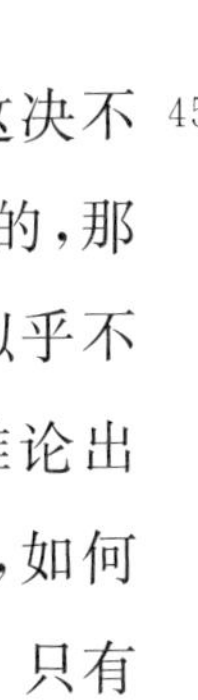

而且即使在那时也只是逐步地进入。甚至当革命成为事实时，甚至当不可回避要立即对它采取立场时，就像在第一次俄国革命期间和以后那样，也没有产生出任何正确的见解。部分原因自然是机会主义已在无产阶级政党中深深扎根，使得不可能在理论上产生对革命的正确理解。但是甚至在不是这种情况的地方，甚至在对革命的动力有明确理解的地方，这种见解也不能够发展为革命组织的理论。阻碍这一点的，至少一部分是现存组织的不自觉的、理论上未消化的、仅仅“有机的”性质。俄国革命明确地揭露了西欧组织形式的局限性。它们在群众自发运动面前的软弱无力，在群众行动和革命的群众罢工问题上暴露无遗。隐藏在这种行动的“组织准备”概念中的机会主义幻想受到了致命的打击。清
456 楚地表明了，这种组织总是一瘸一拐地落在群众的实际行动后面，不是促进而是阻碍这种行动，根本谈不上领导。

罗莎·卢森堡比任何人都更清楚地看到了群众行动的意义，她的观点比这一批评更深刻得多。她看到了传统组织观念的缺点在于它对群众的错误关系：“对组织在无产阶级阶级斗争中的作用的过高估计或错误估计，往往伴随着对未组织起来的无产阶级群众及其政治上的不成熟的轻视。”①她自己的结论一方面导致她反对这种对组织的过分强调，另一方面导致她规定党的任务。她认为党的任务“不在于对群众罢工的技术性准备和指导，而首先在于对整个运动的**政治领导**”。②

这是在理解整个组织问题上向前跨出的一大步。由于剥掉了组织问题的抽象孤立性（由于纠正了“过高估计”组织的倾向），罗

---

① 罗莎·卢森堡：《大罢工、党和工会》第 2 版第 47 页。

② 同上书，第 49 页。关于这个问题以及下面将要讨论的其他问题，参看 J. 列瓦伊的一篇很有趣的文章：《共产主义的自我批评和列维事件》，载《共产主义》第 2 期第 15—16 页。我当然在这里不能详细讨论他的结论。

莎·卢森堡就使得有可能确定它在革命过程内部的**真正职能**。然而还必须再向前跨一步，从组织方面考察政治领导的问题。就是说，她应该阐明那些使无产阶级的党能够进行政治领导的**组织因素**。我们已在别的地方详细讨论过阻碍她跨出这一步的原因。这里必须指出，这一步在前几年、即在俄国社会民主党关于组织的论争中已经跨出了。罗莎·卢森堡很清楚地了解问题之所在，然而 457
她在这个问题上站在落后的、阻碍发展的派别（孟什维克）一边。决非偶然，造成俄国社会民主党分裂的因素一方面包括对即将到来的革命的性质和由此产生的任务的理解（与“先进”资产阶级结成联盟，或者站在农民革命方面进行斗争），另一方面包括组织问题。对俄国以外的运动具有灾难性后果的是，当时没有任何人（甚至包括罗莎·卢森堡在内）认识到，这**两个**问题实际上是联系在一起的，是一个不可分的辩证的**统一体**。结果没有抓住机会在无产阶级中广泛宣传革命组织问题，以便至少在思想上使无产阶级为未来事件做好准备（当时超出这一点几乎是不可能的）。而且，甚至罗莎·卢森堡、潘涅库克等人的正确政治见解，也未能变得足够具体——甚至作为政治思潮。用罗莎·卢森堡的话说，它们仍然是潜在的、纯粹理论上的，它们与具体运动的联系仍然带有乌托邦的性质[①]。

因为组织是理论和实践之间的中介形式。正像在每一种辩证

① 关于这种形势的结果，参看列宁对尤尼乌斯的小册子以及德国、波兰和荷兰左派在世界大战中的态度的批评（《反潮流》）。但是甚至斯巴达克纲领在它关于革命进程的概述中仍然包含有对无产阶级面临的任务的高度空想和抽象的说明。参看《关于德国共产党成立代表大会的报告》第51页。

458 的关系中一样，这一辩证关系的两项只有在这一中介中和通过这一中介才能获得具体性和现实性。组织在理论和实践之间进行中介的能力，最清楚地表现在它对各种不同思潮表现出比政治思想和行动的任何其他领域更大、更准确、更可靠得多的敏感性。在纯粹理论中，各种不同的观点和思潮可以和平共处，它们的对立只是采取讨论的形式，讨论可以在同一个组织中进行，而不必把这个组织炸毁。但是只要这些同样的问题被赋予组织的形式，它们立刻就会变得尖锐对立起来，甚至彼此完全不能相容。任何一个“理论”倾向或意见分歧，如果想要超出纯粹理论或抽象意见的水平，就是说，如果它真的想要为它自己的实现开辟道路，它就必须立即变为组织的东西。然而，要是以为纯粹的行为，纯粹的行动能够成为各种对立意见的正确性、甚至它们之间的可相容性或不可相容性的真正可靠的标准，那也同样是错误的。每一个行动——就其本身而论——都是各种个人和集团的个别行为的纠结。把它或是解释成为在社会和历史方面有充分根据的“必然”事件，或是解释成为个别人“错误”决定或“正确”决定的结果，都同样是错误的。这种本身是混乱的感觉，只有在它的历史总体中来理解，才能获得意义和现实性。就是说，它必定拥有在历史过程中的职能，必须理解它在过去和未来之间的中介作用。然而，从对未来的教训来看待行动，把它看作对问题“我们将怎么办？”的答案，这已经是从组织方面提出问题。这种问题的提法试图在对形势的估量中，在对行
459 动的准备和领导中，找出那些**必然地**从理论导致最合适的行动的因素。因此它试图找出把理论和实践联系起来的**本质决定因素**。

很明显，真正有成果的自我批评、对过去“错误”的真正有成果

的分析，只有按这种方式才有可能。关于事件是由抽象的“必然性”产生的观点导致宿命论；同样，空洞地假定个人的“错误”或熟巧是失败或成功的根源，又不能为未来行动提供任何有决定创造性的学说。从这个观点看，这个或那个人处在这个或那个岗位上，犯这个或那个错误，等等，必然显得多少带有“偶然的”性质。发现这样一个错误，只不过表明当事人不适合于他的工作岗位。这个看法如果正确的话，不是毫无价值，但是对于本质的自我批评说来它只能是次要的。这种观点过分夸大个别人的重要性这一点，就表明它不能客观反映这些个人所起的作用以及他们如此决定性地和以特殊方式决定有组织的行动的能力，就表明它像客观宿命论看待整个过程那样宿命论地看待这些个人。但是如果问题涉及的不单是纯粹孤立和偶然的现象，如果假定个别人的正确或错误的行动不是对全部复杂事件没有任何影响，而且除此以外，即使认可就是这些人占着这些岗位等等，完全有理由研究他们行动的可能性的客观范围——在这种情况下，问题又再次进入组织领域。① 460
因为在这种情况下就要注意把行动者联系在一起的一致性，研究它对这特定行动是否合适。就要问是否选择了正确的组织方法来把理论变为实践。

当然，“错误”可以出在理论中，出在对目标的选择或是对形势的估计中。但是只有侧重组织方面的分析才使得有可能从实践观

① 在组织问题上进行的方法论上正确的批评的范例，可以举出列宁在俄国共产党第 11 次代表大会上的演说，他在那里集中谈了经过考验的共产党人在经济问题上的失败，表明了个别错误的象征性质。很明显，这并没有改变他对个人的批评的尖锐性。

点对理论进行真正的批评。如果理论和行动直接并列，而没有弄明白理论应如何影响行动，即没有明确表明它们之间的组织联系，那么对理论就只能从它自己内部的矛盾来进行批评。组织问题的这一功能使得我们能够理解，为什么机会主义总是极其厌恶从**任何理论分歧中推论出组织结论**。德国右翼的(社会主义)独立派和塞拉蒂的追随者对第二次代表大会规定的加入条件的态度，他们想把与共产国际的实质性分歧从组织领域转到“纯政治”领域的企图，就是从他们正确的机会主义本能中产生出来的，因为在政治领域中分歧可以很长时期维持一种潜在的、不实际解决的状态，而第二次代表大会从组织上提出问题，则迫使立即作出明确决定。然而这种态度决不是什么新东西。第二国际的全部历史充满着这种
461 把各种各样事实上尖锐对立、相互排斥的观点综合在一个对它们全都公平对待的决定或决议的理论“统一”中的企图。结果不言而喻，这些决议不能为具体行动提供任何指导，总是模棱两可，可以让人做出各种不同的解释。正是因为第二国际在这些决议中有意回避了一切组织结论，它能够在理论上从事许多事情，而丝毫不感到必须在实践中和任何具体路线联系起来。例如，它可以通过非常激进的斯图加特战争决议，虽然在这个决议中没有采取任何一定具体行动的组织义务，没有关于应采取什么行动的组织方针，也没有关于这个决议是否能付诸实现的组织保证。机会主义少数派没有从它的失败中得出组织结论，因为它认识到，这个决议不会有任何组织结论。正因为如此，在国际垮台以后，所有的派别都能够引用这个决议。

国际中的所有俄国以外的激进派别的弱点是，当它们的革命

立场与公开修正主义者和中派的机会主义发生分歧时，它们既不能够也不愿意给它们的革命立场以任何具体的组织形式。结果，它们的对手，尤其是中派，能够在革命无产阶级的头脑中抹掉这些差别。它们的反对立场丝毫没有妨碍中派在无产阶级的革命部分
面前装扮成真正马克思主义的捍卫者。这里不可能对中派在战前 462
时期的统治地位做出理论的和历史的解释。我们只想再一次指出，中派的态度之所以行得通，是因为在日常运动中，革命和对革命问题采取的立场并不具有什么现实的意义。中派的态度包括既反对公开的修正主义，又反对要求革命行动；理论上拒绝前者，但是并没有认真努力把它排除于党的实践之外；理论上肯定后者，然而又否定它在当前的迫切性。尽管如此，像考茨基和希法亭这种人还是能够坚持时代的一般革命性质，坚持**革命的历史现实性**，虽然并不感到必须把这种观点运用于**当前的决策**。由于这个缘故，对无产阶级说来，这些意见分歧一直只是不管怎样仍然是革命的工人运动内部的意见分歧，不可能对各种不同派别进行明确的区分。然而这种缺乏明确性也反过来对左派本身的观点产生影响。由于这些观点不可能与实践有任何交互作用，它们也不可能通过为了付诸实施而要求有成效的自我批评而使自己具体化或进一步发展。甚至在它们实际上很接近真理的地方，它们也带有强烈的抽象乌托邦性质。例如，可以想一想在群众行动问题上潘涅库克与考茨基的论战。由于同样的理由，罗莎·卢森堡也未能进一步发展她关于革命无产阶级的组织是运动的**政治领袖**的正确思想。
她对工人运动中的机械组织形式的正确反对，例如在党和工会之 463
间以及有组织的群众和无组织的群众之间的关系问题上，使得她

一方面过高估计自发群众行动的重要性。另一方面，她从未完全能够使她关于领导的观点摆脱纯粹理论和宣传的味道。

2

我们已经在别处说明过[①]，我们讨论的决不只是这位重要的开拓思想家的偶然的东西或“错误”。在这个上下文中，这种论点的本质可以最好地概括为对一种“有机的”、**纯粹无产阶级**革命的幻想。机会主义的、“有机的”发展学说设想无产阶级会通过缓慢的扩展逐渐争取到人口的大多数，通过纯粹合法的手段获得政权，在反对这种机会主义理论的斗争中产生出了一种革命的“有机的”自发群众斗争理论。[②] 尽管这种理论的最优秀的维护者提出各种聪明的保留条件，它最终还是意味着这样一种观点，即经济形势的不断恶化、由此必然产生的帝国主义世界大战和因此日益临近的革命群众斗争时期，会以社会和历史的必然性激起无产阶级的自发群众行动。在这过程中，领袖们关于革命的目标和方法的明确理解会得到充分证明。然而，这一理论默默地假定，革命将是纯粹
464 无产阶级性质。当然，罗莎·卢森堡对“无产阶级”概念范围的理解完全不同于机会主义者。她极其深刻地表明了革命形势将会如何动员迄今未组织起来的而且的确是组织工作达不到的广大无产阶级群众（农业工人等）。她表明了这些群众将会如何在他们的行

---

① 在《对罗莎·卢森堡〈论俄国革命〉的批评意见》一文中。

② 关于这一点，参看罗莎·卢森堡针对大卫的美因茨决议的论战，《大罢工、党和工会》第 59 页，以及她关于合法主义的“圣经”即恩格斯的《法兰西阶级斗争》导言的论述，《在德国共产党成立代表大会上的纲领演说》第 22 页及以下几页。

动中表现出甚至比敢于傲慢地对待他们、认为他们不成熟和“落后”的党和工会高得无法比拟的阶级意识。尽管如此，她的这一概念仍然是建立在革命的纯粹无产阶级性质的基础之上的。按照这种概念，一方面无产阶级在战场上是统一的，另一方面，这里正在研究其行动的群众是纯粹无产阶级的群众。也只可能是这样。因为我们发现对革命行动的正确观点只能深深地固定在、本能地深深扎根在无产阶级的阶级意识中，为了沿正确的道路进一步发展行动，只需要启发意识，只需要一种明确的领导。然而，如果其他阶层也决然地参加了革命，他们可能在一定的情况下推进它。但是他们也很容易使它偏向反革命的方向。因为在这些阶层（小资产阶级、农民、被压迫民族等）的阶级地位中，没有任何东西、也不可能有任何东西使他们必然导致无产阶级革命。这样理解的革命的党必然不能顺应这种阶层；无论是他们有利于无产阶级革命的前进运动还是他们的行动有助于反革命事业而形成的障碍，都会使它受挫。

这种党在与无产阶级本身打交道中也会受挫。因为它的组织符合无产阶级阶级意识中的这样一个阶段，这时它只求使未被意 465
识到的东西被意识到，使隐藏着的东西变得明确起来，等等。更确切地说，在这个阶段，获得意识的过程对无产阶级说来不意味着是一种可怕的**内在意识形态危机**。我们在这里不是要驳斥机会主义者对无产阶级“不成熟”、从而不能夺取政权和维持政权的担心。罗莎·卢森堡在她与伯恩施坦的论战中已给了这种反对意见一个决定性的打击。我们在这里的目的是指出，无产阶级的阶级意识并不是和客观经济危机平行，在整个无产阶级中以同样的方式发

展的。无产阶级的大部分仍然在思想上受资产阶级的影响；甚至最严重的经济危机也不能动摇他们的态度。结果是，**无产阶级的态度、它对危机的反应远不及危机本身的激烈程度**。[①]

这种使得孟什维主义可能存在的状况，无疑不是没有客观的经济基础。马克思和恩格斯很早就已注意到，由于当时英国的垄断利益而获得比自己同阶级伙伴优越的地位的那些工人阶层已趋于资产阶级化。[②] 随着资本主义进入帝国主义阶段，这个阶层得到普遍发展，这毫无疑问是工人阶级中产生普遍趋向机会主义和
466 反革命的思潮的重要因素。然而按照我的看法，单是这一事实并没有提供关于孟什维主义的充分说明。首先，这一特权地位已经在许多方面被动摇了，而孟什维主义的地位却没有相应地削弱。这里也是无产阶级的主观发展在许多方面落后于客观危机的速度。因此，我们不能认为这一因素是孟什维主义的**唯一**原因，除非我们也同意它有这样一个舒适的理论地位，即从无产阶级没有彻底和明确的革命热情可以得出没有客观革命形势的结论。第二，革命斗争的经验决没有明确证明，无产阶级的革命热情和斗争意志以任何直接的方式与其不同部分的经济水平相符。这里对任何简单的、直接的平行性有很大的偏离，而且在经济地位相同的工人

① 这个观点不简单地是所谓革命缓慢发展的结果。早在第一次代表大会时，列宁就曾表示担心，“斗争将十分迅速地展开，工人群众的意识会跟不上这种发展”。同样，斯巴达克纲领认为共产党不应该只是因为资产阶级和社会民主党的“民主”已经破产就去夺取政权，这个观点也是建立在关于资产阶级社会的客观崩溃可以先于无产阶级革命阶级意识的确立的信念之上的。《关于德国共产党成立代表大会的报道》第56页。

② 在《反潮流》第516—517页上可以集中看到他们两人这方面的论述。

阶层内部阶级意识的成熟性有很大的差别。

然而这些论断只有在非宿命论的、非“经济主义”的理论中有真正的意义。如果历史的发展被解释成这样，即资本主义的经济过程将通过一系列危机自动地和无情地向社会主义前进，那么这里所说的意识形态因素则只是一种错误诊断的产物。它们事实上只是表明，资本主义的客观上决定性的危机还没有出现。因为在这种观点看来，根本不能设想无产阶级的意识形态落后于经济危机，不能设想有无产阶级的意识形态危机。如果对危机的观点在 467
保留基本的经济宿命论的情况下成为革命乐观主义的东西，就是说如果认为危机不可避免，资本主义不可能有出路，那么情况不会有根本性的变化。在这种情况下，这里考察的问题也根本不能被看作是问题。只是以前是“不可能”，现在是“还没有”罢了。现在，列宁已非常正确地指出，没有任何一种形势是没有出路的。不管资本主义可能处于什么形势，总是会有某种“纯粹经济的”解决办法。问题只是这些解决办法从经济学的纯粹理论世界进到阶级斗争的现实中时是否可行。对资本主义说来，应急办法本身肯定是能想得出来的。**然而**，它们能否付诸实现**却取决于无产阶级**。无产阶级的行动给资本主义堵住了危机的出口。自然，无产阶级**在这时**取得政权这一点，是由于经济发展的“自然规律”。但是这些“自然规律”只是决定危机本身，赋予它一种使资本主义不能“和平”发展下去的规模。然而，如果让它们自由发展（在资本主义的意义上），它们不会导致资本主义的简单崩溃或向社会主义的顺利过渡。它们会引起漫长时期的规模越来越大的危机、国内战争和帝国主义世界战争，然后导致“斗争的各阶级同归于尽”和新的野

蛮状态。

而且，这些力量在它们自己的“自然规律”驱使下，已创造出了这样一种无产阶级，它的肉体的和经济的力量使资本主义很少有可能按照以往结束危机的方式，强制实行一种纯粹经济的解决办法，即无产阶级在其中只是作为经济发展客体起作用的解决办法。
468 无产阶级的这种力量是客观经济“规律”的产物。然而，把这种潜在的力量变为现实的力量、使无产阶级（今天真的只是经济过程的客体，只是潜在地参与决定这一过程的主体）能够在现实中作为主体出现的问题，不再由这些“规律”以任何宿命论的和自动的方式决定。更确切地说，这些规律的自动的和宿命论的决定不再支配无产阶级实际力量的基本核心。既然无产阶级对危机的反应纯粹按照资本主义经济的“规律”进行，既然这些反应至多表明为**自发的群众行动**，它们从根本上来讲就表现出与革命以前时期的运动在许多方面相似的结构。这些反应自发地爆发（一个运动的自发性只是它由纯经济规律决定这一事实的主观的、群众心理上的表现），几乎毫无例外地是作为对资产阶级在经济上的、有时也是政治上的进攻的自卫，作为对资产阶级为危机寻求“纯经济”解决办法的自卫。然而，当它们的直接目标达到了或者看来不可能达到了，这种爆发就同样自发地停止，逐渐消失。因此，看来好像是它们完成了自己的“自然的”进程。

如果这些运动不是抽象地，而是放在它们的真正环境中、放在世界危机的历史总体性中去考虑，那么这种现象带有欺骗性就很明显了。这种环境就是**危机扩展到一切阶级**，而不只是资产阶级和无产阶级。经济发展在无产阶级中引起自发群众运动的地方，社会作为整体基本稳定的形势和发生一切社会力量的深刻重新组合、统治阶级的权力基础遭到动摇的形势之间有根本的质的差别。469
正是由于这个原因，理解非无产阶级阶层在革命中所起的重要作用和理解它的非无产阶级性质具有决定性的意义。少数人的统治只有在它设法使不受革命直接影响的各阶级在意识形态上跟着革命走的时候才能维持下去。它必须设法获得它们的支持或者至少是中立。（不言而喻，也必须设法使革命阶级本身的某些部分保守中立。）对资产阶级说来特别是如此。资产阶级直接掌握的实际权力远远少于过去时代的统治阶级（例如希腊城邦的公民或者封建制度鼎盛时的贵族）。一方面，资产阶级必须更严重得多地依赖与在它之前掌权的阶级修好或妥协的能力，以便利用它们控制的权力机关来为自己的目的服务。另一方面，它不得不把实际权力（军队、下级官僚机构等）交给小资产阶级、农民、被压迫民族的成员等。如果这些阶层的经济地位在危机之后发生变化，如果它们对资产阶级领导的社会制度的幼稚的、浅薄的忠诚遭到动摇，那么资产阶级的全部统治机构可以说一下子就会垮台。那时，无产阶级就可能不打一次认真的仗，不真正获得一次胜利，而作为唯一有组织的力量，作为胜利者出现。

这些中间阶层的运动是真正自发的，而且只是自发的。它们
真正只不过是盲目地按“自然规律”起作用的社会自然力量的果 470
实。作为这样一种情况，它们本身在社会意义上是盲目的。这些阶层没有任何可能影响整个社会改造的阶级意识。[①] 因此它们总

① 参看《阶级意识》一文。

是代表特殊的阶级利益，甚至从不假装代表整个社会的客观利益。客观上把它们与整体联系在一起的纽带只是因果性的，就是说，它们只是由整体内部的运动造成的，而不能被用去改变整体。因此它们与整体的关系以及这种关系所采取的意识形态形式都带有偶然的性质，即使它们的产生可以按因果必然性来理解。由于这些运动的性质，它们的行动是由它们本身之外的因素决定的。不管它们最终选择什么方向，它们是否试图加快资产阶级社会的崩溃，它们是否默许资产阶级对它们的剥削，它们是否因努力无效又重新陷入消沉，它们所做的一切都不是在这些运动本身的内在本质中预先确定了的。相反，一切都取决于能够意识的阶级即资产阶级和无产阶级的行为。不管它们后来的命运可能采取什么形式，这种运动的爆发本身能够很容易导致把资产阶级社会维系在一起并使之运转的全部机器陷于瘫痪。这足以使资产阶级至少在短期内失去行动能力。

从法国大革命以来的一切革命的历史越来越清楚地表现出这种格局。当革命爆发时，专制君主制以及后来中欧东欧的资产阶
471 级经济垄断建立在其上的半专制半封建的军事君主制往往“一下子”失去它们对社会的控制。社会权力被扔在大街上，无人过问。只有在没有任何革命阶级利用这种无主的权力的情况下，复辟才有可能。新生的专制主义反对封建主义的斗争表现出完全不同的格局。因为在那里，相互斗争的各阶级能够更直接得多地从它们自己的队伍中建立权力机关，因此阶级斗争也更直接得多地是一种权力反对另一种权力的斗争。例如，可以回想一下法国专制主义诞生时福隆德派的斗争。甚至英国专制主义的垮台也走了类似

的道路，而护国公执政和甚至更资产阶级化得多的路易十六专制主义的崩溃则更接近于现代革命的方式。那里从“外部”，即从还完好的专制国家或从仍然实行封建制的领土（如旺代省）上搬来了直接的权力。相反，纯粹“民主的”权力综合体在革命进程中可能很容易处于类似的地位：它们在崩溃时刻几乎是自己产生出来，掌握了一切权力，而现在，它们由于那些支持它们的各种错综复杂阶层的后退运动同样突然地被夺去一切权力（例如克伦斯基和卡罗伊）。这种发展在西方资产阶级先进民主国家中将如何进行，还不能完全清楚地看出。尽管如此，意大利从战后直至大约 1920 年处于一种非常类似的地位。它从那时起为自己创立的权力组织（法西斯主义）是一种相对独立于资产阶级的权力机关。我们还没有看到崩溃征候在有大量殖民地的高度发达资本主义国家中的影响。特别是，我们不知道殖民地的起义对小资产阶级、工人贵族

（以及从而对军队等）的态度将有什么影响，这种起义在某种程度 472
上起着国内农民起义的作用。

结果无产阶级处于一种会使得自发群众运动获得与在稳定资本主义制度下完全不同职能的社会环境。即使这些群众运动在孤立考察时保有它们以前的特征也是一样。然而，我们在这里可以看到，在相互对立的各阶级的地位中产生了非常重要的质的变化。首先，资本集中得到进一步发展，这反过来又引起无产阶级的进一步集中——即使后者在意识上和组织上不能完全跟上这种发展。其次，资本主义的危机四伏的状况使得越来越难以通过微小让步摆脱来自无产阶级的压力。只有通过加强对无产阶级的剥削，才有可能逃脱危机，找到对危机的“经济”解决办法。由于这个缘故，

第三次代表大会的策略提纲非常正确地强调指出，“每一次大罢工都有变为国内战争和直接夺权斗争的倾向”。

然而只是倾向。这种倾向即使在经济和社会前提往往充分具备的情况下仍然没有变为现实——**这正是无产阶级的意识形态危机**。这种意识形态危机一方面表现在，资产阶级社会的客观上极端危险的处境在无产者的头脑中还具有它昔日的一切稳定性；无产阶级在许多方面还受到资本主义的思维和感觉方式的严重束
473 缚。另一方面，无产阶级的资产阶级化在孟什维主义的工人党以及受这些党控制的工会领导中获得了自己的组织形式。这些组织现在有意识地设法使无产阶级的仅仅自发的运动（它们取决于直接的诱因并且按行业、地域等分割开）停留在纯粹自发的水平上。它们极力阻止这些运动向总体发展，无论是在行业、地域等的联合上，还是在经济运动和政治运动的结合上。在这方面，工会的职能是使运动原子化和非政治化，掩盖它和总体的关系，而孟什维主义的党的任务则是使无产阶级意识中的物化在意识形态上和组织上固定下来。它们这样就确保无产阶级的意识停留在相对资产阶级化的一定阶段上。它们能够完成这一任务，只是因为无产阶级处于一种意识形态危机的状况中，因为在意识形态上向专政和向社会主义的自然发展甚至在理论上对无产阶级说来都不可能，因为危机不仅在经济上动摇了资本主义，而且同样使在资本主义社会中在资产阶级生活方式影响下成长起来的无产阶级在意识形态上发生变化。这种意识形态上的变化的确是由于经济危机以及由它创造的夺取政权的客观可能性而产生出来的。然而它的实际进程并不是以任何自动和“必然”的方式与客观危机本身的进程平行发

展的。**这种危机只能由无产阶级的自由行动来解决。**

列宁以一种只是从形式上、而不是从实质上嘲讽的夸张方式
说道：“以为一定要有一支队伍在这一边排好队，喊道：‘我们赞成 474
社会主义’，而另一支队伍在那一边排好队，喊道：‘我们赞成帝国主义’，才是社会革命，那是迂腐可笑的。”[①]革命阵线和反革命阵线的产生充满了各种变化，往往极端混乱。今天为革命工作的力量完全可能明天转向相反的方向。特别需要指出的是，这些方向的变换决不简单地和机械地取决于有关阶层的阶级地位或甚至意识形态。它们受到与历史形势和社会力量的总体的不断变化的关系的决定性影响。所以，如果说某位凯末尔巴夏在一定条件下代表一种革命势力，而某个庞大的“工人党”则可能是反革命，那决不是什么奇谈怪论。在这些决定方向的因素中，**无产阶级对自己历史地位的正确理解具有头等重要的意义**。1917 年的俄国革命进程是这一点的经典例证。因为我们在那里看到，在关键时刻，和平、自决权和彻底解决土地问题的口号如何把动摇不定的阶层临时熔铸成一支革命所需要的军队，完全瓦解了反革命的全部权力机构，使之丧失活动能力。如果反对说，土地革命和群众的和平运动没有共产党或甚至和共产党对抗也能胜利完成，那是不够的。首先，这一点是绝对无法加以证明的，而作为反证，我们可以举出匈牙利，那里有一次同样自发的土地运动在 1918 年 10 月遭到了
失败。甚至在俄国，也有可能通过所有“有影响的”“工人党”的“统 475
一”（即反革命的统一）把土地运动镇压下去或让它自行消失。其

① 参看《关于自决问题的争论总结》，《列宁全集》中文第 2 版第 28 卷第 52 页。

次，如果这“同一个”土地运动是和城市无产阶级对抗而得到实现的话，那么它在社会革命方面将带有反革命性质。单是这个例子就已经表明，用机械的宿命论的标准来判断在社会革命的尖锐危机形势中的社会力量组合是多么的不应该。它表明了，无产阶级的正确观点和正确决心具有决定性的作用，危机的解决在极大程度上取决于无产阶级本身。我们还应该指出，与西方国家相比，俄国的形势是相当简单的。那里的群众运动更多地带有纯粹自发性质，相互对立的力量在组织上的影响并不是根深蒂固的。因此可以毫不夸大地说，我们的分析在更大程度上适用于西方国家。更何况俄国的不发达性质、缺乏工人运动的长期合法传统（如果我们暂时忽略一个完备的共产党的存在的话）使得俄国无产阶级有可能更快地克服意识形态危机。[①]

因此，资本主义的经济发展把社会的命运交到了无产阶级手中。恩格斯把人类在革命实现以后完成的过渡描写为“从必然王国进入自由王国的飞跃”[②]。对辩证唯物主义者说来这是不言而喻的：尽管这个飞跃是一个飞跃，或者正因为它是一个飞跃，它必
476 须在本质上是一个过程。恩格斯本人不是在刚才提到的那段话中说，导致这一方向的变化是“在日益增长的程度上”发生的吗？唯一的问题是决定这一过程的起点。当然最容易的是从字面理解恩

① 这并不是说，就俄国而言，这个问题已最终解决了。相反，只要还有反对资本主义的斗争，它就会存在。但是在俄国将采取与欧洲不同的（大概是较弱的）形式，以符合那里资本主义的思维和感觉方式对无产阶级的影响较弱的情况。关于这个问题，可参看列宁的《共产主义运动中的“左派”幼稚病》（见《列宁全集》中文第2版第39卷第92—93页）。

② 《反杜林论》，《全集》第20卷第308页。

格斯，把自由王国看作只是将在社会革命完成后产生的**状态**。这就要否认这个问题具有任何现实性。只是要问，问题是不是真的就仅仅止于这个无疑符合恩格斯字面意义的提法呢？一个状态如果不是由一个漫长的**过程**准备起来，如果它的各种因素不是在这个过程中产生和发展起来（即使是以在许多方面很不完备、需要经受一系列辩证变化的方式），这个状态是不是能够想象，更不用说能够成为社会现实呢？如果我们把“自由王国”和注定使它产生出来的过程分开，如果我们从而把一切辩证的过渡都排除在外，我们是不是会陷入一种与上面已经分析的把最终目的和运动分开相类似的乌托邦意识结构呢？

然而，如果把“自由王国”与导致它的过程联系起来考察，那么毫无疑义，无产阶级在历史舞台上的最初出现就已经表明了对它的向往——自然是以完全无意识的方式。不管无产阶级的最终目标是如何不能——甚至在理论上——直接影响这个过程开头的个别阶段，然而它是一个原则，一个统一的观点，因此决不可能与这个过程的任何方面完全分开。然而不应该忘记，进行决定性战斗 477
的时期和以前的时期之间的差别并不在于战斗本身的规模和激烈程度。这些量的变化只是表明这些战斗与以前的战斗之间有根本质的差别的征候。在以前的阶段上，用《共产党宣言》的话说，甚至“广大工人群众的团结，还不是他们自己联合的结果，而是资产阶级联合的结果”。然而，无产阶级这种成为独立、“组织成为阶级”的过程在越来越高的阶段上重复着，直至资本主义最终危机来临的时候，也就是越来越多地由无产阶级掌握决定的时候。

这种状况决不意味着客观经济“规律”不再起作用。相反，它们在无产阶级**胜利很久以后**仍将有效，它们像国家一样，只有在完全由人类控制的无阶级社会实现以后才会消亡。现在的形势中的新东西只是——只是!! ——资本主义经济发展的盲目力量在驱使社会走向深渊。资产阶级不再有力量帮助社会在短暂的动摇之后打破由它的经济规律所造成的“僵局”。无产阶级拥有通过有意识地利用现存趋势使发展走上**另一方向的可能性**。这另一方向就是有意识地调节社会的生产力。**有意识地**要这样做，就是希望有“自由王国”，就是为实现它采取**第一个有意识的步骤**。

478 这一个步骤是由无产阶级的阶级地位中“必然”产生出来的。然而，这一必然本身带有飞跃的性质。[①] 对整体的**实际**关系、理论和实践的真正统一，迄今为止只是所谓无意识地出现在无产阶级的行动中，现在明确地和有意识地表现出来。在发展的早期阶段，无产阶级的行动也常常以一系列飞跃的方式被驱向一个顶点，它们与以前的发展的联系和连续性只是在后来才能变得有意识，并被看作是那一发展的必然产物。(这方面的一个例子是 1871 年公社的国家形式。)然而，在这种情况下，无产阶级必须有意识地采取这一步骤。所以毫不奇怪，所有囿于资本主义思维方式的人都不敢采取这一步骤，他们以他们的全部思维力量紧紧抓住被他们看作自然规律、看作现象“重复规律”的必然性。因此，他们也拒绝任何崭新的、我们还不可能有任何“经验”的东西，认为这种东西不可能产生出来。托洛茨基在与考茨基的论战中最明确地强调指出了这种差别，虽然以前在关于战争的论争中已经有所触及：“因为最

① 参看《历史唯物主义的功能变化》一文。

根本的布尔什维克偏见正是在于认为,只有牢牢地坐在马背上时
才能学会骑马。”①但是考茨基以及与他类似的人只有作为事态的
象征才具有意义:他们是工人阶级的意识形态危机的理论表现,他
们象征着工人阶级正处在这样一个发展时刻,这时它“又一次在自
己目的的模糊庞大面前退缩”,对自己必须承担的任务表示踌躇。479
如果无产阶级不想和资产阶级一起,在趋向崩溃的资本主义的危
机中屈辱地和痛苦地死去,它就必须承担这个任务,并且**只能以这
种有意识的方式**去承担这个任务。

3

如果说孟什维主义的党是无产阶级的意识形态危机的组织形式,那么共产党就是对这种飞跃的有意识态度的组织形式,从而是走向自由王国的第一个**有意识**的步骤。我们已经阐明了自由王国的一般概念,说明了它的接近决不意味着经济过程的客观必然性突然之间不再起作用。现在我们必须更仔细地来考察自由王国和共产党之间的关系。有一点首先必须弄清楚:这里的自由**并不**是指个人的自由。这不是说,充分发展的共产主义社会将不知道任何个人的自由。相反,它将是人类历史上第一个真正严肃对待这种要求并使它成为现实的社会。然而,甚至这种自由也决不会是

① 《恐怖主义和共产主义》第 82 页。托洛茨基反对考茨基的论战在政治领域中重复了黑格尔反对康德认识论的基本论据(自然不是在哲学意义上),我认为决不仅仅是偶合。参看《黑格尔全集》第 15 卷第 504 页。顺便说一下,考茨基后来说,资本主义的规律无条件地适用于未来,即使对发展趋势不可能达到具体的认识。参看《无产阶级革命及其纲领》第 57 页。

资产阶级意识形态家今天所想象的那种自由。为了获得真正的自由所必要的社会前提条件，必须进行斗争，在这过程中，不但是今天的社会，而且连它所产生出的那种人也将会消失。马克思说道：
480 “现在这一代人，很像那些由摩西带领着通过沙漠的犹太人。他们不仅仅要夺取一个新世界，而且要退出舞台，以便让位给那些善于对付新世界的人们。”[①]因为现在活着的人们的“自由”是由于本身被物化、同时又使人物化的财产而孤立的个人的自由。这是一种与其他(同样孤立的)个人对立的自由。一种利己主义、自我封闭的自由，一种把团结和联系至多只看作不起作用的“调节思想”的自由。[②] 要给这种自由注入生气，就意味着在实践中拒绝真正自由的实际实现。孤立的个人由于他们的社会地位或内在气质而可能获得的这种自由就是对其他人的不关心，因此这种自由就意味着，只要当代的社会取决于个人，它的不自由的结构实际上就将永存下去。

对自由王国的**有意识的**要求，只能意味着有意识地采取将真正导致它的步骤。鉴于在当代资产阶级社会中，个人自由是建立在他人不自由的基础上的单方面特权，因此只能是腐败的和腐蚀人的东西，这种要求恰恰就意味着拒绝个人自由。它意味着有意识地使自我从属于那注定要真正实现真正的自由、并且今天正在

① 《法兰西阶级斗争》，《全集》第7卷第92页。

② 参看康德和费希特的伦理学的**方法论**；这种个人主义在实际阐述中是被相当淡化了的。但是，例如费希特强调，(在他的体系中)“限制你的自由，使你的邻居也能自由”的提法(与康德的提法极为相近)没有绝对的效准，而只有“假设的”效准(《天赋人权的基础》第4章第7节，新版《全集》第2卷第93页)。

为实现它而认真地采取最初一些艰巨的、无把握的和试探性的步骤的集体意志。这个有意识的集体意志就是共产党。它像辩证过程的每一方面一样，它也包含着——自然只是以萌芽状态、以粗糙 481
的、抽象的和不发展的形式包含着适宜于它注定要实现的目标的决定因素，即与团结统一在一起的自由。这里的统一因素是**纪律**。只有通过纪律，党才能够把集体意志付诸实现，而接受资产阶级的自由概念则阻碍这种集体意志的形成，并把党变成为一个没有行动能力的、松散的个人集合体。更重要的是，甚至对个人说来，也只有纪律使得有可能采取那导致今天已可能的自由的第一个步骤，这种自由虽然还很原始，但符合社会发展的阶段。这是那种致力于克服现在的自由。

任何共产党按其本质都是比任何资产阶级政党或机会主义工人政党更高类型的组织，这表现在它对它的**所有成员的更高的要求上**。这一点在俄国社会民主党第一次分裂时就已表现得非常清楚。对孟什维克说来（和对任何基本上是资产阶级的政党说来一样），简单地承认党纲是入党的充分条件，而对布尔什维克说来，入党意味着积极地亲自参加革命工作。党的结构的这一原则在革命进程中没有改变。第三次代表大会关于组织的提纲说道："承认共产党纲领只是表示成为共产党人的意愿……认真实现纲领的第一个前提条件，是一切成员应该参加经常的、日常的合作。"当然，在许多情况下这个原则直到今天只是停留在纸面上。但是这丝毫不影响它的根本重要性。因为，正像自由王国不可能一下子、在某种程度上作为 gratia irresistibilis（不可拒收的礼物）赠送给我们一 482
样，正像"最终目标"不是简单地在过程以外的某个地方等待着我

们，而是寓于过程之内的每个具体阶段上一样，共产党作为无产阶级意识的革命形式**按本性说来也是一种过程**。罗莎·卢森堡非常清楚地看到了，“组织必须作为斗争的产物产生出来”。她的错误只是在于过高估计过程的有机性质，过低估计有意识组织的重要性。但是，既然我们已看到这一错误的实质，就不应矫枉过正，以致完全忽略组织形式中的过程因素。俄国以外的党（因为有俄国的经验可资借鉴）从一开始就完全了解组织的原则，尽管这是事实，但让它们的组织措施模糊它们产生和成长的过程性质将是错误的。组织措施的正确可以极大地加快过程；可以为澄清意识提供极大的帮助，因此是任何组织存在的必不可少的前提。然而，共产党的组织只有通过斗争才有可能建立起来，只有每一个成员通过亲身经验认识到这种统一形式的正当性和必要性之后才有可能实现。

因此，重要的是自发性和有意识控制的交互作用。就其本身而言，这在组织的历史上不是什么新东西。相反，这是新组织形式产生的典型方式。例如，恩格斯描写了某些军事行动的形式在士
483 兵的本能中作为对形势的客观要求的反应自发地产生出来。[①] 发生这种情况时，并没有任何理论上的准备，还常常和流行的理论、因此也和既存的军事组织相冲突。尽管如此，这种军事行动的形式流行开了，只是后来才在组织上被固定下来。共产党形成过程中的新东西是自发行动和有意识的理论预见之间的新关系，是不断反对资产阶级的物化的“直观”意识的纯粹 post festum（事后）

---

① 《反杜林论》，《全集》第 20 卷第 183—185 页。

结构和这种结构的逐渐消失。这种改变了的关系是基于在这个发展阶段上，无产阶级的阶级意识已经有不再是仅仅事后认识自己的阶级地位以及与之相应的正确行动路线的**客观可能性**。尽管**对于每个个别工人说来**，由于他自己的意识被物化，获得客观上可能的阶级意识以及他能用以消化这种阶级意识的内在态度的道路必须通过他事后对自己的直接经验的领会过程，就是说在每个个人中仍然保留着意识的事后性质，情况依然是如此。个人意识和阶级意识之间的这种冲突在每个个别无产者身上决不是偶然的。因为共产党正是在如下两方面表明，对于其他党组织来说，它是更高级的组织形式。这两方面就是：在共产党内，而且是有史以来第一次，阶级意识的能动和实践特征是**直接**影响所有个人具体行动的原则，另一方面，它在同时又是**有意识地**参与决定历史发展的因素。

能动性的这种双重意义——它同时既对体现无产阶级阶级意 484
识的个人又对历史进程的影响，也就是**人和历史之间的具体中介**——是现在正在诞生的组织的决定性特征。在旧的类型的党组织中（不管这里是否包括资产阶级政党或机会主义的工人政党），个人只能作为“群众”、作为追随者、作为零出现。马克斯·韦伯给这种类型的组织下了一个恰当的定义：“它们的共同点是：掌握着**能动**领导权的核心加上一些基本上起较被动作用的‘成员’，而广大成员只起客体的作用。”[①]他们的客体作用并没有因为形式上的民主、因为在这些组织中得到承认的“自由”而有所减少；相反，

① 《经济和社会》第169页。

这种自由只是使它得以固定和继续存在。这种“虚假意识”，这种在客观上不可能借助有意识行动干预历史进程，在组织上反映出来就是不能建立起能在每个成员的行动和整个阶级的行动之间起中介作用的能动政治单位（政党）。因为这种阶级和政党在客观历史意义上不是能动的，因为它们的表面上的能动性只是它们由它们不理解的历史力量宿命论地产生出来的反映，它们必定表现出从意识和存在、理论和实践的分离中、从物化意识的结构中产生出来的一切征候。这就是说，作为总体看，它们采取一种对发展进程
485 纯粹**直观**的立场。与此相适应，必然同时出现两种互为补充但同样错误的关于历史进程的观点：唯意志论地过高估计个人（领袖）的能动意义和宿命论地过低估计阶级（群众）的意义。党被划分为能动的部分和被动的部分，后者只是偶尔而且只是按照前者的命令起作用。所以，这种党的成员所拥有的“自由”只不过是多少处于外围的，而不是全身心参加的**观察者**对宿命论地展开的事件或个人的错误作出判断的自由。这种组织永远不能占有其成员的全部身心，甚至不可能作出这种努力。这些组织像文明的所有社会形式一样，是建立在精确的、机械的分工、官僚化以及权利和义务的确切划分之上的。成员们只通过他们存在的抽象理解方面与组织发生联系，而这些抽象的联系则体现为相互分离的权利和义务。①

一个组织的所有成员真正积极的参加一切事件、采取真正实

① 在第三次代表大会的组织提纲中，可以看到对这些类型的组织的很好描述（第2节第6点）。那里把这些组织和资产阶级国家的组织作了恰当的比较。

际的态度，只有投入全身心才有可能做到。只有当一个共同体内部的行动成为每一个参加者最关心的个人事情时，才有可能消除权利和义务的分裂这种人与他自己的社会化分离以及他被控制他的社会力量肢解的组织表现形式。恩格斯在描写氏族的结构时特 486
别强调这一点："在氏族制度内部，权利和义务之间还没有任何差别。"[①]按照马克思的观点，权利关系的特征是，"权利，就它的本性来讲，只在于使用同一的尺度"，但是必然不同等的个人"要用同一的尺度去计量，就只有从同一个角度去看待他们……再不把他们看作别的什么，把其他一切都撇开了"。[②] 因此，与这种方式、这种撇开人的整体个性、把它归入一个抽象观点的做法决裂的任何一种人的关系，都是为结束人的意识的物化而采取的步骤。然而，这样的步骤必须以**整体个性的积极投入**为前提。因此完全清楚，资产阶级组织中的自由形式只不过是一种关于实际不自由的"虚假意识"；就是说，是这样一种意识结构，即人在其中从一种形式上自由的立场**观察**他自己被融入一种异己必然性体系的情况，并把这种观察的形式上的自由与真正的自由混淆起来。只有明白了这一点，才能解决我们前面的论断表面上的自相矛盾。我们在前面曾说，共产党的纪律、每一个成员无条件的全身心的投入运动实践，是实现真正自由的唯一可能途径。不仅整个运动只有借助这种组织才能获得达到这种自由的客观社会前提的杠杆，而且对单个人、对党的单个成员来说也是如此，他只有通过这种办法才能希望**为**

① 《家庭、私有制和国家的起源》，《全集》第 21 卷第 180 页。

② 《哥达纲领批判》，《全集》第 19 卷第 22 页。

487 **他自己**获得自由。因此，纪律问题一方面是党的基本实践问题、它真正发挥职能所不可或缺的前提条件。另一方面，它决不仅仅是技术和实践问题：它是革命发展中最崇高和最重要的**精神**问题之一。这种纪律只能作为革命阶级的最觉悟部分即先锋队的自由的和有意识的行为，才能够产生出来。没有这个阶级的思想前提，它不可能实现。没有每个党员对整体性格和党的纪律之间的联系的至少本能的理解，这种纪律就必然蜕化为一种物化的和抽象的权利义务体系，党就会重新陷入资产阶级政党类型的组织状况中。因此很明显，一方面，在客观上，组织将极其敏感地对理论观点和思潮是否有革命价值作出反应。另一方面，在主观上，革命组织必须以很高度的阶级意识作为前提。

4

虽然从理论上弄清共产党组织和它的个别成员之间的关系很重要，然而如果仅止于从形式的、伦理的方面来探讨组织问题，那就很危险。因为这里描述的个人和他全身心从属于的整个运动的意志之间的关系，就其本身而言，并不单单是共产党的特征。相反，它曾是许多空想宗派的特征。的确，许多宗派曾把这个形式的、伦理的方面看作是唯一的或者至少是决定性的原则，而不仅仅
488 是**整个**组织问题的一个方面。正是由于这个缘故，它们往往能够比共产党更明确地揭示它的重要性。然而，哪里这样片面强调这个形式的、伦理的原则，哪里就取消了它：它的正确性决不是已经达到和完成了的存在，而只是指向要达到的目标的**正确指针**。当对整个历史过程的正确关系不存在的时候，它就不再是正确的了。

由于这个缘故，我们在阐明组织和个人的关系时特别强调党是人和历史之间的具体中介原则。因为只有当党所体现的集体意志是历史发展的积极的和自觉的因素，从而处于与社会革命进程越来越生动的交互作用之中，它的个别组成部分因此与这一进程及其载体即革命阶级同样处于一种生动的交互作用之中时，对个人的要求才会失去它们的形式的和伦理的性质。正因为这样，列宁在讨论如何维持共产党的革命纪律时，除了强调党员的忠诚以外，还强调党与群众的关系以及党的政治领导的正确。[1]

然而这三个因素不能彼此分开。宗派的形式伦理观点之所以失败，正是因为它不能理解这些因素是统一的，在党组织和非组织的群众之间有生动的交互作用。不管一个宗派可能对资产阶级社 489
会如何敌对，不管它在主观上可能如何深信它与资产阶级之间存在着多大的鸿沟，然而它在这一点上暴露出它的历史观实质上是资产阶级的，因此它自己的意识结构与资产阶级的极为相近。这种相近最终可以回溯到它们关于存在和意识有同样二元论的观点，就是说，它们归根到底都不能理解存在和意识作为辩证过程，作为历史过程的统一。从这个观点看，这种客观的辩证统一在宗派的哈哈镜中是作为僵化的存在还是作为僵化的非存在出现，是无所谓的问题。是通过一种神秘化过程把采取革命行动的正确判断力无条件地判归群众，还是主张“觉悟的”少数必须**代表**“不觉悟的”群众采取行动，也毫无差别。这两种极端情况在这里都只是作为例子提出来，因为甚至试图最粗略地探讨一下宗派的类型学也

① 《共产主义运动中的“左派”幼稚病》，《列宁全集》中文第2版第39卷第5页。

远远超出本文的范围。但是可以看得出来，它们彼此并和资产阶级意识相像的地方在于，它们都把真正的历史过程看作与群众的意识增长分开的东西。如果宗派以“不觉悟”群众的代表的身份代替群众采取行动，那么它就使得党组织与群众的历史上必然的、因而是辩证的分离凝固成为永恒的东西。另一方面，如果宗派企图与群众的自发的本能的运动完全融合在一起，它就被迫把无产阶级的阶级意识与群众的瞬息间的思想感情等简单地等同起来。结果它就牺牲了用以客观判断正确行动的一切标准。它就陷入了唯
490 意志论和宿命论的资产阶级两难困境。它所采取的立足点，无论对历史发展的客观阶段还是主观阶段都无法作出判断。因此它就不得不对组织作出或是极度过高的、或是极度过低的估计。它就不得不离开历史实践的一般问题、离开战略和策略的问题，来孤立地看待组织问题。

阶级和党的正确关系的标准和指针，只能在无产阶级的阶级意识中找到。一方面，阶级意识的真正客观的统一是阶级和党之间尽管组织上分离、然而存在辩证联系的基础。另一方面，在无产阶级的不同个人、集团和阶层的意识中的普遍不统一、明确和深刻程度的不同，使得党与阶级在组织上的分离成为不可避免。布哈林正确地指出，如果一个阶级是内在统一的，那么建立党就是多余的。[①] 问题只是：党在组织上的独立、把这个部分从整个阶级中分离出来，符不符合阶级内部阶层的客观划分呢？还是党与阶级分离开来只是由于它的意识发展的结果，即由于它受它的成员意识

① 布哈林：《阶级、党、领袖》，载于《国际》1922 年柏林版第 4 期第 22 页。

增长的制约和对这种意识增长的反应的结果呢？当然，完全忽视无产阶级内部存在各种客观经济阶层，将是愚蠢的。但是不应该忘记，这些阶层决不是建立在与决定阶级划分的差别哪怕稍微相似的客观差别上。的确，在许多方面它们甚至不能被看作这种划分原则的细目。例如，当布哈林指出“一个刚进入工厂的农民与一 491
个从孩提时代起就在工厂里劳动的工人是完全不同的”时，这毫无疑问是一种“本体论的”区别。但是它与布哈林在大规模现代工业中的工人和小作坊中的工人之间所作的区分相比，是在一个完全不同的层次上。因为在后一种场合，我们看到的是在生产过程内部客观上不同的地位。而在前一种场合，只是改变了个人在生产过程中的地位(不管这变化是多么典型)。因此问题是个人(或阶层)的意识能够多快地适应他在生产过程中的新地位以及他过去的阶级地位留下的心理积淀在多长时期内对他的阶级意识的形成起阻碍作用。然而，在后一种场合，提出的问题是，从无产阶级内部不同阶层的客观经济地位产生的阶级利益是否不同到足以在整个阶级的客观利益中造成分歧。因此这里的问题是，客观的、被赋予的[①]阶级意识本身是否必须被看作是有分歧的和分阶层的。相反，在前一种场合，问题只是什么具体的——或甚至典型的——生活地位将阻碍这种客观阶级意识的顺利发展。

很清楚，在理论上，只有第二种场合真正有意义。因为从伯恩施坦以来，机会主义者们总是竭力一方面把无产阶级内部的客观经济阶层描写得如此分明，另一方面对不同的无产阶级、半无产阶

① 关于这个概念，参看《阶级意识》一文。

级和小资产阶级阶层的“生活地位”中的相似性又如此强调，以致
492 **阶级的统一性和独立性**就在**这种“差异”**中**消失**了（德国社会党的格尔利茨纲领是这种思潮的最后一次表述，它在那里已获得清楚的组织含义）。当然，布尔什维克将是忽视这种差异存在的最后的人。问题只是：这种差异的本体论地位是什么，它们在社会历史过程总体内部的职能是什么？对这种差异的认识应该在多大程度上导致（主要是）策略的，和在多大程度上导致（主要是）组织的分析和措施？这种问题乍看起来似乎只是导致关于概念的无聊争论。然而，必须记住，一个组织——这里指共产党——必须以意识的统一，作为其基础的社会现实的统一为前提。相反，策略上的联合，当历史情况引起由各种不同原因决定的运动，这些运动暂时向同一方向发展时，在其社会存在在客观上互不相同的各不同阶级之间完全可能而且甚至必然能够达到。然而，如果客观社会存在真的不同，那么这些运动的方向就不会像在有统一阶级基础的运动中那样必然相同。这就是说，统一的方向只有在第一种情况的组织中是决定性因素。虽然它进入经验现实可能受到各种情况的阻挠，但归根到底要实现。然而在第二种情况的组织中，各种不同思潮的汇合是由于不同历史情况综合的结果而产生的。这是命运的恩宠，必须策略地加以利用，不然就会失去，也许一去不复返。当
493 然，无产阶级有可能与半无产阶级等阶层合作，决不是偶然的。但是这种合作**只有**在无产阶级的阶级地位中有必要的基础。因为无产阶级由于只有通过消灭阶级社会才能解放自己，**不得不代表**所有被压迫被剥削阶层去进行它的解放斗争。但是这些被压迫被剥削阶层是站在它的一边还是站在它的敌人的阵营中进行战斗，从

这些没有明确阶级意识的阶层的观点看或多或少总是“偶然的”。正如我们前面已经说过的，它在很大程度上取决于无产阶级的革命党是否选择了正确的策略。因此在这里，由于各行动阶级有不同的社会存在，它们只是由无产阶级的世界历史使命联系在一起，**策略**水平上的合作(在概念上永远只是偶然的，虽然在实际中往往延续很长的时间)只能在保留不同组织的情况下为革命发展的利益服务。因为要半无产阶级等阶层认识到它们自己的解放取决于无产阶级胜利的过程是漫长的，而且充满了徘徊动摇，任何超出策略合作的做法都可能危及革命的命运。现在可以理解，为什么我们必须如此尖锐地提出我们的问题：是否客观社会存在即阶级结构、从而客观的被赋予的阶级意识有一种类似的(即使不那么明显的)分层与无产阶级内部的阶层相符？或者是否这些阶层之所以能够存在，只是由于这种真正的阶级意识能够渗入到无产阶级的个别阶层、集团和个人中去的难易程度不同？就是说，是否这些无疑存在的无产阶级生活地位中的客观分层仅仅决定据以判断暂时利益的**观点**(这些**利益**看起来无疑很不相同，但是**在客观上是一致** 494
的)？是否它们不仅从世界历史的观点，而且现实地和直接地决定这些观点，尽管不是每个工人都能认识得到？是否这些利益本身由于社会存在的客观差别而能够互相抵触？

如果问题这样提出来，那么答案也不可能有任何疑问。在第二次代表大会关于“共产党在无产阶级革命中的作用”的论纲中几乎逐字逐句复述了《共产党宣言》中的一段话：“共产党没有任何同整个无产阶级的利益不同的利益，它比其余的无产阶级群众优越的地方在于它清楚地了解整个无产阶级所要走的历史道路，并且

力求在这条道路的一切转弯处不是捍卫个别集团或职业的利益，而是捍卫整个无产阶级的利益。”只有承认无产阶级的客观经济存在是统一的，这段话才能理解和有意义。然而，在那种情况下，导致各种不同工人政党，导致成立共产党的无产阶级内部的阶层就决不是无产阶级的客观的经济阶层，而只是它的阶级意识发展中的一些阶段。就像个别的工人不是生来就是共产党人一样，个别的无产阶级阶层也不是由于它们的经济存在就预先注定要成为共产党人的。出生在资本主义社会并在它的影响下成长起来的每一个工人，都必须通过比较艰难的经验过程才能获得对自己阶级地位的正确理解。

共产党的斗争集中在无产阶级的阶级意识上。它在组织上与
495 阶级的分离在这种情况下并不意味着它想要**为了**阶级的利益**代替**阶级本身去战斗（这是布朗基分子做过的事情）。如果它要这样做，像革命进程中有时发生的那样，那么这首先不是为了争取有关斗争的客观目标（因为归根到底这些目标只能由阶级本身去赢得或保持），而只是为了推进或加速阶级意识的发展。革命的过程——在历史的规模上——与无产阶级阶级意识的发展是等义的。共产党与阶级本身的广大群众在组织上分离开来，是基于阶级内部在意识上的不同分层，但同时是为了加快在可能达到的最高意识水平上消除这些分层的过程。共产党必须作为独立的组织存在，这样无产阶级才能够直接看到自己的具有历史形象的阶级意识。同样，在日常生活的每一个事件中，整个阶级的利益所要求的观点才能够得到每一个工人都能懂得的明确表述。最后，整个阶级才有可能充分认识到自己作为阶级的存在。宗派的组织形式

人为地把“真正的”阶级意识（如果它这样抽象地孤立起来一般能
够存在的话）与阶级的生活和发展分离开来，机会主义者的组织形
式则是使这些意识的分层在尽可能最低的水平上、至多是在平均
数的水平上达成妥协。不言而喻，阶级的行动大体上是由这种平
均数决定的。但是由于这个平均数不是静止的并且不能由统计数
字决定，而是本身就是革命过程的产物，因此同样不言而喻，一个 496
基于现有平均数的组织是注定要阻碍发展，甚至要降低一般水平
的。相反，明确地确立在一定时刻客观上可以达到的最高可能性，
由觉悟的先锋队的独立组织所代表，这本身就是以对革命有利的
方式消除在这客观的可能性和实际的平均数意识状态之间的矛
盾。

如果组织上的独立性不同时意味着经常**在策略上**照顾最广
大、最落后的群众的意识水平，那它就毫无意义并且会直接倒退到
宗派主义。我们在这里可以看到正确理论对共产党组织的重要
性。共产党组织必须代表无产阶级行动的最高客观可能性。但是
要做到这一点，正确的理论见解是必要的前提条件。机会主义的
组织对错误理论的后果不像共产党组织那样敏感，因为它所包括
的是为了采取偶然行动的目的而比较松散地结合在一起的异质成
分，因为它不是真正受党的领导，而是由群众不可阻挡的运动推着
走，而且因为党实质上是由一种领导人和官员机械分工的等级制
结合在一起的。（至于经常错误地应用错误的理论必然导致党的
垮台，那是另一个问题。）共产党组织的极其实际的性质、它作为
斗争党的本质必须以它掌握正确的理论为前提，因为不然的话，错 497
误理论的后果很快就会毁灭它。而且，这种组织形式生产和再生

产出正确的理论见解，因为它在意识上和组织上都不断增强这种组织形式对理论观点后果的敏感性。这样，行动的能力、自我批评、自我矫正和理论发展的能力都共同处于一种经常相互作用的状态中。共产党甚至在理论上都不代表无产阶级行动。如果无产阶级的阶级意识相对于整个阶级的思想和行动说来是某种有机的和流动变化的东西，那么这必须反映在那种阶级意识的组织形式即共产党中。只是有一个差别，这里在组织上具体化了的是一个更高的意识阶段。意识发展中的多少混乱的升降起伏，表现出远胜于一切理论预见的阶级意识成熟性的闪光爆发与停滞、消极，只有隐蔽进展的半昏睡状态的相互交替，在这里与把“最终目标”和今天现实必要行动联系起来[①]的有意识努力相对立。因此，在党的理论中，阶级意识的过程、辩证法成为一种有意识展开的辩证法。

结果，在理论、党和阶级之间的这种经常不断的辩证的相互作用、理论的这种对阶级的直接需要的关注，决不意味着党被融化在无产阶级群众中。关于统一战线的论争表明了，几乎所有反对这种策略的人都对党在无产阶级意识发展中的真正作用缺乏辩证的
498 掌握，缺乏理解。更不要说那些把统一战线设想为无产阶级立即在组织上重新统一的误解了。但是害怕党可能由于过于接近看来是“改良主义的”日常口号和由于与机会主义者的偶然策略合作而牺牲它的共产主义性质，表明甚至现在还有大量共产党人对正确理论、对无产阶级的自我认识是对它在一定历史发展阶段的客观

① 关于最终目标和当前行动的关系，参看《什么是正统马克思主义？》一文。

地位的认识的观点、对“最终目标”从真正革命观点看辩证地寓于每一个日常口号中，并没有足够的信任。这表明他们仍然常常像宗派那样代替无产阶级行动，而不是让他们的行动去推进无产阶级阶级意识的真正发展过程。使共产党的策略适应阶级生活中那些似乎有真正阶级意识正在（即使以错误的形式）力争破土而出的方面，决不意味着无条件愿意实现群众的暂时愿望。相反，正是因为党力求达到客观革命可能性的最高点——而群众的暂时愿望往往是这点的最重要部分、最重要象征——它有时不得不采取与群众对立的立场；它必须通过拒绝他们现在的愿望来向他们指明正确的道路。它不得不指望，只是在**事后**，只是在经过许多痛苦的经验之后，群众才会理解党的观点的正确性。

但是这种与群众合作的可能性不应该看作是一般的策略模式。无产阶级阶级意识的发展（也就是无产阶级革命的发展）和共 499
产党的发展，从世界历史的角度看，的确是同一个过程。所以在日常实践中，它们以最密切的方式相互制约着。**但是尽管如此，它们的具体成长看起来并不是同一个过程。的确甚至没有始终一贯的平行性**。因为这个过程发展的道路、一定客观经济发展在无产阶级意识中引起的变化，尤其是在这一过程中党和阶级的交互作用所采取的形式，不能归结为公式化的“规律”。党的成熟过程、它的内在和外在的巩固，当然不像宗派那样发生在真空中，而是发生在历史现实的范围内，发生在与客观经济危机以及被这危机革命化了的群众经常不断的、辩证的交互作用中。可以像在两次革命之间的俄国那样，发展进程使党有可能在参加决战之前达到内部完全清晰的意识。但是也可以像在中欧和西欧的某些国家中那样，

危机如此广泛和如此迅速地使群众革命化，以致其中某些部分甚至在达到组织所必需的意识前提之前就成了有组织的共产党人。结果产生出共产主义的群众性政党，它们只是在斗争过程中才成为真正的共产党。不管这种建党的类型学可能多么复杂，不管在某些极端情况下可能产生这样一种印象，似乎共产党是从经济危机中按照“规律”有机地成长起来的，然而决定性的步骤、革命先锋
500 队有意识的内在组织结合，即真正共产党的产生**仍然总是这个有意识的先锋队本身的有意识的、自由的行动**。举两个极端的例子，无论是一个相当小的内部巩固的政党通过与无产阶级广大群众的交互作用发展为一个大的群众性政党，还是一个自发产生的群众性政党在经过许多内部危机之后发展成为一个共产主义的群众性政党，在这一点上情况都没有什么不同。所有这些过程的理论基础仍然是一样的：克服意识形态危机，争取获得正确的无产阶级阶级意识。从这个观点看，过高估计必然性因素，以为任何一种策略都可能发动甚至一系列行动（不要说决定革命进程本身），并且不可避免地激起导致甚至更遥远目标的连锁反应，对革命说来是危险的。以为最大最有组织的共产党的最成功的行动除了正确地领导无产阶级去为它本身（即使不是完全有意识地）追求的目标而斗争以外还能做得更多，也同样是危险的。纯粹静止地按统计资料来看待无产阶级的概念，也同样是错误的；正如列宁说的，“群众的概念在斗争进程中发生变化”。共产党是一种为革命利益服务的无产阶级阶级意识的**独立形式**。应该按这种双重的辩证关系从理论上正确地理解它：它既是这种意识的**形式**，又是**这种意识**的形式，即它既是一种独立现象，又是一种从属现象。

5

501

因此，在党和阶级的关系中策略和组织的分离是确切的，即使它总在不断变化，并且使自己适应变化的情况。这种分离作为党的内部问题采取的是策略问题和组织问题统一的形式。我们关于这种党的内部生活的经验，自然必须比在已经讨论的问题上还要更多地依靠俄国党及其为建立真正共产主义组织所采取的现实的和有意识的措施。俄国以外的党在“幼稚病”时期往往倾向于一种关于党的宗派观点。同样在后来，它们只关心“外部”活动、即党对群众的宣传和组织工作，而忽视它们的“内在”生活。显然，这也是一种“幼稚病”，它在一定程度上是由大的群众性政党的飞速增长、几乎连续不断的重要决策和行动以及党“向外”使用精力的需要所造成的。但是理解导致错误的原因，决不意味着要容忍错误。更何况正确的“向外”行动最清楚地表明了，在党的内部生活中截然区分策略和组织是多么毫无意义，这种内部统一是如何强烈影响党的“向内”生活和“向外”活动之间的紧密联系（即使现在每个共产党从它由此产生的环境承袭下来的这种经验上的分离看起来几乎不可克服，这也适用）。因此，每个人必须从直接的日常实践中
学会，党在组织上的集中（以及由此产生的、只不过是其另一方面 502
的一切纪律问题）和采取策略主动性的能力是相互制约的概念。一方面，党所要采取的策略要有可能对群众产生影响，必须以它们能够在党内产生影响为前提。不仅仅是机械地、通过诉诸纪律来保证党的个别部分牢固地控制在中央手中，犹如集体意志的真正肢体那样对外部世界起作用。而应该意味着党是这样一个统一的

构成物，斗争方向一发生变化，它的一切力量就要重新组合，观点一发生变化，就要对每一个党员发生影响。总之，组织对方向变化、斗争活动升级和撤退需要等的敏感性会提高到最高限度。但愿现在已无须说明，这决不意味着要求“机械服从”(Kadavergehorsam)。因为很明显，正是组织方面的这种敏感性能够对个别口号等的错误最迅速地、在其实际应用时就加以揭露，正是它会竭力去创造一种有可能进行健康的和增加行动能力的自我批评的局面。[①] 另一方面，不言而喻，党在组织上的牢固结合不仅给它提供客观的行动能力，而且还在党内创造一种使得有可能大力干预实际事务和利用它们所提供的机会的内在气氛。所以，当党的一切力量都彻底集中在一起的时候，它们单是由于自己内在的动力就
503 必定要驱使党向行动和主动的方向前进。相反，组织不够牢固的感觉必定要对党的策略决定、甚至基本理论立场产生阻碍和瘫痪的作用(例如，德国共产党在卡普暴动时的情况就是如此)。

第三次代表大会的组织论纲中说：“对共产党说来，决没有党组织在政治上不积极的时候。”革命准备和革命行动本身自始至终都是策略和组织的工作，但是只有充分领会策略和组织的统一，才能正确理解这一点。如果把策略和组织分离开，如果不看到两者都包括在无产阶级阶级意识的同一个发展过程中，那么策略概念必然要陷入机会主义和盲动主义的两难境地。在那种情况下，“有

① “关于个人所说的话，作适当的修改，也适用于政治和政党。聪明人并不是不犯错误的人。不犯错误的人是没有而且也不可能有的。聪明人是犯的错误不太大同时又能容易而迅速地纠正错误的人。”见《共产主义运动中的“左派”幼稚病》，《列宁全集》中文第2版，第39卷，第16页。

组织的"行动不是"觉悟的少数人"夺取政权的孤立行为,就是为了满足群众日常愿望的"改良主义"措旋,而组织只能起为行动做"准备"的技术作用。(塞拉蒂及其追随者,还有保尔·列维的观点就是处于这种阶段。)革命的形势可能是持久的,但这决不意味着无产阶级能够在任何时刻夺取政权。它只意味着,由于客观的一般经济形势的结果,这种形势的每一种变化、由它引起的群众中的每一种运动都包含着无产阶级可以利用来促进自己的阶级意识的革命倾向。在这种场合下,这种阶级意识的独立表现即共产党的内在发展是最重要的因素。形势中的革命的东西首先和最明显地表现在社会制度越来越不稳定,而这反过来又是由资产阶级社会所 504
赖以建立起来的各种力量越来越失去平衡造成的。无产阶级的阶级意识成为独立的并采取了客观形式这一点,**只有当它在每个时刻真的体现无产阶级这个时刻的革命意义时**,对无产阶级才有意义。因此,在客观革命的形势下,革命马克思主义的正确性远胜过它的理论的"一般"正确性。正因为它已成为完全现实的、完全实际的东西,理论必须成为日常每一个步骤的指针。只有理论完全脱去它的纯粹理论性质,成为纯粹辩证的东西,这一点才有可能做到。这就是说,它必须在实践中克服在一般和特殊之间、规律和"归入"它的事例之间、规律和它的应用之间的一切矛盾,也就是理论和实践之间的一切矛盾。机会主义者的策略和组织建立在抛弃辩证方法的现实政治上,他们为适应日常的要求而牺牲坚实的理论基础,而另一方面,他们在日常实践中拘泥于他们物化的组织形式的刻板公式和策略上的陈规旧套。相反,共产党必须确切地跟上当前的要求,从而在自己内部生动地保持着这些要求和"最终目

标”之间的辩证的矛盾关系。对个人说来，这意味着要有一种“天才”，这是革命的现实政治永远不可能指望有的东西。事实上，这不是强迫做到的，因为共产主义组织原则的有意识发展是开始在
505 革命先锋队中培养实践辩证法的途径。这种策略和组织的统一、立即给每一次理论应用、每一个策略步骤以组织支持的必要性，是有意识地用来对付教条主义僵化的预防药。因为这种僵化是对在资本主义制度下成长起来的带有物化意识的人所采用的每一种理论的经常威胁。由于这同一个制造公式化意识的资本主义环境，在它目前的危机状态中越来越采取新的形式，从而越来越不能为公式化的观点所理解，这种危险就更大。所以，今天是对的东西，明天可能是错的。服正确的剂量能治病的东西，服得过多或过少可能引起致命的后果。正如列宁在谈到共产党教条主义的某些形式时说的，“只要再多走一小步，看来像是朝同一方向多走了一小步，真理便会变成错误。”①

反对物化意识影响的斗争本身是一个充满顽强斗争的漫长过程，以为那些影响的形式或具体现象的内容可以预先决定是错误的。但是物化意识对生活在今天的人们的统治的确有那种影响。如果物化在一点上被克服了，那么立即就产生出这种导致这一克服的意识状态本身凝固为一种新的、同样是物化的形式的危险。
506 例如，生活在资本主义制度下的工人必须克服这样一种幻想，即资产阶级社会的经济或法律形式构成人的“永恒的”、“理性的”和“自

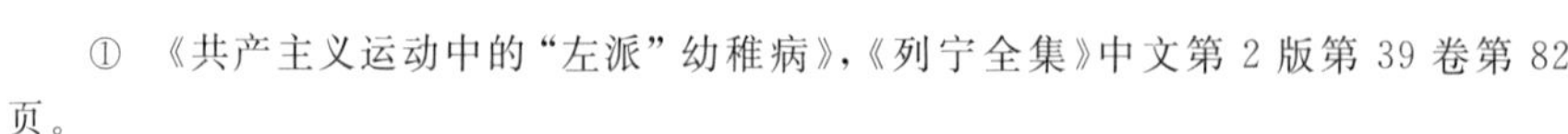

① 《共产主义运动中的“左派”幼稚病》，《列宁全集》中文第2版第39卷第82页。

然的"环境。他们必须破除他们对他们习惯的社会环境的过分尊敬。

但是在他们夺取政权以后，在他们在公开的阶级战争中推翻了资产阶级以后，列宁所说的"共产党员的狂妄自大"就有可能变得与他们早先对资产阶级表现的孟什维克的怯懦一样危险。正是因为共产党人的正确理解的历史唯物主义——与机会主义的理论截然相反——从这一点出发，即社会的发展不断地产生出崭新的，而且是在质的意义上崭新的现象，[①]每个共产主义组织必须准备好尽可能提高它对任何新现象形式的敏感性和向历史一切方面学习的能力。它必须防止昨天用以赢得胜利的武器由于它的僵化而变成为未来斗争的障碍。"我们必须向普通店员学习"，列宁在我们刚才引的演说中关于共产党人在新经济政策中的任务这样说道。

策略的灵活性、变化和适应的能力与严格的组织，只是同一件事情的两面。共产党组织形式的这种最深刻意义甚至在共产党圈 507
子中也很少全面地领会。尽管不但是正确行动的可能性，而且连共产党的内在发展能力都取决于对它的正确应用。列宁顽强地坚

① 关于积累的论争就已经把注意力集中在这一点上。在关于战争和帝国主义的论争中，对这一点的强调甚至更加尖锐。参看《反潮流》第 321 页上季诺维也夫反对考茨基的话。列宁在俄共第 11 次代表大会上关于国家资本主义的演说中谈得更加尖锐："我们现有的这种国家资本主义，是任何理论、任何著作都没有探讨过的，原因很简单，所有同这一名词有关的常用概念都只适用于资本主义社会的资产阶级政权。而我们的社会虽已脱离资本主义轨道，但还没有走上新轨道，不过领导这个国家的已不是资产阶级，而是无产阶级。我们将有的那种国家资本主义，取决于我们，取决于共产党和工人阶级。"

持反对任何关于人是必须用来进行革命和赢得胜利的材料的空想观点：这种材料所包括的必然是在资本主义社会成长起来并被资本主义社会败坏了的人。然而，反对空想的希望或幻想，决不意味着只能听天由命地承认这一事实。但是，由于希望人在资本主义仍然存在时能发生内在的变化是一种乌托邦幻想，我们必须设法找到能抵制这种形势的破坏性影响、一当它们出现就能加以纠正并且能把由此产生的毒瘤加以消灭的**组织上的措施和保证**。理论教条主义只是每一个人和每一个组织在资本主义环境中不断遇到的那种僵化倾向的一个特殊事例。资本主义的意识的物化使人既过分个体化又机械地对象化。[①] 不是基于人的本性的分工一方面使得人们在自己的活动中僵化，把他们变成工作中的自动机，并且使他们成为陈规旧套的奴隶。另一方面，这种分工同时又过分提高他们的个人意识，由于不可能在工作中得到满足和充分发挥个性，这种个人意识本来已经成为空洞抽象的东西，现在又变成为贪求名利的野蛮的利己主义。这些倾向必然会在共产党中继续起作
508 用，共产党毕竟从来没有声称能够通过奇迹改造其成员的内在本性。由于有目的的行动的需要，党也必须在一定程度上采用分工，情况就更是如此，而这必然要引起僵化、官僚化和腐化的危险。

党的内部生活是一种反对它的这种资本主义遗产的经常性斗争。它拥有的唯一决定性的组织武器，是它能够把所有党员召到一起来**全身心地**参加党的活动。一个人在党内的工作不应该被看作是一种可以严肃认真和尽心尽力、但只是作为公务去完成的官

① 关于这一点，参看《物化和无产阶级意识》一文。

职；相反，每个党员的活动必须涉及各种各样党的工作。而且这种
活动必须按照实际工作情况而有所变化，以便党员能够全身心地
与整个党的生活和革命保持生动关系，以便他们不再只是必然受
到内在僵化危险影响的专门家。[①] 这里我们再一次看到策略和组
织的不可分割的统一。党内的每一种等级制(当斗争在进行时，等
级制是绝对不可避免的)，都必须建立在一定类型的才能适合一定
斗争阶段的客观要求的基础上。如果革命的发展超过了这个阶
段，那么只是靠改变策略或者甚至改变组织形式(例如把非法的方
法改变为合法的方法)，是不可能适应新形势的要求的。必须同时  509
对党的等级制中的干部进行重新配置：新的人选必须确切适合斗
争的新阶段。[②] 当然，实现这一点不可能没有"错误"或危机。如
果共产党的发展不经常遇到这种危险，那它就是资本主义汪洋大
海中的一座幻想的乌托邦仙岛了。它的组织中的有决定意义的新
东西，只是它以越来越有意识的形式反对这种内在的危险。

如果党的每个成员都这样全身心地参加到党的生活中来，那么同样的集中和纪律原则就会统辖党员意志和党的领导人意志之间的生动的相互作用，就会保证党员的意志和愿望、建议和批评受到党的领导人的应有重视。党的每个决定都必须在所有党员的行动中产生影响，每个口号都要导致党员的行动，个别党员可能要为

① 参看第三次代表大会的组织论纲中关于党的出版物的非常有趣的一节。在第48条中非常清楚地表述了这种要求。但是组织的全部技术内容，如议会党团与中央委员会的关系、合法工作和非法工作的变换等，是建立在这一原则的基础之上的。

② 参看列宁1922年3月6日在全俄金属工人代表大会上的演说以及在俄共第十一次代表大会上关于新经济政策对党组织的涵义的演说。

之付出自己的整个肉体的和精神的存在。正是由于这个原因，他们不仅有权利而且有义务提出批评，使他们的经验和疑虑等发挥作用。如果党只包括与普通党员群众脱离的各级干部，普通党员一般只能起消极旁观者的作用，如果党只是偶尔作为整体行动，那
510 么这就会在党员中产生某种对领导人的日常行动交织着盲目信任和漠不关心的冷漠情绪。他们的批评至多将是事后的批评（在代表大会上），对未来行动的实际方面很少能起决定性的影响。反过来，所有党员积极参加党的日常生活、必须全身心地致力于党的一切活动，是迫使领导使他们的决议真正为党员所理解并使党员确信其正确性的唯一手段。因为不做到这一点，这些决议就不可能得到正确的实现。（党的组织越完备，每个党员的职责越重要——例如作为工会代表团的成员等——这种必要性就越迫切。）但是甚至在行动之前，更不必说在行动当中，这些对话必定导致全党意志和中央委员会意志之间的这种生动的相互作用；它们必定对从决议到行动的实际过渡起校正等等作用。（这里也是交互作用随着集中和纪律的增强而增强。）这些倾向贯彻得越深刻，从资产阶级政党政治中遗留下来的领袖和群众之间的严格无情的对立就消失得越快。干部等级制中的重新配置会加速这一过程。事后的批评——目前还是不可避免的——将越来越成为一种越来越针对未来的**具体的和一般的**策略和组织经验的交流。自由——正如德国古典哲学家所理解的那样——是实际的东西，是一种活动。
511 共产党只有通过变成为它的每个成员的活动世界，才能真正希望克服资产阶级的人在他不能理解的事件的必然性面前所采取的消极态度。只有那时它才能真正克服它的意识形态形式，即资产阶

级民主的形式上的自由。权利和义务分离，只有在领导人与群众分离、领导人**代表**群众行动、而群众采取宿命论的直观的立场时，才是可能的。然而，真正的民主、消灭权利和义务的分裂，决不是形式的自由，而是集体意志的成员们的密切联系的和团结合作的行动。

受到大量诽谤中伤的“清党”问题，只是同一个问题的消极面。这里，也像在任何问题中一样，必须从空想退回到现实。例如，第二次代表大会的第二十一条中所包含的每个合法党必须间或进行这种清洗的要求，证明是一种与西方新诞生的群众性政党所达到的发展阶段不相容的空想要求。（第三次代表大会对这个问题提出了更谨慎得多的观点。）然而，尽管如此，写进这一条并不是一个“错误”。因为它明确无误地指出了共产党的内部发展所必须采取的**方向**，即使这一原则实现的**方式**将由历史情况决定。正是因为组织问题是革命发展的最深刻的和最富思想性的问题，即使这种问题在目前实际上还不能实现，让革命先锋队的意识中装进这种问题是绝对必要的。俄国党的发展出色地表明了这个问题的实际重要性。正如策略和组织的不可分割的统一所暗示的那样，它的重要性超出了党的内部生活，扩展到了党与所有广大劳动 512
群众的关系。清党在俄国按照革命的不同阶段采取了许多不同的方式。在去年秋天进行的最近这一次，我们看到常常运用这样一条最有趣和重要的原则，即非党的工人农民的意见和经验得到利用，使这些群众被吸引到清党工作中来。不是说党打算今后盲目地接受这些群众的判断，而是说在排除那些已与群众脱离的腐化的、官僚化的和革命中不可靠的分子时，它愿意考虑他们的建议和

反对意见。[①]

因此，这个最本质的内部问题说明了在共产党发展的更高阶段上党和阶级之间的最本质的关系。它表明，觉悟的先锋队和广大群众之间在组织上的尖锐分离只是整个阶级的统一而辩证的发展过程以及它的意识发展的一个方面。但同时它也表明，这个过程越是明确有力地把当前的必然性与其历史意义联系起来，就越是能够明确有力地把进行活动的个别党员作为个别来理解；它就越是能够利用他，使他得到充分发展并对他作出判断。作为整体的党将通过它的行动克服按照民族、职业等以及按照生活现象形式（经济和政治）的物化的划分。因为这是为了革命的统一和合
513 作，为了建立无产阶级的真正统一。它就这样用它的严格的组织以及由此产生的铁的纪律和对全身心投入的要求，为它的全体成员撕碎蒙在资本主义社会中个人意识之上的物化的面罩。至于这是一个旷日持久的过程，我们才刚刚开始，这一点不能够也不应该阻碍我们尽可能明确地认识这里作为觉悟工人的要求出现的这个**原则**：走向“自由王国”。正是因为共产党的产生只可能是有阶级觉悟的工人的有意识的成果，向正确认识跨出的每一步同时也是把这一认识变为现实的一步。

1922年9月

① 参看列宁1921年9月21日在《真理报》上的文章。不用进一步讨论就能看到，这一组织措施也是一种能增加共产党威信、加强它和工人群众的关系的出色的策略措施。

人名索引*

Adler, M. M.阿德勒 15f.,73 f.

Aischylos 埃斯库罗斯 306

Andler, E. E.安德勒 366

Anselm von Canterbury 坎特伯雷的安瑟伦 236

Aristoteles 亚里士多德 127, 209,306,312

Avenarius, R. R.阿芬那留斯 223

Bachofen, J. J. J. J.巴霍芬 306

Bacon, F. F.培根 213,236f.

Ballod, K. K.白劳德 167

Bauer, B. B.鲍威尔 81,238,281

Bauer, O. O.鲍威尔 99 ff.,107 ff.,447

Bebel, A. A.倍倍尔 450

Becker, J. Ph. J. Ph.贝克尔 155

Bentham, J. J.边沁 319

Bergbohm 伯格鲍姆 205

Bergson, H. H.柏格森 208

Berkeley, G. G.贝克莱 211, 216,242

Bernstein, E. E.伯恩施坦 5,21, 63 f., 70, 97f., 109, 112, 117, 316,362,429,441f.,465,491

Blanqui, J. J.布朗基 97,112, 495

Bloch, E. E.布洛赫 280f.,331, 348

Bloch, J. J.布洛赫 84

Blum (= Georg Lukács) 勃鲁姆(卢卡奇的化名) 5,34 ff.,41 f.,45

Böhme, J. 伯麦 212

Bordiga, C. C.波尔迪加 10

Borgius, W. W.博尔吉乌斯 392

Borttieber, G. G.波尔什梯贝 48

Brandler, H. H.布兰德勒 32

Briand, A. A.白里安 362

* 本索引页码系指原书页码,即本书的边码。——编者注

Bucharin, N. N. 布哈林 5, 38, 354, 385, 490f.
Bücher, K. K. 毕歇尔 177
Burke, E. E. 布尔克 205

Carlyle, T. T. 卡莱尔 149, 248, 281, 328, 360
Cassirer, E. E. 卡西勒 211, 217, 236, 246, 335
Cohen, H. H. 科恩 224
Comte, A. A. 孔德 75, 260, 275
Condorcet, A. Marquis de 孔多塞 260
Corneille, P. P. 高乃依 306
Cunow, H. H. 库诺夫 77, 83, 136
Cusanus, N. 库萨的尼古拉 257

David, E. E. 大卫 463
Deseartes, R. 笛卡儿 211, 218, 236 f., 239
Dietzgen, J. J. 狄慈根 52, 55, 155
Dilthey, W. W. 狄尔泰 22, 273
Dostojewski, F. M. F. M. 陀思妥耶夫斯基 407
Dühring, E. E. 杜林 61, 292 f., 375, 399, 402, 475, 482
Dvorak, A. A. 德沃夏克 273

Eckstein, F. A. F. A. 埃克施坦 99
Engels, F. F. 恩格斯 19 f., 37, 43, 51—54, 61, 63, 66 f., 79, 84, 119 f., 123 f., 129, 131, 135—137, 155, 158, 195, 198f., 240—243, 289, 292f., 297, 307, 318, 328, 331, 340, 342, 366, 369ff, 375, 384f., 388, 391f., 399, 402, 406, 434f., 437, 450, 463, 465, 475f., 482f., 485f.
Epikur 伊壁鸠鲁 261

Feuerbaeh, L. L. 费尔巴哈 18, 22, 41, 53, 58, 63, 84, 86, 111, 120, 164f., 217, 240, 289, 303, 322, 326, 333, 339f., 342, 345f., 401
Fichte, J. G. J. G. 费希特 8, 39, 81, 222f., 226—228, 238, 250, 252f., 257, 265, 279, 334, 480
Fiedler, K. K. 费德勒 253
Fischer, R. R. 费舍尔 32
Fischer 费舍尔 83
Flaubert, G. G. 福楼拜 253
Fludd, R. R. 弗罗特 212
Fogarasi, A. A. 福加拉西 194
Franklin, B. B. 富兰克林 128, 331
Friedrich der Große 弗里德里希大

帝 379
Friesland(=Ernst Reuter) 弗里斯兰(恩斯特·罗伊特的化名) 422

Galilei,G. G.伽利略 66,236,247
Goethe,J. W. von 歌德 243,250,255
Goldmann,L. L.戈尔德曼 23
Gottl,F. F.高特尔 177,181,213
Guesde,J. J.盖得 91

Hamann,J. G. J. G.哈曼 208,255
Hegel,G. W. 黑格尔 6f.,21—25,39—43,52—57,59f.,63f.,68,70f.,80—87,94—97,103f.,106,110ff.,121f.,136,138,164f.,170,230f.,233f.,238f.,241,243,252ff.,256f.,259,261—267,275—278,281,284—287,289,292f.,297f.,301f.,308,312,314f.,325ff.,334,342,344f.,347f.,352ff.,371ff.,376,391,478
Heidegger,M. M.海德格尔 23,25
Helvetius,C. A. C. A.爱尔维修 245
Heraklit 赫拉克利特 312
Herzen,A. A.赫尔岑 95
Hess,M. M.赫斯 5,22,39ff.
Hilferding,R. R.希法亭 88,202f.,462
Hobbes,T. T.霍布斯 211,237,246
Holbaeh,P. H. P. H.霍尔巴赫 245f.,259
Holst,R. R.霍尔斯特 10
Horthy von Nagybauya,N. 霍尔蒂·冯·纳吉包雅 32f.
Hugo,C. C.胡果 206,335
Hume,D. D.休谟 211,216f.,241
Husserl,E. E.胡塞尔 220f.

Jacobi,F. H. F. H.雅可比 334
Jellinek,G. G.耶利内克 206
Junius,(=Rosa Luxemburg)H. H. 尤尼乌斯(罗莎·卢森堡的笔名)422,426,428,444,446,457
Kalvin,J. J.加尔文 330
Kant,I. 康德 19,22,54,74,81ff.,89,110f.,194f.,209f.,215—219,228—231,233f.,240—244,247ff.,251,253f.,266,284,331,334,341—344,353,376,478,480
Kapp,W. W.卡普 11,503

Karner　卡尔纳　135
Károlyi,A.　A.卡罗伊　471
Kautsky,K.　K.考茨基　6,21,337,378f.,406,435,441,447,462,478,506
Kelsen,H.　H.克尔森　206
Kemal Pascha　凯末尔巴夏　427,474
Kepler,J.　J.刻卜勒　247
Kerensky,A.　A.克伦斯基　471
Kierkegaard,S.　S.克尔凯郭尔　6,22
Kirchmann　基尔希曼　102
Kopernikus,N.　哥白尼　210,377,409
Kornilow　科尔尼洛夫　450
Korsch,K.　K.科尔施　34
Kroner,R.　R.克隆纳　22
Kun,B.　B.库恩　9,11,13f.,34

Landler,E.　E.兰德列尔　13f.,31,33
Lange　朗格　237
Lask,E.　E.拉斯克　217,220,224,257,346
Lassalle,F.　F.拉萨尔　5,39f.,43,104,275,312,335ff.,354
Leibniz,G.W.　G.W.莱布尼兹　211,218,221f.,252
Lenin,W.I.　W.I.列宁　5,9—14,18,21f.,30f.,33,36ff.,50f.,54,91,105f.,339,345,394,419,422f.,426ff.,431,435,438f.,442ff.,446—449,452,457,460,465,467,473ff.,488,500,502,505ff.,509,512
Lensch,P.　P.连施　362,441
Lessing,G.E.　G.E.莱辛　379
Levi,P.　P.列维　422f.,456,503
Lifschitz,M.　M.里夫希茨　42f.
Locke,J.　J.洛克　216,246
Löwith,K.　K.勒维特　22
Ludwig XVI.　路易十六　471
Ludz,P.　P.卢兹　5
Lunatscharski,A.W.　A.W.卢那察尔斯基　15f.
Luther,M.　M.路德　246,329
Luxemburg,R.　R.罗莎·卢森堡　6,14,49f.,94,97,99—103,105—109,112—115,117f.,143,145,204,244,316,383,415,422f.,425—434,438—443,445—448,451,456f.,462—465,482

Mac Culloch,J R.　J.R.麦克库洛赫　107
Mach,E.　E.马赫　62,72,76,223
Maimon,S.　S.迈蒙　222,253,344
Marat,J.P.　J.P.马拉　147

Marx, K. K.马克思 5f., 17f., 21ff., 25, 28ff., 37, 39—44, 50—57, 58—66, 68—71, 73, 75—86, 88ff., 94—97, 99—108, 110f., 113, 119—125, 127f., 133—136, 139f., 143—147, 150, 155, 157—160, 162—166, 168, 170—180, 182—187, 192, 196f., 199f., 203f., 206, 210, 213, 234, 236, 238f., 241ff., 246, 266ff., 272, 278f., 281ff., 291—295, 297f., 301, 303f., 306, 309f., 312ff., 317—320, 325—328, 339—342, 346, 350, 352, 354, 360, 364ff., 369—374, 376f., 379ff., 383—394, 401f., 405f., 408, 410, 433, 453f., 465, 479f., 486

Masslow, A. A.马斯洛夫 32

Mayer, G. G.迈尔 354

Mehring, F. F.梅林 43, 124, 303, 379

Meister Eckhart 迈斯特·爱克哈特 259, 334

Mignet, F. F.米涅 147

Millerand. A. A.米勒兰 362

Moleschott, J. J.摩莱肖特 345

More, Th. Th.摩尔 127

Münzer, Th. Th.闵采尔 331

Napoléon 拿破仑 141, 379

Natorp, P. P.那托尔普 209

Newton, I. Sir I.牛顿 241, 250

Nietzsche, F. F.尼采 281, 323f.

Noske, G. G.诺斯克 118

Novalis (= Friedrich von Hardenberg) 诺瓦里斯(=弗里德利希·冯·哈登贝格) 262

Pannekock, A. A.潘涅库克 10, 406, 441f., 457, 462

Parvus (= Alexander Helphand) 帕尔乌斯(=亚历山大·格尔方德) 362

Platon 柏拉图 83, 127, 209, 237, 256f., 344ff., 348f.

Plechanow, G. W. G. W.普列汉诺夫 22, 43, 52, 54, 245f., 252, 259, 274, 281, 286

Poincaré, H. H.彭加勒 223

Preuß, H. H.普罗伊斯 205

Proklos 普罗克洛 218, 352

Proudhon, P. J. P. J.蒲鲁东 75, 103, 108, 283, 389, 404

Quesnay, F. F.魁奈 204

Ranke, L. von L. von兰克 122

Révai, J. J.列瓦伊 34f., 351, 456

Ricardo, D. D.李嘉图 73, 98,

101ff.,121,143,158,204,360,386
Rickert,H. H.李凯尔特 75,222,224,269ff.,273,275f.,281,345
Riegl,A. A.里格尔 273
Rodbertus,J. K. J. K.洛贝尔图斯 102
Rosenkranz,K. K.罗森克兰茨 104
Rousseau,J.-J. J.-J.卢梭 247,376
Rühle 吕勒 442
Ruskin,J. J.罗斯金 248

Sartre,J. P. J. P.萨特 23
Sawinkow,B. B.萨文柯夫 412
Say,J. B. J. B.萨伊 107f.
Scheidemann,P. P.谢德曼 118
Schelling,F. W. F. W.谢林 24,238,252f.,258
Schiller,F. von F. von 席勒 248,251
Schlegel,F. F.施莱格尔 253,260
Schmidt,K. K.施米特 198,434
Schmitt,C. C.施密特 5
Schmoller,G. von G. von 施莫勒 205
Schopenhauer,A. A.叔本华 57,121,344
Serrati,G. M. G. M.塞拉蒂 427,442,460,503
Shakespeare,W. W.莎士比亚 306
Simmel,G. G.西美尔 6,187,278
Sinowjew,G. J. G. J.季诺维也夫 11,13,91,435,506
Sismondi,J. J.西斯蒙第 75,102,106,149,271,360,386
Smith,A. A.斯密 101,121,204,360
Sokrates 苏格拉底 324
Solger,K. K.苏尔格 253
Sombart,W. W.桑巴特 177,362
Somlo,F. F.佐穆洛 206
Sorel,G. G.索列尔 6
Sorge,F. A. F. A.左尔格 155
Spann,O. O.斯班 5
Spencer,H. H.斯宾塞 75,260,275
Spengler,O. O.施本格勒 323f.
Spinoza,B. de B. de 斯宾诺莎 211,218f.,233,252,254,258,263
Stahl,F. F.施塔尔 205
Stalin,J. J.斯大林 11,31f.,38
Stammler,W. W.施塔姆勒 207,224

Ströbel, H.　H. 施特勒贝尔　442
Struve, P. B. von.　P. B. von 司徒卢威　51, 362
Susmann, M.　M. 苏斯曼　44
Szabó, E.　E. 萨博　6, 129
Szamuely, T.　T. 萨穆埃里　9

Taylor, G. R. S.　G. R. S. 泰勒　177, 193
Terracini　特拉契尼　10
Thalheimer, A.　A. 塔尔海默　32
Thomas von Aquino　托马斯·阿奎那　209
Tönnies, F.　F. 托尼斯　211, 239
Tolstoi, L. N.　L. N. 托尔斯泰　329
Trotzki, L. D.　L. D. 托洛茨基　32, 431, 478
Tugan-Baranowsky, M. I.　M. I. 杜冈—巴拉诺夫斯基　108f., 202, 362

Vaihinger, H.　H. 瓦兴格　223
Vico, G.　G. 维科　210f., 261
Voltaire, F.　F. 伏尔泰　205
Vorländer, K.　K. 伏尔兰德　53f.

Warski, A.　A. 瓦尔斯基　422
Weber, A.　A. 韦伯　177, 187
Weber, M.　M. 韦伯　6, 126, 187—190, 193, 214, 275, 292, 331, 335, 484
Windelband, W.　W. 文德尔班　222, 224
Wittfogel, K. A.　K. A. 魏特福格尔　5, 39
Wundt, W.　W. 冯特　208

Zenon　芝诺　353
Zetkin, K.　K. 蔡特金　422, 442

图书在版编目(CIP)数据

历史与阶级意识/(匈)卢卡奇著;杜章智,任立,燕宏远译.—北京:商务印书馆,2017
(汉译世界学术名著丛书:120年纪念版:珍藏本)
ISBN 978-7-100-14633-3

Ⅰ.①历… Ⅱ.①卢… ②杜… ③任… ④燕… Ⅲ.①唯物辩证法—研究 Ⅳ.①B024

中国版本图书馆CIP数据核字(2017)第152206号

汉译世界学术名著丛书
(120年纪念版·珍藏本)
历史与阶级意识
——关于马克思主义辩证法的研究
〔匈〕卢卡奇 著
杜章智 任 立 燕宏远 译

商 务 印 书 馆 出 版
(北京王府井大街36号 邮政编码100710)
商 务 印 书 馆 发 行
北 京 冠 中 印 刷 厂 印 刷
ISBN 978-7-100-14633-3

2017年12月第1版 开本710×1000 1/16
2017年12月北京第1次印刷 印张29¼
定价:146.00元

珍藏本
纪念版

汉译世界学术名著丛书

拓扑心理学原理

〔德〕库尔特·勒温 著

高觉敷 译

商务印书馆
SINCE 1897
The Commercial Press

2017年·北京

Kurt Lewin
PRINCIPLES OF TOPOLOGICAL PSYCHOLOGY
The McGraw-Hill Companies, Inc. 1936
本书根据麦格劳-希尔出版公司 1936 年版译出

汉译世界学术名著丛书
（120年纪念版·珍藏本）
出版说明

2017年2月11日，商务印书馆迎来120岁的生日。120年前，商务印书馆前贤怀揣文化救国的理想，抱持“昌明教育，开启民智”的使命，立足本土，放眼寰宇，以出版为津梁，沟通中西，为中国、为世界提供最富智慧的思想文化成果。无论世事白云苍狗，潮流左右激荡，甚至战火硝烟弥漫，始终践行学术报国之志，无改初心。

逐译世界各国学术名著，即其一端。早在20世纪初年便出版《原富》《天演论》等影响至今的代表性著作，1950年代后更致力于外国哲学和社会科学经典的译介，及至1980年代，辑为“汉译世界学术名著丛书”，汇涓为流，蔚为大观。丛书自1981年开始出版，历时三十余年，迄今已推出七百种，是我国现代出版史上规模最大、最为重要的学术翻译工程。

丛书所选之书，立场观点不囿于一派，学科领域不限于一门，皆为文明开启以来，各时代、各国家、各民族的思想与文化精粹，代表着人类已经到达过的精神境界。丛书系统译介世界学术经典，引领时代思想，为本土原创学术的发展提供丰富的文化滋养，为推动中国现代学术和现代化进程做出了突出的贡献。

为纪念商务印书馆成立120周年，我们整体推出“汉译世界学术名著丛书”120年纪念版的珍藏本，寄望既利于文化积累，又便于研读查考，同时向长期支持丛书出版的译者、编者和读者致以敬意。

两甲子后的今天，商务印书馆又站在了一个新的历史时间节点上。我们不仅要铭记先辈的身影和足迹，更须让我们的步伐充满新的时代精神。这是商务人代代相传的事业，更是与国家和民族的命运始终紧密相连的事业。我们责无旁贷，必须做好我们这代人的传承与创造，让我们的努力和成果不仅凝聚成民族文化的记忆，还能成为后来人可以接续的事业。唯此，才能不负前贤，无愧来者。

商务印书馆编辑部

2017年10月

译　　序

我于1937年连续在《东方杂志》发表两篇论文，介绍德籍犹太人库尔特·勒温(K. Lewin)的《形势心理学原理》(*Principles of Topological Psychology*)。由于当时"拓扑学"(Topology)一词较为陌生，故将它译为形势。解放后，拓扑学日益为人所熟悉，而"形势"一词又已有了新的涵义。所以1978年中国心理学会在保定举行专业会议时，我在发言中谈到了这个译本，深盼有机会将《形势心理学原理》正名为《拓扑心理学原理》再版出书。

我在我的书库里原藏有勒温的两本大著《拓扑心理学原理》和《人格动力说》。1979年在主编《西方近代心理学史》时，由于好几位编辑都要参考拓扑心理学，彼此传观，就把此书丢失了。那时，我方受命急于修订波林《实验心理学史》的旧的译本，无暇追查。一下又过了好几年。"文革"结束之后，国外心理学出版物也陆续进口了。马罗(A. Marrow)的《重视实际的理论家》、费斯汀格(L. Festinger)《社会心理学回忆》以及其他有关勒温的著作又与我们见面了，特别是马罗的书是专述勒温的传略，费斯汀格的书抬高了勒温在社会心理学史上的地位。我更感到有必要修改解放前交由正中书局出版的《形势心理学原理》。

但没有原书籍如何修改呢？这里，我必须感谢商务印书馆原历史编辑室主任陈应年同志和湖南师范大学教授孙名之同志。他们在国内各学术机构，煞费苦心地四处搜求，才得以复制这本书，使修改旧译有所依据。所可憾者，为了保护孙同志的视力，使不更恶化，我只得独任其劳，可能增加我在解释或体会上的错误。

马克思在他的《关于费尔巴哈的提纲》第三条曾论及人和环境的关系，而传统心理学专论这种关系的著作则较属罕见。勒温的《拓扑心理学原理》独树一帜，引人入胜。它的第二章提出了"心理的生活空间"的前所未有的新术语"包括人和环境的特质"，以为"心理学描述整个的情境可先区分为人(P)和环境(E)。每一心理事件都取决于其人的态度及其环境，虽然其相对的重要性随不同的个案而异"。因此，他为每一心理事件所规定的 $B=f(S)$的行为公式又称为 $\beta=f(PE)$[(S)意即指情境，(P)等于人，(E)等于环境，行为等于人与环境的函数]，代替了行为主义的刺激反应的原子论的公式。

拓扑心理学不但与行为主义水火难容，且也与联想主义势不两立。勒温自述以三年时间以数以百计的无意义音节，进行数以千计的反应时间的测量，结果证明联想不是冯特的弟子阿赫(N. Ach)所肯定的"决定趋势"或意志的势力，而是相反，"这个假定应被放弃或坚决地改造的。"勒温以为"必须识别两种习惯(或联想)即'需求的习惯'(如贪杯好醉)和实行的习惯(如拉起和放落一个物体)。前一种代表'紧张'如饥而求饱，或直接或否。至于实行的习惯则其本身不是行动力量的根源。没有需求和准需求，习惯是不能导致行动的。”[1]饥而求食、渴而思饮则为名副其实的需求；有信投邮，有事要做，则为准需求，勒温合称之为心理紧张系统，是行为的动力。需求满足，紧张解除。至于联想则好比火车的前后车辆的联合机，虽然是行车的一个重要机体，但没有推动行车的力量。

我们也许以为勒温的这个心理紧张系统说是他的唯心论的特征。我对这个特征的唯心主义曾表示过不同意见。因为恩格斯说过，“推动人去从事活动的一切，都要通过人的头脑。甚至吃喝也是由于通过头脑感觉到的饥渴引起的，并且由于同样通过头脑感觉到的饱足而停止。外部世界对人的影响表现在人的头脑中成为感觉、思想、动机、意志，总之，成为‘理想的意图’，并且通过这种形态变成‘理想的力量’。如果一个人由于他追求‘理想的意图’，并承认这种‘理想的力量’，就成为唯心主义者，那么任何一个发育稍稍正常的人都是天生的唯心主义者了，这样怎么还会有唯心主义者呢？”[2]

因此，心理紧张系统说的本身不一定是唯心主义，但当勒温在其书第四章讨论“心理学的形相与现实”的关系时就不免露出了他的唯心论的马脚。马克思的《费尔巴哈论纲》第三条说，“有一种唯物主义学说认为人是环境和教育的产物”，“这种学说忘记了，环境正是由人来改变的”，批评的目的在针对机械唯物主义，但其言外之意附带地驳斥否认人是环境和教育的产物的唯心主义。贝克莱

① 勒温：《社会科学中的场论》，第 5 页。

② 恩格斯：《路德维希和德国古典哲学的总结》，人民出版社，第 23 页。

认为“存在就是被感知”在这条论纲面前难道可以漠然无动于衷吗？勒温说，“倘有一人在此，我们要测定心理上属于他的究竟有些什么，也不常是一件容易的事。最明显的方法似可用意识为标准。”他反对这个标准是正确的。但同时，他用贝克莱更巧妙的语气说“实在的是有影响的”。他借口于动力说的观点认为“整个情境为对于有关个体所可发生影响之物的全体。由此推论起来，我们可以说，实在的是有影响的可用为存在的标准。”这不是“存在就是被感知”另一形式的表示吗？也许我们可为他辩护，说他这句话也可解释为实在的事物是有影响的，影响不一定等于存在。但是当他讨论心理与物理的关系时，确曾说过，主张心理学的解释应建立在物理之上者是以认为有一个普遍科学之哲学的乌托邦为基础。但是这就是说，心理学由描述进展至解释，便不得不跃入一个新奇的区域之内。假使我们不理会这个哲学的乌托邦，我们便可陈述生活空间之连续的进展，讨论一切必要的动力的事实。不问它们由于直接决定或间接决定。由他看来，只有这个方法才可在一个陈述之中包举一切须用以为实际行为的概念推测的根据，且其所包举者更仅以这种根据为限。所以马罗的勒温传称他为重视实际的理论家；实际上，他是要摆脱唯物主义世界观的束缚、进行研究，与马列主义的理论联系实际是背道而驰的。

这样说来，勒温肯定是唯心论者了，我们何以再版这本难以理解的拓扑心理学原理的译本呢？我于1979年在《自然辩证法通讯》发表了一篇评论，“以冯特为代表的传统心理学是唯物主义的吗”？有一读者提出了疑问说，这种心理学传统既然是唯心主义的，还有什么东西可以学习的呢？这个提问给我很大的启发，使我认识心理学家的世界观与他们的专业成就似乎是既有联系又有区别的问题，不要因为他们的世界观是唯心主义的就否定他们的科学成就，也不要因为他们有了某种专科的成就，就硬要认为他是唯物论者。我们对于勒温的《拓扑心理学原理》也要实事求是，进行具体的分析。对于他的唯心主义就应当予以批判；但对于他的贡献也应当老实承认，在他的唯心主义的糟粕中挑选出他的有用的东西。

首先让我们考察人与环境的关系。勒温的行为公式认为行为是人与环境的函数。"每一心理事件都取决于其人的态度及其环境"，究竟人的态度是第一性的，还是环境是第一性的呢？他对这个问题的答复是游移不定的。上文曾批评过他的唯心主义。但是他的科学修养也不能否认客观环境的存在。他以为心理空间要受域外的区域的影响。物理空间是封闭的，但有时在进行物理实验中，不能使前一情境 S_1 包罗一切外来的影响。至于心理环境则来自域外的影响更非物理环境所可比。因为心理环境是开放的，常受域外的影响，其影响之大，几可说环境决定了人的行为。例如"社会压力可引导儿童吃他所不要吃的食物，其主要的方法是使他进入吃的情境"。

勒温以为类似的技术即置人于某一情境之内就可以使他完成某种行为，例如："阿美尼亚乡民的一个集团讨论如何决定上山抵抗共同的敌人，但是他们对于山上营寨内的财产权的分配不能达成协议。"乡长设法延展这个问题的讨论。后来，他们即都上山。这个财产权问题依据新情境的需要迎刃而解。而其解决的方法则为他们在未入这个情境以前所坚决反对的。

由这些事例看来，可证一个人位置在一个情境之内或其外，或以拓扑学的术语来说即在某一区域之内或其外，对于一个人的行为有极重要的影响。

所以勒温说，“在政治斗争中，一个社会集团也许极力反抗其地位的改变，但是假使能造成一个‘已成的局面’(fait accompli)，这个集团也许接受其新地位而不复抵抗了。政治上那样畏惧已成的局面，这便是其原因之一”。但就我们的国情而言，由于中共领导的伟大、英明和正确，党的十一届三中全会所制定的“已成的局面”得到了全国人民的支持和拥护。随着时代的前进，形成了“一个中心、两个基本点”的基本路线，加强了生产力的发展，为实现有中国特色的社会主义取得辉煌的成就。我国现已成为屹立在东方的经济的社会主义强国了。所以反其道而行之，勒温所称的“已成的局面”对社会科学的解释是不无帮助的。

其次是拓扑学图形的功用。心理学的传统一向重视物理现象，如果有人以为社会现象可与物理现象或生物现象等量齐观，往往被讥为是故弄玄虚。勒温以为这可能由于物理、生物现象是有目共睹的，所以他把人的社会事实或拍成相片或绘之于图。他引爱因斯坦的威望支持他的拓扑心理学的研究。他说，“从爱因斯坦这位著名物理学家以后，大家知道欧几里得几何学向来是应用于物理学的唯一几何学，不适用于陈述经验的物理空间。就心理学来说，近来发展的一种非数量的几何学叫做拓扑学，可满意地适用于心理学领域的结构和地位的问题的讨论。”[①]为勒温作传的马罗

① 勒温:《社会科学中的场论》，第150—151页。

说,“有若干评论家指出勒温在实际上仅略用少量的拓扑学的基本概念。但由与他共事的人看来,他对这些初步概念的应用是很有成就的。海德(F. Heider)相信勒温主张为科学创造的每一个术语正确表示一个事实是对心理学的最重要的贡献。”①

马罗又说,“勒温进一步通过拓扑学认知生活空间或心理场”。他运用一个约丹曲线或一条非正规的封闭的曲线被柏林大学生称为“小蛋形”,区分人和世界的其他部分。约丹曲线可大可小,也没有一定的形式。其主要的特点是空间的代表。图形内的一切是人,是决定个体行为的可能事实的整体。

非心理的 $E(P)>E$ 非心理的,

($P+E=$生活空间,L)②

因此,约丹曲线内整个空间包括椭圆形是生活空间。它代表人和心理环境。外面的空间代表非心理的世界或物理的或社会的事实。勒温指出约丹曲线是现实的概念的陈述可供指导心理学家之用的地图。

勒温的拓扑心理学还引起了爱森斯坦(Eisenstein)的共鸣。爱森斯坦利用分析的几何学,提出了一些定律,接近于勒温的方法。他特别欣赏勒温的“亨娜坐上石凳”的照片。亨娜是勒温的十八个月年龄的内侄女,两眼盯住石凳,绕着它兜了许多次圈子始终坐不上去,后来忽在无意中转移身子,背向目标,就坐上了。也许是由于疲劳,勒温在美国耶鲁大学放映这个照片使观众大受影响。

① 马罗:《勒温传》英文版,第 37 页。

② 同上,第 39 页。

G.奥尔波特说,“这张巧妙的相片一定会使一些美国心理学家修订有关智力行为和学习心理的理论。”[①]这也许可以证明拓扑图形的威力了。

我们又可引本书图三十三为例。苛勒试验黑猩猩的学习,往往使动物通过一道障碍取得食物。如果它受食物的吸引直接前进就不免碰壁而失败,必须绕道避开障碍然后成功而得食。所以这种实验叫做迂回实验,而其成功则由于顿悟。勒温仿照这种实验以一个一岁的孩子站在U字形凳子的后面去取得为障碍所拦阻的凳子那一面的玩具。其困难之处正与亨娜相同,要背向目的物的吸引而表现出顿悟。勒温就通过这些相片使他在德美两国享有盛名。[②]

第三,对人格心理学研究的贡献。人格心理学是人的拓扑学的一部分。它将人陈述为生活空间的联系的、不分区域的一个点。这仅供初步的研究。实际上人不是完全一致的一个单元而是有不同程度分化的对象。“举一隅而不以三隅反”,是其分化的流动性不够的表现;“刻舟求剑”或“守株待兔”则是人格僵化的结果。所以人的结构以一约丹曲线与环境分离,而其人格内部则被区分为运动、知觉区域,是人与环境之间的疆界地带。人之内部区域状态的需求和准需求通求运动区域以影响环境。反之,外部环境的情况及其变化则由知觉区域通过疆界地带传送到人格内层。这个疆界是不易确定的。人的衣服本来属于环境的部分。但与他人交往时,他的衣服鞋帽也会成为疆界区域的一个特殊地带被关注着。

---

① 马罗:《勒温传》英文版,第50页。S.A.惠兰:《场论的进展》,爱森斯坦和勒温。

② “库勒·勒温的相片及其在场论发展中的作用”,载于《场论的进展》,1990年。

勒温指出,“对于运动及知觉区域和对于每一疆界地带一般都须考虑其动力的性质。”至于人格内部的中心阶层的动力尤其是拓扑心理实验研究的核心问题。他的弟子邓卜(T. Dembo)对于怒的情绪的研究证明了人格中心的特点。原来,人的人格内层有边缘的和中心的之别。如果只有较边缘的阶层受了他人的指斥便较易引起怒的情绪,而怒的程度也较为浅薄。如果较中心的阶层也被牵连在内则公开的怒的表示较属少见。只是恨在心头,怒而不言。可证人格的中心阶层与环境之间的疆界地带有强大的障碍。拓扑心理学对这个地带的陈述便用较粗条的表示。我们根据日常行为的观察也可以发现有些人谨小慎微,惟恐他人窥知他的秘密。对他开玩笑,关于一般问题他可以陪你一笑,一旦涉及他的心事他便守口如瓶了。拓扑心理学在这方面的研究结果对思想政治工作是有启发的意义的。

第四,科学实验的借鉴。传统的实验心理学重在感知觉的研究,格式塔心理学初期领导人惠特海默(M. Wertheimer)也以错觉运动的研究为始,继其后者如考夫卡(K. Koffka)则以知觉的实验驰名于欧美。至于勒温则以意志、需求、人格为实验研究的主要对象,且复提出心理紧张系统的学说。他说,“在感觉心理学之内,个人的理想、野心及其社会的关系或全无重要,或仅属次要。”但是需求情绪的实验不能不涉及人格特性。他的实验的目的在于试验他的心理紧张系统说。这个学说如可成立,则事未完成必可使其所引起的紧张系统无法解除,因此,他设计的实验叫做阻止实验。[①]

① 关于勒温及其弟子们的科研工作散见于《高觉敷心理学文选》可供参考。

他的学生蔡加尼克予被试以二十件左右的工作为剪画，串珠等有半数允许完成，半数中途被阻，后来出了被试意外，给他们进行回忆测验，结果未完成的工作所回忆而得的件数RU比已完成的工作CU几达一倍左右。据说这个实验起始于在饭店里进餐的经验，服务员未给客人送菜以前记得菜名样数，送菜完毕以后就记不起来了。

除了阻止实验以外还有他种实验。由于篇幅限制，拟专述欲求水准的实验。原来事之成败与它的难度有关。过于容易的工作，成不为荣，过于困难的工作败不为耻。“拔一毛而利天下”，有谁能以此为荣呢？“挟泰山以起北海”，有谁因无此能力而感到耻辱呢？所以事之成功而有成功之感和事之失败而有失败之感都决定于事之难度。这个难度的界线就构成了一个人的欲求水准。勒温学派实验的结果证明一般人的欲求水准因成功而提高，因失败而降低。但也有例外，有功成身退者，也有因失败而孤注一掷，以期转败为胜。

这个实验的结论对历史人物心理的了解是有帮助的。“范蠡事越王勾践”，劳苦功高，何以终至于“乘舟浮海以行”，“以为大名之下难以久居”，张良“为帝者师，封万户，位列侯”何以却愿弃人间事，“欲从赤松子游”呢？相反，亚历山大何以因不再有地可征而感叹，希特勒何以因屡有战功而做更大的冒险，日寇何以因“九·一八”的胜利而终于发动太平洋战争呢？当然，这些历史事实都有经济的、政治的或其他复杂的因素，不能归结于心理的原因以致犯了心理学化唯心论的错误。

此外，在教育上有些学生以考得60分为他的欲求水准，有的以 80—90 分为他的欲求水准;在工厂里工人的欲求水准也常有高低的差别。优秀的教师和工厂指导员必须深入了解各人心理以便想方设法,通过鼓励或辅导,使胸无大志者提高自己的要求或欲求水准,以期促进教育或生产效率,为实现有中国特色的社会主义建设作出应有的贡献。

总之,《拓扑心理学原理》在当前社会主义建设中修订再版是有相当的价值的。商务印书馆编辑部对译者不断鼓励,孙名之对我继续督促,我的博士生刘穿石为译稿担任抄写工作并协助修改译稿,均于此表示译者的感谢。

高觉敷

1992 年 11 月

1942 年版译序

本书原为格式塔派勒温(1890—1947)所著,由 F. 海德(Heider)及 G. M. 海德(Grace M. Heider)译为英文,刊行于 1936 年。勒温 1890 年生于博生省(Province of Poson)的摩克尔诺(Mogilno)。1914 年在柏林大学获得博士学位。1927 年在柏林大学任副教授,1932 至 1933 年曾任教于美国斯坦福大学。近年因希特勒坚持排犹,故在美国久居,主讲心理学于康乃尔大学及爱荷华大学等校。

格式塔心理学自 1912 年成立以来,一向偏重于知觉的研究,批评家常以格式塔的原则未能应用于情意心理学为憾。勒温及其弟子们的研究便填补了这个缺憾。勒温认为情意的研究尤较知觉为重要。他说:"关于意志需求和人格倘尚未有一种健全的心理学,心理学的各分支似便没有综合的希望。但是侥幸得很,我们对于心理学的这些中心区域的发展的可能,大可不必悲观。这些基本问题及弗洛伊德心理学的问题可否实验虽为一般学者所置疑,但实验的解决已大有可能,近来有许多研究可资引证(见第一章)。"勒温就是这"许多研究"的倡导者。

他的研究方法为阻止实验,如给受试者以若干件工作,有的是允许他们完成的,有的是中途加以阻止的。据他的学说,一个人有所需求，便在心理上引起一种紧张的系统。需求满足紧张解除；需求尚未满足，紧张系统的存在便为行为的原动力。需求有真需求和准需求之别。饥而欲食，劳而欲息，为真需求；工作而求完成则为准需求，其势力大可等于真需求。阻止实验以准需求为研究对象。中途横被阻止的工作，其相当的紧张系统必未解除，因此对于这个工作或念念不忘，或设法再做，或更以他种工作的完成，求代替的满足。勒温及其弟子便以这种方法研究关于意志及人格的种种问题，即正常儿和低能儿人格的差别也因此得到极可注意的结果(参考《人格的动力理论》)。

因为有了勒温及其弟子们的研究，所以格式塔的原则才可应用于心理学的全部领域。考夫卡著《格式塔心理学原理》(*Principles of Gestalt Psychology*)中的意志问题大部分取材于勒温，便可为证。

勒温不仅从事于实验的研究，且也从事于理论的建设。他认为："没有理论的科学是盲目的，因为它无法组织事实而指示探究的方向。"(见第一章)读者倘欲知其理论的体系，便须细读全书。这里仅举出他的理论的几个特点，以供读者参考：

一个心理学的体系，第一，必须规定其所研究的对象。勒温是有志于创造体系的一个心理学家。据他的行为公式 $B=f(PE)$ 所示，他的心理学是以行为为对象的。但是他所称的行为是和心理的事件并提的。他以为行为或每一心理的事件都取决于人(P)之状态及其所处的环境(E)。环境虽同而人不同，或人虽同而环境不同，都可引起不同的行为；而且同是一人，在不同的时间对于相同的环境，也可有不同的行为。所以行为等于人乘环境的函数。

勒温的“环境”不是纯客观的环境，也不是考夫卡所称的行为环境。考夫卡以为人之行为常非针对地理环境，而针对行为环境。只是我们懂得了他的行为环境，才可了解他的行为。所谓行为环境意即指意识中的环境，地理环境实即客观的环境。同是月明星稀的情境，或因而“低头思故乡”或因而感叹“耿耿明月，何时可掇”？所意识者不同，所反应者各异。勒温认为：“考夫卡要我们注意无意识的历程及反射，显然表示得自经验的宇宙（行为的环境）不足以尽释行为的能事”。“比如一个小孩子知道他的母亲在家或不知道他的母亲在家，他在花园中的游戏的行为，便可随而不同。我们可不能假定这个（母亲是否在家）的事实常存在于儿童的意识之内。”因此勒温乃“认整个情境为对有关个体所可发生影响的全体。实在的为有影响的”便被用为存在的标准。他即根据这个标准，将心理环境的事实分为准物理的、准社会的和准概念的三类（详见第四章）。

这个观点是值得我们注意的。考察意识概念演进的历史，便可见意识的范围虽日趋扩大，然终不能包举心理学所研究的对象。冯特及铁钦纳认为意识的内容都可化为感觉、影像及情感。布伦塔诺（Franz Brentano）侧重行为认为“我们看见一个颜色，这颜色的本身可不是心理的。这样看，这个行动才算是心理的”。麦塞尔（August Messer）和屈尔佩（Oswald Külpe）乃欲调和内容和行动，于是意识的内涵乃较冯特及铁钦纳或布伦塔诺所规定的更丰富。詹姆士（William James）以意识为流动的历程，有实质的部分（Substantive parts）和过渡的部分（Transitive parts）。机能心理学家认为冯特及铁钦纳用分析的内省研究意识，仅能抓住实质的部分，而不能抓住过渡的或流动的部分。此外厄棱费尔(Christian von Ehrenfels)研究知觉，要于冯特的元素之外，加入图形的元素。符茨堡学派在屈尔佩的领导之下，研究思维，要于感觉、情感的元素之外，加入思维的元素。冯特自己在 1896 年也要将情感的元素增为六种。然而意识的概念虽有着种种扩充，可依旧不能满足心理学的要求。弗洛伊德以潜意识解释过失和梦及精神神经病，即表示意识的概念不能作一个解释的原则。华生(J. B. Watson)更根本取消意识，而以客观的行为为心理学的对象。冯特的大著《生理心理学纲要》(*Grundzüge der physiologischen Psychologie*)刊印于 1874 年，我们可以说一百多年来，学者不断地要扩大意识的范围，而意识的概念终不免连根带叶受了行为主义的推翻。绝对否认意识，自然是一偏之见；但以意识为心理学的唯一对象，现在也不复可能。我们倘欲估定意识在心理学中应有的地位，便不能不承认意识仅为心理学的对象的一部分，而内省(自我观察)的方法也仅在心理学的研究之中处一辅助的、次要的地位。勒温的准物理的、准社会的和准概念的环境的规定，恰适合意识概念演进的趋势。

其次，一个心理学的体系不仅要规定其所研究的对象，且须指出心理学和物理学的关系。比如冯特以为心理的现象是直接可以观察的，物理学的观察是间接的，它的资料是属于概念的，它的元素是由推理而得的。所以心理学乃直接经验的科学，物理学则研究间接经验。屈尔佩和铁钦纳受马赫(Ernst Mach)和阿芬那留斯(Richard Avenarius)的影响，便另行规定心理学和物理学的不同。阿芬那留斯假定了一个系统 C，认为心理学研究有赖于 C 系统而存在的经验，物理学研究不因 C 系统而异的经验。至于这个 C 系统是什么，铁钦纳认为不必深究，但为适合心理学的目的，C 系统可视为脑或神经系统，与马赫持论大致相同。他说："一个颜色倘视为有赖于光源（如他种颜色及热和空间等），则属于物理的；反之，倘视为有赖于网膜，则当属于心理的，为一种（较狭义的）感觉。"因此屈尔佩乃认为心理学和物理学都为经验事实的科学，心理学的特点在研究那些依赖经验者的个体而存在的事实，至物理学所讨论的则为不赖经验着的个体而存在的事实。铁钦纳也认为物理学以经验为独立于经验的个体之外，心理学则以经验为有赖于经验的个体（参看高觉敷译《实验心理学史》第15、17两章）。

上述诸人都认为心理学和物理学所研究的对象同为经验，只是其所用的观点不同。布伦塔诺则更认为心理学的对象也有别于物理学。他认为心理的现象都是行动（Acts）。比如看见一个颜色，这个看，就是行动；听见一个声音，这个听也是行动。但既为看必有所见，既为听必有所闻。他如思念必有所思，判断必有所肯定或否定，爱必有所爱，恨必有所恨，欲必有所欲。总之，凡属行动皆必"意及"（intend）或涉及一种对象，一种客体。这个"内在的客体性"（immanent objectivity）便为行动或心理现象的特征。反之，物理的现象是自足的。例如"书"便是"书"，"石"止于"石"。"书"或"石"必不"意及"或涉及另一客体。因此，心理学和物理学不仅在观点上不同，在对象上也有区别（参考同书16、18两章）。

勒温既欲创立一个心理学的体系，便也不能不规定心理学和物理学的关系。笛卡儿（René Descartes）认为物质为无灵而占有空间的实体，灵魂则为有灵而不占空间的实体。勒温采用"心理生活空间”一词，显然不再看重这个心物的区别。“心宽体胖”“胸襟太窄”——我们的日常用语也似有时以空间的概念应用于心理的事实。然则心理学和物理学究竟有何不同呢？

勒温提出两点，以示心理学和物理学的不同：

第一，物理学所研究的宇宙为单数的，心理学所研究的宇宙为多数的。他说：“物理的空间为仅有一个联系的空间（a connected space）（其意义如何可参考本书第十章），包括一切现存的物理的实在体于其内。反之，心理学不认为心理的事实存在于一个联系的空间之内。”他既认为“实在的为有影响的”，换句话说，他既以影响为推论心理空间的基础，便“尤须承认每一个体的生活空间为一完全分立的宇宙”。对甲发生影响之物未必对乙也发生相同的影响。所以有多少个体的不同时间的情境，便有多少心理空间。

第二，勒温以为物理宇宙在动力上为一封闭的系统，心理宇宙在动力上为一开放系统（关于封闭及开放在拓扑几何学上的意义，请参考第十章）。他说：“凡属物理的变化都由于同一物理空间之内的作用或变化的结果。物理的空间绝没有外来的影响。所以物理学可由后一变化的情境 S_2 逆溯其前有的情境 S_1 并说明 S_1 所有的事件及变化如何导致了 S_2。在事实上如此推测或说明也许不无困难，‘因为我们所选取的情境 S_1 不会包罗万有，以致有些可由外影响这个系统的事实，未受相当的注意。但在学理上说，物理学常可选取一个兼容并包的 S_1 演绎而得 S_2。所以，物理的空间没有外来的影响。”

在心理学内我们本也可以用相同的方法，据前一情境 S_1 演绎出后一情境 S_2，将心理的变化看作物理的变化一般，都为同一空间内的事件变化的产物。但是勒温认为心理的空间常没有这种可能。“比如一个人方在忙于写信，也许房门一开，出了他的意外，有客从门外进来。”开门之后的情境 S_2 不能由开门之前的情境 S_1 演绎而得。也许我们可“将写信者 A 在某一时间内的生活空间包举一客自门外来的事件于其内”，然而在那一时间之内客必不属于 A 的生活空间，因为 A 假若已预知有客将来，他的行为也许不同了。心理生活空间便常有这种外来的影响，所以在心理学内不能有严格的决定论。

勒温虽提示心理学和物理学的这两种区别，但是因为他应用空间概念于心理学，所以也有批评家认为他似不免化心理学为物理学的附庸。勒温对于这个批评的答复，认为空间概念乃数学概念，非物理学所能垄断。从前有许多学者认为心理学应用数字(numbers)，也算是误用物理概念。勒温则认为数字乃数学的工具，物理可以应用，经济学和史学也可以应用。“所以同属数字的应用，不必即为应用经济学的概念于史学之内，或物理学的概念于经济学之内。”拓扑几何学的空间及可量空间的概念也莫不如此。所以勒温可不必因此而陷入了物理主义。

而且他对于行为主义的解释，也绝不跳出心理学的疆域，而跃入生理学或物理学的疆域之内。但是要明白这一点，我们须进而讨论他的动力说。

勒温认为物理学与心理学有两种思想方式，即亚里士多德式和伽利略式(参考他的《人格的动力理论》，1935；第二章第一第二两表)。就动力说而言，亚里士多德式的思想认为决定物体运动的向量，完全取决于物体本身，和环境全无关系。轻的物体便有向上的趋势，重的物体便有向下的趋势。传统的本能概念可为这种思想的一个示例。伽利略式的思想则认为轻的物体向上实由于这个物体对于环境的关系所赐，即物体的重量也有赖于这种关系而定。这个学说初非否定物体本身性质的重要，只是要承认物体所处的情境也有相等的重要。勒温的心理学的体系便欲采取伽利略式的思想。所以行为等于人乘环境的函数。

行为的发动究竟从哪里来呢？勒温认为联想或习惯必不能予心理事件以动力。心理的动力实起源于意志或需求，因为有意志或需求的压力，所以引起了相当的紧张系统，需要倘未满足，紧张便无从解除。于是相当的动作更迭引起，至需求满足紧张解除而止。环境中的事件对于个体可有种种不同的影响。或可用以满足需求，或和需求背道而驰。比如儿童见糖果便欲取而食之，见乞丐便欲走而避之。糖果对于儿童有吸引力，乞丐对于儿童有排斥力。吸引排斥总名 Valence，前者为正的 Valence，后者为负的 Valence。一方面为目的物，一方面为个体，目的物引拒个体，于是乃有所谓“向量”乃有所谓力之疆域（Field of forces）。而假若目的物和个体之间置有一道障碍，则疆域上的势力增加其复杂性。苛勒的猩猩要达到目的物，便须旋转 180°角。在物理上，猩猩的行动是反目的的，在心理上则猩猩实趋向着目的而行动。我们所谓“欲将取之，必先予之”的情境和苛勒的迂回（detour）实验的情境正复相同。

这个力之疆域或局势，随时可发生变化。饥者易为食，渴者易为饮。饮食对于饥渴的人，便具有无上的吸引力。醉饱之后，山珍海味，琼浆玉液，也许失去了他的固有的吸引力。猩猩欲取香蕉，其身体的位置有一变动，则其疆域中的势力也随而不同。这种交互错综的关系也可说是顷刻万变的。儿童拒食苦药，到了药既入口，也许不再抵抗，因为吃了药可以恢复自由，自由的吸引力加大，遂足压服苦药的排斥力了。

勒温认为我们要解释一个个体的行为，须了解个体和环境的动力的关系。比如一种豌豆，它的花为红色，那是生物学中所称的表型(phenotype)，究竟这开红花的豌豆和另一种开红花的豌豆是否本质相同，我们便须研究二者的基因的组织或基型(genotype)。行为的形相同于生物学的表型，而行为的动力的关系则同于生物学的基型(见 *Dynamic Theory of Pesonality*，p. 11.)。勒温所称"条件的发生的事实"(conditional-genetic facts)或概念便用以指后者。

然而这种条件的发生的事实应否视为物理的事实呢？他说："我们这里应用能力概念，及其后应用势力，紧张系统和他种概念时，究竟应否溯源于物理的势力及能力，现可暂时保留。惟据我看来这些概念乃一切动力说所共有的逻辑的基本概念(虽然逻辑学内常于这些概念的讨论不甚注意)。它们必不为物理学所独有，试举例说吧，也见用于经济学(虽然到了现在还尚欠精确的发展)，我们可不必因此必须假定经济学起源于物理学。"

"因此，因果的动力问题的讨论和心理学是否终究起源于物理学的问题毫无关系。这个讨论乃促使心理学应用动力学说的基本概念，不像从前的时常杂糅混用，实欲于动力的疆域之内发展而构成一种界限严明的概念。物理的类比原可取用而无害于说明。但是我们须常小心避免极易犯的错误，以求精确了解心理疆域的势力，我们要常记得我们所讨论的为心理疆域的势力，而非物理环境的势力(*Dynamic Theory of Personality*, p. 46.)。”

心理学和物理学这个区别还只是“实在的为有影响的”那个原则的系论。心理学所研究的事实即以环境对于个体有所影响者为准,我们所讨论的当然要以心理疆域的势力为限了。所以他在本书第六章结束时警告读者,不要以心理学的向量概念和物理学的势力概念混为一谈。“心理学采用空间概念,只是以数学的方法处理心理学的问题,可不因此而化为物理主义。”

但是向量心理学尚未容纳于此书之内,此书以讨论拓扑几何学的心理学为目标,而“动力的问题每超越于拓扑几何学的心理学之外”。拓扑心理学只能陈述一个个体的生活空间之内有何种可能的运动或行为(参考第三章)。至于这些可能的行为究竟有哪些行为见诸事实,何种冲突为其基础,则须讨论心理学的势力的概念和势力疆域的概念。勒温认为这些概念的研究乃属于向量心理学的范围。

自勒温出版此书之后,学者对于他的拓扑几何的陈述,颇多訾议。读者对于这些陈述,见仁见智,各听自便。但是勒温的体系不依恃这些陈述的有效与否而成立或推翻。因此,译者谨述其体系的要点如上以为序。

此书多用新创的名词,有特殊的理论,所以翻译的时候常感困难。郭君一岑、王君士略都曾予以有价值的指示。林君润萱代为制图,陈君绍基、黄君瑞轩代为抄写,译者统愿于此谨致谢忱。

高 觉 敷

湖南蓝田西林村　1942 年 1 月

目　　录

代序——致苛勒函 …… 1
鸣谢 …… 4

第一编　心理学的问题和拓扑心理学及向量心理学的基础

第一章　绪论——心理学的现状 …… 7
第二章　定律的构成与情境的陈述 …… 11
定律与个案——情境之建构的陈述——人和环境：生活的空间——陈述生活空间的方法
第三章　生活空间陈述的概念 …… 17
生活空间综括可能事件的全体——行为的项目与体系——建构的手续概述——妥适的抽象与不妥适的抽象：渐近法
第四章　心理生活空间的内容与外延 …… 21
心理学内的形相与现实——经验心理学的存在——现实的为有影响的——现象的事实与物理学——生活的情境与当时的情境——生活空间内准物理准社会及准概念的事实——准物理的事实——准社会的事实——准概念的

事实——来自知觉的影响与身体的影响

第五章 心理学内的因果关系 …… 33

历史的原因与体系的原因——心理学内有两种“为什么”的问题——存在及时间的与因果的关系——“具体”原则——因果事实的关系的性质——“现时”的原则——过去与未来:生活空间中的虚构之物与无定之物——一个心理事实及其内容的存在和时间的测定——内容是一种特性——不确定性

第六章 心理生活空间是有数学意义的空间 …… 45

生活空间中类于空间关系的实例——自由运动的空间——移动,势力——人以内的区域——节要——数学的空间概念——拓扑几何学的空间——可量空间——空间概念的应用与物理主义

第七章 心理的空间与心理的动力学 …… 62

纯粹数学的问题与配合的问题——心理情境的不稳定性——可量概念和拓扑概念应用于生活空间的必要条件——空间与动力学:物理学与心理学中空间概念的历史——动力学的基本概念

第八章 心理的宇宙与物理的宇宙 …… 69

物理空间与心理空间——物理宇宙的单独性和心理宇宙的多数性——物理宇宙在动力上为一封闭的统一,心理宇宙在动力上为开放的统一

第九章 数学的陈述与心理的学说 …… 79

概念、图示及符号——概念与范型——心理历程的生理

学说——陈述与解释

第二编　拓扑几何学的心理学

A. 心理学的基本的拓扑几何学概念

第十章　心理学的基本的拓扑几何学概念 …………………… 91

区域的概念：联系的区域——封闭的与开放的区域——有限区域与无限区域——简单联系及复杂联系的区域——约丹曲线、疆界及路线——域外的区域

B. 心理环境的拓扑心理学

第十一章　心理的区域移动与交通 ………………………… 98

配合的定义——心理的区域——心理移动——在一个区域的内外——心理区域的内在的结构——区域联系性的决定——不联系的区域——多重联系的区域——有限的与封闭的区域——陈述为路线或一个维度以上的区域的问题——陈述为点或一个维度以上的区域的问题——周围疆域的移动——实物与媒境

第十二章　心理区域的疆界 ……………………………… 123

心理疆界的定义和决定——疆界的明确度、疆界地带——心理疆界的动力性质——障碍——影响交通的疆界——只有费大力后才可通过的疆界地带——不定性的地带

第十三章　两个区域的相对的位置 ……………………… 141

域外区域——重叠的区域：各情境的相对的重要性——

两个区域的相对位置的陈述的困难——对于一个点的不可接近性的两种主要的可能的陈述——限制性陈述的拓扑几何学的方面与动力的方面——各别的路线及其全体——齐一的与分化的障碍：前进与后退——障碍与入口

第十四章　结构的变化…………………………………… 161

分化、整合与改组——结构与移动的变化——体积与距离的变化——结构变化的动力条件：流动性、弹性、可塑性

第十五章　生活空间为有限结构的空间……………………… 168

C. 人的拓扑几何学

第十六章　人是生活空间中的一个分化的区域………………… 171

第十七章　人的陈述的基本的概念与配合的定义……………… 173

环境与人的配合的定义——动力的依存——疆界与疆界地带——关于强固与微弱的格式塔：具有不同程度的动力的统一性的格式塔——人的区域的动力的性质——紧张——紧张系统的集团——人的结构——人格内部区域和运动及知觉区域——中心的及边缘的人格内层——人格结构的个别差异——人格分化的程度——部分区域的结构与机能——动力的因素和拓扑几何学的因素的联系——整合与混化

D. 生活空间的维度

第十八章　生活空间的维度…………………………………… 199

维度的数学——心理环境的维度——现实——虚构的程度——人的维度的问题——生活空间在现实与虚构的维度上的分化

参考文献…………………………………………………… 212
名词集解…………………………………………………… 220
人名索引…………………………………………………… 232
主题索引…………………………………………………… 236
附录:有关拓扑心理学的几个理论问题(高觉敷) ………… 252
后记………………………………………………………… 263

代序——致苛勒函

亲爱的苛勒： vii

此书是多年研究的结果。

记得十余年前，我觉得黑板上用以对心理学班说明某些问题的图形，或不仅为说明，可兼为现实概念的陈述。我对于科学理论很有兴趣。1912 年在做学生的时候，已主张心理学讨论同时存在的许多事实，也许不能不兼用时间概念和空间概念(不同于当时公认的哲学信条)。我对于点集(point sets)的学说略有所知，微觉

数学新兴的分支拓扑几何学(topology)，也许可以辅助心理学成 *1*
为一门道地的科学。我乃开始研究拓扑几何学而采用其概念，不久便觉得这些概念特别适用于心理学的特殊问题。

这个研究的计划开展迅速，使我所讨论的心理学的疆域不能不日趋扩大，而所欲处理的问题也不能不日趋复杂。因此，此书经过多次未刊行的版本而"向量心理学"(vector psychology)仍未被容纳在内。其主要的困难不在于数学问题或至少与拓扑几何学有关问题的掌握。我有几次试用拓扑几何学的较复杂的概念以后，乃知道只能对最简单的拓扑几何学的概念才可以应付，而较有效果。当然，向量心理学需要更繁难的数学概念，甚至还必须更深入数学未开辟的园地。但是主要的困难在介于心理学和数学之间的

问题。

viii 至少自相对论为始，我们知道经验科学对动力概念阐释或甚至定律的核定，都有几分可以自由，而且只有包括概念、配合说明和定律的整个体系，才可称为真或伪，适用或不适用于经验的事实。但是这个自由是否有利也属可疑。因为可能的多重性（manifold of possibilities）意即指不确定性（uncertainty）。而心理学又为一年轻的科学，它的概念几乎都悬而未决，便觉得以这种无定为苦。心理学如果进展而为逻辑周密的科学，则其所有定义将不复自由了。因为那时的定义就是深刻的论断（far-reaching conclusions），既以概念问题的掌握为先件，便更须全受客观事实的控制了。

理论心理学在它的现阶段必须试图发展这样一种概念的体系表示出一个格式塔所有的一切特点。所谓格式塔者，其任何部分都有赖于任何其他部分。由于我们还没有事实的知识可用以决定这个概念的体系，而这个概念的体系若未发展，复无从获得这个所谓“事实”的知识，所以我们似仅有一个可能的方法，就是用试探的步骤慢慢进展，有所论断，宁愿慎重，常着眼于心理学的全野，而与心理学的实际探究保持最密切的接触。

这种进展，有可能需要一个集体的合作。我常觉得自己一个人不能作有效的思考。我希望这个障碍，在我们这里，反为有益，因为它可使此书变成一个集体的作品。认识您的人们，知道您对于“心理学派”不感兴趣，而此书的主要诱因之一，就是要创立一种心理学的语言，可为各学派所了解，而不自外于其他各派。（同时我复尽力消除格式塔学派不自相攻击的神话。）但是我以为集体在过去和未来的科学研究上常有它们的地位。我以为所谓柏林心理研究所(Psychological Institute of Berlin)也即为这种朋友的集体,共同研究许多年,注意贯注于心理学的全野,从事于实验和理论。这个集体有无价值,将有待于历史的证明,但是至少它是一个快乐而有生气的集体。

我愿此书也许不辱没这个集体的精神和你的领导的影响。朋 ix
友已星散于全世界,但是这个合作的情感似继续留存,而范围也继续扩大。对于这个广泛的合作若能有所贡献,便足为我的无上光荣了。

我以此书奉献于东西交点上一个新兴科学的中心,在这个中心,我希望将可有许多新兴的富有成绩的集体。

勒　温

爱荷华城(Iowa City, Iowa)

1936 年 5 月

鸣　谢

F. 海德博士和 G. M. 海德不仅担负此书的翻译(英译)之烦劳的工作,且于其形式及内容多所贡献。我也深深感谢邓卜博士的有力的帮助和批评。她和巴克(Roger Baker)博士及赖特(Herbert Wright)博士花了许多时间求本书的改善。弗莱克斯勒(W. W. Flexner)博士对于讨论拓扑几何概念的部分惠予校阅,并给予有价值的指示。此外复有几点和费格尔(Herbert Feigl)博士,赫维茨(W. A. Hurwitz)博士,肯纳德(E. H. Kennard)博士及托尔曼(E. C. Tolman)博士讨论,也多承蒙教益。

Harcourt, Brace and Company 惠允引用林白夫人:《自北向东》中的一段。第六图采自彪勒夫人:《人生活动中的两种基本形式》;第七图取自库特·考夫卡:《格式塔心理学原理》,谨此鸣谢。

勒　温

爱荷华市　1936 年 5 月

第一编

心理学的问题和拓扑心理学及向量心理学的基础

第一章　绪论——心理学的现状

心理学就其发展的现状而言，只能算是一门新进的科学。它 3
仅有感觉和知觉方面比较已建立起来，有稳定的进步，其科学性也
得到充分的承认，其所得的结果也几乎完全基于实验的论证，其学
说虽或互相矛盾，而其方法则有较稳固的基础。反之，意志、需求
(needs)及人格的心理学虽常引起一般人的兴趣，但其进步则远不
相及。即使近在十五年前，学者还认为这些历程有特殊的性质，不
适宜于科学的方法。所有少量已经完成的实验研究，都似太牵强
而抽象，不能发现其真实的历程。大家都认为这些稍纵即逝、万分
复杂的历程，至少就人类说，是没有实验的可能的。所以这些历程
问题的处理在欧洲都采用半文半哲的方法，而在美国则有用测验
研究个别差异的趋势。

对于这些较深奥的问题曾作过一种惊人的研究的只有弗洛伊德(S. Freud)。但是精神分析学者要完全以个案的研究及治疗工作为寻求通则的基础。由多数科学家看来，在方法上也似不可靠。

这种研究的难度及其引起怀疑的气氛阻碍了意志及需求的实
验心理学的发展。相反，心理学的许多分支却已到达一个需要综 4
合的时期了。如儿童心理学对于各年龄阶段的语言、游戏及他种
行为方式已搜集了许多事实。动物心理学已解决了许多较简单的

问题，而开始研究包括较广的而更接近人性的问题。心理病理学也已有许多事实，须与正常心理学的事实融会贯通。最后，社会心理学的问题本跨越于这些不同的分支之上，现在也日渐增加其重要了。

在这些方面，我们已经得到许多有价值的材料。同时对于已往的成就也采取更加批判的态度，而尤以近时为甚。在美国，对于纯粹统计的方法也似渐失去信仰。而测验的乱用则受到前数年不易想像的指摘。

学者渐觉仅从事于事实的搜集必至杂乱无章。搜集事实在科学的某些时期之内是不可缺乏的，因为这是反抗以哲学思辨制造理论的良策。但是收集事实对于事件(events)的因果及条件问题不能予以满意的答复。我们只是利用理论的辅助才可决定因果的关系。没有理论的科学是盲目的，因为它无法组织事实而指示探究的方向。而且即就实用的观点看来，单从事于事实的采集，其价值也极属有限。因为它不能解答实用上较重要的问题——例如在某种具体的情境之内，一个人须作何种活动才可有欲求而得的效果呢？要答复这个问题，便需要一种理论，一种经验的而非思辨的理论。所以理论与事实有密切的关系。

心理学所需要的概念务求不仅适用于一个分支，如儿童心理
5 学、动物心理学或心理病理学，尤须同等适用于全野。我们须用相同的概念处理情绪生活和行为的问题：婴儿、青年和老人的问题；健康人和病者的问题；动物和人类的问题；人格和环境的问题。这岂不是要重返于思辨的体系吗？我可以应一声“是”，也可应一声“否”。何以说“是”呢？因为我们不愿盲目地搜集事实，致令心理

学割裂而成许多风马牛不相及的分支。何以说“否”呢？因为我们绝不欲由一个单独的概念如联想、反射、本能或全体（totality）演绎出一切心理学的事实。

概念的体系如果要依据经验，而将心理学的各分支综合起来，便须富有弹性，足以使其所应讨论的各种事件及各种生机体之间的大量的差异，都包举在内而无所遗漏。因此，它须有两个趋向，即趋向于理论的联系和具体的性质。换句话说，即须兼宜于陈述一般的定律和个案的特征。

关于意志、需求和人格如果未有一种健全的心理学，则心理学的各分支似便没有综合的希望。但是侥幸得很，我们对于心理学的这些中心区域的发展的可能大可不必悲观。这些基本问题及弗洛伊德心理学的问题可否实验，虽为一般学者所置疑，但实验的解决已大有可能。近来有许多研究可资引证。

我们已知道这种研究之须以整个人为对象，远较感觉心理学为甚。在感觉心理学之内，个人的理想、野心及其社会关系，或全无重要，或仅属次要。但是需求、动作或情绪之实验的研究，便不能不涉及一个人的特性、当时的状况及其心理的环境。

这便再一次证明心理学现在需要的概念，必须满足上文所提 6
出的要求：概念的体系必须包括甚广，可用以解释最原始的行为，也可用以解释情绪、思想历程、价值及社会的关系。陈述这些历程，为非单独的孤立的事实，而为某一个人在某一具体情境之内的表示及其一定的相互关系。这些概念尤贵能综合而不至过于简单，要包括人和环境，定律和个案。

要满足这些要求，便须放弃流行的抽象分类（abstractive classification)的方法,而创造建构的概念(constructive concepts)。

以后各章所讨论的概念,为前十年来所发展试验而得的,兼根据于实验的研究及个案的历史。在陈述这些概念的时候,我们不在宣传一种以特殊内容为限的新体系,而在描述一种可用以为陈述心理现实的工具。

据我看来,这个改革的突出特征计有:

(一)它要创立一个纲目,对于心理历程作建构的陈述,而没有逻辑的矛盾。同时又要适于描述心理的生活空间(psychological life space)的特殊的性质。

(二)它要包括环境和人的特质。

(三)不更作不必要的假定。

(四)采取连续的渐近法(method of successive approximation)。

后文所发展的概念都属于"实效的"(operational),因为我们要在概念和观察的资料之间,保持始终一贯的关系。这些概念虽常自现象的阶层超越至因果关系的阶层之上,但仍为"描述的"(descriptive)。与牛顿(I. Newton)所称的"不作思辨假设"(Hypotheses Non Fingo)同其意义。换句话说,其目的要以指示某种
7 关系的性质,不作思辨学说特有而结果足以阻碍心理学发展的那种解释。

本书所提供的概念尽管随时代的推进而修正。但是我很乐观,自信这些概念,学者可不问思想派别如何,都将会公认为心理学的要义,后来虽有所增加和修改,也不必减弱这些初次试探的概念的效度。科学所可能的也只能以这种稳定性为限。

第二章　定律的构成与情境的陈述

就科学理论的观点看来，近时心理学的发展，在规模、范围及 8
性质上，都与物理学自中世纪亚里士多德的概念演进而为近代伽利略的概念(concepts)的发展相协调。① 这种进展为科学发达到某些阶段时所特有。使仍属半思辨的理论必然接近于具体的现实。

定律与个案

这种进展有了一个最显著的特征，就是克服了普遍概念和个别事件之间的对立。定律和单独的事实开始发生密切的联系。所以陈述一个具体的个案在科学上得到了一种新的重要意义。从前以为单独的事件只是一种偶然的遭遇，陈述这种事件也只有满足好奇心的价值。只是多数个案的平均才有一般性的重要。但假使我们认为这个单独的事件也受定律的管制，便不得不求科学的论证于具体的纯例(pure cases)，而不求科学的论证于许多历史事实

① 关于这个沿革的方法论和概念的方面的讨论，参考勒温(57,59)。又 J. F. 布朗(Brown)(8,9,10)。括弧内的数字可据以查书尾附页参考文献的项目。

的平均值了。因此，个案的陈述乃得有新的科学的意义，因为这种陈述对于一般定律的决定有一种直接的贡献。

9 科学的三个发展时期可简称为思辨(speculative)期，描述(descriptive)期及建构(constructive)期。这三个时期的特征的比较可略见第一表和第二表。(我们可要声明这只是一种粗略的比较。)

第一表　心理学分期的特殊概念及方法

时　期	Ⅰ 思　　辨 (亚里士多德的)	Ⅱ 描　　述	Ⅲ 建　　构 (伽利略)
目　的	发现事物的本质及一切事件背后的原因	尽量搜集事实，并予以精确的叙述	发现定律，预测个案
概念构成的通性	心理学的概念和非心理学的概念无所区别		消除非心理学的概念
	区分心理学为独立的分野，而各有不同的定律		心理现象，一视同仁，受同体系的定律的控制处理
	赞同理论 (思辨的)	反对理论	赞同理论 (经验型)
历史及体系的问题	发生的问题和性质的问题不分		发生的问题和性质的问题有别
	历史的起源和原因无别		历史的起源和原因有别
体系的样式	兼容并包的体系起源于一个单独的概念或几个对峙的概念	以抽象作叙述的分类	建构的体系基于一组相关的概念。概念可从对立中逐渐转化

第二表　定律与动力的概念

时　期	Ⅰ	Ⅱ	Ⅲ
定律的性　质	定律≠规则。个案是不规则的。只是惯常发生时才有定律		定律≒规则。一切事件都有定律，即仅有一次的发生也莫不然
证明一个特殊定律的技术	例示类似事件之多，不问个别的差异。个案的数目愈多，类似性愈大，则其规则也愈确实。“例外证明了规则”		研究个别的纯例(pure cases)。比较不同的纯例(系统的变异)不据个别的特性而抽象。证据的效度得自纯例，而不得自次数之多。实验＝纯例之审慎的创制
概念构成的逻辑性	据差异而作抽象的分类(统计的平均)。物之概念转为重要	据表型(the phenotype)而分类	概念的构成由于建构(与分类相反)。发生的定义。事件的概念较为重要；函数的、条件性的起源的概念
动力学	原因为有方向的因素(趋势)。动自身的本质(通类)为其行为的原因，行为由过去或将来所决定(目的论)		原因为有方向的因素，只是几个事实之间的关系可为事件的原因。每一事件决定于当时情境的全体

情境之建构的陈述

此外我们尚须讨论下列一个事实。即迟至十九世纪的末年，学者对于心理学是否仅须描述或兼须探究心理历程的因果的问题，仍互相争辩不决。到了现在，我们知道“为什么”的问题或动力
10 的问题(dynamic questions)在理论心理学及应用心理学内，都引起最大的兴趣。

要答复这些问题，便须求控制心理事件的定律。换句话说，就是要决定不同种的心理事件发生于何种情境之下，且引致何种结果。但是单有关于定律的知识还不足以说明一个人在一个特殊的
11 情境之下，何以采取此一方式而不采取另一方式的行为。即使心理学的一切定律都属已知，我们也只是在定律外，兼知道特殊情境的特殊性质，然后才可预测一个人的行为。定律要规定一个事件或情境的不同性质之函数的关系。定律的应用则须以了解个案为先决条件。我们只是知道了具体个案的性质之后，才可应用一个定律。由此看来，定律只算是依据具体情境的动力因子，以推测实际事件的原则。

这个关系，看了下列的规定，便可明白：试以 B 代表行为或任何种心理的事件，以 S 代表人及整个的情境，B 便可视为 S 的函数：$B=f(S)$。这个公式之内，函数 f 或其全式便代表我们通常所称的定律(84，p. 366)。现在假定用个案所特有的常数代替这个公式内的变量，我们便可有对于具体情境的应用了。

所以定律的制定只是解释心理生活的一部分工作。另有一部分工作也有相等的重要，且与定律的制定有密切的关系。那就是

这样地陈述具体的情境，才可据一般定律中的原则，推测出实际的事件。因袭的描述情境的方法便没有这个可能，因此，只得求助于对情境作建构的陈述（constructive representation）。至于这种陈述特征如何，便在后文详加讨论。

人和环境：生活的空间

就内容说，由亚里士多德的概念，进展至伽利略的概念，就是要我们不再求事件的原因于孤立客体的性质之中，而求事件的原
因于客体与环境的关系之内。我们可不再以为环境的功用只是对 12
于个体性质中一旦建立便不再变化的趋势加以利导或阻止。我们只是在陈述时包括整个的心理情境，才了解控制行为的势力。[①]

心理学描述整个的情境可先区分为人（P）及其环境（E）。每一心理事件，都取决于其人的状态及环境，虽然其相对的重要性随不同的个人而异。因此，我们为每一心理事件所定的 $B=f(S)$ 公式可变化为 $B=f(PE)$。近时实验的研究已在心理学的各分支之内，渐更显示这个双重的关系。凡属科学的心理学，都须讨论整个的情境，即人和环境的状态。这就是说，须设法以共同的名词将人和环境陈述而为同一情境的部分。但是心理学还没有包举此二者的一个名词，因为“情境”一词常指环境而言。下文拟采用“心理的生活空间”（psychological life space）一词，指一个人在某一时间内的行为所由决定的全部的事实。

① 关于心理学内疆域（或场）的概念及其应用的历史，参照考夫卡（47，p. 54 *f.*）和苛勒（44，p. 320 *f.*）。

陈述生活空间的方法

我们现在还没有完满的科学方法，陈述心理的生活空间，据心理学的一般的方法，环境影响的研究以分类法及统计法入手。例如“独养子”或三子中的次子之平均的作业，都曾用这些方法加以研究。就医事的个案研究而言，关于心理环境之较具体的详细项
13 目，便常可得而见。譬如家庭环境也有完满的描述。[①] 其陈述的方法半有近于小说家的方法，用富有表示性的文字，举例说明重要的特征，使情境的描述尽可能地近似于生活。总之，用科学的方法所完成的描述，在科学上既不是最有价值的，而以具体的描述介入理论的概念，复易为人所歧视，这种描述不为科学的描述，而只是思辨的解释了。

关于情境之最完备而具体的描述，成于陀思妥耶夫斯基（F. Dostoevsky）之类的作家。统计的概括所特别缺乏的，每为这种描述所具备，也就是以明确的词句，说明个体环境的各种事实如何彼此相关，复如何与个体本身发生关系。整个情境及其特殊的组织。这就是说，情境的个别因素不是可以用“累积”法（a “summative” way）任意结合的特性（88，89，90）。心理学如果要预测行为，便须用概括的方法，完成此相同的工作。在选择方法和概念时必须采用实用的标准：寻求可为预测根据的概念。换句话说，我们的概括务须陈述情境的交互的关系。这个观点也就决定了本书进行的方法。

---

① 例如 A. 霍默伯格（Homburger）（33，p. 243）。

第三章　生活空间陈述的概念

生活空间综括可能事件的全体

我们如果要由一个人的生活空间，推测他的行为（或心理的事 14
件），便不能不以这个空间综括“可能事件的全体”（totality of possible events）。

陈述环境和人，究竟以何种事实为首要，当等后文详述。现在只须说，依据理论及实用的观点，我们首须明白一个人在某一情境之内，有何种可能的行动，又有何种不可能的行动。一个人的心理情境的每一变化，都不外是前所不可能（或可能）的某种事件，现在忽然变为可能（或不可能）了。

例如公司内一个雇员退了职，他的重要变化就是不再能命令公事房内的工作人员，不再能为公司采办货物，而且他在职时所有他种可能的行动也都被剥夺而去了，如进公司的某一入口的特权及在职时有权享受的对人接物的行动。反之，前所不可能的行动现在却多属可能了。他可斥责从前的雇主，而且因为闲暇的时间较多，可以读书，也可以早晨起得迟等等。

短时期的失业和长时期的失业情境，都可据行动可能性的变
化描述其差异。历时既久金钱的穷乏使他不能有美食，也不能自 15
由旅行。他也许衣冠整齐如旧，但必不再能穿上等的衣服。而且

久而久之，他便没有每天出去求工作的勇气了。

由此类推，有钱的人和穷人、青年、成人和衰老得几乎不能供职的人，其主要的差别也在于其可能活动的范围。即如健康的人和病者，教育程度不同及政治阶级各异的人，其所有的差异也都如此。所以一种动力的心理学不能不据行为的可能性和不可能性的全体，陈述人格及人之状态。

行为的项目与体系

还有另一种事实导致了同一的观点，也就是把情境看作可能事件的全体。心理学面向着如下所述的一个主要的困难：假使我们研究愤怒的原因和结果，就可有许多不同的反应（20，pp. 27—30）。尽管我们可以由一种实验的布置出发，保证其情境的心理结构大致不变。愤怒的后果也有不同的程度。同时还存在着许多其他的行为，如代替动作、走捷径、欲求水准变化、攻击行为等。对于这些历程，我们可加以分类和描述。甚至可从而编定行为类别的目录，去扩大它、深化它。其他如研究成败、自我界线和惩罚也莫不如此。

这种事实的搜集是不可缺乏的，有它的科学价值。但科学，尤其是实验心理学，却不得以此为足。我们需要了解为什么发生此一行为，而仅以此为限。上文所说的目录对这个原因是不能说明
16 的，我们必须建立一个概念的体系以便消除那个目录的随意性。这就是说，要建立一个演绎的体系。一个情境所引起的不同行为都得释为隶属于一个可能事件的合于逻辑的体系之内，而这些可能事件的全体则为这个情境的特殊属性的表示。

我们如果越能依据这个意义，决定情境的细目，则实际可能的事件越有限制。生活空间若有一完满的决定，则在一般结构中，实现何种可能，就立即可知了。

建构的手续概述

关于人和环境的陈述，现在可概述如下：

（一）陈述情境所用的概念，务求可据以推测何种事件为可能，何种事件为不可能。我们须不用分类的概念，而用与定律有直接关系的建构的概念。

（二）这种陈述务求可据以推测一切见诸事实的行为。这种推测的严格性不仅就人在情境内的行为说如此，即就人或情境可能有的变化说，也复有效。

（三）只是从整个的生活空间出发，才可由可能事件的全体进行这种推测。

（四）兴趣的中心由对象或客体（objects）移至历程（processes），由状态移至状态的变化。生活空间如果是可能事件的全体，则凡加入于情境之内的“实物”（thing），尤其是人及心理的“对象”都不得不据其与可能事件的关系加以规定。

妥适的抽象与不妥适的抽象：渐近法（method of approximation）

由整个的生活空间出发，进行分析，除上文所举的理由外，还 17
有下列各种利益。在心理学内，也犹在其他任何科学之内，每一个案的研究和陈述，都是一种无限的工作，欲求其解决，须先对于心理学的定律有充足的知识(7,p. 33)。据这个理想的标准,则凡属具体个案的实际的陈述都太嫌简陋。为救济这个困难乃产生两种方法,而这两种方法进行探究彼此大异。一法可称抽象分类法,以讨论个别的事实为出发点,然后据这些事实之一或其他构成分类。因此,各个情境的个别的特性常被疏忽。而且重要的事实几乎常有不少种,所以这种分类常引起学者的攻击,其本身本有歧义,以致常摇摆于相反的范畴之中。

第二个方法不同,由整个的生活空间出发,而规定其基本的结构。其进行的程序不是将不相关联的项目彼此相加,而是使原有的结构更加特殊化和分化。所以这个方法逐步由一般而进于特殊,得免于由抽象而"误求简单化"(wrong simplification)的危险。就抽象的分类法而言,其第二步常破坏了第一步的规定。"妥适的简单化"(right simplification)虽也有繁中求简之义,但究竟是一种渐近法。其第一次的陈述不为第二次所破坏,反因而更相连贯,因为在开始时,我们即已考虑整个的情境。这个渐近法究竟可进行至何种程度,便随其所讨论的特殊问题而定。其要点是即属第一次的陈述,已有其本身的价值。所以其概念的构成与数学的概念基本相似。

第四章　心理生活空间的内容与外延

心理生活空间究竟有何种意义，而陈述这个空间复应考虑什 18
么呢？

心理学内的形相（appearance）与现实（reality）

我们自然首先要约略陈述个体的物质环境，例如他那时居住的房间及他所视为重要的家具的位置；有时且须涉及房间所属的房屋，房屋所属的市镇，市镇所属的国家。其次，我们要陈述他的社会环境，他和他人的关系，这些人的地位和人格，他自己在社会上的地位，例如他的职业。同时，他的期望和野心，他的恐惧、思想、理想及昼梦，总之，凡依据心理学观点看来属于他的一切都有重要关系。

经验心理学的存在。——倘有一人在此，我们要测定心理上属于他的究竟有些什么，也不常是一件容易的事。最明显的方法似可用意识为标准。比如其人所意识到的物质的及社会的环境，可被视为他的心理的环境。但我们即使用“意识”一词的最广义，这个规定也未必可信。比如一个人坐在一个熟悉的房间之内，他

背后的那一部分墙壁当然属于他当时的环境，而且这个房间有几
间贴邻的房间，或那座房屋是否位于海滨寂寞之处，或大都会中
19 通衢大道之上，都可为他的心理环境的重要的成分。即在他不观
察风景，而在埋头工作，初未注意或明白这较大的环境时，也莫不
然。

就社会的事实及关系而言，我们可否用意识为评判那些材料属于当时的心理生活空间的唯一标准，也属可疑。我们不能认为儿童的父母、兄弟、姐妹，只是直接存在于其前时，才可当作他心理情境的事实。比如一个小孩子知道他的母亲在家或不知道他的母亲在家，他在花园中的游戏的行为便可随而不同。我们可不能假定这个(母亲在家或否的)事实常存在于儿童的意识之内。又如一件不许他做的事或允许他玩的目的物，也可不必明了存在于意识，然后才可在心理的情境之内，占据了一个重要的地位。

就一般的社会气氛，如友谊、非友谊或紧张而言，则尤其如此。社会气氛中的这些通性，对于一个人的行为及其发展，无疑地具有最重要的意义，然而我们常仅明白这种气氛在其变动的时候。

现实的为有影响的(What Is Real Is What Has Effects)。——在这方面和其他许多方面相同(57)，我们显然须以动力的意义辨别表面的形相和基本的现实(the “underlying reality”)。换句话说，物体及事件之现象的性质(phenomenal properties)与条件的生成的性质(conditional-genetic characteristics)或决定因果关系的性质须加以区别。据动力说的观点，我们须认为整个情境为对于有关个体所可发生影响之物的全体。由此推论起

来，我们可以说“现实的为有影响的”[①]可用为存在的标准。

现实的事实与物理学。——现象的性质与条件的生成的性质 20
的区别不得同心理的对象与物理的对象的区别混为一谈。心理学及哲学的讨论常视心理的与“直接所与”（“directly given”）相同。考夫卡（47，pp. 46 ff.）要我们注意无意识的历程及反射，显然表示得自经验的宇宙（行为的环境）不足以尽解释行为的能事。但是他不反对条件的生成的事实与物理的事实相同。似乎主张物理的只是间接可以了解的；[②]须由心理的经验推度而知。心理的不以现象的为限，但凡属现象的则必有几许属于心理的。这个概念有深刻的影响。就是说，条件的生成的动力的事实即在心理学内也隶属于物理的宇宙，因此，心理事件的解释，据最后分析应以物理的事实为根据。

这些类似的概念为大家所承认，但在我看来，似乎是错误的，无论据知识论的观点或据心理学的观点。原来一切经验科学的对象，都和心理学的对象相同，可直接得自经验，即物理学的对象也不例外。这直接的经验首先涉及对象的形相或其现象的性质。要了解因果的关系便须进而研究条件的生成的性质。但是这个较深一层的进展应不出同一科学的区域。比如物理学的概念无论如何

---

① 我们虽不甚关心“心灵的实在”问题，但至此为止，这个观点和新实证论（new positivism）（参考 Feigl，24a，p. 422）相符合。我们的标准宁用以为心理学内实际判断的工具。我们可不若新实证论那样，假定心理生物学可还原为物理学。

② 他说：但是每一个事实资料都是行为的资料；物理的实在非一事实资料，而为建构的结果（constructum，47，p. 35）。

21 进步，物理学的方法无论如何间接，而物理学所发现的一块铁的条件的生成的性质也不外是我们所见所用的那一块铁的性质。否则，无论从实施的观点及理论的观点看来，都可证科学的分析将是毫无意义了。

就心理学说也复如此，我们可辨别其对象之较属于现象而可直接把握的性质和条件的生成的性质的不同。[1] 在心理学内也如在其他科学之内，只是能进展到动力的性质(dynamic properties)的时候，才能予事件以一种解释。而现象的及动力的性质仍隶属于同一心理的事件。

这个观点承认物理学和心理学都同有现象的及条件的、生成的性质。这里不能详举立论的证据。至其在方法上有极大的便利则无可疑。反之，主张心理学的解释应建立在物理学之上者是以认为有一个普遍科学的哲学的乌托邦为基础。但是这就是说，心理学由描述进展至解释，便不得不跃入一个新奇的区域之内。假使我们不理会这个哲学的乌托邦，我们便可陈述生活空间之连续的进展，讨论一切必要的动力的事实。不问它们由于直接决定或间接决定。由我看来，只有这个方法才可在一个陈述之中包举一切须用以为实际行为的概念推测的根据，且其所包举者更仅以这种根据为限。

关于人和环境之彻底的动的陈述必具有一种建构的性质。假

---

[1] 托尔曼(E. C. Tolman,84)认为我们不能直接由行为推测行为。我们须于所要推测的行为及可指示其原因的事实之间介入一些中间的变量(“intervening” variables)。据我看来，这些中间概念同我们的“动力的”或“条件的，发生的”概念一样。“中间概念”或可为一很便利的名词。

使这个陈述可以用以为推测实际行为之一助，便更须具有此种概念的性质。但是这种建构(10，7，10，3，84)不得和一普通的类概念 22
相混淆，因为它所陈述的为一具体的个例。[①]

生活的情境与当时的情境

所谓心理的情境可用以指一般生活的情境，也可用以指较特殊的当时的情境。

> 有一个女人在一个声音嘈杂的大工厂内，站在第八列最后第二号的纺机旁边。有一条线断了。她想要停息纺机，察看原因，那时差不多要午餐了。她的心境不佳。那天上午工作的成绩很劣。

这些就是这个女人当时情境的若干资料。关于她的生活的情

---

① 心理学说务求在逻辑上能对具体的事实作严密的推测；赫尔(C. L. Hull，35)曾重视这个必要。他提出“完满的科学理论”的四个假定(35*a*，pp. 495 *f.*)。这些假定涉及逻辑的性质和理论体系如何证明的方法。他郑重声明“每一定理的演绎或证明都是一种复杂的、多重锁链的(multi link)、逻辑的产物，涉及许多原则或假定，和仅用两个前提的简单的三段推理大不相同”(p. 499)。

赫尔的四个原则和我们的假定1相符合(见第一章和第三章)，所以我们完全同意。我们也要特别声明：没有一个单独的概念足为推测的根据。但是我们也宜有一言道及纯粹形式的研究法的限制。赫尔也许同意一个理论的体系或可在逻辑上是完满的，但其心理的内容有所欠缺，以致它的科学的价值不足令人注意(例如 S. S. Stevens，80a)心理学原须重形式的方面。但是我们倘若不理会心理学说的目的在于解释实在，便可太不幸了。将来在心理学内，学说的成绩应不仅以形式的完美为判断的标准。

在逻辑上，陈述心理的动力学，可利用任何种概念(换句话说，我们可不问有无像“动力学的逻辑”的东西的可能)。但在实际上，一个学说的形式和内容都很重要，我们想并重这两方面，不分轩轾。因为一个体系，其动力概念的内容若不妥适或明了，则在逻辑上也即可令人不满。由这个观点讨论赫尔的“雏形的科学理论的体系”(miniature scientific theoretical system)(35*a*，pp. 501 *ff.*)，恐便为篇幅所不允许了。

境，我们可以说：

> 23 她结婚已三年了。近一年半来，她的丈夫失业。她有一个两岁半的小孩患了重病，但是今天似较好转。她和她的丈夫口角的次数近更增加。今天他们又斗口了。她的翁姑曾向她建议把孩子送入乡间，交给他们抚养。她对这个建议踌躇不决。

由此看来，生活的情境和当时的情境相关甚切。就此例说，生活情境可为当时情境的一个遥远的背景。也许这个女人在工作的时候想到她的孩子，因此，生活的情境常可成为直接情境的一部分。但即在她忙于连接断线，不再想到家庭情境的时候，她的生活情境至少可间接有其重要的意义。它可以影响一个人的状态及其在当时的情境的反应。

这个女人随其生活情境的每一变化，对于她的当时的环境，房间、床铺及家务而有不同的看法。和其夫发生口角之前的一切可爱之物现在也许已觉得可厌了，而其他种种反觉较可宝贵了。她的房间在孩子卧病的时候改变了性质，当孩子病好的时候，又改变其性质。因此，物对于人的心理的意义大部分随已往的历史而定。

整个生活的情境虽常对行为有所影响，但在陈述生活空间所应明白涉及的范围随不同的情况而大异。一个人在考虑可否结婚，可否经营某种事业或可否和某一有势力者提出诉讼的时候便不免根据其整个生活的情境而规定其行动。只是碰运气的、浅薄的或幼稚的人们才决定生活的重要问题而仅根据于当时的狭窄的情境。反之，一个人在散步时靠路右走或路左走则取决于一个狭窄的当时的情境。我们不难看出生活空间的有组织的部分如何因受新事件的影响而忽较扩大，而忽较狭窄。

在陈述生活空间的时候，须考虑这些范围的差异。就某一个 24
案而言，其生活的情境和当时的情境孰较重要，便看我们所需讨论的特殊问题而定。总之生活的情境是较常住的（more constant）。要陈述它，便可用较大的时间单位。但是这些范围的变化非即谓二者之间有重大的差别。下文所发展的概念可同适用于生活的及当时的情境，或一切可能的生活空间。[①]

生活空间内准物理准社会及准概念的事实

假定我们利用动力的标准（“现实的为有影响的”），决定一个事实是否存在而为心理的生活空间的部分，我们便须包举大多数的事实。例如对于一个人的行为所可发生影响的身体的历程也须包举在内，因为心理学只是生命的一般科学的一部分，须讨论心理生物的组织（psychobiological organization）。

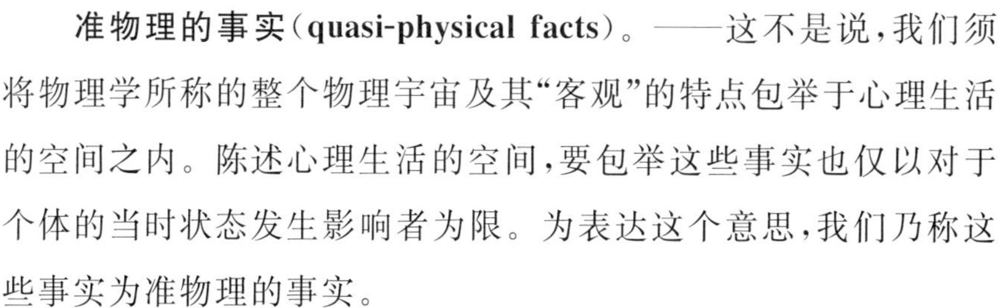

准物理的事实（quasi-physical facts）。——这不是说，我们须将物理学所称的整个物理宇宙及其“客观”的特点包举于心理生活的空间之内。陈述心理生活的空间，要包举这些事实也仅以对于个体的当时状态发生影响者为限。为表达这个意思，我们乃称这些事实为准物理的事实。

① 关于生活情境的建构的陈述的实例见 T. 邓卜和 E. 汉夫曼（Hanfann）（19）；勒温（58）。

一个儿童和一个成人的环境，由物理学家看来，虽全相一致，或大致相同，但其相当的心理情境可根本不同。人和动物的环境(60，pp. 322—323)，或不同人格之人的环境也是这样。就同一个人而言，在不同的情形之中，例如饥和饱，其物理上相同的环境，在
25 心理上也可相异。[①] 这不是说，心理学可不认为科学的论断有普遍的效度。这只是说，陈述情境以有关个体所视为现实者或所受影响者为限。反之，以“客观的”混同为“物理的”、“逻辑上普遍的”(logically general)混同为“大家看来是一样的”(equal for all)，则已在心理学内引致严重的概念的及方法论的谬误了。

准社会的事实(The Quasi-social Facts)。——社会学所称的客观的社会事实。[②] 和陈述一种生活空间所须处理的社会心理的事实也有一种类似于物理学所称的物理的事实和准物理的事实之间的区别。

比如母亲以警察恐吓她的顽皮的儿子，而她的儿子因怕警察而服从。我们在陈述和解释这个儿童的行为时，可不在讨论警察对于儿童的实际的法律的或社会的权威，而在讨论儿童心目中的警察的权威。

他如圣诞节的老人和父亲的权威，及一切社会的关系，都莫不

---

① 奥尔波特(G. W. Allport)(2，p. 178)说“速率又仅为在物理学上一个齐一的因素；据我们的研究，速率似分成三个比较独立的运动率。许多种速率测量和非速率测量的相关较彼此自我相关为高。总之，运动的物理的范畴不宜为表情活动(expression)的心理学研究的模范”。

② 这里可不必讨论社会学所规定的社会组织的客观性(objectivity)和实在性的知识论的问题，也不必讨论这个实在和物理学的实在可否比拟的问题。

如此。就一个团体的会员的资格而言，我们所应论列的与其说是法律或社会所规定的会员资格的标准，毋宁说是其人对于这个资格的信仰及其所受的影响。总之，在陈述心理的情境时所应包举的社会的事实，和物理的事实相同，也仅以其对于有关之人发生的影响者为准。因此我们要讨论准社会的事实，而非社会的事实。

纯社会的事实和准社会的事实的关系是复杂的，因为我们知 26
道，即就社会学而言，人们对于其所生活的社会关系的意见，也可发生重要的影响，甚至对于社会的关系即使没有充分的意识，也不能例外。假使世界各国充分地意识着彼此之真实的相互依存的关系，国际的行为也许和现在不同了。所以社会心理的事实(或心理学内准社会的事实)对于社会学本身也有重大的意义，而心理学的，尤其是社会心理学的事实的陈述，也可在社会学内应用，而有良好的效果。

准概念的事实(The Quasi-conceptual Facts)。——除了准物理的及准社会的事实之外，我们还必须考虑准概念的事实也是心理生活空间的要素。我们不要在此假定一种概念的实在论(conceptual realism)。但是我们也不得忽略下列功用的相等。

一个人在解决一个范围广博的概念问题，例如数学。他的思考主要在概念体系之中遵循某种确定的手续，求适当的数学关系。他在心理环境中四处移动，面向困难解决问题，而这个心理环境的结构则基本上决定于数学疆域本身的结构。他要达到某种目的，便充分了解指定的事实而适应其客观的结构，正与上文所述准物理的及准社会的环境相似。就此点说，数学的事实有时在动力上与某种物理的及社会的事实同为铁一般的事实。

数学疆域的客观结构与当时的心理疆域也不常全相符合。假
27 定他们能互相一致，那么数学问题的解决便不免易如儿戏了。其实心理的疆域和数学问题的结构相比常较欠完备，在要点上，尤感偏而不全。就实际的事件的原因及其动力学不是数学体系本身，而是个人的心理疆域的当时结构。因此我们要有所谓准概念的事实。

末了，我们要声明一点，即准物理的、准社会的及准概念的事实之间没有严格的区别，我们所要讨论的实为一个统一的心理生活空间，而这个空间之内的三种事实，仅可视为大致可以区别的三类。

儿童的思想带有灵活论(animistic)及魔术的意味，致令这些差别流动不定。就成人说，有许多情境及事实不易分属于上文所述的三类。

来自知觉的影响与身体的影响

心理生活的空间之内所有准物理及准社会的事实不必能完全代表其相当的客观的物理事实及社会事实。但是这些心理事实的结构要不外随物理事实及社会事实的结构而定。一个人的生活空间之内的准物理事实的改变常为物理环境之客观的变化的结果。

生活空间所受自外面的影响可粗别为两类：(一)来自知觉历程的影响。这种影响常可使有关之物的疆域的认知结构(cognitive structure)，发生一种变化(85)。(二)身体方面的影响。一块石头投中一个人，使他受伤或失去意识。这块石头可不必呈现于

其人的知觉疆域之内。

这种身体的影响应否由心理学加以论列。也许是一个疑问。28
至于一个物体的知觉和因石头受伤的知觉则确为性质远不相同的事件。但是一个知觉的影响也可不以生活空间的认知结构的变化为限。比如它也许招致目的改变,因此并使其人的动作方向也有所更动。反之,身体的一种影响,例如中毒,也可使生活空间引起重大的认知变化。因此,知觉的历程和身体的影响可改变生活空间的任何方面。我们须记得物体对于身体的影响过渡而为知觉对象所产生的影响,不是一种突变。

此理就动作方面说尤易明了。比如一个人搬运一块笨重的木头,忽被推开去,忽被抬上来,又如游泳、上梯,或做他种运动的时候,其由物体而使环境及人的状态发生变化实不仅为知觉历程的结果。即使在知觉心理学内,我们也发现这种影响可过渡而为另一种影响,或这两种不同的影响相互感应。比如注视强度太大的光线可令眼睛受伤。同样空气及于人的影响也不仅由于知觉而由于他种关系。

下文讨论纯粹身体的影响仅以其与行为及知觉有关者为限。但是我们要声明这个区别也非一种基本的区别,心理学要完全置身体的影响于不论之例也不可能。物质界对于生活空间的这些影响都有一种动力的相似性,因为它们都使个体有所改变。

社会的事实对于一个人的生活空间发生影响也不必由于知觉
历程。一次逮捕,一条新法律所引起的个人法律地位的改变,或一 29
个新雇主的来到,也犹一块飞来的石头,可使一个人的情境有重要的变动。这种变动不必为先前的心理情境的动力学的结果。

心理学讨论这种“非心理的”因素的影响，可利用何种概念，确是一困难的问题，当在下文再说。无论如何，对于知觉及行动既有广泛的影响，便不能不引起心理学的注意。这就是说，我们在原则上可在一个人的生活空间之内陈述其一切身体上的变化。同时，又可证明心理学和生物学只是兴趣的不同，没有本质的区别。

第五章　心理学内的因果关系

历史的原因与体系的原因 30

心理事件是人们通过追溯其产生原因的动力关系而推导出的。心理学以十分不同的方式来理解这种“追溯”及“追溯”中所蕴含的因果概念。

心理学内有两种“为什么”的问题

（一）一个指定的情境 S（即一特殊的人 P 在一特殊的环境 E 之内）为什么产生了 B 事件而不产生其他事件呢？诚如前章所述，我们如果发现 $B=f(PE)$ 的通则，适用于有关情境的动力结构，这个问题便不难解决了。这个事件乃得溯源于当时情境的动力特点，它的“原因”就是当时的生活空间或其主要部分的各种性质。

（二）为什么恰形成了这种情境——或某一特例的生活空间为什么具有这些特殊的性质呢？这个问题有一种特殊的历史意义，或更正确地说，有一种“历史地理的”意义（a “historical-geographical” meaning）（60，pp. 328—329）。它要涉及历史的发展，因果链锁及这些链锁的交点。只是分析个人及其环境的历史才可予这个问题以答复。因此，我们乃有"历史的因果概念"，以示别于上文所述的"体系的因果概念"。

试举一物理例子以资说明：我方冒雨在树下，为树叶所隐蔽，
31 得免淋湿。我问"为什么不湿？"知道了雨的方向及速率，树叶的位置，我自己的座位等便可解答这个问题。总之，我们可陈述目前的情境，应用力学的定律或其他有关的定律，便可推测在这种情境之下应有何种事件。然而这个问题的解答还可得之如下："多谢你祖父栽植了这株树才可使你雨下不湿。这里的土壤并不很肥沃，但是你的祖父在此树种植后的头数年之内特加培养。但假定去年新公路的计划见诸事实，此树恐怕早已砍掉，而你也不能坐于此而不湿了。"

第二个答案系引历史的原因以为解释的一个实例。它的特点在说明事件的因果链的历史及交互关系，而这种事件则仅一度发生于某地某时。反之，引体系的原因以为解释的答案，则应用没有时间性的定律。这两种答案都完全合法而重要，虽可互相影响，但不能彼此代替。就心理学说，它们也都有其重要性。个人及团体的发展心理学，尤需要历史的因果概念。精神病理学（Psychopathology）也需要它，因为可用以了解病的起源。

即使在实验心理学内讨论体系的问题也须对于某种历史事实特加注意。据意志和感情的心理学所示（20，p. 30），实验心理学中最基本的问题的解决也有时须先建立明确无疑的情境，而此事的可能，复常仅以提出某种历史的发展为先决条件。

在探究时，历史的和体系的因果概念虽有密切的关系，但是这两种原因的区别，现在便较前更加严格。历史的及体系的概念和

问题的混淆是心理学的前伽利略期和亚里士多德期的思考方 32
式。[1] 这个时期现虽结束，但已产生了重大的错误。联想说的矛盾，经验概念应用时的困难也以此为原因之一。精神分析的贡献大部分由于侧重其问题之历史方面，但也同时因这种混淆而引致重要的误解。实验的儿童心理学也常有类似的概念的纷乱。

只是我们能在心理学各分支之内，严格区别这两种因果概念，而由亚里士多德式的思想进展而为伽利略式的思想的时候，我们才有解决动力问题的可能。

下文的讨论将以体系的因果概念为根据，因为动力学须首重这个概念。假使 $B=f(PE)$ 的方程式未经决定，或一个单独的事件和指定情境的关系未经了解，则甚至历史程序(historical sequence)的动力问题也无从解答了。但是心理学可不必因此忽略或轻视历史的问题。

存在及时间的与因果的关系

我们如果要从生活空间推测出一个事件，便须注意几个重要的探究的原则。这些原则已有一部分给 $B=f(PE)$ 的公式表示出来，但是我们尤须特别加以讨论，因为现代心理学太忽略它们了。

“具体”原则(The Principle of “Concreteness”)。——只是具体之物才有影响。这个话也许很明显。但是我们常忽略了它，用

① 参考勒温(59)。这两种概念的混淆在他种科学如经济学和艺术史的初期，也曾为发展的阻碍。

发展(development)、适应(adaptation)、心灵能动原则(Prinzip der wirkenden Seele)、抽象的驱动力(an abstract drive)解释一个事
33 件,而以这些原则为具体的原因。要讨论这种推理的一切结果,将不免离题太远了。总之,我们的错误即半由于混淆某些事件的本身和规定这些事件的影响的定律。须知能产生影响的只有具体之物,也就是存在于某一时间之内真实部分或在心理情境的陈述之中有其一定位置的事实。至于所谓的原则,就被除外了。

因果事实的关系的性质。——亚里士多德式的思想(59,pp. 28—30)有一特点,从一个对象的性质,如个人的人格、内在的驱力或情绪演绎出一个事件。遗传和环境孰较重要的问题也为这种方式的思想所特有。由亚里士多德式的思想进为伽利略式的思想便须承认下列论旨的有效:就是一个事件常为几种事实交互作用的结果。

这个原则和格式塔说在知觉心理学中所努力发展的论旨颇相符合,即一个刺激的影响半有赖于四围的场的性质。近年来这个原则深入到心理学的其他分支之内(47;44)。

假使我们要根据由势力(forces)推论事件,便须承认一种势力常为几种事实的交互作用的结果。这个原则及其涵义,后文常要提到的。

“现时”的原则(The Principle of “Contemporaneity”)。——事件的时间关系及其所由产生的动力的条件甚为重要,对于一切心理学的问题几乎都有直接的影响。参照 $B=f(PE)$ 的公式,这

些问题可较正确地规定如下：行为 B 对于情境所由组成的两个因素人(P)和环境(E)有何种时间的关系呢？而且生活空间的不同部分复有何种时间的关系呢？

学者讨论这些问题，常问是否只有过去的事件产生变化呢，或 34
未来的事件也可产生变化呢？比如文特(W. Wundt)以为最后原因(causa finalis)“目的论”(teleology)的特点就是假定未来的事件影响目前的事件。就通常的原因(causa efficiens)而言，我们常假定过去某事为目前事件的原因。以物理学为根据的哲学的讨论便常显露出这个观点。

这个对于过去原因或未来原因的侧重不仅在心理学的哲学讨论之中占重要的地位，而且——尤堪令人注意的——在关于具体问题的学说推论之中也莫不然。心理学说到未来的事件，也或明或隐地应用驱动力或本能的概念、游戏的学说等。而表情(expression)、情绪及经验的学说，则常据过去的事实解释目前的事件。这个研究的性质，即令学者以记忆为连接过去及现在的经验的桥梁，也不易瞒过我们。因为时常作出这种连接的假定，只是由于遵循这种解释的原则，似乎例如某种情绪的表示普遍根据于物种史上相同的，以前有用的行为方式而非直接由于有关情景的类似性而推测表情的类似性。

我们虽可提出“历史”的问题而追求因果的联系，但也须小心提防，而不以历史的或半历史的原因解答体系的因果问题。亚里士多德式思想的特点系对于历史性的问题和体系的问题不作充分的区别。结果乃以过去或未来的事实为现在事件的原因。本书所拥护的论旨与这个假定相反，我们以为现在的事件只受现在情境

的影响，而不受过去或未来的心理事实的影响。这个论旨是由于
35 “只是具体存在的才有影响”的原则直接演绎出来的结果。过去及未来既都不存在于现在，便不能在现在发生影响。所以陈述生活空间仅取材于现时。

这就是说，要解答体系的因果问题，就必须陈述事件的进行而为情境的瞬息断面(momentary sections)的连续(series of situation)。下文的讨论有时要用一条路线(a path)的图，表示一个情境之内的一种移动，这也仅为一种象征的陈述，意即谓在有关的时距之内，情境的结构保持不变。

> 我们不必在这里讨论现时性问题。要绝对正确地决定场内不同部分的现时性，便须在心理学内说明中介历程(mediating processes)的速率(velocity)，如现代物理学一般，[①]但目前可暂将这个问题置之不论。此时较重要之事为将过去和未来的事件大致除外。

正确地说，瞬息间的断面也不能看作没有展延的一刻，而应看作微分的时间断面，以便决定它在某些点上变动的方向和速率。下文所谓瞬息间断面的概念也就是这个意义。

也许有人以为心理的事实，在本质上，就具有历史的性质。事实上每一时间，每一地点所有人的结构和环境的心理特性，据实验的研究所示(34)，绝对有赖于以往的历史。但在动力的心理学之内，实验证明以往历史的影响应被看成间接的。据体系的因果观

---

① 有一结果就是同时事件的疆域须随每一例的参照点而作不同的规定(74)。

点，过去的事件不能影响现在的事件。历史的因果链的交织造成目前的情境，过去的事件只能在这种因果链中占据一个位置。心理学对于这个事实常没有予以充分的考虑。

历史的历程在心理学内，也如在其他科学内一样，可视为辩证 36
的。无论我们所观察的为短时期或长时期，我们都看见一个继续变化的时期之后，继以一个结构突变的危机时期。

过去与未来：生活空间中的虚构之物与无定之物

过去及未来和现实的生活空间的关系，涉及了若干物理学所不必讨论的问题。

一个心理事实及其内容的存在和时间的测定。——我们可先自斯汤达（B. M. H. Stendhal）的《红与黑》（*Rouge et Noir*）（82，pp. 104—106）书内举一例如下：

教师朱利安（Julien）决定要接触他的弟子的母亲达·雷纳尔夫人（Mme de Rênal）的手。

> 朱利安一心想要冒险以徼幸，想不出来要说的话。因此支吾其词了。
>
> 他扪心自问："这是我第一次当教师应否有此种行为呢？"他太不相信自己和他人以致不能明白自己的心境。
>
> 他在深刻的痛苦中似觉得不如宁冒任何风险为好。他渴望达·雷纳尔夫人想回家处理某些忘记了的家务。他对于自己的情感力加压制，致令说话的声音也有显著的改变。达·雷纳尔夫人的声音也开始震颤。但是朱利安尚无所觉，义务

和怯懦的冲突太激烈了,不许他有他种思想。教堂的大钟报道了九点三刻,他还不能有实行的勇气,他自惭懦弱,乃私自打算:“钟报十点,我决定实行我终日所想要做的事,否则必当走入自己的卧房饮弹自杀了。”

此后十五分钟仿佛有一世纪之久,朱利安迟疑焦急,情感热烈,自以为必失去了理性,时钟报道了十点。每一次的敲击,似都打入了他的心坎,胸中似乎起了回响。

最后……

37 据这个实例所示,未来的事件对于行为、思想及情态可有强大的影响。但是我们在这些实例之中在讨论未来的事件吗?比如一个儿童正要取一盒子的方木块,盒子可望而不可即,那时的目标在心理上是存在的。朱种安以接触达·雷纳尔夫人的手为目标,这个目标显然也为现在的生活空间的一部分。[1]

这个困难可以解决如下。目标之为一心理的事实无疑地存于现在,而为现时的生活空间的一个重要的部分。反之,目标的内容则为未来的一个物理的或社会的事实,例如与达·雷纳尔夫人握手。这个事实也许不能实现。而期望的性质和所期望的事,既成为当时的心理情境,自然不赖其事是否实现而异。[2] 无论实现与否,其人所致力的目标,在心理上,都存在于现实的生活空间之内。

① 在这些实例之内,我们常说:“其事呈现而为影像。”但是这句话常可引起误会,因为目标常缺乏实在的影像。

② 未来的事件可为这些事例中的原因之说,可由此证其谬。所谓“未来的事件”绝不能成为一个产生结果的实存的事实。

> 据上文所举的实例，其时间的关系可略述如下：接触达·雷纳尔夫人的手的欲望已起于那天早晨。现在如果陈述早晨那时的生活空间，这个目标当被包括在内，而为一种心理存在的事实。至于目标的内容或朱利安夜晚所将实行之事，则为一种未来的事件。这个时间标志不决定这个心理内容成为心理事实的那个情境的正确时间。它在性质上有关于这个事实的一个很重要的特点，就是说，其内容系指同日夜晚的一个事件。这便予这个目标以时间接近性（Nearness）的一定的程度。
>
> 至日落时，这种意图仍在，并与早晨有着一样的内容。但即便内容一样，其动力特性却发生了改变，尤其是时间上更接近目标时，朱利安不仅受目标吸引，同时也担心目标的实现。现在的情境有严重的冲突，而且在与早晨不同的意义上，目标继续存在。
>
> 那一决心的动力的要质，当实行的时间既经决定的时候，复有一度的变化，而其内容也因此而得有一个确定的时间指 38
> 标。

其他如念及过去某事，或躲避过去某事，或为过去某事而困恼时，其所有心理事实及内容的时间指标也有类似的差异。恐怖、希望或疑惑等类的情绪之心理的现实性也不依赖于这些情绪的内容是否存在而为物理的或社会的事实而定。

我们可作一总结如下：

一个心理学事实的存在与否和其时间指数，不依赖其内容所涉及的事实之存在与否和时间指数而定。

内容是一种特性(a property)。——内容也不是没有关系的，而且对于心理学的动力学有绝大的重要性。比如一个实际的目标是否指现在的事件或将来的事件，这个事件可否视为实有之事，或仅属可能或颇不可能之事——都为目标的一个重要的特性。内容的时间指数及存在的性质的差异意即指心理事实本身的一种质的差异，换句话说，它们就是心理事实所有的特性。

> 反之，在心理学内也犹在其他科学内一般，事实本身的时间指数及存在与否(例如可能之事和实有之事之差异)没有特性的地位。它们不能用以区别心理事实的质的不同的类型。

这些事实的质的差异应如何规定，例如和未来的事件有关的事实能否常以相同的方法陈述于现在的生活空间之内，确是一个重要的问题。[①]

39 过去和未来在生活空间之内的意义随不同的情形而异。儿童的生活空间的时间的广度常随年龄的增加而扩大，实为发展过程中的一个重要的事实。

不确定性(the indeterminate)。——与时间指数及存在的问题有关的还有一个困难的问题，就是心理事实的确定性和不确定性。这个问题在情境的陈述中甚为重要。

上文所引朱利安的实例，就某一方面而言，并不是代表的。他

① 也许有人认为未来和过去可陈述而为生活空间的边缘，但是这种陈述，作者不敢苟同。

的目标异常明确而坚定。当他决意在钟报十下，实行其有意的动作时，其目标更不再有一丝一毫的不确定性了。

就常例说，目标都远较渺茫，模糊而不确定。一个十四岁的青年的职业的目标可以为例。一个期望的内容也可如此。一个人可模糊觉得某事就要发生了。所期望的困难究竟来自何种方向，并有何种真实的性质，也渐更明了。自最大的不确定性至最大的确定性之间的每一可能过渡都可见于心理生活的每一区域之内。

总之，我们须知道一个目标，一个期望或一种思想的确定性或不确定性的程度，在每一情形之下，都为一个动力学上重要的问题。而且决定性的程度的任何变化也都为一个真实的心理历程。

在一个新环境中的顺适历程或定向的历程（process orientation）有一特点，就是，开始时不明了的区域逐渐增加其明了度。明了的程度是生活空间的认识结构的一个决定要素。它可以决定一个人能否将生活空间区别为不同的区域，所以对于学习及悟性（insight）有极重要的影响。日常工作所由完成的种种情境也都和这个要素有关。一个情景的确定性或不确定性和决策及个人行为的果断，参加战斗的倾向（18）或领导的才能（38，pp. 44—59）都有
重要的关系。因此，我们要讨论每一情境的要点。 40

不确定性使生活空间的陈述有特殊的困难。本身不确定之事如何可以陈述呢？比如我们如何可说有一路线到达一个不确定的目标呢？这个不确定性隶属之事是否终可使概念的陈述没有可能吗？

缪勒（G. E. Müller）反驳一个不确定的灰色影像的概念，以为一个事实在理不能有不确定的性质（67，p. 425 f.）。这个话自然

不错。基本的科学的论证法便以每一现实有无可怀疑的确定性为其基础。

因此，我们乃遇有一种学理上的困难，一方面每一事实只能有确定的性质，另一方面，目标、思想或影像复可有不确定性。我以为这个困难可作如下解决：心理的事件的不确定性属于内容而不属于心理事实的本身。一个人在某一时间之内也许有一种莫名其妙的恐惧，而这个恐惧的本身便为一个完全确定的心理的事实，它的性质是可以描述的。他所恐惧之物的不确定性的程度就是一个特别确定的性质。

内容的不确定性或确定性之特殊的程度与时间指数相类似，都可视为心理的事实本身的一个性质。这个性质也正犹如心理的事实的其他一切性质，都须在每一个案之内，确实是一困难而重要的问题，后当再加讨论，但是我们不能因哲学上的成见而逃避这个问题，也不能为这个成见所困扰。

第六章　心理生活空间是有数学意义的空间

生活空间中类于空间关系的实例 41

无论何时，陈述一个生活的空间，便须指出有某种性质的一个人在某种情境之内。例如：

约翰在山中滑雪游行；

查尼克当马车夫的小工；

赫德维格在公安局内等发她的护照；

亨利近三天内发疯似地乱跑。他本相信有工作，但是他失了机会。

保罗拒绝一切应酬。他以全副精神状态伏案工作，耳无所闻而目无所见。

约克坐在牙医的椅上。他闭了眼睛，想忘记站在背后的牙医正整理注射用的针。

小佐安站在篱笆内，梦想着世界第一个人如何在一个小小的球内由天空降落地上。

总之，心理生活空间的一切陈述都以一特殊的人在一特殊的环境之内的基本概念为基础。然而我们开始疑问，何者可视为人，何者可视为环境呢？比如衣服属于人或属于环境呢？我们对环境

和人的界线尽管详加规定，而在环境之内的人仍居于一个相对的
42 地位。人和环境的关系，及人和环境的“所属”(belongingness to)的概念都意味着描述为某种空间的范畴。

除人之外在这个生活空间之内，还有其他许多准社会的、准物理的及准概念的事实。这些事实都有一种确定的空间的关系。生活空间常划分为若干“区域”(regions)，而区域则在性质上彼此有别，并由或易通过或不易通过的疆界(boundaries)所分开。就前述工厂的女工而言(见第四章)，织布机无疑地属于工厂及职业。饭盒可能有时属于家内，有时属于工厂，继续迁移于二者之间。据多数实验所示，不同的区域如何联系，如何隔离，或隔离的程度如何都常很重要。

我相信我们用以陈述心理事实的概念如联系(connectedness)、隔离(separateness)及附属(belongingness)等都确为空间的概念，有严格的数学意义。心理学务须严格地、一贯地应用这些概念。在讨论它们是否确为空间概念之前，拟举数例于下以说明其如何有助于心理学的研究。

自由运动的空间

例一。我们可先举一个简单的例子。两个六岁的孩子方坐在浴盆里，一个很有精神，兴奋而活动，一个则较为安静。兴奋的儿童 A 在浴盆内四处跳跃，以致儿童 B 感受压迫。最后 B 乃于浴盆中央水上画线为界，告诉 A 必须不超越他自己的区域之外。其始(图一(a))盆内不画界，A 的可能运动的区域为整个的，结果另一儿童 B 的实际运动的自由大受紧缩；到了现在，A 和 B 的自由运

动的区域虽互相邻接，但已经严格分界了。（图一（b））。

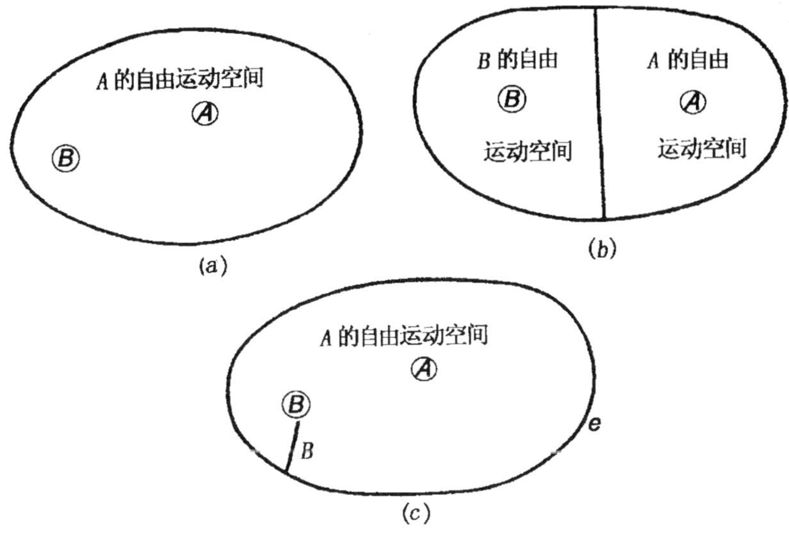

图一：自由运动空间。（a）A 和 B 的运动空间不相划分；（b）A 和 B 划分；（c）见本文 109 页。

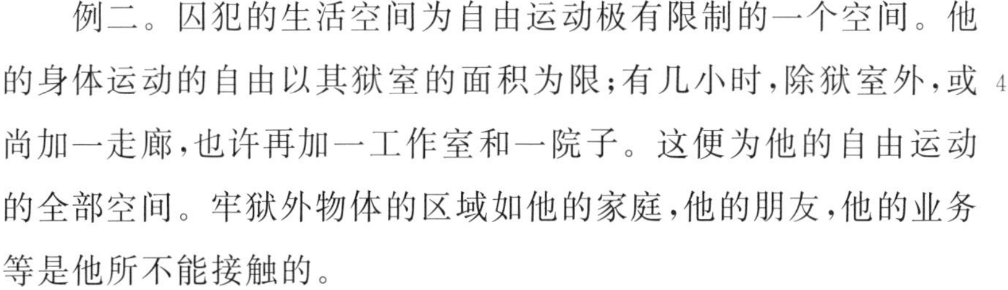

例二。囚犯的生活空间为自由运动极有限制的一个空间。他的身体运动的自由以其狱室的面积为限；有几小时，除狱室外，或 43
尚加一走廊，也许再加一工作室和一院子。这便为他的自由运动的全部空间。牢狱外物体的区域如他的家庭，他的朋友，他的业务等是他所不能接触的。

我们也许可以反驳，以为狱外的区域不是完全为囚犯所不能及的。他至少有时可和他的朋友及家庭，以信札或其他工具保持“社会的交往”（social communication）。而且他可利用其剩余的法权，在狱外疆域中作实际的社会意义的活动。

我们也许可问狱内的区域和狱外的区域之间是否有一种心理的疆界，因为囚犯至少可由思想涉及狱外的事物。但是我们须先指出一些特殊的心理历程，然后才可决定一个无可怀疑的区域，于是他的自由运动空间的疆界就没有上文所述的困难了。

我们讨论囚犯的身体的移动(locomotion)出发，上文所称的
44 区域也只是就此特种的运动而言。现在若将身体的移动改变为社会的移动，则生活空间之内的区域的结构及空间的关系也要随而不同。由社会的移动改为精神的移动(mental locomotion，即想象中的移动)复可产生另一种差异。这个差异就是前已说过的一个极重要的原则的表示。总之我们须用历程(或操作)为推论的基本的元素，然后陈述生活空间才可适合动力的问题的需要。

囚犯的生活空间有一特点，他的自由运动的空间特别缺乏弹性，而其疆界也几乎难以超越。要跨越这些疆界，既属危险，也常无可能。因此，我们乃可说一个疆界有坚实性(solidity)。牢狱疆界的坚实性随身体的、社会的及精神的移动而异。

例三。关于儿童的自由运动的空间有两个特别重要的事实：(一)他被许可之事的性质及范围；(二)他的能力所可及之事的性质及范围。

就第一点说，儿童不许单独上街，不许阅读某种书籍，不许入食品间，不许爬上围墙，不许摘花，或不许对客无礼。假定我们在一个儿童的生活空间之内划出被禁的区域(f)，则其剩余的空间或被许可之事的空间，就某些儿童说较小(图二(a))，就某些儿童说远较宽大(图二(b))。这个差异对于儿童的行为和发展，尤其是他的独立性及人格，有很重要的影响。

除了这些区域的范围之外，其禁区和许可区之间的疆界的坚实性和坚定性也颇重要。一个成人若严格管制其儿童，便于禁止区

和许可区之间设立明确的疆界，或者他所规定的禁止区范围很广，而疆界不甚坚实。这两种情形对于儿童可产生完全不同的影响。

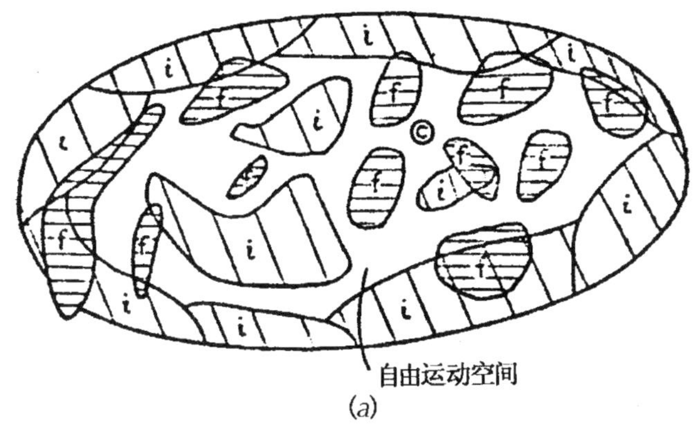

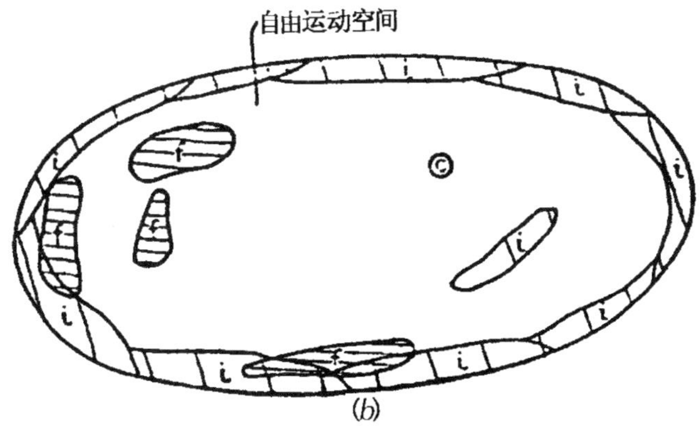

图二：自由运动空间的差异。(*a*)能力较低的儿童在有许多禁令的情境之内；(*b*)富于能力的儿童在禁令极少的情境之内；*c* 代表儿童；*f* 代表禁止的区域；*i* 表示能力所不能及的区域。

此例所有疆界不为物质的围墙如牢狱一般，[①]但是它的坚实 45

① 就牢狱说，疆界的坚实性也常基于社会的事实，例如禁止出狱的法令。

性则常不在其下。这个坚实性的基础则为社会的关系如权威、情谊及惩罚的恐惧等。

就第二点说，有许多目标原被许可，但因心理或体格能力的欠缺，无从到达，以致运动的自由重受限制（图二区域 i）。比如儿童
46 所有可能之事的区域，远较小于成人。这个区域逐渐扩大就是儿童发展的一个最重要方面。

禀赋较优和禀赋较劣的儿童，在这方面也有大量的差异。智能落后的儿童常遇到失败，与他同龄儿童所能跨越的疆界，他却无法跨越，因此，他的自由运动的空间远较优秀儿童为窄（图二（a）和（b））。他既忧虑失败不敢企图跨进新区域，这些区域便拒绝他于域外，因此，他的自由运动空间的扩大便深受妨碍。由于他的自由运动空间大受限制，所以我们更须小心，不用不必要的禁止再加以限制。

例四。社会场的运动空间也取决于禁止的区域及不可能的区域。人们在法律上虽可互相平等，但阶级及情形的不同也可使运动的自由不同。富人因为有钱，他的运动便较自由。他可坐特别车或飞机，以求达到目的地较快。穷人在法律上虽可有同等的权利，但是更加重要的是他在社会上较难独立自主，又须供给日常生活的需要如衣食之资，因而大量削弱其运动的自由。① 但是我们可不要忘记，现在所讨论的为心理空间内的运动自由，而且在某种情境之内，一个人的运动自由可异常狭小。无论如何，不同的社会

① 法拉达（Hans Fallada）在他的《小老百姓如今怎样？》（*Little man what now*）（24）一书内很动人地描写这些关系，以及它们如何在实际上削弱一个人的运动自由。

阶级中人的自由运动空间的差异可使行为有重要的差异。

内政和外交的政策有一个最重要的目标就是要改变一个人或一个集团的运动空间。这同时也为达到一个政治目标的一个重要 47
的策略。政治的斗争也正犹个人的斗争，几常为关于自由运动空间的疆界的斗争。

例五。（取自影片）一个母亲不许一岁的孩子游戏，要在膝上给他吃东西。他不要吃。他那时的倾向，要“离开吃”而“趋就游戏”。母亲置其儿于膝上，不许他做离开吃的运动。她以手臂围绕他，希

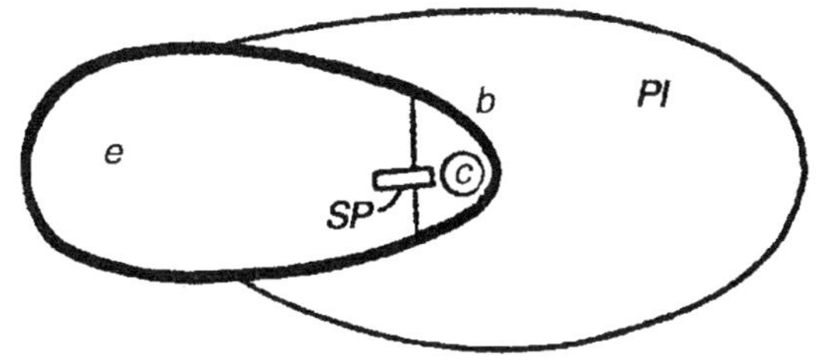

图三：食的情境的拓扑几何学；儿童不许游戏。*c*. 儿童；*b*. 障碍（母亲的干涉）；*e*. 吃的区域；*SP*. 羹匙；*PI*. 游戏区域。

望他不能逃脱。母亲的干涉，就此例说好比一种障碍（图三 *b*），位置于食的区域（*e*）与游戏（*PI*）的区域之间。这个障碍同时使儿童（*c*）在羹匙（*SP*）近嘴时不许他推开去。儿童因此开始游玩于其母的膝上。其母对这个活动可能也想予以制止，更从而紧缩他的自由运动的空间，儿童要扩大他的自由运动的区域，于是与母亲斗争了。

移动(Locomotion),势力(Forces)。——移动虽不为心理生活空间之内的唯一的变迁,但也为最重要的变迁之一种。移动有很不同的数种。一个人自己可四处走动。他可趋就于一个目标,或逃避另一个人或物。这种运动可取一直径,也可取一曲径;可为自
48 由的、公开的,也可为秘密的、反抗的和怯懦的,可为迅速的,也可为迟缓的。凡在准物理或准社会的场内的身体的运动都莫不如此。但是心理场内,还有不能叫做身体运动的现实运动。

例六。一个十六岁青年(*P*)以医生为职业的目标(图四)。这个目标(*G*)的路线通过几个明确的阶段:大学入学试(*ce*)、大学(*c*)、医学院(*m*)、登记(*i*)、行医(*pr*)。这个青年对于大学也许颇有一个明了的观念。医学院及其后各阶段也许造成一个未分化的区域,医生职业的目标即存在于其外。他对于这个区域也许有一错误而明了的观念。

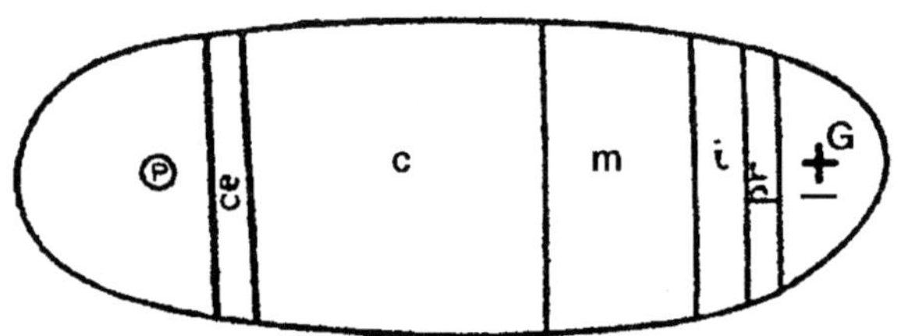

图四:一个要做医生的青年所处的情境。*P*. 人;*G*. 目的;*ce*. 大学入学考试;*c*. 大学;*m*. 医学院;*i*. 登记;*pr*. 行医。

他通过大学的入学考试,便向他的目标前进了一步。这个运动却不是一种身体的运动。但是它仍然不失为移动,仍不失为在准社会的(其实也是在客观社会的)生活空间中的地位的变迁。考试使他和目标相近了一步。从前不能取得的许多东西现在都可以

取得了，因此，他的地位的变迁显见其为现实的。他现在可以进独立学院或大学，他的时间比从前远较容易支配。他的社会地位也改变了；他可以参加大学足球队的运动，他也可以去跳舞，余可类推。因此，他的考试可视为两个区域之间的一个疆界。他若要由此一区域进入另一区域，便须跨过这个疆界。

他的考试若不及格，他便无法向目标前进。但即使如此，他的 49
生活空间也有一个真实的变化。大学的区域本即位于他的面前，不及格可不能改变他和大学区域之间的障碍。这个障碍似太坚实，几乎没有通过的可能，他也许要回头来追求另一新目标了。

以会话求和他人相接近也为社会交际的一个实例。这种交往虽不涉及身体的运动，但在心理上仍为现实的，反之，以一特殊的动作避开一个人或团体，或逃避一种社会的困难，也可作相同的解释。

在准概念的疆域之内也有心理的现实的移动。比如一个人遇到一个数学问题，初看起来，是一个不明了的，缺乏结构的区域。最后也许幸而由一特殊的路线，接近了问题的解决。这个思想的进展在心理学上是一个现实的事件。相同的路线可采用数次，这种重复与舍弃一个路线而尝试另一路线者有别。

我们观察心理的移动，知道生活空间之内不仅有如物体(thing-like objects)的对象，且更有对象与对象之间的空间，或空无所有，或似乎有路可通的区域而各区域对于可能移动之动力的性质——尤其是它们提供的抵抗力——则在心理上至为重要。

在心理生活空间可以四处移动的不仅有人，且兼有许多准物理的、准社会的及准概念的对象。例如其他的人、动物及各种对象。一个社会的集团也可以移动，一个人的势力场也可以扩大。生活空间的一切区域也许或迟缓或迅速地取得新的地位。一个人常可以在其本身未有现实的移动，但因一种社会的运动而被带上
50 了某一地位或被推离的目标愈推愈远，违反自己的努力。我们后来当另述一个因一度失败而“改变其地位”的实例。同时，整个生活空间是否比较稳定或动摇，也极属重要。

许多心理的移动有一特点，即或趋向于某一目标，而或离开某一区域。由此而引起的移动如果为一种不能通过的障碍所阻止。我们也可以说，产生一种趋势或一种势力朝向着这个目标。有时这个朝向明了而确定，不难陈述。就前所举的例子而言，那个青年有一强大的驱动力去考试，那个儿童有一种势力要离开母亲的膝上，那个囚犯有一热烈的趋势要逃出监狱。有时心理势力的方向较难确定。一种矛盾也许驱使一个人同时有两个以上的不同趋向。这些趋势的方向虽不很明了，但也可以引起一般紧张的状态。

人以内的区域。——空间性的概念也不可避免地用以对人作心理的陈述。在动力上人似乎是一个有分层的系统（a “stratified” system），有确定的结构，分成中央区域和边缘区域。我们已宣示决心（decision）、意向（intention）、记忆、心理的满足（psychological satiation）、代替满足及情绪等问题的讨论曾说明其相应的历程以属于边缘区域者或属于中央区域者为较重要，而且人以内的某些区域究竟是“联系的”或“分离的”也有其重要性。我们也要知道一个系统究竟发展于人的这个区域或那个区域之内，而各个系统究竟如何联合而为一较大系统中的部分。我们更须知道一个

较大的系统，例如整个的人，严格地或较欠严格地分化而成的部分系统。人以内的系统的联系性的变化，都为现实的，可以证明的。据实验的研究所示（92，p. 64），有很重要的结果。

51

节要。——在试图描述心理生活空间及其内所发生的事件时，一再看到特殊空间性的关系。[①]

生活空间的基本概念，意味着一个人在一环绕的场内则尤其如此。环境各部分之间的关系也莫不然。

陈述一个人的生活空间须指出一定区域之内所有人及对象的位置；要说明准物理、准社会及准概念的移动，各区域的邻近的关系；各区域的疆界，前进和后退；扩大和紧缩；最后还有一定方向的运动和势力。无论生活空间是什么，无论位于其内的心理的事实是什么，或无论人和环境所包含的区域是什么，生活空间的各部分无疑地有一种最重要的关系，就是它们是并列存在的。我们既须讨论并列存在的多重性（manifold），更可证明这些关系的空间性。问题是它们是否真正的空间关系。

这个问题我们如果予以肯定的答复，便难免引起多方面的异议。这些异议因半在本质上，半在历史上，与许多哲学的问题有关，所以有特殊的力量。心理生活空间之内所有准社会的移动、距离、方向及区域的意义，显然有异于物理学所讨论的空间。但是物

① 大家都知道空间的关系可呈现而为知觉、影像或思想的内容，而空间知觉尤为心理学中最发展的部分之一。由此仅须更进一步，便可以类似的方式述及社会空间及行动空间的知觉，或一般的空间结构的经验。本书拟不讨论空间经验，至其理由如何，我们以为几乎可不必解释了。

理的空间是唯一的经验的空间、对这个空间的讨论经常用科学法，
52 而不用玄学法。心理学可否采用空间的概念有一个最后的标准就看它们能否有丰富研究的效果。但是我们仍须澄清这些哲学的异议。有几点可略述如下。

语言文字所用以描述行为的许多比喻，多仿佛含有空间的概念，例如“心旷神怡”、“胸襟狭窄”、“宽宏大量”（原书以“He has come down in the world”为例）。但是这些比喻不能引以为证。日常语言虽予心理学家以重要的暗示，但是心理学应用空间的概念，如果以这些比喻为根据，或适足引起学者的怀疑。

数学的空间概念

要解决心理存在的事实或产生心理影响的事实，是否显示空间的关系，便须先回头讨论数学的空间概念。一个人如果不是数学家，每易以空间为物理的空间。他所想像的数学的空间，是无边无际的几何的结构而这个结构则可视而见，达到一定的程度，而在其内的方向和距离又可由测量而作正确的决定。

数学以其长期的历史，已发展一种空间的概念，它不限于物理的空间，也不必是看得见的空间。它已由三维度（three-dimensional）空间的研究进展为 n 维度（n-dimesional）空间的研究，由欧几里得的空间（euclidian space）进展为弧形的空间（curved space），由可量的空间（metrical space）进展而为无可量的空间（non-metrical space）。

构成数学空间的任何物体的性质对现代的数学是完全无关的。它不问它们是否被想像为物理对象如温度、数目、颜色、事件

或其他，都不重要；重要的只有某种关系及某种操作的可能性。最后乃用它们以规定空间的意义(66，pp. 15 *ff.*)。

所以就数学而言，应用数学的空间概念以描述心理的事实，在 53
基本上，无可非难之处。问题在数学内用以描述空间的关系能否充分适用于心理学的事实，或我们能否使心理的历程明确地配合数学的操作(mathematical operations)。

> 为了避免术语的误会，我们须注意数学的空间不必四面都没有边际。我们也可称一个级数，一个球体或任何弧形的有限线为空间。

拓扑几何学的空间(topological space)。——数学的空间概念可由不同的基本的关系发展而成(31，p. 211 *ff.*)。据心理学的观点，我们可用部分与全体的关系为基础，那是可以特别耐人寻味的。这个基本的定理说明在有某种情形的一个系统之内，任何两个对象 U 和 V 都或可有下列的关系而或否：就是 U 为 V 的一部分(或等于 V 包含 U)。我们利用一大套彼此相包含的关系，便可规定“点”的概念①及“环绕”(“surrounding”)的概念。

如此规定的空间名为拓扑几何学的空间，也就是不用测量规定的数学的关系。在拓扑几何学的空间之内，没有距离的规定。据拓扑几何学的观点，一滴水和地球完全相等。一个立体和一个球体也没有区别(27)。然而这些不可量的空间也表示可量空间所

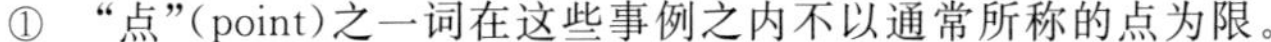

① “点”(point)之一词在这些事例之内不以通常所称的点为限。

有的基本要素。数学已有另一个部门，十分发展，以联系的概念(concept of connectedness)为其中心。它讨论分离的和联系的空间，不同种类的联系，不同区域之内各部分的关系，并讨论疆界和割线(cuts)等。维度(dimension)问题的讨论也可以拓扑几何学
54 的概念为基础，而不求助于可量的性质。

学者常承认全体与部分的关系，及各部分相互的关系，在心理学内或在心理学的一切分支之内都发挥重要的作用。上文已经说过，联系的概念如分离区域与联系区域的区别，区域的不同组合(grouping)之间的区别极有助于描述人及心理的环境。联系的变化，尤其是区域的集合和分离，在知觉心理学内和在意向(intention)、满足或友谊心理学内有同等的重要。所谓一个人在一个环境之内者，意即指两种区域之间的某种拓扑几何学的关系。

拓扑几何学的空间的两点之间的关系(31，p. 210)在拓扑几何学内至为重要。在这里，我们要注意两点赖以联系的路线之拓扑几何学的概念。一个空间内的部分，如何联系大部分决定于这种路线有无可能性或它们与某些疆界是否相交错。我们要知道路线的概念对于心理的空间的构成有重要的影响。心理的两"点"如果有联系，便可配以一条"路线"，将两点连接起来。例如一个人在准物理、准社会及准概念的场内的任何种的移动，都可视为与拓扑几何学的路线相当的一个联系的历程(connecting process)。

除了心理空间中的人或其他部分的移动之外，我们还要注意一种现实的联系，叫做"动力的交通"(dynamic communication)。人及心理环境之内的某些区域如果影响其他区域，包括环境和人
55 便可视为有拓扑几何学意义的联系的准绳。

此后各章将详论心理的和数学的事实如何配合。我希望读者已明了这些概念据数学的观点,没有不能适用于心理学问题的理由,而且心理学也应用过拓扑几何学性质的概念。我们必须明白这些概念,而彻底应用它们以期大有贡献于心理动力学的全部领域。

可量空间。——读者可要问我们能否在拓扑几何学的决定之外,更前进一步,应用可量的概念于心理学的区域。可量空间有下列的事实为其特点:就是空间内的任何两点,例如 x 和 y,可配以一个距离$\overline{xy} \geqslant 0$,可适用于一定的定理,尤其是三角形的定理(the triangle axiom, 31, p. 221)。欧几里得的空间和非欧几里得的空间系以其所用量度的种类而分的。它们可同有量的差异,用测量及数目描述空间的关系。

现在有关心理生活空间确实还没有可量的决定(metrical determination)。物理空间内的两倍距离,显然不相当于心理空间内的两倍距离。准物理的很不相等的距离无疑地常相当于相等的物理距离。三角形定理的应用,本为距离的测量的一切前提,但是我们需要一种特殊的研究,才可决定这个定理可否也适用于准物理的疆域。他如准社会的或准概念的距离也似不能作真正的测量。人的阶层(layers)或区域的量或其间的距离的问题也有相同的困难。

不仅距离的概念如此,即方向的概念也超越了纯粹的拓扑几何学的决定之外。在数学上,角度的测量和距离的测量有一种密 56
切的关系。在事实上,心理生活内的空间的方向的决定和距离的决定有相等的困难。

相反，心理学史似可证明，心理的因果关系的陈述不能不应用方向的概念，即以方向概念为前提。“方向的不同”或“方向的相反”等概念在心理矛盾的学说之内(60,pp. 338—339,54.)几乎是无可避免的。

我们也须知道，就某些事实而言，我们可明确地谈及方向，或至少关于方向的变迁。不仅准物理场如此，即准社会及准概念的场也莫不然。这个话并适用于距离的决定。心理生活空间的正确的测量虽大可非议，但有时对于距离或至少对于距离的改变作确定的说明似也可能。例如一个人在准社会的空间之内，走近他的目标，便可发生这种距离的变化了(见前例六)。关于生活空间内的区域，我们也可比较其面积，例如自由运动的区域(见例一至例四)。

我们在处理拓扑几何学的问题之后，便须讨论关于度量的许多困难问题。我们以拓扑几何学的问题为始，因为据数学及心理学的观点，这些问题都远较重要。

空间概念的应用与物理主义

有些学者表示异议，以为用拓扑几何学陈述心理生活空间，就意味着应用物理学的概念于心理学之内。

57 关于心理学和物理学的关系当另行论述。这里我只须声明，拓扑几何学的概念应用于心理学之内与这个问题全无关系。学者表示反对，要不外由于误会数学的概念为物理学所独有。

据科学之历史的发展，可知数学在物理学内应用最广。数学和物理学的关系至为密切，所以我们常难区分这两种科学概念的差异。但是在物理学内所讨论的肯定不是纯粹的数学，乃为应用的数学(7，pp. 34—35)。物理学内较新近的发展，尤其是相对论，更证明了这个事实的重要。

不久之前，学者以为心理学应用数目也是物理概念之不合理的应用。其实，数字不仅应用于物理学，而且也应用于经济学及史学。现在可不再有人怀疑数目是数学的工具和“逻辑的”范畴一样可被应用于心理学之内。我们不必在这里讨论逻辑和数学的关系。逻辑的概念既可应用于不同的经验科学之内，则数学的概念当也如此。所以同样的数目字的应用不必即为应用经济学的概念于史学之内，或物理学的概念于经济学之内。

拓扑几何学的概念和数目字一样，在性质上，属于数学，而非属于物理的。无论何处应用这些概念于物理学或其他科学，其用
途虽不同却是合理的。量度空间如距离及方向等概念以叙述其关 58
系的科学，不必因此而使其内容化为物理学的附庸。向量(vector)的概念也是如此。我们想用这个概念陈述某种心理的事实。向量的概念和其他数学的概念正好相同，可用以陈述内容极不相同的事实。读者不能以这个概念和势力概念(concept of force)，尤其是物理学中的势力概念混为一谈。心理学采用空间概念只是以数学的方法处理心理学的问题，可不因此意味着物理主义。

第七章　心理的空间与心理的动力学

59 **纯粹数学的问题与配合的问题**

我们在经验科学之内讨论应用数学，意思就是说陈述时采用哪种数学概念的问题随每个特例的特殊的经验事实的性质特点而不同。我们不是在讨论纯粹数学问题，我们的任务是要适当地陈述特殊的经验事实。我们所利用的数学概念，即使在同一科学内也因处理不同的问题而大异。而适用于此一科学全部领域的数学概念也许全不适用于另一科学。比如陈述心理生活空间所可利用的数学空间的概念完全不同于用以陈述物理空间的概念。

数学应用于心理学可涉及两种问题。我们须了解其基本的差别。据赖欣巴哈(Hans Reichenbach)的意见(73，p. 5)有一类问题可名为配合问题(problems of coordination)，其他一类问题可名为纯粹的数学问题。① 配合的问题实为一个经验的问题，因为它的工作在表明某种经验的事实，例如心理动力学的事实的性质，而
60 配以这些关系的逻辑结构所赖以作适当陈述的数学概念。要作适

① 布卢门伯格(Blumberg)和费格尔(Feigl)(4a，pp. 389 *ff.*)曾讨论关于配合(coordination)概念的哲学的问题。他们以纯粹形式的或含蓄的界说(purely formal or implicit definitions)和应用的(配合的)界说相对比。

当的配合，便须对于这些配合经验事实的数学逻辑的概念，有充分的知识。因此对于纯粹的数学问题须有研究的准备。有时也许要处理数学本身尚未讲到的数学问题。

就实际的研究而言，配合问题和纯粹问题密切相关，往往不易区分。但就物理学史看来，这种区别的最大可能的正确性对科学的进步是有重要性的。

心理情境的不稳定性

心理情境的不稳定性（instability）常为人们所重视。他们也许以为这是用数学概念陈述心理生活空间的困难的根源。生活空间或其部分确常发生强烈而迅速的变化，但是有些物理的情境也有相同的现象。就数学的应用而言，不管某一情境有一事件发生突变或具有相当稳定的程度（degree of constancy），并历年不变。都可以一样处理没有多大关系。

可量概念和拓扑概念应用于生活空间的必要条件

第二个问题和心理事件的不确定性有关（见第五章），但尤较重要。上文已经说过，我们有时可决定生活空间的方向及距离，或那些超越于纯粹的拓扑几何之外的准可量的性质（quasimetrical）。依照数学的惯例，这可称为心理生活空间的“度量化”（metrisation，86，16，pp. 14 *ff.*）。用以指示心理组织可作量的预测 61
的实际的发展。

反过来说，我们也可有许多个案，其心理生活空间所表露的性质竟不适于应用拓扑几何的概念。比如一个新生儿的知觉场全未发展，以致类似于“联系”及“部分”等最简单的概念也无可应用，但只能有知觉场的拓扑化(topologisation)的历程在逐渐进行着。

成人的准概念的场有时也可以看到类似的发展，例如在他开始解决一个很深奥而复杂的问题时。也许在生活空间的某一部分之内，有更进一层的结构化(structuralization)或反结构化(de-structurization)。一个未分化的区域或部分难以区分的区域也可逐渐趋于分化，以致其部分及附属部分可从而测定。于是我们对于这些附属部分乃可作拓扑几何的陈述。反之，一个区域如全未分化，其各部分便没有心理的条件可作拓扑几何的规定。

拓扑几何的概念在陈述生活空间时所可应用的范围，随眼前的个案的性质而定。我认为心理生活空间有一个最重要的总特点，就是它的结构不是无限制的，而是常仅到达某种程度。陈述生活空间时必须注意这个事实。如果在分析中假定其附属部分较实际存在的为更小那就不正确了。生活空间的拓扑几何的研究须接受此一限制，无论据动力学的观点，或数学的观点，都有无上的重要。因为数学家所熟悉的空间可被区分至无限。关于这个事实，
62 当在后文再述。就目前拓扑几何问题的讨论而言，我们只须说生活空间的结构有一定的范围。心理学所研究的环境几乎在全部情境中最少也有某种拓扑几何的结构而其所研究的人也无疑地常有一些结构。这便为应用拓扑概念于生活空间提供经验的先决条件。

空间与动力学：物理学与心理学中空间概念的历史

要应用数学的空间概念于心理学，便须从头即以心理动力学

为这些概念的根据。[①] 就此点说，心理学史确有异于物理学史。

在物理学内，空间概念应否用以陈述结构及事件，是始终不成问题的。物理的空间是视而可见的；从头就是一种度量的空间，其距离和方向都比较容易确定。我们可利用足够简单的实体的固定的度量。

所以物理空间的性质从头就不依赖于动力学或物理历程的定律。也便为这个理由，物理空间的测量问题似有类于纯粹数学的问题。只是物理学的最近的发展，尤其是相对论，才表明物理空间的性质，尤其是它的度量的性质，和物理学的动力学有直接的关系。才表明光的速率及它种物理事实在测量上的重要。才表明时间测定和空间测定的关系。才表明我们纵使利用测量的器具，而物理历程本身的性质也须加以考虑。因此，物理空间的决定，在最后的分析，便逆溯到物理的因果链(physical causal chains)。据现 63
代物理学所昭示，陈述物理的结构究应采用何种特殊的数学空间，随物理动力学的特殊的定律而定(73)。但是物理学研究物理的宇宙，虽不讨论物理空间的测量和物理定律的关系，也会有深远的进步。

就此点说，心理学的处境不同。心理生活空间所有“联合”(“togetherness”)的关系范围有限。就环境的准物理事实而言，其空间的关系常略由直接经验而得；准社会的事实次之，而人以内的区域则又次之。这里可不必讨论物理学和心理学之间的这个差异是否为基本的差异或仅为程度的差异。无论如何，心理学在以测

---

① 应用空间概念于社会学内也是如此。

量或拓扑决定生活空间的时候，其所可用的工具，在直接性和简单性方面都不能和物理学的坚实的测量器互相比拟。我们要陈述心理事实的联合的程序(order of togetherness)，从头就知道空间关系的决定要以心理历程为基础，而依据心理动力学的性质和定律。因此，心理学所面向的问题和近年关于物理空间所面向的问题略同其“普遍性”。

动力学的基本概念

生活空间的空间结构既有赖于心理动力学，说明了动力概念的重要。这些概念的实例有如原因的变化、趋势、抵抗力(resistance)、坚实性(solidity)、均衡、势力、紧张等。关于陈述某一科学的动力学究竟应采用何种概念，或概念的选择取舍究竟应依据何种标准等问题，我们现在就加以讨论似未必就有成果。我拟仅略

64 述数语，以期有助于克服这些问题似乎所最容易产生的误会。

(一)我们如果要由概念推测实际心理的事件，便不仅必须陈述空间的关系，且也必须以数学的方法陈述动力的关系。比如我们常须用势力的概念代替趋势的概念，因为后者较为模糊，而前者即较明了，复可作数学的陈述。

(二)我们必须记得动力的概念和它的数学的陈述不完全相同。同一数学的概念可用以陈述不同的事实。例如向量可代表势力，也可代表运动。我们要认识动力的概念的形式的数学性质及其内容的区别，而内容则取决于数学概念所配合的心理的实在事件。

(三)据现状看来，心理学所须采用的动力概念，虽不与物理学

的概念相同，但也在某些方面与物理学的概念相似。

例如这两门科学都可利用平衡的概念(equilibrium)。这就是说，我们也假定了一个势力的概念，因为平衡乃势力布置的一个特例，所以平衡概念和势力概念有一种密切的关系。其实势力概念及其许多相关的概念，心理学也一样应用。据苛勒的论证(43)，“动力的整体”(dynamic whole)或“格式塔”的概念同可应用于物理学及心理生物学；而基本的格式塔定律也在这两门科学之内同属有效。

我们利用相同的概念，可不是要从物理的概念抽绎出心理的 65
概念。这些动力概念的内容只是据它们配合现实的心理历程或现实的物理历程而定。我们若以这些概念配合不同的现实历程，如心理的和物理的，则据科学的理论观点看来，这些概念的场有所不同了。比如后文和生活空间的准社会、准概念的事实有关之处说到势力，则这些势力便属于心理的而不属于物理的。心理学在形式上与物理学采用相同的动力概念，也正犹如采用相同的数学概念一般，都不必因此即降为物理学。就这两种应用而言，其动力的概念在形式上相等，而其所配合的历程在内容上不同。

尤有进者，物理学的动力概念和心理学的动力概念在形式上相等也仅在适用于某种限度之内。比如和势力有关的定律在这两种科学之内，也许在形式上也不相同。

(四)完全相同虽不可能，但是我们也常用物理学所同用的名词以称心理学的动力概念。这两种概念采用相同的名称，就是要指出物理学和心理学的动力概念的函数相等，而不是用以指出它们的数学意义的全相一致。然而除非概念至少在形式上互相类似,否则,我不用相同的名词。这些概念在形式上相似到如何程度,我们如预先知道,便较易决定我们是否要介入一个新名词于心理学之内,或利用现有的名词。但这仅可由研究心理动力学的本身而后知。实际上,我们如保持原来的定义,也许不致有重大误会。

第八章　心理的宇宙与物理的宇宙

一个人如惯于称心理学的事实为非空间的，则他所首先思及 66
的乃非为数学的空间，而为物理的空间，或物理学所认为的现实的事实的联合(the togetherness)。这个物理的空间有一重要的特点就是它可视为一个连贯的空间，可包含某一时间[1]所有一切物理事实的全体(即整个的物理宇宙)于其内。心理学的事实，或心理学所认为的现实的事实，据物理学所示，在物理的空间之内没有地位。经济的或美术的事实也莫不如此。

物理空间与心理空间

“心理的事实如梦想和愿望在物理空间内没有地位”的论点，物理学者早已认为不待证而自明。这个论点也为心理学所接受，而心理事实的非空间性的假定也即以它为重要的理由。然而心理学却不断地想要以心理学的动力的事实“配合”物理的事实。

拥护或反对这个论点的人有不同主张，如果一一加以论列，未免离题太远了。在我看来，只是用科学理论的观点予以评定，这个相关问题的复杂性，才有解决的可能。这就是说，它必定不与不同

---

[1] 相对论引入这个概念之内的种种纠纷，我们可置而不论。

67 学科的相互关系的一般问题互相割裂。我们不应当以“物理的”与“心理的”相对峙，而应对于物理学与心理学的差别，或物理学与生物学的差别(53)加以考虑。

因此，我们便有两种对立：(a)生物学内身体和心理的区别；(b)其次便为“物理学的对象”(object of physics)和“生物学的(或心理学的)对象”之间更基本的区别。有许多纠纷要不外由于“生理学的”一词有两种不同的用法：有时用以指某种生物学的事件，即身体历程和心理历程的对峙；有时则用以指“物理学的对象”。物理问题和心理生理问题的差别是以存在的连续(existential series)(53)中的时间单位的不同关系为基础的。有了这种时间程序的差别，然后乃有物理学和心理学内空间程序的差别。

我们得强调，不仅心理的事实不属于物理空间，即使身体的生物的事实也莫不然。因此，下文说到心理的区域、势力或变化时，我们所讨论的并非想像的零件，而为和生物事实有同等现实性及存在性的事实。

物理宇宙的单独性和心理宇宙的多数性

物理空间的概念虽随新近物理学的发展而变化，但是我们常认为物理空间为仅有一个联系的空间(a connected space)，包括一切现存的物理的实在体于其内。反之，心理学不认为心理的事实存在于一个联系的空间之内。我们如果以“影响”(effects)为创造
68 心理空间的基础，尤须承认每一个体的生活空间，为一完全分立的宇宙。一个愿望在个体 A 的生活空间之内，虽处一重要的地位，但就个体 B 而言，也许没有心理的现实性。

据动力学的观点，每一单独个体的生活空间为一完整体(totality)和全物理世界的完整体相当。

> 不仅另一个体 B 可使一个人 A 的生活空间发生影响，其他个体的思想对他也可有影响。而且，上章关于准物理、准社会、准概念的事实所讨论过的原则仍属有效；也就是仅仅考虑到存在于 A 这个人的那些心理历程。
>
> 较古老的表情心理学(psychology of expression)有一原则以为他人的心理历程仅由推度而知。这个原则如此规定绝难成立。这也许由于误用下列的一个原无错误的原则：就是依据心理学的观点，不同人的生活空间应被视为彼此仅可间接互相影响的分立的宇宙。

就这方面说来，社会学的概念和心理学的概念也有显著的差别。社会学不必仅以属于某一个体的生活空间的事实为有直接的动力的交换的影响。例如一群人的动力关系也可在社会学内代表一个单独的系统。

无论如何，心理学不能如物理学一样，讨论一个单独的联系的空间，用以代表它的宇宙的全体。相反，心理学的题材为多数分立的空间，或许多各自相当于一个单独的人或动物的完整体。

物理宇宙在动力上为一封闭[①]的统一，心理宇宙在动力上为开放的统一

物理学认为它的空间是一封闭的因果系统，其意义如下：凡属

① “动力的封闭”(dynamically closed)一词不得和拓扑几何学的封闭一词相混淆。物理空间据拓扑几何学的定义说来是否“封闭”(见第九章)的问题和我们目前的讨论无关。

69 物理的变化都由于同一物理空间之内的条件或变化的结果。物理的空间没有外来的影响。

在心理学内，属于同一心理空间之内的一切事实之间不同程度的动力联系也可为封闭的。心理的事件据 $B=F(S)$ 的公式，为生活空间所决定。因此，这里的变化也如在物理学内一般，为同空间内的条件或事件的产物。

但心理学的题材并不如此简单。我们若就“历史因果”(见第五章)的问题而研究情境 S 如何发生，便可明白这个事实。物理学解决这个问题系由时序稍后的情境 S_2 反溯至时序稍前的情境 S_1 并说明情境 S_1 中所产生的事件如何引致情境 S_2。在事实上，我们也许不能由情境 S_1 演绎而得情境 S_2，因为我们所选取的情境 S_1 不会包罗万象，因此，有些可由外影响这个系统的事实未受到注意。但在理论上说，物理学常可能选取一个兼容并包的 S_1，便从而演绎出 S_2。S_1 的事实常有物理的存在，而在物理的空间之内有一地位。① 据此说来物理的空间没有外来的影响。

在心理学内，学者也想要用类似的方法，据前一情境 S_1 演绎出情境 S_2。但这在事实上有时是可能的。一个人 A 在情境 S_1 中，也许立意要完成某一动作。这个意向(intention)及 S_1 的其他性质，据心理定律而定生的事件 B_1，也许可完全决定其后来的情境 S_2。就此例说，我们可由前一时间的同一生活空间抽绎出后一时间的生活空间的条件。心理宇宙于此乃可和物理宇宙全相

---

① 我们这里所讨论的事实是物理的因果系(causal series)常可在时间上回溯到从前。这就是说，我们常有一个对象 O_{t-n}，这个对象，据物理学的观点，在种类上完全同于对象 O_t。参看勒温，(53，p. 49)。

比拟。

但是事件 B_1 据心理定律产生于 S_1 时也可有某些其他事件加 70
入而不能由情境 S_1 抽绎而得。比如一个人 A 方在忙于写信，也许房门一开，出了他的意外，有客从门外进来。又如有人方在划定一个地点，预备在土地上盖一房子，也许有一群牛羊经过，破坏了划定的界线，又如一个人方在建筑一个围墙，也许山崩地陷，沧海桑田。这种事件对于 A 的行为的影响固也可据心理定律而测定。但就这些例子而言，我们所讨论的影响是由外来的，因为引致情境 S_2 的事件至少有一部分不能由情境 S_1 抽绎出来。我们尽管知道一切心理生物的定律，也没有作这种抽绎的可能。

这便为物理空间和心理空间的一个主要的差别。物理学在理论上虽常可能在 S_2 的抽象资料不足时，使 S_1 包容更广。心理学可常没有这种扩充的可能。假使我们也想作一相类似的扩充，例如使前例写信者 A 的某时间内的生活空间，包举一客自门外来的事件于其内，我们便不免错了，因为那时的客，显然不属于 A 的生活空间之内，不然 A 若已知有客将来，他的行为就不同了。我们不能不承认心理生活空间有这种外来的影响。换句话说，我们即使在心理学内承认严格的决定论，而且对于其前的情境及一切心理的定律有充分的知识，可也不能据心理生活空间的动力的关系推测其将来的变化。这些变化只能视为“心理域外”(alien to psychology)对心理生活空间的影响。

我用“心理域外”一词不以指生理的或他种身体的影响，如我们所已知道的，这些影响可被包含于心理生物的系统之内。相反，我用这个名词的意思是指那些不能由以往情境的 71

心理生物的性质抽绎而得的那些影响。

这种域外的影响是经常发生的。比如一个物体由物理的原因忽然发生变化，或一个外人不期而来，或电话机发音，诸如此类的事件都可改变知觉行动的场。这些外来的影响也可以属于社会的。立法院通过小贩或失业救济或纳税的新条例便可完全改变小贩或失业者或纳税者的行动的场。前曾指出，这种影响可假道于知觉，也可来自身体的影响。在所有这些例子中，可见一个人的生活空间所有主要的动力的变化，不依赖于生活空间本身所有心理生物的动力的关系。因此，各个心理生物的宇宙，在动力上，并不代表上文所称的封闭的区域。

我们如果探究这个问题，便足见属于心理生物的动力的关系的历程几乎尽在某种程度之内依赖外来的因素。假使有人锯一块板，他的行为便不仅取决于目的，且兼取决于木头和锯子的性质。又如一岁的孩子置一木块于另一木块之上，虽作最大的努力也不能使它们妥帖，或如成人要影响一个政治的团体或解决一个数学的问题，而觉得事与愿违；其情形都和锯木板相似。假使有人对目标投球，或假使他要以毁誉使另一人受其影响，或假使他上街散步，东看西望，在这些情形之下，其心理事件之实际的结果都有恃于心理域外的事实。

我们更须注意认知和外来因素的关系。认知对于内在的心理的动力的关系虽没有那么显著的重要，但学者常以认知为心理生活的一个特点。这也许由于心理宇宙是开放的这个事实的结果。
72 知觉和认知常影响了生活空间，而使其一定部分的结构和所见物之客观的结构有高度的相关(44)。这两种结构在实例中相关到如何程度，相关之点在哪里，对于一种行动的成功都极为重要，而一个计划的价值也以此为准。因此，对外来因素的本质的了解，无论是关于物理的关系，或是数学的问题或社会的集团，对于各种成就都有最大的重要性。

就特殊的个案而言，究竟何者为外来的影响，何者为现实的心理影响，常不易判定。一个儿童也许要拿一块布去揩净“顽皮”玩偶的口水。假定他问成人到哪里去找布，成人的答复便代表一个外来因素，换句话说，这是不能由儿童的生活空间的前一情境抽绎而得的。但假使这个儿童已知布在哪里，我们便可说这是一个简单的心理的关系。又如一个儿童在房间内走动时所接受的视觉印象的种类和顺序依赖于房间内的物件的布置，但是假使他对他的环境异常熟悉，他的心理因果链便不复因此破裂了。那时所有视觉印象的变化是儿童行为的结果。虽然，即就此例而言，情境的变化也半为外来因素所决定。

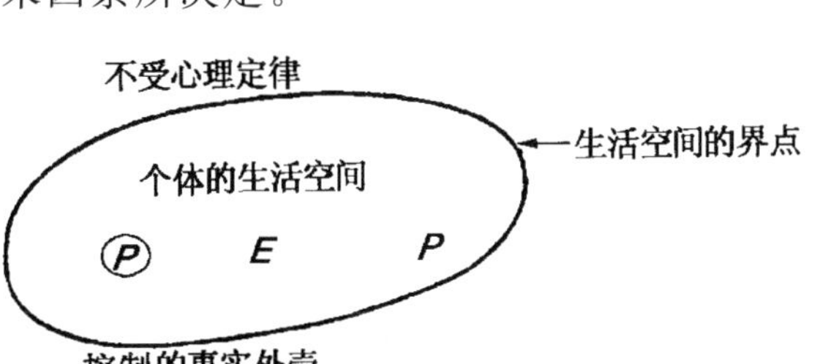

图五：生活空间为在动力上不封闭的宇宙。*P*. 人；*E*. 环境。生活空间的界点。不受心理定律控制的事实外壳。

这个宇宙在动力上不是封闭的，但在其内则存在着一种严格的决定主义(determinism)。关于这个心理空间的概念初看起来，是有些困难的，我们也许要疑问这种空间是否有在概念上予以明了界说的可能。但是较精密的考察可见这种宇宙之数学的陈述是完全可能的。我们须讨论两种可能：外来的影响（一）可及于心理生活空间的每一点上，或（二）仅及于某些区域。第二种情形的数学陈述是简单的。我们必须在生活空间之内，区别出“内点”（“inner points”）及“界点”（“boundary points”）。因此，生活空间将为一“有限的”（“limited”）“封闭的”区域，或含有自己疆界的区域（这
73 些数学的概念等第十章详加解释）。界点将相当于生活空间可受外来影响的那些地带（zones）。假定生活空间所受外来的影响都通过其人身体的表面，则如此陈述可能是正确的。生活空间的疆界将仅为一简单的联系的区域，如用两个维度陈述（represented two-dimensionally），将相当于图五。只有心理的定律统治生活空间的内部。外来的影响将仅可及于这些界点。

另一可能就是生活空间的每一点上都可受外来的影响，也可作数学的陈述。那时生活空间的任何各点都是界点。要使这个假定成为现实，如果心理事实被纳入于三个维度的空间之内，这个假定就可实现了。那时，可不问心理生活空间有多少维度，其每一点对于维度较多的空间的关系来说都可成为界点。① 现在姑且将生活空间陈述为两个维度的空间，例如一个平面。然后其所发生的事件便可据心理的定律，由陈述于这个平面中的事实的结构及动力的性质推度而知。但是平面上的每点对于一个三维度的空间，

① 例如一个圆盘形的每一内点对于这个圆盘形所处的三维度的空间而言是一界点，一线或一度空间的每一内点对于平面而言也为一界点。

都将成为界点。这个三维度的“外壳”(hull)使我们得以陈述心理
域外,现在不能影响生活空间,而将来能发生影响的那些物理的、 74
社会的或他种事实。在这种外壳之内,有统治权的不是心理定律,乃为他种定律。① 就此例说,生活空间复可为“有限的”(如第五图所示)。但它也可相当于无限平面。生活空间的本身如为三维度、四维度或五维度以上的多重性(manifold),其外壳进展为较多维度也有相同的可能。②

要解释界点如何分布于生活空间之内,便须不仅注意生活空间可受外来的影响,且须注意影响还可来自相反的方向:这就是说,行为也可影响那些不受心理定律支配的区域。

我们不得根据心理宇宙的开放性,即断定心理的或心理生物的因果关系用不着讨论。动力心理学的任务是根据一个指定的时间内的生活空间所有心理生物学事实的全体而推测一个特殊个体的正确无二的行为($B=f(S)$)。此外还包括对其人来自一切界点上事实的影响,和当时由于存在的外来因素的影响。所以至此为止,根据整个 S 而推测行为 B 的工作仍旧不稍损失其心理的性质。而且至此为止,心理学和物理学没有形式上的差别。所有差别之处就在于物理的宇宙内没有界点可和非物理的因素发生关系。③

① 所以我们在构成这个非心理的外壳时,也许在时间上要回溯从前。就这个方面说,外壳在形式上将有类似生物学的他种基本的“发生的”(genese)关系。例如谱系(pedigree)。参看勒温(53,pp. 83—85,144)。

② 我们在数学内也要使 n 度空间的内在组织的问题及其和 n 加一度的外壳的关系问题有所区别。参看 K. 门格尔(Menger)(66)。

③ 至于物理宇宙这种概念是否正确,则和本题无关。

75 由此可见心理学还须讨论那些遵循非心理的定律，而管制生活空间的外壳的事件的物理的及社会的事实。因为这些事实决定了生活空间的界点，所以对于这个空间内的一切事件都有很重要的关系。无论在实验内或在日常生活之中，我们如果要影响他人，便须建立这种外壳，可从而接触其生活空间的界点而及于生活空间的本身。

总之，心理学须予每一单独个体及其环境以一个分离的空间。这种空间各相当于一个心理生物世界的全体。（据科学理论的观点，这个空间等于整个物理的宇宙。）这些宇宙"在动力上是不封闭的"，它们具有疆界，或每一点都对于心理域外的某些影响表示疆界的性质。

第九章　数学的陈述与心理的学说

在结束这个通论部分的时候，我想要略述我们的方法所曾引 76
起误会的若干点如下。

概念、图示及符号

我们陈述心理情境的目的不是要予以视觉的图画。插图（illustrations）可能有助于教学方法，但对于我们的实际任务并不重要。近时心理学内也有时运用不同方法的图表（diagrams）。

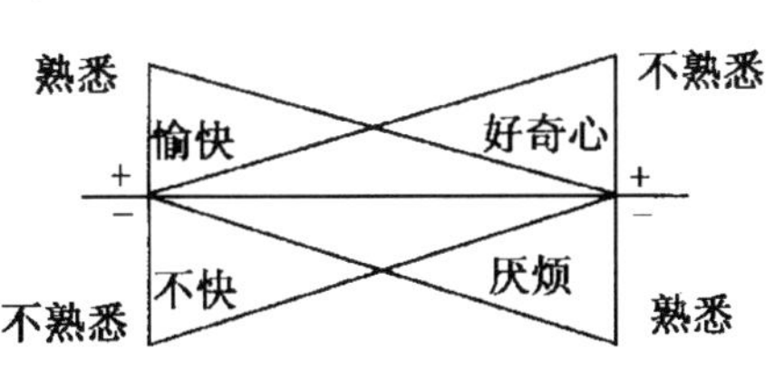

图六：取自 C. 彪勒（12）。

我可选取两个实例：彪勒夫人（Charlotte Bühler，12，p. 237）以图六说明熟识和好恶的关系的变化。这种图示有一个特点，即使依据性质决定的（qualitatively determined）对象、事件或行为之类别彼此发生了某种关系。当然，这种图示也可完全合法，然而只是抽象关系的说明，而非具体情境的陈述。此外心理学内几何的概念如波林（E. G. Boring，5）所用以称性质的维度（dimensions of properties)的维度概念，拉希夫斯基(N. Raschevsky, 72)所用以论述空间和时间的生物的物理学善本(φ manifold)及瑟斯顿(L. L. Thurstone)所用以作因素分析(factor analysis)的向量概念(vector concept,83)都不是要陈述生活空间的空间关系。

77 考夫卡用以说明行为和环境的关系的陈述则与我们的陈述较有密切的关系。“*G* 为地理的环境。*G* 产生了行为环境 *BE*，现实的行为 *RB* 发生于这个环境之内而受其调节；而 *RB* 的有些部分则呈现于现象的行为 *PHB* 之内。*BE*、*RB* 及 *PHB* 就某一意义说都发生于真实有机体 *RO* 之内，但不发生于现象的自我(Phenomenal ego)之内，因为现象的自我属于 *PHB*。*RO* 直接受 *G* 的影响，复通过 *RB* 而影响及于 *G*”(图七)(47,p. 40)。这个图示较前所举例，更有近于陈述生活空间的结构，但是它只是一个关于结

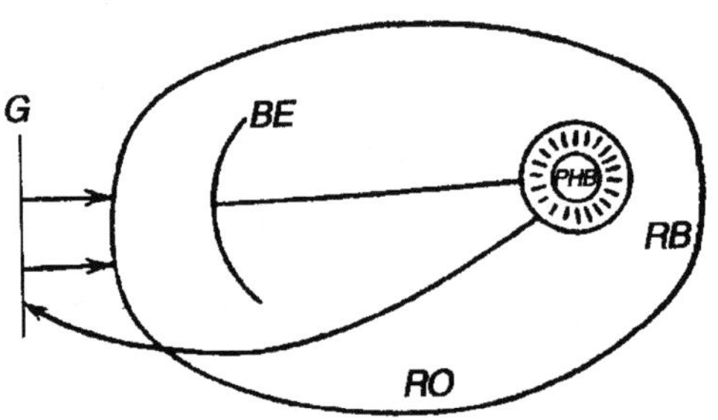

图七：取自考夫卡(47)。

构的图形，而非我们所称的数学的陈述。否则说到行为的环境(*BE*)便不应说“现实的行为 *RB* 发生于此”而又在图内将行为环境陈述而为一个维度的有限线而不包容 *RB* 于其内。我们还可以问陈述行为 *RB* 何以用两个维度的区域而陈述行为环境 *BE* 及地理环境 *G* 仅用一个维度的线。

我们在下文不讨论如何陈述某种事件的相互的关系，也不讨论如何为视觉求教学的便利(28，p. 170，49，p. 161)而讨论如何概念决定具体情境的动力的性质。至于作这种概念的陈述而常用图形，那只有次级的重要性。我们且不得不声明，读者如果据通常可 78
量的几何学而不据拓扑几何学诠释这些图形，便足以导致误会。其实，纸上的图形只是一种拓扑结构的图形，用以为心理事实作概念的陈述而已。

这就是说，我们的目的不在寻求随意取来的符号以陈述情境。数学的概念务求能“图示”情境之动力的性质，却仅以陈述事实为止。

> 读者可以在我们的图内识别随意取来的符号(例如着力点示以箭头；势力的强弱示以线的长短；障碍物的强弱示以线的粗细)和拓扑关系的陈述(例如弧形的封闭和开放)。

假使我们采取“符号”一词的广义，尽可视概念为现实事件的符号。但据这个意义说来，物理学内数学的应用也为符号的性质。

下文用以陈述心理事实的数学概念应被了解为与物理学的数学陈述一样严格。数学概念与他种陈述的方法如一般语言的符号有所不同，因为这些概念属于彼此一致相关的系统，这些相关的广博和明确使数学体系和实在事实配合的研究有丰富的收获，心理学于此正与其他科学不相上下。

概念与范型

我们有意不用任何物理性的或非物理性的范型(model)以为

心理的动力学的解释。

79 范型和图示相似，有预期的价值，但也有严重的危险，尤其是在心理学内：一个范型常含有许多随意拿来的东西。或用范型为说明，常仅因有类似之处，仅为方便适用之故。如果一旦取得结果不与事实相符，用之者便不免力图解嘲，以为这究竟只是范型或示例。“一个比拟不是等同式。”至范型用为解释到何种限度为止，或何时不复受其束缚，则纯由任意决定。就此点说，范型（7，p.59）和示例大有异于我们所欲求的数学的陈述。假定我们决定以一个数学概念陈述一个真实的事实，便不得不承认这个概念所产生的结果。这确造成了工作困难；相反，一个科学只能应用这些概念，前后一贯，然后才可收获实际的功效。

心理历程的生理学说

谁都要欢迎各种企图去超越模糊的观念，而走向心理的动力学的具体说明。心理学家也常面对这个任务，认真想创立“生理的”学说。我不认为这个趋势是对头的，当然谁都不能反对至少要应用生理的方法而容纳由此所得的材料。而且这个方法与本书的一般观点合拍，这是可不必特别指出的。但以心理事实为根据的所谓生理的学说几常有生理范型或同于上文已经说过的其他范型相等的生理范型的性质。一个同生理范型发生关系的人不直接表示于概念，而只能借示例作间接的表示，因而常陷于多余的专门

80 化。然而科学探究的工作则要决定事实本身的动力的特点。

现在我们要决定这种基础性事实的动力性质已无疑地可利用较狭义的心理学的技术。如心理学的实验。我们须精益求精地决

定这些有心理生物的现实性(psychobiological)的动力系统的性质。因此,复制这些动力系统以配合于它们的生理学系统实在没有多大的意义,因为由心理学的技术研究而获得的动力系统的性质已属于心理生理系统本身的性质了。同型论(isomorphism)的概念虽在他处有真正的价值(45,p. 38),但不适用于心理系统与生理系统的关系,因为在动力关系的阶层上,我们初非讨论二元性的系统而是讨论同类性的系统。

解决一个问题,而释以生理的范型,有时可有启发式的价值。但是这常仅产生一种错觉,以为我们可由此进抵较高程度的现实而实则未能促进动力性质的概念的规定。苛勒要规定心理事实的动力性质的时候,常说起"脑疆域"(brain field)的性质。我们根据前面的理由,不采用这个名词,[①]但同时我们要注意脑疆域的结构在要点上符合于我们所称的生活空间的结构。苛勒在脑疆域内区 81
别出的区域,一种相当于周围的疆域,又一种特殊的区域,相当于人之本身(the person himself)。他以脑疆域中这个区域的位置的变化配合人之移动。在实际上,苛勒用以决定脑疆域的结构和性质的方法与我们所用以决定生活空间的结构和性质的方法大致相合。而动力的联系及位置的关系的问题均占极重要的地位,尤其

① 其实,利用这种术语,似难免有太直接地参照物理势力的最简单的疆域的危险。苛勒说:"客观上的距离加大,脑疆域内也有相同的变化……"而"……在生理上,脑疆域内的距离增加,则为一种势力疆域的压力(the stress as a field of force)也有相同的趋势"(44,p. 390)。根据这些命题而断定心理紧张的强度乃为一人及其目的之间的距离的一个单调函数(a monotonous function)。则将和实验研究的结果不相一致。而且在这些条件之下,紧张的大小和势力的大小的关系,即在物理学内也不是一种简单的关系。

是相合之证。假使我们要用动力的关系以为解释，便得假定其基本事实，至少在其数学的形式上，似若相等，不问其用何种名词表示出来。我们如果要在概念上推断一个人的行为，则分析到最后，必常追溯到这些不变的关系。因此，我们以为任何动力心理学的主要工作都在于研究这些关系而予以直接的陈述。

陈述与解释

对于我们这种情境的陈述，学者常表示异议，以为显而易见，有了这种陈述，自然可演绎出所欲解释的事件。他们便以为我们的陈述不是解释，只是描述。

读者如果要了解这个异议的意义，便须记得学者解释心理的历程常求因于历程“背后”的实体(entities)。(本能的概念曾常有此种用法。)本书对于事件的求因只是据对象及事件本身的现象的性质追溯至“条件的发生的(conditional-genetic)”，性质(60，pp. 318—321)。但这似不为建立学说的新方法的一个缺点，而为它的一个最重要的积极的特点。

82 动力心理学的任务在于推求心理学的规律，以概念的正确无二的方法，从而派生出真实的事件。假使提出异议者认为既然有了这样一种情境的陈述，自然跟着便有那些事件，我们便可答复，这正是我们的目的。我们原来就是要陈述情境，使事件不证自明，或成为纯逻辑的结论。

有人如果称这是描述，我们可不必作咬文嚼字的争辩。但是我们若认为概念的演绎及由现象的事实到动力事实的进展，是一种解释的特征，那么我们于此所完成的实即解释。我们可还要说，由亚里士多德式进步而为伽利略式的思想之后的心理学能承认的也只有这一种解释。

这些稍具主观意味的对于这个新思想的抗议，据科学理论的观点看来，足证心理学的现状与伽利略及牛顿时代物理学的状态甚相近似。我们在物理学的那一时期之内，也曾看到解释的意义有一种极相类似的变化，即前之求解释于事实背后的实体而不求解释于动力事实本身的关系的种种旧式学说都完全推翻了（15，60）。

我们不需要指出学说及暂定的假设（working hypothesis）在我们的新方法内也不缺乏。一个情境动力结构可不是一个显而易见的事实。我们已经说过即仅一个情境，我们如欲予以完全的陈述，也须先解决心理学的一切问题，知道一切心理的定律。就科学的探究而言，我们要陈述一个指定的情境，困难便立即随而发生了。一个情境的完满的陈述当即可视为心理学的全部工作的完成。所以陈述只是一步一步地建设，它的进步是不能不与动力定律的研究互相平行的。

一个情境的陈述所意味着的学说不少于其所假定的定律。研 83
究者须充分意识到这一事实。在发展的新阶段时，事实的陈述和定律的制定关系极为密切，所以我们对于动力的事实，可以说："现状之正确的陈述同时也即为事件的解释。"

我们不欲于此继续讨论方法论的问题，也不欲再论述整个生活空间的性质。因为我们只当进而处理心理学的特殊问题的时候，才要答复这些基本的问题，这些特殊问题及数学的陈述方法的价值和效用，在某种限度之内，是不随一般问题的解决的方法而变的。

第 二 编

拓扑几何学的心理学

A. 心理学的基本的拓扑几何学概念 84

陈述心理情境有两组基本的概念。这两组概念彼此有密切的 85
关系，构成了整个系统的骨架(framework)。

(一)形式的数学概念(例如疆界(boundary)，区域(region)，联系(connection)，向量(vector))。

(二)心理内容的概念(例如疆界的坚实性，材料的流动性(fluidity of materials)，心理势力的强度(strength))。

形式的数学概念要作为我们陈述的指导。老实说，只是我们能将这些概念和以可观察的历程为定义标准的心理内容，作正确的配合，然后才能在心理学内应用这些概念。

由于必需的数学参考资料往往非心理学家所易得，因此，也许值得先略述这些概念的意义，我们拟以简单的方式说明这些数学的概念，以便满足心理学的需要。①

据数学的观点，我们的问题可分列为两组：

a. 拓扑几何学的问题。

---

① 我们不必以数学的方法，演绎出这些概念。我们只是要使这些概念为心理学家所能了解。

b. 向量的问题。

我们大概可以说拓扑几何学的工具可使我们决定一个特殊的生活空间之内有何种事件是可能的，何种事件是不可能的。我们需要向量的概念，用以进一步决定一个特殊的个案之内，可能的事件究有何种见诸事实。因此，在心理动力学的一般问题之内，我们
86 可粗别为拓扑心理学的问题（如本书第二编所述）及向量心理学的问题。

此外尚可有下列三种问题：

c. 维度的问题（这些问题可和拓扑的问题共同讨论）。

d. 诱引的场（inducing fields）。

e. 紧张（d 和 e 两种问题将和向量的问题相提并论）。

第十章　心理学的基本的拓扑几何学概念

一切心理学问题的基本工作在决定拓扑几何学的关系。联系 87
的变化是心理环境及人的结构(structure of the person)的最重要的变化。同时拓扑几何学的关系又是我们的问题的数学方面的要点。

拓扑几何学是关于空间关系的一般科学,可以“部分”(part)和“全体”(whole)的关系或“被包容”(being included in)的概念为基础。[①] 与这些概念密切相关的还有“点”(point)的“周围”(surrounding)的概念。

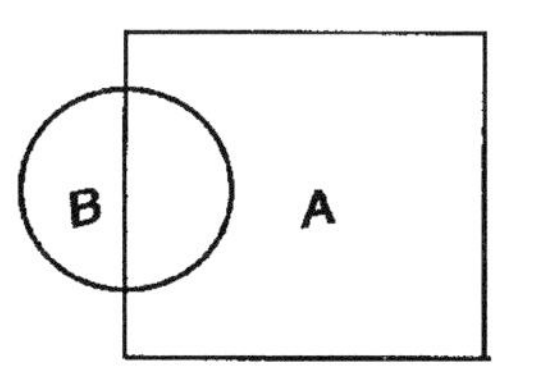

图八:拓扑几何的总和和区域的交点。

如果 A 是 B 的一部分,便可写作 $A \subset B$(A 是 B 的一部分),

① 关于这个界说及其他,参考 K. 门格尔(66,p. 17);F. 豪斯多夫(F. Hausdorff)(81,p. 244);W. 谢尔平斯基(Sierpinski)(79);O. 维布伦(87)。

$B \supset A$（B 包容 A）。A 加 B 的总和，$A+B$，系指 A 或 B 所包容的一切点的全体。A 和 B 的"交叉部分"（intersection）（A 和 B 所公有的部分）意即指 A、B 共同部分的诸点的全体。表示为 $A \cdot B$。第八图中长方形 A 及圆形 B 的总和等于一个长方形加半个圆形。其交叉部分则为位置于长方形内的半圆。

A 若为 B 的一部分，则 $A+B=B$，$A \cdot B=A$。而且就一个空间的每一部分而言，$A+A=A=A \cdot A$ 这等式是可以成立的。A 和 B 两个区域如没有共同的部分或交点 $A \cdot B$ 等于 0，则这两个区域互为"域外"（foreign）。

区域的概念：联系的区域

88 我们拟首述"区域"的拓扑几何学的概念。假使一个区域的任何一点都因全在该区域内的一条路线（a path）而和任何其他一点相接，这个区域便称为"联系的"（connected）。因此，图九所示的区域为联系的。图十所示的区域，含有 B 和 C，是不联系的。图十一含有诸点也是不联系的。所以区域的概念非必含有其部分应相联系的意思。

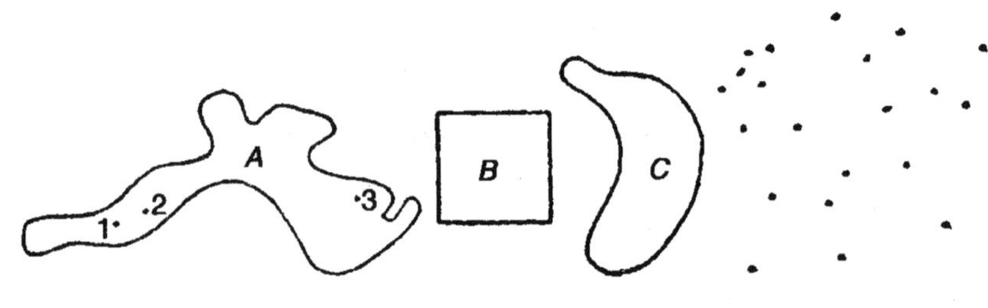

图九：联系的区域。　　图十：$B+C$ 为不联系区域。　　图十一：不联系的区域。

图十区域 B，其本身为联系的，正有似于区域 C。据拓扑几何学的观点，A、B、C 三个区域没有差别。我们可用下列的事实以为拓扑几何学的等值的标准：这些区域的任何一个，可用继续改造的手续，变为任何其他的一个，而不改变区域内的联系性，即使它引申或屈曲，而不至于使它分裂。就拓扑几何学说，一个圆形，一个椭圆形，一个任何边数的有规则的多边形，与图九的 A 形都没有区别。它如球形、立体形、圆柱形、圆锥形，也彼此没有差异。

拓扑几何学也不问面积的差异。滴水之小，日球之大，在拓扑几何学中是相等的。我们也不能说图九中的 1 至 2 的距离小于 2 至 3 的距离。不仅距离没有大小之别，即便角度（angles）也复如
此。虽然，关于这种拓扑几何学上的实体（entities）之空间的关系 89
也可作许多重要的数学的叙述。球体、立方体、圆柱体、圆锥体都是一样。

封闭的与开放的区域

拓扑几何学中有“开放的”（open）和“封闭的”（closed）区域之别。封闭的两个维度的区域例如具有疆界的圆盘形，或图九、图十上的 A、B 及 C 的区域，假使我们将轮廓也视为区域的部分。开放的区域，例如圆盘形的内部，没有疆界的 A、B 和 C 的区域，以及一个无限的平面。

一个区域，如果其每一界点的周围都位于该区域之内，便常可称为开放的区域。

一个封闭的区域便不能有这个特点，其界点的四周都含有不属于该区域的诸点。即使为一界点，不问其所选取为周围的界点

如何微小，也是一个区域。所以一个封闭的区域乃含有其界点的一个区域。

有限区域与无限区域

“开放的”与“封闭的”区域的区别不能与“有限”(limited)区域及“无限”(unlimited)区域的区别混为一谈。两个维度的无限区域例如一个平面(a plane)，两个维度的有限区域，例如一个三角形。我们可以想像：一个平面之内的有限区域上可画一条封闭的曲线于其内。但是一个开放的区域也可为有限的(例如 A、B 及 C 等图的内部区域)。而这个平面则为一开放而无限的区域。

简单联系及复杂联系的区域

第九、第十两图 A、B 及 C 的联系区域和第十二图的区域 D 为属于简单联系的(simply connected)。要懂得这个意义，须先讨论另一概念。一条路线若连接一个区域的两个界点，而除了这个
90 界点之外，这条线路都位于该区域的内部，则此线路名为割线(a “cut”)。一个区域若因任何割线而失去联系性，则此区域乃为简单联系的区域。例如割线 c 将图十二联系而封闭的区域 D 分为两部分：D_1 和 D_2，致令 D_1 的一点若因一条路线而和 D_2 的一点相联系，便不能不通过了 c 或 D_1 或 D_2 的疆界上的另一点。

一条割线不必在每一联系的区域之内都可有这种影响。例如图十二区域 E 中的割线 c 未尝破坏该区域的联系性。这个区域具有环形的性质，其疆界含有两条曲线 m 和 n。区域 E 的每一点，虽有割线 c 的存在，但仍可因一条完全位置于 E 内的线路而和任

何其他一点相联系。但若于第一条割线之外，复加第二条割线，E 便不复联系了。所以这种区域称为“两重联系的”(two-fold connected)区域。

图十二区域 F 为“五重联系的”。我们可设四条割线，但不能超出四条。例如割线 c_1、c_2、c_3 及 c_4。使 F 仍保持联系。

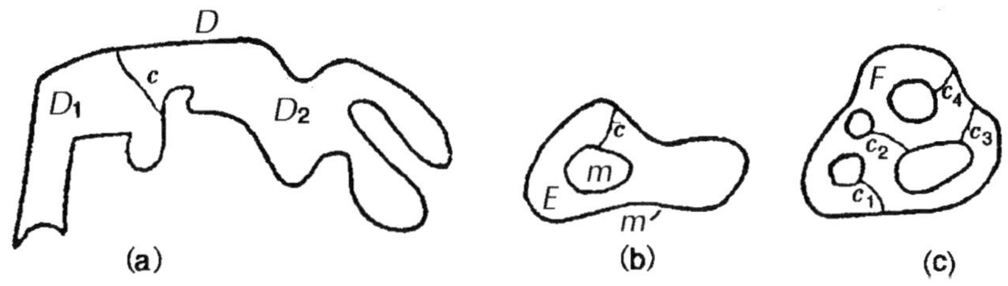

图十二：D 为一简单联系的区域。E 为一二重联系的区域。F 为一五重联系的区域。

读者试于 F 内作不同系列的割线(different series of cuts)而不破坏其联系性，便可明白这些拓扑几何学性质的必然性。

约丹曲线、疆界及路线

简单联系的封闭区域之数学的性质，我们也须略加论列。就某种意义说，这种区域为心理学的动力问题的最简单的事例。我们拟用以为心理环境及人的问题的建构的最重要的元素。

一个简单联系的有限区域的疆界为一约丹曲线(a Jordan 91
curve)。一条约丹曲线可界说为拓扑几何学的圆周形或各点连续的圆周形。区域 A(见图九)、B、C(见图十)、D(见图十二)的疆界都为约丹曲线。反之，区域 E 的疆界，含有两条分离的曲线(m 及 n)，便非约丹曲线。

约丹曲线有几个特点，使它在我们的陈述上有基本的重要性。这种曲线的平面分为两个区域，内域或外域，其意义如下（参考图十四）：外域 O 的每一点，例如 1，可用不和约丹曲线相交切的一条路线（m），而和同区域的任何他点，例如 2 相联系。内域 I 的任何一点，例如 3，也同样可用不和约丹曲线相交切的一条路线（n），而和同区域的任何他点，例如 4，相联系。反之，内域的一点 5，和外域的一点 6 相联系的每一路线（r）便和约丹曲线相交切。约丹曲线，据这个意义说来乃为内域和外域之间的疆界。

图十三

所谓路线乃为两点用约丹弧即约丹曲线的一部分造成的联系。所以一条路线乃为不自相交切的一条曲线。

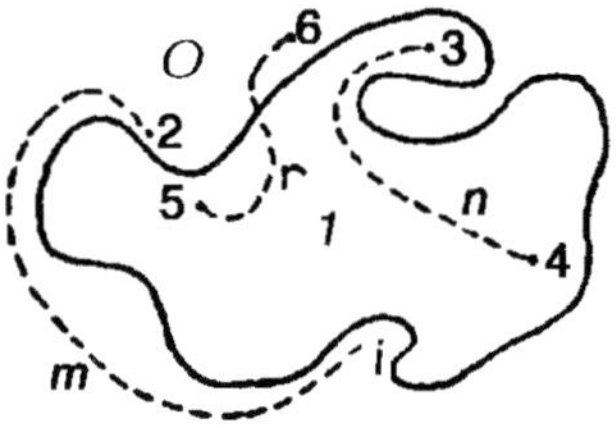

图十四：约丹曲线用以规定内域 I 和外域 O。

域外的区域

我们若由域外的概念出发，则在心
92 理学上有重要性的疆界和联系的一些性质是仍可明了的。我们前已说过，两个区域 A 和 B 若没有共同的部分，或更确切地说，A 和 B 的交接点是空虚的（$A \cdot B = 0$），则此两区域可称互为域外。心理学在此方面区别出不同的事例。

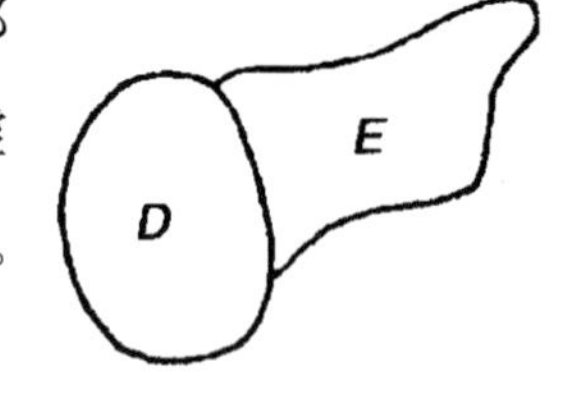

图十五：域外的区域而没有域外的疆界。

图十的开放区域 B 和 C 互为域外，图十五的开放区域 E 和 D 也互为域外。但是 B 和 C，D 和 E，它们的疆界虽都互为域外，但 D 的界点同时却为

E 的界点，换句话说，D 和 E 的疆界有不等于零的交点（$b_D \cdot b_E \neq 0$）。任何疆界如果同时分离，而又连接两个区域，则这双重的功用对心理学是有重要意义的。

图十和图十五那些区域的关系的差异更可示之如下：封闭区域 B 和 C 的总和 $B+C$ 是不联系的。封闭区域 D 和 E 之和为联系的。因此，我们可再举一个"联系"概念的定义如下：一个区域（不虚空的（not empty））若不能分为两个域外的（封闭而非虚空的）部分（66，p. 197），则此区域便可称为联系的。

这便为我们对于数学并拓扑几何学的概念的浅说。关于拓扑几何学的复杂的关系拟不再有所论列。心理实例的讨论将可使我们有熟悉数学概念的机会。

B. 心理环境的拓扑心理学

93 我们将由考虑心理的环境为心理学中拓扑问题的出发点，为了论述简单易懂，我们将有时利用向量心理学讨论以后，才可详细说明的势力的概念。

第十一章　心理的区域移动与交通

配合的定义(coordinating definitions)

我们选择配合的定义，务求其毫无例外和疑义。反之，如有可能，还要采用反面的配合。

心理的区域

定义：生命空间的每一部分都可以配以一个区域。

因此，可被陈述为一个区域的(1)生活空间的一个对象(object)，例如人，所存在之处，所运动之处或移动所通过之处；和(2)同时可辨别出几个位置或部分之物，或为较大整体的部分之物。

据这个定义说来，人之本身也须被陈述而为生活空间中的一个区域，而且整个的生活空间也为一个区域。

心理区域的定义的反面也可成立：陈述一个情境而成为一个区域的每一个事物都应为生活空间的一部分。

要决定我们所讨论的究竟是一个或几个心理区域，我们便可 94
依据下列两个事实：(1)我们可依据其性质规定一个区域，并观察它的位置的关系，划定哪些区域包容于他种区域之内(有一种部分和全体的关系 $X \subset Y$)，或它们如何相交叉($b_X \cdot b_Y \neq 0$ 或 $=0$)，或哪些区域有公共的疆界(b)而哪些区域则没有($b_X \cdot b_Y \neq 0$ 或 $b_X \cdot b_Y = 0$)。(2)生活空间的不同之点(或部分区域)的心理历程造成移动的情况。这种移动可跨越或不跨越某种疆界或其他区域。这个特点使我们可能根据移动和路线的配合(见下文)，而各点(部分区域)所隶属的区域作拓扑几何学的说明。

关于区域的质的规定，现在举例如下：易于步行或难于步行的地方；森林的区域；一个人，可被他人从某一点上看见的区域；某种颜色的区域；一个人的权力范围；一个社会集团；一种职业；某种活动可被允许的区域。要决定这种区域的位置，例如一个人的权力范围，我们可找出它是否和他人或团体的权力范围相重复，如其然，究竟在哪一点上，那么何种人或何种团体，更找出它与何种权力范围有接触之点(公共的疆界)。

在决定区域的位置时，可利用任何身体的，准社会的或准概念的移动。关于这种移动，我们已举出许多例子。有了移动，我们便可说明区域的起点和终点，并及移动所跨越的那些区域。

在作心理研究的时候，我们可根据性质及移动以规定心理的区域及其位置。有时前者产生较好的结果，有时后者产生较好的结果。就大体说，决定区域的拓扑特性，则似以参考移动为较可靠的方法。

95 决定一个区域，例如以某种性质为依据，不就是意味着它是否为一联系的区域。比如相当于一个人的特性的区域或相当于某一社会集团的区域，有时须被陈述为一个联系的区域，有时须被陈述而为不联系的区域，随特性或会员的实际分配而定。因此，心理学的区域概念，就此点来说，也和数学的概念相符合（见第十章，区域概念和联系的区域）。

心理移动（psychological locomotion）。——定义：一条路线，在数学上，可配合于每一心理的移动。

> 如上文所述，路线可释为约丹曲线的一部分，也就是不自相交叉的一条曲线。但是心理的移动至少就某种意义说，可两次通过相同的地方。在这种情形之内，我们将须以一自相交叉的曲线陈述移动。但是，我们仍拟一般称之为路线，因为实际应用我们的概念之时，未必引起错误。（而且数学本身有时也据此较一般的意义应用路线的概念。）我们更须再一次声明下文所谓移动不仅指准物理的移动，而且指准社会的或准概念的移动。

问题是这个配合的定义的反面可否成立呢？这个反面也许可以依据下列的方式：一种移动相当于生活空间中的每一路线。但是就某种事例而言，我们可以在数学上连接生活空间的两个不同区域的各点，但其相应的移动没有见诸事实的可能。例如囚犯的身体，不能从牢狱内的一个区域走到牢狱外的一个区域。然而囚犯的生活空间之内的他种对象则可作这种移动。他自己在思想上可以从此一区域移动至彼一区域。但是我们至少可以想像生活空间有些区域，即属概念移动也没有实现的可能。

尽管有这个困难，但这个定义的反面，却仍有可能。我们前已说过，移动的实现有时容易，有时困难。因此不能实现的移动可视 96
为移动极端艰难的例子。所以“不可能移动”的概念也完全合法，且甚至无法避免。换句话说，我们对于移动概念的适用性及实际可能性，须加以辨别。为了我们的目的，反面的定义可以遵循下列的方式：一个可能或不可能的移动相当于心理生活空间中的每一路线。

> 类似的定义也常见于数学。比如函数常有下列的规定，假定 a 的价值随 b 的价值而变或不变，a 便称为 b 的函数。

依据这些关于心理区域及心理移动的配合的定义，我们便可以数学陈述无数的不同情境之拓扑几何的关系。实现这些建构乃是单人心理学研究的任务。这里只想用简单的事例说明实现这种建构的一般方法。

在一个区域的内外

我们已说过，人的不同的社会地位即指他的自由运动的空间的大小。一个人的社会地位的改变也常可陈述而为由此一区域至另一区域的移动。一个人(P)在某一时间位置于一特殊的区域(R)[①]

① 我们对于区域 R 可予以定义，使位置于其中的对象也包含在内。

之内($P \subset R$)，对于他的行为有极重要的影响。现拟举一些事例以作更精确的解释。

有人曾研究社会压力对于儿童在用餐时的行为的影响。[①] 据这个研究看来，可知成人引导儿童吃不想要吃的食物有一种最重
97 要的方法就是要带他进入“吃的情境”(eating situation)之内。假定某种食物是不好吃的，吃的活动本来就是统一的，现在可常区分为一组分散的手续，例如置手于(h)桌上，拿起羹匙(sp)，置食物于羹匙之上(f)，引羹匙接近于口(hw)；送匙入口(m)，取食入口(i)，咀嚼(ch)，吞咽(sw)。这些步骤在拓扑几何学上相当于一系列的区域。见图十六(a)。成人的手法有时是引导儿童(c)逐步通过这些区域而接近于“真正吃”的区域(咀嚼和吞咽)。成人采取这种手法的时候，常遇到逐渐增加的抵抗力，以和不喜欢吃的动作相近时为更甚(图十六箭头所示)。但是食物一入口内，即使当儿童受成人的强迫而进食时，却很少重复吐出。儿童那时便要继续咀嚼而吞咽了。

98 我们可不难证明这种行为的变化。主要是由于儿童进入了“真正吃”的情境，致令他的地位及疆域势力的方向完全改变。儿童在前一情境时，例如当送匙入口到了半途的时候，其为成人所强迫进去的一个更不愉快的情境正在前面。因此，成人也许必须予以较大的压力，才可使儿童移动而入此不愉快的情境。儿童一入“真正吃”的情境，则在其前面的情境是一个较快意的相对自由的

① 康乃尔大学家事经济学院(college of home economics)附属的幼儿园学校(the nursery school)曾进行这种研究(18)。

情境(图十六(*b*))。所以儿童常宁愿向这个方向前进而不将食物吐出,以免向与成人作不快意的反抗的方向而移动。

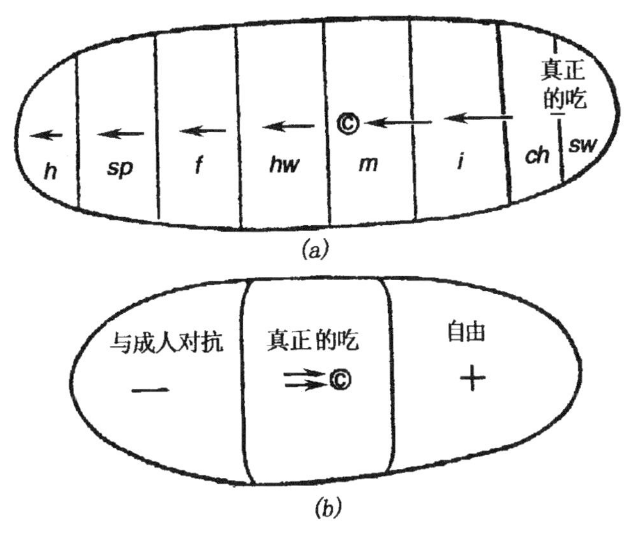

图十六:儿童位置于不好吃的食物的情境。(*a*)未入真正吃的区域之前;(*b*)既入真正吃的区域之后。此图及以后各图将利用下列的符号:←势力:箭头的方向代表势力的方向;箭头的长短代表势力的强弱;箭头点代表势力的着力点。此种←……代表移动;箭头头指示移动的终点,虚线的另一端指示出发点。+正的吸引力,一表示负的排拒力。

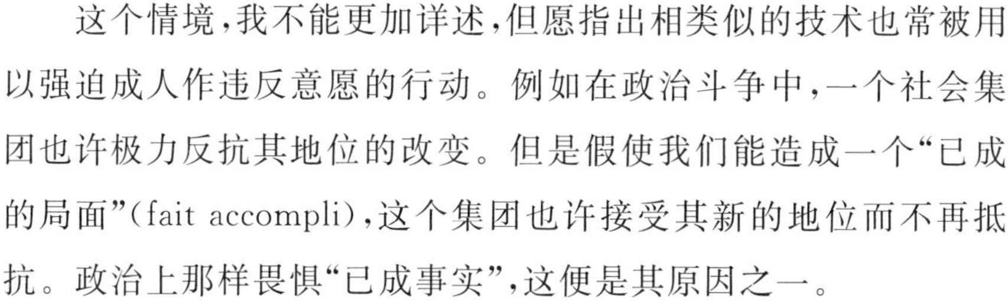

这个情境,我不能更加详述,但愿指出相类似的技术也常被用以强迫成人作违反意愿的行动。例如在政治斗争中,一个社会集团也许极力反抗其地位的改变。但是假使我们能造成一个"已成的局面"(fait accompli),这个集团也许接受其新的地位而不再抵抗。政治上那样畏惧"已成事实",这便是其原因之一。

试再举一例,一个两岁的孩子不愿停止游戏而进去洗手。他的母亲知道他最喜欢在盆内将布弄湿,因此,乃问:"你要将布弄湿或我来替你弄呢?"儿童要自己做,因此,他乃主动洗手,不再反抗。

那一发问已够使儿童由游戏的情境移入洗手的情境，并因此，他就开始依照新情境的需要而行动了。

又韦费尔(Franz Werfel，87a)在其书《穆萨的四十天》(*The Forty Days of Musa Dagh*)内，叙述阿美尼亚乡民(Armenian peasants)的一个集团如何决定上山抵抗共同的敌人。但是他们
99 对于山中营寨内的财产权的分配不能商得一个协定。乡长设法拖
延这个问题的讨论。其后，他们既都上山，这个财产权问题便据新的情境的需要，迎刃而解，而其解决的方法则为他们在未入这个情境之前所坚决反对的。

行为的决定主要由于使其人改变地位为重要的结果。

由这些事例看来，足见一个人位置在一个情境之内或其外，或以数学的术语来说，即其人在某一区域之内($P \subset R$)或其外($P \cdot R = 0$)，对于他的行为有极重要的影响。

我们若懂得生活空间虽没有什么改变，而由此区域迁移入另一区域也可引起行为很大的变化，便可知道一个人所处的区域何以对于他的行为有如此重要的意义。这种迁移照例要改变一切邻居的关系：从前接近的区域，现在可不接近了，反之，从前不接近的，现在反接近了。不同的交往现在也或可能而或不可能了。即使不迁，留在相同的区域仍旧可以作出这种变化，但其路线和距离则要采取新的出发点。这常意味着生活空间的它种区域的方向和距离的变化，因此，也即为影响其人的势力的方向及强度的变化。但尤其重要的是他所处的区域本身具有了一种不同的性质。

总之，一个人的动力情况几乎都直接随他在某一区域之内的地位而变化。因此，每一心理问题，在研究的方法上，几乎都须首

先探讨一个人在某时间内所处的区域刚发生了何种地位的变化。

心理区域的内在的结构

一个区域的拓扑几何学的性质可以有很不同的类别。下文拟取前已说过的准物理区域的简单事例来讨论几个有关的问题。 100

区域联系性的决定。——我们如果要据可能的移动，来决定一个区域的拓扑几何的性质，便可用“自由运动的空间”(space of free movement)为例。自由运动的空间，前面已说过，是一个人由目前的位置所可达到的区域的总和。其人在这个自由运动的空间之内从每一点移动而至其他各点，而不脱离目前的区域或跨过它的疆界。我们据心理的移动与数学的路线的配合，可称一个人的自由运动的空间为一个联系的区域(读者应记得一个联系的区域的任何两点赖以连接的路线可全在该区域之内)。

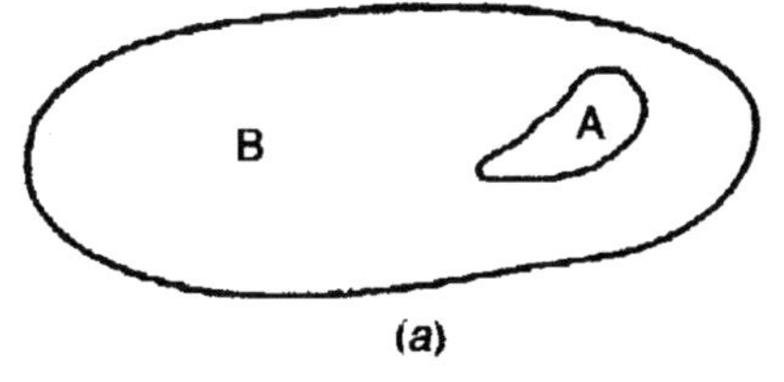

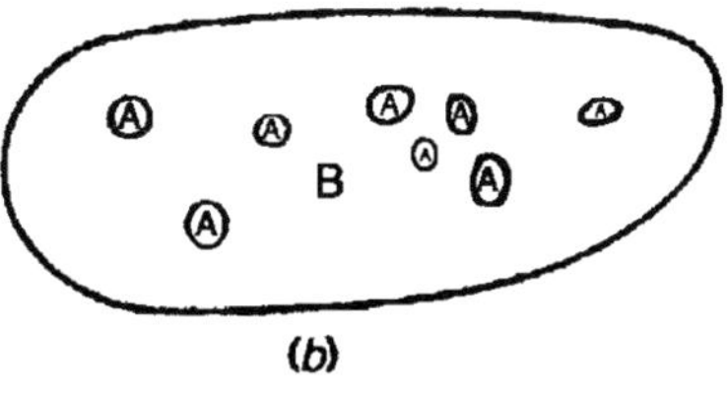

图十七:少数人的集团。(*a*)集中的。　(*b*)分散的。
A.少数人的集团。*B*.多数人的集团。

在心理学上决定一个区域的联系性时，不可能观察其走向这个区域内的一切部分。我们只须研究其主要的部分赖以连接的移动的路线是否完全没有脱离这整个区域。

不联系的区域。——一国之内的少数民族集团在国内的分布情形对于这个集团中的个人行为有很重要的影响。少数集团可分散于各处，也可集合生活于一处成为一个封闭的集团。就后一种情形而言，少数集团（*A*）相当于一个为国家人口的其他部分相配合的隔离区域 *B* 以内的一个联系的有限区域（图十七（*a*））。假使
101 少数民族是分散的便在拓扑几何学上相当于一个不联系的区域（图十七（*b*））（$A_1+A_2+A_3+\cdots$为一不联系的区域）。

我们如果以讨论地理的分布为限，便可单据身体的移动不能在集团的区域之内由这一部分到他一部分的一个事实，而证明集团的部分在拓扑几何学上是互相分离的。但是我们也可决定这种集团在其社会的关系的结构。比如一个集团以其种族或社会的地位，可以住在一个城市之内，而和其他人民没有多大的社会接触（纽约的黑人；中古意大利城的贵族，或任何他种隔离的社会集团，可用以为例）。这个社会集团就其社会的生活而言，假使其各部分彼此作社会的接触，而没有集团外其他人等的参与，则须被陈述而为一联系的区域。社会的或商业的交往（social or bussiness intercourse）如须由其他集团中人居中作介，则其原集团就社会或商业的生活而言便得被陈述为一不联系的区域。由此可知区域的哪些部分是联系的，哪些部分是分离的，可以照此作详细的规定。附属部分的拓扑几何的结构也可据相同的方法加以规定。

我们如果考虑一个集团分子的行为如何因其联系的破坏而改变，便可知一个集团的联系或不联系之动力的结果究竟有如何的重要。犹太区的解体和犹太人的分散为小集团后所产生的行为的变化大部分由于集团的拓扑几何的结构的变化所致。因为一个集

团分散为不联系的部分，结果在动力学上，便可减弱其内部的联系性及相互依赖的程度(58，p. 182)。尤有进者，其他的因素如各相等，则集体联系的减弱也可使此区域和其他区域之间的接触面加大，并且由于集团联系的改变，影响这个集团及各分子的势力的强度也发生重要的变化。 102

在此例内，我们要注意一个集团的社会结构的拓扑几何学的性质，可以据它的社会的交往加以规定。这里是否真在讨论移动，换句话说，一个人或一个集团在作社会的交往时是否确由它自己的区域进入他人的或其他集团的区域之内，则似属疑问。交往虽可导致两个区域之间的联系，但是这个联系的性质常为一种"交通"(communication)，而非移动；一个区域向其他区域变换，至发生了接触，或区域的一部分向前进展，而与其他区域造成了一种桥梁。我们所讨论的若非个人和个人的交往而为集团和集团的交往，则如此陈述似尤觉适合。

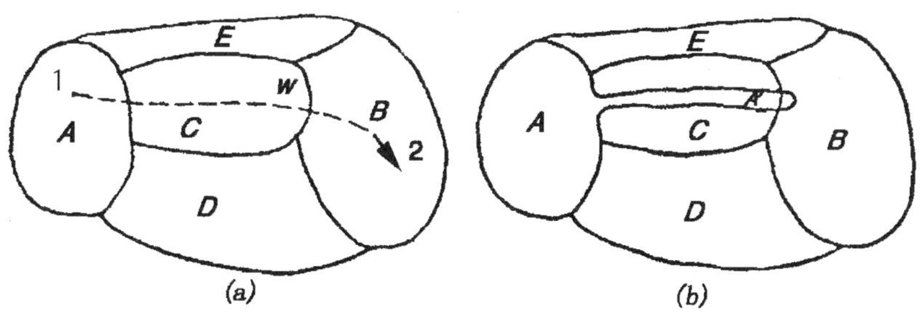

图十八：(*a*)由 *A* 至 *B* 的移动；(*b*)由 *A* 至 *B* 的交通。

图十八(*a*)和(*b*)表示两种联系的不同。就(*a*)图说，一个维度的线路 *w* 由区域中 *A* 的一点 1 引至区域 *B* 的一点 2。就(*b*)图说，两个维度的分支(部分区域)*A*′由 *A* 伸至 *B*，因此乃和 *B* 相接

触或一部分相重叠（$A+B$ 为一联系的区域）。第二种情形名为“交通”（见第十二章，影响交通的疆界）。移动和交通对于拓扑几何学的关系的决定在某些方面可有相等的价值。这一点当等后文讨论中可以明白。

如上所述，一个区域的决定如根据于不同种类的移动或交通，
103 便可有很不相同的结构；一个社会集团的地理的结构可大异于其社会的或职业的结构。

多重联系的区域。——我们还可以问某一个自由运动的空间是一个简单联系还是多重联系的区域。

试举第五章所讨论的自由运动的空间为例。这个空间含有一个人“能”做的动作及许可做的动作的区域。这种自由运动的空间照例是一复杂联系的区域。自由运动的空间也许常为一个人不能进去的许多区域所环绕。这在拓扑几何学上，就是说，自由运动空间为一有限的区域（见第十章）。因为它将完全位置在不可进入的环绕之中的区域（within a ring of inaccessible regions）。

但是被禁止的及不可能进入的区域并不常完全属于此一周围环形而造成的一个联系的区域。就大多数的事例而言，在许可的区域之内，将可有一些被禁止的岛屿或不相联系的被禁止区域（regions of the forbidden）。

这些岛屿的不联系性还可以引移动为证。比如“你不许独自跨过马路”，“你不应在校抄袭”，“你不应对人无礼”，凡以此类禁令为特征的区域也常为不联系的，尤其是当第一道禁令发自父母，第二道禁令发自教师，第三道禁令发自好友的时候。由此一被禁区

域通至另一被禁区域常只有经过了许可区域(region of the allowed)才有可能。由此可证两个禁区是不相联系的，同时，可见这些例子中的自由运动空间是多重联系的。

有时有几个被禁区域是联系的。这便可有下列的动力结果：其人如果一旦跨过被禁区域的疆界，便可较易由此一区域的这部分而通至另一部分。

> 在这种情境之内，其他因素也有作用，尤其是发令禁止的社会疆域的势力的减弱。这种减弱却非各被禁区域的拓扑几何的联系所致。 104

一个多重联系的区域，究竟是多少次发生联系的决定，在动力上，没有多大的重要性。但是我们须研究一个自由运动的空间是否常为被禁的岛屿所隔绝，或一个范围等大的空间是否相对地不受这种岛屿的约束。一个儿童也许有他自己的一个区域(例如一个游戏室或运动场)可自由行动。这就是说，他在这个疆域之中完全随心所欲、不受干扰。假使儿童须游戏于与成人合用的房间之内，他便要不断地碰上了被禁的区域。

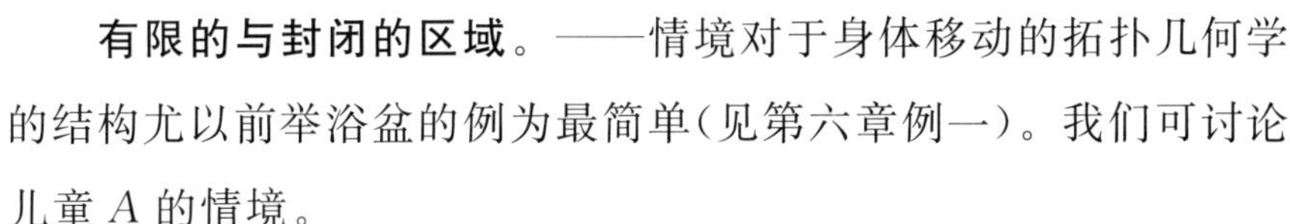

有限的与封闭的区域。——情境对于身体移动的拓扑几何学的结构尤以前举浴盆的例为最简单(见第六章例一)。我们可讨论儿童 A 的情境。

A 本以整个浴盆为他的自由运动的空间，盆中有水，水不足妨碍其有关的移动(我们拟以全身的移动为限)。自由运动的空间可用数学作极简单的说明：这个空间为一联系的有限区域。其联系的产生由于移动可循全在区域之内的路线从任何一点至任何地点。至于区域的有限性，则据浴盆四周的边缘看来，很易明了。

但是我们并不能据此而知道这个空间是否为一封闭的或开放的区域。我们知道在数学上，界点的特征是没有完全位置于这个区域的周围事物。我们如果将界点包含于自由运动的空间之内，那么这个空间便得规定为一个封闭的区域。否则这个自由运动的空间将为一开放的区域。

105 据心理学的观点，我们可以说：如有人把盆边视为空间的真实疆界，他就不会把疆界作为空间的部分，因为儿童自然只能运动于这个区域的内部。因此，自由运动的空间将可规定为开放的区域。反之，我们也可以盆边内部诸点或盆边的水的界线为自由运动的空间的疆界。如此，我们便不能否认以疆界包含于自由运动的空间之内。而自由运动的空间乃得规定为一封闭的区域，所以据心理学的观点，我们可知这个自由运动的空间究竟规定为开放的或封闭的区域是无关轻重的。

一个有限的心理区域，是否应规定为开放的或封闭的区域（即数学的疆界曲线是否应包含于区域之内）似较为次要的问题。我们须记得开放的有限区域常有一疆界或外壳（66，p. 29）。

疆界的动力的性质，例如它的实体性，却远较重要。据数学的观点，盆边不确为没有厚度的疆界，其本身实为一个区域。这个问题当等以后讨论疆界时再述。

除了浴盆中自由运动空间的限制之外，其联系的种类也有实际的重要。这个空间原来本为一个简单联系的区域。因为在数学上，这个区域的疆界为一约丹曲线。但是 A 的自由运动空间如此规定也不甚正确。在这空间之内有一“岛屿”即儿童 B，B 若不在，A 的行为将很不相同。此时我们可不要讨论一个可以穿过的物体(a permeable body)如水和一个实物(a “thing”)如人的重要差别。我们只须懂得第二个儿童也可同样地予以数学的描述而不违反心 106
理学的原则。总之，B 为 A 的生活空间之一部分是较为适当的。因此据我们的定义(见第十一章)，他本身也为一个区域。B 的身体有实物的性质(参考下文“实物与媒境”)，即为 A 所不能进去或跨过的区域。因此，它不是 A 的自由运动空间的部分。精确地说，B 在盆内乃足使自由运动的空间变成一个二重联系的区域。假使 B 以其臂 B' 抓住盆边 e(见图一(c))，造成他的身体和盆边之间的联系，B 便通过自由运动空间作了一割线，[①]但此空间仍保持其联系性。A 仍可以绕过了 B 到达浴盆的任何点。

在事实上，B 可另设法限制 A 的空间，用手指在身外水上画一条线连接两点，如图一(b)(见第六章)。原属联系的空间，因这个割线而分为两个区域。只有一个部分，即 A 所处的部分，仍有自由运动空间的性质，虽然现在已较前狭小。其他部分便为 B 的“势力疆域”(P_B)，A 不能入，割线的划分同时又使情境的界限清楚($P_B \cdot P_A = 0$)。现在 A 为他自己的疆域内唯一的主人翁，而在原情境之内，他的运动的自由至少因和 B 相邻受其妨碍($P_B \cdot P_A \neq 0$)。

更重要的是 A 的自由运动空间和 B 的自由运动空间相接近。

① 他用自由运动空间之内的一条路线，而与这个空间的不同界点之间造成一种联系。

假使我们要用精确的数学名词表示这个事实，便可说：两个自由运动空间的疆界(b_A 和 b_B)的交点不等零($b_A \cdot b_B \neq 0$)。这是决定两个各自进行移动的邻接的区域。

107 我们也许要问 A 自己的身体应否视为他自己的自由运动空间之内的一个对象。这就是说，这个空间初本为三重联系的区域，后来乃为二重联系的区域了。如此陈述在原则上无可非议，有些例子据心理学的观点且以如此陈述为宜。但大致说来，自己的身体不如被陈述为运动于自由运动的空间之内，而不为域外的点或区域为佳。生活空间之内的人(the person)如何陈述的问题当等后文详述。

关于有实物性质的每一区域，我们也可问这个区域是否成为自由运动空间的部分或是否存在于此空间之内而不属于它的部分。在心理学上，我们只是在论述足够大的或重要的，例如能有力量阻碍某种移动的对象的时候，这个问题才有意义。至于其答案如何则决定于情境之特殊的性质和移动的特殊种类。

陈述为路线或一个维度以上的区域的问题

生活空间的某一事实究应陈述而为路线或区域，有时也令人迟疑不决。我们已遇到过这个问题：社会的交往成为一种移动，应被陈述为路线呢？还是成为一种交通，应被陈述而为区域(或部分区域)呢？

在数学上，区域的概念也含有一个维度的合体(manifolds，见第十章“区域的概念”)。因此，路线也正如那些陈述而为两个维度合体的生活空间的部分一般，可同视为区域。生活空间究竟有多少维度的问题当等另章论述(见第十八章)。无论如何,一条路线和这些路线本身是否理解为两个或两个维度以上的区域则有一个重大的差别。(就我们此例而言)路线配合于移动或时间的历程, 108
心理区域配合于这些历程所发生的在心理学上面积的大小尤较重要。因此,某一心理的事实究应陈述而为一条路线或两个维度以上的区域实为一个重要的问题。

就那个不得不食其所厌恶之物的儿童而言,我们已陈述其吃以前的动作及吃的本身为儿童运动通过的区域。我们也曾称一个人的职业为区域,在实验时,我们又已知陈述活动而为生活空间中的心理区域,有时也有用处。

一个动作可在心理学上陈述而为区域,而且为心理环境的区域而非其人的区域,似乎可使读者惊异。我们不主张动作常可定为区域。我们常称动作为一事件,为一时间的历程。这个历程可以有准物理的、准社会的及准概念的移动的性质,因而可陈述而为路线。

但有时陈述动作为区域,似较妥适。比如一个儿童也许忙于以玩偶为戏。他母亲喊他吃晚点或睡觉。那时特有的困难由于儿童必须脱离某种活动的区域,而进入饮食或睡眠的区域。又假使一个人停业,过假期的生活,或由这个活动改做其他活动,他便在做一种跨越疆界的移动游戏和饮食的动作,至少在这一分钟内,也有儿童所处、所出入的区域的性质,或环境中的区域的性质。

动作的区域相当于生活空间之内的他种区域,这些区域可使人运动于其内成为较大区域的部分,还可以含有部分区域。例如 109

儿童在校要解决一个算术问题时，也许运动于问题的区域之内，至求得了解决的方法而止。其后他也许离开这个区域，从事于算术的另一问题，也直至解决了那个问题而止。他也许由此更进而从事于他种作业，例如预备法文的习题。来了一位游伴。也许使儿童离开课业的区域于尚未完成之前，而先和朋友去游戏。就此例说，算术问题为课业的全区域中的一部分，其所含的部分区域则相当于各个问题。各个问题所有部分区域复相当于个别计算的方法。

在这种区域之内的移动有一种目的性。就算术作业说，问题的解决就是控制移动的目的。就其他事例说，活动区域之内的历程所有追求目的的意味也许较少。而在此区域之内逗留或运动的意味则较多。这种活动有如跳舞，婴儿的吮指，儿童的戏弄玩偶。一个人的正规工作也可有不同程度的目的性。工作对于笨拙的工人较对于灵巧的工人更有逗留不进的区域的性质(50)。

就很多事例而言，一个人在某一活动的区域之内做一种动作时，他究竟有无运动也许可疑。静坐、默想也许可视为逗留于相同的区域之内，或甚至在同一点之上。至少他不会做任何迅速的移动。

移动的时间历程(temporal process)不因它的速率而不同，乃为一个人的位置的变化，可用一条路线予以陈述。这个路线，据上文所述(见本章“心理的移动”)不应视为陈述某一时间之内所存在的生活空间的一部分，而应视为陈述一个本属十足稳定的场内的位置的变化。这种陈述在本质上是连续一系列情境(a sequence
110 of situations)中的简略的陈述，因此，只是在有此稳定性的时期之内才有可能。[1] 反之，那些被陈述而为生活空间的区域的动作则为有某种组织及某种分化程度的同时存在的合体。

陈述为点或一个维度以上的区域的问题

我们倘若讨论生活空间之内的点和区域的关系，便可明了路线和区域的关系。一个心理的事实竟应被陈述为一点或两个维度以上的区域，有时也属可疑（在数学上，一点乃为维度等于零的区域）。

一个移动，我们曾配以一条路线，或两点之间的联系。在心理学上，我们若说一种移动系由一起点至一终点，似也完全正确。这个终点常为一个人所努力以赴的目的。在事实上，我们固然可陈述一目的为一点。但细加考察，便可知一个心理的目的常为一个区域。儿童努力追求的苹果如此，[2]青年求为医生时的职业目的也如此。目的不为点，乃为一个人所欲进去或所欲取得的一个位置的区域。

假定有人要规定这种路线的中途各点也常遇有不能陈述为点而只能陈述为区域。例如演算算术问题的历程，先为乘法，次为加
法，最后为除法，可被陈述而为一种移动，配以一条路线，由一起点 111
(1)通过某些中间点(2，3 及 4)而到达了终点(5)(图十九(a))。这

---

① 在此例内，我们常陈述一种移动为虚线(a broken line)，这个虚线以正在运动的区域为起点，而其终点则示以箭头。运动的区域位置于移动的起点。如此陈述乃使势力和运动得以辨别。

② 称一物体为目的也常欠精确。目的常为一个动作或状态，例如吃一苹果或取得一物体。

就意味着乘法须陈述为通过交叉路线的一个动作区域（*Mu*），而不是点。由乘法至加法（*Ad*）及除法（*Di* ）的进展意即谓某人已由此区域而进至另一区域。问题是在区域内的路线的各点能否作精确的规定。我们初仅可大致规定这些点在某一区域之内的位置。只是我们能在较大区域内划分出附属区域（subregions）之后，才可对于点的位置作更精确的规定。比如相当于一种复杂除法的区域或可分为相当于部分手续的几个附属区域，这些部分区域的拓扑几何学的关系可略据这些手续的先后而予以规定。因此，我们乃可说配合于动作的路线依某种程序而通过了这些附属区域（参考图十九（*b*））。

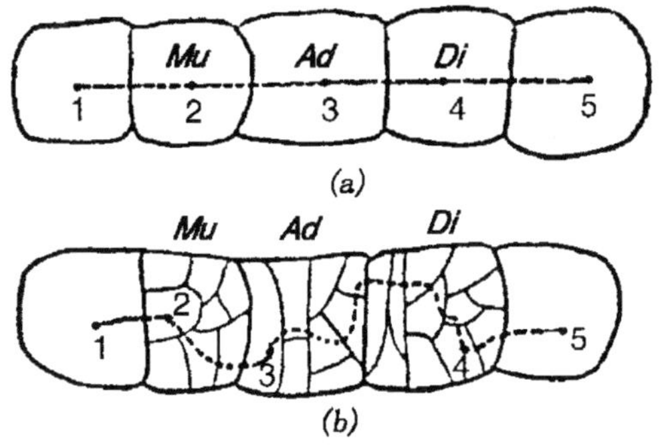

图十九：规定点的位置的最大的精确度有赖于点所在的区域的分化的程度。（*a*）较欠分化的区域；（*b*）较分化的区域。*Mu*，乘法；*Ad*，加法；*Di*，除法；1，2，3，4，5，不同的各点。

要测定生活空间，须知道一个点的位置只能释以它在某一区域之内的位置。就一个事例说，这个测定是否精确，便看我们能否在有关的区域之内区分出多少的附属区域而定。[①]

① 物理学内点的测定也是如此。

与这个事实相关联的便有第二个事实：我们假若只是能将一 112
点所在的区域划分出部分区域之后才可规定此点的位置，那么一个移动的起讫之处可名为点，也可名为区域了。据我们的论点，点便等于其所依附而不能再度分化的区域。换句话说，在心理学之内，点便等于不分部分的区域。

这就我们的陈述而言，便有两个意义：第一，假定心理的事实可陈述而为点，则细加考量，此点便可视为两个维度以上的区域；第二，生活空间中没有结构的区域有时也可陈述而为点。[①]

有时，我们还可以利用这些事实以陈述人。我们已知道生活空间中的人和环境都有陈述的必要。我们也说过人之内须区分出某些阶层(strata)和区域。所以人之本身为一零维度以上的区域。但就某些问题而言，人之初步的陈述可为点，理由是人为一富有统一性的整体。人本可据动的关系分化而为部分区域，但是我们倘若不在讨论这个事实，便可视人为一单独的系统，并可据上文的意义，陈述而为不分化的区域或点。人为一整体而移动时，尤可应用这样的陈述。在讨论影响人的移动的势力时，此种陈述也有其价值。然而只有当势力在人以内的着力点(point of application)不重要时才许可此种陈述；可是这又是以人为一不分化的整体了。[②]
为较精确的陈述起见，我们便常须将人陈述而为一个分化的区域， 113
并须指出势力之特殊的着力点。

① 据纯理数学的观点，点也为一缺乏结构的区域。

② 在这些事例之内，我们的图形常将人陈述而为一有限的、简单联系的、不分化的区域。

周围疆域的移动

人不主动做实际的移动时，他在周围疆域中的位置也可有确定的变化。

这些事实有的是很简单的。一个人也许受外在社会的势力的推动。比如一个人 P 的社会的地位可因家庭或其所属公司的势力的消长而有重大的变化。据历史所昭示，个人的升降和全体集团的气运的兴衰有极密切的关系。一个人 P 在其环境 E 之内的变化常似为 P 之自主的移动，其实这个变动并不是 P 在他的直接的社会环境，即集团 G 之中运动的结果。集团 G 在整个疆域之内的运动也可产生这个结果。

这种社会的移动不难描述。火车行动，车内之人的位置的变动也可引以为例。要了解这种情形没有特殊的困难。我们只须考虑到一切运动的相对性就行了。

另有一些事例的移动更加可惊。试以我们影片中的材料为例以资说明。一个两岁的儿童没有大人看护时，上下楼梯都有困难，他想要置球于梯顶之上。要完成这个动作，他须上梯三级。我们据拓扑几何学或可陈述这个情境的初步阶段如下（参看图二十(a)）。在目的 G 和儿童 C 之间有一障碍(a barrier)，其所包含的地带(zones)有登第一级梯（c_1），登第二级梯（c_2），登第三级梯（c_3），最后还要越过梯顶边缘的危险地带（d_z），因为球仍可从这个
114 地带滚落。现在姑且认为儿童已取球在手(Ba)(儿童 C 和球可被陈述为有部分的公共疆界的区域)。

儿童已携球登三级而到了危险地带（d_z）（图二十(b)）。他掉

了球，球复滚落。于是乃引致了如下的情境(图二十(c))。目的物忽移至某种距离之外了。于是儿童和目的物之间的区域较原初的情境中为更多了。儿童欲达到目的，须通过下列的区域：他须下第三级梯(d_3)，下第二级梯(d_2)，下第一级梯(d_1)，然后取球在手(Pi)。他于是又须持球登第一级梯(c_1)，第二级梯(c_2)，第三级梯(c_3)，更须越过危险地带(d_z)而至梯顶。

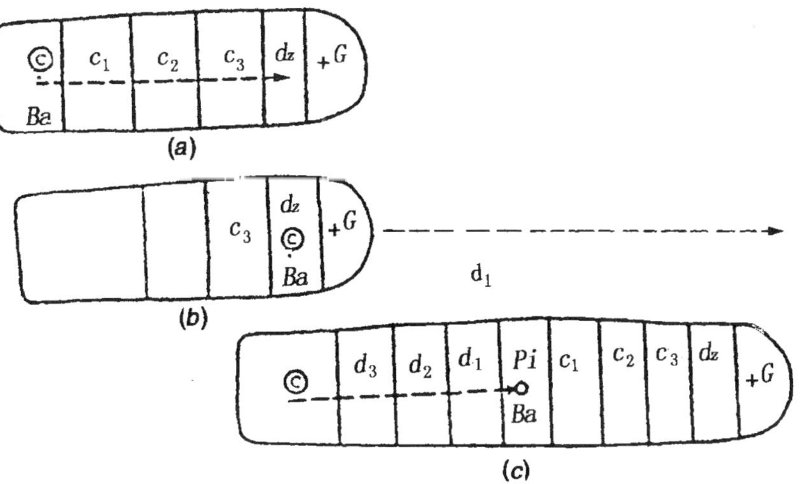

图二十：地在脚下溜动。(a)儿童携球登梯；(b)将到达目的地；(c)球已滚落。C，儿童；Ba，球；G，目的地。c_1，登第一级；c_2，登第二级；c_3，登第三级。d_1，下第一级；d_2，下第二级；d_3，下第三级。Pi，取球在手；d_z，危险地带。

C 和 G 的空间关系无疑地产生了一种重要的变化。一切移动既仅可作相对的决定，则此例最后所表现的当然也可称为移动了。这个移动的原因在实质上和儿童在第一、二阶段中所有自主 115
运动的原因不同。这里是球离开了儿童，移动而到了 Pi。可是同时 C 和 G 之空间的关系因球之移动的结果乃有了一种显著的变化。因为 C 未因自主的运动而引致这个位置上的变化，又因为他不是被动地给他人所推动，所以他也许有“地在脚下溜动了”的感觉。这种事件可看作周围疆域对人关系的移动。这种移动常伴有场的结构内的他种变化。

据上文所述，在心理学及其他科学之内，移动只可作相对的决定，换句话说，只可视为一个区域的位置对其他区域的关系的变化，似不复有可疑之处了。因此，我们可提出这个问题：就是人之运动是否与周围疆域之相反的运动有任何区别呢？这个问题相当于物理学中运动的相对性的问题，心理学尚未进展到能讨论这个问题的阶段。

实物与媒境

环境的心理的区域可表示极不相同的动的性质。它们对于移动可以表示或大或小的抵抗；它们可以吸引，可以不引不拒，或可以排拒；可以代表有生命的人或物；可以表现任何程度的流动性或弹性；可以对不同的影响作不同的反应。后文拟就这些性质之中略述几种。这里仅将侧重一种动力的差异。

一种活动假若被陈述而为一个区域，同时也便为一媒境(a medium)(32)。反之，人所欲达到的目的却不是媒境而是“实物”。运动着的人也如生活空间内的他人一样都是一种实物。

116 据物理运动的观点，假定运动实行或通过于一个区域之内，这个区域便可称为媒境(以示别于实物)(参考 p. 32)。

有许多准物理的对象如球、桌、工具等实物的性质是没有问题的。有些区域之媒境的性质也很明白，例如空气之于飞行员。但就他种准物理的区域而言，它们的性质便不能如此明确，往往随情境的变迁而变迁。山中茅舍，当我们从远距离外力求到达时便有实物的性质。待走进了茅舍，茅舍便为可供行动的区域。又如一个木桶起初可使儿童感受其物体性。后来儿童以水为戏时，这个木桶便成为可作各种移动的区域。至于此种移动不是整个人的移动而仅为一只手的移动，那是与我们的讨论无关的。

据此例看来，可知就一个区域的媒境性而言，我们应不仅考虑整个人的移动，且须考虑任何其他区域的移动。也许就整个人的移动而言为一实物，而就其他物体的移动而言则为一媒境。例如玩具钱盒就放在其内的钱币而言便为 种媒境。

关于一个物体在此时为实物，在另一时间之内为媒境，这可由于儿童和成人之心理的意义有所不同。大桶由成人看为实物，儿童行动于其内便变成了媒境。同一外在的宇宙，由儿童和成人看，何以可有不同的意义，这即为其原因之一。

在准物理之外的他种区域之内，实物也常可变为媒境，而媒境也常可变为实物。一个学生在三星期内所须交的家庭课业，一个人在六个月终所须受的手术，都有一种实物的性质。凡在时间上远在未来，而在生活空间之内则为未分化区域的许多事件或动作 117
也多有此种性质。到了手术或最后交家庭课业的时间逐渐迫近时，这又变成了一个人须“通过”的区域了。我们可以说一个人可运动于其内的区域可明了地分化为较小区域，而在一个人走进了区域之内时，其媒境性也终于完全显著了。

我们常以为媒境乃为不抵抗运动的区域，而实物则似在动力上为紧密而坚实的东西。虽然，我们要知道区域也可有各种可能程度的抵抗。有些区域虽可通过，但也可妨碍运动。比如就身体的移动而言，一丛茂密的矮树为产生一定的“摩擦”(friction)的一个媒境。这种“摩擦”可增加到使我们不能再行前进而止。那时我们所应付的便不复为一自由运动的空间，而为这个空间的疆界了。据此例看来，可见实物和媒境的动力的性质之间有各种可能的过渡。

第十二章　心理区域的疆界

心理疆界的定义和决定

用疆界之数学的意义，可有如下的定义： 118

定义：一个区域的各点，倘若其周围不完全存在于这个区域之内，便可定名为一个心理区域的疆界。

我们据所要探讨的事例的性质，可用不同的方法，决定心理生活空间之内的一个疆界的存在和位置。试以准物理的疆域为例，我们可同时查看许多区域，并不难决定它们彼此的疆界。

心理的移动在动力问题上复占一重要的地位，最简单的办法也许是以界点为一个人一经跨越即须离开区域的各点。但是这个规定是不会正确的，因为如此规定便将涉及方向概念，而方向概念则为拓扑几何学所不许。

我们也许可以说，心理区域中有许多点，我们倘若围绕这些点的四周便不免离开了这个区域，凡此诸点便为界点。如此规定或毛病较少，比如就自由运动的空间而言，我们可以说它的界点为可接触而不得围绕的那些点。然而这个规定也不无可议之处。因就有些事例而言，我们也可围绕一个区域的界点，而不至离开区域，比如第二个区域完全存在于第一个区域之内而为一孤岛，则第二个区域的界点便可为例。除了这个可能之外，刚才的规定还是正确的。

119 在实现一种移动的时候，跨越疆界的经验常无可疑。比如一个人爬过围篱或第一次走进了一个陌生的房子，或用一准社会的移动的事例，如以特殊的礼仪加入一个社团为社员，便都是如此，这些疆界的位置是可以正确决定的。但也有些事例，其疆界的跨越在移动时不显然是一特殊的事件，却也可正确知道其移动已由一区域而进入另一区域之内。比如一个人可逐渐由一个社团而进入另一社团。又如一条路径可自高山引到低山而降至平地，或自一大城市通过广大的城边建筑而进入乡村，这些区域之间的疆界也许不能作明确的描述。凡属两个区域之间逐渐过渡的情形(gradual transition)都莫不如此。比如与人交谈的时候，其逐渐过渡的情形常无从明白。只能根据其进入了新区域，而推知自己跨过了疆界。就这种事例而言，甚至移动所跨越的疆界及中间区域究竟有多少也难于决定。

疆界的明确度、疆界地带

即使在移动的时候，我们也可常有跨过疆界的明了经验。那时疆界便可被考虑为疆界地带，即不为一个维度的区域而为多维度的区域。

这个中间区域的位置尤可据下列事实加以规定，就是，它与有关移动的起讫点的路线相交接。使我们能为起点区域或终点区域之内的路线的各点定出位置，则规定中间地带的位置常更可期于
120 精确。用这种辐合的探究法可常能以高度的精确性规定疆界地带

的位置和广度。据这个逐渐过渡的地带的广度，[①]便可定其疆界精确度的大小。我们说过，细加考量的结果可见心理区域的一切真实的疆界不为没有厚度的曲线或平面，但为两个维度以上的区域。虽然，就此点来说，也有大量的差异。

就浴盆的例而言，界线极细，以致在心理学上没有一个环绕区域的性质，而为一种没有厚度的疆界。牢狱的围墙也有几分相似，但假使墙外有沟或铁丝网，则其疆界便较明确地具有地带的性质。狱墙而有机关枪保护，也复如此。囚犯试图逃脱，便须通过机关枪的危险地带。就这种事例而言，内域 I 因疆界地带（B_z）而和外域（O）相隔离（参考图二十一）。我们可不说两个区域（I 和 O）和一

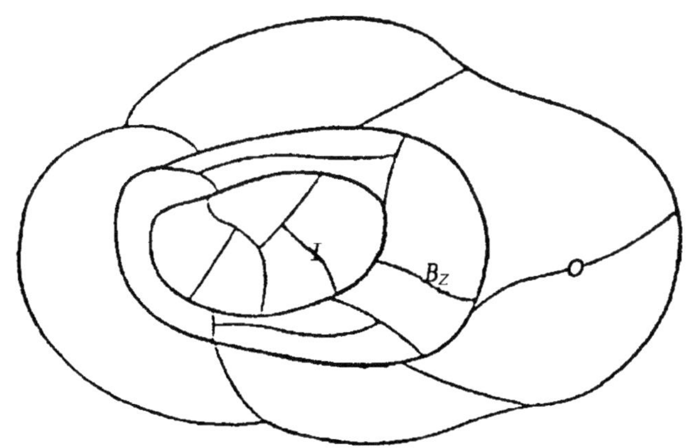

图二十一：两个区域之间的疆界地带。I，内域；O，外域；B_z，疆界地带。

① 广度概念（concept of width）已超出拓扑几何学。但是我们有时可参考一个疆界地带完全位于另一地带之内的事实。据纯粹拓扑几何学的观点，也可有疆界的规定渐更趋于精确的意义，因为这种决定可直接根据于“被包含”（being contained in）的关系。

121 个疆界(B),而说有三个区域(I,O 和 B_z)彼此具有确定的拓扑几何学的关系。每一区域当然可各有其部分区域。

定义:两个区域(m 和 n)之间,倘若有一区域(B_z)为 m 及 n 的域外,而由此区域到另一区域的一种移动又须通过这个区域($m \cdot B_z = O$;$n \cdot B_z = O$;$m + n + B_z$ 为一联系的区域),这个区域便可称为疆界地带(a boundary zone)。

以牢狱例,其疆界地带为一联系的区域,使内域和外域整个互相隔离,而以两条约丹曲线为内外的界线。

倘若疆界地带的广度,在心理学上无关轻重,则便可被陈述而为一个维度的疆界。即使在讨论疆界地带的时候,此种陈述作为初步试探也可采用。疆界之于疆界区域的关系,也犹各点之于两个维度以上的区域的关系。我们知道有时可用点陈述未分化的区域。所以深度未分化的疆界地带也可代以疆界。我们后来常可用疆界地带进而作更精确的陈述。

一个疆界的性质常可随事件的进行而发生变化,比如当有关之人走近疆界或开始念及疆界的时候。这些疆界本为一个维度的曲线,后来便分化而为疆界地带了。这个话反过来说也可成立。前在讨论实物和媒境的时候,我们已知道实物化为媒境或媒境化为实物都和心理的距离有一种密切的关系。

最后,区域因有连接其他两个区域的路线通过于其内,也可取得一种疆界地带的资格。例如一个儿童方在吃饭,须在游戏之前预备他的功课。因此,功课便变成了疆界地带。

我们已说过不明确(unsharp)的疆界可视为疆界地带,而这个地带的广度便相当于不明确的程度。明确(sharp)的心理疆界和

数学的疆界最相适合。反之，也不是每一有显著深度的疆界都有 122
不明确的过渡的意味。社会心理学中可有说明的例子。不同的经济阶级之间的疆界虽大都较欠分明，而有逐渐过渡的特征，但有此社团的疆界则有精确的规定，例如一种排外的俱乐部。这就是说，每一人是否属于这个社团毫无可疑。虽然这种团体的疆界也可有疆界地带的性质。例如要加入这个俱乐部，也许须先报名候补。有时自候补至正式加入有会章预为规定。因此，疆界地带的存在不必减弱疆界的明确度，因为疆界地带也可为有明确的结构并有其明确疆界的一个区域。

疆界明确性的程度对于一个社团的内部结构尤其是它的齐一性(homogeneity)及其内在的活动，似有极重要的关系。美国和德国的社会生活的差异可引以为例。由我看，美国的社会结构有一最重要的特点，就是美国有许多关于社会的区域较在德国有更明确的界限。这可见于日常生活中的小事，也可见于国家之政治的，职业的及社会的结构(例如重视守时的习惯，或编造时间表的精确，职业的专门化，政府责任的明确规定(55))。一个儿童的生活空间中的游戏、饮食、睡眠、工作等区域究竟有否明确的分界，或含有不明了的推延之广大区域存于其间，在教育上也极重要。我们前已说过的许可及禁止，自由及强制的区域也复如此。不明确的过渡之不明了地带较常导致紧张和冲突。讨论这个问题的时候，
也须照顾到情境的特殊的性质。有时教育上尤其是关于何者禁 123
止，何者许可的区域，在美国似也较有明确的疆界。

疆界的明确性须有别于疆界的坚实性(见下文)。例如儿童的生活空何相当于一个比较流动的媒境。但它也似乎表明有趋向明

确疆界的特殊强烈的趋势。不明确的疆界见于比较坚实的媒境可能较见于比较流动的媒境为稍易。但是生活空间内的疆界的明确性及避免不明确的疆界的趋势也随人而异。

心理疆界的动力性质

疆界地带可有极不相同的动力性质。

障碍(barriers)。——牢狱的围墙和浴盆边缘在动力上有一主要的差异，就是跨越后者远较跨越前者为易。一个疆界对于跨越的抵抗力甚为重要。这个抵抗力可自零而至于无穷大，有各种可能的不同程度。不明确的和明确的疆界都莫不然。假使牢狱的周围为一旷野，则越狱者可自受机关枪击毙的危险地带逐渐过渡到较不危险的远距地带。就其他事例说，假使旷野之外有一丛密的森林，则最大危险的区域便有明确的界限。在这两种情形之下，那区域的疆界都不必对于狱囚的身体的移动作任何特殊的抵抗。马路与花园互相隔离着的大门也许可以通过而没有引人注意的障碍。而人行道与大路之间界线明了却也不难跨过。同时过渡的经验不必限于跨越困难的疆界，且也产生于容易通过的疆界，尤其是
124 当疆界明确，两种区域性质彼此大异的时候。

困难到了极端时便为不能跨越的疆界，不能游水的人无法游至对岸。每一不可驾驭的对象都是准物理的移动不能通过的疆界。这种疆界可有极不相同的物理的性质。春天的大水或异常湍急的河流可使善于游泳者裹足不前，火车的速率为一有力的疆界，在走动时反抗了上下车的企图。

准社会区域的疆界也正如准物理区域的疆界，其动力的性质可各不相同，一个会外的人也许极难进入一个社团。但社会区域的疆界却不必剥夺人的移动。有许多社团虽不难加入，但也有明确的界限。一个群众例如旁观者或参加示威者的群众疆界也可以不难跨过，但其疆界的势力可忽有增加。例如在示威中群众受各方面攻击的时候，一个人也许就难脱离关系了。

定义：对于心理移动而有抵抗的疆界（疆界地带）便可称为“障碍”。障碍可据抵抗的程度而有不同的强度。

疆界的概念，我们拟仍采用纯粹的拓扑几何学的意义。因此“心理学的真实的”疆界（“psychologically real”boundary）一词不必有规定的动力性质的涵义。

我们的事例可表示障碍对于移动有不同种类的抵抗。它可有不同程度的“坚实性”，不同程度的“僵硬性”（rigidity）或“弹性”（见第十四章）。它可在某一点上阻止移动，例如篱门（不能游泳者之于河边也属如此）。它也可有疆界地带的性质，虽不足使前进没 125
有可能，但也表示抵抗（不能跨越的一块地方可以为例）。这里的阻力可称“摩擦”。最后，障碍还可有多少带有渗透膜（permeable membrane）的性质。

在讨论自由运动空间的时候，我们已说过一个心理区域的疆界可为一种移动所易通过，而对于另一种移动便没有通过的可能。所以一种障碍的强弱常随移动的种类而定。不仅因准物理、准社会、准概念的移动而异，且可因准物理的移动的种类的不同（游泳、驱车或观看）而不同。林白夫人（Anne M. Lindbergh）的《自北向东》（*North to The Orient*）（61，pp. 220—221）中有一例可为这种不同作极动人的描述。林白上校(Colonel Lindbergh)和两名医生离开中国一个水灾区内的一群饥民,林白诸人是为这些饥民供给药品而来的:“他们在飞机内下视刚所离开的地点,都深深感觉到这次逃离灾区的奇迹。一分钟前,他们还正在饥民群内,这些饥民有可活到明年春天的,有许多在水退前恐即不能复活了。这几个飞行员则飞向南京去,安全、饮食及居住都可保证,如在家内一样。离开了那些灾民,为时仅数秒钟,距离仅几百尺,然似若相去已成霄壤了。这两个宇宙已隔了一鸿沟,沟虽不宽,但深而可虞,没有桥梁可资连接。且至少非舢板所可渡。至飞行员则自此一宇宙渡至另一宇宙,其易而速正和人在一刹那间由噩梦的宇宙渡至实在的宇宙无异。”

“他似有枪,有飞机——其势力有如《天方夜谭》中可用魔灯召至的神鬼。然而魔术基于刀锋——幻灯、火石盆及‘开门咒’。囚禁和脱逃,安全和危险,生和死,都间不容发。拉一拉发动机,压一
126 压开关——没有这些,这三位往南京飞行的魔术家将仅为饥饿、死亡和荒凉地区的三个普通人了。”

跨越疆界的困难在进出区域时不常相同。因此我们须承认一个疆界的动力性质可以随移动的方向而不同。

一个疆界在各点上不必都强弱相等,就常例说,有的部分易于通过,有的部分很难通过。疆界的不同的部分而有不同的动力的性质,那是很重要的,对于迂回问题(problem of detour)的解决可以为例。

社会区域的疆界在诸点上的坚实性也不常相等。一个人加入社会集团能否成功,常随他能否找到适当的途径而定。善于投机

的分子尤精于选择进行的途径。

可以说，即使一个人也可视为上文所讨论的一个社会区域。个人彼此易于接近的程度，与疆界的势力较弱的程度有动力上的相关(55)。而一个人的疆界，在各点上，也强弱不等，要与他接触，便须找到适当的途径。

影响交通的疆界。——决定心理区域的疆界及其动的性质，不能以讨论心理的移动为限。我们已说过交通在唯物理的疆域上和在准社会及准概念的疆域上有相等的重要。

定义：一个区域 a 和一个区域 b 交通的程度就是 a 的状态对于 b 的影响的程度。

就交通说，心理的疆界通称动力的墙壁("wall")。高度的交通相当于软弱的墙壁，所谓墙壁的强弱就是这个意思。障碍的概念与跨越疆界的移动的困难有关；这里所讨论的疆界就是指一个区域状态对于另一区域状态的影响。 127

下文讨论人的拓扑几何学的时候，可更有详细讨论区域交通问题的机会。但是我们得声明，这些问题对于心理的环境也有影响。例如据上文所说，不同社团之间的交通的程度也有本质的重要性。

一个区域 a 可通至一个区域 b，据我们的定义，非意即 b 之与 a 也有同等密切的交通。上文已说过，一个障碍对于移动的抵抗的强度可随移动的方向而不同。一个动的墙壁也可因自 a 至 b 或自 b 至 a 的交通而有不同的价值。

一人观看另一人时有两人间的交通，可举一例说明如下：母亲欲诱使她的儿子实行一种动作或遵循一道命令，她乃注视着他，那时这个注视作为一个历程可使事件的进行受一很大的影响。我们可陈述这个“看”而为一种移动。无疑它是一种交接(intercourse)。然而这也有可非难之处，因为实行移动而至 B 的初非整个人 A。看只是使 A 和 B 接触。所以这个“看”类似于伸手以触 B。在实际上，母亲以眼看孩子可为以手触之的直接的代替。因此“看”或可陈述而和伸出一“臂”相同；或据拓扑几何学陈述而为 A 之一部分 A' 的移动，而使这部分一方面和 B 接触，一方面复不脱离了 A 的本部区域($A+A'+B$ 为一联系的区域)(见图二十二(a)。这个陈述和关于社交的陈述相符合，见第十一章，图十八(c))。

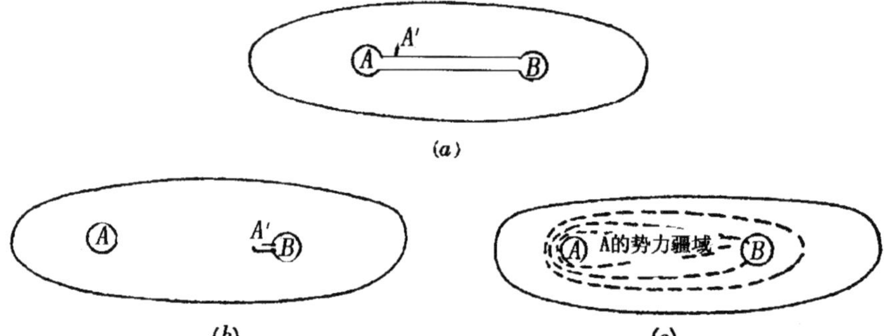

图二十二：A 以“观看”和 B 交通。(a)陈述而为 A 之一臂；(b)陈述而为 A 之隔离区域；(c)陈述而为 A 之势力疆域。A，观看 B 之人；A'，相当于“观看”的区域。

128 母亲和孩子接触(contact)，使他受其影响，或改变其状态。所以“看”即为接触的成立，其目的在求上文所称的交通。而这交通的实现则以母子视线的相接为必需的条件。母子须互相注视。但是儿子常欲避免为母亲所注视，以逃避其影响。他不愿接受其母亲的消息。有时他更蔑视其母。他在这些情形之中，虽眼看其母，但不受其影响；好像打成一道内在的墙壁，闭拒母亲的势力。儿童要保持他自己的状态，甚至要影响其母的状态。与此相反的情形则见于儿童在注视其母而作先意承志的准备。

假使一个人观看艺术品而毫无批判的精神，一味赞许，则也可产生类似的情境。那时他便欲以观看而成立一种交通，于是采取一种完全接受的态度；换句话说，他欲使自己和艺术品之间的动的墙壁尽可能地减弱其势力，而艺术品的影响乃可及于其身。假使走马观花，一眼要看许多对象，则交通常很微弱。

因此，这些事例，都是由看而产生接触。但是影响的方向（无 129
论由 A 至 B 或由 B 至 A）和交通的程度则甚不相同。观看者的状态，被观看者的状态及观看的种类都与此很有关系。交通的程度常随交通的区域及交通种类的性质而异。

关于此例尚有一个事实在方法上也有一般的重要性。读者也许反对我们那种陈述，以为由看而成立的 A 和 B 之间的桥梁和 A 伸手至 B 时不同，因为伸手至 B，AB 之间的桥梁成于 A 的身体的一部分。所以陈述“观看”而为伸出一臂是不能许可的。这两种情形有重要的差异确实是无可怀疑的；我们或可据图二十二(b)陈述“观看”而为 AB 相接触，AB 之间则不相连续。于是 A 投一眼看 B，好像抛一个球(A')一般。但是这个球不是一个实体，而为一种势力。看的方向和种类实和我们所谓权力场，个人的势力圈，及心理学上所陈述的势力疆域直接相关。维希(F. Wiehe)(91)发现这些势力场，就观看的方向而言，在其人之前者较在其后者为强大，而所及也较远。由 A 伸出一臂至 B 的动力性质或不如看作势力场的动力的性质（图二十二（c））；观看便可视为这个势力场的位置及强度的一种变化。但是我们的陈述在拓扑几何学上的正确性不因此而有所损失。我们可有充分的理由将势力场也视为区域，而在初步的研究之中，用拓扑几何学的方法陈述其位置的关系。这种疆域场的力性质，欲加规定，虽不免超越拓扑几何学的范围之外。然而我们已一再声明，一切心理的区域都莫不然。

130　倘若被视为一种势力场，则是否须被陈述而为一臂 A' 如图二十二（a），或为一区域 A' 如图二十二（b），也颇成问题。有些事例也许以图二十二（b）为适合。但一般说来，图二十二（a），相当于图二十二（c），可较为正确。因为母子互相观看所成立的交通可能为 AB 之间的邻近区域的任何点所妨碍，或因在其间竖起一道深厚的墙壁而阻绝。

只有费大力后才可通过的疆界地带。——据上文所述，一个心理的障碍不必有实物的性质，而可类似于一种只能费大力才可跨越的疆界地带。一般人所了解的障碍常类似于实物的对象，所以这种心理的真实疆界也许可于此进行特殊的讨论。

我们已说过，一个疆界地带的抵抗随有关的移动的种类而异。同为暴风雨中的大湖，游泳者没有通过的可能，帆船只是费了大力才可渡过，汽船航行则毫无困难。一个人倘若要克服一种障碍，常不坚持其原来的移动继续加劲，而改选一种移动减弱障碍。问题不外是寻求最适合的移动或交通。社会的交通也复如此，例如欲求破除障碍以便探知政治犯的消息。工具的利用与这个问题也有密切的关系。

坚实的障碍和只是费力后才可通过的疆界地带有何关系，当待后文再加论述。

不定性的地带。——上文已略述障碍和疆域地带，其性质至少在一定程度上已被决定了。但此外还常有许多事例，其疆域地 131
带不仅有不确定的部分，且没有接近的可能，因为其中间区域未能确定。是心理学未知数的困难。我们知道这个问题是可解决的，但不知道如何入手。我们对于这个情境只能说生活空间之内有一

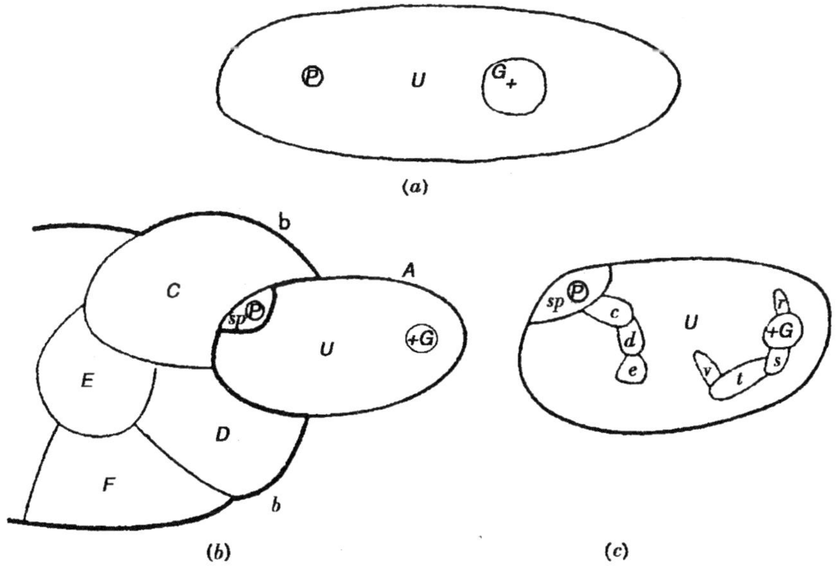

图二十三：不定性的疆界地带。(*a*)不确定的疆界地带之数学的问题；(*b*)初期的情境；(*c*)自两端进行之连接的企图。*A*，相当于数学问题的区域；*P*，人；*G*，目的(数学问题的解决)；*U*，人和目的之间的不确定的区域；*sp*，相当于起点的区域；*c*、*d*、*e*、*t*、*s*、*A*、*v*，有确定性的区域，欲用以连接 *sp* 和 *G*；*C*，*D*，*E*，*F*，*P* 的自由运动空间的部分及 *b*，*P* 之自由运动空间的疆界。

区域 G 和其人 P 隔离，相当于那个问题的解决（图二十三(a)）。但就此例说，P 和 G 之间的中间区域 U 不含有虚无所有的空间，而类似于容易通过的媒境。这就是一个不能十分确定以致不能跨越的区域。

我们对于这个情境倘若要作更明确的陈述便须说：P 有一个数学问题的区域 A，因为是一个问题，所以不能有充分的规定（见图二十三(b)）。由 P 看，只有在 A 以内才有问题的起点（sp）是可以接近的。所以只有这个区域（sp）为 P 之自由运动空间（C，D，E，…）的部分（这个自由运动空间的疆界可相当于 b 线）。A 以内还有一个区域 G 相当于问题的解决。有时，这个 G 的区域是否存在也属可疑。无论如何，自 sp 至 G 没有路线可见，因为中间区域的性质不能确定。

情境的发展常足使其人能求得一个区域 r（图二十三(c)），与 G 相联系，并可望自 sp 到达较易。此后或渐有更大组的这种区域和 G 相联系（r、s、t、v）。同时我们也常有更多数的区域以连接 sp(c，d，e)，可望最后能架成一座桥梁，自起点区域 sp 以至解决 G，这便为相连的区域，而其拓扑几何学的总和 $sp+c+d+e+\cdots+v+t+s+G$ 成为一个联系的区域。一个人倘若须运动于这种没有结构的地带之内以到达某一区域，则于尚未真实造成那道桥
132 梁之前常无从决定那些初步发展的区域 s，t，v 及 c，d，e 可否用以为求得解决的帮助。

这种障碍不限于数学问题中的概念的移动。关于身体的移动也常可表现类似的情境。比如一个人欲在一人地生疏的城市之内，自火车站到达某一所房子，但没有一幅地图，或问津之处。或

如欲觅一人，可不知道他的住处及姓名。那时遂有如前章所说的一种明确规定的障碍，例如物理的距离。但是除有这种障碍的困难之外，还有一种主要的困难。由于一个人不知道某一运动能否使他较接近于目的或距离目的更远。这种障碍的特性如何，视其人对于情境的知识的有无而定。据托尔曼(E. C. Tolman)的认知 133
结构(cognitive structure)的概念，我们可以说这些事例的困难由于疆域对于认知缺乏结构。例如客人倘若得到一幅城市的地图，其困难便可迎刃而解了。

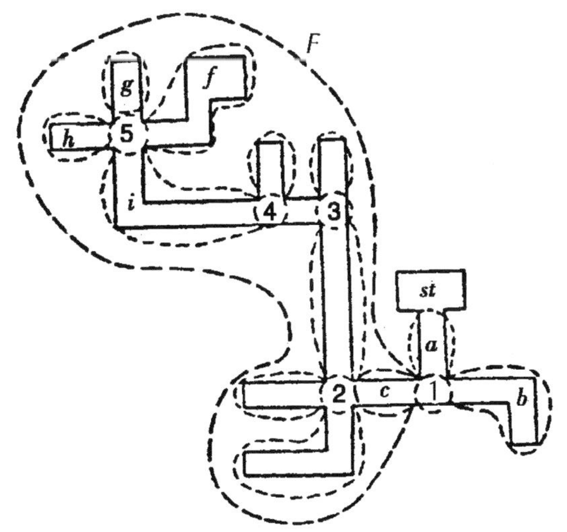

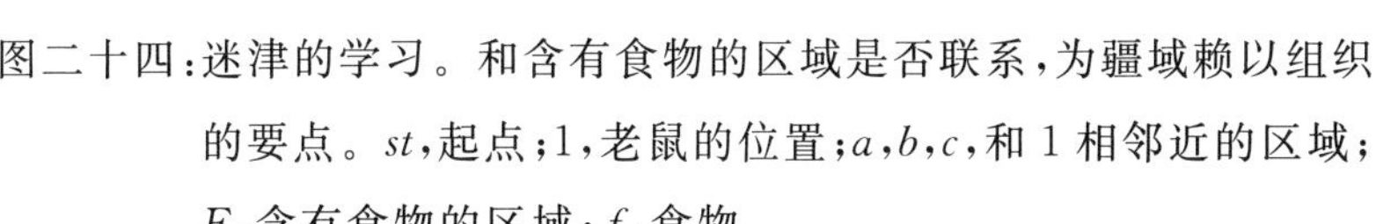
图二十四：迷津的学习。和含有食物的区域是否联系，为疆域赖以组织的要点。*st*，起点；1，老鼠的位置；*a*，*b*，*c*，和 1 相邻近的区域；*F*，含有食物的区域；*f*，食物。

迷津实验困难的克服以疆域的认知的结构化为其基础，用白鼠的迷津实验可引以为例。一个白鼠也许在一新迷津内已第一次发现了食物。它又再次被放回到起点之上。它于是“知道”自此点到食物是可能的，但还不知道路线。那时决定方向(orientation)的工作大致如下：它也许由起点 *st*(图二十四)走至第一分支(1)。这里便有两种可能，进入区域 b 或进入区域 c。这里 b 和 c 之间的基本的差异，就是区域 c 乃是藏有食物 f 的一个联系区域 F 的一部分($f \subset F$；$F \supset c$)，而区域 b(在第一站 1 看来)和藏有食物的区域不相联系($F \cdot b = 0$)。白鼠若能在每一分支(2，3，4，5)上决定其
134 邻近的区域何处可“引到”食物而何处不能，它便“知道”路线了。换句话说，鼠若知道区域的拓扑几何学的关系足够辅助它在每一歧路口上作正确的决定，它便能觅路以进了。这和数学问题的解决显然相似。在这种迷津实验之中，和食物相近的区域(g、h、5、i 等)常先结构化而为联系的区域。所以白鼠学习迷津的顺序始自目的，次及目的相近的区域，最后才及起点。

鼠倘若在没有食物的迷津之内，它可有一自定方向的机会，以前本为没有结构的疆域，现在乃得有结构了。这个结构化的历程一经完成，它便在任何点上都可知道附近的区域，或距离稍远的区域。

动物倘若开头学习追求食物，也有一种择定方向及结构化的历程。但是这种结构化的历程为极特殊的一种，有一“起点”和“终点”。而没有报酬和结构化历程则其结构便远较无定，也许走向远距的区域。

> 倘若先予动物以定向后，置食物于迷津之内，则由我看来，就认知的历程而言，场内可经过一度改组，使起点和终点之间的那些相联系的区域占重要的地位。此外还可作如下的结论：第一，予动物以适量的时间使有定向的练习之后，增加

> 定向的时间将不再有助于“潜伏的学习”(latent learning)(85)。第二，有些例子，其第二次的学习(the second learning)发生于一次复习之后。我因此以为老鼠对于已有结构的疆域可能做敏速的活动以便改组。这个话当然有其限制，就极复杂的迷津及不聪明的老鼠而言，便难适用。第三，我们也可能制造迷津，使由第一次结构化而引起的“自然的”形态不易作敏速的改组。这种改组可至如何困难，我不知道，但我以为不同的实验的布置应有可以识辨的差异。

就准社会的疆域而言，一个人也可到了一个不能通过的区域，
因为他对这些区域还没有充分的认知结构。只有少数例子，能于 135
事先知道到达社会目的的路线。例如一个年轻人倘若怀有一种职
业目的，便常于其目前地位和将来目的之间的区域，在认知上，或
尚未有结构，或仅有模糊的结构。

疆界地带由于缺乏认知决定性的困难是很常见的。这些困难在要素上异于他种障碍，也或假使受了物理障碍的一个观念的指导而异想天开，另辟捷径。但是这些地带在实际上阻止移动前进，因此也得称之为障碍。我们对于这些地带之认知的结构，如果没有充分的知识，则移动要求通过常无可能。所以这些地带可比拟于有极高度坚实性的障碍，但是这个不可能不是上文所述的那种障碍的坚实性或疆界地带之内的“摩擦”的结果。这种地带没有通过的可能乃与其人的“知识”的特种意义有关。一个在认知上有明确规定的疆界地带所产生的摩擦不因有关之人的知识而减少。虽有此种知识，欲在区域中作实际的移动则仍然困难。反之，对于地带没有认知的决定性而引起的移动的困难，则可因知道了它的性

质而实际消灭。因此，就这些事例而言，一个地带的知识和通过的可能或不可能有一种特殊的关系。

即就有某种确定的坚实性或摩擦性的障碍而言，对认知的因素也不无关系。关于疆界地带的知识或其认知的结构若有变化，疆界地带便可表明有一部分较原来知道的部分尤易跨过。尤有进者，关于疆界地带倘若有更精确的知识，便常可使人得到一种不同的移动，用以跨越这个地带而不遇有强大的抵抗。

第十三章　两个区域的相对的位置

心理区域、心理疆界、移动、交通等概念使我们得以陈述心理 136
生活空间的无数种不同的结构。完成这些陈述乃经验心理学的分内事。这里只须讨论几个简单的事例。

域外区域

一个简单联系的区域倘若包含于另一个区域之内，则这两个心理区域之相对的位置特别易于作拓扑几何学的陈述。一个简单的例子是牢狱内的自由运动的空间。倘若暂置牢狱中的分隔于不论之列，我们便可说：牢狱的墙壁，有类于约丹曲线，使一个内部的、联系的、有限的区域（自由运动的空间）和外部的区域（“自由”区域）互相分离。每一牢狱的建筑都利用下列基本数学的事实，即由内部区域的一点通至外部区域的一点的每一路线必和约丹曲线相交：除了墙壁的动力性质（即其坚实性）外，尤以其拓扑几何学的性质，即其排列而为一条封闭的曲线，使狱囚没有逃脱的可能。

下列事实也可和拓扑几何学的关系相提并论。拘留狱囚的囚房 C，可陈述而为以一条约丹曲线为界的一个联系的有限的区域。[①]

① 上文已经说过，为求简单明了起见，本文的讨论仅以两个维度的空间为限。

狱囚欲恢复自由，不仅须跨越这个区域的疆界，且须逃出牢狱的外墙。他究竟必须打破几重障碍，主要看拓扑几何学的关系，或看
137 有多少区域（$C, R_1, R_2, R_3, \cdots$）互相表里（$C \subset R_1 \subset R_2 \subset \cdots$）而使其疆界没有公共的部分（$b_C \cdot b_{R_1} \cdot b_{R_2} \cdot \cdots = 0$）而定（见图二十五（$a$））。囚房倘若位在牢狱的墙边（$W$）（图二十五（$b$））或囚房和全狱的疆界（$b_C$ 及 b_{Pr}）具有公共的部分（$b_{Pr} \cdot b_C \neq 0$），狱囚便只须跨过一道疆界。

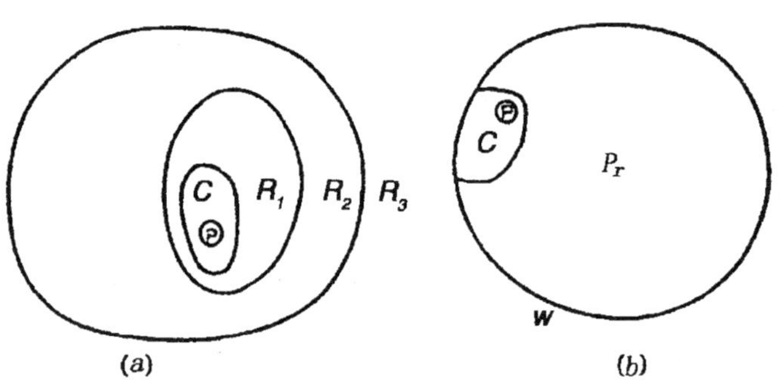

图二十五：牢狱的拓扑几何学。（a）没有公共部分的几重围墙；（b）有公共部分的围墙。P，人；Pr，牢狱；W，围墙。

假定两个域外的心理区域不是一在内，一在外，而为一约丹曲线所隔离，心理学的研究便须决定它们有无一道公共的疆界（见图十和图十五）。此事如何决定，前已加以解释了（见第十一章）。

重叠的区域：各情境的相对的重要性

两个区域或半相重叠，或全相重叠，在心理学内也很重要。我们常以 A 和 B 两区域之间的疆界地带的为 A 和 B 两区域互相重

叠之处(图二十六)。例如两种职业或科学分支之间的疆界区域。因此,疆界地带为 AB 两区域相交切之处,A 含有 Z,B 也含有 $Z(Z=A\cdot B)$。

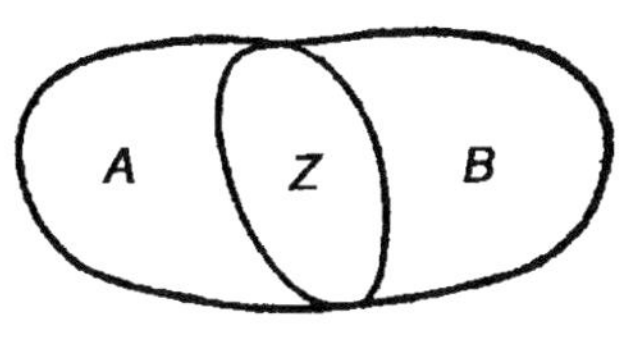

图二十六:疆界地带和区域的重叠。Z,A 和 B 的公共部分

重叠概念(concept of overlapping)在心理学的应用,以两种情境的重叠为主。一个儿童可同时吃东西、听鸟唱。也许听为主要的活动,吃 138
为次要的活动,也许吃为主要的活动,听为次要的活动。在这两个极端之间,可有许多过渡的情形。一个人同时以不同的程度从事于不同的活动是很常见的一件事。但是要描写其有关的动力事实并加以讨论,便不免有重大的困难。这些困难有些可处理如下:

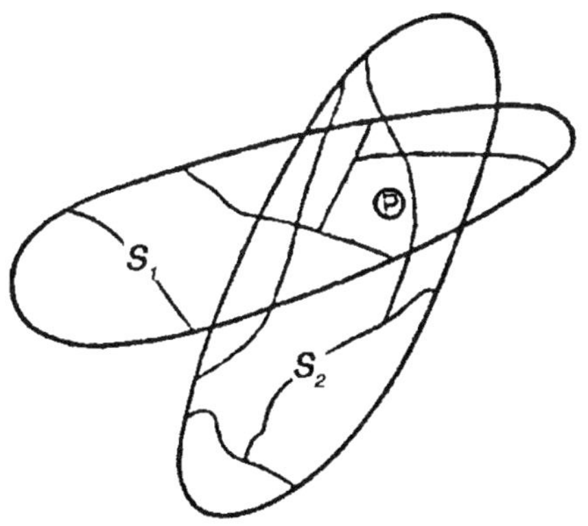

图二十七:重叠的情境。一人(P)同时在两个不同的情境 S_1 和 S_2 之内。

在这种情形之下,我们可以说,其人 P 同时存在于两个区域之内。这些区域都常有确定的结构,而有情境的性质。这便可称

为两个情境的重叠。这些情境（S_1 和 S_2）不是互成域外的区域，但有公共的交切点。那人 P 同时存在于两个区域之内（$S_1 \supset P$；$S_2 \supset P$；所以 $S_1 \cdot S_2 \neq 0$）（图二十七），便可用以为证。两个半相重叠或全相重叠的情境之心理的结构和内容可以大不相同。

两个或两个以上的情境倘若如此重叠，则于某一特殊时间之内，每一情境对于其人可各有某种“相对的重要”（重要性、效能）。这个相对的重要的改变乃为动力的一个重要历程。一个情境所产生的势力——其他各条件如都相等——似乎随这个情境的相对的重要而增减。影响他人的主要的方法之一就是改变一个情境的相对的重要，并也常用以达到教育的目的（18）。

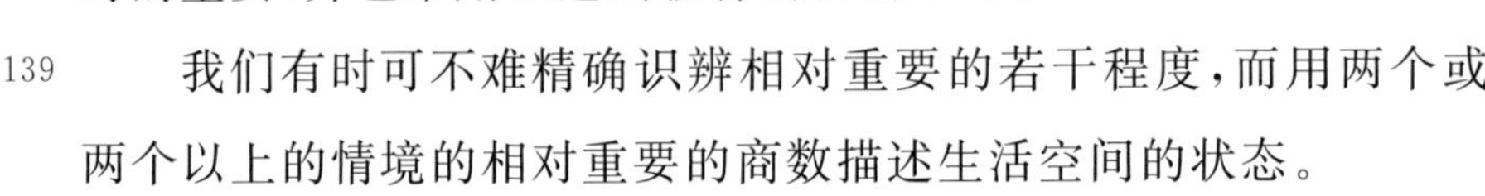

139 我们有时可不难精确识辨相对重要的若干程度，而用两个或两个以上的情境的相对重要的商数描述生活空间的状态。

144 **两个区域的相对位置的陈述的困难**

区域如仅以两个为限，其相对的位置及其疆界的性质便不难确定。但这两个区域倘若位置于一群其他区域之内，则其关系的描述问题便远较困难了。

试以图二十八为例，我们不难说，A 和 B 两个区域互为域外；且复缺乏公共的疆界。但是疆界的概念倘若含有疆界地带的概念于其内，这句话便难保证了。我们可认 12，4，14，21，20，19，16，15，11，10，6，5 等区域为环绕 A 的疆界地带 b_A 的部分区域；而且 5，12，15，11，19，16，10，17，9，7，2，6 等区域可认为环绕 B 的疆界地带 b_B 的部分。这样 A 和 B 乃成为有公共部分的疆界地带的两个区域（$b_A \cdot b_B = 5 + 12 + 15 + 11 + 6 + 10 + 19 + 16$）。反之，我们也可仅以区域 4＋14＋21＋20＋15＋12 为 A 的疆界地带，而以 2，7，9，17，16，10，6 等区域的拓扑几何学的总和为 B 的疆界地带。如此分配，A 和 B 的疆界地带将不复有公共的部分了。

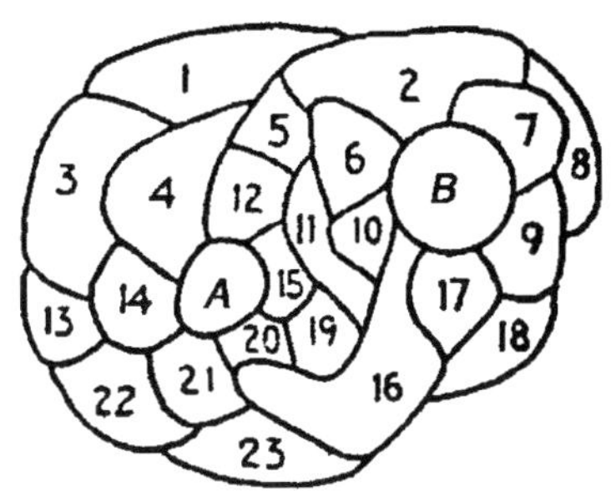

图二十八：对于 A 及 B 的疆界地带的几种可能的看法。例如 4＋12＋15＋20＋21＋14 的区域或可视为 A 的疆界地带 b_A；6＋2＋7＋9＋17＋16＋10 的区域为 B 的疆界地带 b_B；于是这两个疆界地带没有公共的部分；$b_A \cdot b_B = 0$。我们倘以较大的区域 1＋3＋4＋5＋6＋11＋10＋16＋12＋15＋19＋20＋21＋22＋13＋14 为 b_A，而 11＋6＋2＋7＋9＋17＋16＋10 为 b_A，则：$b_A \cdot b_B = 6+10+11$。

在拓扑几何学内，我们可没有理由将上文所指出的区域视为 AB 之间的疆界地带。比如我们也可认 16 和 20 两个区域的拓扑几何学的总和为使 B 和 A 交通的一条臂。

很明显，这些不同解释的心理学理由有赖于有关区域的动力 140
性质。但是解释的可能既如此其多，有时便足以引起心理探究时的纷乱，并且常需要丰富的经验，才能知道哪里是在讨论本质上的差异，哪里则只是讨论表面的差异。因此，我们似应举出若干实例以便讨论这些困难。为了完成这个目的，我们将仅采用已经解释过的概念。但是我们采用这些概念，如在作实验研究时一样，根据具体问题的需要，而不依照体系的程序。我们以一种问题的方式介入这些讨论。这样就可使各种拓扑几何学的概念之间和拓扑几何学与动力的概念之间的关系得以明白了解了。

对于一个点的不可接近性的两种主要的可能的陈述。——例如:“一个人面前有一种目的,但在当时不易到达或不能到达”(向量心理学要讨论这种事例的有关势力[54,p. 253]。这里拟仅涉及拓扑心理学的问题)。

因有障碍物而不易到达目的的事例是常见的,且其种类也很多。目的也许是一种职业,障碍物也许是求此工作的另一人有较大力的人为其后援。有时也许求职业者自己的没有学位,或他的公民身份或宗教的不合资格造成了前途的障碍。目的也许是跳舞、结婚、商业的交易或采花。障碍也许是以法律或个人权威为根据的禁令,也许是其人自己所愿受的社会习惯的束缚。

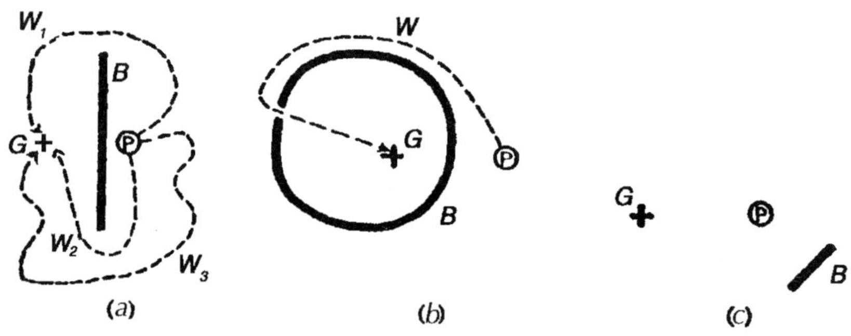

图二十九:一个不可到达的目的的不适当的拓扑几何学的陈述。(*a*),(*b*)及(*c*)三种陈述在拓扑几何学上是没有差异的。*P*,人;*G*,目的;*B*,障碍;*W*,W_1,W_2,W_3,路线。

141　这些事例虽细节不同,但至少有一共同的事实,就是其人 *P* 和目的 *G* 属于两个观点或区域,并且有一障碍 *B* 使自 *P* 至 *G* 的移动成为困难或不可能。一个物理的障碍阻止了目的的到达可为一最简单的例示。

这种情境可陈述如图二十九(*a*)。一条 *B* 线代表障碍,位在 *P* 和 *B* 之间。但如此陈述不能说明 *P* 和 *G* 之间没有可用的路线那个基本的事实。图二十九(*a*)的陈述对于自 *P* 至 *G* 的许多路线,例如 W_1,W_2,W_3 等的可能未加限制。据拓扑几何学的观点,这种陈述意即指 *P* 和 *G* 乃一个联系区域中的两点(见第十章)。

我们即使将障碍画成图二十九(*b*)的形式,使 *G*"几乎完全"为 *B* 所包围,但这个事实依旧不变。*P* 和 *G* 仍存在于一个联系的区域之内。自 *P* 至 *G* 有一路线 *W* 不和 *B* 相交。

我们须知道,在拓扑几何学上,图二十九(*b*)的陈述未必较优于图二十九(*a*)。这两种陈述且等于图二十九(*c*),在(*c*)图内,*B* 据普通几何学的意义,不位于 *P* 和 *G* 之间。

我们倘若要陈述 *G* 的不可及性(unattainability)而适合于拓扑几何学的原则,便须表示 *P* 和 *G* 不属于同一联系的区域。这就是说,我们须陈述障碍为一约丹曲线,区分了整个区域,而使 *P* 和 142
G 属于两个不同的区域。

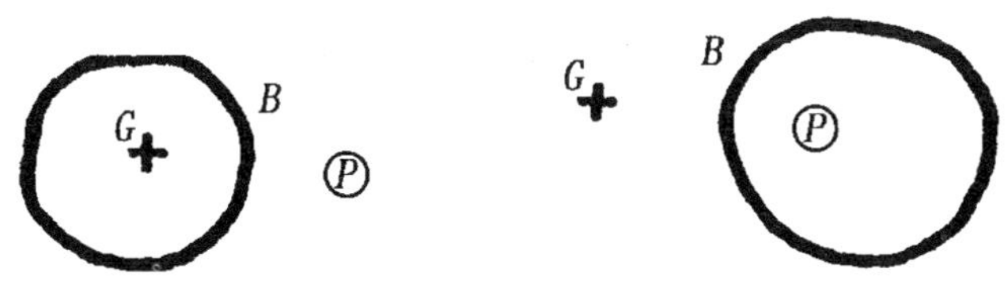

图三十:(*a*)　　图三十一:(*a*)

图三十(*a*)及图三十一(*a*):陈述不可及性的两种基本的可能:(图三十(*a*))*G* 在内域,*P* 在外域;(图三十一(*a*))*P* 在内域,*G* 在外域。*B*,障碍,陈述为约丹曲线;*G*,目的;*P*,人。

如此陈述只有两种方法:(一)目的 G 位在内部区域 I,而其人 P 则位在外部区域 O($G \subset I$;$P \subset O$)(图三十(a));或(二)其人 P 位在内部区域,而目的 G 则位在外部区域(图三十一(a))($G \subset O$;$P \subset I$)。

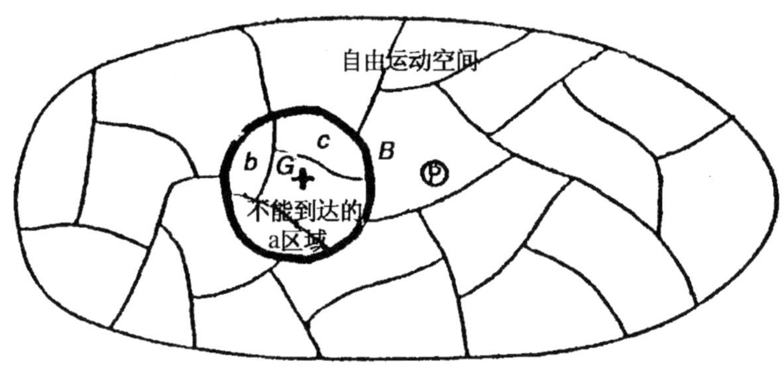

图三十:(b)

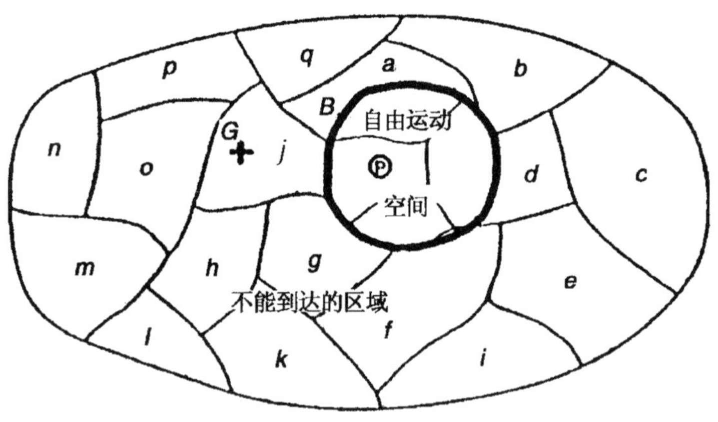

图三十一:(b)

图三十(b):图三十(a)的更细密的陈述。$a+b+c+G$ 的区域为 P 所不能接近。

图三十一(b):图三十一(a)的更细密的陈述。$a+b+c+\cdots+p+q+G$ 的区域为 P 所不能接近。

我们倘若更详细地规定内外疆域所有的生活空间之内的各种区域，则此两种陈述的心理学的差异便可明了。其人为位在外部区域，则其不可及的区域，为数较少(a,b,c,G,见图三十(b))。他可在其余空间之内自由行动。反之，其人如位在障碍物之内(图三十一(b))，则其自由运动的空间限于一个狭窄的区域，此外的一切(a,b,c,…,q)都不可及。所以这个情境具有较高度的“限制的情境”(restraining situation)的性质和牢狱的情境相类似。

为了维持命令的权威，可利用奖赏的预约，也可利用惩罚的威胁，这两种情境都有所不同。欲求惩罚威胁生效，则即使令出必行，也得造成一个限制的情境，使其人的自由运动的空间限于相当狭小的区域，以免乘机从边门逃走(52,p. 96 *ff.*)。就奖赏的情
境而言，其人的自由运动空间可没有限制。只是奖赏区域的进口 143
才严加把守。换句话说，其人倘不先通过工作的区域，便无法取得奖赏。一个限制的情境或一个外在的障碍使有关之人无隙可乘，有时也可借助于某些情绪如怒(20)或绝望(52,p. 195;19)也可奏效。但这种防护的势力还可以随其人位在约丹曲线之内或其外而有不同的重要的影响。

在这两种事例之间，在某种意义上还有种种过渡的情况。它们的动力的差异半由于自由运动空间的范围的不同。其人如位在
障碍之内，则其自由运动的空间可因其内部疆域包括更多的区域 144
而增大，于是其限制区域的性质便随之逐渐减弱(52,p. 128)。反之，其人如位置于障碍之外，则障碍内不可及的区域的加大或生活空间内不可及的孤岛的加多，便愈益限制了自由运动的空间。

自由运动空间的面积不是一个拓扑几何学的概念。拓扑几何

学内，我们只能说属于这个空间的有哪些部分区域。然而我们也可因此决定自由运动空间的扩大和限制。一个限制的运动空间，当区域分化而为许多附属区域时，便似乎在心理上有所扩张。即在客观上的一个小区域也可因此对于有关之人得有一种比较广大的疆域。

有时外部的障碍也有抵抗外来影响的保护功用。牢狱之于歹徒便可资以掩护，免受旧伴的侵袭。多年的囚犯忽被释放，常自觉对于外界的危险失去了保障。在他出狱之后，我们不易劝他离开他的家，甚至劝他不怕受人注视，在监狱内，他得到了保护是不会受他人的这种威胁他的安全的注视的。

> 在我们的图示的陈述之内，一个障碍的坚实的程度统以线的粗细表示之。

限制性陈述的拓扑几何学的方面与动力的方面。——一个目的倘若只是用大力后始能到达，我们能否用拓扑几何学的方法加以陈述呢？欲表示这个困难似可于约丹曲线中只留一个小隙，而困难的程度愈高，则所留的空隙也愈小。但是我们要记得在拓扑几何学内没有大小的差异。前已说过，图二十九(b)和(c)是没有区别的。不能通过的障碍和没有抵抗的疆界之间的困难的程度不
145 能示以拓扑几何学，只能示以动力学。倘若目的尚可到达，但到达不易，则其障碍仍须被陈述而为封闭的曲线或环形的疆界地带。只有这样才可用拓扑几何学表示 P 和 G“之间”有一障碍的事实。困难之不同的程度相当于疆界的动力差异，例如坚实性的程度的

不同。

各别的路线及其全体。——一个目的的不可到达性，如不用约丹曲线，也可陈述如下：P 和 G 之间有 W_1、W_2、W_3 等路线，我们陈述其不可到达性，利用割线 C_1，C_2，C_3，以指示这些路线上不能通过的各点（图三十二），这样使生活空间的陈述限于一个维度的空间（见第十八章）。

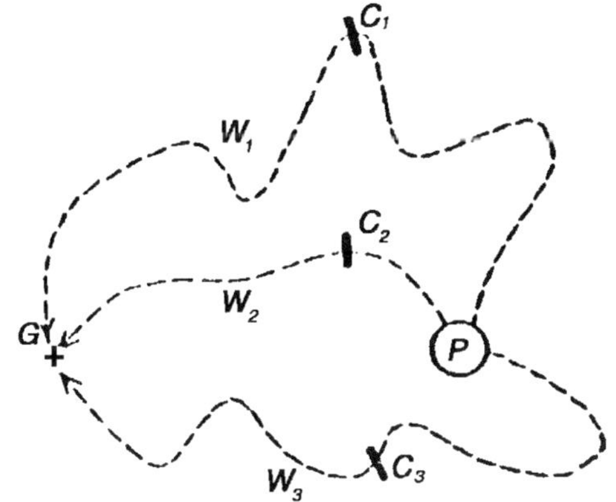

图三十二：用分别的阻塞的路线陈述不可及性的尝试。G，目的；P，人；W_1，W_2，W_3，路线；C_1，C_2，C_3，阻塞点。

用这种陈述，障碍便为一组不联系的各别点。到达一个目的的如果有多数分散的路线，如在迷津实验时，则如此陈述是妥适的。但就他种事例而言则否。因为（一）这种陈述似不免假定“绕过”障碍为不可能（但其可能常毋庸置疑）；（二）这种陈述又
未表示，除了这些特别标出的路线之外，P 和 G 之间还有其他 146
通路。约丹曲线考虑到可能路线的全体，但是图三十二的陈述则否。

我们前面曾说过，陈述一个情境，最重要的是要考虑一切可能事件的全体。假定心理生活空间的陈述可作一种以上的图示而没有必然的结果，则心理的和数学的事实的配合势须严格保持。倘若如图三十二（被视为多于一个维度的空间）所陈述，P 和 G 属于一个联系的空间，便似若积极地表示 P 和 G 之间还有其他路线了。因此，这种陈述在一个重要之点上是错误的。

图三十二即用以陈述一个迷津的路线也不够妥适。因为没有其他可能的路线的事实没有表示出来。

我们须据拓扑几何学陈述迷津而为分支的区域，两边都有障碍以防止脱逃（图二十四）。如此陈述即就一种高台的迷津（elevated maze）而言也属正确，在这种迷津之内，路线不受墙壁的包围，但老鼠不能离开这些路线。

齐一的与分化的障碍：前进与后退。——一个一岁孩子站在 U 字形的凳子 B 的后面（图三十三）。他要取凳子那一面的一个玩具 T，但不能充分通盘考量其情境以完成其必要的迂回（detour）。这里身体的移动也有一种障碍，使 C 不能达到 T。所以据我们的定义，C 和 T 就这个移动而言，不属于一个联系的区域。此例的障碍虽不在物理上包围起来，但也得被陈述而为一约丹曲线（图三十（a）或图三十一（a））。向量心理学须详述关于迂回问题在概念上的困难（54，60）。

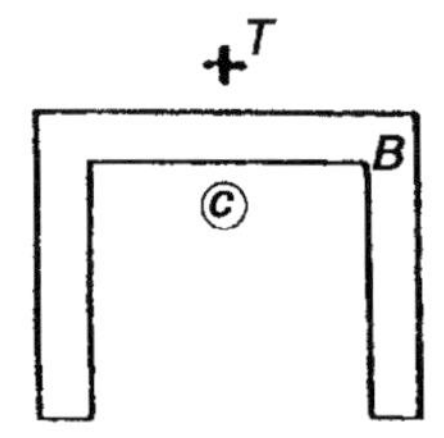

图三十三：迂回的问题（物理情境）。C，儿童；B，U 字形的凳子；T，玩具。

我们已说过，一个障碍的各单独部分可有不同程度的困难。147
现在拟从我们的影片中取得一例略加论述，至此例的障碍则在物理上为齐一的，在心理上为不齐一的。

一个玩具 T 位在一个环形的铁障碍物 I 之内。一个一岁半的儿童在障碍物外欲取得这个玩具(图三十四(a)表示其物理的关系)。他的母亲也在房内。他欲爬过障碍物，但屡试而失败，后乃跑到母亲旁边请求援助。这个转向于母亲的行动非即离开了玩具，实有“间接”转向于玩具的意味(54，p. 253)。这个儿童也许忽然知道了他和玩具之间不仅有铁障碍物，且更有母亲横阻其间。就此例说，心理情境产生了一度改组，如图三十四(b)所示；C 和目的 G 之间的障碍虽初本为相对的齐一的，但现在便至少会有两部分，有一部分相当于铁障碍物 I，另一部分相当于其母 M。路线 W_1 相当于跨越物理障碍物而到达目的的路线。W_2 相当于以母亲的援助而取得玩具的路线。

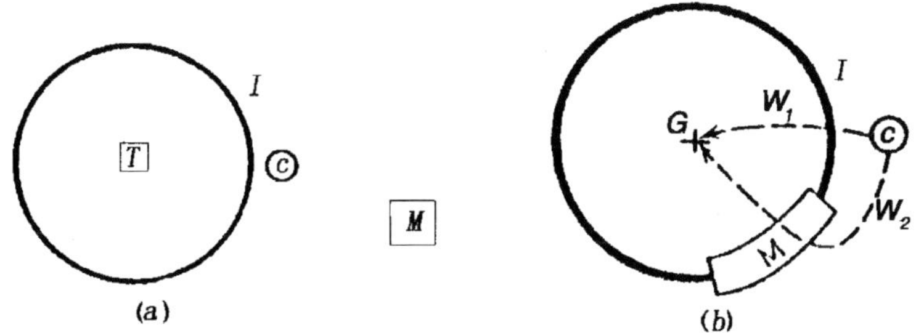

图三十四：一个年幼的儿童要取拿一个圆形的障碍物之内的玩具。(a)物理情境；(b)心理情境。C，儿童；T，玩具；I，障碍；M，母亲；G，目的；W_1，W_2，路线。

因此，我们即在讨论准物理的疆域时，心理疆域的陈述也须完全依据以心理机能所规定的联系的关系。

障碍与入口

148 一个人要计算下列的问题：$\frac{8\times3\times74}{2\times3}$，他开始以 8 与 2 相约分，3 与 3 相约分。我们可陈述其完成这些运算之前的情境。那时有一目的为问题的解决，其人 P 因一个不甚强大的障碍 B 和这个目的相隔离（图三十(a)）。我们可再用这个事实为出发点。

但是细加考虑，这可否称为“障碍”似属可疑。整个情境的发展可如下述：那人见面前有一问题。于是问题的解决 Pr 为一区域，域外为 P（图三十五(a)）。这个区域不全为齐一的疆域，但自始或不久即表示一种结构目的或问题的解决 G 虽还不甚明显，但到达目的的路线则了如指掌。其人知道要以 8 与 2 相约分，3 与 3 相约分，然后以四乘七十四，因此，到达目的的路线可陈述而为一系列运算即除法 D_1，除法 D_2，及乘法 M（图三十五(b)）。

我们于此复遇到前已说过的事实（见第十一章“行动概念，一个维度的路线或两个维度以上的区域”），即行动概念和路线的概念游移于一个维度的移动的路线和较多维度的区域之间。移动的各单独阶段相当于工作的部分区域。而乘除运算的完成将相当于 P 通过这些区域而到达 G 的移动 W_1。

我们倘若以为陈述的一切结果都有加以注意的必要，则图三十五(b)尚未可满意。此图留有下列这种可能：就是 P 用路线 W 直接到达目的而不通过 D_1，D_2，M 等区域。这就是说 P 可不必实行那些演算，也可求得问题的解决。这种历程在心理上是不无意
149 义的。比如那人也许因从前曾做过相同的演算，或因有人以答案

相告，而知道了结果。但倘若如本例所假定，事实不是如此，则图三十五(*b*)的陈述是不能令人满足的。

对于这个陈述的缺陷可有两种补救的方法。(一)利用一个疆界的动力的坚实性的概念，或(二)纯用拓扑几何学的方法。

150

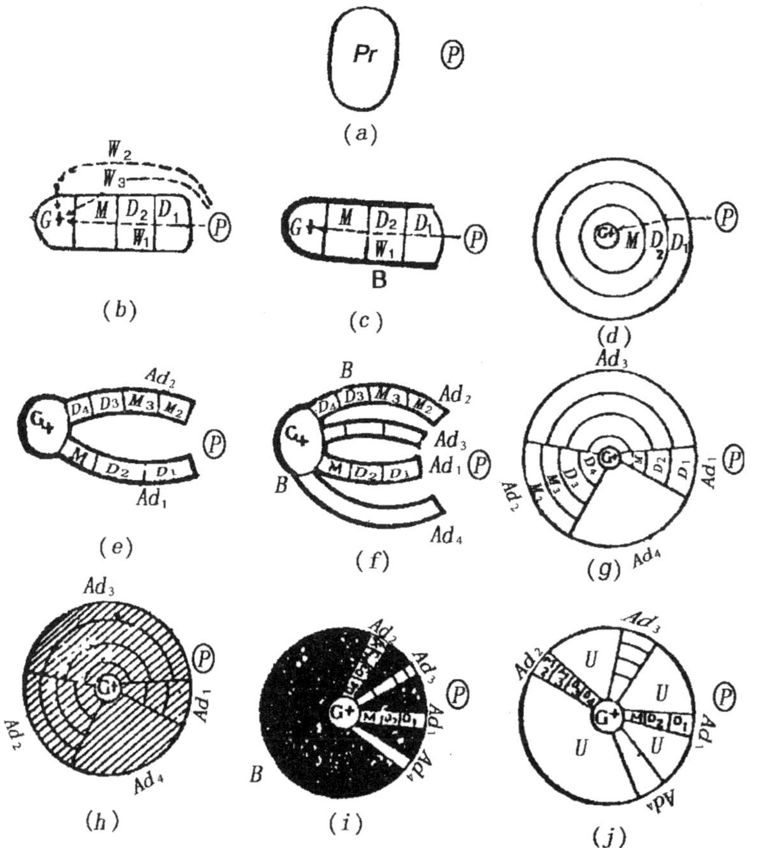

图三十五：当目的的到达只能假道于某种通路时的情境的陈述，有两种基本的方法。这个可到达性的限制可示以纯粹的拓扑几何学的方法或乞助于动力的概念。(*a*)未分化的；(*b*)数学问题的初步阶段中的分化的情境而没有限制其可到达性。利用纯粹的拓扑几何学陈述这种限制，见于(*d*)图，至于(*g*)则更

周密；利用动力的概念的陈述见于(c)，至于(e)，(f)，(i)，更周密。(h)和(j)表示两个陈述的关系：在(h)内，其道路看作P和G之间的疆界地带；(j)便将(c)，(e)，(f)，(i)图内的不能通过的障碍，当作某种缺乏组织的部分u，插入(j)图之内。P，人；Pr，数学问题；G，目的（问题的解决）；M，M_1，M_2，不同的乘法；D_1，D_2，D_3，D_4，不同的除法；B，不能通过的障碍；Ad_1，Ad_2，Ad_3，Ad_4，不同的入口；U，性质不定的区域。

入口一：由于这是某种移动的问题，而一向应用的陈述对这些移动是仍然许可的，我们也许在陈述时，只将那些相当于路线W_1的有关的区域的疆界视为有通过的可能。陈述这个事实，可使Pr的整个区域的外部疆界成为一个不可通过的障碍B（见图三十五(c)），而留D_1为例外，使仅有一条通路可达于G。因此，我们可满意表示其人P只是通过D_1，D_2及M才可到达目的G。

入口二：我们倘若不用不能通过的疆界，即可用许多环形的区域相当于M，D_1及D_2等演算，将目的G的区域包围起来，使通过的可能限于一条路线（图三十五(d)）。如此陈述，自P至G的唯一通路也为D_1，D_2及M。

问题是这两种陈述有哪些方面相同，又有哪些方面相异呢？这两种陈述在拓扑几何学上有一最重要的差异，就是据第二种陈述，G只有一个比邻的区域，即M（图三十五(d)），而据第一种陈述，G的疆界有若干部分不属于M的疆界（图三十五(c)）。同样，在图三十五(d)之内，区域M仅有区域G和D_2为邻；反之，在图三十五(c)之内，M附近尚有其他区域。D_2和D_1也是如此。我们倘若以图三十五(b)陈述这个情境的拓扑几何学可只能将问题的部分区域和周围区域之间的疆界那部分陈述而为一不能跨越的

障碍。以使进去的路仅限于一条。图三十五(d)却不必采用障碍 151
的坚实性的概念,因为在这种陈述之内,四面的疆界都无法“从侧面”进去。因此,这两种陈述实不相同,问题是哪一种正确呢?

我们或可反对图三十五(c)的陈述,因为在事实上,G,M,D_2等区域和一般的外部区域之间不见有一实体的障碍 B。只是数学问题的内在的逻辑才使 W_2 及 W_3 路线不能通过(图三十五(b))。这个“逻辑的不可能性”示以图三十五(d)的拓扑几何学,无疑地较示以图三十五(c)的障碍 B 为更妥适,因为图三十五(c)似稍嫌不太自然。

倘若其有关之人以为 D_1,D_2 及 M 三种运算(即 8 与 2 约分,3 与 3 约分再乘以 74)乃到达 G 的唯一可能的路线,则图三十五(d)的陈述便可视为妥适。但是他照例知道还有他种路线可达于 G,至少那几步冗长的运算而其程序则如问题所规定,即 $8\times3\times74\div2\div3$(相当于 M_2,M_3,D_3,D_4 等区域)。这就是说,M 既非 G 附近的唯一区域,用障碍陈述情境(如图三十五(c))为正确的。除了 M 之外,至少有区域 D_4 为 G 一个可能的邻区。在他决定采用 D_1,D_2,M 之前,也许还有一个情境,他正在徘徊于这个可能及其他可能之间。假使我们陈述这种情境,而依据图三十五(c)的原则,或可得图三十五(e),两种可能的入口(Ad_1 和 Ad_2)相当于两种不同的运算。但同可自 P 至 G。若要排除直接到达于 G 的可能,或便须用一外部的障碍 B 配合于这两种入口之一。

倘若此外仍有他种入口(Ad_3 及 Ad_4)为其人所能见,或须在陈述内包含他种区域或区域的混合,以和 G 相联系(图三十五(f))。这些入口不必预先都各有明了的结构也许有一条路线,完

全可得以看见，但缺乏相当的结构（入口四）。

152 我们可仿照图三十五(d)，将图三十五(e)及图三十五(f)的情境，作纯粹的拓扑几何学的陈述。围绕于 G 之外的环形分为若干部分(图三十五(e))。图三十五(f)和图三十五(g)陈述相同的事实，而其一采用不能跨越的障碍，其他则纯用拓扑几何学的方法，显然比相当的图三十五(c)和图三十五(d)更相类似。然而二者之间仍有一主要的差别：在图三十五(g)之内，除陈述为扇形的入口之外，不再有可能的区域和 G 相近；而在图三十五(f)之内，则有这种可能的存在。而且图三十五(f)有不可能通过的障碍，而图三十五(g)可没有这种障碍。但是我们不能说在图三十五(g)之内，P 和 G 之间绝对没有障碍。P 欲至 G，便须先解除运算的困难。因此，也可算有障碍，惟其性质则有类于不易通过而含有问题本身的部分区域的疆界地带(参看第十二章，“只是费大力后才可通过的疆界地带”)。我们倘若认为这些入口为 $Ad_1+Ad_2+Ad_3+Ad_4$ 的一个区域(图三十五(h))，便足见其完形(constellation)和前所示(图三十(a))的其人 P 欲到达目的 G 的完形相同。由此看来，图三十五(g)所示 P 和 G 之间的障碍，构成数学扇形上及深度上的结构。

在图三十五(f)之内，我们也可认为 D_1+D_2+M 的区域为 P 和 G 之间的疆界的一部分，至其性质则有似于图三十五(h)的一个可以通过的障碍。但是除了这个疆界地带之外，G 的疆界尚有其他部分为不可通过的障碍。

此理在下列陈述之中更可明了。我们已知道在心理学上真实的障碍一般都有其深度(depth)。我们又知道面积的差异在拓扑几何学内是无关的。由此可知，图三十五(f)化为图三十五(j)在拓扑几何学上是没有变化的。而图三十五(g)和图三十五(i)的两种陈述的方法则更相类似。其拓扑几何学的差异只有下列一点：图三十五(i)除了四条通路(Ad_1，Ad_2，Ad_3，Ad_4)外，其疆界地带 153
之内还有其他部分，而在图三十五(g)内则这些部分一概没有(这些部分在图三十五(i)内示以黑色)。我们倘若于图三十五(g)的四条通路之间，介入较多的部分(U)(图三十五(j))，则二者更加类似了。介入这些部分是有理由的，假使我们所考虑的，是其人对于此外是否还有其他入口可达于G，或其性质如何，势难决定。这就是说，到达于G的路线有哪几条或是否仅有四条，P倘不能断定，则图三十五(j)便为这个情境之完满的陈述(假使这些插入的部分减少为零，图三十五(j)便再返于图三十五(g)了)。

疆界地带中插入这些部分(U)对于自P至G的移动的可能性究竟有何种意义呢？它们以完全缺乏机构为其主要的特征。它们在性质上可仅为“某种可能存在的某种入口”。因此，它们乃为性质未定的区域，乃心理疆界地带中的特殊的一种(见第十二章“不定性的地带”)。P倘不能确定它们的性质，它们便不能用为到达于G的路线，因此，U地带代表P的一个不能通过的障碍。图三十五(j)就此义说，实相当于图三十五(i)。于是我们开头所讨论的两种陈述法，即动力障碍和拓扑几何学的组织的关系便可明白了解了。

此例又可用以说明前所讨论的疆界和疆界地带，疆界和障碍，及不同种类的障碍之间的关系。而且疆界和路线的关系也可因而明了。

M,D_1,D_2 等区域,一方面为自 P 至 G 的通路,另一方面又为 P 和 G 之间的障碍,但这可不是此例的特点。凡属同时联系两个区域,而又使它们隔离的疆界都有这个通性。我们所讨论的倘非一个维度的疆界而为疆界地带,则此理更易明白。其基本的事实
154 为有三个区域 A,B 及 C,而路线则系由 A 之一点,通过 B 而达于 C 之一点。我们究竟愿以 B 为 AC 之间的疆界地带,或 AC 之间的路线,便看我们的观点及通过 B 的难易而定。在实际上,这两个观点都常属可能,须予以均等的注意。

第十四章　结构的变化

分化、整合与改组

一个初本齐一的区域，可划分为许多部分区域。这种分化 155
(differentiations)乃为最常见而最重要的心理历程。几乎没有一个问题不因此或因彼而和分化发生关系。在拓扑几何学上分化可视为一个区域分裂为许多部分区域，是不难以数学加以论列的。至分化的种类、速率、程序及程度则自有无限数的可能的变异。

这些分化和认知历程，例如经验或领悟的行动(46)，有密切的关系(85，p. 440)。分化也有他种心理的原因。生活空间自幼年以至成年期的发展大部分可视为分化的历程(48，23，p. 263，81，pp. 129—137，162)。

数学上相反的历程如反分化(dedifferentiation)或整合(integration)也可得而见，其次数之多不亚于分化。有时统合(unification)见于某种情绪的情境之内(20，p. 118)，常由于强烈的紧张而致。有时原属分离的系统，而其后得以统合，则为理知历程的结果。

最后周围的疆域还有一组变化不能视为分化或整合。其部分区域的总数也许无所增减，但其相对的位置则已有变动。这种情形可名改组(restructuring)。分化的程度也常可随改组而有所增减。

156 结构自然可有无限数的这种变化。① 至其变化的特点则须随各例的情形而予以决定。分化、整合或结构的变化也和其他事件相类似，须被陈述而为与各片段时间相当的连续的情境。

结构与移动的变化

一个区域结构的变化常与移动的变化有别。但这两种历程有一密切的关系。在拓扑几何学上，一个人 P 由一区域 A 至另一区域 B 的移动常含有整个疆域改组的意味。作为移动的结果，相当于其人 P 的区域可变成了另一区域的部分($P \subset B$ 代替了 $P \subset A$)。

生活空间内他人或事物的移动也可有此种结果。他们的位置的每一变化也即为环境结构的重要变化。本人虽未有所运动而环境已有所运动的事例尤足资以说明(参看第十一章“周围疆域的移动”)。

两个区域之间伸出一“臂”(见第十一章“不联系的区域”)便可引致交通。这个事实可以视为一种移动和他种结构的变化之间的过渡。其有关的区域虽本身没有表示一种显著的运动，但一“臂”的伸出已可使生活空间的结构发生重大的变化了。

---

① 法扬斯(S. Fajans)(23)(pp. 240 *ff.*)和斯利欧斯伯格(Sliosberg)(81)(pp. 129—137)描写到达目的之时及狼狈情境之中的困难所引起的结构的变化。K. L 勒温(52)(pp. 114—170)讨论赏罚情境中的变化；邓卜和汉夫曼(E. Hanfmann)(19)对于精神病院中的病人的情境作比较的研究。

体积与距离的变化

全区域的分化或可能说成较小的部分区域的形成；而整合则或可说成较大区域的形成。但是这仅可形成于特殊的状况之下。我们前曾说过，拓扑几何学的特点不依赖于量的决定。因此，我们 157
不能希望以拓扑几何学的概念表示体积或距离的变化。

但有时在心理学内也可根据拓扑几何学的决定，述及面积或面积的变化。试举一例：我们在拓扑几何学内不能说图三十六(a)的区域 A 大于区域 B。但假使 B 完全包容于 A 之内(图三十六(b))，又假使 A 除 B 外还有其他区域，我们有时便可说，在心理上，A 较大于 B。

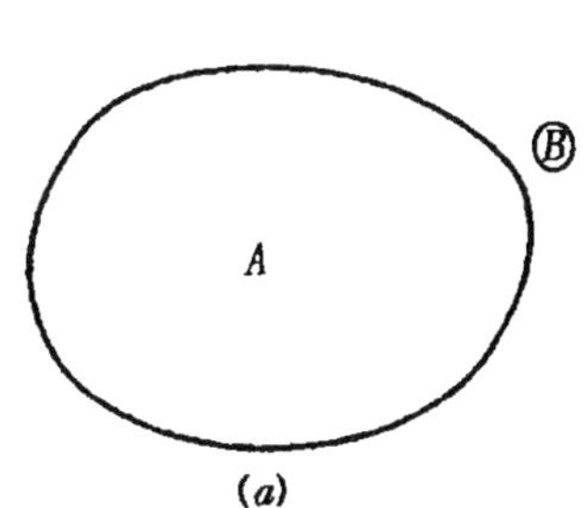

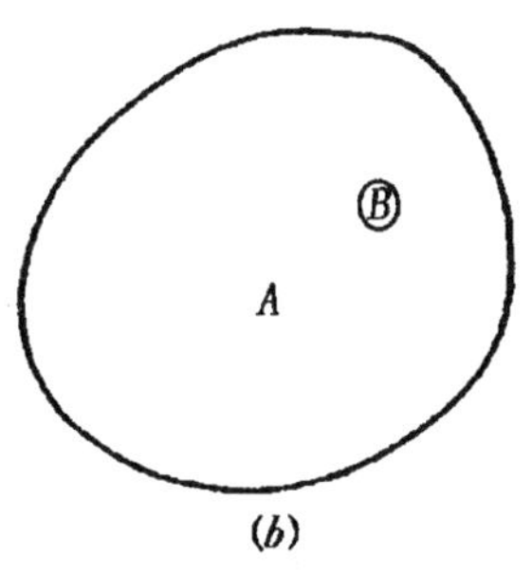

图三十六：拓扑几何学的情形见于(a)者不宜于比较生活空间内的面积，见于(b)者宜于作这种比较。假使 $B\subset A, A=B+N, N\neq 0$，则 A 和 B 的区域在心理上可比较彼此的面积。

就此例说，我们不超越于拓扑几何学的概念之外，便无法述及面积。拓扑几何学只能决定“被包容于内”(being contained in)或“部分全体”的关系。据集合论(theory of sets)的观点，全体和其一部分之间照例没有面积的差异。它们的各点可作一和一匹配。

区域减缩的一个简单实例就是 A 童在浴盆内的自由运动空间的变化。B 童在浴盆的中心横画一线以为 A 的运动的疆界(图一(b)),于是 A 的自由运动的空间较在图一(a)的情境之内者为小。从前属于这个空间的部分已被除外,而又没有新的区域的增加。

158 自由运动空间的减缩还有一典型的实例:就是第二个儿童的产生对于第一个儿童的影响。第一个儿童从此也许须和新来的孩子分享其房间、桌椅和玩具。母亲不能再予他以那么多的时间,他须多方面体谅他的小弟妹。每一新禁令都足限制自由运动的空间。反之,禁令的撤销或新技巧的习得便可导致这个空间的扩大。

但是除了某种部分区域有所增减之外,其他部分的面积没有显著的改变的时候,我们才可谈及自由运动全空间的面积。

自由运动的空间有了显著的缩减之后,或可引起种种适应,使在心理上至少可在短时间内补偿一部分的损失。其余各区域可分化而为部分区域。致令其生活空间在心理上未必即较前为小。

虽然,至少在加入(原文作取去)或取去(原文作加入)广大的部分区域时,自由运动的全部空间的面积便有显著的增减。其他部分区域至少在短时间内,常保持不变。所以变化的速率对于行为常有重要的影响。

距离的心理的关系和面积的关系相似,只当和距离 m 相配合的区域完全为距离 n 的那些区域的一部分时,才可作拓扑几何学的陈述。比如前面举的例子,儿童要携球上梯(见第十一章),我们可以说目的 G 和儿童 C 之间的距离在第一和第二阶段之间减少(图二十(a)和(b)),在第二和第三阶段之间增加(图二十(b)和(c))。就前者说,除了中间地带的某些部分的区域脱落之外,没有发生他种变化。就后者说，新区域增加进去，而在部分区域的性质之内也没有什么重要的变化。

讨论动力问题，不常互相比较特殊的情境，而决定情境的变 159
化。所以根据拓扑几何学的概念，常论及面积而不期望论述有关面积的特殊情况。

结构变化的动力条件：流动性、弹性、可塑性

生活空间的结构的变化常有重要的动力影响，而直接有赖于动力因素，尤其是势力积量的分配。所以这些问题的论述以向量心理学的概念为条件。但我们拟于此时略述几种不同的重要状态及其对于结构变化的关系。

在讨论实物和媒境的时候（即第十一章），我们曾述及区域中对于移动有重要影响的动力性质。我们又曾以为疆界有不同程度的坚实性，更曾说疆界地带可提供不同程度的摩擦。这些话都以疆界或疆界地带对于移动的抵抗为根据。关于疆域结构的变化的便利，我们也须提出类似的问题。

一个情境可以有不同程度的流动性（fluidity）。

定义：一个情境若愈易流动，则其他条件倘若各相等，在这个情境产生特殊的变化所需要的势力也愈小。

一个情境倘若愈易受各种势力的影响，便愈富于流动性。这个流动性对于紧张系统的解放及拓扑几何学的结构的变化都有相等的效果。就一般的情形说，情境的流动性随不同类的影响而不同。所以对于移动的反抗可视为流动性的特殊的一种。

一个情境的流动性的程度在一切历程之中都占一重要的地 160

位，这是其基本的动力性质的一种。虚构性（irreality，见第十八章）。较大的区域约较现实性的程度较高的区域为更富于流动性的媒境。而在现实的阶段之中，不同的区域也似有极不同的程度的流动性。我们为教育的理由，常欲予儿童的生活空间之内的某些区域以较大的稳定性（stability）（例如穿衣、吃饭、睡眠等常规行动的区域），而在其他区域而应感到自由并试图保持相对的流动性。环境所有流动性的程度在教育上至为重要。一个人所属的社团也常在不同的时间而有不同程度的社会的稳定性。比如通货膨胀可引起社会疆域的巨大流动性。

环境的流动性和人之状态有密切的关系。疲劳似足使其人及心理的环境都产生不稳定性。一个小孩初由睡梦中醒来时，其所以常易受感动可以与那时环境疆域的不稳定性有直接的关系。大概说，新生儿的情境最富于流动性。一个情境的结构的认知模糊度与它的流动性的程度也似有密切的关系。一个区域可历久而不变，它的坚实性便随而增加。但也有例外。斯立鄂斯堡（S. Sliosberg）曾证明相当于工作和游戏材料的区域，其流动性的程度各不相同（81，pp. 148—149；176—177）。游戏的活动和游戏的情境常较严肃的情境具有程度更高的流动性。据弗兰克（J. D. Frank）的研究，欲求的水平在游戏的情境之内提高较易。

陈述不同程度的流动性可有两种方法：（一）承认不同的整个
161 区域为有较高度或较低度的易变性；（二）承认疆界区域有不同程度的坚实性。就后者说，整个区域的平均的流动性视其部分区域疆界的内部结构是否坚实而定。这两种陈述的主要差别如下：就第一种说，个别部分区域（a 或 b）在动力上是齐一的；就第二种说，个别部分区域边界的坚实性和中区坚实性有别。区域 a 的坚实性倘若较区域 b 的坚实性为大，则第一种陈述意即谓区域 a 之内的移动较区域 b 之内的移动为困难。而据第二种陈述则在 a 之内的移动可和在 b 之内的移动一样容易。

所以这两种陈述以哪一种较为妥适，视具体的情境而定。环境的不同区域之间的疆界倘若减弱或消失其势力，便无疑地可导致整个场合的显著的流动性。这可见于社会的场合之中，例如在革命的时期，阶级的障碍或因禁令而生的障碍，已被破坏；或在严格服从中长大的儿童忽然置身于禁令的障碍失效的疆域之内。据这种情形之中的个别差异看来，可见除了特殊疆界的坚实性之外，还常须研究特殊的生活空间的一般的稳定性。因此，我们要考虑疆界和区域本身或所谓实质(material)的特性。

我们的流动性的定义对于“弹性”(elasticity)的问题尚未作出规定。

定义：弹性是将改变了的情境恢复原来状态的趋势。很明显，弹性的程度与有相同流动性的区域有所不同。

弹性和流动性都和“可塑性”(plasticity)有关。一个区域的结构，倘若易于有比较永久或稳定的变化，便应理解为有可塑性。流 162
动性程度太低或太高的都难于塑造。在事实上，不仅固执不通，而且太富于流动性的某种精神病者也不利于可塑性。环境的弹性过高也于可塑性有害。环境的可塑性半有恃于个人的状态。卡茨(D. Katz)曾指出可塑性和需求的关系。老实说，生活空间的可塑性有赖于随人的发展而变化（见第十七章“动力的因素和拓扑几何学的因素的联系”）。

第十五章　生活空间为有限结构的空间

163 现在可结束我们对于环境的拓扑几何学的讨论了。但在开始讨论人的拓扑几何学之前，还必须指出和整个生活空间有关的一个基本的事实。

我们在处理数学的空间时，曾假定空间可划分至无限。每一区域[①]可分划为部分区域，而部分区域又可再分为部分区域，以至无穷。空间中的这个性质也为拓扑几何学所假定。我们必须研究心理生活空间是否也有此种特点。我们以前已两次遇到与这个问题有关的事实——第一，在讨论生活空间的各点如何可作正确的决定时（见第十一章“陈述为点或一个维度以上的区域的问题”）；第二，在讨论心理上性质未定的区域时（见第十二章“不定性的地带”）。

我们已知道，要决定生活空间中一点的相对位置，只能参照此点所在的区域。所以如此决定，究竟正确到何种程度便看我们区分区域为部分区域能进行至何种程度以为断。区域的可分为较小部分以至于无穷者为数极少。前所举例，儿童须吃其所不欲吃的食物（见第十一章），其所可分的区域如下：置手于桌上；拿起羹匙；

① 更严格地说，应为每一大于零维度的区域。

送匙入口到了半途；余略。然而我们可不得在“拿起羹匙的区域”之内，分出下列特殊的区域：如“伸手至百分之一毫米的距离”、“伸手至百分之二毫米的距离”等。换句话说，心理的整个区域固常可分为部分区域，但这种分割不能进行至无穷。欲求为此的分析，不 164
仅不能更臻正确且兼在心理学上是错误的。

分割究竟能进行至何种限度便看当前的事例而定。一个儿童倘若喜欢吃某种食物，而送食入口为一个单个历程。则“送食入口到了半途”，及“送食进口”等区域的分割便不免将心理无结构的统一体进行不许可的分析了。所以区域区分的范围随例而异，视有关区域的当时的情形而定。［在讨论疆界地带（见第十二章）及实物和媒境（第十一章）时，我们已有数例说明结构程度的变化。］它常随某一指定时间内的生活空间的不同区域而有一定的价值。总之，它也有一种客观性。

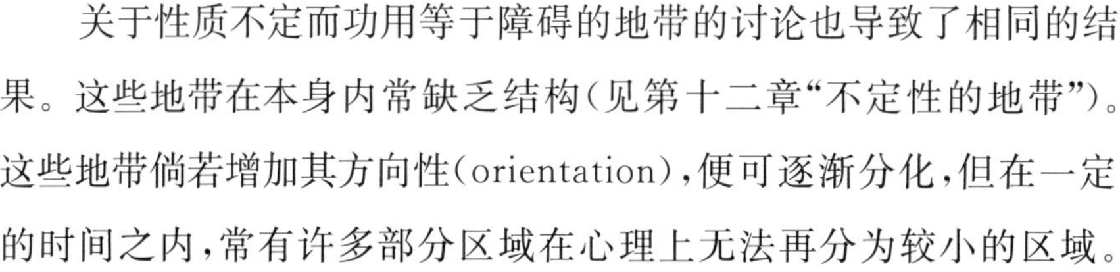

关于性质不定而功用等于障碍的地带的讨论也导致了相同的结果。这些地带在本身内常缺乏结构（见第十二章“不定性的地带”）。这些地带倘若增加其方向性（orientation），便可逐渐分化，但在一定的时间之内，常有许多部分区域在心理上无法再分为较小的区域。

一个区域如果不能区分为明显的部分区域，它便可称为“缺乏结构”（unstructured）的部分。部分区域的区分可进行至无限的区域便可称为“有无限的结构”。一个区域区分为部分区域虽属可能，但不能进行至无限，因此，仍可称为“有限的结构”①。就这个

① 此词（按：即有限的组织）比我前在（*Der Richtungsbegriff in der psychologie*）“心理学直观”一文内（54）所用的“结构”（strukturiert）一词似较明确。

意义说来，我们乃有“缺乏结构”“有限结构”和“无限结构”的空间。而心理生活空间则为有限结构的空间。

关于物理空间能否为无限的结构或仅为有限的结构的问题，这里可不能加以讨论。我们于此可想到海森堡(Heisenberg)的不确定性的原则(principle of indeterminacy)。这个原则不意味着物理空间是有限的结构。因为就静止的疆域而言，这个原则以为
165 位置的决定性的正确没有绝对的限度。物理空间和生活空间之间至少在结构的程度上有一种差异。物理空间虽无论何处都有微观水平的结构，但心理生活空间常留有缺乏结构的宏观区域。此外，生活空间的结构性的限度还有极高度的差异。

里曼(G. Riemann)(76)于其著名的论文《基于几何学根据的假设》(*Ueber die Hypothesen Welche der Geometrie zu Grunde Liegen*)内曾指明空间在逻辑上不一定划分至无穷。就我所知，这个建议尚未为数学所采用，但在心理学内则特别值得注意。然而拓扑几何学对于心理生活空间的陈述可十足适用于大多数的问题。

C. 人的拓扑几何学

第十六章　人是生活空间中的一个分化的区域

据我们以往的陈述，人是生活空间中的一个联系而不分化的 166
区域或点。但是这样的陈述仅足供初步的研究。在实际上人不是 *171*
一完全齐一的单元(homogeneous unity)，而是一个有高度分化的
对象(67a)。

心理学必须于陈述人的区域之内，分出许多部分，这可在数学上引两种事实为证。我们已知道一个人不必全体参加身体的移动。有时仅有一手伸向于目的，或仅有两眼转向于对象，甚至身体的不同部分同时从事于不同的活动。在数学上，这就是说，我们必须于人所借以陈述的区域之内区分出若干部分。

就心理学说，还有第二个事实远更重要。我们已知道行为有赖于环境的状态和人的状态：$B=f(PE)$。在这个方程式内，P 和 E 不是两个独立的变量。环境的结构及其内势力的布局随欲望及

需要或人的一般的状态而变。我们还可能详细决定环境的某种事实，例如疆域势力的减弱，吸引力(valences)的变化和某种需求的状态(例如满足的范围)的关系。同时，一种需求的变化，例如它的
167 满足可不能以相同的方向，相同的范围改变了一切的需求。因此，我们须于人之内，区别出许多不同的区域，而这些区域状态的变化则可在一定范围内不发生交互的影响。

学者有时对于我们的陈述，而有下列的抗议，势须予以答复。他们说，环境和人，陈述其一，环境或人便足以推测行为。然而要推测生活空间内的心理历程，在陈述时实际上不能不并举人和环境的变化(一切所谓生理的学说由于不兼行陈述环境而感有所偏)。

读者也许问哪些应被陈述而为环境的区域，哪些应被陈述而为人的区域，有什么标准可为根据。要答复这个问题，我们或可说，“自我”(self)被经验为整个疆域内的一个区域(44，pp. 319 *ff.*)。但是这个标准是不够用的。我们已知道通俗心理学所常视为属于人之内的目的和概念应被陈述而为环境的部分。据动力的观点尚可讨论下列的事实：凡人之全体可移动于其内，或移动以趋之或避之的一切都可视为环境。

要决定一个心理的区域是否属于人或环境，可和决定生活空间内的他种位置采用相同的拓扑几何学的方法。这些决定都有赖于个别事例的具体事实。所以不同的生活空间可以使人之结构及疆界有重大的差异。但是其相同之点甚多，所以我们尚可作若干一般性的论断。

第十七章 人的陈述的基本的概念与配合的定义

环境与人的配合的定义

关于人的陈述和关于环境的陈述，其所用的数学概念是一致 168
的。但是人的结构的决定和环境结构的决定不同其性质。因为建构人的时候不能用移动以为一种基本的动力的手法。据心理学的观点，人的本身不能视为一个媒境，好使一个物体自其内的这个部分区域到那个部分区域自由移动。要决定人以内的部分区域之间的疆界和联系，便须讨论一般的动力关系，或这个区域和那个区域的“动力的依存的程度”(degree of dynamic dependency)。

动力的依存。——人的不同的部分，其彼此互相依存的程度不同，这是容易证明的。也许一个欲望的满足变化了整个人，例如他的商业行为及其对家庭和朋友的行为。有时一个人有许多区域基本上不受一种欲望满足的影响。总之，人的一个区域中的事件对于其他各区域的影响的范围可以有巨大的差异。

两个区域动力的依存性意即谓其一的状态可能受其他的影
响。这与前所规定的动力的交通的概念(见第十二章)互相一致。169
人的拓扑几何学的决定性有一特点，就是它几乎全须以交通及交通的程度为根据。

我们可以先以下列配合的定义，规定受影响的区域的概念。

定义：倘若 a 的状态的变化导致 b 的状态的变化，则 a 和 b 为一个联系[①]区域（即影响的区域）的部分。

这个定义显然不同意决定部分区域 $a,b\cdots$ 的边界及其有关的地位。但它可同意确定包括整个区域及其边界。现在让 $a,b,c,d,e,f,g\cdots$ 为人以内的区域，假使我们确定哪些其他部分区域与 a 同属于一样的整个区域，发现 a 的某种变化可使 $b,e,d\cdots$ 发生变化，而 c,f,g 保持不动，则 a,b,d,e 同为一个区域 A 的部分（$A\supset a$；$A\supset b$；$A\supset e$；$A\supset d$）。c,f,g 为 A 的域外区域的部分（$A\cdot c=0$；$A\cdot f=0$；$A\cdot g=0$）。c 的变化更可表示 c 和 f 同属于 B 区域的部分而 g 则否（$B\supset c$；$B\supset f$；$B\cdot g=0$）。相当于图三十七的情势

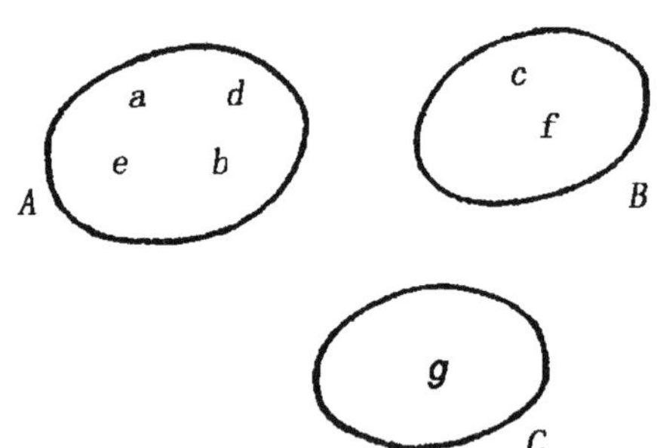

图三十七：决定"影响的区域"及其界限，而参照其各部分的动力的相依。例如 a 之状态的变化可影响 b,d,e，而不影响 c,f,g，$A\supset a+b+d+e$，$B\supset c+f$，$C\supset g$，$A\cdot B\cdot C=0$

可因而证明了（A、B、C 互成域外的事实，不说它们有无公共的疆

① 在这个定义之内，不用联系区域的概念，而用区域的概念，以关于"影响的路线"(paths of influence)的研究为联系的决定，终可有较良好的结果（见本章下文）。

界。）

很明显，这些区域的决定如果由不同的出发点开始就可能产生不同的结果。凡属区域的决定都有类似于此的关系。而且我们如果从不同的部分区域出发还可以得到不同的整体。表示 a 和 b 170
两区域之间的交通的程度可随由 a 至 b 或由 b 至 a 的方向而不同。

整体既随不同类的状态的变化而不同，于是我们乃可逐步前进，以决定区域的拓扑几何学的结构：我们可使 a 的状态引起第二种变化，而与第一种不同。参预这种变化往往为不同组的区域：也许含有了区域 d（图三十八）及第一次未受影响的区域 c，h，l。区域 e 和 b 也许不表示重大的变化。区域 D，如状态的新变化之所

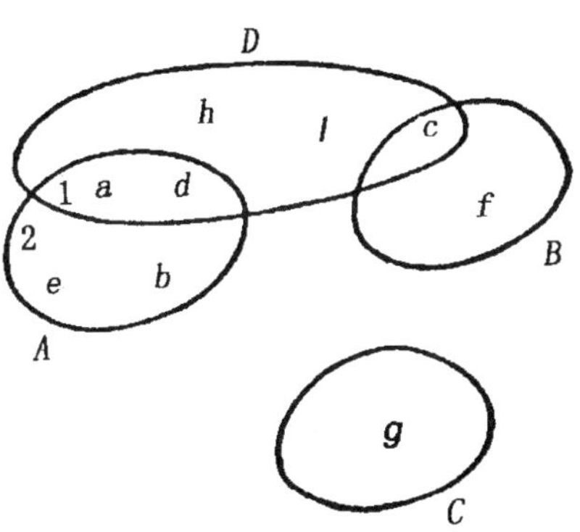

图三十八：以状态的变化决定区域，而其种类则和图三十七不同。在此例内 a 的状态的变化不影响 e，b，而影响 d，h，l，c，$D \supset a+d+h+l+c$；$D \cdot b=0$，$D \cdot e=0$。

规定，和 A 及 B 有一部分相同。区域 A 和 B 的某一关系可从而决定。而且区域 A 可分为两小部分（1 和 2），1 部含有 a 和 d，2 部含有 e 和 b。就第二种影响而言，此两小部分（1 和 2）的交通较 a

和 d 的交通为弱。这便规定了 A 以内的疆界，有若第十二章所称的动力的墙壁的性质。区域 B 也分为两部分，D 则因 A,B,D 的重叠而分为三部分。

171 下列的方法尤有价值。我们可增减状态的变化的程度，而使变化的性质及其所由发轫的区域 a 保持不变。总之，我们可做下列的假定：a 的状态的变化愈大，则受影响的区域也愈广。因此，我们乃有许多区域可彼此相容纳（M,N,O；图三十九），并相当于策源地的区域 a 的变化的不同强度。

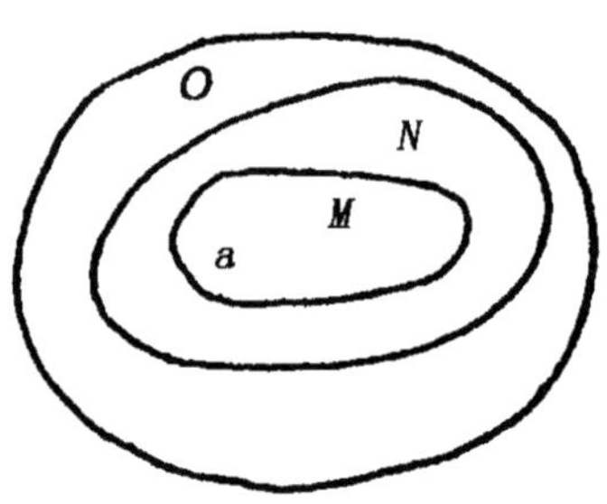

图三十九：a 的状态的不同程度的变化影响不同的区域。M 的区域受 a 的微量变化的影响；N 的区域受 a 的较大的变化的影响；O 的区域受 a 的更大变化的影响。$O \supset N \supset M \supset a$。

这个原则虽常可通用，但也不无例外。倘若刺激增加到某种限度之外，历程的种类也许忽有变化。这种刺激的增加也可使各区域在动力上彼此封闭。所以在某种情形之下，一个较小的影响的区域或可相当于策源区域中的较强大的变化。要决定我们所讨论的是否为这种例外，便得引前所规定的原则以为参考。但是影响倘不增加到过分大，则上面的假定仍适用于大多数的历程及策源的区域。过于强烈的影响，不问为哪一类，都常可使整个人的状态受其感应。

根据动力的依存关系决定拓扑几何学的关系的方法，要利用“被包容于”或“部分全体”的概念。而且这种决定的形式还暗示着移动及路线的概念。两个区域在交通的区域之内可用不同的方法互相影响（图二十八的 AB 两区域的交通，可假道于区域 20＋16，或 15＋11＋6，或 14＋3＋1＋2 等）。一种影响通过于两个区域之间的方法视有关区域的性质及可能的中间区域的特殊结构和性质 172 而定。我们往往可区别出许多不同的“影响的路线”（paths of influence），有时可从而决定其实际采用的一条。比如据所举例，一个人只当他自己的视线和他人的视线相遇时，才可受“观看”的影响。我们可以说，环境所可使人格内部区域（inner-personal region）受感应的影响，多来自知觉。我们能否诱使一人完成一种行动，不仅要看何种内部区域受了接触，而且要看它们受接触的次序而定。

我们可不必再有所说明，也便可知道对于区域的相对的位置及其疆界或疆界地带而欲作拓扑几何学的陈述，可由决定这种影响的路线入手。于是我们所讨论的不为区域的运动，而为状态变化的“运动”。就这些事例而言，不能通过的疆界地带在动力上与其说相当于障碍，毋宁说相当于围墙（见第十二章“影响交通的疆界”）。

疆界与疆界地带。——人之内部结构的陈述，就其根据于动力的依存的关系而言，利用相当于最高度的动力的统一性，这些区域乃为动力的单元或格式塔，其意义与苛勒所规定的相同。

这些区域的统一性常随其对于何种变化发生关系而定。这些区域的部分对于他种变化也许在动力上不产生关系。但这并无害于它们对于第一种变化的关系。因此,区域的统一虽有其相对性,但仍不失其客观性。

各区域在动力上有无依存关系便有赖于(一)有关区域的性质,(二)它们的疆界和疆界地带的性质。

173 入口一:两个区域 a 和 b 也许直接接触,不因任何动力的围墙而分离。但是它们的性质可使 a 的状态的变化对于 b 的状态没有明显的影响。

入口二:假使两个区域没有某种疆界或疆界地带的隔离,则它们的性质或足使它们的状态有交互依赖的关系。

所以人以内的疆界和环境以内的疆界相似,半有赖于相邻区域之间的质的差异,而半有赖于疆界及疆界地带本身的性质。人以内的疆界在动力上可否深入的程度也有差异;我们若以为互相依赖的区域乃整个区域中的部分,则相当于这些深入度(penetrability)的便为各区域互相依赖的程度或动力的统一性的不同程度。

数学的概念所可助我们辨别的以联系的及不联系的区域为限。就拓扑几何学而言,这两种区域之间,没有过渡的区域。但就动力说而言,完全不独立的区域和完全独立的区域之间无疑地可有种种过渡的区域。我们在讨论心理环境的数学的概念“疆界”及动力的概念“障碍”时,已遇有类似的困难(见第十三章“限制性陈述的拓扑几何学的方面与动力的方面”)。在决定人的结构时,我们对于区域及疆界地带也必须超越于数学的概念之外,而采用动力的概念。

关于强固与微弱的格式塔:具有不同程度的动力的统一性的格式塔。——这里所讨论的问题对于动力的格式塔的概念显然有相等的重要。读者也许要据苛勒的意义,用强固和微弱的格式塔的概念以描述不同程度的动力的联系。但是苛勒告诉我说,他觉得这些名词必须保持其原来的意义。据原来的意义,一个格式塔,其一部分的变化倘若引起其他部分的形式的变化(空间分配的 174
变化)(43,p.116),便得称为一个强固的格式塔。反之,一个格式塔,其各部分互相依赖的程度纵使很高,而其一个部分的变化,倘若不引起其他部分的形式的变化,也得称为一个微弱的格式塔。所以格式塔的强弱非即指依赖程度的高下。我们拟应用统一性较大或统一性较小的格式塔,以表示一个动力的整体的各部分依赖程度。这个区别和强弱格式塔的区别不同,乃不以逻辑的两分法为根据。它系表示一个连续的直线(a continuous series),一端为"散集"(and-sum)[惠特海默(M. Wertheimer)的用语],或一组在动力上不联系的区域,另一端则为部分互相依赖的程度最高的格式塔。

人的区域的动力的性质

人格内部区域的拓扑几何学及动力学的决定较环境组织的决定为更间接而抽象。这也许是因为人的拓扑几何学的决定不以移动而以动力的交互依赖为要点。

就讨论人的部分的位置而言,便可谈及区域。我们若讨论这些区域的状态,便可谈及系统,尤其在讨论紧张状态的时候。

我们有许多种影响可用以决定人的部分区域的交互依赖性及

位置，例如疲劳及心理的满足。据卡斯腾（A. Karsten）所示（40，pp. 197—227），一种行动的满足历程随人以内的相当区域与其相邻区域的关系而定。所以反过来说，我们便可据关于满足的观察，而决定人以内的邻接（neighborhood）及联系的关系。在许多不同种的影响之中，我们拟仅讨论紧张状态的变化。

紧张。——要详述紧张的性质，便须讨论向量的问题。我们于此拟仅述其通性。紧张乃区域的一种状态。严格地说，我们只
175 能决定紧张的差异；紧张的一种差异可产生变化而趋向于紧张的平衡。所以紧张为一个区域与另一区域相比较的一种状态，与区域的疆界上的某种势力有关。

各种实验的研究已足证明环境的某种性质，尤其是一种目的存在，或移动的趋势与人之紧张状态有关。实行了一种移动，或达到了一种目的即意味着紧张的解除。实验便足证明这种变化虽在某种范围之内涉及整个的人，但不同的需求可或满足而或否，各有其或多或少的独立性。因此，我们可以用人的不同部分区域的状态配合于这些需求。比如，我们可以说人以内有许多不同的系统，其紧张的程度的变化可各有相对的独立性。

紧张系统的集团。——要决定不同的紧张系统如何联系，可应用上文所述的方法，而研究其交互依赖的程度。假使这一个紧张系统为另一紧张系统的部分，则二者之间便有一种公共的比较简单的关系。比如，一个系统倘若相当于一个范围较大的目的之下的一个小目的（subgoal），便可有如上所述的关系。其较大的系

统倘消失了它的紧张,则部分系统的紧张也往往随而解除了。[①]

代替满足(substitute satisfaction)的问题可为两种系统的关系作另一说明。倘若相当于动作 b 的紧张系统一经解除,而相当于动作 a 的系统的紧张也即从而解除,则 b 之于 a 便有一种动力的代替的价值(56;62,pp. 226 *ff*;64,pp. 31—32)。这就是说,a 和 b 两个系统必为一个较大系统之内的十足联系的部分(图四十(a));而非动力的独立的系统(图四十(b))。我们已知道 b 的代替价值与 a 及 b 相混合的程度有关(64,pp. 243 *ff.*)。 176

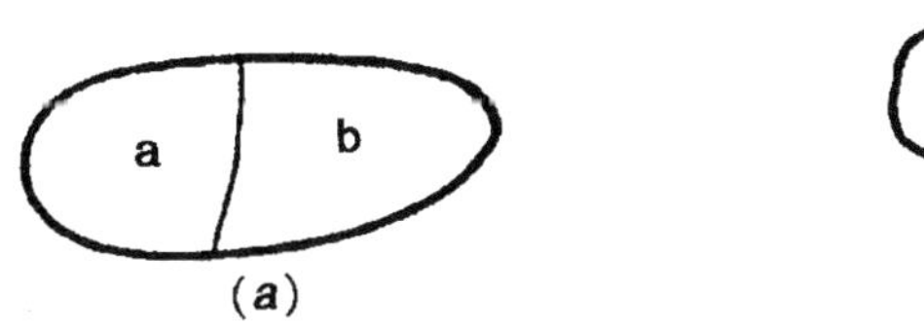

图四十:一个活动对于另一活动有无代替价值的情形。(a)系统 a 和原工作有关,系统 b 和代替工作有关,合为一个联系的系统;(b)a 和 b 两系统在动作上互相隔离。

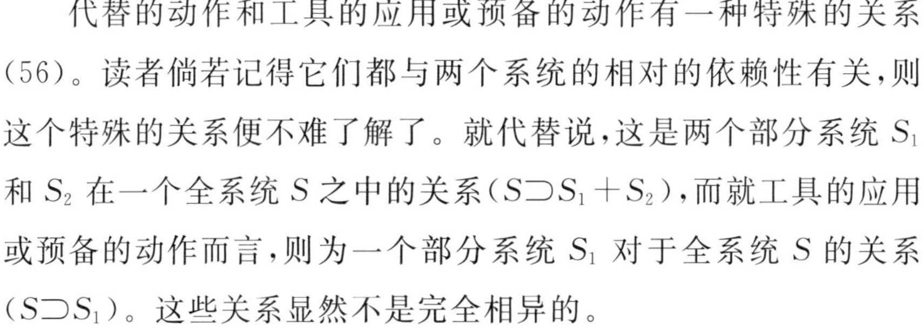

代替的动作和工具的应用或预备的动作有一种特殊的关系(56)。读者倘若记得它们都与两个系统的相对的依赖性有关,则这个特殊的关系便不难了解了。就代替说,这是两个部分系统 S_1 和 S_2 在一个全系统 S 之中的关系($S \supset S_1 + S_2$),而就工具的应用或预备的动作而言,则为一个部分系统 S_1 对于全系统 S 的关系($S \supset S_1$)。这些关系显然不是完全相异的。

根据蔡嘉尼克(B. Zeigarnik)(92)和皮伦包姆(G. Bieren-

① Ovsiankina(68,p. 351),人格内部区域的部分全体的关系在施瓦茨(Schwarz,77,78)及 D. K. 亚当斯(Adams)(1)的论文内占一重要地位。

baum)(4,pp. 143 *ff.*)所示，我们用实验的方法使在人以内大量造成含有不同种类和程度的复杂系统的集团，其中有的是密切联系的，有的虽被授以相同的工作，但其任务是绝不一致的。而且两组的紧张系统的设计也各不相同。皮伦包姆也详细研究原来分离的系统如何详求其达到统一性。

关于满足(40,pp. 201 *ff.*)，紧张(92)，遗忘(4,25,75)及代替(62,p. 232 *ff.*)的各种不同的研究，都同足证明人以内所有在心理上接近的区域，其相当的动作或工作在内容上也往往互相关联，虽然应用这个原则务须审慎。

人的结构

177 **人格内部区域和运动及知觉区域。**——我们倘若要根据这些考虑，试图决定整个人的结构，便可得到下列的解释。人可被陈述而为一个联系的区域，以一约丹曲线而与环境分离。在这个区域之内还有部分区域。我们可首先识别作为这种部分的“人格内部”(inner-personal)区域(I)和运动及知觉区域(M)的区分。运动及知觉区域是位在人格内部区域和环境(E，见图四十一)之间的疆

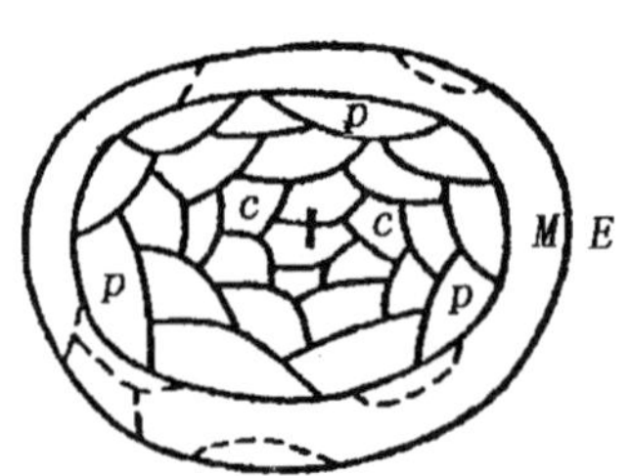

图四十一：人之拓扑几何学。M，运动的知觉的区域；I，人格的内部区域；p，I 的边缘部分；c，I 的中心部分；E，环境。

界地带。有两种事实支持了这个陈述。

(一)需求或人格内部区域的他种状态只能由身体的表示或身体的动作,假道于所谓运动区域,以影响环境。考夫卡(47,p.342)用“执行部”(the executive)一词以称这个区域。因此据上文关于“影响的路线”的讨论(见本章“动力的依存”),运动区域必须陈述而为人格内部区域的环境之间的疆界地带。运动的区域有一种最重要的历程为语言。人和社会环境的交通,以这个历程为工具。姿态、微笑、观看等都属于此。无论就目的的动作或无定向的解除紧张的冲动而言,或就人格内部状态所引起的环境的一切变化而言,都以运动区域位置于环境及人格内部区域的中间。

(二)由相反的方向讨论其影响,即由环境的变化而引起人格内部区域之心理的变化,又要通过一个中间区域。这个中间区域 178
相当于最广义的知觉系统,如视、听等。这个区域有一部分和运动区域互相一致。例如眼能表示,也能知觉。其他部分如耳则就人而言仅能由一个方向,即自外而内传达事件的消息。所以无论如何,内部区域和环境区域之间的疆界地带都包括运动和知觉的系统。

知觉运动区域和内部区域之间究竟哪里是疆界,规定起来,似有几分任意的,比如我们是否认为语言的了解为疆界地带内的事件或人格内部系统之内的事件。我们主要的工作是要决定有关区域的相对的位置及这些区域和邻近区域之间的交通的程度。运动区域和环境之间的疆界的规定也是如此。这两种决定都有赖于其人的性质及生活空间的当时的状态。在医学检验的时候,身体的疆界同时也便为人和环境之间的疆界。但是衣服却常属于人的一部分。一个儿童有其母在旁或和陌生人相处，其外部的疆界也许随而不同。一个人局促不安，为生客所注视时，他的衣服及仪容都常被重视而为人的疆界区域中的一个特殊的地带。对于运动及知觉区域和对于每一疆界地带一般，我们都须考虑其动力的性质。我们已经说过，这里也大有基于年龄和人格的个别差异。

179 运动区域和内部区域，在整个人内，不仅位置相异，而且其机能也不相同。运动区域在某种意义上实为内部系统的“工具”(tool)。

> 我们现拟以一个母亲的生活空间之内的母子的关系说明机能的关系和准物理疆域的拓扑几何学的不同。由我看来，母子的关系有一特点：母亲可不问其子是否同意，将它抱起来，放在膝上，洗净他的身体，余略。她以独裁者的态度，直接使用身体的势力。因此，母亲以她的意志，控制儿童的方法，几乎和控制她自己的身体无异。
>
> 反之，母亲的动作全为婴孩服务。她欲全以其子的需求为自己行动的参考；换句话说，儿童的需求控制了母亲的动作。因此，在机能上，儿童的需求，一为母亲所知，便可在她的内部系统或支配其运动区域 M 的系统之内占一位置。我们如考虑儿童的降生非即在心理上和母亲完全脱离关系，便可知如此陈述实有深意。儿童的自由往往须远在未来才可完成。但是儿童又略可视为其母的环境中的一个对象或她自己的身体中的一部分，但是这个部分只是在某种时间之内，例如当儿童被喂饲时，才和其他部分有直接的接触。所以子之于母在机能上是依赖的。但在身体上是分离的。这个矛盾引起

了母亲的特殊的内心的矛盾。

运动及知觉区域又可分为较“边缘的”(peripheral)区域和较“中心的”(central)区域。这种区分在知觉的学说中占一重要的地位(47;46*a*;60*a*)。就动作而言,运动区域似有比较高度的统一性,同时进行四五种不相关联的活动是困难的。运动系统,在某一时间之内,似仅可和一个内部区域或这些区域的一个比较统一的系统发生动力的联系。假使动力的系统同时受一个人的一切需求的支配,他的行为便恐不免杂乱了。运动区域的这一部分的肌肉姿态和另一部分紧相联系(2,29*a*)。心理诊断(psychodiagnostics)的技术,据鲁利亚(A. R. Luria,63)的用法,似即欲于某些人 180
格内部区域和运动区域的一部分之间成立一种密切的交通。

中心的及边缘的人格内层(inner-personal strata)。——人格内部区域也可分为较中心的阶层(*c*)和较边缘的阶层(*p*)(图四十一)。卡斯腾对于心理满足的实验足证这个区别实有必要(40, pp. 236—237);其他条件倘若相等则属于较中心的阶层便较快满足。一个心理历程究竟属于较中心的阶层或较边缘的阶层也甚重要。邓卜对于愤怒的实验研究(20,p. 101 *ff.*)足以证明这个因素乃为情绪的要素。假使一个人只有较边缘的阶层受了指摘,则怒的表示较易,而怒的程度较浅。倘若较中心的区域也被牵连在内,则公开的表示较属少见。老实说,中心阶层(*c*,图四十一)和环境(*E*)之间的疆界地带较边缘阶层(*p*)和环境(*E*)之间的疆界地带为强。而且中心区域还有一特殊的机能的墙壁(*Bc*,图四十二)围绕其外。边缘的阶层和运动区域较近,故较易发生联系。所以关于较边缘的阶层的事件，往往较易有表示的机会。至于个人的心事，只是在特殊的情势之下，始得吐露出来。

这不仅因为较中心的阶层和运动区域较少直接的接触。即方向相反的事件，或由环境而到达一个人的内部区域的事件也往往较难深入较中心的区域。在谈话时，一个人的边缘区域几乎常门户洞开。但是他的真正的内心区域便不易接触了。

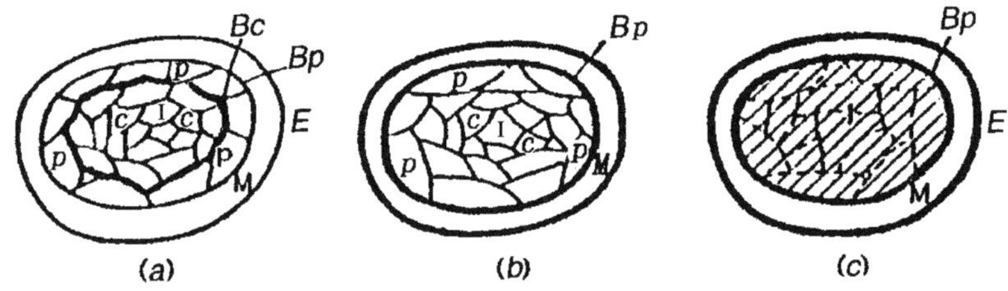

图四十二：不同情势之下的人的不同层的关系。(*a*)和顺情境之中人：人的内部区域 *I* 的边缘部分 *p* 易为环境所接近；较中心的区域 *c* 较难接近于人格内部区域而较易影响运动区域 *M*。(*b*)紧张时力图自行控制之人：人格内部区域的边缘部分 *p* 比在(*a*)时较难接近；边缘中心部分(*c* 及 *p*)联系较密切；*I* 和 *M* 之间的交通较欠自由。(*c*)极度的紧张中之人，人格内部区域的混化(原始化或退化)。*M*，知觉运动区域；*I*，人格内部区域；*p*，*I* 的边缘部分；*c*，*I* 的中心部分；*E*，环境；*Bc*，*c* 和 *p* 之间的墙壁；*Bp*，*I* 和 *M* 之间的动力的墙壁。

虽然，人格内部区域的边缘层或中央层和它的可以接触的程度及表示的难易也没有完全固定的关系。这个关系乃随其人的当
181 时的状态及情境的性质而定。就有些人而言，其中心的区域似易受感动，好像一个“创口”(open wound)易受伤害。这些中心区域，有的似常准备和运动系统相交通。所以这些系统及其疆界的动力的性质和它们的拓扑几何学的位置有相等的重要。这些性质

在同一阶层之内往往因不同的区域而不同，又可随全阶层而变化。由小怒进为大怒便为不同阶层之间的关系的一种比较简单的变化。比如一个人在安静时，其边缘阶层和运动区域之间的疆界(B)在动力上较弱，而边缘区域和中心区域之间的疆界则在动力上较强(B，图四十二(a))。假使其人进入情绪高度紧张的情境之内，他往往在对较时为“小心”(with greater “self control”)。和这个小心相当的便为边缘阶层和运动区域的较相隔离。同时，内部区域也较前统一(图四十二(b))。据邓卜所示(20)，假使情绪的紧张继续增加，则其所产生的统一性还可使其人返于较原始的阶段(图四十二(c))。假使内部区域的紧张仍又继续增强，便可冲破了运动区域。 182

内部区域的互相隔离及其和运动区域的联系可有种类很多的变化。在快乐时，人格内部区域似较统一，和运动地带尤少分离。快乐是易于流露心情的。但是这里也有重要的个别差异。

在动力上，内部系统的一个较中心的位置和有较高度的紧张在许多方面是一致的。

人格结构的个别差异。——人之不同的系统及阶层之间如何联系，我们现在所知道的尚很有限。但是人之结构则颇多个别的差异。

人格分化的程度。——儿童和成人有一最重要的动力的差异，就是儿童的人格较欠分化为部分区域。儿童的心理环境及人格的生长不单是面积上的量的增加而基本上是分化历程(80，48；

30,p.8;51,p.306;71,pp.199—200;36,37)和少量的整合。

分化和整合的心理问题,这里虽不能详加讨论。但是我们可要问有什么概念可用以比较各人分化的程度。我们也许可以说“A 的人格较 B 为更分化”这句话是不适用的,因为它涉及全区域或人格的部分区域的数目,而比较两个人的部分区域的数目有无价值则似属可疑。

决定区域有两种可能:(一)以某种特性为根据;(二)以移动或交通为根据(第十一章)。倘若以特性为根据,则各区域之间一遇
183 有质的区别,便可称为不同的区域。这显然全是一个相对的标准,因为根据表面的考察,似乎是一个齐一的区域,但据细心的检查,也许显示出质的分化。因此,可以识别的区域的数目不免随检验的正确的程度而异。于是部分区域的数目似便无客观比较的可能了。例如无论就儿童或成人而言,初步的分析都可发现相同数目的区域,即人格内部阶层的中央层、边缘层和运动阶层。

假使我们利用动力交通的概念决定区域,那么它们的统一决定于动力的全体性。但由于寻求全体性的不同的程度,我们的成就是对区域单位,只能作出相对的决定。例如对儿童和成人可能个别成为单独的一个动力的区域。

研究这个问题还有一种方法可得自上文关于有限结构和无限结构的空间的讨论。人格以内的区域倘若不再能分割而为心理上有意义的部分区域也许可称为最小区域。在事实上,我们倘若承认这种不能再分割的动力的单元而为人的结构的元素似也不无理由。但是不幸在现在,我们还不能以此法比较不同个人的分化的程度。

虽然，动力的联系可用以决定人格分化的程度。儿童和成人尽管各可视为一个单独的动力的区域，但是这个系统的全体性的程度，则以儿童较成人为高，儿童的系统的一部分的变化对于其他一切部分的影响常较成人为尤甚。[①]

假定对于邻近区域的动力的隔离的程度相等的区域可视为基本的单元，则全人格的动力的统一的程度在一定条件下便可视为 184
分化程度的一个标准。

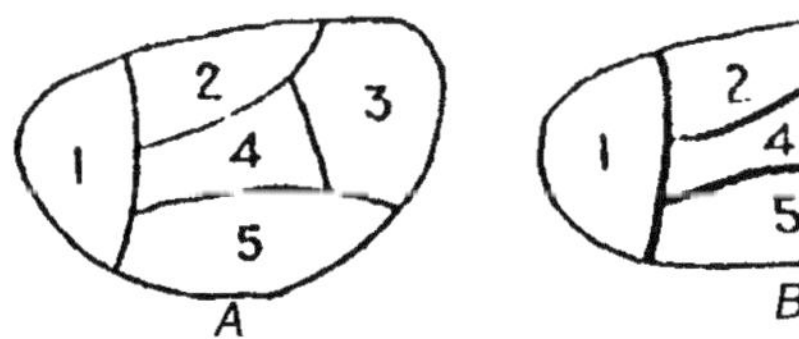

图四十三：组织及分化程度相同而动力的统一程度不同的两个系统，*B* 的系统大体比 *A* 较欠统一。系统 *A* 的 1，2，3，4，5 比系统 *B* 的 1，2，3，4，5 等部分较少隔离。*B* 的某一部分，例如 5 的指定的变化影响其他部分的程度较在 *A* 内为低。

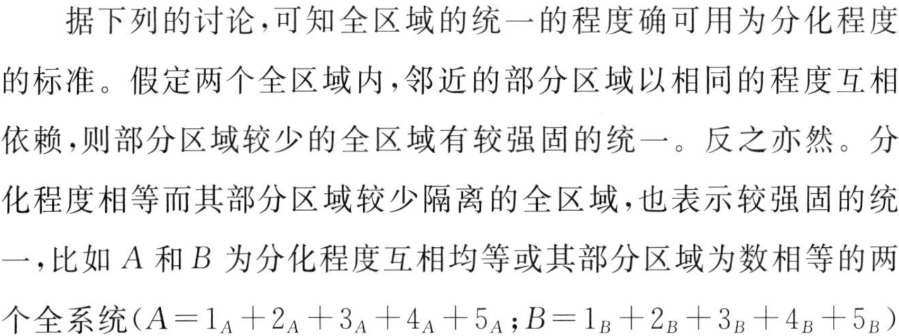
据下列的讨论，可知全区域的统一的程度确可用为分化程度的标准。假定两个全区域内，邻近的部分区域以相同的程度互相依赖，则部分区域较少的全区域有较强固的统一。反之亦然。分化程度相等而其部分区域较少隔离的全区域，也表示较强固的统一，比如 *A* 和 *B* 为分化程度互相均等或其部分区域为数相等的两个全系统（$A=1_A+2_A+3_A+4_A+5_A$；$B=1_B+2_B+3_B+4_B+5_B$）

① 例如据 E. 杜菲（Duffy，21，22）的结果，成人的肌肉的紧张较儿童为分化。我们在这点上不能讨论特殊的问题，尤其是儿童和成人的某些系统的互相依赖的种类的差异，虽然这种差异也和分化程度的差异同样重要。

（图四十三）。为求易于说明起见，我们可假定 A 和 B 的部分区域的本身是齐一的，有相同的性质。A 和 B 也有相同的结构。其唯一的差别便为 A 的部分区域赖以互相隔离的墙壁较 B 的部分区域为弱。因此，B 虽和 A 有相等程度的分化，但在动力上的统一的程度较 A 为次。

185 尽管我们认为相邻区域彼此依赖的程度相等，然而较分化的系统也未必表示较低程度的统一而毫无例外。我们尚须指出全部结构，这就是就部分区域的特殊排列，乃是第三个因素。部分区域的数目及相邻的部分区域分隔的程度即令完全相等，而全区域统一的程度也可有所不同。这可示以图四十四 A、B、C 三种系统的比较。这三个系统的部分区域虽数目相同，但 A 和 B 之内，有几个部分区域是通过了三重隔离的墙壁才可互相影响，而在 C 系统之内，则各部分区域之间，都仅有一墙相隔。

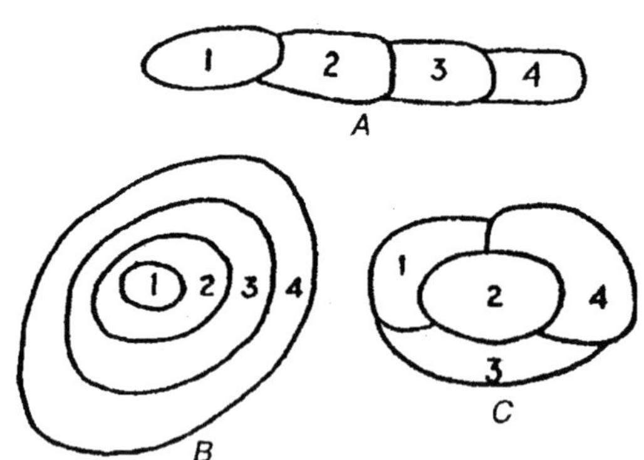

图四十四：一个系统的统一的程度对于其组织的关系。A、B、C 三个系统分化的程度（部分系统的数目）及相邻的部分系统隔离的程度是相同的。但其整个系统的统一的程度则为不相同的。

研究一个全区域的动力的统一如何有赖于它的结构，实为格式塔学说的一个困难而重要的工作。[1] 下面这句话似便含有一个基本的原则：一个全区域的统一的程度不仅有赖于它的部分的交互的关系，且也有赖于全区域对于它的环境的关系。与环境相隔离的程度较大，照例可增加全区域内部的统一。

因此，要决定全人格的统一的程度，须常注意：（一）分化的程 186
度，（二）相邻区域的动力的隔离的程度，（三）特殊的结构。我们倘若假定不同的个人而有大致相同的结构，则仍须讨论（一）和（二）两个因素。假定我们对于有关之人取其部分系统之间的墙壁的强度加以比较，则这两个因素又可被分离了。

如此比较有时是可能的。据满足和代替满足的研究，可知有些低能人的心理系统有比较坚固的墙壁隔离其间。反之，敏感的问题儿童有一特点，就是其就部分区域仅微有隔离。此意尚可说明如下：问题儿童的人格成于较流动的材料；而低能儿的人格则成于较僵化的材料（52，pp. 209—210）。正常的儿童在此点上介于其间。问题儿童的心理系统在动力上隔离的程度较浅薄，他的中心阶层和边缘阶层有较密切的联系。所以中心区域的状态较易表示于外，例如狂暴的情绪的发泄。同时，这些表示是浅薄的。据动力说的观点，问题儿的中心阶层较浅（即较易接触）。他的分化的程度尽管和正常儿相同，而中心阶层和环境之间的疆界地带不若正常儿的可以隐蔽中心的阶层。低能儿和问题儿的分化的程度，在事实上，也较同年龄的正常儿为低，他的行为的幼稚性和原始性都可以为证。

① 苛勒的研究（43）为对于这个问题的一种研究。参考拉谢夫斯基（72）。

据儿童发展时的分化历程的观察，又可见年龄较大的儿童大致有较分化的系统。但是成人与儿童，不同年龄的儿童与成人和
187 老年人之间的差异实不仅为全系统的分化上的差异。至少全人格的流动性方面也有一些差异；此外尚有关于结构种类的差异(52，pp. 207 *ff.*)。

> 行为的原始性的程度似可为一个人的分化程度的一个好标记。一个人在智力测验中的成绩似首先有赖于他的分化的程度，或至少有赖于某些部分区域的分化。
>
> 一般麻痹症(general paralysis)者的疟疾治疗的影响，如加兰特—赖脱纳(Galant Rattner)所示(2，0)乃为人格状态变化的一个实例。

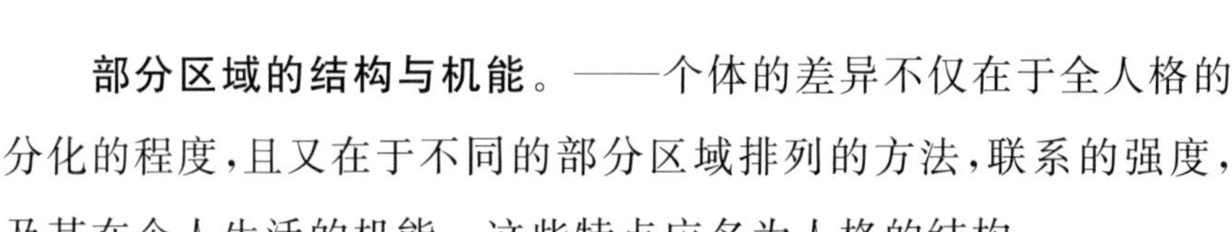

部分区域的结构与机能。——个体的差异不仅在于全人格的分化的程度，且又在于不同的部分区域排列的方法，联系的强度，及其在个人生活的机能。这些特点应名为人格的结构。

在同一人格之内，不同的部分区域没有相同程度的分化。与知识及技能相联系的各个区域尤为明显。关于何种部分区域有高度的分化，何种部分区域有低度的分化，随各个体而有显著的差异。非理知的区域，如家庭、友谊或事业有关的人格内部区域也有分化的种类及程度因人而异。就低能者而言，其与幻想有关的虚构区域(“irreal” regions)(见第十八章“虚构的程度”)似较少分化(51)。又如就所谓“和谐的品格”而言，则其所有不同的部分区域却能保持相当的均衡。

这种区域的机能的重要意义可极不相同。比如与事业有关的区域在人格结构内可或占基本的地位，或占次要的地位。而其需要的来源也有所不同，又看它对有关之人在活动满足上有什么效用而定。

一个人格的不同部分的动力联系的程度在人格的全区域内几 188
乎互相均等，否则有些区域和其他区域几乎全相隔离而作相对的独立的发展。这可见于正常人，似又为某些精神病的要因。

弗洛伊德所称的“情结”(complex)，麦独孤所称的“分裂”(dissociation)(65*a*)的那些病例似也含有高度的“孤立”(isolation)的现象。

一个人格的结构常可历久而不变。然而环境的一种大变化，如与他人恋爱，受他人感化，或其他重要事件也可引起结构上或久或暂的深刻变化。

人格结构的问题对于发展心理学有特殊的影响。因为一个人的结构在任何指定的时间之内，都为他的发展的结果。全人格的分化，各部分区域的联系，相对的分化及机能，似乎都在个体发展期中经历着特殊的变化(26)。我们对于这些历程所知甚少，只是遵循我们的定律，而细心讨论我们所举的概念的问题，然后这些历程的研究才有可能。

动力的因素和拓扑几何学的因素的联系。——在结束人的拓扑几何学的讨论时，我们要更举一例说明人格区域中动力的性质和拓扑几何学的性质的关系。我们倘若讨论人格结构的暂时的变化，则此种关系尤易明了。

我们已说过，据邓卜的结果，内心高度紧张的状态可使人格导致动力的统一。这个较大的统一至少有一部分基于下列的事实：部分系统隔离的程度为一种相对的价值，与有关的势力发生联系。动力的墙壁在外力弱小时，有足够的力量保持高度的隔离，但在外力加大时，便比较地无能为力了。因此，内心紧张的大量增加，即
189 可使人格混化(dedifferentiation)失态。

科格希尔(G. E. Coghill)研究胚胎的行为发展的结果也可作相似的解释。这些实验，证明行为原属机体刺激的孤立的反射渐进而为范围较大的反应，或只是慢慢地才产生各部分的较分化的反应。胚胎行为的发展也正犹由儿童期至成年期的逐渐成熟的心理的发展(见第十八章)，于分化外还表示一些整合(13,14;71,p. 200)。

发展中的分化不完全破坏了基本的动力的系统原有的统一。这可证以下例的事实：胚胎虽已得有相当的分化，但当和母体的血流的联系一旦截断，或胎儿忽感疲乏时，也可再返于较原始的阶段；[①]即又对于刺激而作较混化的全部的反应。因此，我们乃又有一种暂时的“退化”(regression)，和儿童患病或大怒时所表现的现象相似。学者解释这个事实，常以为反应的分化乃由于新发展中的中枢压制了原始历程的结果(69,p. 43;8,pp. 418,442)。采用动力的术语，便可说，分化的反应由于势力的对抗所致。但是胚胎

① 冈萨雷斯(A. W. Anguloy Gonzáles,3,p. 420)，胎儿在不同的年龄由胎内取出，而使和母体血流的联系不受损害。

逐渐分化而为在动力上比较隔离的区域。我们倘若以这个基本的事实和那些历程发生直接的联系便更可化繁为简了。

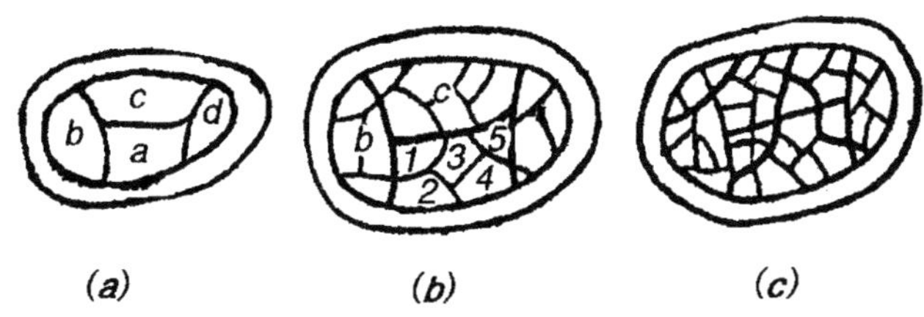

图四十五：退化和人的组织。(a)发展的较欠分化的状态(整个系统含有数目较少的部分系统)。a,b,c,d 四区域是隔离的。(b)同一个体的发展稍后的状态。a,b,c,d 分化为更小区域；a 的新发展的部分区域 1,2,3,4,5 所赖以隔离的墙壁较稍老的区域 a,b,c,d 为弱；在较强而有力的紧张之下，这些较强大的墙壁(相当于较古老的组织)又可成为主要的决定的因素，结果乃产生退化的(幼稚的)行为(相当于(a)期所有者)；人当极浮动时也都如此。(c)分化而又有基本组织的变化。部分区域之间有些新发展的墙壁反较旧墙壁为更坚固；因此，退化时所产生的行为和(b)例退化时的行为稍异。

所谓胚胎作混合全部的反应，就是说它的内部的某些系统或 190
运动阶层[①]有高度的统一，所以一个刺激引起全体的反应。a(图四十五(a))可为一种系统，其分化的缺乏为全体反应有关刺激的原因(a 可视为整个生机体，或其一部分)。后来反应的分化也许由于 a 已分化而为 1,2,3,4,5 等部分区域(图四十五(b))。新生部分("young" parts)的互相隔离常比旧部分较欠僵化。所以此时的陈述，应使 1,2,3,4,5 等区域之间的新的墙壁较 a 的全部和

① 这些假定的任何一个都可解释。

其相邻区域 b,c,d 之间的墙壁为软弱。这个假定至少在生物学上是可能的,而由这个假定便可有如下结果:

(一)假使刺激的强度增加,新墙壁的僵化度,在面向较强大势力时,便没有足够的力量保持其部分区域为比较独立的系统(这可由隔离的程度和有效势力的大小之间的一般关系推想而知)。因此就又发生全体的反应。假定所选定的刺激很强,则即就成人而
191 言,也可引起全身机体的显著的反应。而对于极强大的刺激如电击的反应及混化的生机体的反应都有一个特点,就是它们可不管刺激在身体哪一点上(3,p. 434)。这即由于各墙壁的势力只有相对地限制罢了。

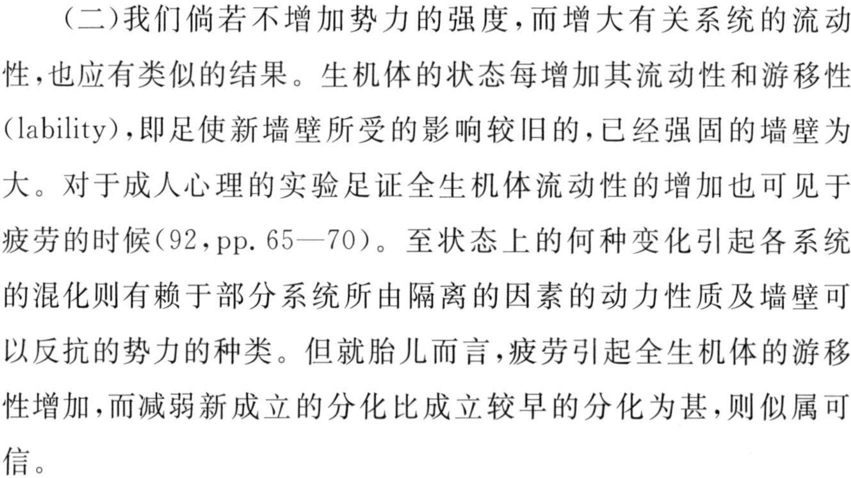

(二)我们倘若不增加势力的强度,而增大有关系统的流动性,也应有类似的结果。生机体的状态每增加其流动性和游移性(lability),即足使新墙壁所受的影响较旧的,已经强固的墙壁为大。对于成人心理的实验足证全生机体流动性的增加也可见于疲劳的时候(92,pp. 65—70)。至状态上的何种变化引起各系统的混化则有赖于部分系统所由隔离的因素的动力性质及墙壁可以反抗的势力的种类。但就胎儿而言,疲劳引起全生机体的游移性增加,而减弱新成立的分化比成立较早的分化为甚,则似属可信。

(三)刚所提出的假设可使我们测定在何种情境之下,混化作用不引起相当于较早期发展的行为。我们已假定这种幼稚行为的引起由于发展稍后的部分系统之间的墙壁比发展稍早的系统为较富于可塑性。但较新的墙壁有时也可较发展稍早的墙壁为僵化,于是较大系统的结构及其和各部分系统的关系也因而

发生了变化。假定此时有一情境使其人暂时混化，则其行为当又较幼稚，但不和发展较早的时期中的行为全相一致。因为其余的系统的单位在要质上和原有者相异（图四十五（c））。在实 192 际上，幼稚的成人和儿童的行为虽相类似，究竟很有差异，这个差异也许不但产生于系统中的材料的性质，并且产生于材料的结构。

生机体动力的结构不但因各部分系统赖以围绕的墙壁的相对势力的变化而变化，而且在某种情势之下存在着的墙壁还可以或减弱而或被破灭。

整合与混化

分化历程之外，似还有发展时的整合（麦独孤，65a）。

这个历程抵制了分化历程，由于它在人的不同系统中产生较大程度的独立性。有利于其人的整体统一性提高程度。在数学上这个整合也许可被视为分化的反面，以致在特殊条件下（或多或少的变态的）的混化与整合发展的正常历程（如上文所已讨论的）也许没有什么差异。

但用动力观点说来，这些历程似乎在性质上没有不同。人在发展中的整合不是分化的严格的反面，也不是内部人格系统的简单的改组。它是这样一种历程，通过这种历程，某一系统（或系统的组合）有权使人实行某种行为模式，发生某种准需要。我敢提出一种学说认为我们须于此讨论诱导场与被诱导场的关系（勒温，52，p. 97），也就是主导系统在动力上等于一种社会势力场的核心，是同一类型的动力的交互关系，而这个关系也就等于内部心理区

192a 域与运动区或人与一种工具的关系。但是它与上文讨论过的与相邻区域的交互关系不是一码事。

这些问题只能在向量心理学内详加讨论。但“整合”一词仅适用于心理学中这样一些事例。在这些事例中由于诱导场与被诱导场建立了等级关系导致了分化区域的统一。至由于动力墙壁的破坏(或减弱)而造成的统一或可与整合相反的所谓“混化”。

D. 生活空间的维度

第十八章　生活空间的维度

至此为止，我们的图形都用平面或两个维度的空间来陈述心 193
理的疆域。我们可要问，用这种多重性(manifolds)陈述是否正确呢？换句话说，心理空间究竟有多少维度呢？

维度的数学

数学也只是到了近时才有办法对于维度问题作满意的讨论。维度的差异不为空间的面积或效能(potency)的差异。[①] 我们原可以一线的各点配合于有限的两个维度的区域或三个维度的物体的各点。所以在讨论生活空间应有多少维度的时候，我们可不必注意陈述所用的空间的纯数量的问题。

---

① 关于以下的讨论，参考 K. 门格尔(66，pp. 1 *ff.*)，此书尚兼及历史的背景(pp. 83 *ff.*)。

数学昭示了我们，维度是空间的“内部结构”的一种性质，与拓扑几何学的性质有密切的关系。凡是两个维度的空间，例如平面，都有一个特点，就是其内倘若有五点或五点以上欲求彼此各以一线相联系而联系的各线又不相交，就必无可能。而且我们也已说过，在两个维度的空间之内，以圆形平面中的一点，连接圆形平面
194 外的一点，便不能不和平面的疆界相交。这种路线在三个维度的空间之内便有可能。据这些事实看来，可知心理生活空间的维度的数目对于何种移动作为可能之类的问题的重要到如何程度。

现代关于维度的学说对于维度数目的决定是以一空间的客体和它的疆界一般的关系为根据。例如三个维度的客体的疆界为平面或两个维度的空间。一个平面以线为界，这就是说，两个维度的空间系以一个维度的空间为界。一个维度的有定的线以点或零维度的空间为界。总起来，我们可以说，n 维度的空间的疆界为 $(n-1)$ 维度(66，p. 80；79，pp. 207—208)。我们不必详论这些问题的数学，也可知以这个事实为根据，递推的方法(procedure of recursion)已有可能。我们可由(－1)维度的空间入手，进展到较高的维度。

据数学的观点，维度的数目没有理由以三为限。我们可不难进展到 n 维度的空间。数学所讨论的空间的维度数目随不同之点而不同的。心理学也许可接受这个诱导，利用数学所介入的较繁杂的空间或多维度的空间的可能。但是我们得首先声明，为创立学说时的科学的及经济的理由，其所引用的维度必须不超出绝对的需要。因此，我们的问题可规定如下：陈述生活空间需要的最小数目的维度究竟有多少？

我们似乎要认识我们的问题,便有异于也有可能论及维度的数学意义的其他问题。我们可以认为一个客体有不同的性质或一个系统有不同的变量,陈述它们可以依照多少的性质配以多少的维度。物理学根据这个意义提出了位相空间(phase space)(时间以相同的方法陈述为第四维度)。波林也 195
曾在心理学内述及刺激的维度(6)。因此,我们明白生活空间的维度的数目问题和心理学对象或事件的可以识别的性质的数目问题是完全不一致的。

心理环境的维度

现实。——在我的实验研究开始时,用两个维度的空间陈述情境是绰绰有余的。但同时我们也应用过三个维度的空间。

要决定生活空间的维度的数目,应考虑移动的概念和上文所述的区域及其疆界的维度的关系。生活空间的维度必大于零,因为运动在零维度的空间之内是没有可能的。根据移动的事实可知生活空间至少有一个维度。

一个维度的空间的疆界本身为零维度,与点相当。但点是否可以陈述心理区域的疆界呢?陈述生活空间为一个维度或一组线条,一加思考,似即与事实不符。但是我相信在数学上这种陈述无疑是不易驳斥的,因为一个维度的空间可以为一种极繁复的网状结构。比如我们可规定一个维度的空间的意义,使能于每一点上分出任何数目的方向。只是我相信实际发生的心理历程的性质足以使我们无法陈述生活空间为一维度。在心理疆域之内,“沿疆界”(along a boundary)而行动是常属可能的。而且我们还常可分出不同的扇形(sectors)而为一联系疆界的部分。我们前已说过,一个疆界的不同部分有不同的势力,对于一个人的行为有重要的影响。据这些事实看来,可见疆界不为一点,至少为线或一个维度
196 的空间。疆界既至少含有一个维度,那么我们所讨论的空间必至少为两个维度了。

至于是否需要两个维度以上的问题便较难答复了。当讨论准物理的疆域时,我们也许有必要陈述心理的疆域为三个维度的空间,使其相当于物理空间的三维度。比如要规避一个两维度的空间的障碍,则在三个维度的物理区域的各点之间所可能的移动在两维度空间之内将不再可能了。据这些移动的性质看来也可证明准物理的疆域和物理空间相似也有三个维度。

虚构的程度(degrees of irreality)。——准社会和准物理疆域的两维度的陈述,对于我们前面曾讨论过的多数心理问题,是足够应付而有余的。但当我们必须区别现实的不同的程度时,便须过渡到更多一个维度。一个昼梦,一个模糊的希望,必不及一个动作的现实;一个动作较现实于说话;一个知觉较现实于一个影像;一个辽远的“理想的目的”不及决定直接的动作的“真目的”的现实(34,52,p.250)。动作本身的现实性也有极不相等的程度。凡和一个人的强烈的需求有关,并须克服强大的物理障碍或社会障碍的各种历程都常有高度的现实性。在准概念的历程之间,我们必须细心考虑如何达到一定目的的计划和方法与较虚构的幻想不同(64;20)。

心理学概念的现实的程度有必要区别于认识论的现实的

> 概念。据认识论的概念没有有关现实的不同的程度。存在与非存在之间不可能有一中性的东西。心理学的虚构性的对象以认识论的意义来说在心理学内是现实的,存在的或有影响的。我们还必须强调,一个对象的物理现实性不是心理现实程度的决定性的东西。生活于魔术世界之内的原始民族或儿 197
> 童是以其所相信的事实为现实的。

实验证明现实的程度几乎是凡属心理客体和历程的一种很重要的动力的性质。尤其是表现于关于欲求水准(34),代替动作的起源和影响(64,81),目的的形成和变化(34),情绪历程(20),记忆(11)和游戏(81)的实验。

实验的研究已足以证实现实程度的陈述需要利用一个特殊的维度。假使我们陈述现实区域的全体为两个维度的空间或平面,便须以上下相叠的平面配合于现实的不同的程度。如果要以数学的方法证明这种陈述的必要,我们便须承认移动在同等程度的现实之内和不同程度的现实的区域之内为可能的。属于同等程度的现实的全体,例如一个人在某一时间之内的愿望,其本身为一区域。我们尚可于其内分出部分区域,并可述及虚构层的运动如同现实层中的运动一样。因此,这些区域的拓扑几何学便可得以决定。虚构层的拓扑几何学的结构可和现实层的结构相似。但在某种情势之下,它的结构和现实平面的结构有特殊的差别,尤其是当现实平面的情境与其人所极不协调的时候(52,pp. 14 *ff.*)。

陈述生活空间所用的维度既以必要的数目为限,则陈述虚构的阶层是否可不必引进一个新维度呢?细加考察便可知如此陈述是不允许的。

假定陈述一个程度较低的现实而不加多一个维度，便可有两种方法，彼此相似。我们也许可陈述现实性继续减少的
198 阶层为一组连续的区域，使每一区域的现实的程度较低于前一区域（图四十六（a））。否则我们或可陈述它们而为一组环形的区域，使前一区域为后一区域所包围（图四十六（b））。

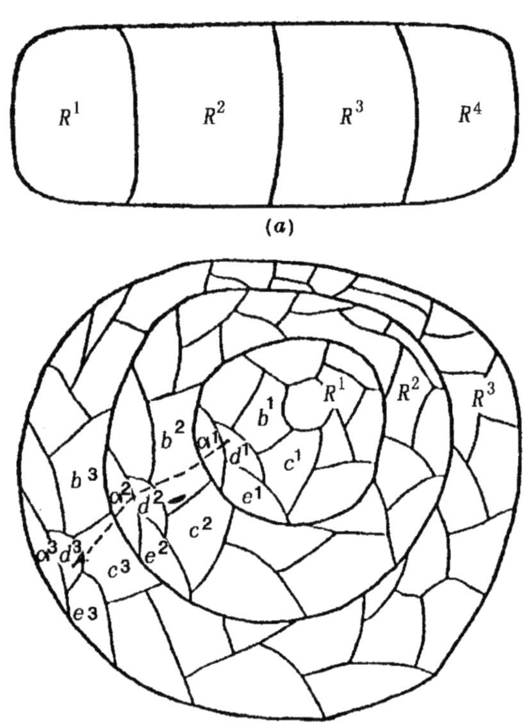

图四十六：不另加一个维度以陈述实在的不同程度的区域的企图。实在的不同的程度在（a）陈述而为连续的区域，在（b）为环形的区域 R^1，R^2，R^3，R^4，（$R^1 \supset a^1$，$R^1 \supset b^1$，$R^1 \supset c^1$，$R^1 \supset d^1$；$R^2 \supset a^2$，$R^2 \supset b^2$，$R^2 \supset c^2$，$R^2 \supset d^2$；$R^3 \supset a^3$，$R^3 \supset b^3$，$R^3 \supset c^3$，$R^3 \supset d^3$），d^1，d^2，d^3 等区域在内容上是相关的。

但是这个方法对于某种移动不能作妥适的陈述。试想我

们假定在现实的同一阶层之内分出若干部分区域。$a^1,b^1,c^1,d^1,e^1\cdots$可为 R^1 的现实在程度的部分区域；$a^2,b^2,c^2,d^2,e^2\cdots$可为 R^2 的现实程度的部分区域；$a^3,b^3,c^3,d^3,e^3\cdots$可为 R^3 的现实程度的部分区域。现实程度的差异或不甚大，而现实的不同阶层的结构大致相似。而且在 R^1 之内的 d^3 区域在 R^2 之内的 d^3 区域也许就其内容而言，在心理上是同类的。

两个维度的陈述有一种缺点，就是现实的同一阶层之内的一种运动，例如自 b^1 至 a^1，常有进入或退出现实的程度较 199
高或较低的区域之内的意思。而且我们倘陈述一个由此区域进入内容相同而现实程度稍低的另一区域的运动，便不免有先通过现实程度相等的其他区域的困难。例如我们须先通过 a^1,b^2,d^2,a^2,c^3，然后才可自 d^1 至 d^2 和 d^3。在实际的心理生活空间之内，我们也不能直接由这种现实程度的每一区域至另一种现实程度的每一区域。但是我们确可在内容相同的区域之内，通过现实程度不同的空间，则这些移动必不能陈述而为一条连续的路线而复得正确表示不同阶层之内的区域联系的关系。由此看来，可见我们要对于这种移动作妥适的陈述便须加入一个新维度，以陈述现实程度的差异。

这些讨论更附带说明了维度的数学的基本要点。我们只是破坏了拓扑几何学的关系，然后才可使不同数的维度的空间的各点或其他部分区域有一比一的配合，两个维度的陈述（图四十六(b)）破坏了 d^1,d^2,d^3 之间实际的关系。

现实的相同程度的区域既须相当于不少于两个维度的空间，则陈述现实的不同程度的生活空间便须至少应用三个维度了（图四十七）。我们乃以彼此相叠的平面或阶层配合于现实的各种不同的程度。我们的图形将以位置较高的平面陈述虚构的程度较高的阶层（I）。反之也无不可。

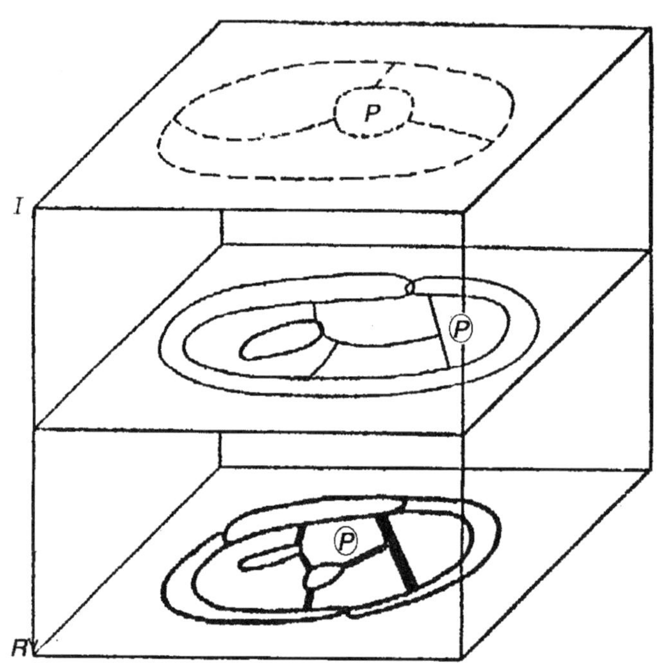

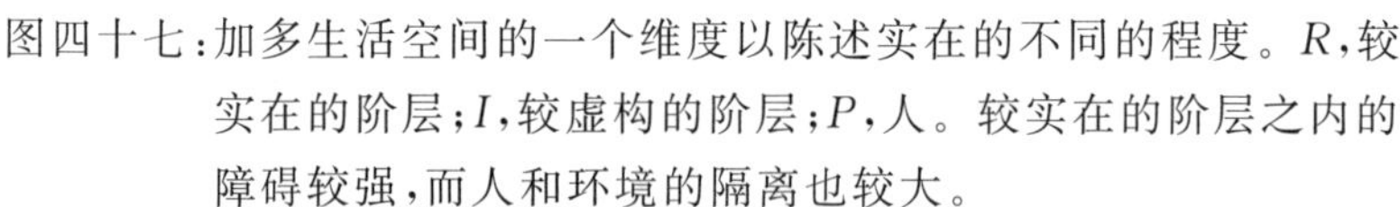
图四十七：加多生活空间的一个维度以陈述实在的不同的程度。*R*，较实在的阶层；*I*，较虚构的阶层；*P*，人。较实在的阶层之内的障碍较强，而人和环境的隔离也较大。

现实的各种不同的程度之间有一种最重要的动力的差异，就是较属虚构的平面（*I*）有较大的流动性。下列不同的事实可资引证：（一）环境的障碍较少抵抗力［在虚构的境界之内可以为所欲为（20，pp. 36 *ff.*）］。（二）环境区域的疆界可较易搬动，而戒备不严（81，p. 149）；现实的不同程度的准概念的区域也如此。（三）人格内部的紧张系统解除较快，有范围较大的发泄（11，p. 2）；这是由于内部系统的墙壁较为薄弱。(四)人和环境的疆界较欠明了,而环境的结构较大量地随人的需求而变化(52,p. 146)。

人的维度的问题 200

然则生活空间中的人应陈述而为多少维度呢?仅陈述人于现实的平面之上是错误的。因为他能在较虚构的阶层之上有所动作。而且他似也有些内部人格系统应配合于虚构的阶层。

目前对于这些问题几乎不能有明确详尽的答复。由清醒的推理至问题解决的幻想之间的过渡须陈述为到虚构阶层之内的过渡。而我们于此所讨论的岂是整个人的移动吗?假定使其人在每
一时间之内都仅存在于一个现实的平面之上,我们便须陈述他为 201
两个维度。但这是可以怀疑的,因为其人即已逃入了虚构的境界之内,也仍至少有一部分存在于现实的平面之上,例如他的身体。比如他虽入了幻境,我们仍可用这个平面内的历程使其受影响。这种影响有时也许大为减弱,以致我们须陈述其人而为两个在动力上比较隔离的区域,相当于现实的不同的阶层。这种情形有时可见于精神分裂症(schizophrenia)。

我们也许要陈述人为一个区域而同时属于现实的两个阶层以上。于是人乃和环境相同,须陈述而为至少三个维度的一个区域。其所涉及的现实的不同的平面,有时较深,有时较浅,而其人的“重心”(center of gravity)则可在不同的时间属于不同的阶层。

最后,现实程度较低水平的过渡就大多数事例而言,指的是人的部分的移动。人的部分区域的移动不一定导致人格统一的破裂。实际上这种运动也见于现实的水平。

总之，在我看来，心理学的事实说明人有和整个生活空间有相同数目的维度，而陈述人与生活空间有关历程的一切现实程度的水平。而且常可能把其人向他种现实水平的过渡陈述为相对重要性（the relative weight）的变化（第八章第二段）。例如其人 P 同时处于 R_1，R_2，R_3，…作为一种重叠的情境（见第八章第二段 $P \subset R_1$，$P \subset R_2$，$P \subset R_3 \cdots$）。整个人的行为可于某一时间之内受各种现实水平的不同程度的影响（R_1 的相对重要性 W_{R_1} 可为百分之
202 七十，W_{R_2} 为百分之五，W_{R_3} 为百分之十，余类推）。这些不同水平的相对重要性也许因不同的情势及不同的个人而变。所谓“逃入虚构的境界之内”意即现实程度较高的某些水平（例如 W_{R_1}）减少其相对的重要，而生活空间的较虚构的水平的重要（例如 W_{R_4}），也许原等于零或微大于零，现在却大大增加了（例如本来 $W_{R_4}=5\%$；现在 $W_{R_4}=40\%$ 了）。这个“逃入幻境”的陈述的方法可没有以人由这个现实水平进入另一水平的移动的陈述法的困难。尤有进者，现实水平的过渡常使人以内的各种区域的重要性发生变化，新方法的陈述侧重这种变化，这也是它的一个优点。这种变化当然不仅为结构的，并且为机能的。

在高度现实水平之内，人和环境的区别比较容易（我们于此姑置疆界的决定的精确问题于不论之列）。无论如何，人在环境内所不占据的地方绝不难指出。但在高度虚构性的水平之内，一个区域是否属于人或环境常难确定。

人和环境分为现实的不同程度的水平和人之分为中心阶层和边缘阶层不能混为一谈。因为在现实的同水平内，我们也须识别

较中心的和较边缘的人格内部区域。总之，较虚构的水平面之内的历程似和人格内区域（the core of the person）及其中心的需求（central needs）有较密切的动力的关系。至于人的运动的阶层是否须仅陈述于现实的平面之内则又为一特殊的问题。

生活空间在现实与虚构的维度上的分化

生活空间的形成现实的不同程度的区域阶层常不仅以幻想特
别活动的时候为限，这是常见的事例。但是这个分层（stratifica- 203
tion）的程度实有赖于整个情境而定（81，p. 150）。有时其人进至
现实程度不同的水平之上，与其说是生活空间在 恒定的区域之
内的移动，不如说是生活空间（或人和环境）在现实和虚构上的扩
大或缩小。而且现实的程度不同的水平的相对的重要也可发生变
化。

生活空间向虚构的阶层之内，扩张到如何程度似因不同的个体和不同的时间而大不相同（81，p. 150）。我们或可问生活空间在这个方向上有无本质的界限（intrinsic limits），或有无一个虚构性最大的平面。但在目前这个假定似难有证实的可能。

假定一个现实性最大的阶层，或尚可有许多理由。我们也许可征引动力的阶层对于现实的一种特殊的关系，以证明每种生活空间“充足的”现实平面的存在（见第十七章，人格的组织）。我们也许更可在概念上使由外面来的对于生活空间的客观的物理或社会的影响和最大现实性互相联系（见第八章）。就动力学而言，现实在本质上系不依赖个人的意志而存在的。然而我们也有许多事实和这个“充足”现实的绝对平面的假定相反。有些人也许自信生

活于充足的现实之内，到了一种更硬性的现实使他受较大的教训之后，才觉悟其不然。

假使我们考虑生活空间自幼年以至成年的发展，则与最大现实平面的相对性有关的事实便可更有重要意义。我们已经说过这个发展应视为人和环境的扩大，而尤其是分化。生活空间的这种渐进的分化也可见于现实性的差异度。有许多事实可用以证实这些假定：(1)小孩子的生活空间之内的现实的程度仅有微量的差异(图四十八(*a*))；(2)小孩子的生活空间之内的阶层约相当于现实

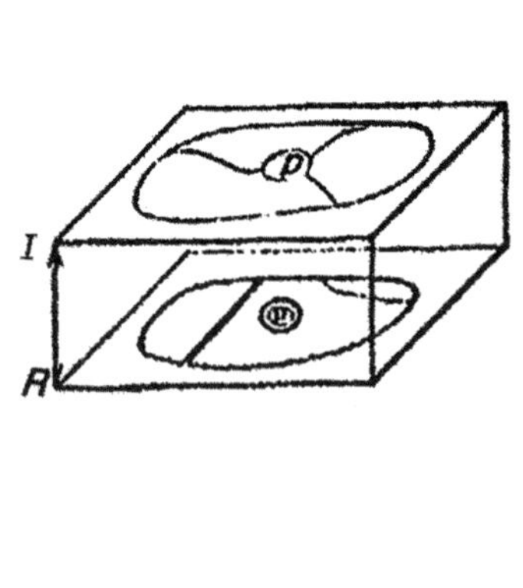

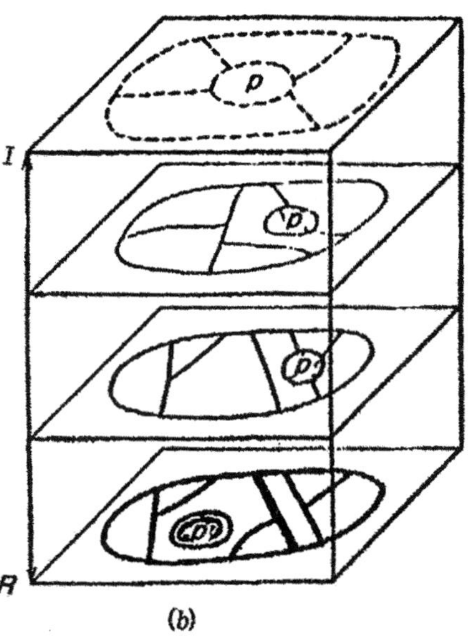

图四十八：(*a*)儿童的生活空间；(*b*)成人的生活空间。成人的生活空间在现实和虚构的维度上更加分化。儿童的生活空间之内的现实和虚构层的范围相当于成人的生活空间之内的中部的阶层。

性的中级的程度(80；70；42，p. 706；52，p. 104；48，pp. 366. *ff*；39)
204 (图四十八(*a*)及(*b*))。这就是说，儿童的现实的阶层和成人相比

似较属于虚构，而儿童的虚构的阶层又较近于现实(81，p. 162)。因此，我们似不必介入“绝对现实”的平面的概念。我们已说过，生活空间分化为现实的不同程度的阶层究竟可到达何种程度也因不同的个人或人虽相同而时间不同而异。对于这些问题欲作明确的答复须有待于将来的研究。但由我看来，在生活空间的拓扑几何学内，陈述虚构性的阶层而发生的任何种概念的困难，都可用上述的概念和方法求其解决。

本书所发展的概念体系与整个的生活空间或人和环境有关，可用以处理生活空间和其部分的位置及联系的问题，可适用于准 205
物理、准社会及准概念的事实。我们利用这些概念以陈述人和环境结构的变化及各种移动。我们也约略论述心理学的较狭义的动力的问题，例如区域的摩擦，障碍对于移动的紧实性，区域对于各种交通的隔离的程度，人和环境的系统的完整的程度(或动力的格式塔)等。最后讨论区域的状态的紧张和变化的问题，例如一个区域的流动性或坚实性。

但是这些动力的问题每超越于拓扑几何学的心理学之外。拓扑几何学的心理学仅能陈述生活空间内的“可能”事件的梗概(framework)。要决定何种事件见诸事实，何种冲突为其基础，便须讨论向量，尤其是心理势力的概念和势力疆域的概念。与此有关的概念及平行的定义则为向量心理学的部分。

参 考 文 献

207 1. Adams, D. K.: A Restatement of the Problem of Learning, *British Journal of Psychol.* (Gen. Sec.), 1931, 22, pp. 150—178.

2. Allport, Gordon W. & Vernon, Philip E.: *Studies in Expressive Movements*, N. Y., Macmillan, 1933, p. 269.

3. Anguloy Gonzàles, A. W.: The Prenatal Development of Behavior in the Albino Rat, *Journal of Comp. Neurol.*, 1932, 55, pp. 395—442.

4. Birenbaum, Gitta: Das Vergessen einer Vornahme. Isolierte seelische Systeme und dynamische Gesamtbereiche, *Psychol. Forsch.*, 1930, 13, pp. 218—284.

4a. Blumenberg, A. E. & Feigl, H.: Logical Positivism, *Journal of Phil.*, 1931, 28, pp. 281—296.

5. Boring, E. G.: *The Physical Dimensions of Consciousness*, N. Y., Century, 1933, p. 251.

6. Boring, E. G.: The Relation of the Attributes of Sensation to the Dimensions of the Stimulus, *Phil. of Science*, 1935, 2, pp. 236—245.

7. Bridgman, P. W.: *The Logic of Modern Physics*, N. Y., Macmillan, 1927, p. 228.

8. Brown, J. F.: A Methodological Consideration of the Problem of Psychometrics, Erkenntnis, 1934, 4, pp. 46—61.

9. Brown, J. F.: Freud and the Scientific Method, Phil. of Science, 1934, 1, pp. 32—33.

10. Brown, J. F.: Towards a Theory of Social Dynamics, J. Soc. Psychol., 1935, 6, pp. 182—213.

11. Brown, J. F. : Ueber die dynamischen Eigenschaften der Realität und Irrealität, Psychol. Forsch. , 1933, 14, pp. 2—26.

12. Bühler, Charlotte: Zwei Grundtypen von Lebensprozessen, Z. F. Psychol. , 1928, 108, S. pp. 222—239.

13. Carmichael, Leonard: An Experimental Study in the Prenatal Guinea-Pig of Origin and Development of Reflexes and Patterns of Behavior in Relation to the Stimulation of Specific Receptor Area during the Period of Active Fetal Life, Genet. Psychol. Monog. , 1934, 16, pp. 337—491.

14. Carmichael, Leonard: Origin and Prenatal Growth of Behavior, A Handbook of Child Psychology, edited by Carl Murchison, Worcester, Mass. , Clark University Press, 1933(2nd ed.), pp. 31—152.

15. Cassierer, Ernst: Substanzbegriff und Funktionsbegriff, Berlin, 1910.

16. Carnap, Rudolf: Physikalische Bergriffsbildung, Karlsruhe: Braun, 1926, p. 66.

17. Coghill, G. E. : The Early Development of Behavior in Amblystoma and in Man, Arch. Neurol. and Psychiat. , 1929, pp. 989—1009.

18. Dembo, T. ; Frank, J. D. ; Lewin, K. and Waring, E. B. : Studies in Social Pressure (in preparation).

19. Dembo, T. and Hanfrann, E. : The Patient's Psychological Situation upon Admission to a Mental Hospital, Amer. J. Psychol. , 1935. 47, pp. 381—408. 208

20. Dembo, T. : Der Aerger als dynamische, Problem, Psychol. Forsch, 1931, 15, pp. 1—144.

21. Duffy, Elizabeth: Tensions and Emotional Factors in Reaction, Genet. Psychol. Monog. , 1930, 7. pp. 1—80.

22. Duffy, Elizabeth: The Measurement of Muscular Tension as a Technique of the Study of Emotional Tendencies, Amer. J. Psychol. , 1932, 44, pp. 146—162.

23. Fajans, Sara: Die Bedeutung der Entfernung für die Starke eines Aufforderungscharakters beir Säugling und Kleinkind, *Psychol. Forsch*, 1933,

17, pp. 215—267.

24. Fallada, Hans: Little Man What Now? N. Y., Simon & Schuster, 1933, p. 383.

24a. Feigl, Herbert: The Psychophysical Problem, Phil. of Science, 1934, 1, pp. 420—445.

25. Forrer, Sarah: Eine Untersuchung zur Lese-Lern-Methode Decroly, Z. F. Kinderforsch, 1934, 42, pp. 11—44.

25a. Frank, J. D.: Some Psychological Determinants of the Level of Aspiration, Amer. J. Psychol., 1935, 47, pp. 285—293.

26. Frank, L. K.: The Problem of Child Development, Child Dev, 1935, 6, pp. 7—18.

27. Franklin, Philip: What Is Topology? Phil. of Science, 1935, 2, pp. 39—47.

28. Freud, Sigmund: A Connection Between a Symbol and a Symptom, collected papers, V. 11, London: Leonard and V. Woolf, 1924.

29. Galant-Rattner, R. und Traklius Menteschaschwili: Zur Frageder Störungen des Behaltens (Gedächtnisstörungen) bei progressiver Paralyse, Monatsschrift, F. Psychiatrie und Neurol., 1933, 85, pp. 222—242.

29a. Goldstein, Kurt: Der Aufbau des Organismus, Haag: Nijhoff, 1934, p. 363.

30. Gesell, Arnold & Thompson, Helen: Infant Behavior: Its Genesis and Growth, N. Y. McGraw-Hill, 1934, p. 343.

31. Hausdorff, Felix: Grundzuge der Mengenlehre, Leipzig: Veit, 1914, p. 476.

32. Heider, Fritz: Ding und Medium, Symposion, 1927, 1, pp. 109—157. (Also separately published as "Sonderdrucke des Symposion," Heft 7.)

33. Homburger, August: Vorlesungen uber Psychopathologie des Kindesalters, Berlin: J. Springer, 1926, p. 852.

34. Hoppe, Ferdinand: Erfolg und Misserfolg, Psychol. Forsch., 1931, 14,

pp. 1—62.

35. Hull, C. L. : The Goal Gradient Hypothesis and Maze Learning, Psychol. Rev. , 1932, 39, pp. 25—43.

35a. Hull. C. L. : The Conflicting Psychologies of Learning—A Way Out, Psychol. Rev. , 1935, 42, pp. 491—516.

36. Irwin, O. C. , Dennis on Mass Activity. A Reply, Psychol. Rev. , 1933, 40, pp. 215—219.

37. Irwin, O. C. : The Organismic Hypothesis and Differentiation of Behavior, Ⅲ, The Differentiation of Human Behavior, Psychol. Rev. , 1932, 39, pp. 387—393.

38. Jack, Lois M. : An Experimental Study of Ascendant Behavior in Pre-School Children, Univ. Iowa Stud. , Stud. in Child Welfare, IX, 1934, No. 3, pp. 7—156.

39. Jaensch, E. R. et al: Ueber den Aufbou der Wahrnehmungswelt und ihre Struktur im Jugendalter. Eine Untersuchung uber Grundlagen und Ausgangspunkte unseres Weltbildes, durchgeführt mit den Forschungsmitteln der Jugendpsychologie, angewandt auf erkenntnistheoretische, natur philosophische und padagogische Fragen (2nd ed.), Leipzig, Barth, 1927, p. 567.

40. Karsten, Anitra: Psychische Sättigung, *Psychol. Forsch*, 1927, 10, pp. 142—254.

41. Katz, David: Zur Grundlegung einer Bedürfnispsychologie, *Acta Psychol.* , 1935, 1, pp. 119—128.

42. Kluver, Heinrich: Eidetic Imager, *A Handbook of Child Psychology*, edited by Carl Murchison, Worcester, Mass. : Clark Univ. Press, 1933 (2nd ed.), pp. 699—722.

43. Köhler, Wolfgang: Die physischen Gestalten in Rube und in stationärem Zustand, Braunschweig: Vieweg, 1920, p. 263.

44. Köhler, Wolfgang: *Gestalt Psychology*, N. Y. : H. Liveright, 1929, p. 403.

45. Köhler, Wolfgang: Psychologische Probleme, Berlin: J. Springer, 1933, p. 252.

46. Köhler, Wolfgang: *The Mentality of Apes* (2nd ed.), N. Y., Harcourt, 1927, p. 336.

46a. Köhler, Wolfgang: Zur Psychophysik des Vengleichs und des Raumes, *Psychol. Forsch*, 1933, 18, pp. 343—360.

47. Koffka, Kurt: Principles of Gestalt Psychology, N. Y.: Harcourt, 1935, p. 720.

48. Koffka, Kurt: The Growth of the Mind (2nd ed.), N. Y.: Harcourt, 1928, p. 426.

49. Künkel, Fritz: *Let's Be Normal! The Psychologist Comes to His Senses*, N. Y., Washburn, 1929, p. 299.

50. Lau, Ernst: Beiträge zu der Psychologie der Jugend in der Pubertätszeit (2nd ed.), Langensalza, 1924.

51. Lewin, Kurt: "A Dynamic Theory of Feeble-Minded", in *A Dynamic Theory of Personality*, N. Y., McGraw-Hill, 1935.

52. Lewin, Kurt: *A Dynamic Theory of Personality*, N. Y. McGraw-Hill, 1935, p. 286.

53. Lewin, Kurt: *Der Begriff der Genese in Physik, Biologie und Entwicklungsgeschichte*, Berlin: Gebrüder Borntraeger, 1922.

54. Lewin, Kurt: Der Richtungsbegriff in der Psychologie, Psychol. Forsch., 1934, 19, pp. 249—299.

55. Lewin, Kurt: Some Social Psychological Differences between the United States & Germany, *Character and Personality*, 1936, 4, pp. 265—293.

56. Lewin, Kurt: Ersatzhandlung and ersatzbefriedigung, Bericht uber dex XII Kongr, d. dtsch. Ges. für. Psychol. Hamburg, 1931, pp. 382—384.

57. Lewin, Kurt: Gesetz und Experiment in der Psychologie, Symposion, 1927, 1, pp. 375—421. (Also separately published as Sonderabdrucke des Symposion. Heft 5.)

58. Lewin, Kurt: Psycho-Sociological Problems of a Minority Group, Charact. and Person., 1935, 3, pp. 175—187.

59. Lewin, Kurt: The Conflict between Aristotelian and Galileian Modes of Thought in Contemporary Psychology, J. Gen. Psychol, 1931, 5, pp. 141—177.

60. Lewin, Kurt: Vectors, Cognitive Processes and Mr. Tolman's Criticism, 210
J. Gen. Psychol., 1933, 8, pp. 318—345.

60a. Lewin, Kurt & Sakuma, Kanae: Die Sehrichtung monokularer und binokularer Objekte bei Bewegung und das Zustandekommen des Tiefeneffkts, *Psychol. Forsch*, 1925, 6, pp. 298—357.

61. Lindbergh, Anne S.: North to the Orient, N. Y., Harcourt, 1935, p. 255.

62. Lissner, Käte: Die Entspannung von Bedürfnissen durch Ersatzhandlungen, *Psychol. Forsch*, 1933, 18, pp. 218—250.

63. Luria, Aleksandr R.: The Nature of Human Conflicts: or, Emotion, Conflict and Will, an Objective Study of Disorganization and Control of Human Behavior, N. Y. Liveright, 1932, p. 431.

64. Mahler, Wera: Ersatzhandlungen verschiedenen Realitätsgrades, *Psychol. Forsch*, 1933, 8, pp. 27—89.

65. McDougall, William: Outline of Abnormal Psychology, N. Y.: Charles Scribner's, Sons, 1926, p. 572.

65a. McDougall, William: The Energies of Man; a Study of Fundamentals of Dynamic Psychology, Scribner, 1935, p. 395.

66. Menger, Karl: Dimensionstheorie, Leipzig: Teubner, 1928, p. 318.

67. Mueller, G. E.: Zur Analyse der Gedachtnistatigkeit Ⅰ—Ⅲ, Leipzig: Barth, pp. 1911—1917.

67a. Murphy, G. & Jensen, F.: Approaches to Personality, N. Y. Coward-McCann., 1932, p. 427.

68. Ovsiankina, Maria: Die Wiederaufnahme unterbrochener Handlungen, *Psychol. Forsch*, 1928, 6, pp. 302—379.

69. Pavlov, I. P. :Conditioned Reflexes; an Investigation of the Physiological Activity of the Cerebral Cortex, Oxford Univ. Press, 1927, p. 430.

70. Piaget, Jean: The Child's Conception of the World, N. Y. Harcourt, 1929, p. 397.

71. Pratt, Karl C. :The Neonate., A Handbook of Child Psychology, edited by Carl Murchison, Worcester, Mass. : Clark Univ. Press, 2nd ed., 1933, pp. 163—208.

72. Rashevsky, N. :Biophysics of Space and Time, Phil. of Science, 1935, 2, pp. 73—85.

73. Reichenbach, Hans: Axiomatik der relativitischen Raum-Zeit-Lehre, Braunschweig: Vieweg und Sohn, 1924, p. 161.

74. Reichenbach, Hans: Philosophie der Raum-Zeit-Lehre, Berlin: De gruyter, 1928, p. 380.

75. Restorff, Hedwig von: Ueber die Wirkung von Bereichsbildung im Spurenfeld, *Psychol. Forsch*, 1933, 18, pp. 299—342.

76. Riemann, Georg: Ueber die Hypothesen, welche der Geometrie zu Grunde liegen (3rd ed.), Berlin: J. Springer, 1923, p. 48.

77. Schwarz, Georg: Ueber Rückfälligkeit bei Umgewöhnung, Teil I, Rückfälltendenz und Verwechslungsgefahr, *Psychol. Forsch*, 1927, 9, pp. 86—158.

78. Schwarz, Georg: Ueber Rückfälligkeit bei Umgewöhnung, Teil Ⅱ, Ueber Handlungsganzheiten und ihre Bedeutung fur die Rückfälligkeit, *Psychol. Forsch*, 1933, 16, pp. 143—190.

79. Sierpinski, Waclaw: Introduction to General Topology, Toronto: Univ. of Toronto Press, 1934, p. 238.

211 80. Stern, William: Psychology of Early Childhood up to the 6th Year of Age, supplemented by extracts from the unpublished diaries of Clara Stern, translated from 3rd ed., N. Y. Holt, 1924, p. 557.

80a. Stevens, S. S. : The Operational Definition of Psychological Concepts, *Psychol. Rev*, 1935, 42, pp. 517—527.

81. Sliosberg, Sarah: Zur Dynamik des Ersatzes in spiel-und Ernstsituationen, *Psychol. Forsch*, 1934, 19, pp. 122—181.

82. Stendhal (Beyle, M. H.): Red and Black, translated from the French by E. P. Robins, N. Y., 1898.

83. Thurstone, L. L.: Vectors of Mind Multiple-Factor Analysis for the Isolation of Primary Traits, Chicago, Univ. of Chicago Press, 1935, p. 266.

84. Tolman, Edward Chase: Psychology Versus Immediate Experience, Phil. of Science, 1935, 2, pp. 356—380.

85. Tolman, Edward Chase: Purposive Behavior in Animals and Men, N. Y. Century, 1932, p. 463.

86. Urysohn, Paul: Zum Metrisationsproblem, Math. Ann., 1925, 94, pp. 309—315.

87. Veblen, Oswald: Analysis-situs (2nd ed.), N. Y. American Mathematical Society, 1931, p. 194.

87a. Werfel, Frank: The Forty Days of Musa Dagh, N. Y. Viking Press, 1934, p. 824.

88. Wertheimer, Max: Ueber Gestalttheorie, Symposion, 1927, Ⅰ. (Also separately published as "Sonderdrucke des Symposion," Heft Ⅰ.)

89. Wertheimer, Max: Untersuchungen zur Lehre von der Gestalt Ⅰ, Psychol. Forsch., 1922, Ⅰ, pp. 47—65.

90. Wertheimer, Max: Untersuchungen zur Lehre von der Gestalt Ⅱ, Psychol. Forsch., 1923, 4, pp. 301—350.

91. Wiehe, F.: Die Grenzen des Ichs (in preparation).

92. Zeigarnik, Bluma: Ueber das Behalten von erledigten und unerledigten Handlungen, *Psychol. Forsch*, 1927, 9, pp. 1—85.

名 词 集 解

这个集解所含有的概念分类如下：(一)方法论的概念，即和知
213 识论、逻辑、科学理论及方法论有关的概念；(二)拓扑几何学的心
理学的概念。此类又分(A)数学的概念；(B)心理学的概念，后者又分为(1)使直接得自观察的事实得以配合于拓扑几何学的概念的概念；(2)动力的概念。这个分类不志在严格，但可用以为帮助说明各种概念的逻辑位置。

一　方法论的概念

渐近法(approximation method of)：此法先规定整个生活空间的组织，渐进而更精确地规定较特殊的性质。

原因(cause)：我们须辨别历史的因果和体系的因果。(a)体系的因果：一个事件视为某一特殊时间之内的全情境的函数。一个事件的原因常为几个事实的交互的关系。(b)历史的因果：一个指定的情境在某一历史的时间之内，某一地理的位置之上何以得有这些特殊的性质呢？这个问题的答复便为历史的原因。

概念(concept)：计有：(a)数学的概念，如疆界、区域、向量；(b)动力的(渊源的)概念，如势力、紧张、抵抗、流动性。

具体的(concrete)：等于存在于某一时间之内的一个个别的

事实。在心理学内,具体的可被陈述而为生活空间的一个部分或这种部分的一个性质。

推论(construct):乃为一个动力的事实,这个事实利用效用的定义(operational definition),可被间接测定而为一种中间的概念(intervening concept)。一个推论表示一种动力的交互的关系,以定律为助,可以说出何者为可能,何者为不可能。

配合的定义(definition, coordinating):有些可以观察的事实可和有些数学的概念相当。一个配合的定义须仅有一个适当的意义尚属可能,倘须反过来说也是可通的。

性质的维度(dimension of properties):我们可以认为一个物体的各种性质为变量(variables),并据其个别性质的数目配以相同数目的维度的体系而加以陈述。这种配合的体系有时称为位相的空间(phase space)。

动力的(dynamic):和变化的条件(condition of change),尤其是势力有关的事实或概念便称为动力的。动力的事实只能间接测定(参考“推论”条)。

存在(existence):指有影响者而言。一个心理事实的存在及时间指数不随其和内容有关的事实的存在及时间指数而变。

解释(explanation):陈述一个具体的情境,使以一般定律的辅 214
助,可由这种陈述抽绎出实际的事件。

“辩证的”历史的历程〔historic process (dialectic)〕:指宇宙实际变化的程序。一般地说,连续演变的时期之后乃有组织突变的危机时期。

“外来的”影响(influence “from outside”):凡不能根据心理生

物的定律,由已往情境的心理生物的性质抽绎而得的对于生活空间的影响。

经验的定律(law, empirical):一个定律规定各种事实之间的函数关系。这些事实视为类型(types);换句话说,历史的时间指数不入定律。一个心理的定律可示以一个方程式,例如 $B=f(L)$。定律用作原则,而依据这些原则,便可由情境的动力的因素抽绎出实际的事件。

现象的事实(phenomenal fact):可以直接观察的事实。

预测(prediction):只是除定律外,我们又知道特殊情境的特殊性质,然后预测才有可能。

实在(reality):知识论的实在概念(见“存在”条)和心理学的“实在程度”(degree of reality)的概念有别,后者系指生活空间的某些阶层。

陈述(representation):事实的概念的影像(据数学的意义)。科学的陈述有两个先决条件:(一)可用以作逻辑的严格的推论的概念;(二)概念和可以观察的数据之间的配合的定义。

数学空间(space, mathematical):见“数学的概念”。

位相空间(space, phase):见“性质的维度”条。

物理空间(space, physical):包含某一时间存在的物理事实的全体(整个物理空间)。

心理空间(space, psychological):见心理概念项下的“生活空间”条。

物理的宇宙(world, physical):独立性或大或小的物理事实的全体。凡属物理的变化都是一个有联系的物理空间之内的情形或变化所产生的结果。据物理学说来，这个空间的域外对物理对象不能有所影响。

心理的宇宙(world, psychological)：互相依赖的程度或高或低的心理事实的全体。心理的宇宙是多数的，相当于不联系的心理空间(生活空间)的多元性。这些宇宙可受外来的影响。

二　拓扑心理学的概念

A. 数学的概念

界点(boundary point)：一个区域的一个界点的周围所含的点不属于这个区域。

割线(cut)：一条路线连接着一个区域的两个界点，而除这些界点之外，割线上其他各点都位置于区域之内。

维度(dimesion)：一个 n 维度的空间的疆界为($n-1$)维度。维度的数目不同的空间各点，只当他们的拓扑的关系破灭的时候，才可彼此配合而有一和一的相关。

相交切(intersection)：A 和 B 两个区域的交切点或公共部分 215
($A \cdot B$)就是同为 AB 部分的各点的全体。

约丹曲线(Jordan curve)：一个圆周的拓扑几何的形象(topological image)。

路线(path)：两点之间的约丹弧形的联系。

封闭的区域(region, closed)：包含其界点于内的一个区域。

联系的区域(region, connected)：一个区域，其每一点可因全在这个区域以内的一条路线而和任何其他各点相联系，这个区域便为一个联系的区域。

域外区域(region, foreign):倘若 A 和 B 的交切为零($A \cdot B=0$),则 A 为 B 的域外。

开放的区域(region, open):一个区域,其每一点的周围全位置于这个区域之内,这个区域便为一个开放的区域。

简单联系的区域(region, simply connected):因一条割线而破坏了联系的一个区域。

数学空间(space, mathematical):不用以指任何特殊的本体(entities)而仅用以指种种关系。关于这些关系,便有某种定理。

可量空间(space, metrical):这种空间的任何两点可配以一种距离,而关于这个距离便有某种定理,尤其是三角形的定理。

有限结构的空间(或区域)〔space (region), structured finitely〕:一个空间(或区域),虽可分为若干部分区域,但非有无限的结构者,便为有限组织的空间(或区域)。

无限结构的空间(或区域)〔space (region), structured infinitely〕:一个空间(或区域),其部分区域可继续分至无限者为无限结构的空间(或区域)。

缺乏结构的空间(或区域)〔space (region), unstructured〕:一个空间(或区域)不能分成明晰的部分者,便为缺乏结构的空间(或区域)。

拓扑几何的空间(space, topological):不可量的空间,受某种定理的管制。部分—全体的关系及联系乃为其基本的概念。

拓扑几何的总和(sum, topological):A 和 B 两区域的总和($A+B$)为包容于 A 或 B 之内的各区域的全部。

拓扑几何的形象(topological image):一个一对一的相关的连

续的形象。

拓扑几何的相等(或同型)〔topological equivalent (isomorphous)〕:假定区域甲可因连续改造的方法而化为区域乙而不改变区域内的联系,例如伸张(stretching)或屈曲(bending)而不至割裂(tearing),则甲乙两区域在拓扑几何上是相等的。

B. 心理学的概念

1. 与直接可以观察的事实有关的概念

动作的陈述(action, representation of):在某些情形之下,动作可被陈述为一个区域;在其他情势之下,可被陈述为一条路线。

入口(adit):视为可作出进入某一区域的移动的一个区域。

分支(arm):一个区域的部分倘若不和这个区域脱离而移入或通于另一区域,则此部分便可称为分支。

行为(behavior):行为乃生活空间之内受心理定律支配的任何变化(见“外来的影响”条)。一个指定时间之内的行为(B)即为那时生活空间(L)的函数 $B=f(L)$。

心理区域的疆界(boundary, of a psychological region):一个区域有许多点的周围不完全位在这个区域之内,这些点便为疆界。环境或人以内的疆界的存在,可利用移动或交通予以测定。一个心理区域的疆界不必为移动或交通的障碍。

明确的疆界(boundary, sharp):心理学上可分明确的疆界和 216
不明确的疆界(unsharp boundary)。就明确的疆界而言,我们可决定生活空间中的每一点是否属于有关的区域之内。

(M 和 N 区域之间的)疆界地带〔boundary zone (between region M and N)〕:一个区域(BZ)倘若兼为 M 和 N 的域外,而由 M

至 N 的移动又须通过这个区域,这个区域便为疆界地带。

分化(differentiation):分化的程度系指一个区域之内的小部分(subparts)的数目而言。在某种情势之下,动力的统一程度可用为分化程度的相反的标准。

距离(distance):距离虽非拓扑几何学的概念,但假定相应于某一距离的路线为相应于另一距离的路线的部分,则生活空间内的各种距离也可用拓扑几何学的方法加以比较。

环境(environment):凡人可移动于其内,或移动以去之或就之的一切都为环境的部分。

疆域(field):在每一点上都有其特性的空间。

整合(integration):一个区域的小部分的数目被减少的一种历程。

生活空间(life space):一个人在某一时间之内的行为(B)赖以决定的事实的全体。生活空间(L)代表可能事件的全体。生活空间包含人(P)和环境(E)。$B=f(L)=f(PE)$,可以用有限组织的空间予以陈述。

生活空间的外壳(life space, foreign hull of):不受心理定律支配而可影响生活空间的状态的事实的全体。

移动(locomotion):位置的变化。移动也可视为组织的变化:运动的区域变成了另一区域的部分。移动可用一能通行或不能通行的路线加以陈述,这个路线表示一个疆域之内的位置的变化,而此疆域内在其他方面则保持充分的不变性。移动可分准物理的、准社会的及准概念的三类。

人(person):人可被陈述为生活空间的一个分化的区域,但在初步的渐近法内,他可被陈述为一不分化的区域或一点。

人的部分(person, parts of):(一)运动及知觉层(或区域);(二)人格内层(或内部区域):(a)边缘区域;(b)中心区域。运动及知觉层等于人格内部区域和环境之间的疆界地带。

点(point):据心理学的观点,点的主要的性质为一缺乏组织的区域。

位置的决定(position, determination of):生活空间内一个点的位置以含有此点的一个区域予以规定。这个规定的正确性便看有关区域可否划分为多少小区域而定。

联系的心理区域(region, connected psychological):(一)假定由 A 至 B 的移动不离开原区域也属可能;(二)假定 A 的状态的变化引致 B 的状态的变化,则 A 和 B 属于同一联系的心理区域的部分。

区域的决定(region, determination of):(一)一个心理区域的决定可根据它的性质及拓扑几何的关系或它与其他区域的疆界,或其他区域本身的疆界;(二)可根据不同的各点赖以联系的心理历程,尤其是移动或交通。

心理区域(region, psychological):生活空间的部分。在规定 217
一种心理情境的时候,凡可被陈述为一区域的都应为生活空间的部分。一个区域不必为一联系的区域。

不定性的区域(region of undetermined quality):一个区域的认知结构的组织或性质倘若不能由个体予以完满的决定,则此区域便为不定性的区域。这个区域在动力上略具有障碍的性质。

相邻区域(region, neighboring):区域的有公共疆界(或疆界地带)部分。

重叠区域(region, overlapping):区域的有一公共的部分处。

改组(restructuring):部分区域的相对位置的变化,而不增减其数目。

情境(situation):指一般的生活情境或一时的情境。

重叠情境(situation, overlapping):同时存在而有一公共部分的两个或两个以上的情境。人常位在这个公共部分之内。

自由运动的空间(space of free movement):人由其现在的位置而可以接触的区域。自由运动的空间常为一多重联系的空间。其范围的规定不外根据(一)被禁止者;(二)能力不及者。

一个区域的结构(structure of a region):指(一)区域分化的程度;(二)部分区域的排列;(三)各部分区域之间的联系的程度。

2. 动力的概念

容易接触性(accessibility):一个区域可由移动或交通到达的便易。容易接触性的程度可以障碍或墙壁来表示。一个人的容易接触性可以其人的某些内部区域和环境之间的强弱不同的疆界来表示。

障碍(barrier):反抗移动的疆界(或疆界地带)。这种反抗的程度可因(一)移动种类的不同;(二)移动方向的不同;(三)障碍的不同点而异。

无法跨越的障碍(barrier, impassable):非有关移动所能跨越的疆界(或疆界地带)。

不齐一的障碍(barrier, inhomogeneous):不同点而有不同反抗力的障碍。

外部的障碍(barrier, outer):环绕其人的障碍。

交通(communication):假使一个区域的状态的变化也改变了另一个区域的状态,则这两个区域互相交通。交通的程度和动力的依赖性的程度相一致。交通的程度系于(一)交通历程的种类,(二)交通区域的性质,(三)交通区域之间的疆界(或疆界地带)。由 A 至 B 的交通的程度不必和由 B 至 A 相同。交通可以一个疆界地带(墙壁)来表示;交通程度的低下相应于一个强大的墙壁。

弹性(elasticity):一个变化了的区域重返于其原来状态的趋 218
势。流动性相等的区域可有不同程度的弹性。

均衡(equilibrium):在一点上的势力,方向相反,而强弱相等,这种局势(constellation)名为均衡。

流动性(fluidity):产生一种变化所需要的势力愈小(其他条件倘若都相等),则一个实物或媒境的流动性愈大。同一区域的流动性可因不同种类的势力而异。

势力(force):变化的原因,向量心理学的一个基本概念。一个势力的性质为:强度(strength)、方向(direction)及着力点(point of application)。强度和方向可以向量表示。

摩擦(friction):一个可以通过的区域对于移动所表示的反抗。

格式塔(gestalt):一个系统,它的各部分互相联系,以致一部分的变化会引起其他一切部分的变化,这个统一性可因不同种类的变化而异。

虚构(irreality):见“实在”条。

材料的性质(material properties):一个区域的状态赖以决定

且可视为各区域本身的性质的那些因素。

媒境(medium):可移动或通过于其内的区域。

需求(need):一个需求相当于人格内部区域的一个紧张系统。

可塑性(plasticity):一个区域的结构倘若易于产生比较持久而稳固的变化,则此区域便富有可塑性。

势力的疆域(power field):一个人的势力范围。可陈述为产生势力的一个疆域。

现实的程度(reality, degree of):心理事实的一种性质。现实的程度的差异可配合于生活空间的一个特殊的维度。较虚构的阶层表示较大的流动性。一个较现实的阶层的组织较少受个人意愿的影响。生活空间在实在和虚构的维度之中的结构的程度则有赖于其人及当时情境的特殊的性质,例如年龄而定。

退化(regression):相当于人格分化的程度的减退。

僵硬性(rigidity):打破疆界(障碍,墙壁)所需要的势力愈大,则其僵硬性也愈大,一个区域的僵硬性随不同种类的历程而异。

坚实性(solidity):见“僵硬性”条。

认知的结构(structure, cognitive):生活空间的结构相当于其人的知识。

代替的价值(substitute value):倘相应于 b 的系统的紧张解除的时候,而相应于 a 的系统的紧张也被解除,则动作 b 对于动作 a 有一种代替的价值。

系统(system):一个区域就其状态,尤其是紧张状态而言。

紧张(tension):一个区域和周围区域相比较的状态。区域的疆界有引起变化而减少紧张的差异的趋势。

实物(thing):不能移动或通过于其内的区域。

吸引力(valence):一个吸引力相当于一种势力的疆域,至这个疆域的结构,则为一中心疆域(central field)的结构。吸引力可分正负两类。

墙壁(wall):疆界(或疆界地带),但就其对于交通的影响而言,一个较强固的墙壁相当于较低程度的交通。

相对的重要(weight, relative):生活空间内的两个或两个以上的重叠情境(或区域)之中的一个之比较的重要。

人 名 索 引

A

Adams, D. K.　亚当斯　175,207

Allport, G. W.　奥尔波特　25,179,207

Angulo y Gonzales　安古洛·y.冈萨雷斯　189,191,207

Aristotle　亚里士多德　8,9,10,82

B

Birenbaum, G.　皮伦包姆　176,207

Blumberg, A. E.　布卢门伯格　59,207

Boring, E. G.　波林　76,195,207

Bridgeman, P. W.　布里奇曼　17,21,57,79,207

Brown, J. F.　布朗　8,21,197,199,207

Bühler, Charlotte　夏洛蒂·彪勒　32,76,207

C

Carmichael, Leonard　伦纳德·卡迈克尔　189,207

Carnap, Rudolf　鲁道夫·卡尔纳普　61,207

Cassier, Ernst　厄恩斯特·卡西尔　82,207

Coghill, G. E.　科格希尔　189,207

D

Dembo, T.　邓卜　15,31,39,96,138,143,155,156,180,181,188,196,197,199,207,208

Dostoevsky, F.　陀思妥耶夫斯基　13

Duffy, Elizabeth　伊丽莎白·杜菲　183,208

F

Fajans, S.　法扬斯　156,208

Fallada, H.　法拉达　46,208

Feigl, H.　费格尔　19,59,207,208

Forrer, S.　福雷尔　176,208

Frank, J. D.　弗兰克　39,96,138,160,207,208

Frank, L.K.　弗兰克　188,208
Franklin, Philip　富兰克林　53,208
Freud, Sigmund　西格蒙德·弗洛伊德　3,5,77,188,208

G

Galant-Rattner, R.　加兰特-赖脱纳　187,208
Galileo, L.J.A.　伽利略　8,9,10,11,82
Goldstein, Kurt　戈尔德斯坦　179,208
Gesell, Arnold　阿诺德·格塞尔　182,208

H

Hanfmann, E.　汉夫曼　24,143,156,208
Hausdorff, Felix　费利克斯·豪斯多夫　53,54,55,87,208
Homburger, A.　霍默伯格　12,208
Hoppe, F.　霍普　35,136,147,208
Hull, C.L.　赫尔　22,208

I

Irwin, O.C.　伊尔温　182,208

J

Jack, L.M.　杰克　40,208
Jaensch, E.R.　扬施　204,209

K

Karsten, A.　卡斯腾　174,176,180,209
Katz, D.　卡茨　162,209
Klüver, Heinrich　亨里奇·克纽韦尔　204,209
Koffka, K.　考夫卡　12,20,33,77,155,177,179,182,204,209
Köhler, W.　苛勒　12,33,64,72,80,81,155,167,172,173,174,179,185,209
Künkel, F.　孔克尔　77,209

L

Lau, Ernst　厄恩斯特·劳　109,209
Lewin, Kurt　库尔特·勒温　67,69,74,79,81,101,122,126,140,142,143,144,146,147,156,164,175,176,179,182,186,187,196,197,200,204,209
Lindergh, Anne S.　安妮·S.林白(林白夫人)　125,210
Lissner, Käte　凯特·里斯纳尔　175,176,210
Luria, A.R.　鲁利亚　179,210

M

McDougall, W.　麦独孤　188,192,210
Mahler, W.　玛勒　175,196,197,210

Menger, Karl　卡尔·孟格尔　52,74,87,105,193,194,210
Mueller, G. E.　缪勒　40,210
Murphy, G.　墨菲　166,210

N

Newton, I.　牛顿　6,82

O

Ovsiankina, M.　奥维斯亚凯纳　175,210

P

Pavlov, I. P.　巴甫洛夫　189,210
Piaget, Jean　让·皮亚杰　204,210
Pratt, Karl C.　卡尔·C. 普拉特　182,189,210

R

Rashevsky, N.　拉希夫斯基　76,185,210
Reichenbach, Hans　汉斯·赖欣巴哈　35,58,63,210
Restorff, Hedwigvon　海德维格·冯·雷斯特夫　176,210
Reimann, Georg　乔治·里曼　165,210

S

Sakuma, K.　萨库玛　179,210
Schwarz, G.　施瓦茨　175,210
Sliosberg, S.　斯立鄂斯堡　155,156,160,197,199,203,204,211
Stendhal(eyle, M. H.)　斯汤达　36,211
Stevens, S. S.　史蒂文斯　22,211

T

Thurstone, L. L.　瑟斯顿　76,211
Tolman, E. C.　托尔曼　11,21,27,133,134,155,211

U

Urysohn, Paul　保罗·乌里申　61,211

V

Vernon, Philip E.　菲力普·E. 弗农　25,207

W

Wring, E. B.　瑞恩　39,96,138,207

Werfel, Franz　弗兰兹·韦费尔　38, 211
Wertheimer, Max　马克思·惠特海默　13,174,211
Wiehe, F.　维希　129,211
Wundt, W.　文特　34

Z

Zeigarnik, B.　蔡加尼克　50,176,191, 211

主 题 索 引

注:标有 G 的页码为名词集解(Glossary)部分的页码。

A

Ability 能力 44,45
(参见 Space of free movement 自由运动空间)
Abstraction 抽象 10,16—17
Accessibility 容易接触性 126,180,G217
Action 行动 148,G215
as a path 陈述为一条路线的～ 108
as a region 陈述为一个区域的～ 180
Activity,as medium 陈述为媒境的活动 115
minor 次要的～ 138
Adit 入口 G215
and barriers 障碍和～ 148—154
Adult 成人 155,183,186,204
Infantile 幼稚的～ 192
Space of free movement of ～的自由运动空间 46
Affectivity 易受感动 160
Age 年龄 178,186
Airplane 飞机 125
Analogy 比拟 79
Analysis 分析 17,164
Anger 愤怒 15,142,180,181
Angle 角度 88
Appearance,and reality 形相与现实 18,22
Approach 前进 146—148
Direct 直接通向～ 150
Approximation,method of successive 连续的渐进方法 6,16—17,G213
and person 人与～ G216
Arm 臂,分支 102,127,156,G215
Aspects 方向 134
Aspiration,level of 欲求水准 15,197
Assumptions,minimum of 最少假设 6
Atmosphere,social 社会气氛 19
Authority 权威 45
Axiom,triangle 三角形的定理 G215

B

Barrier 障碍 6,123,130,141,145,199,G217
and adits ～与入口 148—154
and cognition ～与认知 135,G217
differentiated 分化的～ 146—148
homogeneous 齐一的～ 146—148,

G217
impassable 无法跨越的～ 49,G217
outer 外部的～ 143,144,G217
physically homogeneous, psychologically inhomogeneous 物理上齐一,心理上不齐一的～ 147
(参见 Rigidity,僵硬性)
Behavior 行为 G215
as function of situation ～是情境的函数 11,12,74
Being contained in 被包含在内 87,120,157
Belonging to 属于 41
Between, 位于……之间 141
Biology, and physics 生物学和物理学 67
Body 身体 106,178,190
Boundary 疆界 42,44,49—91,118—136,194
and barrier ～和障碍 153,G217
and boundary zone ～和疆界地带 121,172—173
common 公共的～ 137,139
and communication ～交通 126—130
fluidity 流动性 161
and locomotion ～和移动 94,119
passability of ～的通过性 123,124,149
and path ～和路线 153
between peripheral and central regions 外部区域和中心区域之间的～ 181
of the person 人的～ 167,200
psychological 心理的～ 118,G215
sharp 明确的～ 119—123,G216
social 社会～ 45,122,124,126
Boundary point 疆界点 89
Boundary zone 疆界地带 114,119—123,130,137,151,G216,G217
and boundaries 疆界与～ 172
Boundary zone, and pathway 疆界地带和路线 154
Bridge 桥梁 129,132

C

Case, pure 纯例 10
Catalogue, of types 类别的目录 15
Cause, efficens 通常的原因 34
finalis 最后的原因(目的论) 34
Causality 因果关系 30—40
historical 历史的～ 9,30—32,69,213
in psychology 心理学内的～ 30—40
systematic 体系的～ 30—32,G213
Cause 原因 10,11,G213
and force ～与势力 G218
and historical origin 历史的起源和原因 9
physical 物理的原因 71
relational character of ～的关系性质 33
Causes, chains of 因果锁链 30
concept of, in different epochs 不同时期的因果概念 10
Central 中心的 180—182
Chain, causal 因果链 62—63
Change 变化 99,169,171
bodily 身体的～ 29
cause of ～的原因 G218
of connectedness 联系的～ 50
of distance 距离的～ 156—159
of magnitude 体积的～ 156—159
of position 位置的～ 48,113,G216

of state 状态的～ 172,G217—218
of structure 结构的～ 156,159—162,G216
velocity of ～的速率 158
(参见 Tension 紧张)
Child 儿童 27,179,182,183,192,197
first 第一个～ 158
gifted 禀赋较优的～ 46
life space of ～的生活空间 204
mentally retarded 智能落后的～ 46
space of free movement of ～的自由运动空间 44,45
Class, social 社会阶级 46
Classification 分类 6,10,17
Clearness, degree of 明了的程度 39
Closed curve 封闭的曲线 91
Closed region 封闭的区域 89,G215
Clothing 衣服 178
Club 俱乐部 119,122
Cognition 认知 71,133,135
Cognitive structure 认知的结构 39,132—133,150
Communication 交通 54,93—117,126—130,169,G217
and arm 分支与～ 102,G215
and boundary 疆界与～ G215
social 社会交往 43
(参见 Accessibility 容易接触性)
Complex 情结 188
Concept 概念 13,85,G213
conditional-genetic 条件的、发生的～ 21
constructive 建构的～ 6
dynamic 动力的～ 10,63—65,205,G213,G217—218
historical 历史的～ 30
intervening 中间的～ 21,G213
mathematical 数学的～ 76,78,85,G214,G214—215
methodological 方法论的～ G213—214
and model ～与范型 78—79
psychological 心理学的～ G215—218
and symbol ～与符号 76—78
systematic 体系的～ 30
topological 拓扑几何学的～ 60—62,G215
Concreteness 具体 32—33,G213
Condition 条件 68—69
Conflict 冲突 122,179
Connected region 联系的区域 54,90,100,101,174,G215
and learning 133
Conscious 意识的 26
Construct 推论 16,G213
Contact, points of 接触之点 94
social 社会的～ 101
Contemporaneity 现时性 35
Content, as property 内容是一种特性 38—39
Convention, social 社会习惯 140
Conversation 谈话 49,180
Conversion 感化 188
Coordination 配合 59—60
of psychological to physical facts 从心理事实到物理事实的～ 66
reversible 反面的～ 93
Correspondence, one-to-one 一对一的对应 91,199
Crossing, a boundary 跨越疆界 126
Crisis 危机 G214
Cut 割线 90,106,G214

D

Danger zone 危险地带 114
Daydream 昼梦 18,196
Decision 决策 39,99,134
Dedifferentiation 混化 189,191
Deduction 演绎 16
Definition, coordination 配合的定义 93—96,168—193,G213
  genetic 发生的～ 10
  operational 效用的～ 6,G213
Dependency, degree of 依赖程度 174
  dynamic 动力的～ 168—172,G217
Depth of boundary 疆界的深度 122,152
Derivation 推知,推测,推断 6,14,16,74,81,82
Description 描述 13,82
  and constructive representation ～和建构的陈述 11
Despair 绝望 143
Destructurization 反结构化 61
Determination, conceptual 概念的决定 77
  degree of ～的程度 39
  exactness of 测定的精确性 111,G216
  indirect 间接测定 G213
  temporal 时间的测定 36—38
Determinism 决定论 70
Detour 迂回 146
Development 发展 46,162,188,189
  historical 历史的～ 31
  of the life space 生活空间的～ 203—204
Diagram 图形 78
Differentiation 分化 111,121,155—156,187,G216
  degree of ～的程度 182—187,G216
  in the dimension reality-irreality 在现实和虚构维度上 202—205
  and unity ～和统一 185
  (参见 Regression 退化)
Difficulty, degree of 难度 144
Dimension 维度 53,73,107,193—195,G214
  of the life space 生活空间的～ 193—205,G218
  of the person 人的～ 200—202
  of the properties 性质的～ 76,G213
  of reality-irreality 现实和虚构的～ 197,G218
  of stimuli 刺激的～ 195
  (参见 Irreality 虚构)
Direction 方向 50,55,99,195
  of force 势力的～ G218
Discharge, diffuse 解除 199
Dissociation 分裂 188
Distance 距离 88,99,156—159,G216
  quasi-conceptual 准概念～ 55
  quasi-physical 准物理～ 55
  quasi-social 准社会～ 55
Distribution, geographical 地理的分布 101
Divisibility of region 区域的分割 164,G215
Dream 梦 66
Dynamic 动力的
  (参见 Fact,事实;Concept,概念;Factor,因素)
Dynamically closed 动力上为封闭的 68
Dynamics, and space 动力和空间 59,62—63

E

Eating 吃,进食 47
Economics 经济学 32
Ego, phenomenal 现象的自我 77
Elasticity 弹性 124,161—162,G217
Embarrassment 局促不安 178
Embryo 胚胎 189
Emotion 情绪 34,155,180,197
Environment 环境 6,23,162,167,168—174,G216
  behavior 行为～ 77
  coordinating definitions for ～的配合的定义 168—174
  dimensions of ～的维度 195—200
  geographical 地理～ 77
  and life space ～与生活空间 G216
  and need ～和需求 200
  and person 人和～ 11—12
  physical 物理环境 18
  social 社会～ 18
Epoch, Aristotelian 亚里士多德的时期 9,10,32
  Galilean 伽利略的～ 9,10,32
Equilibrium 平衡,均衡 63,64,G218 (参见 Forces 势力)
Equivalence, functional 函数相等 65
Event 事件 156,G213
  as function of total situation 视为全情境的函数的～ G213
  future 将来的～ 37
Exactness, of determination 测定的精确性 111,G216
Executive 执行部 177
Existence 存在 35,32—36,36—38,67,G213
  and experience 经验和～ 18—19
  and quality 性质和～ 38
Experience 经验 155,34
  direct 直接～ 20
Experience, and existence 经验和存在 18—19
  past 过去的～ 34
Experiment 实验 10,75
Explanation 解释 21,34,81,G214
  and description 描述和～ 7
Expression 表情,表达,表示 34,68,180
  superficial 表示是浅薄的 186
Extension, of the space of free movement 自由运动空间的扩大 144,153
Eyes 眼 166

F

Factor, dynamic 动力的因素 188—192
  nonpsychological 非心理的～ 29,71
  topological 拓扑几何学的～ 188—192
Fact, collecting of 事实的搜集 4
  conditional-genetic 条件的生成的～ 19
  direct observable 直接可观察的～ G213,G215—217
  dynamic 动力的～ 82,G213
  economic 经济的～ 66
  empirical 经验的～ 59
  geographical 地理的～ 31
  as part of the life space 可陈述为生活空间一部分的～ G213
  phenomenal 现象的～ G214

psychobiological 心理生物学的～ 65
quasi-conceptual 准概念～ 26—27
quasi-physical 准物理～ 24—25
quasi-social 准社会～ 25—26
social 社会～ 25
Fait, accompli 已成的局面 98
Fatigue 疲劳 160,174,189
Fear 恐惧 40
Feeble-minded 低能的 186
Field 疆域 G216
of action 行动的～ 28
brain 脑～ 80
of forces 势力的～ 129,G218
inducing 诱引的场 86
mathematical 数学～ 26
quasi-physical 准物理的～ 147
Fight 战斗 38,39
Flight, into irreality 逃入虚构 201,202
Fluidity 流动性 159—162,190,199,G218
Forbidden region 被禁止的区域 44,103,G217
(参见 Space of Free movement 自由运动空间)
Force 势力 47—50,63,64,78,97,129,175,188,189,191,203,G213,G218
(参见 Equilirium,均衡;Fluidity,流动性;Friction,摩擦;Valence,吸引力)
Foreign, region 域外区域 136
Hull of life space 生活空间的外壳 75,G216
Forgetting 遗忘 176
Form 形式 173
Friction 摩擦 117,125,135,G218
Friendship 友谊 187
Future 未来,将来 34,35
and past 过去与未来 36
Function, of region 区域的机能 187—188

G

Genesereihe 连续 67,69
Germany, social structure of 德国的社会结构 122
Gestalt 格式塔 33,64,172,185,205,G218
strong 强固的～ 173—174
weak 微弱的～ 173—174
Gestures 姿态 177
Ghetto 犹太区 101
Glance 投一眼 129
Goal 目标,目的 37,48,114,140,175,197
clear 清晰的～ 39
ideal 理想的～ 196
and object ～与物体 110
real 真目的 196
as region ～常视为区域 110
as thing 要达到的～是实物 115
Gravity, center of 重心 201
Ground, moving 地在溜动 115
Group, scattered 分散的集团 100
social 社会～ 49,94
of systems 系统的～ 176

H

Hearing 听觉 178
Help 帮助 147
Heredity 遗传 33

Hypotheses, working 暂定的假设 82

I

Ideal 理想 18,196
Illustration 插图 146
graphic 图示 76
Impossible events 不可能的事件 14
togical 逻辑的～ 150
Inaccessibility 不可接近性 140—144
Indeterminate 不确定性 36,39—40
Individual 个体 68,75,G213
case, as an infinite task 每个个案都是一种无限的工作 17
differences 个别差异 178,182—188
Infancy 幼年期 155
Infantilism 幼稚性 186,190
Influence 影响 127
direction of ～的方向 129
gross somatic 身体方面的～ 27—29,71
from outside the life space 生活空间的外来～ 70,203,G214
by perception 知觉的～ 27—29
Inhibition 禁止 189
Inner-personal stratum 人格内层 172,177,200,G216
central 中心区域 180,G216
peripheral 边缘区域 180
Inner region 内域 91
Inside, a region 区域之内的 96—99
Insight 悟性 155
Instability, of psychological situations 心理情境的不稳定性 60
Integration 整合 155—156,189,G216
Intelligence 智力 187
Intensity 强度 171
Intersection 相交切 87,G215
of boundaries 疆界的～ 106
empty 虚空的～ 92
Inventory, of behavior 行为的项目 16
Irreality 虚构 160,G218
degress of ～的程度 196—200
dynamic properties of 动力特性 199
(参见 Reality,现实;Dimension, of the life space,生活空间的维度)
Island 岛屿 105,118
of the forbidden 被禁止的～ 103
Isomorphism 同型论 80,G215

J

Jordan curve 约丹曲线 90—91,105,136,141,146,177,G215
Joy 快乐 182

K

Kinematic 动力的 115

L

Lability 游移性 191
Law 定理 16,30,69,188,G214
application of ～的应用 11
and construct ～与推论 G213
and individual case ～与个案 8—9
psychobiological 心理生物的～ G214

and rule ～与规则 10
and variables ～与变量 11
Lawfulness 定律 10
Leadership 领导 40
Learning, backward 始自目的的学习 134
maze ～迷津 133
Level of aspiration 欲求的水平 160
Life space 生活空间 11—12,14—17,27,28,33,202—205,G214,G216
of animals 动物的～ 24
boundary of ～的疆界 73,G216
and brain field ～与脑疆域 81
of the child 儿童的～ 123—203
contemporary 现时的～ 35
content of ～的内容 18—29
determination of ～的决定 111
of different persons 不同人的～ 68
differentiation of ～的分化 202—205
dimensions of ～的维度 193—205
extension of ～的扩大 24
and fact ～和事实 G213
as finitely structured space ～陈述为有限组织的空间 163—165,G216
form, hull of ～的外壳 75,G216
and mathematical space ～与数学空间 59
of men 人的～ 24
and physical facts ～与物理事实 24
representation of ～的陈述 12—13,G216
as totality of possible events ～是可能事件的全体 16
Limitations, representation of 限制性的陈述 144—145
Locomotion 移动 47,50,93—117,148,166,167,194,205,G216
of arm 分支的～ 102,G215
bodily 身体的～ 43,113
and boundary 疆界和～ 118,G215
Locomotion, determined relatively 移动作相对的决定 114
and dimension ～与维度 195
directed 趋向于……的～ 50
of a field 疆域的～ 113—115
and fluidity ～和流动性 159
of a group 集团的～ 113
and irreality 和虚构 201
mental 精神的～ 44
and path ～与路线 95,108—109
psychological 心理的～ 95—96
quasi-conceptual 准概念的～ 42—50,110—118,132,G216
quasi-physical 准物理的～ 42—50,113,G216
quasi-social 准社会的～ 42—50,G216
and relative weight ～和相对重要性 202
representation of ～的陈述 110
social 社会～ 44,49
and structure 结构与～ 156
(参见 Accessibility,容易接触性;Medium,媒境)
Looking 看 128
Looking at 观看 28,127,128,177
Love 恋爱 188

M

Macroscopic structure 微观水平的结构 165
Magnitude 体积 156—159

Malaria 疟疾 187
Material 材料,物质 161
fluid 流动的材料 186
rigid 僵化的材料 186
(参见 Elasticity,弹性;Plasticity,可塑性)
Mathematics, applied 应用的数学 57
and physics ～和物理学 57
pure 纯粹～ 59—60
Maturity 成熟 189
Maze 迷津 133,145
elevated 高台的～ 146
Means, topological 拓扑几何学的方法 149,152
Measurement and laws 测量和定律 63
Medium 媒境 168
for child 儿童的～ 116
fluid 流动的～ 123
and resistance ～与抵抗 117
and thing 实物与～ 115
Member of a group 集团的分子,集团中的人 101
Membership 社(成)员 119
Membrane, permeable 渗透膜 125
Memory 记忆 197
Mental fact 心理事实 67
Method 方法 13
constructive 建构的～ 16
in psychology 心理学的方法 9
Methodology 方法论 G213
Metrisation 度量化 60
Microscopic, structure 微观水平的结构 165
Minority group 少数民族集团 100
Model, and concept 概念与范型 78—79
Mother 母亲 179,189
Motor-perceptual stratum 运动—知觉区域 177—180,G216
Motor stratum 运动区域 190
Movement, relativity of 运动的相对性 115
social 社会的～ 49
Multiplication, as a region 把乘法陈述为一个区域 111

N

Need 需求 179
Neighbor 比邻,相邻 149
Neighborhood 邻接 174
Newborn 新生儿 61
Newton 牛顿 82
Number 数目 57

O

Object, and process 对象或客体与历程 16
Objective, and physical 客观的和物理的 25
Obstacle 障碍 140
Occupation 职业 94,108,187
Occurrence and quality 事件与性质 9
Old biological part 生物学旧的部分 190
Operation, mathematical 数学的操作 53,148
Organism 生机体 191
Orientation 定向 39,133,164
Origin, historical and cause 历史的起源和原因 9

Outside, a region 区域之外 96—99

P

Part 部分 53,87,93,169
common 公共～ 87,G215
of the person 人的～ 168,201
of a system 体系的～ 50
young 新生的～ 190
(参见 Differentiation,分化;Integration 整合)
Part-whole-relation 部分全体的关系 157,171
and distance ～和距离 G216
Past 过去 34,35
and future ～与未来 36—40
Path 路线 49,54,89,90,91,95,148,G215
as change of position 用～陈述位置的变化 109
and dimension ～与维度 199
of influence 影响的～ 172,177
as sequence of situations ～视为陈述一系列的情境 109
totality of ～的全体 145—146
Peasants 乡民 98
Pedigree 谱系 74
Perception 知觉 27—29,172,179
spacial 空间～ 51
Peripheral region 边缘区域 180—182
Period (见 Epoch)时期
Permitted region 许可的区域 122
Person 人 6,112,G216
boundary of ～的疆界 167
dimensions of ～的维度 200—202
coordinating definitions for ～的配合的定义 168—174
and environment ～和环境 11—12,41,202,G216
and life space ～与生活空间 166—168,G216
parts of ～的部分 166,G216
as region 把～陈述为区域 93,106
differentiated region 分化的区域 166—168
as thing 把～陈述为实物 104
topology of ～的拓扑几何学 166—193
as a whole ～为一整体 112
Phantasy 幻想 187,196,201,202
Physical 物理的 147
Physicalism, and space 空间与物理主义 56—58
Physics 物理学 20
Physiological theories 生理学理论 67,167
Plane 平面 193
Plasticity 可塑性 161,162
Play 游戏 160,197
as a region 陈述～为一个区域 109
Playroom 游戏室 104
Plurality of psychological worlds 心理宇宙的多数性 67—68
Point 点 53,110,111,166,G216
of application 着力点 113
boundary 界～ 72
discrete 个别的～ 145
inner 内～ 72
and region ～和区域 110—113
Poisoning 中毒 28
Position 位置 41,51,93,94,99,163,205,G216
of a boundary zone 疆界地带的～ 119

geographical 地理～ G213
and region ～和区域 111
relative 相对的～ 136—154
social 社会的～ 48
Possible events 可能的事件 14
determination of ～的决定 G213
Postulates 假定 22
Power field 势力场 49,106,129
Prediction 预测 13,G214
Pressure, social 社会压力 96
Primitivation 原始化 181,190
Primitiveness 原始性 186,197
Principles, of concreteness 具体原则 32—33
of contemporaneity 现时的～ 33—36
Heisenberg's 海森伯格的～ 164
Prison 牢狱,监狱 120,123,144
Prisoner 囚犯 42
Problem, of coordination 配合的问题 60
mathematical 数学的～ 60
solution of ～的解决 132,148—154
Problem child 问题儿童 186
Process, dialectical 辩证的历程 36,G214
physical 物理的～ 62
Prohibition 禁止 104,158
Property 性质 195
dimension of ～的维度 194,G213
qualitative 质的特性 94
Protection 保护 144
Psychoanalysis 心理分析 32
Psychodiagnostic 心理诊断 179
Psychology, animal 动物心理学 4
and biology ～和生物学 29
child 儿童～ 4
developmental 发展～ 31
history of ～的历史 62
of perception 知觉～ 3
present state of ～的现状 3—7
social 社会～ 4,26
topological 拓扑～ 86,205,G213,G214—218
vector 向量～ 86,205
Psychopathic 精神病 162
Psychopathology 心理病理学 4,31
Punishment 惩罚 142

Q

Quantitative determinations 量的决定 156

R

Real, psychologically 心理学的真实的 124
Reality 现实,实在 19,160,193—196,G218
degrees of 实在的程度 196
epistemological concept of 知识论的～概念 196,G214
level of greatest 最大的现实水平 203
(参见 Irreality 虚构)
Receptivity 接受 128
Region 区域 42,43,88—89
and action ～与动作 G215
central 中心～ 50,179,G213
closed 封闭的～ 89,104,180,G215
connected 联系的～ 88,89,95,104,

141,146,169,173,G215,G216
multiply 复杂联系的～ 89—90,103—104
simply 简单联系的～ 89—90,105,136,G215
determination of ～的决定 G216
forbidden 被禁止的～ 44,103
foreign 域外～ 87,91—92,130—137,G215
of influence 影响的～ 169
inner 内域 91
inner-personal 人格内部～ 177—180,G216
intermediate 中间～ 119
large 大～ 156
limited 有限的～ 89,104—107
as medium 陈述～的媒境 116
more-dimensional 两个维度以上的～ 120
motor-perceptual 知觉运动～ 177—180,G216
neighboring 相邻～ 172,G217
open 开放的～ 89,105,G215
outer 外域 91,142
overlapping 重叠～ 137—139,G217,G218
peripheral 边缘～ 50,179,180,G216
permitted 许可的～ 44
within person 人以内的～ 50
personal 人的～ 174—177
position of ～的位置 94
psychological 心理的～ 93—117,G216
qualitatively undetermined 性质上不确定的～ 130—135,141,G217
small 小～ 156
Region, structured, finitely 有限结构的区域 164,G215
structured, infinitely 无限结构的～ 164,G215
staying in a 逗留于～ 109
undifferentiated 未分化的～ 61,111,121
unlimited 无限制的～ 89
unstructured 缺乏结构的～ 112,164,G215
Regression 退化 181,189,190,G218
Relation, binary 两点间的关系 54
causal 因果～ 32—36
part-whole 部分全体的～ 53—54,157,171
spacial 空间～ 41—52
temporal 时间～ 32—36
univocal 一致的～ 78
Release, of tension 紧张的解除 175
Representation 陈述 G214
of action 动作的～ G215
constructive 建构的～ 6—11
of degrees of reality 实在程度的～ 197,200
of dynamical concept 动力概念的～ 64
of events 事件的～ 35
and explanation ～与解释 81—83
of facts and theory 事实和理论的～ 83
of the future 未来的～ 38
incomplete 不完全的～ 17
of indeterminateness 不确定性的～ 40
of the life space 生活空间的～ 12—13
of limitations 限制性的～ 144
of limited accessibility 受限制的可到达性的～ 151
logical impossibility 逻辑的不可能性

150
mathematical 数学的 76—83
by means of topological or dynamical concepts 用拓扑几何学的方法和动力学的概念来～ 149—154
as path ～为路线 107—110,G215
of the person 人的～ 168—193
of single case 个案的～ 8
of situation 情境的～ 8—14,76
Resistance 抵抗,抵抗力 49,63,97,159,G217
of a boundary 境界地带的～ 123
to locomotion 对移动的～ 124,G218
Restriction,of the space of free movement 自由运动空间的限制 144
Restructuring 改组 134,155—156,G217
Revolution 革命 161
Reward 奖赏 142
Rigidity 僵硬性 124,190,G218
of person 人的～ 162
(参见 Barrier,障碍;Wall,墙壁)
Rod,measuring 测量的器具 62
Rule 规则 10
and exception ～和例外 10

S

Satiation 满足 166,174,176,180,186
Schhizophrenia 精神分裂症 201
Sector 部分,扇形 131,147,195
of a boundary 疆界的～ 126
Seeing 视觉 178
Self 自我 167
Selfcontrol 自行控制 181
Separation and unity 分隔和统一 185
Series of situations 连续的情境 156
and locomotion ～和移动 108—109
Sharpness,of a boundary 疆界的明确性 119
and solidity ～和坚实性 123
Shrinking of a region 区域的减缩 157
Similarity of actions 动作的相似性 176
Simplification,right 妥适的简单化 17
wrong 误求的～ 17
Singleness of the physical world 物理宇宙的单独性 67—68
Situation 情境 16,137,G217
concrete,and law 定律与具体～ 11
eating 吃的～ 96
fluidity of ～的流动性 160
life 生活的～ 22—24,G217
as background ～为背景 23
momentary 当时的～ 22—24
overlapping 重叠～ G217
relative weight of ～的相对重要性 137—139,G218
Size 大小 88,157
decrease 减小 158
increase 增大 158
miling at 微笑 177
Social environment 社会环境 177
looking at 观看 177
Sociology 社会学 26,62
Solidity 坚实性 63,105,124,135,149,G218
of boundary 疆界的～ 44
and sharpness 明确性和～ 123
(参见 Rigidity,僵硬性)
Somatic 身体的 27—29
Space 空间 193
divisible 可划分的～ 165
and dynamics ～与动力学 59—65
Euclidian 欧几里德～ 55

of free movement　自由运动的～　42,103,104,136,142,G217
the history of the concept of　～概念的历史　62—63
mathematical　数学的～　41—58,163,G214
metrical　可量～　53,55—56,G215
n-dimensional　n维度的～　194,195
phase　位相～　194,G213
physical　物理～　51,52,66—67,164,G214
and physicalism　～与物理主义　56—58
psychological　心理～　55,66—67
structured infinitely　无限结构的～　61,164,183,G215
two-dimensional　两个维度的～　193
unstructured　缺乏结构的～　164,G215
Space of free movement　自由运动空间　42—47
as connected region　～为联系的区域　100
as limited region　为有限的区域　103
shrinking　～的减缩　157
Speed, as boundary　作为疆界的速率　124
Spheres of influence　权力范围　94
Stability　稳定性　160
of a social group　社会集团的～　160
Starting point　起点　131
State　状态　174
of the person　人的～　166
of a region　区域的～　127
Statistics　统计　12
Status nascendi　新生的　160
Steps, series of separate　一组分散的手续　97
Stimulus　刺激　190
Stratum　层,阶层　180—182,186
central　中心～　186,202
inner-personal　人格内层　180—182,G216
of irreality　～的虚构　197
motor-perceptual　运动知觉～　177—180
peripheral　边缘～　180—182,202
of reality　现实～　197
Strength, of a barrier　障碍的强度　124
and kind of locomotion　～与移动的种类　125
of a wall　墙壁的～　127
Structure　结构　155—162,184,205,G217
cognitive　认知～　29,133,150,G218
determination of　结构的决定　170
of a group　集团的～　101
inner　内部～　74,99—107,122,193
kind of　～的种类　185,187—188
and locomotion　～与移动　156
of the person　人的～　177—192
of a region　区域的～　99
vocational　职业的～　103
(参见 Region, structured,结构的区域)
Structurization　结构化　61,134
Struggles, political　政治斗争　47,98
Substitute　代替　15,175,176,186,197
Substitute value　代替价值　175,G218
Sum, topological　拓扑几何的总和　87,139,G215
Surface, of the body　身体的表面　73
Surrounding　周围　53,87,89,G214
Symbol, arbitrary　随意取来的符号　78
and concept　概念和符号　76—78
System　体系,系统　174,G218
of behavior　行为的～　15—16

comprehensive 包容广的～ 70
of concepts 概念的～ 5,6,9
of deduction 演绎的～ 16
differentiated 分化的～ 186
motor 运动～ 178,179
perceptual 知觉～ 178
physiological 生理～ 80
psychological 心理～ 80
and region ～和区域 174
speculative 思辨 5
(参见 Tension system,紧张系统)

T

Task, mathematical 数学问题 132
of psychology 心理学的任务 15
Tendency 趋势 55,64
Tension 紧张 63,86,122,155,159,173,176,182,188,189,G213,G218
muscular 肌肉～ 183
(参见 Substitute value,代替价值)
Tension system 紧张系统 175,177,199,G218
Theory, in different epochs 不同时期的理论 9
empirical 经验的～ 4
formalistic 形式主义～ 22
physiological 生理学～ 79—81
psychological 心理学～ 76—83
of relativity 相对论 66
of science 科学～ 65,66
speculative 思辨的～ 4
Thing 实物 G218
and medium ～与媒境 115—117
Thinking, animistic 灵活论的思想 27
Magic 魔术的～ 27
Time 时间 69
historical 历史的～ G213
and space ～和空间 62
Time index of facts 事实的时间指数 G213—214
Tools 工具 176,179
Topological and dynamic factors 拓扑几何学的因素和动力的因素 188—192
Topological image 拓扑几何的形象 G215
Topological relation and dimension 拓扑几何学的关系和维度 199
Topological sum 拓扑几何的总和 7,8,139,G215
(参见 Factors,因素)
Topologically equivalent 拓扑几何上的相等 141,G215
Topologisation 拓扑化 61
Topology 拓扑几何学 87—92,113
Totality 全体 68
of physical facts 物理事实的～ 66,G214
of possible case 可能事实的～ 16
of possible events 可能事件的～ 14—17,146
of psychological facts 心理事实的～ G214
(参见 Life space,生活空间)
touching 接触 127
Transformation, continuous 连续改造 88,G214
Transition 迁移,过渡 99,123
gradual 逐渐地过渡 119
unclear 不明了的过渡 122
Turning, away 离开 147
toward 转向 147
Type, and historical time indices 类型与历史时间的指数 G214

U

Uncertainty，cognitive　认知模糊度　160

Unconscious　无意识　20

Understanding of speech　语言的了解　178

Undetermined zones　不定的地带　130—135,151,G217

United States，social structure of　美国的社会结构　122

　dynamic　动力的～　172,184

Unreal，the　虚构之物　36

　and indeterminate　～不确定性　36—40

Unstructured region　缺乏结构的区域　131,134,153,G215,G216

V

Valence，　吸引力　166,G218

　(参见 Force,势力)

Validity，general　普遍的效度　25

Vector　向量　58,76,G213,G218

Vector psychology　向量心理学　159,G218

W

Wall　墙壁　126，128，170，173，190，G218

　strength of　～的强度　186

　(参见 Rigidity,僵硬性)

Weight，relative　相对重要性　137—138,201,202,G218

　(参见 Situation，overlapping,重叠的情境;Region，overlapping,重叠的区域)

Whole　整体　87,169

　dynamic　动力的～　64

　and method of approximation　整体与渐进法　G213

Why(见 Causality)　原因

Width，of boundary zone　疆界地带的广度　120

Will　意志　203

Withdrawal　后退　146—148

Work，as region　作业区域　109

World，dynamically closed　宇宙在动力上为封闭的　68—75

　dynamically not closed　～在动力上为开放的　68,75

　magic　魔术世界　197

　hysical　物理的宇宙　G214

　and life space　宇宙与生活空间　24,66—75

　psychological　心理的宇宙　G214

Wound　创口　181

附录：有关拓扑心理学的几个理论问题*

高 觉 敷

前言：为什么写这篇文章？

波林《实验心理学史》在论述“动力心理学”时说，“托尔曼将勒温和弗洛伊德相提并论。他说，弗洛伊德为一临床医生，勒温为一实验家。正是他们二人常被人所怀念，因为他们的洞察力相反相成，开始使心理学成为可以同时适用于真实的个人和社会的一门科学”。也就是勒温心理学的这个特点，从三十年代起，一直吸引了我的注意。他把弗洛伊德提出的有关人生的问题如需求、挫折、代替满足等进行实验的分析研究，提高到科学的水平。他不无遗憾地指出：“对于这些较深奥的课题曾作过一种惊人的研究的只有弗洛伊德；但是精神分析学家要全凭个案的研究及治疗，用作寻求通则的基础，由多数科学家看来，在方法上还不够完满。”但是他又声明：“我们对于心理学的这些中心领域的发展的可能大可不必悲观，这些基本问题及弗洛伊德心理学的问题可否实验虽为一般学

* 本文原载《心理科学通讯》，1990 年第 3 期。

者所怀疑,但实验的解决已很有可能。近时有许多研究可资引证。”勒温就是这些研究的领导者。

勒温所说的这些话,都引自他的大著《拓扑心理学原理》第一章。他本为柏林大学的教授,犹太人,为了逃避希特勒反犹的迫害,1933 年起,赴美任教,至 1947 年不幸去世。《拓扑心理学原理》出版于 1936 年,是他在美国问世的第二部大著。我于 1944 年将此书译成中文,交由正中书局印行。当时“拓扑学”一词比较陌生。我因勒温的心理学包括拓扑和向量,我以拓扑为形,向量为势,故将书名译为《形势心理学原理》。现因拓扑学在我国大学开课了,故应正名为《拓扑心理学原理》。此书在勒温心理学的整个体系中甚为重要,是他后来转向研究团体动力学和社会心理学的张本或基础;而我的这个译本却还没有修订再版的条件,不无遗憾。

此书分成两编:第一编题名“心理学的问题和拓扑心理学及向量心理学的基础”,第二编题名“拓扑几何学的心理学”。书的代序是他致苛勒的信,说明他是属于格式心理学派的一个成员,虽然他说,“苛勒对心理学派是不感兴趣的”。同时,他认为此书用以表达人的心理的语言也许可为不同学派所理解。

我于 1937 年二月和四月连续写了两篇文章,“形势心理学”和“向量心理学”,分别介绍《形势心理学原理》和勒温的另一本大著《人格的动力说》,发表于当时的《东方杂志》,1986 年收入我的《心理学文选》时,将形势心理学更正为拓扑心理学。这两篇文章对于人的心理和环境的拓扑学的陈述作了初步的介绍,对于它的基本理论和评价则语焉不详。因此我对过去所写论文尚未涉及的理论问题拟作补充的论述。这就是本文写作的原因。

联系实际的理论家

“勒温是联系实际的理论家”。这是他的作传者马罗(A. J. Marrow)对他的总的估价①，托尔曼、G. 奥尔波特、墨菲等美国著名心理学家都肯定他对心理学，尤其是社会心理学的巨大贡献。他纠正了心理学轻视理论的倾向。他说，“没有理论的科学是盲目的，因为它无法组织事实而指示探索的方向。而且即就实用的观点看来，单从事于事实的采集，也颇有缺陷，它不能解答实用上较重要的问题——例如在某种具体情境之内，一个人将要作何种活动才能可望有效呢？要解答这个问题，便需要理论。当然是一种经验的而非思辨的理论”。

他以为心理学所需要的理论必须是在心理学上普遍有效的，不仅适用于一个分支如儿童心理学、动物心理学或心理病理学。同时，他也不同意运用一个单一的概念如联想或本能。他说，“这岂不是要重返于思辨体系吗？我可应一声‘是’，也可应一声‘否’。何以说‘是’呢？因为我们不愿盲目地搜集事实，致令心理学割裂而为许多风马牛不相及的分支。何以说‘否’呢？因为我们不从一个单一的概念如联想、反射本能或总体(totailty)，演绎出一切心理学的事实”。

---

① A. J. Marrow, The Practical Psycholgist. The Life and Work of Kurt Lewin, 1969. 勒温如何联系实际，当系另文论述。

勒温思想的来源

勒温的这个理论观点来源于他的哲学老师卡西勒尔(Ernst Cassirer)。他于1910年听这位老师的哲学课。他感叹说,“三十年来,几乎每一年都有特殊理由去承认卡西勒尔在科学性质和研究的看法上对我的启发。研究家为了超越已有知识水平的限制,照例要突破这样一些方法论的禁忌。这些禁忌把即将到来的进展趋势所依据的方法或概念贬低为违反科学和逻辑”。[①] 勒温在心理学研究上就推翻了这种禁忌。

其次,勒温得到卡西勒尔的鼓励,在苛勒的场论的基础上,提出了他的紧张系统说。他感觉到卡西勒尔首先认为“科学的要点是永远追求超越于任何时间,科学所能接触者之外的”。这在勒温看来,意思就是探索一个多因次的(multidimentional)心理学概念,“广阔得够可包括心理学的各种心理历程和整个分支”。这样,他就欣赏紧张(tention)的概念。他同弗洛伊德一样,往往采用日常生活的语言,不过他比弗洛伊德高明,对这些用语的意义予以科学的分析和具体的实验。他以为人好比一个复杂的动力场。一切行为在某一指定的时间使这个场的某些情况发生变化。紧张发生于人有需求或欲望之时。紧张要求解除就给心理活动提供动能和原因。

因此,他特别重视意志、需求和人格。他说,关于这些问题,

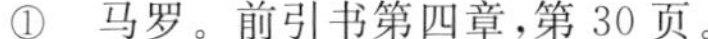

① 马罗。前引书第四章,第30页。

"如果尚未有一种健全的心理学,心理学的分支似便没有综合的可能"。他接着指出,"在感觉心理学内,个人的理想、野心及其社会的关系或全无重要性或仅属次要。但是需求、动作或情绪的实验研究便须涉及人的特性、当时的情况及其心理的环境。"[①]总之都有助于上文所提倡的包罗万有的概念的形成。"可用以解释最原始的行为。也可用以解释情绪思想历程、价值及社会的关系。"同时还要"陈述这些历程,使它们不作为单独的孤立的事实而作为某一个人在某一情境之内的具体表示,并阐明其相互的关系"。这便导致了拓扑心理学的行为公式。

人 与 环 境

勒温以为科学理论发展可区分为三个时期,简称为思辨期、描述期和建构期。思辨期以亚里士多德思想模式为代表。建构期或推论期以伽利略或伽利略后的思想模式为代表。他说:"十九世纪末年,学者对于心理学是否仅须描述或兼须探究心理历程的因果关系,争论不决。""为了解答这些问题便须寻求心理事件的定律,就是要确定不同的心理事件发生于何种情境之下,并导致何种结果。但单有关于定律的知识,还不能说明一个人在一特殊情境之下,何以采取这一方式而不采取另一方式的行为。所以我们必须在已知一切定律以外,兼知特殊情境的特殊性质,才可能预测他的行为。"因此,他规定一个行为公式 $B=f(S)$,行为(B)等于整个情

① 不另加注的引语均引自《拓扑心理学原理》。

境(S)的函数(f)。这个函数或这整个公式就代表他所称的定律。

由于情境意味着环境，他把整个情境改称为“心理生活空间”，包括人(P)和环境(E)。$B=f(S)$，化为 $B=f(PE)$，行为等于人与环境的函数。这里的问题首先是空间能否适用于心理。我国成语如心旷神怡，心地狭窄似都有空间的意义，勒温对此也举例说明。所以这个问题不大。其次是人境关系的问题。勒温以为人境是互相依赖的变量。人境是交互影响的。依据巴斯(A. R. Buss)的分析，纯粹的环境论者认为行为是环境的函数，$B=f(E)$；至于纯粹的人格特性论者则主张行为决定于人，$B=f(P)$。但纯粹的认知论者以为环境是人通过认知历程和结构而创造出来的 $E=f(P)$。相反，由纯粹的社会学习论者看来，人或个别差异的变量决定于环境，$P=f(E)$。[①] 所以勒温的行为公式是 $B=f(E)$ 和 $B=f(P)$ 的综合的模式。马克思说，有一种唯物主义认为人是环境创造的，“这种学说忘记了环境正是由人来改变的”。我们可以说，这个公式中人和环境的交相影响与马克思主义似无矛盾。

但勒温的环境不是指纯客观的环境，也不等同于考夫卡的所谓行为环境。考夫卡以为人们的行为常非针对地理环境或实际的客观环境，而是针对行为环境或意识到的环境。例如同是月明星稀，或因而“低头思故乡”，或因而感叹“耿耿明月，何时可掇”。所意识到的不同，反应也随而不同。勒温以为“考夫卡要我们注意无意识的历程及反射，显然表示得自经验的宇宙(行为环境)不足以尽解释行为的能事”。“譬如一个儿童知道母亲在家或不在家，他

① A. R. Buss, A Dialectical Psychology, pp. 162—163.

在花园中游戏的行为,便有所区别。我们可不能假定母亲在家或否这个事实常存在于这个儿童的意识之内。"因此,勒温说:"据动力说的观点,我们必须承认整个情境乃是对于有关个体所可发生影响之物的全体。""实在的为有影响的",便被用作存在的标准。根据这个标准,勒温陈述一个人的心理生活空间时,常以对于个体的当时状态发生影响的事实为限,于是物理的事实被称为准物理的事实,社会的事实被称为准社会的事实,概念的事实被称为准概念的事实;加上一个"准"字(原文是"quasi")就是表明这些事实是对个体发生影响的事实。例如上文所说的"母亲在家或否"是物理的事实,对那个儿童来说,就是准物理的事实。又如母亲以警察吓唬儿童听话。儿童所了解的不是警察在法律上的实际权威,而是儿童所想象的警察的权威,所以这是准社会的事实。至于准概念的事实可用数学为例。数学领域的客观组织和学习数学的人当时具有的心理领域也不是常相符合的,"在要点上,尤感偏而不全"。所以解决数学问题常存在着一定的困难。这就是勒温论定准概念的事实不等于概念的事实的根据。

这样,勒温是否与唯物主义哲学背道而驰呢?我们可不能简单地作出这个推论,因为他曾指出,"心理生活空间内所有准物理及准社会的事实,不必完全代表其相应的客观的物理事实及社会事实,但是这些心理事实的组织要不外随物理事实及社会事实的组织而定。一个人的生活空间之内的准物理事实的改变常为物理环境之客观变化的结果","社会的事实对于一个人的生活空间发生影响也不必通过知觉历程。一次逮捕,一条新法律所引起的个人法律地位的改变,……可使他的情境有重要的变化。这种改变不必为先前的心理情境的动力学的结果”。可见勒温没有否定客观环境的存在,相反,他承认心理环境的变化是物理环境变化的结果,所以他在本质上没有违反唯物主义。他只是在心言心,不是在物言物。他没有离开心理学的范畴。

物理宇宙与心理宇宙

所以勒温接着就论述物理学的宇宙与心理学的宇宙的差异。他以为:第一,物理学的宇宙是单一的。物理空间的概念随着新物理学的发展而变化。但是我们常认物理空间为仅有 个联系的空间,包括一切现存的物理事实于其内。反之,心理学不认心理的事实存在于一个联系的空间之内。而且我们倘以影响为创造心理空间的基础,尤须认每一个体的生活空间为一完全分立的宇宙。某一愿望在个体甲的生活空间之内虽占一重要地位,但就个体乙而言,也许没有心理的实在性。这就是说,各人都有其独立的生活空间。

什么叫做联系的空间呢?这就需要释以勒温的拓扑学的心理学。这门心理学陈述心理情境和人格借助于拓扑学。拓扑学是一种关于空间关系的科学,它可不管面积的差异,一滴水和地球是等大的。“假使一个区域的任何一点因全在该区域内的一条路线和任何另一点相连接,这个区域便称为联系的区域(或联系的空间)。”

第二,物理宇宙在动力上为一封闭的系统,心理宇宙在动力上为许多开放的系统。

勒温以为“凡属物理的变化都由同一物理空间之内的条件变化的结果。物理空间没有外来的影响”。所以物理学可“由时序稍后的情境 S_2 返溯至时序稍前的 S_1,并说明情境 S_1 中的事件如何导致情境 S_2。在事实上我们也许不能由 S_1 演进成 S_2。因为我们所选定的 S_1 不曾包罗万有,有些额外影响这个系统的事实没有受到注意。但在学理上说,物理学常可能选取一个兼容并包的 S_1 从而演绎出 S_2”。

他接着指出,心理学的宇宙是开放的,不是封闭的。他说,“在心理学内也常有学者想用类似于物理学的方法,据前一情境 S_1 抽绎而得 S_2,但这在事实上有时却无可能”。因为在 S_1 出现时,也许发生意外,导致了另一情境。“譬如一个人正在忙于写信,也许房门一开,出了他的意外,有客从门外进来。”开门后的情境 S_2 不能由开门前的写信情境 S_1 演变而来。也许我们将写信人在前一情境的生活空间包括后一情境有客自门外进来的事实于其内,但这将与他的心理宇宙不相符合,因为他如果预知有客来访,他的行为必将有所不同了。因此,勒温引进了“心理域外”的概念,认为“这些变化只能视为心理域外对于心理生活空间的影响”。

他举出一些事例说明这些影响。上文说过一次逮捕,一条新法律对于一个个体的情境产生的影响已可说来自心理域外了。他说:“我们如果探究这个问题,须知属于心理生活的动的系的历程几尽在某种程度之内依赖于外来因素。假使有人锯一块板,他的行为不仅取决于他的目的,且取决于木头和锯子的性质。”所以有些人讥讽他的观点是唯心主义,是不太公允的。

可能运动的空间

勒温的行为公式认为行为是人境交涉的产物。《拓扑心理学原理》第六章列举不同个体在不同环境有了不同遭遇和不同活动之后作了总结说:“总之,心理生活空间的一切陈述都以一特殊的人在一特殊环境之内的基本概念为基础。”那么,一个个体在他的环境内有什么可能的活动呢?拓扑心理学将生活空间划分为若干区域(regions)。各区域在性质上彼此有利,却也可以互相依存,或互相交通。就人说,举一隅而能以三隅反,则其各心理区域之间的流动性强,否则刻舟求剑不了解舟行而剑不行,则其流动性弱或甚至僵化。关于人的区域,我的《拓扑心理学》一文已略加论述(见我的《心理学文选》),这里不重复了。这里拟专述环境的区域,这个区域或易通过,或不易通过,域内域外之间有一界线,叫做疆界。学生上学进入校门,放学走出校外,通过那道疆界不受干涉。囚犯关在狱内,就不准走出狱外。他的可能运动的空间是受了严格的限制的。勒温以为儿童的可能运动的空间与成人相比,也有两个特点。第一,被允许的可能运动的性质和范围可受他的长辈的限制,如“不许单独上街,不许阅读某种书籍”等等。第二,可受自己能力的限制,例如他想要达到某些目标,这些目标是成人所许可的,但因身体能力的缺乏,无法到达,以致运动的可能性重受限制。总之,“儿童所有可能之事的区域远较小于成人。这个区域逐渐扩大就是儿童发展的一个最重要的方面”。

这个可能运动空间的研究是以西方儿童为对象的,作出了上

文的总结。但必须指出：人的举止行动是受一国的历史文化所制约的。我国传统文化提倡临财毋苟得，临难毋苟免，成人在义利矛盾面前，他的行动是要受道德法律的标准的限制的。在当前我国人民为社会主义建设而奋斗时，必须拥护“一个中心、两个基本点”的基本路线，不利于社会主义之言不说，不利于社会主义的事不做。我们的运动空间，不问能力如何，都应受政治法制的限制。原文本可译为自由运动的空间，为了适合我国社会的实际，特依据原著第三章“生活空间系综括可能事件的全体”，认为陈述环境和人“首须明白一个人在一定情境内有何种可能的行动，复有何种不可能的行动”的精神改译为可能的运动空间。

后　记

恩师高觉敷(1896—1993)先生早年致力于格式塔心理学派别的研究,该学派的后继代表人物勒温及其学说在中国的早期传播,主要是通过高老介绍的。从1937年至1947年的十年期间,他先后撰写了11篇与勒温研究有关的文章。1937年,他连续撰写了《形势心理学》(今译《拓扑心理学》)和《向量心理学》两篇文章,是中国学者首次介绍勒温的心理学思想。以后又接连撰写了数篇文章评介勒温的心理学及其重要的研究,如阻止实验、欲求水准、低能人格研究等。1947年勒温逝世,高老专门写了《悼勒温》一文。时隔半个世纪,高老仍重视勒温的研究。在20世纪70年代后期,高老领衔主编的我国高等学校第一本西方心理学史教材(《西方近代心理学史》),将勒温列专章予以介绍。1987年,高老又建议他的博士生申荷永以勒温的场论心理学作为博士学位论文的选题。1990年,高老宝刀不老,以95岁高龄,再次撰写了《有关拓扑心理学的几个理论问题》(载《心理科学通讯》1990年第3期),阐述了他对勒温心理学的新思考和新见解。同年,在我报考高老的博士生复试时,他提问的其中一个问题,便是关于勒温论心理学学科性质的问题。

1944年,高老将勒温的名著《拓扑心理学原理》(旧译《形势心

理学原理》)译为中文,由当时的正中书局出版。1990 年,时任商务印书馆前哲学编译室主任的陈应年先生,亲临高老在南京的寓所,与高老商谈重译勒温的《拓扑心理学原理》一书之事。当时,高老在湖南蓝田[①]时代的弟子、现湖南师范大学的教授孙名之偕夫人周令本,专程从长沙到南京看望高老。孙先生夫妇见证了陈先生与高老商谈翻译事宜。由于那时高老还在指导几届博士生,并承担着江苏省哲学社会科学“八五”规划课题“西方教育心理学发展史”;同时,高老承担的江苏省哲学社会科学“七五”规划课题“西方社会心理学发展史”的成果,也正在最后审定稿的阶段。所以,当时便商定由孙先生协助高老完成《拓扑心理学原理》的重译工作,但后来由于孙先生的眼睛不是太好,又加上他远在长沙,具体协助高老工作多有不便,重译计划延迟了一些时日。到了 1992 年,高老不顾年高体弱,用了半年多的时间,重新翻译了《拓扑心理学原理》。在翻译过程中,高老曾患感冒一度住院治疗,期间仍带着译稿在病榻上继续工作。当时的南京师范大学校长谈凤梁教授、教科所所长鲁洁教授、教育系主任王振宇教授等领导,对高老翻译《拓扑心理学原理》的工作给予了极大的支持和关心。

《拓扑心理学原理》新旧两个译本,前后相隔 50 年,且均出自高老一人之手,这本身就富有一定的传奇色彩,在世界翻译史上也是罕见的。勒温的《拓扑心理学原理》最初是用德文写成的,由著名社会心理学家海德夫妇译成英文,并于 1936 年在纽约出版,高

① 湖南国立蓝田师院即钱钟书先生的名著《围城》中三间大学的原型。当时钱先生担任该校的外文系主任,钱先生的父亲钱基博先生为国文系主任。高老为教育系主任。

老的这个新译本，仍是依据 1936 年英文版翻译的。

高老于 1992 年底完成《拓扑心理学原理》的翻译，并由当时的博士生刘穿石誊清后，直接寄给陈应年先生。接着高老又于 1993 年初写好了新译本的译序，新写的译序比 1990 年撰写的《有关拓扑心理学的几个理论问题》一文，又有一些新的看法和见解。这是高老的最后一篇文章，现在能与读者见面，是十分珍贵的。现将《有关拓扑心理学的几个理论问题》一文以附录形式置于书后，便于读者研读与比较。

高老的译稿交给商务印书馆以后，陈应年先生便调任前历史编辑室工作，因故未能将新译稿及时出版。直到 1998 年底，时任哲学编辑室主任武维琴先生将高老的译稿安排给资深编辑吴隽深先生处理。但由于吴先生不久就退休，未能编完高老的译稿。此后又因种种原因，高老重译的《拓扑心理学原理》一直未能与广大读者谋面。今年是高老逝世十周年，我们拟举行纪念高老学术研讨会。作为高老生前最后一本译著，《拓扑心理学原理》理应出版。经过孙名之先生的热心介绍，我又与商务印书馆译作室的现任领导陈小文先生联系上，陈先生工作雷厉风行，在我们通过电话的当天，便将高老的译稿找到，第二天就将稿件安排给程秋珍老师编辑。经过我们说明情况后，程老师不顾酷暑高温，每天晚上和双休日也加班加点工作，很快处理完了译稿，确保在下半年纪念高老学术研讨会之前正式出版。加上人民教育出版社今年拟出高老一本新的文集《心灵的探索》，同时，高老于 1986 年担纲主编的《中国心理学史》，最近也由我国老一辈心理学家杨鑫辉教授、燕国材教授等人修订后即将由该社出版。这三本著作的出版正是我们对高老

的最好纪念。如果他老人家在天有灵的话，我想也会深感欣慰的。

由于高老的《拓扑心理学原理》新译稿，在商务印书馆放置了十年时间，期间又经过多次交接和转手，整个过程颇为复杂，所以孙名之先生嘱我补写一个“后记”，予以说明详情，并对商务印书馆编辑部的历任领导能重视高老译作的出版和程秋珍老师为编辑译稿付出的辛勤劳动表示感谢！

在此，我们还要提一下高老与商务印书馆的关系。高老早在1922年于香港大学读书时，就在当时还在上海的商务印书馆办的《教育杂志》上发表文章。自此，高老便与商务印书馆结下了不解之缘。从1926至1932年，高老曾在商务印书馆工作六年，先后在商务印书馆编译所、总编译处工作，担任过编译所的中小学教科书委员会副主任、编译所的实验小学（尚公小学）校长。此后继续在商务印书馆做兼职工作直到解放初期。高老一生出版专著、译著、编著近50部，其中有16部是在商务印书馆出版的。他翻译的《实验心理学史》、《精神分析引论》、《精神分析引论新编》等著作均列入“汉译世界学术名著丛书”。

郭 本 禹

2003年8月8日于南京高教新村

图书在版编目(CIP)数据

拓扑心理学原理/(德)库尔特·勒温著;高觉敷译.
—北京:商务印书馆,2017
(汉译世界学术名著丛书:120年纪念版:珍藏本)
ISBN 978-7-100-14865-8

Ⅰ.①拓… Ⅱ.①库… ②高… Ⅲ.①拓扑心理学
Ⅳ.①B84-064

中国版本图书馆CIP数据核字(2017)第160081号

汉译世界学术名著丛书
(120年纪念版·珍藏本)

拓扑心理学原理

〔德〕库尔特·勒温 著
高觉敷 译

商 务 印 书 馆 出 版
(北京王府井大街36号 邮政编码100710)
商 务 印 书 馆 发 行
北 京 冠 中 印 刷 厂 印 刷
ISBN 978-7-100-14865-8

2017年12月第1版 开本 710×1000 1/16
2017年12月北京第1次印刷 印张 18½
定价:95.00元